> 金税四期下

中小企业财税管控与税务筹划

项国 ◎ 编著

「 金税四期下中小企业高管及财务人员必备的
零基础财税管控及税务筹划实操指南 」

税务登记 | 纳税申报 | 税款缴纳 | 税务稽查
税务筹划与反避税经典真实案例分析

图书在版编目（CIP）数据

中小企业财税管控与税务筹划 / 项国编著 . -- 上海：立信会计出版社，2023.11
ISBN 978-7-5429-7481-5

Ⅰ . ①中… Ⅱ . ①项… Ⅲ . ①中小企业—企业管理—财务管理—中国 ②中小企业—企业管理—税收管理—中国 Ⅳ . ① F279.243

中国国家版本馆 CIP 数据核字（2023）第 207718 号

责任编辑　毕芸芸

中小企业财税管控与税务筹划
ZHONGXIAO QIYE CAISHUI GUANKONG YU SHUIWU CHOUHUA

出版发行	立信会计出版社	
地　　址	上海市中山西路 2230 号	邮政编码　200235
电　　话	（021）64411389	传　　真　（021）64411325
网　　址	www.lixinaph.com	电子邮箱　lixinaph2019@126.com
网上书店	http：//lixin.jd.com	http：//lxkjcbs.tmall.com
经　　销	各地新华书店	
印　　刷	北京鑫海金澳胶印有限公司	
开　　本	787 毫米 ×1092 毫米　1/16	
印　　张	35	
字　　数	746 千字	
版　　次	2023 年 11 月第 1 版	
印　　次	2023 年 11 月第 1 次	
书　　号	ISBN 978-7-5429-7481-5/F	
定　　价	118.00 元	

如有印订差错，请与本社联系调换

前言

金税工程，是吸收国际先进经验，运用高科技手段并结合我国增值税管理实际设计的高科技管理系统。1994年2月1日，时任国务院副总理朱镕基同志指示要尽快实施以加强增值税管理为主要目标的"金税"工程，由此拉开了金税工程一期建设。2000年8月31日，国家税务总局向国务院汇报金税工程二期的建设方案并得到批准。2005年，为实现"业务一体化、技术一体化、系统一体化"，国家税务总局决定实施金税工程三期建设。2019年3月1日，金税工程三期（并库版）上线。2020年11月13日，金税工程四期的采购公告发布，正式开启了金税工程四期建设。为帮助广大纳税人和税务人员了解我国金税四期建设的进程以及现行税收征管制度，我们编写了《中小企业财税管控与税务筹划》一书。

全书分为十四章。第一章介绍金税四期建设，包括金税工程四期建设概况、金税四期建设相关报道、进一步深化税收征管改革、国家税务总局学习贯彻落实《关于进一步深化税收征管改革的意见》、金税四期与金税三期相比新增的功能、金税四期建设的成就、金税四期税务重点关注对象。第二章至第六章介绍企业税务管理及典型案例分析，包括税务登记管理、账簿凭证管理、纳税申报管理、税款缴纳管理、税务稽查管理等方面内容。第七章至第十三章分别介绍金税四期下个人所得税、企业所得税、增值税、房地产企业税务、消费税、印花税、公司股权架构等方面的税务筹划。第十四章介绍金税四项税务筹划与反避税经典案例。

在金税四期背景下，企业试图通过做假账、虚开发票、隐瞒收入等违法方式减轻税收负担的行为，被税务机关查处是迟早的事。企业要想节税，必须通过合法的税务筹划方式进行。本书精选了涉及个人所得税、企业所得税、增值税、消费税、土地增值税、房产税、印花税、契税的92个典型税务筹划案例供企业选用。这些筹划方案都是具有较大适用范围且合法合理的，可以帮助广大纳税人在合法合理的前提下减轻自己的税收负担。本书还精选了税务登记、纳税申报管理、税款缴纳管理、税务稽查与反避税等多个税务管理环节的案例分析，供税务机关及广大纳税人在遇到类似问题时予以参考。

本书适宜广大企事业单位的财务人员了解金税工程的征管措施，进而实现本单位财务、税务管理的合法、合规，本书也适宜作为广大税务机关了解现行征管制度并向纳税人宣传征管制度的科普资料。本书所依据的法律法规发布日期截至2023年10月31日。

编者

2023年11月1日

第一章 金税工程四期建设 / 001

第一节 金税工程四期建设概况 / 001

第二节 金税四期建设相关报道 / 003

第三节 进一步深化税收征管改革 / 006

第四节 国家税务总局学习贯彻落实《关于进一步深化税收征管改革的意见》/ 012

第五节 金税四期与金税三期相比新增的功能 / 016

第六节 金税四期建设的成就 / 031

第七节 金税四期税务重点关注对象 / 037

第二章 税务登记管理及案例分析 / 051

第一节 税务登记基本制度 / 051

第二节　税务登记制度改革 / 059

第三节　税务登记典型案例分析 / 071

第三章　账簿凭证管理及案例分析 / 095

第一节　账簿凭证管理一般制度 / 095

第二节　发票管理制度 / 104

第三节　增值税发票管理制度 / 125

第四节　账簿凭证管理典型案例分析 / 157

第四章　纳税申报管理及案例分析 / 186

第一节　纳税申报通用管理制度 / 186

第二节　增值税纳税申报管理 / 192

第三节　企业所得税纳税申报管理 / 221

第四节　个人所得税纳税申报管理 / 230

第五节　纳税申报管理典型案例分析 / 253

第五章　税款缴纳管理及案例分析 / 270

第一节　税款缴纳管理通用制度 / 270

第二节　纳税担保制度 / 282

第三节　纳税信用管理制度 / 289

第四节　税款缴纳管理典型案例分析 / 307

第六章　税务稽查管理及案例分析 / 329

第一节　税务稽查管理基本制度 / 329

第二节　税务稽查程序制度 / 333

第三节　税务稽查随机抽查制度 / 355

第四节　税务稽查典型案例分析 / 365

第七章　金税四期个人所得税筹划 / 386

第一节　工资薪金所得的税务筹划 / 386

第二节　其他综合所得的税务筹划 / 398

第三节　个人经营所得的税务筹划 / 406

第四节　个人财产转让所得的税务筹划 / 409

第八章　金税四期企业所得税筹划 / 417

第一节　企业设立决策所得税筹划 / 417

第二节　企业经营决策所得税筹划 / 420

第三节　企业投资决策所得税筹划 / 423

第九章　金税四期增值税筹划 / 427

第一节　利用增值税纳税人身份进行筹划 / 427

第二节　利用增值税简易计税进行筹划 / 442

第三节　利用增值税税收优惠进行筹划 / 444

第十章　金税四期房地产企业税务筹划 / 447

第一节　房产税概述 / 447

第二节　房地产企业税务筹划方案 / 452

第十一章　金税四期消费税筹划 / 469

第一节　消费税的征税范围 / 469

第二节　消费税税务筹划方案 / 471

第十二章　金税四期印花税筹划 / 482

第一节　印花税概述 / 482

第二节　印花税税务筹划方案 / 490

第十三章　金税四期公司股权架构与税务筹划 / 493

第一节　个人非货币性资产投资的税务筹划 / 493

第二节　个人技术成果出资的税务筹划 / 494

第三节　利用税收洼地进行股权转让或减持 / 495

第四节　利用亏损企业进行股权转让或减持 / 496

第五节　将公司股权转让转变为个人股权转让 / 497

第六节　通过撤资实现股权转让的目的 / 497

第七节　将资产转让转化为股权转让 / 498

第八节　分立企业增加销售收入 / 499

第十四章　金税四期税务筹划与反避税经典案例分析 / 500

第一节　金税四期税务筹划经典案例分析 / 500

第二节　反避税经典案例分析 / 520

第一章

金税工程四期建设

第一节 金税工程四期建设概况

一、金税四期的含义

金税四期是国家推行的金税工程计划中的第四期,是第三期的升级版。金税工程,作为经国务院批准的国家级电子政务十二金工程之一,是吸收国际先进经验,运用高科技手段结合我国增值税管理实际设计的高科技管理系统。

自1994年开始,金税工程历经一期、二期、三期到四期的建设,从2019年3月1日金税三期(并库版)的上线到2020年11月13日金税四期的采购公告发布,体现了金税工程更新换代时间之短,更体现了国家电子政务工程的快速发展。

二、金税四期的特点

与金税三期相比,金税四期增加了"非税"业务管控,大家最关注的社会保险(简称社保)也被纳入税务机关管理并通过金税四期工程进行征管;增加了与人民银行的信息联网,对资金进行严格管控;增加了对企业相关人员身份信息及信用的管控;实行云化服务,全流程智能办税。

三、决策指挥端建设目标

为打造智慧税务,实现税收治理现代化的规划要求,税务总局决定推进金税工程决策指挥端建设工作,为领导层打造一套信息获取及时准确、页面展示直观形象、实操实控简单明了、指挥决策精准有力的"作战图"指挥平台,以实现以下目标。

(一)"智慧办公"提效率

引入可视化、语音化、智能化技术,建设先进的多人音视频沟通系统,提供便捷的线上沟通、线上会商功能,实现全方位、宽领域、多场景的互动,解决会议室订不上、异地办公交互难的问题,提升智慧办公、智慧协作水平。

(二)"智慧指挥"添能力

搭建各层级间上下贯通、左右互联的弹性指挥控制链条,组成纵向贯穿各级税务机关,横向覆盖各地区各部门的指挥网络,为税务总局和省以下税务机关提供方便快捷的实时指挥能力。

(三)"智慧决策"有帮手

智能收集推送重大事项、税务要情,运用个性化信息推送服务技术和人工智能交互界面技术,实现领导决策任务差异化推送和智能关联推送,方便领导第一时间掌握重要情况,更好地服务宏观经济决策,提升税收治理现代化水平。

四、金税四期决策指挥项目的主体功能

该项目主体功能包括视频指挥台、重大事项和重要日程三个模块。

(一)视频指挥台模块

该模块主要用于满足总局领导与司局领导、各省市领导,各司局领导、各省市领导及有关干部之间,在指定区域(指税务内网覆盖区域,如税务总局不同办公区,总局、省局、市局办公和驻点区域等)对相关事件(如紧急任务下发、最新政策研讨、重点工作事项的汇报与交流)进行视频交互、远程指挥、情况汇报以及交流分析。该模块可开展一对多视频指挥,多对多视频沟通,支撑多方稳定通话、便捷分享屏幕和文档。

(二)重大事项模块

该模块主要通过分析匹配信息文档的标签与个人岗位、职务等信息,根据不同使用者的个人偏好,将内网和互联网上相关涉税信息、高层动态、社会热点、经济动态、国内外大事等信息进行个性化的推送,满足千人千面的定制化需求,使得使用人可以在该模块快速方便地浏览感兴趣的信息。

(三)重要日程模块

该模块主要是结合日历,将与系统使用者有关的行程进行展示和共享,可以根据需要设定日程提醒,同时便于上级领导安排和召集会议、确定相关行程等重要事务性

安排。该模块还可提供指定人员在岗状态信息和外出情况信息的查询，便于掌握人员工作动态，对视频指挥台模块开展远程视频会议起到辅助提示作用。

五、金税四期决策指挥项目的辅助功能

除主体功能外，该项目需求还包括多人音视频沟通、会议室预定功能等在内的辅助功能，同时还要求保留接口提供功能扩展能力，用于决策指挥系统后期相关功能模块的衔接。

（一）多人音视频沟通

可根据需要，随时使用音视频方式与上级、同事连线沟通。支持几十人同时在线，单次沟通不限时长。设置了主持人角色，由会议发起人为首任主持人，主持人可以使用特定限制和管理，组织会议顺利进行，避免参会人员发言冲突。同时可以根据目前发言人进行界面优化和突出显示，根据需要选择降噪模式，消除敲击键盘声等的干扰。满足屏幕共享和远程协助，参会人可以通过屏幕共享直观展示会议议题、会议文件等，实时进行远程互动和写作。

（二）会议室预定

可实现会议室在线预定、变更，支持会议排座管理、会议席卡打印。支持查看不同办公区所有会议室的使用情况，以及会议室的实时预定情况、预订者、预定时间，在会议室资源紧张时可以与预订者进行协调。

（三）扩展接口

提供应用标准开发框架，实现功能可扩展性，满足未来办公协同的需求。

第二节 金税四期建设相关报道

一、国家税务总局局长2021年新年献词[①]

岁序更替，华章日新。回首一年的艰辛与不易，满载一年的收获与成绩，我们即将辞别充满挑战、奋发勇进的2020年，迎来见证中国共产党百年风华的2021年。在这新元

---

① 资料来源：国家税务总局官方网站https://www.chinatax.gov.cn/chinatax/n810219/n810724/c5160377/content.html。

肇始、万象更新的美好时刻，我谨代表国家税务总局并以我个人名义，向为税收事业辛勤奉献的全国税务干部职工及家属，向长期以来关心支持税收工作的广大纳税人缴费人和社会各界致以新年的祝福和诚挚的问候！

历史，总在一些特殊的年份给人们以汲取智慧、继续前行的力量。2020年以来，面对突如其来的疫情和各种风险矛盾叠加带来的严峻挑战，全国税务系统深入学习领会习近平新时代中国特色社会主义思想，认真贯彻落实党中央、国务院决策部署，尽锐出战、善作善成，支持统筹推进疫情防控和经济社会发展取得良好成效，多项税收工作实现新的突破，在高质量推进新时代税收现代化进程中留下浓墨重彩的一笔。

这一年，我们坚毅果敢应对战疫大考。结合税务实际及时推出并认真落实"四力"举措，聚焦"优惠政策落实要给力"，建立健全优惠政策直达快享的落实机制，确保全年新增减税降费超过2.5万亿元；聚焦"非接触式办税要添力"，分批实现211个税费事项网上办理，全年通过非接触式办理税费业务量占比近9成；聚焦"数据服务大局要加力"，深化拓展税收大数据分析应用，一篇篇独具税务视角的分析报告、一串串反映经济动态的税收数据，在服务各级领导决策、助力市场主体发展中发挥了积极作用；聚焦"疫情防控工作要尽力"，从严抓好群防群控、联防联控，全国税务系统上下同心、投身战疫，4 200多支党员突击队闻令即动、逆行出征，让税务蓝成为抗疫战场的硬核力量。

这一年，我们担当作为服务发展大局。坚持把税收工作放到党和国家事业发展大局中谋划推进，依法依规组织收入，坚决不收"过头税费"，严厉打击虚开骗税；完善支持脱贫攻坚政策指引，落实相关优惠政策减税约1 000亿元；连续第7年开展"便民办税春风行动"，持续优化税收营商环境，纳税人满意度进一步提升；组织召开"一带一路"税收征管合作机制线上会议，达成15项最新成果，中国税务的国际影响力持续扩大。

这一年，我们开拓创新推进改革大事。积极克服疫情影响，科学精准把握工作节奏，因时因势调整策略方法，在精耕细作中确保个人所得税三步改革圆满完成，首次年度汇算清缴顺利落地；稳步推进增值税专用发票电子化试点，并以此为契机着力推进智慧税务建设；深化税务系统纪检监察体制改革试点，促进税务系统全面从严治党向纵深发展；有序推进职务与职级并行工作，为干事创业添活力增动能。

在这个特殊的年份，有许多平凡的税务人温暖着我们、感动着我们、激励着我们。他们面对疫情汛情，义无反顾、向险而行，坚守在疫情防控和抗洪抢险的第一线；他们以村为家、以民为亲，脚踏实地、苦干实干，扎根在决战决胜脱贫攻坚的最前沿；他们肩负重大税收改革发展任务，夜以继日、不辞辛劳，忙碌于服务"六稳""六保"的主战场。正是有了千千万万平凡的税务人默默无闻长期坚守和关键时刻挺身而出，税收事业发展才会蹄疾步稳，中国税务精神才会愈发闪耀出熠熠光辉。

春晖渐近旧岁去，一元复始万象新。新年意味着新的起点、新的希望、新的征程。2021年是我国现代化建设进程中具有特殊重要性的一年，全国税务系统要以习近平新时代中国特色社会主义思想为指导,深入贯彻党的十九大和十九届二中、三中、四中、五中全会及中央经济工作会议精神,坚持党对税收工作的全面领导,进一步加强政治机关建设,统筹做好落实减税降费和组织收入工作,深入优化税务执法方式,着力推进税收各项改革和"金税四期"建设,不断完善税收营商环境,持续加强全面从严治党和严管善待干部队伍工作,努力实现"十四五"税收事业开好局、起好步,以优异成绩庆祝建党100周年。

前进的道路总是不平坦的,需要越过一岭又一峰,闯过一关又一坎。我们前行中有困难,更有战胜困难的勇气和智慧;我们奋进中有挑战,更有应对挑战的信心和力量。2021年的钟声即将敲响,让我们壮怀功成不必在我的胸襟,砥砺功成必定有我的担当,以永不懈怠的精神状态和一往无前的奋斗姿态,昂首阔步迈向新的一年。

衷心祝愿大家身体健康、工作顺利、阖家幸福、万事如意!

二、王军到税务总局驻北京特派办调研[①]

2021年3月,国家税务总局党委书记、局长王军到税务总局驻北京特派办调研,并看望慰问税务干部,勉励大家继续不忘初心、牢记使命,进一步发挥特派办撬动引领作用,为高质量推进新发展阶段税收现代化加油添劲、再立新功。税务总局党委员、总经济师王道树参加调研活动。

王军指出,北京特派办自成立以来,在推动决策有效落实、查处重大涉税案件、开展内部监督、防范税收风险等方面发挥了重要作用。他要求,税务总局驻各地特派办要始终坚持以习近平新时代中国特色社会主义思想为指导,认真学习贯彻党的十九届五中全会精神,深入贯彻落实全国两会精神及中央深改委第十七次会议精神,确保党中央、国务院一系列决策部署在税务系统落地生根;要进一步提升政治站位,充分发挥好党建引领作用,加强调查研究,提炼经验做法,注重总结归纳,持续深化细化新"纵合横通强党建"制度机制;要进一步发挥自身职能作用,深化对区域经济发展和税收政策落实的分析、研判,加强与省税务局的优势互补、协作配合,共同落实好税务总局党委决策部署;要进一步完善内控机制建设,发挥好特派办特殊稽审、提级稽审、撬动稽审作用,注重人才引进和培养工作;要进一步完善制度设计,明确岗位职责,深入落实风险防控"四个有人管"的要求,为专票电子化改革、"金税四期"建设发挥保驾护航作用,更好服务新发展阶段税收现代化建设。

王军强调,2021年"我为纳税人缴费人办实事暨便民办税春风行动"已启动,各级税务部门要进一步从纳税人缴费人最直观的办税体验着眼着手着力,探索推进税费服务产品发布前体验制度等创新做法,多角度听取纳税人缴费人呼声,尽心尽力为纳税人缴费人服务,全心全意让纳税人缴费人满意。要充分依托税收大数据优势,深入

---

① 资料来源:国家税务总局官方网站https://www.chinatax.gov.cn/chinatax/n810219/n810724/c5161991/content.html。

开展税收经济分析,发挥以税资政作用,更好服务京津冀协同发展等国家区域发展战略,服务各级党委政府宏观决策和地方经济社会发展,以优异成绩庆祝建党100周年。

王道树指出,北京特派办要围绕首都城市战略定位,找准服务首都"四个中心"功能建设的抓手,在推进"两区"建设方面继续发挥积极作用;要持续优化营商环境,坚持不懈推动落实好"便民办税春风行动"各项举措,在全面建设社会主义现代化国家新征程中展现税务铁军的担当作为。

税务总局办公厅、稽查局、督察内审司主要负责人参加调研慰问。

第三节 进一步深化税收征管改革

根据中共中央办公厅、国务院办公厅印发的《关于进一步深化税收征管改革的意见》(2021年3月24日)的规定,近年来,我国税收制度改革不断深化,税收征管体制持续优化,纳税服务和税务执法的规范性、便捷性、精准性不断提升。为深入推进税务领域"放管服"改革,完善税务监管体系,打造市场化法治化国际化营商环境,更好服务市场主体发展,中共中央办公厅、国务院办公厅就进一步深化税收征管改革提出如下意见。

一、总体要求

（一）指导思想

以习近平新时代中国特色社会主义思想为指导,全面贯彻党的十九大和十九届二中、三中、四中、五中全会精神,围绕把握新发展阶段、贯彻新发展理念、构建新发展格局,深化税收征管制度改革,着力建设以服务纳税人缴费人为中心、以发票电子化改革为突破口、以税收大数据为驱动力的具有高集成功能、高安全性能、高应用效能的智慧税务,深入推进精确执法、精细服务、精准监管、精诚共治,大幅提高税法遵从度和社会满意度,明显降低征纳成本,充分发挥税收在国家治理中的基础性、支柱性、保障性作用,为推动高质量发展提供有力支撑。

（二）工作原则

坚持党的全面领导,确保党中央、国务院决策部署不折不扣落实到位;坚持依法治税,善于运用法治思维和法治方式深化改革,不断优化税务执法方式,着力提升税收法治化水平;坚持为民便民,进一步完善利企便民服务措施,更好满足纳税人缴费人合理需求;坚持问题导向,着力补短板强弱项,切实解决税收征管中的突出问题;坚持改革创新,深化税务领域"放管服"改革,推动税务执法、服务、监管的理念和方式手段等全方位变革；坚持系统观念，统筹推进各项改革措施，整体性集成式提升税收治理效能。

（三）主要目标

到2022年，在税务执法规范性、税费服务便捷性、税务监管精准性上取得重要进展。到2023年，基本建成"无风险不打扰、有违法要追究、全过程强智控"的税务执法新体系，实现从经验式执法向科学精确执法转变；基本建成"线下服务无死角、线上服务不打烊、定制服务广覆盖"的税费服务新体系，实现从无差别服务向精细化、智能化、个性化服务转变；基本建成以"双随机、一公开"监管和"互联网+监管"为基本手段、以重点监管为补充、以"信用+风险"监管为基础的税务监管新体系，实现从"以票管税"向"以数治税"分类精准监管转变。到2025年，深化税收征管制度改革取得显著成效，基本建成功能强大的智慧税务，形成国内一流的智能化行政应用系统，全方位提高税务执法、服务、监管能力。

二、全面推进税收征管数字化升级和智能化改造

（一）加快推进智慧税务建设

充分运用大数据、云计算、人工智能、移动互联网等现代信息技术，着力推进内外部涉税数据汇聚联通、线上线下有机贯通，驱动税务执法、服务、监管制度创新和业务变革，进一步优化组织体系和资源配置。2022年基本实现法人税费信息"一户式"、自然人税费信息"一人式"智能归集，2023年基本实现税务机关信息"一局式"、税务人员信息"一员式"智能归集，深入推进对纳税人缴费人行为的自动分析管理、对税务人员履责的全过程自控考核考评、对税务决策信息和任务的自主分类推送。2025年实现税务执法、服务、监管与大数据智能化应用深度融合、高效联动、全面升级。

（二）稳步实施发票电子化改革

2021年建成全国统一的电子发票服务平台，24小时在线免费为纳税人提供电子发票申领、开具、交付、查验等服务。制定出台电子发票国家标准，有序推进铁路、民航等领域发票电子化，2025年基本实现发票全领域、全环节、全要素电子化，着力降低制度性交易成本。

（三）深化税收大数据共享应用

探索区块链技术在社会保险费征收、房地产交易和不动产登记等方面的应用，并持续拓展在促进涉税涉费信息共享等领域的应用。不断完善税收大数据云平台，加强数据资源开发利用，持续推进与国家及有关部门信息系统互联互通。2025年建成税务部门与相关部门常态化、制度化数据共享协调机制，依法保障涉税、涉费必要信息

获取；健全涉税、涉费信息对外提供机制，打造规模大、类型多、价值高、颗粒度细的税收大数据，高效发挥数据要素驱动作用。完善税收大数据安全治理体系和管理制度，加强安全态势感知平台建设，常态化开展数据安全风险评估和检查，健全监测预警和应急处置机制，确保数据全生命周期安全。加强智能化税收大数据分析，不断强化税收大数据在经济运行研判和社会管理等领域的深层次应用。

三、不断完善税务执法制度和机制

（一）健全税费法律法规制度

全面落实税收法定原则，加快推进将现行税收暂行条例上升为法律。完善现代税收制度，更好发挥税收作用，促进建立现代财税体制。推动修订税收征收管理法、反洗钱法、发票管理办法等法律法规和规章。加强非税收入管理法制化建设。

（二）严格规范税务执法行为

坚持依法依规征税收费，做到应收尽收。同时，坚决防止落实税费优惠政策不到位、征收"过头税费"及对税收工作进行不当行政干预等行为。全面落实行政执法公示、执法全过程记录、重大执法决定法制审核制度，推进执法信息网上录入、执法程序网上流转、执法活动网上监督、执法结果网上查询，2023年基本建成税务执法质量智能控制体系。不断完善税务执法及税费服务相关工作规范，持续健全行政处罚裁量基准制度。

（三）不断提升税务执法精确度

创新行政执法方式，有效运用说服教育、约谈警示等非强制性执法方式，让执法既有力度又有温度，做到宽严相济、法理相融。坚决防止粗放式、选择性、"一刀切"执法。准确把握一般涉税违法与涉税犯罪的界限，做到依法处置、罚当其责。在税务执法领域研究推广"首违不罚"清单制度。坚持包容审慎原则，积极支持新产业、新业态、新模式健康发展，以问题为导向完善税务执法，促进依法纳税和公平竞争。

（四）加强税务执法区域协同

推进区域间税务执法标准统一，实现执法信息互通、执法结果互认，更好服务国家区域协调发展战略。简化企业涉税涉、费事项跨省迁移办理程序，2022年基本实现资质异地共认。持续扩大跨省经营企业全国通办涉税、涉费事项范围，2025年基本实现全国通办。

（五）强化税务执法内部控制和监督

2022年基本构建起全面覆盖、全程防控、全员有责的税务执法风险信息化内控监督体系，将税务执法风险防范措施嵌入信息系统，实现事前预警、事中阻断、事后追责。强化内外部审计监督和重大税务违法案件"一案双查"，不断完善对税务执法行为的常态化、精准化、机制化监督。

四、大力推行优质高效智能税费服务

（一）确保税费优惠政策直达快享

2021年实现征管操作办法与税费优惠政策同步发布、同步解读，增强政策落实的及时性、确定性、一致性。进一步精简享受优惠政策办理流程和手续，持续扩大"自行判别、自行申报、事后监管"范围，确保便利操作、快速享受、有效监管。2022年实现依法运用大数据精准推送优惠政策信息，促进市场主体充分享受政策红利。

（二）切实减轻办税缴费负担

积极通过信息系统采集数据，加强部门间数据共享，着力减少纳税人缴费人重复报送。全面推行税务证明事项告知承诺制，拓展容缺办理事项，持续扩大涉税资料由事前报送改为留存备查的范围。

（三）全面改进办税缴费方式

2021年基本实现企业税费事项能网上办理，个人税费事项能掌上办理。2022年建成全国统一规范的电子税务局，不断拓展"非接触式""不见面"办税缴费服务。逐步改变以表单为载体的传统申报模式，2023年基本实现信息系统自动提取数据、自动计算税额、自动预填申报，纳税人缴费人确认或补正后即可线上提交。

（四）持续压减纳税缴费次数和时间

落实《优化营商环境条例》，对标国际先进水平，大力推进税（费）种综合申报，依法简并部分税种征期，减少申报次数和时间。扩大部门间数据共享范围，加快企业出口退税事项全环节办理速度，2022年税务部门办理正常出口退税的平均时间压缩至6个工作日以内，对高信用级别企业进一步缩短办理时间。

（五）积极推行智能型个性化服务

全面改造提升12366税费服务平台，加快推动向以24小时智能咨询为主转变，2022年基本实现全国咨询"一线通答"。运用税收大数据智能分析识别纳税人缴费人的实际体验、个性需求等，精准提供线上服务。持续优化线下服务，更好满足特殊人员、特殊事项的服务需求。

（六）维护纳税人缴费人合法权益

完善纳税人缴费人权利救济和税费争议解决机制，畅通诉求有效收集、快速响应和及时反馈渠道。探索实施大企业税收事先裁定并建立健全相关制度。健全纳税人、缴费人个人信息保护等制度，依法加强税费数据查询权限和留痕等管理，严格保护纳税人缴费人及扣缴义务人的商业秘密、个人隐私等，严防个人信息泄露和滥用等。税务机关和税务人员违反有关法律法规规定、因疏于监管造成重大损失的，依法严肃追究责任。

五、精准实施税务监管

（一）建立健全以"信用+风险"为基础的新型监管机制

健全守信激励和失信惩戒制度，充分发挥纳税信用在社会信用体系中的基础性作用。建立健全纳税缴费信用评价制度，对纳税缴费信用高的市场主体给予更多便利。在全面推行实名办税缴费制度基础上，实行纳税人缴费人动态信用等级分类和智能化风险监管，既以最严格的标准防范逃避税，又避免影响企业正常生产经营。健全以"数据集成+优质服务+提醒纠错+依法查处"为主要内容的自然人税费服务与监管体系。依法加强对高收入高净值人员的税费服务与监管。

（二）加强重点领域风险防控和监管

对逃避税问题多发的行业、地区和人群，根据税收风险适当提高"双随机、一公开"抽查比例。对隐瞒收入、虚列成本、转移利润以及利用"税收洼地""阴阳合同"和关联交易等逃避税行为，加强预防性制度建设，加大依法防控和监督检查力度。

（三）依法严厉打击涉税违法犯罪行为

充分发挥税收大数据作用，依托税务网络可信身份体系对发票开具、使用等进行全环节即时验证和监控，实现对虚开骗税等违法犯罪行为惩处从事后打击向事前事中精准防范转变。健全违法查处体系，充分依托国家"互联网+监管"系统多元数据汇聚功能，精准有效打击"假企业"虚开发票、"假出口"骗取退税、"假申报"骗取税费优惠等行为，保障国家税收安全。对重大涉税违法犯罪案件，依法从严查处曝光并按照有关规定纳入企业和个人信用记录，共享至全国信用信息平台。

六、持续深化拓展税收共治格局

（一）加强部门协作

大力推进会计核算和财务管理信息化，通过电子发票与财政支付、金融支付和各类单位财务核算系统、电子档案管理信息系统的衔接，加快推进电子发票无纸化报销、入账、归档、存储。持续深化"银税互动"，助力解决小微企业融资难融资贵问题。加强情报交换、信息通报和执法联动，积极推进跨部门协同监管。

（二）加强社会协同

积极发挥行业协会和社会中介组织作用，支持第三方按市场化原则为纳税人提供个性化服务，加强对涉税中介组织的执业监管和行业监管。大力开展税费法律法规的普及宣传，持续深化青少年税收法治教育，发挥税法宣传教育的预防和引导作用，在全社会营造诚信纳税的浓厚氛围。

（三）强化税收司法保障

公安部门要强化涉税犯罪案件查办工作力量，做实健全公安派驻税务联络机制。实行警税双方制度化、信息化、常态化联合办案，进一步畅通行政执法与刑事执法衔接工作机制。检察机关发现负有税务监管相关职责的行政机关不依法履责的，应依法提出检察建议。完善涉税司法解释，明晰司法裁判标准。

（四）强化国际税收合作

深度参与数字经济等领域的国际税收规则和标准制定，持续推动全球税收治理体系建设。落实防止税基侵蚀和利润转移行动计划，严厉打击国际逃避税，保护外资企业合法权益，维护我国税收利益。不断完善"一带一路"税收征管合作机制，支持发展中国家提高税收征管能力。进一步扩大和完善税收协定网络，加大跨境涉税争议案件协商力度，实施好对所得避免双重征税的双边协定，为高质量引进来和高水平走出去提供支撑。

七、强化税务组织保障

（一）优化征管职责和力量

强化市县税务机构在日常性服务、涉税涉费事项办理和风险应对等方面的职责，适当上移全局性、复杂性税费服务和管理职责。不断优化业务流程，合理划分业务边界，科学界定岗位职责，建立健全闭环管理机制。加大人力资源向风险管理、税费分析、大数据应用等领域倾斜力度，增强税务稽查执法力量。

（二）加强征管能力建设

坚持更高标准、更高要求，着力建设德才兼备的高素质税务执法队伍，加大税务领军人才和各层次骨干人才培养力度。高质量建设和应用学习兴税平台，促进学习日常化、工作学习化。

（三）改进提升绩效考评

在实现税务执法、税费服务、税务监管行为全过程记录和数字化智能归集基础上，推动绩效管理渗入业务流程、融入岗责体系、嵌入信息系统，对税务执法等实施自动化考评，将法治素养和依法履职情况作为考核评价干部的重要内容，促进工作质效持续提升。

八、认真抓好贯彻实施

（一）加强组织领导

各地区各有关部门要增强"四个意识"、坚定"四个自信"、做到"两个维护"，切实履行职责，密切协调配合，确保各项任务落地见效。税务总局要牵头组织实施，积极研究解决工作推进中遇到的重大问题，加强协调沟通，抓好贯彻落实。地方各级党委和政府要按照税务系统实行双重领导管理体制的要求，在依法依规征税收费、落实减税降费、推进税收共治、强化司法保障、深化信息共享、加强税法普及、强化经费保障等方面提供支持。

（二）加强跟踪问效

在税务领域深入推行"好差评"制度，适时开展监督检查和评估总结，减轻基层负担，促进执法方式持续优化、征管效能持续提升。

（三）加强宣传引导

税务总局要会同有关部门认真做好宣传工作，准确解读便民利企政策措施，及时回应社会关切，正确引导社会预期，营造良好舆论氛围。

第四节　国家税务总局学习贯彻落实《关于进一步深化税收征管改革的意见》

根据《国家税务总局关于深入学习贯彻落实〈关于进一步深化税收征管改革的意见〉的通知》（税总发〔2021〕21号）的规定，为贯彻落实好中共中央办公厅、国务院办公厅印发的《关于进一步深化税收征管改革的意见》（以下简称《意见》），深入推进税务领域"放管服"改革，打造市场化、法治化、国际化营商环境，更好服务市场主体发展，有关要求如下。

一、充分认识《意见》的重大意义

党的十八大以来，在以习近平同志为核心的党中央坚强领导下，我国税收制度改革不断深化，税收征管体制持续优化，纳税服务和税务执法的规范性、便捷性、精准性不断提升，但与推进国家治理体系和治理能力现代化的要求相比、与纳税人缴费人的期待相比仍有一定差距。《意见》立足于解决当前税收征管中存在的突出问题和深层次矛盾，围绕把握新发展阶段、贯彻新发展理念、构建新发展格局，对进一步深化税收征管改革作出全面部署，具有多方面重大意义。

（一）这是党中央、国务院关于"十四五"时期税收改革发展的重要制度安排

党中央、国务院高度重视深化税收征管改革。2020年12月30日，习近平总书记主持召开中央全面深化改革委员会第十七次会议，对进一步优化税务执法方式、深化税收征管改革进行研究。党的十九届五中全会对深化税收征管制度改革提出了明确要求。李克强总理在2021年的《政府工作报告》中强调，要深化财税金融体制改革，纵深推进"放管服"改革，加快营造市场化、法治化、国际化营商环境，激发各类市场主体活力。《意见》充分体现党的十九届五中全会、全国两会和《中华人民共和国国民经济和社会发展第十四个五年规划和2035年远景目标纲要》（以下简称"十四五"规划纲要）精神，坚持问题导向和目标导向，提出了进一步深化税收征管改革的指导思想、工作原则、主要目标和重点任务，集成推出一系列针对性强、含金量高的服务征管举措，不仅将有力推动税收征管改革不断走向深入，而且为"十四五"时期税收工作确立了总体规划和蓝图框架。

（二）这是体现党中央、国务院关心关怀、顺应纳税人缴费人期盼的重大民心工程

2021年是建党100周年，中央部署在全党开展党史学习教育和"我为群众办实事"实践活动，强调要落实以人民为中心的发展思想，践行全心全意为人民服务的宗旨。《意见》体现"十四五"规划纲要关于坚持共同富裕方向、不断满足人民对美好生活向往的要求，顺应人民群众期待，坚持为民便民，聚焦解决纳税人缴费人的堵点、难点、痛点问题，推出一系列优质高效智能、利企便民惠民的措施，以更好满足纳税人缴费人合理需求，必将指导税务部门在提升纳税人缴费人办税缴费体验中不断提高社会满意度，进一步增强人民群众获得感。

（三）这是指导税务部门当前及今后一个时期"带好队伍、干好税务"、更好服务国家治理现代化的纲领性文件

党的十八大以来，税务部门深入学习贯彻习近平新时代中国特色社会主义思想以及习近平总书记关于税收工作的重要论述，确立了以"带好队伍、干好税务"为主要内容的新时代税收现代化建设总目标，有力服务了经济社会发展大局。《意见》提出深入推进精确执法、精细服务、精准监管、精诚共治，为税务部门持续深入"干好税务"指明

了方向；《意见》就坚持党对税收工作的全面领导、建设高素质税务执法队伍、人才培养、绩效考评等作出系列部署，对税务部门持续深入"带好队伍"提出了明确要求，必将有力促进构建税务部门全面从严治党新格局，引领保障高质量推进新发展阶段税收现代化不断取得新成绩、开创新局面，更好发挥税收在国家治理中的基础性、支柱性、保障性作用，为推动高质量发展、服务国家治理现代化提供有力支撑。

各级税务机关和广大税务干部要充分认识《意见》的重大意义，切实把思想和行动统一到党中央、国务院重大部署上来，结合深入开展党史学习教育、"我为群众办实事"实践活动以及落实"十四五"规划纲要，认真抓好《意见》的学习贯彻，确保落地见效。

二、准确把握《意见》的主要内容

《意见》提出了进一步深化税收征管改革的6个方面24类重点任务，涉及税收工作的各个方面。各级税务机关要准确把握，积极推动《意见》各项部署安排落实落地。

（一）数据赋能更有效

运用现代信息技术建设智慧税务，实现从信息化到数字化再到智慧化是税收征管发展趋势。要深刻领会《意见》聚焦发挥数据生产要素的创新引擎作用，把"以数治税"理念贯穿税收征管全过程的部署安排，稳步实施发票电子化改革，深化税收大数据共享应用，着力建设具有高集成功能、高安全性能、高应用效能的智慧税务，全面推进税收征管数字化升级和智能化改造。

（二）税务执法更精确

坚持严格规范公正文明执法，是全面推进依法治国的基本要求，是维护社会公平正义的重要举措。要深刻理解《意见》健全执法制度机制、把握税务执法时度效的核心要义，运用法治思维，创新行政执法方式，严格规范税务执法行为，强化税务执法内部控制和监督，坚决防止粗放式、选择性、"一刀切"执法，推动从经验式执法向科学精确执法转变。

（三）税费服务更精细

不断满足纳税人缴费人的服务需求，是税务部门践行以人民为中心的发展思想的直接体现，是构建一流税收营商环境的具体行动。要深刻认识《意见》大力推行优质高效智能税费服务的重要意义，切实做到税费优惠政策直达快享，有效减轻办税缴费负担，全面改进办税缴费方式，实现从无差别服务向精细化、智能化、个性化服务转变，持续提升纳税人缴费人获得感。

（四）税务监管更精准

实施科学精准的税务监管，维护经济税收秩序，是税务部门的重要职责。要深刻把握《意见》对管出公平、管出质量的部署要求，建立健全以"信用+风险"为基础的新型监管机制，推动从"以票管税"向"以数治税"分类精准监管转变，既以最严格的标准防范逃避税，又避免影响企业正常生产经营，实现对市场主体干扰最小化，监管效能最大化。

（五）税收共治更精诚

税收工作深度融入国家治理，与政治、经济、社会、文化和民生等各领域息息相关，深化税收征管改革需要各方面的支持、配合和保障。要深刻认识《意见》进一步拓展税收共治格局的重要作用，聚焦重点领域和薄弱环节，突出制度化、机制化、信息化，进一步做实做精部门协作、社会协同、税收司法保障和国际税收合作，凝聚更大合力为税收工作提供强大支撑。

（六）组织保障更有力

加强组织体系建设，是税收治理体系和治理能力现代化的重要组成部分。要深刻理解《意见》进一步激发税务干部活力动力的精神实质，着眼新使命新职责，优化征管职责和力量，加强征管能力建设，改进提升绩效考评，提高干部队伍法治素养和依法履职能力，为进一步深化税收征管改革提供强有力的组织保障。

三、坚决抓好《意见》的贯彻实施

（一）加强组织领导，突出党建引领

各级税务机关要坚持和加强党对贯彻落实《意见》工作的领导，增强"四个意识"、坚定"四个自信"、做到"两个维护"。税务总局成立《意见》落实领导小组及其办公室，各省税务局要加强统一领导，成立本级领导小组及其办公室，扎实推进各项改革任务落地。

（二）细化任务分工，分步有序实施

税务总局制定贯彻落实工作方案，明确阶段工作安排，分步推进《意见》实施；细化路线图时间表责任人，分类推进任务落地。各相关司局要按照任务分工，主动担当作为，积极加强与有关部门的沟通协调和对各地税务机关的工作指导。各省税务局既要按照税务总局统一部署抓好贯彻落实，确保全国"一盘棋"；又要积极向当地党委政府汇报，推动制定本地实施方案，将深化税收征管改革纳入当地"十四五"改革发展规划之中统筹安排，凝聚条块协同推进的合力。

（三）强化统筹集成，持续优化提升

《意见》涉及征管服务理念、业务制度、岗责体系和信息系统的优化调整，必须

坚持系统观念，不仅要把正在开展的发票电子化改革、金税四期建设、便民办税春风行动等重点工作作为落实《意见》的重要举措，而且要把今后一段时期"带好队伍、干好税务"的系列改革，都纳入《意见》的贯彻落实中统筹谋划、集成贯通、一体推进，务求取得系统性、开创性成效。

（四）做好宣传解读，严格督查考评

各级税务机关要认真组织集中学习和培训，引导税务干部统一思想认识，自觉融入改革大局。要突出让纳税人缴费人更有获得感，加强贯彻落实《意见》的宣传工作，深入解读《意见》促进税务执法监管公平公正公开、办税缴费服务便民利民惠民的举措，积极宣传改革经验做法和成效。要积极回应社会关切，引导社会各界理解和支持税收工作。要注重工作实效，力戒形式主义、官僚主义。要将《意见》贯彻实施工作纳入督查督办和绩效考评，定期开展评估总结、跟踪问效。要健全激励和问责机制，对工作不力、进度迟缓的要依规严肃问责。

第五节　金税四期与金税三期相比新增的功能

一、增加了全流程智能办税

金税四期工程增加了全流程智能办税功能，纳税流程更加便捷，为纳税人服务的功能更加强大。

为切实落实好2022年"我为纳税人缴费人办实事暨便民办税春风行动"的各项举措，开展好第31个全国税收宣传月活动，税务部门不断优化智慧税务服务方式，让纳税服务更加智能、高效、便捷，进一步提升纳税人缴费人的满意度与获得感。

在山东，国家税务总局烟台经济技术开发区税务局"智税服务团队"将智慧税务理念融入税收宣传工作中，为纳税人提供"浸入式"税费优惠政策宣讲新体验。税务干部辅导纳税人使用VR设备，了解增值税留抵退税操作办理流程。

在河北，国家税务总局隆尧县税务局结合纳税人缴费人需求，在全省率先引入24小时智慧办税舱，可一舱通办包括实名采集、新办登记、各项税费申报缴纳等涉税费业务，实现全天候自助办税，为纳税人缴费人带来极大便利。

在辽宁，国家税务总局朝阳市税务局第二税务分局依托"空中客服"——智能自助服务平台，以"人机对话"的形式远程辅导纳税人办理涉税业务。

在山西，国家税务总局大同经济技术开发区税务局为纳税人缴费人提供全流程智慧服务，纳税人缴费人办税过程中可随时呼叫远程导税人员，在线解决疑难问题。纳税人可以在智慧税务办税大厅使用双屏智能辅导系统办理涉税业务。

在河南，国家税务总局郑州市郑东新区税务局联合郑东新区政务服务局正式上线智慧税务服务——"云帮办"系统，通过"一对一"可视化方式为纳税人解决涉税疑难。

在贵州，国家税务总局都匀市税务局引入大数据、人工智能、生物识别等技术，在智慧办税厅设立智慧导税员，通过人脸识别系统记录纳税人信息和相关涉税资料，精准引导纳税人到相应区域办理涉税业务，提高纳税服务效率。

在重庆，国家税务总局重庆市北碚区税务局打造全天候、全智能、全业务的智慧办税服务厅，并将智能机器人"税小宝"正式引入到纳税服务中，纳税人可通过语音实现同"税小宝"的交互，了解最新的税费优惠政策。

在大连，国家税务总局大连市中山区税务局办税服务厅运用大数据、云计算等手段，通过智能问办平台，为纳税人精准推送优惠政策信息，帮助他们算清算细减税降费红利账。

在青岛，国家税务总局青岛高新技术产业开发区税务局打造"智慧税务岛"，一个税务窗口同时为2位纳税人办理业务，不断提升服务质效。

在厦门，厦门市税务部门"智慧办税厅"在火炬高新区软件园二期揭牌亮相，该智慧办税厅依托智能科技手段，内设智能导税区、办税监控平台、政策快充驿站等多个功能区，创新推出同屏智能咨询辅导以及代开发票自动盖章新功能，为周边软件园、企业等提供"集成智能、双向联动、学办一体"的涉税服务。

在深圳，国家税务总局深圳市福田区税务局推动办税服务厅向智能化转变，提升纳税人办税体验。在办税服务厅，税务干部使用智能平板电脑向纳税人展示"远程办"业务，帮助纳税人轻松办税。

▶▶▶ 税务稽查风险案例 ◀◀◀

2022年9月，天津市河西区税务局根据互联网数据监测线索，对天津某企业服务集团有限公司发布涉税虚假宣传信息进行处理。

经查，该公司通过互联网网站发布"返税服务"等涉税虚假宣传信息，歪曲解读税收政策，误导社会公众。天津市河西区税务局联合当地市场监管部门对该公司进行约谈，责令其删除违规内容、及时消除影响，并依据《涉税专业服务监管办法（试行）》相关规定，扣减其涉税专业服务信用积分。

天津市河西区税务局有关部门负责人表示，下一步将深入贯彻落实国家税务总局、国家互联网信息办公室、国家市场监督管理总局《关于规范涉税中介服务行为促进涉税中介行业健康发展的通知》，常态化开展规范管理工作，严肃查处违规行为，促进涉税中介行业健康发展，保障国家税收利益和纳税人缴费人合法权益。

资料来源：国家税务总局官方网站https://www.chinatax.gov.cn/chinatax/n810219/c102025/c5181655/content.html.

二、增加了信息核查

（一）信息核查三大功能

金税四期工程增加了信息核查功能，可以全方位核查企业相关人员的手机号码、企业纳税状态以及企业登记注册信息。

2019年6月26日，中国人民银行、工业和信息化部、国家税务总局、国家市场监督管理总局四部门联合召开企业信息联网核查系统启动会。中国工商银行、交通银行、中信银行、中国民生银行、招商银行、广发银行、平安银行、上海浦东发展银行等8大银行作为首批用户接入企业信息联网核查系统。该系统可以实现企业相关人员手机号码、企业纳税状态、企业登记注册信息核查的三大功能。

▶◀ 税务稽查风险案例 ▶◀

根据呼税稽罚〔2022〕1号显示的案情，内蒙古某财务咨询有限公司的违法行为如下：

1.通过个人账户、支付宝、微信隐匿收入

（1）该单位在2019—2021年，通过个人银行卡、支付宝、微信等途径收取代理记账收入，但未在该单位财务核算账簿中体现，隐匿应税收入，应补缴2019年1月1日至2019年12月31日增值税9 747.35元；应补缴2020年1月1日至2020年12月31日增值税12 658.85元；应补缴2021年1月1日至2021年12月31日增值税4 056.14元。共计补缴增值税26 462.34元。

（2）该单位在2019—2021年，通过个人银行卡、支付宝、微信等途径收取代理记账收入，但未在该单位财务核算账簿中体现，隐匿应税收入，应补缴2019年1月1日至2019年12月31日城市维护建设税341.16元；应补缴2020年1月1日至2020年12月31日城市维护建设税443.06元；应补缴2021年1月1日至2021年12月31日城市维护建设税141.96元。共计补缴城市维护建设税926.18元。

（3）该单位在2019—2021年，通过个人银行卡、支付宝、微信等途径收取代理记账收入，但未在该单位财务核算账簿中体现，隐匿应税收入，应补缴2019年1月1日至2019年12月31日企业所得税7 301.55元；应补缴2020年1月1日至2020年12月31日企业所得税5 863.43元。共计补缴企业所得税13 164.98元。

2.帮助员工隐匿工资收入

根据该单位提供的银行转账记录及工资表证据，该单位存在帮助员工隐匿工资收入的行为。

（1）致使员工杨某欣2019年度少缴纳个人所得税税款3 768.78元，滞纳金1 064.68元；

2020年度少缴纳个人所得税税款5 467.98元，滞纳金546.8元。

（2）致使员工张某霞2020年度少缴纳个人所得税税款2 349.83元，滞纳金234.98元；虽杨某欣、张某霞已于2021年1月16日更正申报并缴清税款及滞纳金，但该单位违法行为已实施，并造成相应后果。

国家税务总局呼和浩特市税务局稽查局根据《中华人民共和国税收征收管理法》（以下简称《税收征收管理法》）第六十三条、第六十九条，认定该单位的行为构成偷税。对定性为偷税的增值税、城市维护建设税、企业所得税处以0.5倍的罚款，合计20 276.8元。对该单位未履行扣缴义务人职责导致员工杨某欣、张某霞少缴纳个人所得税的行为，处以0.5倍罚款，罚款金额5 793.29元。

资料来源：国家税务总局内蒙古自治区税务局官方网站http://neimenggu.chinatax.gov.cn/sjpd/hhht/tzgghhht/202204/t20220407_765223.html.

（二）企业信息联网核查系统的建立

2019年11月19日，中国人民银行办公厅印发了《企业信息联网核查系统管理办法》（银办发〔2019〕197号印发），制定该办法的目的是加强企业信息联网核查系统及其业务管理，维护系统安全、稳定、高效运行，推进落实账户实名制。

企业信息联网核查系统是中国人民银行联合工业和信息化部、国家税务总局、国家市场监督管理总局建设的，为参与机构提供企业（含企业法人、非法人企业、个体工商户，下同）相关人员手机号码、企业纳税状态、企业登记注册等信息真实性、有效性核查服务的业务处理平台。

企业信息联网核查系统的参与机构包括银行业金融机构、非银行支付机构、特许清算机构、中国人民银行同意加入的其他机构。中国人民银行清算总中心、中国人民银行省会（首府）城市中心支行以上分支机构清算中心和深圳市中心支行清算中心（以下简称运行机构）负责企业信息联网核查系统运行管理。

参与机构按照自愿加入、自愿使用的原则，加入企业信息联网核查系统，办理企业信息联网核查业务。参与机构应当以法人为单位加入企业信息联网核查系统。参与机构原则上应当以接口方式加入系统，业务量较小的参与机构可以以非接口方式加入系统。未经中国人民银行批准，参与机构不得代理其他机构加入企业信息联网核查系统。

企业信息联网核查结果仅作为参与机构审核企业相关人员手机号码、企业纳税状态、企业登记注册等信息真实性、有效性的内部参考。对企业信息联网核查结果不一致或有其他异常的，参与机构有权采取措施进一步核实，并根据法律制度规定及内部管理要求予以处理。参与机构不得以核查结果不一致为由拒绝办理相关业务。因企业信息联网核查结果导致的办理纠纷及相关责任，由参与机构自行解决和承担。

参与机构应当建立本单位企业信息联网核查业务管理办法和操作规程、内控制度、责任追究制度、应急预案,确保企业信息传输、存储安全,严控数据使用权限,防止信息泄露。运行机构应当建立企业信息联网核查内控制度和企业信息安全保护机制,严格按照《中华人民共和国网络安全法》《金融行业信息系统信息安全等级保护实施指引》(JR/T0071—2012)等有关规定,确保企业信息传输、存储安全,防止信息泄露。制订系统运行维护管理制度、突发事件应急预案,组织开展系统突发事件应急处置。与工业和信息化部、国家税务总局、国家市场监督管理总局相关技术部门建立协调机制。参与机构、运行机构应当对通过企业信息联网核查系统获得的信息保密,不得用于其他目的,不得向任何单位和个人提供,法律、法规另有规定的除外。

企业信息联网核查系统运行时间由中国人民银行统一规定。中国人民银行及其分支机构依法对企业信息联网核查系统参与机构、运行机构进行监督管理。

(三)企业信息联网核查系统的联网核查

参与机构开展企业信息联网核查暂仅限于办理支付结算相关业务,不得用于办理其他业务。其中,企业相关人员手机号码信息联网核查暂仅限于办理企业银行账户开立、变更、撤销等相关业务。参与机构开展企业相关人员手机号码信息联网核查时应当取得被核查人的书面授权。未经被核查人书面授权的不得进行手机号码信息联网核查。

参与机构开展企业相关人员手机号码信息联网核查时,应当准确、完整向企业信息联网核查系统提交企业统一社会信用代码(尚未取得统一社会信用代码的个体工商户可以提供营业执照号码,下同)和被核查人手机号码身份证件类型、身份证件号码、姓名。企业信息联网核查系统依次核查手机号码、身份证件类型、身份证件号码、姓名的一致性,当某一要素核查不一致时停止对后续要素核查,并返回相应核查结果。上述要素全部核查一致的,同时返回手机号码归属运营商和归属地信息。

参与机构开展企业纳税状态联网核查时,应当准确、完整向企业信息联网核查系统提交企业统一社会信用代码(或纳税人识别号)、企业名称。企业信息联网核查系统依次核查企业统一社会信用代码(或纳税人识别号)、名称的一致性,当某一要素核查不一致时停止对后续要素核查,并返回相应核查结果。上述要素全部核查一致的,同时返回登记税务机关代码、名称和纳税人状态信息。

参与机构开展企业登记信息联网核查时,应当准确、完整向企业信息联网核查系统提交企业统一社会信用代码、企业名称、法定代表人(单位负责人)姓名及其身份证件号码。法定代表人或单位负责人授权他人办理账户相关业务的,还应当提交代理人姓名及其身份证件号码。企业信息联网核查系统依次核查企业统一社会信用代码、企业名称、法定代表人(单位负责人)姓名、身份证件号码的一致性,当某一要素核查不一致时,停止对后续要素核查,并返回相应核查结果。上述要素全部核查一致的,同时返回企业登记状态、营业执照记载其他信息、股权结构信息、董事、监事、高级管理人员信息、企业历史变更信息、是否纳入异常经营名录、是否纳入严重违法失信企业名单、营业执照作废声明等信息。

参与机构可以采用单笔核查、批量核查方式进行企业信息联网核查。对单笔核查，企业信息联网核查系统实时返回核查结果。对批量核查，企业信息联网核查系统于次日返回核查结果。参与机构收到企业信息联网核查系统返回的核查结果后，应当与相关资料进行核对，并按照有关规定处理。

参与机构进行企业信息联网核查时，发现核查结果存在疑义的，可以通过企业信息联网核查系统反馈疑义信息。参与机构在办理企业信息联网核查业务时，发现客户凭虚假证明文件办理相关业务的，应当及时向公安机关报案。

银行为企业办理基本存款账户开立或撤销业务的，应当于当日至迟下一工作日在企业信息联网核查系统中标注该企业开销户状态信息。

（四）企业信息联网核查系统的查询、监测和统计

参与机构可以按照参与机构代码、参与机构名称、企业统一社会信用代码、企业名称、操作员等条件查询和下载本机构及辖属机构企业信息联网核查系统核查日志。中国人民银行分支机构可以查询和下载本单位、辖区中国人民银行分支机构以及辖区参与机构的核查日志。

中国人民银行及其分支机构可以对参与机构企业信息联网核查异常操作以及企业信息联网核查异常情况进行监测。

中国人民银行及其分支机构可以对辖区参与机构的企业信息联网核查业务量、非接口方式参与机构操作员数量等进行统计。参与机构可以对本机构及辖属机构的核查业务量进行统计。

（五）企业信息联网核查系统参与机构的管理

加入企业信息联网核查系统的参与机构应当具备下列条件：①拥有支付系统行号；②满足加入企业信息联网核查系统的相关技术及安全性要求；③具有健全的企业信息联网核查业务管理办法和操作规程、内控制度、责任追究办法、应急预案等业务管理制度；④中国人民银行规定的其他条件。

申请机构申请加入企业信息联网核查系统，应当按照申请、初审、准备、加入的程序办理。申请机构申请接入企业信息联网核查系统应提交《企业信息联网核查系统加入（退出）申请表》及相关管理制度。其中，国家开发银行、政策性银行、国有商业银行、股份制商业银行、中国邮政储蓄银行、特许清算机构及其他机构向中国人民银行清算总中心提出申请；其他银行、非银行支付机构经所在地中国人民银行分支机构向所在地中国人民银行省会（首府）城市中心支行以上分支机构和深圳市中心支行（以下统称人民银行省一级分支机构）提出申请。

中国人民银行清算总中心收到申请后，应当在5个工作日内进行初审，并将初审结

果告知申请机构。中国人民银行省一级分支机构收到申请后，应当在5个工作日内进行初审，并将初审结果告知申请机构和当地中国人民银行省一级分支机构清算中心。

申请以接口方式加入系统的申请机构在通过初审后，应当按照运行机构要求做好相关技术准备工作，并通过中国人民银行清算总中心的验收。中国人民银行清算总中心应当将技术验收报告反馈申请机构和当地中国人民银行省一级分支机构清算中心。申请以非接口方式加入系统的申请机构在通过初审后，按照《中国人民银行支付系统数字证书管理办法》（银办发〔2016〕112号文印发）规定的程序，申请企业信息联网核查系统企业证书。企业证书应符合《金融电子认证规范》（JR/T0118—2015）等标准要求准备就绪后，中国人民银行省一级分支机构清算中心应当将有关情况连同申请机构申请表一并报中国人民银行清算总中心。

中国人民银行清算总中心就申请机构正式加入系统向中国人民银行提出申请。中国人民银行确定申请机构加入系统时间后，书面批复中国人民银行清算总中心并抄送相关中国人民银行省一级分支机构。中国人民银行清算总中心收到批复后，正式办理申请机构加入系统手续。

参与机构出现下列情况之一的，中国人民银行及其省一级分支机构视情况给予通报批评、暂停业务办理并限期整改等措施；情节严重的，强制其退出企业信息联网核查系统，被强制退出企业信息联网核查系统的机构，2年内不得申请加入企业信息联网核查系统：①提供虚假申请材料，采取欺骗手段加入企业信息联网核查系统的；②因内部管理不善，影响企业信息联网核查系统安全稳定运行的；③因业务处理不规范，出现客户大量投诉造成恶劣影响的；④未经中国人民银行批准，擅自代理其他机构开展企业信息联网核查的；⑤违反规定将通过企业信息联网核查系统获得的信息用于其他目的或违规向其他单位或个人提供的；⑥其他严重违反企业信息联网核查系统管理制度的情形。

（六）企业信息联网核查系统的管理

运行机构调整企业信息联网核查系统架构、增加系统业务功能、接入其他业务系统、基于系统开展业务创新以及其他重要事项，应提前30日逐级书面报告至中国人民银行，经批准后方可实施。运行机构应于每季度结束后10日内将季度系统建设、业务处理、运行管理、数据安全等情况逐级书面报告至中国人民银行。运行机构统一维护企业信息联网核查系统中的参与机构代码、地区代码、行别代码等基础信息。

以接口方式加入系统的参与机构自行设置操作员。以非接口方式加入系统的参与机构设置一个法人机构业务主管、一个法人机构系统管理员和若干个业务操作员法人机构业务主管可以进行查询、统计、监测和业务操作员维护等，业务操作员可以进行单笔核查、批量核查、疑义信息提交等。

以非接口方式加入系统的参与机构法人机构业务主管、法人机构系统管理员由所在地中国人民银行省级分支机构清算中心设置和维护，业务操作员由参与机构法人机构业务主管、法人机构系统管理员共同设置和维护。

以非接口方式加入系统的参与机构需要新增、变更、删除法人机构业务主管或系统管理员的，应当向所在地中国人民银行省一级分支机构清算中心提交《企业信息联网核查系统操作员信息维护申请表》，并加盖公章。中国人民银行省一级分支机构清算中心应当在5个工作内在系统中维护操作员信息。

非接口方式的参与机构操作员登录企业信息联网核查系统应当使用用户证书。参与机构应当按照《中国人民银行支付系统数字证书管理办法》规定的程序，申请企业信息联网核查系统用户证书参与机构操作员证书可以使用支付系统用户证书。用户证书应符合《金融电子认证规范》等标准要求。

▶▶ 税务稽查风险案例 ◀◀

2021年12月，浙江省杭州市税务部门经税收大数据分析发现网络主播黄某涉嫌偷逃税款，在相关税务机关协作配合下，依法对其开展了全面深入的税务检查。

经查，黄某在2019年至2020年期间，通过隐匿个人收入、虚构业务转换收入性质虚假申报等方式偷逃税款6.43亿元，其他少缴税款0.6亿元。

在税务调查过程中，黄某能够配合并主动补缴税款5亿元，同时主动报告税务机关尚未掌握的涉税违法行为。综合考虑上述情况，国家税务总局杭州市税务局稽查局依据《中华人民共和国个人所得税法》（以下简称《个人所得税法》）、《税收征收管理法》、《中华人民共和国行政处罚法》（以下简称《行政处罚法》）等相关法律法规规定，按照《浙江省税务行政处罚裁量基准》，对黄某追缴税款、加收滞纳金并处罚款，共计13.41亿元。其中，对隐匿收入偷税但主动补缴的5亿元和主动报告的少缴税款0.31亿元，处0.6倍罚款计3.19亿元；对隐匿收入偷税但未主动补缴的0.27亿元，处4倍罚款计1.09亿元；对虚构业务转换收入性质偷税少缴的1.16亿元，处1倍罚款计1.16亿元。日前，杭州市税务局稽查局已依法向黄某送达税务行政处理处罚决定书。

杭州市税务局有关负责人表示，税务部门将持续加强对网络直播行业从业人员的税收监管，并对协助偷逃税款的相关经纪公司及经纪人、网络平台企业、中介机构等进行联动检查，依法严肃查处涉税违法行为，切实提高税法遵从度，营造法治公平的税收环境。

资料来源：国家税务总局浙江省税务局官方网站http://zhejiang.chinatax.gov.cn/art/2021/12/20/art_17746_529546.html。

三、增加了信息共享

金税四期工程建立各部委、人民银行及银行等参与机构的通道，可以实现多部门的信息共享。

（一）税务部门与自然资源部门的信息共享

根据《国家税务总局、自然资源部关于进一步深化信息共享便利不动产登记和办税的通知》（税总财行发〔2022〕1号）的规定，税务部门和自然资源主管部门要立足本地信息化建设实际，密切加强合作，以解决实际问题为导向，合理确定信息共享方式，及时实现共享实时化。2022年年底前，全国所有市县税务部门和自然资源主管部门应实现不动产登记涉税业务的全流程信息实时共享。

自然资源主管部门应向税务部门推送统一受理的不动产登记申请和办税信息。主要包括：权利人、证件号、共有情况、不动产单元号、坐落、面积、交易价格、权利类型、登记类型、登记时间等不动产登记信息，以及办理纳税申报时所需的其他登记信息。税务部门应向自然资源主管部门推送完税信息。主要包括：纳税人名称、证件号、不动产单元号、是否完税、完税时间，以及办理不动产登记时所需的其他完税信息。

各省、自治区、直辖市和计划单列市（以下简称各省）税务部门和自然资源主管部门原则上应通过构建"省对省"模式实现信息共享，即两部门在省级层面打通共享路径，通过政务服务平台或连接专线实现不动产登记和办税信息实时共享。条件暂不具备的，可由省税务部门与自然资源主管部门协商，以接口方式实现信息实时共享；对不动产登记信息管理基础平台已迁移至电子政务外网的市县，可通过调用省税务部门部署于电子政务外网的数据接口实现信息实时共享；已实现信息实时共享的市县暂可保持原有共享方式。各省自然资源主管部门要积极创造条件，会同税务部门推动实现"省对省"模式。

各省税务部门和自然资源主管部门要强化部门协作，共同研究确定信息共享方式、制定接口规范标准、完成接口开发，确保不动产登记和办税所需信息实时共享到位。要建立安全的信息共享物理环境、网络环境、数据加密与传输机制，保障数据安全。要制定信息共享安全制度，共享信息仅用于不动产登记和办税工作，防止数据外泄，确保信息安全。各省税务部门和自然资源主管部门要深入推进"以地控税、以税节地"工作，以不动产单元代码为关键字段，加强地籍数据信息的共享。税务部门要加快构建基于地理信息系统的城镇土地使用税、房产税税源数据库，不断提升税收征管质效；自然资源主管部门要加强地籍调查工作，在不动产登记信息管理基础平台上，建立健全地籍数据库，推进地籍数据信息的共享应用。

税务部门和自然资源主管部门要在巩固"一窗受理、并行办理"工作成果基础上，以部门信息实时共享为突破口，大力推进信息化技术支撑下的线上线下"一窗办事"。不动产登记和办税联办业务原则上应该通过"一窗办事"综合窗口受理，不得通过单一窗口分别受理、串联办理。2022年年底前，全国所有市县应实现不动产登记和办税线下"一窗办事"；2023年年底前，全国所有市县力争实现不动产登记和办税"网上（掌上）办理"。

线下实现"一窗办事"。各省税务部门和自然资源主管部门要统一线下综合受理窗口业务规范，坚决取消违法违规的前置环节、合并相近环节，对退税、争议处理等特殊业务，可单独设置业务窗口，进一步改善企业群众办事体验。要积极推动税务部门税收征管系统与自然资源主管部门不动产登记系统对接，应用信息化手段整合各部门业务，将纸质资料"现场传递"提升为电子资料"线上流转"。要认真梳理优化办理流程，在综合受理窗口统一收件、统一录入后，自然资源主管部门不动产登记系统自动将税务部门所需信息推送至税收征管系统。税务部门并行办理税收业务，及时确定税额，为纳税人提供多渠道缴纳方式，力争实现税费业务现场即时办结。纳税人完税后，税收征管系统向自然资源主管部门不动产登记系统实时反馈完税信息，自然资源主管部门依法登簿、发证。

积极推进线上"一窗办事"。各省税务部门和自然资源主管部门要围绕智慧税务建设和"互联网＋不动产登记"的目标，加强网上不同业务系统相互融合，实行"一次受理、自动分发、集成办理、顺畅衔接"，实现登记、办税网上申请、现场核验"最多跑一次"或全程网办"一次不用跑"。各省要结合本地区实际，明确"一窗办事"平台开发层级和应用范围，统筹加快手机App、小程序等开发应用，逐步实现不动产登记和办税全程"掌上办理"。要打通信息数据壁垒、统一流程环节，实现线上线下业务办理有机贯通衔接。

（二）税务部门与民政部门的信息共享

根据《民政部、国家税务总局关于加强民政部门与税务部门合作开展婚姻登记信息共享工作的通知》（民函〔2016〕107号）的规定，按照国家有关税收政策规定，纳税人在购买或出售家庭住房时，如满足规定条件，可以享受相应的税收优惠。税务部门在受理纳税人提出的家庭住房税收优惠申请时，需要了解当事人的婚姻信息。税务部门通过开展与民政部门婚姻登记信息的共享工作，对特定的纳税人婚姻登记信息进行查询，不仅可以简化纳税人办理涉税事项所需提供资料，方便群众办事，也可以在一定程度上防范税收风险，对提高政府治理能力具有重要意义。各地民政部门和税务部门要高度重视，采取有效措施，切实把此项工作抓实抓好。

根据当前民政、税务部门的信息化水平和信息利用状况，婚姻登记信息共享工作在省级层面开展。各省（自治区、直辖市）可根据实际情况，就省级以下各级民政部门与税务部门婚姻登记信息共享事宜进行统筹安排。

在确保婚姻登记管理信息系统独立和信息安全的前提下，各地婚姻登记信息共享应通过省级民政部门和同级税务部门之间网络发起查询请求和反馈查询结果，具体方式及信息交换频率、反馈时间，由省级民政部门、税务部门根据实际情况协商确定。数据接口的开发费用，所需配置的设备、设施（如前置机、安全及网络设备等）由省级税务部门提供。对暂不具备网络共享条件的，可采用移动储存介质按批量进行数据交换。同时，要通过逐步提升信息化建设水平，尽早实现通过网络方式进行共享。

税务部门应根据工作需要，将所需查询的当事人姓名、身份证件类型及号码提供给民政部门。民政部门应向税务部门提供所需查询的当事人在民政部门办理婚姻登记的基本信息，包括当事人婚姻登记类别（结婚、离婚、补发结婚证、补发离婚证、撤销受胁迫结婚登记信息），登记时间，配偶姓名、身份证件类型及号码，婚姻登记机关名称等信息。

各省级民政部门、税务部门要充分认识婚姻登记信息共享工作的重要性，加强协调配合。主动向当地政府汇报，联合争取各方面支持。建立由省级民政部门、税务部门主要负责同志组成的协调小组，因地制宜，制定本省（自治区、直辖市）婚姻登记信息共享工作方案，明确信息共享内容、传递途径、交换频率、反馈时间、使用和管理要求等，及时协调和解决信息共享及核实比对中的问题。

各省级地方税务部门要主动与同级民政部门联系，就信息共享工作的具体事宜进行沟通。从民政部门获取的当事人婚姻登记信息查询结果，仅限于办理其房地产交易涉税事项使用，不得用于其他用途。地方税务部门要加强安全保密管理，签订保密协议，明确专人负责信息核查，并上报省级地方税务部门备案。建立责任追究机制，严格限制婚姻登记信息的查询并实行痕迹化管理。如发生信息泄露致当事人合法权益遭受损害等事件的，要依法追究相关单位和人员的责任。

各省级民政部门要积极配合，及时向同级税务部门传递婚姻登记信息查询结果。同时，进一步健全和完善婚姻登记数据库，加快婚姻登记档案补录工作，不断提高婚姻登记信息化管理水平。

（三）税务部门与公安部门的信息共享

根据《国家税务总局　公安部关于建立车辆购置税完税证明和机动车销售发票信息共享核查机制有关工作的通知》（税总发〔2017〕12号）的规定，要加强税务机关和公安机关交通管理部门协作，建立车辆购置税完税证明、机动车销售发票（包括机动车销售统一发票和二手车销售发票，下同）信息共享及核查工作机制，优化便民服务。

（1）建立车辆购置税完税证明信息共享和核查工作机制。各地省级税务机关和公安机关交通管理部门要建立协作工作机制，加强车辆购置税完税证明信息共享和核查。省级税务机关要在2017年2月底前开设至同级公安机关交通管理部门的数据传输专线,计划单列市税务机关向本省省级税务机关开设数据传输专线。自2017年5月1日起实时(每5分钟)将本省(含计划单列市)税务机关签发的车辆购置税的完税证明电子信息传输给公安机关交通管理部门,公安机关交通管理部门要做好信息接收工作。省级税务机关向同级公安机关交通管理部门传输信息的范围暂限于汽车、挂车的车辆购置税完税证明电子信息。

(2)严格审核车辆购置税完税证明。公安机关交通管理部门在办理机动车注册登记业务时,要对照税务机关传输的车辆购置税完税证明电子信息,严格审查车主提供的车辆购置税完税证明。对比对无误的,公安机关交通管理部门按规定程序办理车辆登记手续;对比对信息不符的,启动嫌疑车辆调查程序,向当地税务机关核实,待核实无误后再办理车辆登记手续;对因技术原因导致信息传输故障或者未收到信息暂时无法进行信息比对的,公安机关交通管理部门可先依据车主提供的车辆购置税完税证明办理车辆登记手续,待传输故障排除或者收到相关信息后,再履行比对程序。省级公安机关交通管理部门要每周汇总传输故障、未收到信息和比对不符的车辆信息,并传输至对应的省级税务机关。省级税务机关收到公安机关交通管理部门传输的已办理车辆登记手续但因传输故障、未收到信息而未履行比对程序的车辆信息,应会同公安机关交通管理部门及时核查,排除技术故障,补传相关信息。

(3)加强对嫌疑车辆购置税完税证明的稽查。省级税务机关要将公安机关交通管理部门通报的比对不符的车辆信息清分至纳税人所在地主管税务机关依法处理,并及时传输补办的车辆完税证明信息。各地税务机关要配合公安机关交通管理部门开展针对车辆购置税信息比对不一致情况的调查核实,并在收到核实请求后10个工作日内反馈核查结果。对因信息传输故障或者未收到信息而未履行比对程序直接办理车辆登记手续、后经比对仍缺失完税信息的车辆,税务机关要及时与当事人联系核查。经核查,税务机关发现纳税人未按照规定缴纳车辆购置税的,责令其补税;纳税人拒绝缴纳的,或者经核查发现伪造变造车辆购置税完税证明的,税务机关按照《税收征收管理法》依法处罚;构成犯罪的,依法追究刑事责任;公安机关交通管理部门依法撤销机动车登记,收缴机动车牌证。

(4)加强机动车销售发票核查管理。公安部和国家税务总局已建立数据传输专线,国家税务总局每周汇总全国机动车销售发票信息传输至公安部,交通管理信息系统自动比对机动车销售发票信息。对销售发票票面信息同税务机关传输的电子信息比对不符或者未查到销售发票电子信息的,公安部定期清分至车辆登记地公安机关交通管理部门,各地税务机关要配合公安机关交通管理部门核查。具体工作机制由各省公安机关交通管理部门与各省税务机关协商确定。经核查发现伪造变造机动车销售发票的,税务机关按照《税收征收管理法》和《中华人民共和国发票管理办法》(以下简称《发票管理办法》)依法处罚;构成犯罪的,依法追究刑事责任;公安机关交通管理部门依法撤销机动车登记,收缴机动车牌证。

为进一步提高便民服务水平，各地税务机关要与当地公安机关交通管理部门加强合作，及时互相通报政策，协调车辆购置税征收权限设置层级和相应的业务范围、办理条件，加快向县级税务机关下放业务权限，确保车辆登记与车辆购置税征收权限设置层级、业务范围一致。各地税务机关要结合实际情况，在当地公安机关车辆登记部门设置车辆购置税征收点，并在机动车登记服务站点增设业务代办网点和自助缴税机，逐步推行通过互联网缴纳车辆购置税，方便群众缴税。

▶▶▶ 税务稽查风险案例 ◀◀◀

2022年2月，山东省济南市税务部门经税收大数据分析，发现部分机动车销售企业存在虚开发票嫌疑，遂联合公安部门依法进行立案检查。

经查，以葛某为首的虚开犯罪团伙控制35家汽车销售空壳公司，对外虚开机动车销售统一发票925份，价税合计金额2.59亿元，帮助购车人低价购车偷逃税款，并从中非法牟利。

目前，山东省济南市历下区人民法院已依法对该案3名被告人以虚开增值税专用发票罪作出一审判决，其中主犯葛某被判处有期徒刑9年6个月并处罚金50万元。相关购车人所偷逃税款正在依法追缴中。

济南市税务局有关负责人表示，下一步，税务部门将充分运用税收大数据，有效发挥常态长效打击"假企业""假出口""假申报"工作机制作用，不断提高部门联合打击的协同性、精准性，坚决依法严厉打击各种偷逃税行为，营造法治、透明、公平的税收营商环境。

资料来源：国家税务总局山东省税务局官方网站http://shandong.chinatax.gov.cn/art/2022/2/16/art_20_382860.html.

（四）税务部门与工商管理部门的信息共享

根据《国家税务总局　国家工商行政管理总局[①]关于加强税务工商合作、实现股权转让信息共享的通知》（国税发〔2011〕126号）的规定，要推进税务部门、工商行政管理部门之间的信息共享，强化股权转让税收征管，提升企业登记管理信息服务国家税收征管的能力，发挥税收调节收入分配的作用。

工商行政管理部门向税务部门提供的信息包括有限责任公司已经在工商行政管理部门完成股权转让变更登记的股权转让相关信息，包括：营业执照注册号、公司名

---

① 2018年3月，根据第十三届全国人民代表大会第一次会议批准的国务院机构改革方案，将国家工商行政管理总局的职责整合，组建中华人民共和国国家市场监督管理总局；将国家工商行政管理总局的商标管理职责整合，重新组建中华人民共和国国家知识产权局；不再保留国家工商行政管理总局。后同。

称、住所、股东姓名或者名称、股东证件类型、股东证件号码、股东出资额、出资比例、登记日期。

税务部门向工商行政管理部门提供的信息包括：企业因股东转让股权在税务部门办理的涉税信息，包括营业执照注册号、企业名称、纳税人识别号、股东姓名或者名称、股东证件类型、股东证件号码；税务部门从工商行政管理部门获取公司股东转让股权变更登记信息后征收税款的有关信息，包括营业执照注册号、纳税人姓名或者名称、纳税人识别号、税种、税款所属期、税款数额。

国家税务总局和国家工商行政管理总局建立信息共享平台和交换机制，开展股权变更登记信息共享工作。省及省以下各级国家税务局、地方税务局分别与同级工商行政管理局（市场监督管理局，下同）协商进行信息交换。要充分利用计算机网络交换信息，逐步确立信息化条件下的信息交换机制。有条件的地方，可以建立税务、工商信息共享平台，或者利用政府信息共享平台，进行信息集中交换。暂不能通过网络交换信息的，税务部门和工商行政管理部门可采用光盘等介质交换。

省及省以下各级国家税务局、地方税务局和工商行政管理局要高度重视，积极向当地政府汇报有关工作，争取支持。要建立由国家税务局、地方税务局和工商行政管理局主要领导组成的信息共享领导协调小组，定期或者不定期召开联席会议，及时协调和解决信息共享工作中的问题。要严格落实相关保密制度，确保信息安全，对获取的相关信息，不得向税务部门、工商行政管理部门以外的第三方提供，擅自对外提供有关信息的，要承担相应的法律责任。要巩固已有的税务、工商合作成果，继续利用已有的政府信息共享平台，建立健全信息共享制度，探索税务、工商协调配合新模式。

税务稽查风险案例

2022年1月，陕西省延安市税务局与公安部门密切配合，成立税警联合专案组，经过深入调查，成功破获跨省系列虚开增值税专用发票案，捣毁犯罪窝点5个，抓获犯罪嫌疑人11名。

税警联合专案组先后赴山西、河北、北京、上海、浙江、湖南、新疆等15省（区、市）90多个市县，深入200余家公司调查取证。经查，犯罪嫌疑人利用空壳公司，制造虚假购销合同，虚开增值税专用发票5 162份，价税合计金额近10亿元。目前，案件已移交检察机关审查起诉。

陕西省延安市税务局有关负责人表示，税务部门将充分发挥税务、公安、检察、海关、人民银行、外汇管理六部门联合打击涉税违法犯罪行为的工作机制作用，进一步加大对虚开骗税违法犯罪行为的常态化精准打击力度，为经济社会发展营造良好的税收环境。

资料来源：国家税务总局官方网站https://www.chinatax.gov.cn/chinatax/n810219/c102025/c5172442/content.html.

四、增加了"非税"业务

金税四期工程监控的业务范围更加全面,涵盖了"非税"业务,其中最主要的"非税"业务就是社保费的征收业务。目前,金税四期涵盖的"非税"业务包括以下九类。

(一)单位社会保险费

社会保险费单位缴费人应当依照法律、行政法规规定或者税务机关依照法律、行政法规规定确定的申报期限、申报内容,申报缴纳社会保险费。

(二)城乡居民社会保险费

参加城乡居民基本社会保险的缴费人,以及代办单位集中代收城乡居民社会保险费的代办人员,应当依照法律、行政法规规定或者税务机关依照法律、行政法规规定确定的申报期限、申报内容,申报缴纳城乡居民社会保险费。

(三)灵活就业人员社会保险费

无雇工的个体工商户、未在用人单位参加社会保险的非全日制从业人员以及其他灵活就业人员参加社会保险的,应当依照法律、行政法规规定或者税务机关依照法律、行政法规规定确定的申报期限、申报内容、申报缴纳社会保险费。

(四)残疾人就业保障金

未按规定比例安排残疾人就业的机关、团体、企业、事业单位和民办非企业等用人单位,应依照法律、行政法规规定或者税务机关依照法律、行政法规规定确定的申报期限、申报内容,向税务机关申报缴纳残疾人就业保障金。

(五)文化事业建设费

在中华人民共和国境内提供广告服务的广告媒介单位和户外广告经营单位,以及提供娱乐服务的单位和个人,应依照法律、行政法规规定或者税务机关依照法律、行政法规规定确定的申报期限、申报内容,申报缴纳文化事业建设费。

中华人民共和国境外的缴纳义务人,在境内未设有经营机构的,以服务接受方为扣缴义务人。文化事业建设费的扣缴义务人依照法律、行政法规规定或者税务机关依照法律、行政法规规定确定的申报期限、申报内容,就应税项目向税务机关申报入库其代扣代缴的文化事业建设费。

(六)废弃电器电子产品处理基金

中华人民共和国境内电器电子产品的生产者,应依照法律、行政法规规定或者税务机关依照法律、行政法规规定确定的申报期限、申报内容,申报缴纳废弃电器电子产品处理基金。

(七) 石油特别收益金

凡在中华人民共和国陆地领域和所辖海域独立开采并销售原油的企业,以及在上述领域以合资、合作等方式开采并销售原油的其他企业,均应依照法律、行政法规规定或者税务机关依照法律、行政法规规定确定的申报期限、申报内容,申报缴纳石油特别收益金。

(八) 油价调控风险准备金

在中华人民共和国境内生产、委托加工和进口汽、柴油的成品油生产经营企业,在国际市场原油价格低于国家规定的成品油价格调控下限时,应依照法律、行政法规规定或者税务机关依照法律、行政法规规定确定的申报期限、申报内容,申报缴纳油价调控风险准备金基金。

(九) 其他非税收入

非税收入缴费人依据法律、行政法规规定或者税务机关确定的申报期限、申报内容,申报缴纳划转至税务部门征收的非税收入项目。

第六节 金税四期建设的成就[①]

一、智慧税务建设的成就

2020年12月,习近平总书记主持召开中央深改委第十七次会议研究部署进一步优化税务执法方式、深化税收征管改革等工作。2021年3月,中办、国办印发《关于进一步深化税收征管改革的意见》,税收现代化事业自此开启了新的征程。

习近平总书记多次强调,要加快数字中国建设,增强数字政府效能。《关于进一步深化税收征管改革的意见》描绘了数字化背景下中国智慧税务建设蓝图。2021年是落实《关于进一步深化税收征管改革的意见》的第一年,也是金税四期工程建设的开启之年。

国家税务总局加强顶层设计,明确提出进一步深化税收征管改革,要坚持科技创新

---

① 杨志聪.进一步深化税收征管改革这一年[N].中国税务报,2022-4-19(5249).

和深化大数据应用，全面推进税收征管数字化升级和智能化改造，建成具有高集成功能、高安全性能、高应用效能的智慧税务。自《关于进一步深化税收征管改革的意见》印发以来，税务部门紧跟数字化转型时代潮流，坚持理论与实践融合共进，通过税收实践形成理论成果，又以理论研究指导实践创新，全面推进税收征管数字化升级和智能化改造。

改革应时应势，智慧税务建设实现标志性突破。2021年，对标一流谋划形成金税四期顶层设计。借鉴4个国际组织、26个国家（地区）的320多条先进做法，完成金税四期建设的顶层设计，形成推动我国税收征管方式从"收税"到"报税"再到"算税"、征管流程从"上机"到"上网"再到"上云"、征管效能从"经验管税"到"以票管税"再到"以数治税"的智慧税务蓝图。

一步步改革，印刻时代特征。"我们过去是税务干部带着税票下户'收税'，到后来纳税人送申报表到税务所、办税厅或网上'报税'，再到2018年个人所得税改革中，税务总局打造自然人税收管理系统（ITS），在个人所得税年度汇算中探索实现数据智能归集、税款自动计算、推送确认申报的自动'算税'，这就是税收征管现代化发展的历程。"国家税务总局总经济师饶立新介绍。

2021年，建成全国统一的电子发票服务平台。2021年12月1日在试点地区成功推出全面数字化的电子发票，24小时在线免费为纳税人提供发票开具、交付、查验等服务，实现发票全领域、全环节、全要素电子化，大幅降低制度性交易成本，为推动税收征管数字化转型乃至撬动经济社会数字化转型提供有利条件。

经济合作与发展组织（OECD）税收政策与管理中心有关负责人表示，中国深化税收征管数字化升级和智能化改造为各国提供了有益借鉴。2021年以来，税务部门细化了金税四期建设的战略目标，制定了有力有效的保障措施，为推动税收征管方式、征管流程和征管效能的优化升级奠定了坚实基础。

2021年度，国家税务总局深入落实《关于进一步深化税收征管改革的意见》，精心谋划智慧税务蓝图，全面完成金税四期顶层设计，深化税收征管理念、业务、技术、岗责变革，推动征管方式从"收税"到"报税"再到"算税"、征管流程从"上机"到"上网"再到"上云"、征管效能从"经验管税"到"以票控税"再到"以数治税"转变，税收征管数字化升级和智能化改造有力推进，数字法治、智慧法治建设取得明显成效。

▶▶▶ 税务稽查风险案例 ◀◀◀

2023年8月，浙江省丽水市税务局第一稽查局根据精准分析线索，依法查处了缙云县**加油站有限公司偷税案件。

经查，该加油站通过现金和个人银行账户收款不入账等手段隐匿销售收入，进行虚假申报，少缴增值税等税费143.6万元。税务稽查部门依据《中华人民共和国行政处罚法》《中华人民共和国税收征收管理法》等相关规定，对该加油站依法追缴少缴税费、加收滞纳金并处罚款，共计251.67万元。

丽水市税务局第一稽查局有关负责人表示，下一步将坚决依法严查严处各种偷逃税行为，坚决维护国家税法权威，促进社会公平正义，持续营造良好税收营商环境，促进相关企业和行业长期规范健康发展。

资料来源：国家税务总局浙江省税务局官方网站http://zhejiang.chinatax.gov.cn/art/2023/8/30/art_13226_597406.html。

二、征管改革建设的成就

《关于进一步深化税收征管改革的意见》提出了6个方面24项重点改革事项，明确了路线图、时间表，要求推动税收征管的技术变革、业务变革和组织变革。

"这是党中央、国务院关于'十四五'时期税收征管改革的重要制度安排，也是税务部门开启'十四五'时期税收现代化新征程的动员令。"《关于进一步深化税收征管改革的意见》印发之初，国家税务总局党委书记、局长王军这样表示。

开局关系全局，起步决定后势。《关于进一步深化税收征管改革的意见》印发后，税务总局第一时间召开党委扩大会议，深入学习习近平总书记关于税收工作的重要论述和《关于进一步深化税收征管改革的意见》精神，对贯彻落实工作作出部署。

面对千头万绪的改革任务，王军局长担任《关于进一步深化税收征管改革的意见》落实领导小组组长，先后组织召开23次党委会议、6次局长办公会、4次座谈会，聚焦改革任务，突出问题导向，明确"工作方案＋任务分工＋试点引领"的《关于进一步深化税收征管改革的意见》落实总体框架，确保在思想和行动上始终与党中央、国务院决策部署保持高度一致。

一组数字可以看出深化税收征管改革的决心与成效：2021年，国家税务总局制定6个阶段24项实施安排，将《关于进一步深化税收征管改革的意见》细化为100项改革措施、247个实施步骤、770多个工作节点，部署14个省级税务局开展综合和专项试点。

在改革推动下，31个省（自治区、直辖市）党委政府全部出台实施方案，36个省（自治区、直辖市和计划单列市）税务局、6个税务总局驻地方特派办全部制发工作方案，细化制定7 575项措施任务……绘就了"十四五"时期税收征管改革"合成"蓝图。

2021年以来，国家税务总局围绕智慧税务和精确执法、精细服务、精准监管、精诚共治"四精"统筹谋划、集成贯通、一体推进，先后出台90多项高含金量举措，带领指导部分地区在重点改革领域取得较好成效，推动深化税收征管改革稳步行进，纳税人缴费人的获得感明显增强。

在广东，数字化电子发票国产信创省级平台上线；在河北，办税服务厅标准化建设、智慧化转型顺利推进，并推出"远程帮办、问办结合"服务……一份沉甸甸的改革清单,让2021年《关于进一步深化税收征管改革的意见》落实开局之年,迈出准、稳、新的关键一步,成为成色十足的"进一步深化税收征管改革落实元年"。

全国工商联发布的《2021年万家民营企业评价营商环境报告》显示,企业对税费缴纳便利度获得感最强、认可度最高。第三方开展的全国纳税人满意度调查结果显示,2021年综合得分较2020年同口径提升2.1分。

三、税务执法改革的成就

习近平总书记指出,全面推进科学立法、严格执法、公正司法、全民守法,不断开创依法治国新局面。这一深刻论断,为依法治税提供了根本遵循。

《关于进一步深化税收征管改革的意见》指出,健全税费法律法规制度。2021年6月10日,十三届全国人大常委会第二十九次会议表决通过了《中华人民共和国印花税法》(以下简称《印花税法》)。截至目前,我国18个税种,已有12个税种完成立法,税收法定又迈出坚实一步。

循法而行,依法而治。"法治是最好的营商环境"。税收执法一头连着政府,一头连着群众。执法关乎对党和政府的信任、对税收法治的信心。

2021年以来,税务部门准确把握税务执法的时度效,推动从经验式执法向科学精确执法转变,努力让纳税人在每一个执法行为中都能看到风清气正、从每一项执法决定中都能感受到公平正义,实现力度和温度同步彰显。

税务执法更加规范了。2021年以来,税务部门依法查处并公开曝光郑某、黄某、邓某等一系列重大偷逃税案件,让持续开展典型案例曝光成为常态,对各类税收违法行为保持"零容忍"的高压态势,对不法分子形成了有力震慑,体现出税务部门维护国家税收安全和社会公平正义的决心。

专家学者普遍认为,接连曝光的一系列涉税违法案件,彰显税务部门对各类涉税违法犯罪行为紧盯不放、严厉打击的高压态势和维护国家税法权威的坚定决心。同时也表明国家对文娱领域和网络直播行业各类税收违法行为的查处和曝光不是"一阵风",税收综合治理长效机制正在逐步建立。

税务执法更有温度了。这一年,税务部门在处理涉税案件时,坚持依法依规、宽严相济、过罚相当的原则,既保持力度不减,又彰显出执法温度,有力营造了公平竞争的税收环境。

同时,税务部门不断探索创新税务执法"五步工作法",将提示提醒、督促整改和约谈警示作为立案稽查的前提,充分体现了税务执法的"温度"和"柔性";对警示后仍拒不配合整改的依法进行立案稽查和公开曝光,又充分体现了严格执法的"力度"和"刚性"。

税务执法更加精准了。这一年,税务部门持续推进区域执法协同,新出台支持和推动京津冀、长三角等地区协调发展30余条措施,更好服务国家区域协调发展战略。四川、重庆试点简化跨省迁移办理程序,实现川渝跨省迁移线上"一网通办"、线下

"一窗综办"。北京、天津、河北联合发布税务行政处罚裁量基准,规范7类53项违法行为,实现京津冀税务行政处罚"一把尺"。

▶▶ 税务稽查风险案例 ◀◀

2021年11月,浙江省杭州市税务部门通过税收大数据分析,发现朱某某、林某某两名网络主播涉嫌偷逃税款,在相关税务机关协作配合下,对其依法开展了全面深入税务稽查。

经查,朱某某、林某某在2019年至2020年期间,通过在上海、广西、江西等地设立个人独资企业,虚构业务将其取得的个人工资薪金和劳务报酬所得转变为个人独资企业的经营所得,偷逃个人所得税。两人的上述行为违反了相关税收法律法规,扰乱了税收征管秩序。

杭州市税务局稽查局依据《税收征收管理法》《个人所得税法》《行政处罚法》等相关法律法规,对朱某某追缴税款、加收滞纳金并拟处1倍罚款共计6 555.31万元,对林某某追缴税款、加收滞纳金并拟处1倍罚款共计2 767.25万元。日前,杭州市税务局稽查局已依法向朱宸慧、林珊珊下达税务行政处理决定书,并依法履行税务行政处罚告知程序。

检查中,税务部门发现李志强涉嫌策划、实施和帮助朱宸慧、林珊珊偷逃税,并干扰税务机关调查。目前,税务部门已依法对李志强进行立案检查,将依法另行处理。同时,税务部门通过税收大数据分析,还发现其他个别网络主播在文娱领域税收综合治理中自查自纠不到位,存在涉嫌偷逃税行为,正由属地税务机关依法进行稽查。

杭州市税务局有关负责人表示,将按照文娱领域税收综合治理工作的有关要求,进一步加强对文娱领域从业人员的税收管理,促使其提升税法遵从意识,自觉依法纳税。对涉嫌偷逃税的人员,依法依规加大查处力度,营造公平竞争的税收环境,积极推动文娱领域长期规范健康发展。

资料来源:国家税务总局浙江省税务局官方网站http://zhejiang.chinatax.gov.cn/art/2021/11/22/art_13326_526371.html.

四、税费服务改革的成就

治国有常,而利民为本。习近平总书记强调,以人民为中心的发展思想,要体现在经济社会发展各个环节。

税务部门服务着几千万企业纳税人、数亿自然人纳税人和十亿多缴费人,是与人民群众打交道最多、频度最高、联系最紧密的公共服务窗口单位之一。在全面深化税收征管改革的新征程中,"纳税人缴费人"始终是最核心的关键词。

税收征管改革，就是要让纳税人缴费人拥有越来越多的获得感、幸福感。《关于进一步深化税收征管改革的意见》提出，大力推行优质高效智能税费服务。

人民有所呼，改革有所应。税务部门始终把服务纳税人缴费人作为税收工作的根本出发点和落脚点。

精细之处，最见真功夫。2021年以来，税务部门聚焦"精处"，落在"细处"，在倾心倾力中持续优化税费服务，网上办事越来越简、办理时间越来越短、享受服务越来越好，这样的变化正在被不同地区的纳税人缴费人所感知。

2021年，税务部门结合连续第8年开展的"我为纳税人缴费人办实事暨便民办税春风行动"，出台并全部落实100条服务措施。2022年，"春风"还在持续，税务总局在2022年初已陆续出台105条便民办税缴费措施的基础上，再推出16条便民办税缴费新措施，升级形成2022年"我为纳税人缴费人办实事暨便民办税春风行动2.0版"。121条服务举措，让"春风"更暖心。

2021年，税务部门运用大数据累计54批向5.39亿户（次）纳税人精准推送税费优惠政策，让政策红利更快直达企业。全年新增减税降费超过1.1万亿元，为制造业中小微企业办理延缓缴纳税费2100多亿元，有力服务"六稳""六保"大局。2022年实施新的组合式税费支持政策，是党中央、国务院在复杂严峻国内外形势下，应对经济下行压力、稳住宏观经济大盘的关键性举措。正在开展的第31个全国税收宣传月，税务部门把宣传辅导各项税费支持政策作为重点内容，采取多种形式让纳税人缴费人应知尽知，确保政策直达快享。

2021年以来，申报更便捷。服务越来越精细，带来纳税申报越来越便利。2021年在分批次取消58%税务证明事项的基础上，税务总局在全国范围内对6项税务证明事项实行告知承诺制；主动推出财产行为税"十税"合并申报，增值税、消费税分别与附加税费整合申报改革，共使相关税费填报表单总量减少2/3……

2021年以来，办税更简单。"非接触式"办税缴费范围不断扩大，除法律规定要求和需线下办理的事项外，200多项办税缴费事项全部实现"非接触式"办理，网上申报率保持在99%以上。

随着税务部门不断推进税收征管数字化升级和智能化改造，企业办税也越来越便利，纳税服务不断创新升级，企业办税更加省时省事。现在企业了解政策、办税缴费基本都可以通过网上办、掌上办，不用再去办税服务厅了。

第七节　金税四期税务重点关注对象

一、虚开发票的企业

虚开发票的企业是税务机关一直关注的对象，也是金税四期税务重点关注的对象。根据《发票管理办法》（1993年12月12日国务院批准，1993年12月23日财政部令第6号发布，根据2010年12月20日《国务院关于修改〈中华人民共和国发票管理办法〉的决定》第一次修订，根据2019年3月2日《国务院关于修改部分行政法规的决定》第二次修订）第二十二条的规定，开具发票应当按照规定的时限、顺序、栏目，全部联次一次性如实开具，并加盖发票专用章。任何单位和个人不得有下列虚开发票行为：为他人、为自己开具与实际经营业务情况不符的发票；让他人为自己开具与实际经营业务情况不符的发票；介绍他人开具与实际经营业务情况不符的发票。

虚开发票是严重违法行为，根据《发票管理办法》第三十七条的规定，虚开发票的，由税务机关没收违法所得；虚开金额在1万元以下的，可以并处5万元以下的罚款；虚开金额超过1万元的，并处5万元以上50万元以下的罚款；构成犯罪的，依法追究刑事责任。

根据《中华人民共和国刑法》〔1979年7月1日第五届全国人民代表大会第二次会议通过，根据2020年12月26日第十三届全国人民代表大会常务委员会第二十四次会议通过的《中华人民共和国刑法修正案（十一）》修正，以下简称《刑法》〕的规定，虚开增值税专用发票或者虚开用于骗取出口退税、抵扣税款的其他发票的，处3年以下有期徒刑或者拘役，并处2万元以上20万元以下罚金；虚开的税款数额较大或者有其他严重情节的，处3年以上10年以下有期徒刑，并处5万元以上50万元以下罚金；虚开的税款数额巨大或者有其他特别严重情节的，处10年以上有期徒刑或者无期徒刑，并处5万元以上50万元以下罚金或者没收财产。

单位犯上述规定之罪的，对单位判处罚金，并对其直接负责的主管人员和其他直接责任人员，处3年以下有期徒刑或者拘役；虚开的税款数额较大或者有其他严重情节的，处3年以上10年以下有期徒刑；虚开的税款数额巨大或者有其他特别严重情节的，处10年以上有期徒刑或者无期徒刑。

虚开增值税专用发票或者虚开用于骗取出口退税、抵扣税款的其他发票，是指有为他人虚开、为自己虚开、让他人为自己虚开、介绍他人虚开行为之一的。

虚开上述规定以外的其他发票，情节严重的，处2年以下有期徒刑、拘役或者管制，并处罚金；情节特别严重的，处2年以上7年以下有期徒刑，并处罚金。单位犯上述罪的，对单位判处罚金，并对其直接负责的主管人员和其他直接责任人员，依照上述规定处罚。

▶◀ 税务稽查风险案例 ▶◀

2022年1月,广西壮族自治区河池市税警在联合查处虚开增值税发票犯罪团伙时发现,广西南丹县某会计服务有限公司和江西省南城县某会计服务有限公司两家中介机构及南丹县代理记账人员张某君,为犯罪团伙虚开增值税发票提供帮助,牟取非法利益。

经查,2020年至2021年期间,两家中介机构及张某君在所代理的25户个体工商户没有任何实际业务发生的情况下,帮助犯罪团伙领用、虚开增值税发票18 712份,价税合计金额18.08亿元,并从中非法牟利。

目前,南丹县人民法院已依法对虚开犯罪团伙成员及中介机构和个人以虚开增值税专用发票罪判处1年至14年不等有期徒刑,没收全部违法所得并处以相应罚金。其中,广西南丹县某会计服务有限公司法定代表人陈某吉、江西省南城县某会计服务有限公司法定代表人钟某明及主要工作人员徐某燕和广西南丹县代理记账人员张某君等四人因犯虚开增值税专用发票罪被判处1年至3年不等有期徒刑。

河池市税务局有关负责人表示,有关中介机构帮助犯罪团伙虚开发票、偷逃税款,严重扰乱经济税收秩序,危害国家税收安全。下一步,税务部门将联合有关部门,持续保持严厉打击虚开骗税违法犯罪行为的高压态势,同时对帮助虚开骗税、偷逃税款的中介机构和人员进行联动检查,一并依法严肃处理,营造法治公平的税收环境。

资料来源:国家税务总局广西壮族自治区税务局官方网站https://guangxi.chinatax.gov.cn/xwdt/swxw/202201/t20220126_359324.html。

二、收入与成本严重不匹配的企业

正常经营的企业,其收入与成本均有一个合理的比例关系。企业的收入过低或者成本过高就可能存在隐瞒收入或者虚增成本的违法行为。企业的这种行为同时也可能构成偷税。

根据《税收征收管理法》第六十三条的规定,纳税人伪造、变造、隐匿、擅自销毁账簿、记账凭证,或者在账簿上多列支出或者不列、少列收入,或者经税务机关通知申报而拒不申报或者进行虚假的纳税申报,不缴或者少缴应纳税款的,是偷税。对纳税人偷税的,由税务机关追缴其不缴或者少缴的税款、滞纳金,并处不缴或者少缴的税款百分之五十以上五倍以下的罚款;构成犯罪的,依法追究刑事责任。

根据《刑法》第二百零一条的规定,纳税人采取欺骗、隐瞒手段进行虚假纳税申报或者不申报,逃避缴纳税款数额较大并且占应纳税额百分之十以上的,处三年以下有期徒刑或者拘役,并处罚金;数额巨大并且占应纳税额百分之三十以上的,处三年以上七年以下有期徒刑,并处罚金。扣缴义务人采取上述所列手段,不缴或者少缴已扣、已收税款,数额较大的,依照上述规定处罚。对多次实施上述行为,未经处理的,按照累计数额计算。纳税人有上述行为,经税务机关依法下达追缴通知后,补缴应纳税款,缴纳滞纳金,已受行政处罚的,不予追究刑事责任;但是,五年内因逃避缴纳税款受过刑事处罚或者被税务机关给予二次以上行政处罚的除外。

当然,如果企业的收入和成本是真实的,只是由于会计处理错误或者计算错误而导致二者在短期内出现一些不合理的比例关系,在税务机关通知企业自查或者纠正时,企业及时纠正并不会带来严重的税务风险,通常只涉及补缴税款并加收滞纳金,不涉及处罚。

税务稽查风险案例

税务文书送达公告
(广州市太佳投资管理有限公司税务行政处罚事项告知书)①

国家税务总局广州市税务局第三稽查局2022年第614号送达公告

广州市**投资管理有限公司(纳税人识别号:91****************):

因采用直接送达、留置送达、委托送达、邮寄送达等方式无法向你(单位)送达税务文书。根据《中华人民共和国税收征收管理法实施细则》(以下简称《税收征收管理法实施细则》)第一百零六条的规定,向你(单位)公告送达《税务行政处罚事项告知书》(穗税三稽罚告〔2022〕71号),文书内容如下:

对你(单位)(地址:广州市天河区珠江新城猎德大道46、48号一层之03D)的税收违法行为拟于2022年10月17日之前作出行政处罚决定,根据《税收征收管理法》第八条、《行政处罚法》第四十四条、第六十三条、第六十四条规定,现将有关事项告知如下:

一、税务行政处罚的事实、理由、依据及拟作出的处罚决定

(一)违法事实及证据

你单位与广州优家投资管理有限责任公司(下称优家公司)签订了《YOU＋国际青年社区五羊新城项目合作合同》及《YOU＋国际青年社区五羊新城项目合作合同补充合同一》,约定你单位在该项目上的租赁管理费由黄某明享有,由优家公司支付予黄某明的中国银行账户。2016年至2018年期间你单位共收取上述租赁管理费合计4 500 000.00元(含税),其中,以黄某明上述个人账户收取4 050 000.00元(含税),以履约保证金抵顶等方式收取450 000.00元(含税),上述收入未在账上反映,未开具发票,在我局进场检查前未向税务机关申报纳税。

上述管理费收入涉及的成本费用已在账上列支,并已于各年度企业所得税税前扣除。

上述违法事实有以下证据证明:

(1)你单位提供的会计账簿、记账凭证及纳税申报表等资料;

---

① 资料来源:国家税务总局广东省税务局官方网站https://guangdong.chinatax.gov.cn/gdsw/gzsw_ssgg/2022-08/26/content_50054da2d43c43e0ba80ff349929150f.shtml。

（2）《物业租赁合同》（合同编号CHA5YGD〔2014〕18）、《五羊新城保信大厦物业租赁（转租）合同》及其《补充合同一》《关于权利和义务转移的函》《YOU+国际青年社区五羊新城项目合作合同》及其《补充合同一》以及《调解协议书》；

（3）你单位办税员以及黄某明的委托人的《现场笔录》；

（4）中国银行股份有限公司提供的黄某明个人账户2014年1月1日至2019年12月31日的资金往来流水；

（5）经你单位办税员签名确认的《税务稽查工作底稿》。

（二）拟作出的处罚决定及依据

根据《税收征收管理法》第六十三条第一款"纳税人伪造、变造、隐匿、擅自销毁账簿、记账凭证，或者在账簿上多列支出或者不列、少列收入，或者经税务机关通知申报而拒不申报或者进行虚假的纳税申报，不缴或者少缴应纳税款的，是偷税。"的规定，你单位在账簿上不列、少列收入，进行虚假纳税申报，导致当期少缴增值税131 067.98元、城市维护建设税9 174.78元及企业所得税1 056 580.68元，依法构成偷税，拟对你单位处以当期少缴税款百分之五十的罚款，罚款金额合计598 411.73元，其中，增值税罚款65 533.99元，城市维护建设税罚款4 587.39元；企业所得税罚款528 290.35元。

二、你（单位）有陈述、申辩的权利

请在我局（所）作出税务行政处罚决定之前，到我局（所）进行陈述、申辩或自行提供陈述、申辩材料；逾期不进行陈述、申辩的，视同放弃权利。

三、若拟对你单位罚款10 000元（含10 000元）以上，或符合《行政处罚法》第六十三条规定的其他情形的，你（单位）有要求听证的权利。可自收到本告知书之日起五个工作日内向我局（所）书面提出听证申请；逾期不提出，视为放弃听证权利。

请你（单位）及时到我局领取《税务行政处罚事项告知书》（穗税三稽罚告〔2022〕71号）正本，否则，自公告之日起满30日，上述《税务行政处罚事项告知书》（穗税三稽罚告〔2022〕71号）正本即视为送达。

特此公告。

国家税务总局广州市税务局第三稽查局
2022年8月26日

三、税负率异常的企业

税负率一般指企业在某个纳税期限内税收负担的大小，一般用实际缴纳的税款占收入的比重来进行衡量。常用的税负率指标包括增值税税负率和企业所得税税负率。

增值税税负率用企业在一个纳税年度或者纳税季度实际缴纳的增值税税额除以应税销售额来计算。企业所得税税负率用企业在一个纳税年度实际缴纳的企业所得税额除以收入总额来计算。

不同行业、不同地区、不同时期,增值税税负率和企业所得税税负率是不同的。为防止纳税人人为调剂税负率,目前各类行业、各类地区增值税和企业所得税的实际税负率也是保密的。作为纳税人,不用过度关注企业的税负率是否与行业平均值一致,只要确保其收入和各项支出符合税法规定即可。企业如果通过税务筹划等手段降低税收负担,一定要确保其手段的合法性,否则容易被税务机关列为重点关注对象。

税务稽查风险案例

国家税务总局南昌市税务局稽查局
税务处理决定书[①]

洪税稽处〔2023〕38号

江西**医疗器械有限公司:(纳税人识别号:9136***015)

我局(所)于2021年10月15日至2023年3月14日对你(单位)(地址:江西省南昌市进贤县温圳镇庄山村**号**室)2019年9月12日至2021年8月31日期间涉税情况进行了检查,违法事实及处理决定如下:

一、违法事实

1.企业所得税

你公司在检查期间未能提供账本。经外调取证,你公司企业所得税税负率偏低,依据《中华人民共和国税收征收管理法》第三十五条第一款第二项、《中华人民共和国税收征收管理法实施细则》第四十七条第一款第一项,参照《国家税务总局关于印发〈企业所得税核定征收办法(试行)〉的通知》(国税发〔2008〕30号)第八条规定,按照同行业平均水平综合确定你公司企业所得税应税所得率为10%。

你公司2020年销售收入49 351 107.93元,应申报缴纳企业所得税1 233 777.70元,已申报缴纳246 106.65元,少申报缴纳987 671.05元。

2.印花税

你公司2020年书立销售合同55 151 107.93元,依据《中华人民共和国印花税暂行条例》第二条、第十六条及《财政部 税务总局关于实施小微企业普惠性税收减免政策的通知》(财税〔2019〕13号)规定,应申报缴纳印花税8 272.70元(55 151 107.93×0.03%÷2),已申报缴纳7 402.70元,少申报缴纳870元。

二、处理决定及依据

1.依据《中华人民共和国税收征收管理法》第三十二条的规定,责令你公司限期缴

---

① 资料来源:国家税务总局江西省税务局官方网站https://jiangxi.chinatax.gov.cn/art/2023/4/11/art_31080_1546852.html。

纳2020年少缴的印花税870元,并对你公司以上少缴的税款从滞纳税款之日起按日加收滞纳税款万分之五的滞纳金。

2.依据《中华人民共和国税收征收管理法》第三十二条、五十二条第一款的规定,责成你公司限期缴纳2020年度少缴的企业所得税987 671.05元。

限你（单位）自收到本决定书之日起15日内到国家税务总局进贤县税务局将上述税款及滞纳金缴纳入库,并按照规定进行相关账务调整。逾期未缴清的,将依照《中华人民共和国税收征收管理法》第四十条规定强制执行。

你（单位）若同我局（所）在纳税上有争议,必须先依照本决定的期限缴纳税款及滞纳金或者提供相应的担保,然后可自上述款项缴清或者提供相应担保被税务机关确认之日起六十日内依法向国家税务总局南昌市税务局申请行政复议。

国家税务总局南昌市税务局稽查局
二〇二三年三月二十二日

四、常年亏损和零申报的企业

企业在开业初期或者特定时期出现亏损或者增值税、个人所得税等税种零申报都是正常的,但如果企业长期亏损,增值税、个人所得税等主要税种长期零申报,就不符合经营常规,就可能成为税务机关重点关注的对象。

由于我国个人所得税的各项扣除额比较高,二三线城市、小城市和县城企业的员工可能大多数都不需要实际缴纳个人所得税,但仍然要如实申报其收入总额,依法及时申报个人所得税,这不属于零申报。当然,通常情况下,如果企业的规模不是太小,员工人数有几十人,全部缴纳的个人所得税为零,也不符合经营常规。通常情况下,企业的高管是需要实际缴纳个人所得税的。

小型微利企业盈利能力比较弱,连续三五年亏损是正常的。为降低税务风险,建议小型微利企业亏损时间不要超过5年。在每年均有50万元以上收入的前提下,尽量保持微利的状态。长期亏损的企业是很难坚持下去的,因此,超过5年的亏损企业往往都会成为税务机关关注的重点对象。

▶▶▶ 税务稽查风险案例 ◀◀◀

国家税务总局厦门市税务局第一稽查局（以下简称第一稽查局）追踪举报线索,查处了一起饮品企业隐匿收入偷逃税款案件。经核实,涉案企业在长期"零申报"的同时,利用个人账户收取经营收入逾5 000万元未依法申报。第一稽查局依法将企业违法行为定性为偷税,并对其进行了处罚。

2021年4月,第一稽查局接到一个涉税违法举报线索,线索称：厦门甲饮品公司

（以下简称甲饮品公司）以地区招商加盟的方式从事某品牌饮品的销售推广业务，但没有依法纳税申报，隐瞒了大量销售收入，存在偷逃税款违法行为。举报信中还提供了一些甲饮品公司的登记资料，部分发货单及加盟店信息等。

检查人员分析举报信息后认为，该线索指向明确，可信度较高，于是决定对该企业进行初步核查。他们了解到，甲饮品公司成立于2016年，主要从事饮料、食品批发零售业务。2019年10月后，企业变更行业和经营业务，由食品批发零售业变更为从事其他综合管理服务业务。检查人员发现，甲饮品公司自2016年成立至检查人员调查时，其增值税及附加税费等均为零申报，企业的所得税申报表上也仅列支部分费用，其余项目包括收入金额均为零，申报信息显示其长期处于亏损状态。

结合举报人提供的线索情况和企业的申报信息，检查人员综合分析认为，甲饮品公司存在加盟推广和销售业务，并且"长亏不倒"，很可能存在隐瞒销售收入行为。为避免税款流失，加快调查进程，第一稽查局迅速组织人员成立专案组，对甲饮品公司立案检查。

根据甲饮品公司的经营特点和情况，专案组决定对其办公地实施突击检查，以寻找违法线索和证据。

甲饮品公司的办公地在一栋居民楼内，不到40平方米，屋内设施简陋，只有几个办公桌、两台电脑和两个文件柜。检查人员依法对办公室进行仔细检查，但并未发现企业纸质账簿资料，现场只找到部分费用单据、纸质物流面单和自制发货单据。

在企业办公电脑中，检查人员未发现该公司的电子账套，只在电脑中的一个订货系统中发现部分电子发货信息。为防止遗漏重要信息数据和线索，专案组使用取证魔方软件对企业电脑内硬盘数据资料进行取证，并依法调取电脑硬盘。

面对检查人员的询问，企业负责人王某表示，因为生意不好做，企业自成立以来长期处于亏损状态，因此一直以来都是零申报。由于经营状况不好，财务资料也不多，并且前段时间企业搬家时还不慎遗失了账目资料。当检查人员要求王某整理提供企业以往销售信息时，王某以自己年纪大、记不清为由，拒绝提供任何资料。

在此情况下，专案组决定改变调查方向，开展企业经营链核查，从物流和客户入手核实企业真实业务情况。

专案组仔细分析现场核查调取的企业大量零散的纸质物流面单资料，通过整合和筛分后，发现甲饮品公司开展饮品销售业务时，主要的物流运输方为厦门A货代公司和厦门B货代服务站。

专案组随即对两家货代公司进行调查。两家公司均承认，曾在2016年1月—2019年9月与甲饮品公司发生过货物运输业务，将甲饮品公司大量货物发往福建的莆田、龙岩、泉州和宁德4个地市。两家公司还向检查人员提供了相关的电子版发货记录和运费收取数据等证据资料。调查结果显示，自2016年起，厦门A货代公司和厦门B货代服务站共计为甲饮品公司运发货物10.1万件，甲饮品公司共向两家物流企业支付运费逾80万元。

物流公司的调查结果显示，该企业确实发出过大量货品。但在无账可查的情况下，如何确定企业的真实销售额呢？专案组重新梳理案情，决定依托信息技术，深挖突击检查时调取的企业电子数据，打开案件突破口。

针对现场核查时调取的电子订货数据残缺不全的情况，检查人员使用数据恢复软件，对企业硬盘进行数据深度恢复。随后，利用数据分析软件，对恢复的数据信息进行了归类、筛分和整合，最终成功复原了企业订货系统中已被删除的历史订货数据。

分析这些数据信息后，检查人员发现，虽然甲饮品公司在福建省内有多个代理商，但与甲饮品公司业务联系最频繁的只有福建莆田的齐某、福建龙岩的陈某和福建宁德的邱某3人。结合举报线索，专案组判断，这3名人员应是甲饮品公司的主要区域销售代理商。

为加快取证进度，尽快查明甲饮品公司真实销售收入，专案组兵分三路，分别前往莆田、龙岩和宁德调查取证。在当地税务机关的协助下，面对检查人员出示的证据，齐某、陈某和邱某如实提供了他们与甲饮品公司的交易情况。

原来，甲饮品公司主要从事专有商标配方饮品的加盟推广销售。企业分别与齐某、陈某和邱某签订了区域业务加盟推广合作协议。甲饮品公司无偿提供品牌商标给3人使用，并负责新饮品配方的开发工作，要求齐某等人销售的饮品的原料均通过订购系统从甲饮品公司采购。为鼓励齐某等三人拓展业务，王某与3人约定，根据他们发展加盟商的情况，按照原料采购额一定比例向3人支付提成。

调查过程中，齐某等3人向检查人员提供了与甲饮品公司签署的加盟协议、3人发展的所有加盟商名单，以及检查期内所有订单统计数据等证据资料。

经统计，3人在检查期内共发展56名下线加盟商，共计向甲饮品公司采购5 125.85万元金额的原材料。专案组将3人提供的订单统计数据和订货核对单，与甲饮品公司电脑中恢复的数据进行对比分析，发现二者数据完全一致。

为进一步夯实证据链，专案组调取了甲饮品公司和涉案相关人员王某、齐某、陈某等人的银行交易明细实施调查，发现甲饮品公司对公账户基本没有收支记录，而王某在银行开设的3个个人账户在2016—2020年的流水信息却多达近1.7万条。这些账户信息，不仅金额大，而且往来对象众多，十分繁杂。

为了尽快理清王某资金流信息，锁定证据，检查人员将王某、齐某等人的银行流水数据导入资金梳理软件，进行定向分析和核查，最终确定，王某2016—2021年检查期内，共从齐某、陈某、邱某和其余56个二线加盟商处获得经营收入5 995.17万元。审视核查结果，检查人员有些疑惑：这个数据为什么与专案组外调获得的甲饮品公司销售数据不一致呢？

专案组在分析王某资金走向情况时，还发现，王某收取加盟商的资金，在不同时间呈现两种走向：2016年1月—2019年9月，王某只单向收取加盟商支付的货款。而在2019年10月之后，王某收到加盟商汇款后，会转账给齐某，并会于每月底收到齐某转来的一笔标注为"业务费"的款项。这又是怎么回事？

专案组约谈了甲饮品公司负责人王某，面对各项证据，王某最终承认了甲饮品公司发展齐某、陈某和邱某等地区加盟商，并大量对外销售饮品原料货物的事实。王某称，后来由于身体等原因，他于2019年10月将甲饮品公司所有原料产品销售业务"打包"转让给了齐某，由其负责原料采购和加盟销售业务，甲饮品公司只负责协助齐某收取加盟商货款和管理、维护原料订单系统，齐某每月按照订单金额的一定比例向甲饮品公司支付系统维护和管理费。这也是王某账户资金流后期发生变化和检查人员调查的企业销售收入数据有偏差的原因。至此，案件真相浮出水面。

经查，甲饮品公司检查期内对外销售饮品原料后，通过个人账户收取货款的方式隐匿销售收入共计4 976.55万元；改变经营模式后，共收取业务收入25.32万元，未依法申报纳税。针对甲饮品公司的违法事实，税务机关依法将其行为定性为偷税。因甲饮品公司为增值税小规模纳税人，且账证资料不健全，无法确定经营成本，税务机关根据企业经营实际，依法采取核定征收方式，对其作出补缴税款208.5万元、加收滞纳金、并处偷逃税款1倍罚款的处理处罚决定。

资料来源：黄燕娜."长方不倒"背后的"门道"［N］.中国税务报，2022-9-20（06）.

五、申报异常或者明显错误的企业

早期，我国的税收征管系统还不够完善，对企业申报中的明显错误还不能自动识别。企业申报的增值税与发票实际开具的数额不一致，企业财务会计报表的相关数据与企业所得税申报表中的相关数据不符，这都是比较常见的申报异常现象。

随着金税四期智慧办税的推出，这种明显的申报异常都会被系统自动识别并予以提示，或者相关数据会由系统根据企业已经申报的数据自动填写，低级的申报异常的现象已经大大减少。

《国家税务总局关于开展2022年"我为纳税人缴费人办实事暨便民办税春风行动"的意见》（税总纳服发〔2022〕5号）提出："5.提升网办体验。扩大'非接触式'服务范围，持续拓展办税缴费网上办事项清单。试点推广税收完税证明线上开具，提升税收票证获取便利性。完善电子税务局增值税申报比对功能，优化异常申报在线提示提醒事项内容。增加环境保护税申报数据批量导入功能，纳税人填报完成后即可线上提交。扩大跨省异地电子缴税试点范围，逐步实现全国推广上线。在具备电子税务局移动端的地区实现非居民扣缴企业所得税套餐式服务掌上办理，方便纳税人办理相关业务。"

税务机关在发现纳税人申报异常后，通常会约谈纳税人。此时，纳税人应认真检查问题，及时纠正错误。如果涉嫌偷税，则应及时补缴税款和滞纳金，争取减轻处罚或者免于处罚。

六、高库存及库存账实不一致的企业

不同行业的企业库存高低不同，企业在一定时期内库存较高也是正常现象，但如果长期存在高库存现象，即存货占销售收入的比例一直很高，特别是在同行业其他企业库存都比较低的情况下，企业就会成为税务机关重点关注的对象。

如果企业接收了虚开的增值税专用发票或者普通发票，就会导致虚增库存，而这些虚增的库存长期无法消耗掉，就会导致长期高库存现象。另外，如果企业隐瞒销售收入，导致大量存货无法结转入成本，也会导致库存虚高。如果企业真是因为这些原因而导致库存虚高，则应及时悬崖勒马，纠正违法行为，主动补缴税款和滞纳金，以争取减轻处罚或者免于处罚。

▶▶▶ 税务稽查风险案例 ◀◀◀

2022年6月，广东省汕头市税务局稽查局根据税收大数据分析线索，依法查处了汕头市**空调设备有限公司骗取增值税留抵退税案件。

经查，该公司通过隐匿销售收入、减少销项税额、进行虚假申报等手段，骗取留抵退税11.94万元。汕头市税务局稽查局依法追缴该公司骗取的留抵退税款，并依据《中华人民共和国行政处罚法》《中华人民共和国税收征收管理法》相关规定，拟处1倍罚款。

汕头市税务局稽查局有关负责人表示，下一步将认真贯彻落实国家税务总局、公安部、最高人民检察院、海关总署、中国人民银行、国家外汇管理局六部门联合打击骗取增值税留抵退税工作推进会精神，进一步发挥六部门联合打击机制作用，把打击骗取留抵退税作为当前常态化打击工作的重中之重，聚焦团伙式、跨区域、虚开发票虚增进项骗取留抵退税等违法犯罪行为，以零容忍的态度坚决予以打击，形成打击骗取留抵退税的压倒性态势，护航留抵退税政策落准落好。

资料来源：国家税务总局官方网站https://www.chinatax.gov.cn/chinatax/n810219/c102025/c5176068/content.html。

七、未交或者少交社保的企业

企业为员工依法缴纳社保是法定义务，即使经过员工同意，企业为员工不缴纳社保的行为也是违法行为。目前，社保费的征缴职责已经全部转移至税务机关，金税四期系统中既有纳税人申报的员工工资薪金信息，又有企业申报的社保费信息，系统可以轻易对比出未交和少交社保的企业。

考虑到企业社保负担较重，目前，全国各地税务机关并未严查未交或者少交社保的企业。2022年度国家进一步推出了部分行业缓交社保费的优惠政策，但这并不意味着企业可以不依法缴纳社保费。

建议企业为全体员工申报缴纳社保费，如果企业负担较重，可以暂时先按较低的标准申报缴纳社保费，待企业有能力负担社保费时再足额缴纳社保费。

法院判决案例

上诉人青岛海天大酒店有限公司因诉被上诉人青岛市社会保险事业中心、被上诉人青岛市人民政府、原审第三人谭某林行政处理及行政复议一案，不服青岛市市南区人民法院于2020年7月30日作出的〔2020〕鲁0202行初148号行政判决，在法定期限内提起上诉。

原审经审理查明，第三人系原告青岛海天大酒店有限公司离职职工。2019年1月起，第三人等向被告青岛市社会保险事业中心（原青岛市社会保险事业局）投诉原告在2008年至2013年期间未按照国家规定为其足额缴纳社会保险。青岛市社会保险事业中心经调查，于2019年12月20日作出青社稽意字第〔2019〕第S00104号《社会保险稽核意见书》责令原告调增第三人2008年至2013年每年的社会保险缴费基数，原告不服，向青岛市人民政府提起行政复议，青岛市人民政府作出青政复决字〔2019〕68号复议决定书，维持上述《社会保险稽核意见书》。原告仍不服，遂提起本案诉讼。

原审法院认为，根据各方意见本案争议焦点在于：

一、被告青岛市社会保险事业中心（原青岛市社会保险事业局）是否应当受理第三人投诉并作出《社会保险稽核意见书》。

法院认为，《中华人民共和国社会保险法》（以下简称《社会保险法》）和《社会保险稽核办法》对于社会保险经办机构稽核企业拖欠社会保险费等问题并未设置时效限制，《劳动保障监察条例》第二十条虽然设置了"2年"的行政执法时效限制但其约束的执法内容和性质显然属于行政处罚类，与稽核企业拖欠社会保险费的内容和性质不同。并且，《最高人民法院行政法官专业会议纪要（七）（工伤保险领域）》第六条规定"劳动保障行政部门依据《劳动保障监察条例》第二十条规定，以企业未依法缴纳社会保险费行为在2年内未被发现，也未被举报、投诉为由不再查处的，人民法院不予支持；当事人请求履行上述查处职责，且能够提供相应材料初步证明企业存在未依法缴纳社会保险费用的，人民法院应当判决责令有关劳动保障行政部门履行相应职责。"也给出了明确的指导性意见。故被告青岛市社会保险事业中心受理第三人投诉并作出《社会保险稽核意见书》，适用法律并无不当。

二、关于原告已与第三人达成解除劳动合同协议，说明双方并无争议问题。

法院认为，用人单位为其职工足额缴纳社会保险费系法定义务。原告与第三人之间的解除劳动合同协议属于民事合同行为，不能免除原告所负法定义务。对于补足第三人社会保险费后是否有损失及如何追偿损失，原告可以通过其他途径另行主张。

三、关于被告青岛市社会保险事业中心作出的《社会保险稽核意见书》未列明所适用法律的具体条款问题及行政复议程序未送达受案通知书问题。

法院认为,该属于适用法律和行政程序瑕疵,予以指出。但被告青岛市社会保障事业中心作出稽核意见及青岛市人民政府作出行政复议决定程序中,原告已行使举证及陈述申辩的权利,被告的行政行为并未违反法定程序。

综上,原告的诉讼请求法院依法不予支持。案经合议庭评议,依照《中华人民共和国行政诉讼法》(以下简称《行政诉讼法》)第六十九条之规定,判决驳回原告青岛海天大酒店有限公司的诉讼请求。案件受理费人民币50元,由原告负担。

上诉人青岛海天大酒店有限公司不服原审判决,上诉称:一、被上诉人青岛市社会保险事业局作出《社会保险稽核意见书》缺少事实依据,适用法律错误,应依法撤销。依据《劳动保障监察条例》第二十条规定,原审第三人的投诉已经超过2年的查处期限,被上诉人青岛市社会保险事业局受理原审第三人的投诉并作出《社会保险稽核意见书》认定事实错误、适用法律错误。二、上诉人与原审第三人已签署《解除劳动合同协议书》,原审第三人已经将自身权利处分,双方已"无其他争议",被上诉人作出《社会保险稽核意见书》没有事实依据。上诉人2018年1月8日与原审第三人签订《解除劳动合同协议书》,明确约定:"双方因劳动关系产生的权利义务一次性解决完毕,再无其他劳动争议",上述协议是原审第三人的真实意思表示,是原审第三人对个人权利的处分,故上诉人与原审第三人已无争议,被上诉人青岛市社会保险事业局作出《社会保险稽核意见书》缺少事实依据。三、被上诉人青岛市社会保险事业局作出《社会保险稽核意见书》未列明事实依据、未列明适用的法律名称和主要法律条款,认定事实证据不足、适用法律错误。四、被上诉人青岛市人民政府作出的《行政复议决定书》事实认定不清、适用法律错误,应予撤销。被上诉人青岛市社会保险事业局作出《社会保险稽核意见书》缺少事实和法律依据,应予撤销,被上诉人青岛市人民政府复议维持被上诉人青岛市社会保险事业局的行政行为事实认定不清、适用法律错误,应予撤销。综上所述,原审法院认定事实错误、适用法律错误,故请求二审法院撤销原审判决,依法改判;一审、二审诉讼费由被上诉人承担。

被上诉人青岛市社会保险事业中心答辩称:一、上诉人主张的两年时效,是《劳动保障监察条例》对于劳动保障监察机构实施劳动保障监察过程中所适用,涉案社会保险稽核所依据的是《社会保险稽核办法》,该办法对于处理时效没有作出规定。且2019年最高人民法院发布了一系列的会议纪要,对时效予以放宽。二、上诉人提出与原审第三人签署的解除劳动保障协议中,已经约定再无其他争议,该条款违反《社会保险法》的规定,属于无效约定。三、社会保险稽核意见书中已经列明了相关的法律名称,不应认定为适用法律错误。综上,请求维持原审判决。

被上诉人青岛市人民政府答辩称:答辩意见与原审一致。被上诉人青岛市社会保险事业局作出《社会保险稽核意见书》,认定事实清楚,证据确凿,适用依据正确,程序合法,内容适当。被上诉人青岛市人民政府作出的复议决定程序合法。请求维持原判。

原审第三人于某萍陈述称：同两被上诉人意见一致。

各方当事人在原审中提供的证据已经原审法院庭审质证、认证，并已随案移送二审法院。上诉人对于原审查明的事实不持异议，经审查，二审法院同意原审法院对于证据的认定意见，并据此确认原审判决认定的事实成立。

二审法院认为：

一、关于被上诉人青岛市社会保险事业中心受理原审第三人投诉并作出处理是否超出时效问题。

上诉人主张，依据《劳动保障监察条例》第二十条规定，原审第三人的投诉已经超过2年的查处期限，被上诉人予以受理属适用法律错误。对此，二审法院认为，被上诉人青岛市社会保险事业中心系依据《社会保险法》《社会保险稽核办法》作出涉案处理决定，上述法律和部门规章对于社会保险经办机构稽核用人单位未按时足额缴纳社会保险费并未设置时效限制。另外，《最高人民法院行政法官专业会议纪要（七）（工伤保险领域）》第六条规定"劳动保障行政部门依据《劳动保障监察条例》第二十条规定，以企业未依法缴纳社会保险费行为在2年内未被发现，也未被举报、投诉为由不再查处的，人民法院不予支持；当事人请求履行上述查处职责，且能够提供相应材料初步证明企业存在未依法缴纳社会保险费用的，人民法院应当判决责令有关劳动保障行政部门履行相应职责。"该纪要对查处时效也给出了明确的指导性意见，对查处时效予以放宽。综上，被上诉人青岛市社会保险事业中心受理原审第三人投诉并作出处理并无不当，上诉人该项主张不能成立。

二、关于被上诉人青岛市社会保险事业中心作出的涉案《社会保险稽核意见书》是否正确问题。

《社会保险法》第十二条第一款规定："用人单位应当按照国家规定的本单位职工工资总额的比例缴纳基本养老保险费，记入基本养老保险统筹基金"。第六十三条第一款规定："用人单位未按时足额缴纳社会保险费的，由社会保险费征收机构责令其限期缴纳或者补足"。据此，为职工按时足额缴存社会保险费是用人单位必须履行的法定义务，不因用人单位与职工之间的约定等免除，故上诉人主张其与原审第三人签署的《解除劳动合同协议书》中，已将社会保险权利自行作出处分，缺乏法律依据，二审法院不予采纳。

《社会保险法》第八十六条规定："用人单位未按时足额缴纳社会保险费的，由社会保险费征收机构责令限期缴纳或者补足，并自欠缴之日起，按日加收万分之五的滞纳金；逾期仍不缴纳的，由有关行政部门处欠缴数额一倍以上三倍以下的罚款"。第七十四条第一款规定，"社会保险经办机构通过业务经办、统计、调查获取社会保险工作所需的数据，有关单位和个人应当及时、如实提供"。本案中，被上诉人青岛市社会保险事业中心受理原审第三人投诉后，于2019年11月28日作出《社会保险稽核通知书》，要求上诉人提供原审第三人的工资、奖金等收入明细材料，并对上诉人进行了稽查询问，但上诉人未向被上诉人提供社保稽查必要材料，后被上诉人青岛市社会保险事业中心告知上诉人如不主动提供职工收入材料，将按照职工提供的银行工资流水、税收完税证明等收入情况材料核定社会保险费缴费基数，而后上诉人提交反馈书且被上诉人以询问笔录方式予以回复，最终被上诉人青岛市社会保险事业中心作出涉案《社会保险稽核意见书》，认定上诉人存在少报原审第三人社会保险缴费基数的违规行为，并依据《社会保险法》第八十六条之规定，责令上诉人限期改正。综上，被上诉人青岛市社会保险事业中心作出的涉案《社会保险稽核意见书》并无不当。

另，上诉人在上诉中主张涉案《社会保险稽核意见书》未列明事实依据、适用法律名称及具体条款，但上诉人在二审庭审中明确对该项不再提出异议。二审法院经审查，被上诉人在2019年12月13日作出的《稽核情况告知书》中已经详细列明了稽核结果并向上诉人送达，以及征求上诉人意见，被上诉人是在该《稽核情况告知书》的基础上作出了被诉《社会保险稽核意见书》，相关内容一致，另外，被诉《社会保险稽核意见书》已经列明所依据的具体法律规定，上诉人在二审庭审中明确对该项不再提出异议，故二审法院确认被上诉人相关处理行为并无不当。

三、关于被上诉人青岛市人民政府作出的涉案行政复议决定是否合法问题。

经审查，被上诉人青岛市人民政府作出的青政复决字〔2020〕68号行政复议决定书，认定事实及适用法律均无不当。对于复议程序，虽然被上诉人青岛市人民政府因未送达受案通知书存在瑕疵，该瑕疵对上诉人权利义务不造成实质影响，上诉人在二审庭审中也已明确对于复议程序不持异议，故二审法院确认涉案复议程序合法。

综上，原审判决认定事实清楚，适用法律正确，审判程序合法，应予以维持。上诉人上诉理由缺乏事实及法律依据，不予支持。

2021年3月29日，二审法院依照《行政诉讼法》第八十九条第一款第一项之规定，判决如下：驳回上诉，维持原判。二审案件受理费人民币50元，由上诉人青岛海天大酒店有限公司承担。

资料来源：山东省青岛市中级人民法院〔2021〕鲁02行终行政判决书。

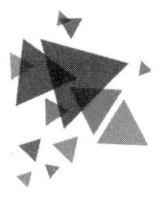

第二章
税务登记管理及案例分析

第一节 税务登记基本制度

一、总则

（一）立法依据与适用范围

为了规范税务登记管理，加强税源监控，根据《税收征收管理法》以及《税收征收管理法实施细则》的规定，国家税务总局制定《税务登记管理办法》（2003年12月17日国家税务总局令第7号公布，根据2014年12月27日《国家税务总局关于修改〈税务登记管理办法〉的决定》、2018年6月15日《国家税务总局关于修改部分税务部门规章的决定》、2019年7月24日《国家税务总局关于公布取消一批税务证明事项以及废止和修改部分规章规范性文件的决定》修正）的规定。

企业，企业在外地设立的分支机构和从事生产、经营的场所，个体工商户和从事生产、经营的事业单位，均应当按照《税收征收管理法》及《税收征收管理法实施细则》和《税务登记管理办法》的规定办理税务登记。上述规定以外的纳税人，除国家机关、个人和无固定生产、经营场所的流动性农村小商贩外，也应当按照《税收征收管理法》及《税收征收管理法实施细则》和《税务登记管理办法》的规定办理税务登记。根据税收法律、行政法规的规定负有扣缴税款义务的扣缴义务人（国家机关除外），应当按照《税收征收管理法》及《税收征收管理法实施细则》和《税务登记管理办法》的规定办理扣缴税款登记。

（二）主管机关及证件办理

县以上（含本级，下同）税务局（分局）是税务登记的主管税务机关，负责税务登记的设立登记、变更登记、注销登记和税务登记证验证、换证以及非正常户处理、报验登记等有关事项。

税务登记证件包括税务登记证及其副本、临时税务登记证及其副本。扣缴税款登记证件包括扣缴税款登记证及其副本。

县以上税务局（分局）按照国务院规定的税收征收管理范围，实施属地管理。有条件的城市，可以按照"各区分散受理、全市集中处理"的原则办理税务登记。

税务局（分局）执行统一纳税人识别号。纳税人识别号由省、自治区、直辖市和计划单列市税务局按照纳税人识别号代码行业标准联合编制，统一下发各地执行。已领取组织机构代码的纳税人，其纳税人识别号共15位，由纳税人登记所在地6位行政区划码和9位组织机构代码组成。以业主身份证件为有效身份证明的组织，即未取得组织机构代码证书的个体工商户以及持回乡证、通行证、护照办理税务登记的纳税人，其纳税人识别号由身份证件号码+2位顺序码组成。纳税人识别号具有唯一性。

（三）税务登记证件的使用

纳税人办理下列事项时，必须提供税务登记证件：
（1）开立银行账户。
（2）领购发票。

纳税人办理其他税务事项时，应当出示税务登记证件，经税务机关核准相关信息后办理手续。

二、设立登记

（一）需要办理税务登记的主体

企业，企业在外地设立的分支机构和从事生产、经营的场所，个体工商户和从事生产、经营的事业单位（以下统称"从事生产、经营的纳税人"），向生产、经营所在地税务机关申报办理税务登记：

（1）从事生产、经营的纳税人领取工商营业执照的，应当自领取工商营业执照之日起30日内申报办理税务登记，税务机关发放税务登记证及副本。

（2）从事生产、经营的纳税人未办理工商营业执照但经有关部门批准设立的，应当自有关部门批准设立之日起30日内申报办理税务登记，税务机关发放税务登记证及副本。

（3）从事生产、经营的纳税人未办理工商营业执照也未经有关部门批准设立的，应当自纳税义务发生之日起30日内申报办理税务登记，税务机关发放临时税务登记证及副本。

（4）有独立的生产经营权、在财务上独立核算并定期向发包人或者出租人上交承包费或租金的承包承租人，应当自承包承租合同签订之日起30日内，向其承包承租业务发生地税务机关申报办理税务登记，税务机关发放临时税务登记证及副本。

（5）境外企业在中国境内承包建筑、安装、装配、勘探工程和提供劳务的，应当自项目合同或协议签订之日起30日内，向项目所在地税务机关申报办理税务登记，税务机关发放临时税务登记证及副本。

上述规定以外的其他纳税人，除国家机关、个人和无固定生产、经营场所的流动性农村小商贩外，均应当自纳税义务发生之日起30日内，向纳税义务发生地税务机关申报办理税务登记，税务机关发放税务登记证及副本。

税务机关对纳税人税务登记地点发生争议的，由其共同的上级税务机关指定管辖。

疑难问题解答

问：我是一名货车司机，车辆挂靠在物流公司。我能在户籍所在地办理临时税务登记吗？

答：《国家税务总局关于税收征管若干事项的公告》（国家税务总局公告2019年第48号）规定："二、关于临时税务登记问题从事生产、经营的个人应办而未办营业执照，但发生纳税义务的，可以按规定申请办理临时税务登记。"因此，这种情况下，可以到户籍所在地办理临时税务登记。

（二）必须提供的证件和资料

纳税人在申报办理税务登记时，应当根据不同情况向税务机关如实提供以下证件和资料：

（1）工商营业执照或其他核准执业证件。

（2）有关合同、章程、协议书。

（3）组织机构统一代码证书。

（4）法定代表人或负责人或业主的居民身份证、护照或者其他合法证件。其他需要提供的有关证件、资料，由省、自治区、直辖市税务机关确定。

（三）填写税务登记表

纳税人在申报办理税务登记时，应当如实填写税务登记表。

税务登记表的主要内容包括：

（1）单位名称、法定代表人或者业主姓名及其居民身份证、护照或者其他合法证件的号码。

（2）住所、经营地点。

（3）登记类型。

（4）核算方式。

（5）生产经营方式。

（6）生产经营范围。

（7）注册资金（资本）、投资总额。

（8）生产经营期限。

（9）财务负责人、联系电话。

（10）国家税务总局确定的其他有关事项。

（四）办理时限与主要内容

纳税人提交的证件和资料齐全且税务登记表的填写内容符合规定的，税务机关应当日办理并发放税务登记证件。纳税人提交的证件和资料不齐全或税务登记表的填写内容不符合规定的，税务机关应当场通知其补正或重新填报。

税务登记证件的主要内容包括纳税人名称、税务登记代码、法定代表人或负责人、生产经营地址、登记类型、核算方式、生产经营范围（主营、兼营）、发证日期、证件有效期等。

（五）扣缴税款登记

已办理税务登记的扣缴义务人应当自扣缴义务发生之日起30日内，向税务登记地税务机关申报办理扣缴税款登记。税务机关在其税务登记证件上登记扣缴税款事项，税务机关不再发放扣缴税款登记证件。

根据税收法律、行政法规的规定可不办理税务登记的扣缴义务人，应当自扣缴义务发生之日起30日内，向机构所在地税务机关申报办理扣缴税款登记。税务机关发放扣缴税款登记证件。

三、变更登记

纳税人税务登记内容发生变化的，应当向原税务登记机关申报办理变更税务登记。

（一）先工商变更再税务变更

纳税人已在工商行政管理机关办理变更登记的，应当自工商行政管理机关变更登记之日起30日内，向原税务登记机关如实提供下列证件、资料，申报办理变更税务登记：

（1）工商登记变更表。

（2）纳税人变更登记内容的有关证明文件。

（3）税务机关发放的原税务登记证件（登记证正、副本和登记表等）。

（4）其他有关资料。

（二）直接税务变更

纳税人按照规定不需要在工商行政管理机关办理变更登记，或者其变更登记的内容与工商登记内容无关的，应当自税务登记内容实际发生变化之日起30日内，或者自有关机关批准或者宣布变更之日起30日内，持下列证件到原税务登记机关申报办理变更税务登记：

（1）纳税人变更登记内容的有关证明文件。
（2）税务机关发放的原税务登记证件（登记证正、副本和税务登记表等）。
（3）其他有关资料。

（三）变更登记的办理时限

纳税人提交的有关变更登记的证件、资料齐全的，应如实填写税务登记变更表，符合规定的，税务机关应当日办理；不符合规定的，税务机关应通知其补正。

税务机关应当于受理当日办理变更税务登记。纳税人税务登记表和税务登记证中的内容都发生变更的，税务机关按变更后的内容重新发放税务登记证件；纳税人税务登记表的内容发生变更而税务登记证中的内容未发生变更的，税务机关不重新发放税务登记证件。

四、停业与复业登记

（一）停业登记

实行定期定额征收方式的个体工商户需要停业的，应当在停业前向税务机关申报办理停业登记。纳税人的停业期限不得超过1年。

纳税人在申报办理停业登记时，应如实填写停业复业报告书，说明停业理由、停业期限、停业前的纳税情况和发票的领、用、存情况，并结清应纳税款、滞纳金、罚款。税务机关应收存其税务登记证件及副本、发票领购簿、未使用完的发票和其他税务证件。

纳税人在停业期间发生纳税义务的，应当按照税收法律、行政法规的规定申报缴纳税款。

（二）复业登记

纳税人应当于恢复生产经营之前，向税务机关申报办理复业登记，如实填写《停业复业报告书》，领回并启用税务登记证件、发票领购簿及其停业前领购的发票。

纳税人停业期满不能及时恢复生产经营的，应当在停业期满前到税务机关办理延长停业登记，并如实填写《停业复业报告书》。

五、注销登记

（一）终止纳税义务登记

纳税人发生解散、破产、撤销以及其他情形，依法终止纳税义务的，应当在向工商行政管理机关或者其他机关办理注销登记前，持有关证件和资料向原税务登记机关申报办理注销税务登记；按规定不需要在工商行政管理机关或者其他机关办理注册登记的，应当自有关机关批准或者宣告终止之日起15日内，持有关证件和资料向原税务登记机关申报办理注销税务登记。

纳税人被工商行政管理机关吊销营业执照或者被其他机关予以撤销登记的，应当自营业执照被吊销或者被撤销登记之日起15日内，向原税务登记机关申报办理注销税务登记。

（二）迁址登记

纳税人因住所、经营地点变动，涉及改变税务登记机关的，应当在向工商行政管理机关或者其他机关申请办理变更、注销登记前，或者住所、经营地点变动前，持有关证件和资料，向原税务登记机关申报办理注销税务登记，并自注销税务登记之日起30日内向迁达地税务机关申报办理税务登记。

（三）境外企业登记

境外企业在中国境内承包建筑、安装、装配、勘探工程和提供劳务的，应当在项目完工、离开中国前15日内，持有关证件和资料，向原税务登记机关申报办理注销税务登记。

（四）注销税务登记的办理

纳税人办理注销税务登记前，应当向税务机关提交相关证明文件和资料，结清应纳税款、多退（免）税款、滞纳金和罚款，缴销发票、税务登记证件和其他税务证件，经税务机关核准后，办理注销税务登记手续。

疑难问题解答

问：我企业注册地在天津，下属有三家子公司，现拟将企业注册地迁移回石家庄，相关税务手续如何办理，需要经过哪些程序？

答：（国家税务总局河北省税务局）《国家税务总局关于京津冀范围内纳税人办理跨省（市）迁移有关问题的通知》（税总发〔2015〕161号）规定：

"四、具体业务操作

"（一）迁出地税务机关业务流程

"1.跨省（市）迁移纳税人向迁出地税务机关填报《注销税务登记申请审批表》（一照一码户填制《清税申报表》），并结清其已申报税款及滞纳金、罚款和各类查补税款。

"2.迁出地税务机关负责办理纳税人的结税清票、收缴证件等相关工作。

"3.迁出地税务机关办理完上述有关事项后，在征管系统中进行迁出处理，填制《纳税人迁移通知书》一式三份（一份由迁出地税务机关留存，一份送迁入地税务机关确认，一份交纳税人到迁入地税务机关办理涉税事项时校验），并通知纳税人在规定的时间内办理迁入手续。

"4.迁出地税务机关填制《移交纳税登记户资料清单》和《税源户移交签收单》，并向迁入地税务机关移交纳税人档案及其他纳税资料。

"（二）迁入地税务机关业务流程

"1.纳税人持《纳税人迁移通知书》、变更后的营业执照副本及复印件和其他有关资料等，到迁入地税务机关税务登记部门办理迁入手续。

"2.迁入地税务机关将"税务档案"和《移交纳税登记户资料清单》与《纳税人迁移通知书》等资料核对无误后，在征管系统中进行税务登记操作。

"3.迁入地税务机关办理完毕迁入手续后，填写《税源户移交签收单》回执回复迁出地税务机关，并告知纳税人在规定期限内到其主管税务机关办理申报纳税等相关涉税事宜。"

六、外出经营报验登记

（一）外管证的办理

纳税人到外县（市）临时从事生产经营活动的，应当在外出生产经营以前，持税务登记证到主管税务机关开具《外出经营活动税收管理证明》（以下简称《外管证》）。

税务机关按照一地一证的原则，发放《外管证》，《外管证》的有效期限一般为30日，最长不得超过180天。

（二）报验登记

纳税人应当在《外管证》注明地进行生产经营前向当地税务机关报验登记，并提交下列证件、资料：

(1) 税务登记证件副本。

(2)《外管证》。

纳税人在《外管证》注明地销售货物的，除提交以上证件、资料外，应如实填写《外出经营货物报验单》，申报查验货物。

（三）缴销手续

纳税人外出经营活动结束，应当向经营地税务机关填报《外出经营活动情况申报表》，并结清税款、缴销发票。

纳税人应当在《外管证》有效期届满后10日内，持《外管证》回原税务登记地税务机关办理《外管证》缴销手续。

七、证照管理

（一）税务机关的管理

税务机关应当加强税务登记证件的管理，采取实地调查、上门验证等方法进行税务登记证件的管理。

税务登记证式样改变，需统一换发税务登记证的，由国家税务总局确定。

（二）遗失税务登记证件的处理

纳税人、扣缴义务人遗失税务登记证件的，应当自遗失税务登记证件之日起15日内，书面报告主管税务机关，如实填写《税务登记证件遗失报告表》，并将纳税人的名称、税务登记证件名称、税务登记证件号码、税务登记证件有效期、发证机关名称在税务机关认可的报刊上作遗失声明，凭报刊上刊登的遗失声明到主管税务机关补办税务登记证件。

八、非正常户处理

（一）列入非正常户

已办理税务登记的纳税人未按照规定的期限申报纳税，在税务机关责令其限期改正后，逾期不改正的，税务机关应当派员实地检查，查无下落并且无法强制其履行纳税义务的，由检查人员制作非正常户认定书，存入纳税人档案，税务机关暂停其税务登记证件、发票领购簿和发票的使用。

（二）注销与追征

纳税人被列入非正常户超过三个月的，税务机关可以宣布其税务登记证件失效，其应纳税款的追征仍按《税收征收管理法》及其实施细则的规定执行。

九、法律责任

（一）纳税人的法律责任

纳税人不办理税务登记的，税务机关应当自发现之日起3日内责令其限期改正；逾期不改正的，依照《税收征收管理法》第六十条第一款的规定处罚。

纳税人通过提供虚假的证明资料等手段，骗取税务登记证的，处2 000元以下的罚款；情节严重的，处2 000元以上10 000元以下的罚款。纳税人涉嫌其他违法行为的，按有关法律、行政法规的规定处理。

（二）扣缴义务人的法律责任

扣缴义务人未按照规定办理扣缴税款登记的，税务机关应当自发现之日起3日内责令其限期改正，并可处以1 000元以下的罚款。

纳税人、扣缴义务人违反该办法规定，拒不接受税务机关处理的，税务机关可以收缴其发票或者停止向其发售发票。

（三）税务人员的法律责任

税务人员徇私舞弊或者玩忽职守，违反该办法规定为纳税人办理税务登记相关手续，或者滥用职权，故意刁难纳税人、扣缴义务人的，调离工作岗位，并依法给予行政处分。

第二节　税务登记制度改革

一、推进"三证合一"改革的意见

《国家税务总局关于推进工商营业执照、组织机构代码证和税务登记证"三证合一"改革的若干意见》（税总发〔2014〕152号）的规定，根据《国务院关于促进市场公平竞争维护市场正常秩序的若干意见》（国发〔2014〕20号，以下简称《意见》）的要求，国家税务总局就税务部门推进税务登记证和工商营业执照、组织机构代码证"三证合一"改革工作提出以下意见。

（一）基本思路

推进税务登记证和工商营业执照、组织机构代码证"三证合一"是落实国务院注册资本登记制度改革，便利市场主体，激发市场活力的重大举措，也是税务部门贯彻党中央和国务院转变职能、简政放权的工作要求。各级税务机关要提高对"三证合一"改革工作的认识，积极谋划，为改革提供动力，主动作为，不断探索登记制度便利化，切实方便市场主体，加强税源管控，降低征纳成本，提高税务行政管理效率，促进经济社会持续健康发展。

推进"三证合一"改革的基本思路是大力推进"三证联办"、积极探索"一证三码"、最终实现"一证一码"。"三证合一"的试点工作将由国务院有关部门部署进行。在正式推开"一证一码"之前，可以"三证联办""一证三码"等形式作为过渡。"三证联办"是现行法律框架内"三证合一"较好的实现形式。一窗受理、三证同发，实现工商营业执照、组织机构代码证和税务登记证联合办理，简化办证程序，缩短办理时限，方便市场主体，降低社会成本和行政成本。"一证三码"是推进"三证合一"的重要形式。一个证照、三个代码，形式上更符合"三证合一"要求，方便市场主体，也有利于整合部门资源，提高部门间信息共享水平，加强部门间协作配合，统一对市场主体的事后监管。

（二）主要形式

1."三证联办"

"三证联办"是指工商、质监、国税、地税部门实现工商营业执照、组织机构代码证和税务登记证"三证"联办同发。它是由一个窗口单位归口受理申请表和申请资料，一次性采集信息，并共享至联合办证部门，限时反馈；各部门收到申请信息、材料后，按照职责分工，同时启动复查审办，准予登记的，一并制作"三证"，并反馈受理窗口；受理窗口一次性将"三证"发放申请人，部门间实现数据互换、档案共享、结果互认。

各地税务机关要按照现行各部门行政管理职责、证件式样、赋码规则，协调相关部门实现信息互联互通，实施"三证联办"。

2."一证三码"

"一证三码"是工商、质监、国税、地税部门的工商营业执照、组织机构代码证和税务登记证共同赋码，向市场主体发放包含"三证"功能三个代码的证照，简称"一证三码"。它是由一个窗口单位归口受理申请表和申请资料，一次性采集信息，并共享至联合办证部门，限时反馈；各部门收到申请信息、材料后，按照职责分工，同时启动复查审办，准予登记的，分别按本部门赋码规则进行证照赋码，并反馈受理窗口；受理窗口制作"一证三码"的证照发放申请人，部门间实现数据互换、档案共享、结果互认。

（三）工作要求

1.提高认识，加强领导

"三证合一"是中央推进商事制度改革，便利市场主体，激发市场活力的重大举措、时间紧、任务重、要求高。各级税务机关要高度重视，深刻领会，切实提高对此项改革工作的认识，加强领导，认真落实。

2. 于法有据，稳步推进

"三证合一"改革要在法律法规框架内依法推进。当前，作为过渡各地税务机关要大力推进"三证联办"，积极探索"一证三码"试点工作，为实现"一证一码"改革创造条件。

3. 积极配合，规范流程

各地税务机关要积极配合牵头单位工作，努力攻坚克难，扎实推进改革。无论是"三证联办"还是"一证三码"，均要制定严格的流程规范，强化风险管控，确保安全高效，推进信息共享。

4. 加强宣传，及时反馈

要做好对纳税人的宣传工作，充分运用各种媒体，让广大纳税人了解此项改革创新的意义及其带来的便利。同时，要加强对此项改革信息与数据的统计分析，运用分析成果，及时指导和改进工作。此外，要及时将相关工作情况、问题及改进建议报告国家税务总局（征管和科技发展司）。

疑难问题解答

问：我们在郑州市新成立了一家公司，人在异地无法进行现场税务登记，请问该怎样进行网上登记呢？我们去河南省电子税务局找不到入口。河南省电子税务局一共有4个登录口：CA登录、短信登录、个人登录、代理登录。CA登录、短信登录、代理登录三种方式没有注册入口，只有个人登录可以注册并成功登录，但进去之后只有个税之类的个人服务，没有企业相关的服务，找不到在哪里进行企业税务登记。

答：（国家税务总局河南省税务局）根据现行政策规定，实行三证合一的纳税人无须做税务登记，请您进入电子税务局（https://etax.henan.chinatax.gov.cn/web/dzswj/ythclient/mh.html）进行信息确认。进入后无须登录，进入公众服务—特色业务下面的新办纳税人套餐—身份信息报告确认进行信息确认。国家税务总局河南省电子税务局系统由航天金穗公司开发维护并提供技术支持，如您遇到具体操作问题，您可以拨打400-011-0088热线向航天金穗公司详细咨询。

二、社会组织等纳税人使用统一社会信用代码及办理税务登记问题

根据《国家税务总局关于明确社会组织等纳税人使用统一社会信用代码及办理税务登记有关问题的通知》（税总函〔2016〕121号）的规定，为进一步落实《国务院关于批转发展改革委等部门法人和其他组织统一社会信用代码制度建设总体方案的通知》（国发〔2015〕33号）关于建立覆盖全面、稳定且唯一的统一社会信用代码制度的要求，国家税务总局就社会组织等未纳入"三证合一"登记制度改革的纳税人使用统一社会信用代码及办理税务登记有关事宜通知如下：

（1）对于2016年1月1日以后在机构编制、民政部门登记设立并取得统一社会信用代码的纳税人，以18位统一社会信用代码为其纳税人识别号，按照现行规定办理税务登记，发放税务登记证件。对已在机构编制、民政部门登记设立并办理税务登记的纳税人，税务部门应积极配合登记机关逐步完成存量代码的转换工作，实现法人及其他组织统一社会信用代码在税务部门的全覆盖。

（2）税务部门与民政部门之间能够建立省级统一的信用信息共享交换平台、政务信息平台、部门间数据接口（以下统称"信息共享平台"）并实现登记信息实时传递的，可以参照企业、农民专业合作社"三证合一、一照一码"的做法，对已取得统一社会信用代码的社会组织纳税人进行"三证合一"登记模式改革试点，由民政部门受理申请，只发放标注统一社会信用代码的社会组织（社会团体、基金会、民办非企业单位）法人登记证，赋予其税务登记证的全部功能，不再另行发放税务登记证件。

（3）与民政部门共同开展"三证合一"登记制度改革试点的税务机关，应加强与当地民政部门的协调配合，明晰职责，统筹做好改革试点前后的过渡衔接工作。要以依法行政、方便纳税人、降低行政成本为原则，共享登记信息，统一登记条件，规范登记流程和登记申请文书材料。要认真梳理有关信息需求，尽可能在登记环节采集信息。对暂时不能在登记环节采集的信息，应在办理涉税事宜环节补充采集，以确保信息完整准确。要切实做好后续监管工作，确保改革试点稳步推进。

各地执行中如有问题和建议，请及时向国家税务总局（征管和科技发展司）反馈。

三、个体工商户营业执照和税务登记证"两证整合"

根据《国家工商行政管理总局　国家税务总局　国家发展和改革委员会　国务院法制办公室关于实施个体工商户营业执照和税务登记证"两证整合"的意见》（工商个字〔2016〕167号）的规定，为进一步深化商事制度改革，加快推进"三证合一"登记制度改革向个体工商户延伸，实施个体工商户营业执照和税务登记证"两证整合"，经国务院同意，国家税务总局等4个部门提出如下意见。

（一）充分认识实施个体工商户"两证整合"登记制度改革的重要意义

个体工商户是我国公民从事经营活动的一个重要主体形式，我国个体经济在推动经济发展、增加财政收入、促进就业创业、维护社会稳定等方面发挥着重要作用。"两证整合"登记制度是指将个体工商户登记时依次申请，分别由工商行政管理部门核发营业执照、税务部门核发税务登记证，改为一次申请、由工商行政管理部门核发一个营业执照的登记制度。全面推行"两证整合"登记制度改革，是贯彻党的十八大和十八届三中、四中、五中全会精神，落实国务院决策部署，深化商事制度改革的重要举措。加快推进这一改革，有利于建立程序更为便利、内容更为完善、流程更为优化、资源更为集约的市场准入新模式，简化个体工商户登记注册程序，便利公民从事个体经营，促进个体私营经济健康发展，有力推动大众创业、万众创新。加快推进这一改革，能够有效推动工商、税务等部门实现信息共享，提升公共服务和行政管理效能，对于推进简政放权、建设服务型政府，提高国家治理体系和治理能力现代化水平，具有十分重要的意义。各地要站在全局高度充分认识这一改革的重要意义，提高思想认识，加强协调配合，确保这一利国利民的改革举措顺利实施。

（二）改革目标和基本原则

1.改革目标

通过个体工商户"两证整合"，实现公民只需填写"一张表"，向"一个窗口"提交"一套材料"即可办理个体工商户工商及税务登记，将由工商行政管理、税务部门分别核发的营业执照和税务登记证，改为由工商行政管理部门核发一个加载法人和其他组织统一社会信用代码（以下简称统一社会信用代码）的营业执照。同时，实现工商、税务部门的个体工商户数据信息实时共享。

2.基本原则

（1）便捷高效。按照程序简便、办照高效的要求，优化审批流程，创新服务方式，提高登记效率，方便个体工商户登记。

（2）规范统一。按照优化、整合、一体化的原则，科学制定"两证整合"登记流程，实行统一的"两证整合"登记程序和登记要求，规范登记条件、登记材料。

（3）统筹推进。大力推行一窗受理、一站式服务工作机制，将"两证整合"登记制度改革与全程电子化登记管理、企业信用信息公示系统建设、信用信息共享平台建设等工作统筹考虑、协同推进。

（三）改革的主要内容

1.全面实施个体工商户营业执照和税务登记证整合

根据相关法律法规和国家标准，建立统一登记流程、统一编码和赋码规则等，全面实行个体工商户"两证整合"登记模式。通过"一窗受理、互联互通、信息共享",由工商行政管理部门核发加载统一社会信用代码的营业执照,该营业执照具有原营业执照和税务登记证的功能,税务部门不再发放税务登记证。工商行政管理部门赋码后,将统一社会信用代码和相关信息按规定期限回传统一代码数据库。

2. 统一登记条件,规范登记流程

按照"保留必需、合并同类、优化简化"的原则,整合优化申请、受理、审查、核准、发照、公示等程序,缩短登记审批时限。实行统一的登记条件、登记文书格式规范。申请人办理个体工商户注册登记时只需填写"一张表",向"一个窗口"提交"一套材料"即可。工商行政管理部门受理申请并核准后,向个体工商户核发加载统一社会信用代码的营业执照,在国家企业信用信息公示系统进行公示,并与税务部门共享申请材料和审核信息,实现实时数据交换、档案互认。个体工商户的电子登记档案与纸质登记档案具有同等法律效力。

税务机关在个体工商户办理涉税事宜时,确认统一社会信用代码等相关信息,进行税务管理。

3. 优化登记管理服务方式

个体工商户登记要做到公开办理、限时办理、透明办理,条件公开、流程公开、结果公开。除涉及国家秘密、商业秘密或个人隐私外,要及时公开个体工商户的基础信息。各地要结合本地区实际,制定简明易懂的"两证整合"登记办事指南,严格按照《个体工商户登记业务流程》的规定办理个体工商户开业登记、变更登记、注销登记。工商部门要切实履行对申请人的告知义务,包括告知相关涉税事宜,及时提供咨询服务,强化内部督查和社会监督,提高登记效率。

4. 改造升级系统,实现信息共享

各地要依托已有的"三证合一"信息共享交换平台,以省(计划单列市)为单位,建立工作机制,确定工作职责,落实责任人员,严格操作规程,切实按照《个体工商户"两证整合"工商税务信息共享技术方案》实施信息交换和共享。工商、税务部门按有关要求将个体工商户相关登记信息实时传输至信息共享交换平台。要强化信息化保障,改造、升级各自信息化业务系统,确保个体工商户"两证整合"改革的顺利进行。

5. 建立部门信息传递与数据共享的保障机制

要充分利用全国信用信息共享平台,推动个体工商户基础信息和相关信用信息在政府部门间广泛共享和有效应用。积极推进"两证整合"申请、受理、审查、核准、发照、公示等全程电子化登记管理,最终实现"两证整合"网上办理。

6. 积极统筹推进,确保平稳实施

确定黑龙江、上海、福建、湖北省(市)为试点地区。4个试点地区自2016年10月1日起实施个体工商户"两证整合",工商行政管理部门向新开业个体工商户发放加载统一社会信用代码的营业执照。其他27个省(自治区、直辖市)及5个计划单列市自2016年12月1日起实施个体工商户"两证整合"。

对2016年12月1日前成立的个体工商户申请办理变更登记或换照的，换发加载统一社会信用代码的营业执照。暂未取得加载统一社会信用代码营业执照的个体工商户，其营业执照和税务登记证继续有效。各地可以鼓励个体工商户主动换领加载统一社会信用代码的营业执照，可以先行赋予统一社会信用代码并建立与原管理代码的映射关系。但是，要充分尊重广大个体经营者的意愿，不得组织对"两证整合"前登记的个体工商户强制换照，对于因实行强制换照而引发群体性事件的，要追究相关人员的责任，严肃处理。

已领取加载统一社会信用代码营业执照且在税务机关办理涉税事项的个体工商户申请注销登记，应当向登记机关提交税务机关出具的《清税证明》。

7.清理相关法规文件，推动改革成果广泛认可和应用

各地要及时梳理与"两证整合"登记模式相冲突的相关文件，尽快在制度框架内依法及时进行修订和完善，确保改革在法治轨道内运行。"两证整合"改革后，加载统一社会信用代码的营业执照具备原工商营业执照和原税务登记证的效力，各级政府部门、企事业单位及中介机构等均要予以认可，各行业主管部门要加强指导和督促，做好代码转换以及部门间信息系统衔接。

（四）工作要求

1.加强组织领导

工商、税务、发展改革和法制部门要积极推动县级以上地方各级人民政府强化统筹，建立健全政府主导、相关部门参与的工作协调机制，加强对"两证整合"登记制度改革工作的领导，协调解决改革中出现的重大问题，做好人、财、物、网络、技术等的保障。

2.加强工作落实

工商、税务、发展改革部门要加强协调配合，各司其职，倒排时间表，制定详细工作方案和应急预案，做好法规文件的清理、信息系统升级改造等工作。要做好基础数据采集工作，提高数据质量，确保数据准确、完整；对于申请变更登记和主动申请换照的，要做好换照前后工作的延续和衔接，确保改革举措顺利平稳开展，各项工作落实到位。

3.加强协同推进

各地要把促进个体经济发展同实施"两证整合"改革结合起来，清理、取消限制个体经济发展的政策制度，制定、出台促进个体经济发展的政策措施。建立协同推进工作机制，加强信息化保障，形成工作合力。要积极构建公平的市场秩序和良好的营商环境，研究、探索对个人网商等新型市场主体依法登记问题，稳妥推进个人网商登记工作，实现线上线下统一登记、一致监管、公平纳税。

4.加强业务培训

"两证整合"登记制度改革涉及面广、改革内容多、实施操作比较复杂，工商、税务部门要围绕"两证整合"登记制度改革涉及的法律法规、技术标准、业务流程、文书规范、信息传输等开展专门的业务培训，切实提高相关工作人员的思想认识和业务水平。要特别加强办事窗口能力建设，使窗口工作人员准确把握改革要求，熟练掌握业务流程和工作规范，提高服务效率和质量。

5. 加强宣传引导

要充分利用各种新闻媒介，加大对个体工商户"两证整合"登记制度改革的宣传解读力度，及时解答和回应社会关注的热点问题，使社会各界充分知晓改革、支持改革，自觉应用改革成果。

6. 加强督促检查

各地工商、税务、发展改革部门要制定督促检查工作计划，按照责任单位、时间节点和工作要求，做好跟踪督查。要严肃工作纪律，对实施改革工作协调配合不力，造成工作脱节、延误改革进程的单位和个人进行通报批评，加大问责和考核力度。

黑龙江、上海、福建、湖北四个试点地区要密切关注试点过程，将试点过程中遇到的问题和情况及时报告工商总局、税务总局、国家发展改革委、国务院法制办。全面实施个体工商户"两证整合"后，各地区对在改革推进过程中遇到的新情况新问题也要及时报告。

四、境外非政府组织代表机构税务登记

根据《国家税务总局关于做好境外非政府组织代表机构税务登记办理有关工作的通知》（税总函〔2017〕34号）的规定，为进一步落实《中华人民共和国境外非政府组织境内活动管理法》关于境外非政府组织机构凭登记证书依法办理税务登记的要求，国家税务总局就境外非政府组织机构办理税务登记有关事宜通知如下。

（1）对于2017年1月1日以后在公安部门登记设立的境外非政府组织机构，以18位统一社会信用代码为纳税人识别号，按照现行规定办理税务登记，发放税务登记证件。对已在民政等部门登记设立并已办理税务登记，但未取得统一社会信用代码的境外非政府组织机构，税务部门应积极配合公安、民政等部门逐步完成存量代码的转换工作。对于持民政等部门颁发的登记证书到税务部门办理涉税事项的纳税人，要提醒及时到公安部门领取新的登记证书。

（2）税务部门在为纳税人办理税务登记时，可以通过境外非政府组织网上办事服务平台（https://ngo.mps.gov.cn）查询纳税人的设立登记信息。税务部门要加强与当地公安部门的协调配合，积极创造条件，采取有效措施，建立信息交换传递和数据共享机制，充分利用信息化优势，减少纳税人重复报送资料，提高办事效率，降低行政成本。

五、进一步优化办理企业税务注销程序

根据《国家税务总局关于进一步优化办理企业税务注销程序的通知》（税总发〔2018〕149号）的规定，有关进一步优化办理企业税务注销程序的事项如下。

（一）实行清税证明免办服务

对向市场监管部门申请简易注销的纳税人，符合下列情形之一的，可免予到税务机关办理清税证明，直接向市场监管部门申请办理注销登记。

（1）未办理过涉税事宜的。

（2）办理过涉税事宜但未领用发票、无欠税（滞纳金）及罚款的。

（二）优化税务注销即办服务

对向市场监管部门申请一般注销的纳税人，税务机关在为其办理税务注销时，进一步落实限时办结规定。对未处于税务检查状态、无欠税（滞纳金）及罚款、已缴销增值税专用发票及税控专用设备，且符合下列情形之一的纳税人，优化即时办结服务，采取"承诺制"容缺办理，即纳税人在办理税务注销时，若资料不齐，可在其作出承诺后，税务机关即时出具清税文书。

（1）纳税信用级别为A级和B级的纳税人。

（2）控股母公司纳税信用级别为A级的M级纳税人。

（3）省级人民政府引进人才或经省级以上行业协会等机构认定的行业领军人才等创办的企业。

（4）未纳入纳税信用级别评价的定期定额个体工商户。

（5）未达到增值税纳税起征点的纳税人。

纳税人应按承诺的时限补齐资料并办结相关事项。若未履行承诺的，税务机关将对其法定代表人、财务负责人纳入纳税信用D级管理。

（三）简化税务注销办理的资料和流程

1.简化资料

对已实行实名办税的纳税人，免予提供税务登记证件和个人身份证件。

2.开设专门窗口

在办税服务厅设置注销业务专门服务窗口，并根据情况及时增加专门服务窗口数量。

3.提供"套餐式"服务

整合税务注销前置事项，实行"一窗受理、内部流转、限时办结、窗口出件"的"套餐式"服务模式。

4.强化"首问责任制"和"一次性告知"

纳税人到办税服务厅办理税务注销时，首次接待的税务人员应负责问清情况，区分事项和复杂程度，分类出具需要办理的事项告知书，并做好沟通和辅导工作。

5.优化内部工作流程和岗责分配

对纳税人办理注销业务涉及多事项的，要创新工作方式，简并优化流程、岗责，实现联动、限时处理。

（四）工作要求

1.提高认识，迅速落实

进一步优化办理企业税务注销程序，是积极落实党中央、国务院关于优化营商环境、深化"放管服"改革要求的重要举措。各级税务机关要提高认识，深刻领会其重要意义。同时，也应清醒认识到，税务注销是税收征收管理的最后一个环节，事关国家税收安全。尤其是在当前虚开增值税发票等涉税违法案件高发的态势下，应防止不法分子钻制度空子、造成税收流失。

各级税务机关应由主要领导负总责，结合实际抓紧制定实施方案，细化措施办法，明确责任分工，强力协调推进，确保通知要求能够迅速有序落地。

2.加强培训，广泛宣传

各级税务机关应加强对工作人员，尤其是一线办税人员的专项业务培训，确保相关人员全面了解改革的具体措施，熟练掌握工作流程和办理要求。

各级税务机关要切实加强对纳税人的宣传辅导，通过税务网站、纳税人学堂、办税服务厅等多渠道、多角度开展解读和宣传辅导，回应纳税人和社会关切，确保纳税人享受改革红利。

3.跟踪问效，强化督导

各级税务机关应采取多种形式，对基层改革落实情况进行督察。要及时总结创新经验或提出合理化建议，并及时上报税务总局。

税务总局应对各地税务机关改革措施落实情况进行督察督导，对纳税人实际办税感受进行走访调研、组织明察暗访，并将结果纳入绩效考评。对工作落实不力、纳税人反映强烈的问题，一经核实，将依法依规追究相关领导及人员的责任。

六、深化"放管服"改革更大力度推进优化税务注销办理程序

根据《国家税务总局关于深化"放管服"改革更大力度推进优化税务注销办理程序工作的通知》（税总发〔2019〕64号）的规定，有关更大力度推进优化税务注销办理程序的事项如下。

（一）进一步扩大即办范围

（1）符合《通知》第一条第一项规定情形，即未办理过涉税事宜的纳税人，主动到税务机关办理清税的，税务机关可根据纳税人提供的营业执照即时出具清税文书。

（2）符合《通知》第一条第二项规定情形，即办理过涉税事宜但未领用发票、无欠税（滞纳金）及罚款的纳税人，主动到税务机关办理清税，资料齐全的，税务机关即时出具清税文书；资料不齐的，可采取"承诺制"容缺办理，在其作出承诺后，即时出具清税文书。

（3）经人民法院裁定宣告破产的纳税人，持人民法院终结破产程序裁定书向税务机关申请税务注销的，税务机关即时出具清税文书，按照有关规定核销"死欠"。

（二）进一步简化税务注销前业务办理流程

处于非正常状态纳税人在办理税务注销前，需先解除非正常状态，补办纳税申报手续。符合以下情形的，税务机关可打印相应税种和相关附加的《批量零申报确认表》，经纳税人确认后，进行批量处理：

（1）非正常状态期间增值税、消费税和相关附加需补办的申报均为零申报的。

（2）非正常状态期间企业所得税月（季）度预缴需补办的申报均为零申报，且不存在弥补前期亏损情况的。

纳税人办理税务注销前，无需向税务机关提出终止"委托扣款协议书"申请。税务机关办结税务注销后，委托扣款协议自动终止。

（三）进一步减少证件、资料报送

对已实行实名办税的纳税人，免予提供以下证件、资料：

（1）《税务登记证》正（副）本、《临时税务登记证》正（副）本和《发票领用簿》。

（2）市场监督管理部门吊销营业执照决定原件（复印件）。

（3）上级主管部门批复文件或董事会决议原件（复印件）。

（4）项目完工证明、验收证明等相关文件原件（复印件）。

更大力度推进优化税务注销办理程序，是进一步贯彻落实党中央、国务院关于深化"放管服"改革、优化营商环境要求的重要举措。各地税务机关要高度重视，抓好落实，并严格按照法律、行政法规规定的程序和该通知要求办理相关事项。

疑难问题解答

问：实名办税纳税人，办理税务注销时可免予提供哪些资料？

答：对已实行实名办税的纳税人，免予提供税务登记证件和个人身份证件。

对已实行实名办税的纳税人，免予提供以下证件、资料：

（1）《税务登记证》正（副）本、《临时税务登记证》正（副）本和《发票领用簿》。

（2）市场监督管理部门吊销营业执照决定原件（复印件）。

（3）上级主管部门批复文件或董事会决议原件（复印件）。

（4）项目完工证明、验收证明等相关文件原件（复印件）。

七、进一步完善简易注销登记便捷中小微企业市场退出

根据《国家市场监督管理总局国家税务总局关于进一步完善简易注销登记便捷中小微企业市场退出的通知》（国市监注发〔2021〕45号）的规定，近年来，市场监管总局、税务总局积极推行企业简易注销登记改革试点改革工作，极大地便利了未开业或无债权债务市场主体退出市场。为落实国务院部署和《政府工作报告》要求，实行中小微企业、个体工商户简易注销登记，持续深化商事制度改革，畅通市场主体退出渠道，提高市场主体活跃度，实行以下制度。

（一）拓展简易注销登记适用范围

在《关于全面推进企业简易注销登记改革的指导意见》（工商企注字〔2016〕253号）、《关于加强信息共享和联合监管的通知》（工商企注字〔2018〕11号）基础上，将简易注销登记的适用范围拓展至未发生债权债务或已将债权债务清偿完结的市场主体（上市股份有限公司除外，下同）。市场主体在申请简易注销登记时，不应存在未结清清偿费用、职工工资、社会保险费用、法定补偿金、应缴纳税款（滞纳金、罚款）等债权债务。全体投资人书面承诺对上述情况的真实性承担法律责任。

税务部门通过信息共享获取市场监管部门推送的拟申请简易注销登记信息后，应按照规定的程序和要求，查询税务信息系统核实相关涉税情况，对经查询系统显示为以下情形的纳税人，税务部门不提出异议：一是未办理过涉税事宜的纳税人，二是办理过涉税事宜但没领用过发票（含代开发票）、没有欠税和没有其他未办结事项的纳税人，三是查询时已办结缴销发票、结清应纳税款等清税手续的纳税人。

（二）实施个体工商户简易注销登记

营业执照和税务登记证"两证整合"改革实施后设立登记的个体工商户通过简易程序办理注销登记的，无须提交承诺书，也无须公示。个体工商户在提交简易注销登记申请后，市场监管部门应当在1个工作日内将个体工商户拟申请简易注销登记的相关信息通过省级统一的信用信息共享交换平台、政务信息平台、部门间的数据接口（以下统称"信息共享交换平台"）推送给同级税务等部门，税务等部门于10天（自然日，下同）内反馈是否同意简易注销。对于税务等部门无异议的，市场监管部门应当及时办理简易注销登记。税务部门不提异议的情形与本通知第一条相关规定一致。

（三）压缩简易注销登记公示时间

将简易注销登记的公示时间由45天压缩为20天，公示期届满后，市场主体可直接向市场监管部门申请办理简易注销登记。市场主体应当在公示期届满之日起20天内向市场监管部门申请，可根据实际情况申请适当延长，最长不超过30天。市场主体在公示后，不得从事与注销无关的生产经营活动。

（四）建立简易注销登记容错机制

市场主体申请简易注销登记的，经市场监管部门审查存在"被列入企业经营异常名录""存在股权（投资权益）被冻结、出质或动产抵押等情形""企业所属的非法人分支机构未办注销登记的"等不适用简易注销登记程序的，无须撤销简易注销公示，待异常状态消失后可再次依程序公示申请简易注销登记。对于承诺书文字、形式填写不规范的，市场监管部门在市场主体补正后予以受理其简易注销申请，无须重新公示。

（五）优化注销平台功能流程

允许市场主体通过注销平台进行简易注销登记，对符合条件的市场主体实行简易注销登记全程网办。市场主体填报简易注销信息后，平台自动生成《全体投资人承诺书》，除机关、事业法人、外国投资人等特殊情形外，全体投资人实名认证并进行电子签名。市场主体可以通过邮寄方式交回营业执照，对于营业执照丢失的，可通过国家企业信用信息公示系统免费发布营业执照作废声明。

各地市场监管部门、税务部门要按照简易注销技术方案，做好系统开发升级。同时，加强部门协同监管，市场主体在简易注销登记中隐瞒真实情况、弄虚作假的，市场监管部门可以依法作出撤销注销登记等处理，在恢复企业主体资格的同时将该企业列入严重违法失信名单，并通过国家企业信用信息公示系统公示，防止市场主体利用简易注销登记恶意逃避法律责任。在推进改革过程中，各地市场监管部门、税务部门要注意收集简易注销登记中遇到的新情况、新问题，及时向市场监管总局和税务总局报告。

第三节 税务登记典型案例分析

一、行政处罚认定主体争议案[①]

再审申请人湖南省长沙市地方税务局稽查局（以下简称长沙地税稽查局）与被申请人余某某税务行政处罚一案，长沙市天心区人民法院于2015年7月21日作出〔2015〕天行初字第00028号行政判决。余某某不服，向湖南省长沙市中级人民法院提起上诉，该院于2015年11月3日作出〔2015〕长中行终字第00665号行政判决，已经发生法律效

---

① 资料来源：湖南省高级人民法院〔2017〕湘行再104号行政判决书。

力。长沙地税稽查局不服，向湖南省高级人民法院（以下简称湖南高院）申请再审，湖南高院于2017年3月24日作出〔2016〕湘行申319号行政裁定，决定提审本案。湖南高院立案再审后，依法组成合议庭对本案进行了审理。本案现已审理终结。

一审法院经审理查明：长沙市雨花区甲海鲜酒楼（以下简称甲酒楼）系经长沙市工商行政管理局雨花分局登记的个体工商户，登记的经营者为余某某。甲酒楼办理的税务登记证记载：纳税人为甲酒楼，负责人为余某某，登记注册类型为个体户。

2012年10月18日，长沙地税稽查局决定对甲酒楼涉嫌发票违法行为立案检查。2012年10月22日，长沙地税稽查局对甲酒楼发出税务事项检查通知书，称将对该酒楼2010年1月1日至2011年12月31日期间（如检查发现此期间以外明显的税收违法嫌疑或线索不受此限）涉税情况进行检查。税务事项检查通知书送达甲酒楼，由余某某签收。2012年10月22日至23日，甲酒楼向长沙地税稽查局提交利润表、资产负债表、主营业务收入明细账、主营业务成本总账、应交税费明细账、本年利润明细账、利润分配明细账、税务稽查底稿等材料。2012年10月31日，长沙地税稽查局向余某某制作了询问（调查）笔录，余某某陈述：甲酒楼股东有四个人；知道酒楼存在真实收入远大于日常申报纳税收入，少缴税款的事实；酒楼由"阳某1"承包经营，日常经营管理由"阳某1"负责，合同约定所有法律责任都由"阳某1"承担。2013年3月20日，长沙地税稽查局对甲酒楼作出税务事项告知书、税务行政处罚事项告知书、责令限期改正通知书，告知甲酒楼在向主管税务机关进行纳税申报时采取虚假纳税申报的手段少申报应纳税款，拟给予509 082.82元罚款的行政处罚，并告知了陈述、申辩、举证的权利；同时，责令甲酒楼予以改正。税务事项告知书、税务行政处罚事项告知书、责令限期改正通知书送达甲酒楼，由余某某签收，并加盖甲酒楼公章。2015年3月5日，长沙地税稽查局对余某某（甲酒楼）稽查案件进行集体审理，作出处以罚款509 082.82元的决定。2015年3月5日，长沙地税稽查局对余某某作出长地税稽罚〔2015〕13号税务行政处罚决定（以下简称13号处罚决定），认定余某某（甲酒楼）在2010年1月至2011年12月期间，取得营业收入后未如实向主管地方税务机关申报缴纳税款，采取虚假纳税申报的手段，少缴营业税83 5742.39元，少缴城市维护建设税46 209.22元，少缴个人所得税136 214.01元，少缴应纳税款的行为已构成偷税；对余某某作出处以罚款共计509 082.82元的行政处罚。税务行政处罚决定书于2015年3月9日送达甲酒楼。2015年3月31日，长沙地税稽查局对余某某（甲酒楼）作出限期缴纳税款通知书（催告书），催告缴纳欠税款，并于次日送达余某某、甲酒楼。余某某不服，遂提起本案诉讼，请求撤销13号处罚决定。

一审法院认为：本案是对13号处罚决定的合法性进行审查。根据《税收征收管理法》第五条、第十四条以及《税收征收管理法实施细则》第九条的规定，长沙地税稽查局有权对辖区内偷税、逃避追缴欠税、骗税、抗税案件进行查处。本案争议的焦点是：承担甲酒楼偷税行为行政法律责任的主体问题。根据《税收征收管理法》第四条以及《税务登记管理办法》第二条的规定，个体工商户为纳税人。甲酒楼作为个体工商户系税法规定的纳税人。《税收征收管理法实施细则》第三条第二款规定："纳税人应当依照税收法律、行政法规的规定履行纳税义务；其签订的合同、协议等与税收法律、行政法规相抵触的，一律无效。"根据纳税人法定的原则，税务机关只向纳税人征收税款，也只有纳税人才依照税法承担纳税义务。在税收征收法律关系中，纳税义务不能通过合同、协议等方式转移纳税义务。甲酒楼为税务登记的纳税人，甲酒楼工商登记的经营者为余某某。而个体工商户个人经营的，以个人财产承担责任。对于甲酒楼的偷税行为，长沙地税稽查局对余某某作出行政处罚符合法律规定。余某某诉称，甲酒楼实际由他人承包经营，应由实际经营人承担偷税的法律责任，于法无据，不予支持。长沙地税稽查局作出的13号处罚决定认定事实清楚，证据确凿，适用法律、法规正确，符合法定程序。据此，依照《行政诉讼法》第六十九条之规定，判决驳回余某某的诉讼请求。一审案件受理费50元，由余某某负担。

二审法院对一审法院认证相关证据的意见为：一审法院虽然采信了长沙地税稽查局提供的《询问通知书》及其送达回证、《询问笔录》，但并未就该证据所证明的相关偷税主体问题进行查实。同时，一审法院以余某某提交的关于湖南盛记餐饮酒店管理有限公司（以下简称盛记餐饮公司）对甲酒楼行使所有权、经营权，和甲酒楼承包经营的七份证据，均是由案外人出具或签订，在本案中无法确认其真实性为由，不予采纳，其认证理由难以令人信服。

二审法院认为：根据《税收征收管理法》第十四条、《税收征收管理法实施细则》第九条的规定，长沙地税稽查局依法负有税收征收管理的法定职责，其对余某某作出13号处罚决定，主体职权合法。但是，长沙地税稽查局以"余某某（甲酒楼）"为涉案处罚对象，主要证据不足。

长沙地税稽查局以余某某为处罚对象的法律依据是，《中华人民共和国民法通则》（以下简称《民法通则》，自2021年1月1日起被《中华人民共和国民法典》取代，下同）第二十六条、第二十九条，《最高人民法院关于贯彻执行〈中华人民共和国民法通则〉若干问题的意见（试行）》（自2021年1月1日起废止）第四十一条、第四十二条、第四十三条、第四十四条，《个体工商户条例》（国务院第596号令），以及《税收征收管理法》第四条的规定。上述规定是指个体工商户的登记、债务承担、经营管理、户主与字号在诉讼中的表述、变更登记，以及纳税人的规定等内容。《税收征收管理法》第四条第一款规定："法律、行政法规规定负有纳税义务的单位和个人为纳税人。"故如何认定涉案纳税义务人是本案的焦点。

本案中，甲酒楼有两种法律资格：其一是个体工商户，其二是盛记餐饮公司下属的一个分店。

关于个体工商户法律资格问题：甲酒楼经长沙市工商行政管理局雨花分局于2008年7月24日登记为个体工商户，经营地址长沙市雨花区东二环668号，经营者余某某。而登记成立于2007年1月24日、经营者盛某1、经营地址与此相同的长沙市雨花区盛记海鲜酒楼海悦店（以下简称盛记海悦店），于2011年1月11日才予注销。2009年

3月3日，盛某1、余某某、阳某2签订协议，合伙经营该酒楼。长沙地税稽查局据以处罚的税收违法行为的时间段为2010年1月至2011年12月。长沙地税稽查局在对余某某作询问（调查）笔录时，余某某陈述该店由阳某1（上诉人称系阳某2的弟弟）承包经营。那么，在同一经营地址有两个个体工商户交叉、实际承包经营人又非其中任何一人的情况下，长沙地税稽查局认定余某某为纳税人，显系事实认定不清。至于税务登记证登记的经营人与实际经营人不一致的问题，相关主管机关可以依法予以处理，但不是本案所要审查的。

关于甲酒楼为盛记餐饮公司下属分店的问题：2009年10月12日，盛记餐饮公司经长沙市工商行政管理局雨花分局登记成立；公司股东为盛某2、魏某某、胡某某、余某某、阳某2。该公司所辖窑岭店和海悦店两个分店。2011年3月，盛记餐饮公司、甲酒楼、阳某2等签订《承包经营合同》，就阳某2承包经营盛记餐饮公司所属的甲酒楼作出约定。上述事实与余某某陈述的、甲酒楼由阳某1承包经营的事实相互佐证。可见，长沙地税稽查局并未全面、客观地调查核实甲酒楼的法律性质。

另外，因甲酒楼的工商登记户主与实际经营人不一致，长沙地税稽查局在检查涉嫌偷税违法行为时作出的《税务检查通知书》《责令限期改正通知书》以及《税务行政处罚事项告知书》等行政执法文书中，都把检查对象表述为酒楼字号即"长沙市雨花区甲酒楼"，并未同时标注"余某某"加"括号"的方式。长沙地税稽查局在最后的《税务处理决定书》和《税务行政处罚决定书》等文书中却标注以"余某某（长沙市雨花区甲酒楼）"字样。显然"长沙市雨花区甲酒楼"与"余某某（长沙市雨花区甲酒楼）"两种表述的内涵是不一样的，后者明确界定为"余某某"是实际经营者，而实际情况并非如此。

综上所述，涉案甲酒楼到底是属于个体工商户性质还是盛记餐饮公司下属的分店，长沙地税稽查局没有调查清楚。如果是前者，要同时明确实际经营人；如果是后者，则应处罚所属公司。长沙地税稽查局仅从工商营业执照和税务登记证登记的形式表象来认定余某某是纳税义务人，缺乏事实和法律依据。故其作出的13号处罚决定，在处罚对象的确定方面主要证据不足，应予撤销。一审法院认为，根据纳税人法定原则，在税收征收法律关系中，纳税义务不能通过合同、协议等方式转移。根据《税收征收管理法实施细则》第三条第二款"纳税人应当依照税收法律、行政法规的规定履行纳税义务；其签订的合同、协议等与税收法律、行政法规相抵触的，一律无效"的规定，可见，一审法院曲解了上述法律规定。纳税义务是依法不能通过合同、协议等方式转移的，但要以确定法定的纳税义务人为前提。而纳税义务人的确定，不能仅仅从登记形式上简单地罗列。故一审判决认定事实错误。余某某的上诉理由成立，其上诉请求应予支持。依照《行政诉讼法》第七十条第一项、第八十九条第一款第二项的规定，判决撤销一审判决，撤销13号处罚决定。本案一、二审案件受理费各50元，合计100元，由长沙地税稽查局负担。

长沙地税稽查局申请再审称：1.二审对事实认定所采信的证据均系余某某在一审审

理过程中提交的复印件,违反了基本的行政诉讼证据规则,二审法院对本案事实认定所依据的证据不足。2.二审判决认为长沙地税稽查局未调查清楚甲酒楼的法律性质而将余某某认定为涉案处罚对象主要依据不足,系认定事实不清。长沙地税稽查局将余某某认定为涉案处罚对象正确。第一,在2008年7月24日至2011年1月11日期间,盛记海悦店和甲酒楼是登记于同一经营地址的两个不同纳税主体,本案中长沙地税稽查局的处罚对象是以余某某为经营者的甲酒楼,盛记海悦店不是涉案纳税主体。第二,甲酒楼是否属于承包经营以及实际经营者是何人,均不影响长沙地税稽查局依法对其偷税行为进行行政处罚。在本案中,无论余某某将甲酒楼承包给何人,只要余某某不主动进行纳税申报或变更,长沙地税稽查局便无法将未变更的主体列为税收行政处罚的对象。若将没有进行纳税申报的实际经营者作为税务稽查对象,不仅增加了税收执法成本,而且不具备可操作性,更违背了我国以税务登记和纳税申报为基础的税收征管制度。第三,二审判决认为甲酒楼是盛记餐饮公司下属分店,系认定事实不清。第四,行政执法文书和最终处罚文书对执法对象表述虽不一致,但余某某和甲酒楼系同一主体,长沙地税稽查局对执法对象的表述符合法律规定。3.二审判决若不依法纠正,将造成税务执法行为无所适从的严重后果。根据税收法定的原则,税务机关只能依据相应的税务登记证明确定纳税人,若需将纳税人背后的承包关系或合伙关系全部查清才能予以处罚,实质上是将行政处罚相对人无限扩大,既没有法律依据,事实上也不可能执行。综上所述,余某某为法定纳税主体,长沙地税稽查局所作税务行政处罚决定处罚对象准确、权限和程序合法有效、处罚幅度合法。请求撤销二审判决,改判驳回余某某的全部诉讼请求。

余某某辩称:1.余某某代理人在一审庭审中明确表明余某某提交的证据均可提交原件予以查证,二审认定事实符合客观事实的认定。2.长沙地税稽查局于2012年10月31日对余某某所作的询问调查笔录中,余某某已明确告知执法人员,甲酒楼由"阳某1"承包经营,但长沙地税稽查局未就相关情况向余某某进一步查证,亦未要求余某某提供相关证据材料。余某某提交了相关证据材料,长沙地税稽查局却视而不见。3.将余某某作为涉案处罚对象缺乏证据证明且与客观事实不符。盛记海悦店与甲酒楼二者实为一体,在甲酒楼存在偷税行为期间,余某某并非实际经营人,也非非法利益的实际获得者,不是偷税行为的违法责任人。综上所述,二审判决认定事实清楚、适用法律正确,请求驳回长沙地税稽查局的再审申请,维持二审判决。

双方当事人在本案一、二审期间提交并经质证的证据,已随本案一、二审案卷移送本院。在本案再审期间,双方当事人均没有提交新的证据。因长沙地税稽查局在再审申请理由中称,二审法院采信余某某在本案一审中提交的真实性难以确定的复印材料认定本案事实违反证据规定,余某某请求湖南高院对其一审提交的证据组织质证。为此,湖南高院经双方同意于2018年5月8日对余某某在一审中提交的证据组织了质证,但余某某只提交了部分原件且该原件中的一部分与一审中提交的复印件不一致。该次质证结束后,余某某反复强烈要求本院再次组织质证,经征得长沙地税稽查局的同意，湖南高院于2018年6月13日再次对余某某在一审提交的证据组织了质证，该次质证中，长沙地税稽查局对余某某在一审提交的关于证明甲酒楼实为盛记餐饮公司经营管理，且自2010年7月至2012年9月由阳某2承包的证据的真实性、合法性和关联性均不予认可，且请求湖南高院对余某某多次反复要求本案进行质证的行为予以制裁。

湖南高院对余某某在本案一审中提交的关于甲酒楼实为盛记餐饮公司经营管理，且自2010年7月至2012年9月由阳某2承包的证据的认证意见为：首先，由于该部分证据载明的签署人除余某某外的其他人均为案外人，在该部分案外人既没有作为当事人参加诉讼，也没有由余某某申请到庭接受质证的情况下，难以确认该部分证据的真实性；其次，虽然余某某在长沙地税稽局对其进行调查时，曾陈述甲酒楼有四位股东，实际由"阳某1"承包经营，所有责任均由"阳某1"负责，但在长沙地税稽查局于2013年3月20日向其告知拟作出的涉案行政处罚及当事人依法享有的陈述、申辩、举证的权利后，一直没有对此提出异议，且未提供上述证据用以证明甲酒楼及余某某不是拟查处年度的纳税主体；再次，长沙地税稽查局据以作出被诉行政行为的事实，均系根据甲酒楼及余某某提供的相关财务证据予以认定。因此，在长沙地税稽查局根据甲酒楼及余某某提供的相关财务证据确认案件事实并作出被诉行政行为后，余某某在提起本案诉讼时又提交上述证据拟证明余某某及甲酒楼不是本案被诉行政行为的适格纳税人，该证据的提交程序显然不当。因余某某未能对其没有在长沙地税稽查局告知的举证期间内提交该部分证据的原因作出合理解释，根据《最高人民法院关于行政诉讼证据若干问题的规定》第五十九条"被告在行政程序中依照法定程序要求原告提供证据，原告依法应当提供而拒不提供，在诉讼程序中提供的证据，人民法院一般不予采纳"的规定，余某某提交的上述证据应不予采纳，二审法院采信该部分证据不当，依法予以纠正。

湖南高院对一审法院查明认定的事实予以认定，另查明：2010年1月至2011年12月，甲酒楼持续在向湖南省长沙市地方税务局领购发票，缴销发票，申报纳税及缴纳税款。

湖南高院认为：《税收征收管理法》（2013年修正）第十五条规定："企业，企业在外地设立的分支机构和从事生产、经营的场所，个体工商户和从事生产、经营的事业单位（以下统称'从事生产、经营的纳税人'）自领取营业执照之日起三十日内，持有关证件，向税务机关申报办理税务登记。税务机关应当于收到申报的当日办理登记并发给税务登记证件。"第二十五条第一款规定："纳税人必须依照法律、行政法规规定或者税务机关依照法律、行政法规的规定确定的申报期限、申报内容如实办理纳税申报，报送纳税申报表、财务会计报表以及税务机关根据实际需要要求纳税人报送的其他纳税资料。"第六十三条第一款规定："纳税人伪造、变造、隐匿、擅自销毁账簿、记账凭证，或者在账簿上多列支出或者不列、少列收入，或者经税务机关通知申报而拒不申报或者进行虚假的纳税申报，不缴或者少缴应纳税款的，是偷税。对纳税人偷税的，由税务机关追缴其不缴或者少缴的税款、滞纳金，并处不缴或者少缴的税款百分之五十以上五倍以下的罚款；构成犯罪的，依法追究刑事责任。"本案中，甲酒楼系由工商行政管理部门注册登记的个体工商户，其属于法定的纳税主体。由于甲酒楼在2010年1月至2011年12月期间持续向湖南省长沙市地方税务局领购发票、缴销发票、申报并缴纳税款，同时，亦在13号处罚决定作出前向税务查处机关提交了其在该期间的财务报表等会计税务资料，因此长沙地税稽查局在查清相关案件事实后，认定法定纳税人甲酒楼在该期间存在偷税行为，并将其作为税务处罚对象，有事实和法律依据。

《税收征收管理法》（2013年修正）第十八条规定："纳税人按照国务院税务主管部门的规定使用税务登记证件。税务登记证件不得转借、涂改、损毁、买卖或者伪造。"《个体工商户条例》（2011年）第十六条第二款规定："个体工商户税务登记内容发生变化的，应当依法办理变更或者注销税务登记。"《税收征收管理法实施细则》（2012年修订）第三条第二款规定："纳税人应当依照税收法律、行政法规的规定履行纳税义务；其签订的合同、协议等与税收法律、行政法规相抵触的，一律无效。"本案中，甲酒楼系税务机关依法登记的纳税人，故其负有依法使用税务登记证件，不得转借他人使用的法定义务；同时，当其税务登记内容发生变化时，负有依法申请办理税务登记变更或注销手续的义务；此外，其应当依法履行纳税义务，不得违反税收法律、行政法规规定与他人签订合同、协议。即使余某某抗辩的甲酒楼为盛记餐饮公司经营管理并由"阳某1"承包经营的事实成立，但因甲酒楼从未依法办理税务登记的变更或注销手续，当事人约定由税务登记的纳税人之外的主体承担纳税义务的协议因违反税收法律、行政法规的规定而对税务机关不产生约束力，故长沙地税稽查局在此情形下继续将甲酒楼认定为偷税主体并将其作为税务行政处罚对象，亦无不当。

《民法通则》（2009年修正）第二十六条规定："公民在法律允许的范围内，依法经核准登记，从事工商业经营的，为个体工商户。个体工商户可以起字号。"第二十九条规定："个体工商户，农村承包经营户的债务，个人经营的，以个人财产承担；家庭经营的，以家庭财产承担。"本案中，余某某作为甲酒楼的登记经营者，依法应以其个人财产对甲酒楼的债务承担责任。由于甲酒楼因经营行为而应依法承担的税负，及因违反税法规定而应依法缴纳的税务行政罚款，均属甲酒楼的债务，余某某作为登记经营者，亦应以其个人财产对该罚款承担缴纳责任。因此，长沙地税稽查局在查明甲酒楼存在偷税行为并作出被诉的13号处罚决定时，将本案被处罚人表述为余某某（甲酒楼）符合上述规定，该处理方式并无不当。

综上所述，长沙地税稽查局的再审请求成立，依法应予支持。二审判决认定基本事实不清楚，适用法律错误，依法应予纠正；一审判决认定事实清楚，适用法律正确，依法应予维持。

2018年7月10日，湖南高院依照《最高人民法院关于适用〈中华人民共和国行政诉讼法〉的解释》第一百一十九条第一款、第一百二十二条之规定，作出〔2017〕湘行再104号行政判决书，判决撤销湖南省长沙市中级人民法院〔2015〕长中行终字第00665号行政判决；维持长沙市天心区人民法院〔2015〕天行初字第00028号行政判决。本案二审案件受理费50元，由余某某负担。

二、送达程序轻微违法争议案[①]

上诉人天津甲环保节能科技发展有限公司（以下简称甲公司）诉被上诉人国家税务总局天津市税务局第二稽查局行政处罚一案，不服天津市河西区人民法院〔2018〕津0103行初144号行政判决，向天津市第二中级人民法院（以下简称天津二中院）提起上诉。本案现已审理终结。

原审法院查明，2017年7月24日，原天津市静海区国家税务局稽查局接到举报后，对原告进行税务稽查立案。2017年8月29日，原天津市静海区国家税务局稽查局向原告下达《税务检查通知书》，并在原告住所进行实地勘验。因原告住所无人办公，故原天津市静海区国家税务局稽查局于2017年8月29日向原告公告送达《税务检查通知书》。后经调查，原天津市静海区国家税务局稽查局于2017年12月21日作出津静国税稽处〔2017〕73号《税务处理决定书》，查明原告2016年4—6月份销售收入1 686 910.26元未进行申报纳税，决定原告应补缴增值税286 774.74元，应补缴企业所得税25 303.65元，自滞纳之日起按日加收滞纳金，并于2018年1月3日向原告公告送达，后又于2018年3月23日向原告直接送达。原天津市静海区国家税务局稽查局在津静国税稽处〔2017〕73号《税务处理决定书》查明的应补缴税款基础上，于2017年12月21日作出被诉《税务行政处罚决定书》，决定对原告应补缴的增值税286 774.74元，处以0.5倍罚款143 387.38元，对原告应补缴的企业所得税25 303.65元，对原告处以0.5倍罚款12 651.83元，共计156 039.21元。原天津市静海区国家税务局稽查局于2018年1月3日向原告公告送达被诉《税务行政处罚决定书》，又于2018年3月23日向原告直接送达《税务行政处罚决定书》。原告对此《税务行政处罚决定书》不服，于2018年8月16日向天津市静海区人民法院提起行政诉讼。因在原告起诉前，原天津市静海区国家税务局稽查局在机构改革中已经被撤销，其职责由国家税务总局天津市税务局第二稽查局负责承担，故原告于2018年9月7日从天津市静海区人民法院撤回起诉，并于同日提起行政诉讼。

另查明，2018年3月23日原告已自行缴纳津静国税稽处〔2017〕73号《税务处理决定书》和被诉《税务行政处罚决定书》规定的缴纳税款、罚款、滞纳金的义务。

原审法院认为，根据《税收征收管理法》第五条和《税收征收管理法实施细则》第九条规定，被告作为原天津市静海区国家税务局稽查局的职责承担机关，具有作出被诉《税务行政处罚决定书》的主体资格和法定职权。虽然被告代理人当庭未能准确陈述被告主体资格和法定职权的依据，但是不影响被告的法定职权，且原告对此亦无异议。第一，在行政程序方面，被告依据《税务稽查工作规程》，在接到举报后，履行了立案、下达《税务检查通知书》、调查取证、制作《税务稽查报告》、重大税务

[①] 资料来源：天津市第二中级人民法院〔2019〕津02行终196号行政判决书。

案件集体审议、处罚前告知、作出处罚决定并送达等行政程序。但在《税务行政处罚定书》的送达程序上,被告先进行了公告送达,后又进行了直接送达。即使静海区独流税务所曾于2017年9月30日出具了认定原告为非正常户的情况说明,但是根据《税务登记管理办法》第四十一条的规定,被告对原告"应纳税款的追征仍按《税收征收管理法》及其实施细则的规定执行",故被告仍应当根据《税收征收管理法实施细则》第一百零六条规定的各项前提条件,依法采取公告送达。本案中,被告未提供任何证据证明其在公告送达前已经依法履行了除公告以外的其他送达方式且均无法送达,被告应承担举证不能的法律后果,即被告未采取法定其他送达方式就径行采取公告送达。因此,被告送达《税务行政处罚决定书》的行政程序,违反了《税收征收管理法实施细则》第一百零六条第二项规定的适用公告送达的前提条件,即"采用本章规定的其他送达方式无法送达",属于行政程序轻微违法。同理,被告在履行处罚前告知程序上,亦存在未采取法定其他送达方式就公告送达的程序违法问题,亦属于行政程序轻微违法。鉴于被告在公告送达后已经通过直接送达方式,履行了向原告的送达程序,且原告已经缴纳了相关《税务处理决定书》和被诉《税务行政处罚决定书》规定的税款、罚款、滞纳金,并对《税务行政处罚决定书》依法提起了行政诉讼,故被告的程序轻微违法对原告的权利未产生实际影响。第二,在起诉期限方面,被告的违法送达程序,导致原告无法及时知晓被诉《税务行政处罚决定书》,视为被诉《税务行政处罚决定书》未被公告送达。因此,被告主张按照其公告送达时间计算原告起诉期限的观点,不予支持。本案应根据被告向原告直接送达《税务行政处罚决定书》的时间即2018年3月23日计算起诉期限。原告于2018年8月16日向天津市静海区人民法院提起针对本案被诉标的的行政诉讼,并未超过法定六个月的起诉期限。原告在向天津市静海区人民法院起诉后至向原审法院起诉前的时间,应属于《行政诉讼法》第四十八条第一款规定的不计算在起诉期限内的时间。原告于2018年9月7日从天津市静海区人民法院撤回起诉,并于同日向天津市河西区人民法院提起行政诉讼,亦未耽误起诉期限。故原告提起的行政诉讼,符合法定起诉期限。第三,在事实认定和法律适用方面,津静国税稽处〔2017〕73号《税务处理决定书》决定:"原告对销售货物未申报纳税,应补缴增值税286774.74元,应补缴企业所得税25303.65元,自滞纳之日起按日加收滞纳金。"原告于2018年3月23日收到该《税务处理决定书》后,对其既未申请复议也未提起诉讼。该《税务处理决定书》已经生效,其所决定的原告应当补缴相应税款的事实已经被生效法律文书所固定。因此,被诉《决定书》根据该生效《税务处理决定书》固定的事实,亦决定对原告应补缴的增值税和企业所得税分别处以0.5倍罚款的决定,符合《税收征收管理法》第六十三条的规定且为最低幅度的处罚,事实清楚,适用法律正确,裁量适当。综上所述,依照《行政诉讼法》第七十四条第一款第二项的规定,判决确认被告国家税务总局天津市税务局第二稽查局作出的津静国税稽罚〔2017〕54号《税务行政处罚决定书》违法,但不予撤销。案件受理费50元,由被告国家税务总局天津市税务局第二稽查局负担。

原审法院判决后，上诉人甲公司不服向天津二中院提起上诉，请求撤销原审判决，并撤销被上诉人作出的津静国税稽罚〔2017〕54号《税务行政处罚决定书》。主要理由：被上诉人在行政处罚程序过程中，未按照相关的法律规定，向上诉人交代应有的权利，导致上诉人丧失了知情权、要求听证权、申请复议权等权利，直接造成了上诉人被处罚，缴纳相应税款70余万元，而且还导致了其他一些后果，不属于轻微违法，是严重违法，应当予以撤销。

被上诉人国家税务总局天津市税务局第二稽查局辩称，原审判决认定事实清楚，程序合法，适用法律正确，上诉人的上诉请求不成立。请求驳回上诉人的上诉请求，维持原审判决。

经庭审质证，双方当事人对对方当事人在原审中提交证据的质证意见与原审一致。合议庭经评议认为，原审法院的认证意见正确，法院予以认定。

上诉人在法院二审审理期间提交了以下证据：1.天津市静海区人民法院〔2017〕津0118民初7808号民事判决书、天津市静海区人民法院〔2017〕津0118民初6489号民事判决书。这些证据证明被上诉人调查事实不清，对上诉人造成了实质影响。2.甲公司的法定代表人邢某某和天津市静海区公安局经侦支队的刘警官于2018年3月23日和24日的通话记录，证明原审判决阐述"被上诉人情节轻微违法、并未对上诉人造成实质影响"是错误的，对造成上诉人产生了实质影响。

被上诉人对上诉人在二审期间提交的证据质证认为，证据1真实性无异议，但不认可关联性。证据2真实性、合法性、关联性均不认可。

合议庭经评议认为，上诉人在二审期间提交的证据与本案不具有关联性，不能证明其证明目的，法院不予采纳。

天津二中院审理查明的事实与原审判决认定的事实一致。

天津二中院认为，根据《税收征收管理法》第五条和《税收征收管理法实施细则》第九条规定，被上诉人作为原天津市静海区国家税务局稽查局的职责承担机关，具有作出被诉《税务行政处罚决定书》的主体资格和法定职权。经审查，被上诉人作出的被诉行政行为，违反了《税收征收管理法实施细则》第一百零六条第（二）项关于适用公告送达的前提条件的规定。鉴于被上诉人对上诉人作出的行政处罚决定认定事实清楚，处理结果正确。虽存在违反法定送达程序的问题，但属于轻微违法，原审法院予以确认违法，但不予撤销并无不当。关于上诉人认为被上诉人送达程序违法，对其权利产生实际影响，被上诉人作出的被诉《行政处罚决定书》应予撤销的上诉主张，缺乏法律依据，不予支持。被上诉人提交的证据能够证实上诉人2016年4—6月份销售收入1 686 910.26元未进行申报纳税的事实。根据《税收征收管理法》第六十三条的规定，决定对企业销售货物未申报纳税，应补缴增值税286 774.74元，处以0.5倍罚款143 387.38元，应补缴企业所得税25 303.65元，并处以0.5倍罚款12 651.83元，共计应缴款项156 039.21元的行政处罚，系在法定处罚种类和幅度内作出并无不妥。上诉人主张的被上诉人作出被诉《税务行政处罚决定书》中销售数额与事实不符，属于认定事实不清的上诉理由,缺乏事实和法律依据,不予支持。综上所述,原审判决认定事实清楚,适用法律正确,依法应予维持。

2019年6月26日,天津二中院根据《行政诉讼法》第八十九条第一款第(一)项之规定,作出〔2019〕津02行终196号行政判决书,判决驳回上诉,维持原判。二审案件受理费50元,由上诉人甲公司负担。

三、非正常户税务文书送达案[①]

上诉人东莞市甲鞋业有限公司(以下简称甲公司)因与被上诉人国家税务总局东莞市税务局(以下简称东莞税务局)税务行政复议纠纷一案,不服广东省东莞市第一人民法院〔2018〕粤1971行初957号行政判决,向东莞市中级人民法院(以下简称东莞中院)提起上诉。东莞中院受理后,依法组成合议庭对本案进行了审理。现已审理终结。

2018年11月27日,甲公司向原审法院提起诉讼,请求判令:1.撤销东莞税务局作出的东税复驳字〔2018〕2号《驳回行政复议申请决定书》。2.甲公司无须支付税款444 366.78元及滞纳金252 362.13元,同时要求东莞税务局向甲公司退还税款444 366.78元及滞纳金252 362.13元,并支付从甲公司支付上述款项之日起至东莞税务局实际返还之日止的利息(按银行同期贷款利率计算)。3.本案诉讼费用由东莞税务局承担。

原审法院查明:2017年8月15日,原东莞市国家税务局稽查局向甲公司作出东国税稽处〔2017〕308号《税务处理决定书》,认定甲公司向曲靖市圣牛皮革有限公司购买货物,取得由该公司开具增值税专用发票22份,金额合计2 017 127.36元,税额合计342 911.64元,税价合计为2 360 039元;向曲靖市利成皮革有限公司购买货物,取得由该公司开具增值税专用发票6份,金额合计596 794.86元,税额合计101 455.14元,税价合计为698 250元;根据云南省曲靖市麒麟区国家税务局稽查局发出的《已证实虚开通知书》证实上述28发票为虚开增值税专用发票,依法不得抵扣进项税款,甲公司已经持上述发票到东莞税务局道滘税务分局申报抵扣,抵扣税款444 366.78元,依据《中华人民共和国增值税暂行条例》(以下简称《增值税暂行条例》)第九条的规定,决定向甲公司追缴已扣增值税款444 366.78元,依据《税收征收管理法》第三十二条的规定,决定对上述追缴的税款从滞纳之日起按日加收万分之五的滞纳金,要求甲公司在收到决定书15日内缴清上述税款及滞纳金,并告知甲公司可以在缴清上述款项或提供担保被税务机关确认之日起六十日内依法向东莞税务局申请行政复议。原东莞市国家税务局稽查局于2017年10月2日向甲公司经营地址邮寄送达上述《税务处理决定书》,但被退回。此外,东莞税务局道滘税务分局经调查于2016年3月24日根据《税务登记管理办法》(2014年修正)第四十条的规定,认定甲公司为非正常户。2017年11月22日,原东莞市国家税务局稽查局通过报纸对上述《税务处理决定书》进行公告送达。2018年6月5日,甲公司向东莞税务局道滘税务分局补缴增值税及滞纳金400 001.30元。2018年

---

① 资料来源:广东省东莞市中级人民法院〔2019〕粤19行终310号行政判决书。

8月22日，甲公司分两笔向东莞税务局道滘税务分局补缴增值税及滞纳金126 414.03元及170 313.58元，至此甲公司缴清上述《税务处理决定书》的所有税款和滞纳金。2018年9月11日，甲公司向东莞税务局提出行政复议，请求撤销上述税务处理决定书。东莞税务局于2018年9月17日受理后，经审查作出东税复驳字〔2018〕2号《驳回行政复议申请决定书》，认为甲公司在税务机关确定的15日期限内没有缴纳税款及滞纳金，也未提供相应的担保，不具备提起行政复议的条件，根据《中华人民共和国行政复议法实施条例》（以下简称《行政复议法实施条例》）第四十八条第一款第（二）项的规定，决定驳回甲公司的行政复议申请。甲公司不服，向原审法院提起行政诉讼。

原审法院认为：甲公司对于东莞税务局职权无异议，原审法院不再赘述。本案的争议焦点在于东莞税务局作出的东税复驳字〔2018〕2号《驳回行政复议申请决定书》是否合法有据。首先，关于原东莞市国家税务局稽查局送达涉案《税务处理决定书》的程序是否合法。原审法院认为，原东莞市国家税务局稽查局在作出《税务处理决定书》后首先通过邮寄送达，被退件后，再通过公告的方式送达，符合《税收征收管理法实施细则》第一百零四条"直接送达税务文书有困难的，可以委托其他有关机关或者其他单位代为送达，或者邮寄送达"及第一百零六条"有下列情形之一的，税务机关可以公告送达税务文书，自公告之日起满30日，即视为送达：（一）同一送达事项的受送达人众多；（二）采用本章规定的其他送达方式无法送达"的规定，原审法院依法予以确认。其次，在本案中，原东莞市国家税务局稽查局于2017年12月22日以公告方式送达《税务处理决定书》，公告期限为30日，公告期满视为送达，而甲公司则于2018年8月22日缴清税款及滞纳金，根据《税收征收管理法》第八十八条第一款"纳税人、扣缴义务人、纳税担保人同税务机关在纳税上发生争议时，必须先依照税务机关的纳税决定缴纳或者解缴税款及滞纳金或者提供相应的担保，然后可以依法申请行政复议；对行政复议决定不服的，可以依法向人民法院起诉"的规定，超过了《税务行政复议规则》（2015修正）第三十二条第一款"申请人可以在知道税务机关作出具体行政行为之日起60日内提出行政复议申请"规定的提出行政复议的法定期限，东莞税务局依据《行政复议法实施条例》第四十八条第一款第（二）项"有下列情形之一的，行政复议机关应当决定驳回行政复议申请……（二）受理行政复议申请后，发现该行政复议申请不符合行政复议法和本条例规定的受理条件的"的规定，驳回甲公司的行政复议申请，证据充分，适用法律正确，原审法院依法予以确认。甲公司的诉讼请求没有事实和法律依据，原审法院依法予以驳回。综上所述，原审法院根据《行政诉讼法》第六十九条的规定，判决驳回甲公司的全部诉讼请求。本案收取诉讼费用人民币50元，由甲公司承担。

一审宣判后，甲公司不服，向东莞中院提起上诉，请求判令：一、撤销原审判决。二、撤销东莞税务局作出的东税复驳字〔2018〕2号《驳回行政复议申请决定书》。三、追加原东莞市国家税务局稽查局为本案共同被告。四、撤销原东莞市国家税务局稽查局于2017年8月15日作出的东国税稽处〔2017〕308号税务处理决定书。五、甲公司无须支付税款444 366.78元及滞纳金252 362.13元,东莞税务局向甲公司退还税款444 366.78元及滞纳金252 362.13元,并支付从甲公司支付上述款项之日起至实际返还之日止的利息。六、本案诉讼费由东莞税务局承担。事实与理由:一、原审判决并未查清本案事实。1.甲公司是否涉嫌虚开增值税专用发票尚未定性,因此并不需要缴纳税款及滞纳金。甲公司与曲靖市圣牛皮革有限公司及曲靖市利成皮革有限公司具有实际交易,甲公司与前述公司达成合意并实际支付货款。最终前述公司出具的下列发票税务机关认为存在问题:甲公司于2014年10月至2015年11月抵扣由曲靖市圣牛皮革有限公司开具的增值税专用发票共22份,由曲靖市利成皮革公司开具的增值税专用发票共6份,价税共计3 058 289元,税款共计444 366.78元。甲公司与曲靖市圣牛皮革有限公司及曲靖市利成皮革有限公司存在真实交易,双方达成交易合意并签订合同,甲公司支付了全部货款。甲公司是否涉嫌虚开增值税专用发票目前尚未定性,因此,甲公司是否需要补缴税款尚未最终裁决,滞纳金部分亦不应缴纳。2.因为税务机关未及时通知甲公司缴纳税款无端产生了252 362.13元滞纳金。根据《增值税暂行条例》第二十三条规定,增值税最长缴纳时间为1个季度,但在本案中,涉案发票最早抵扣时间为2014年10月,税务机关至2018年才告知甲公司发票存在问题。即使发票确实存在问题,税务机关应于2014年发现问题并通知补缴,因税务机关未及时发现问题,无端产生了滞纳金。二、本案中东国税稽处〔2017〕308号税务处理决定书送达程序违法,公告送达无效。甲公司2018年才收到该决定书,提出的复议申请并未超出法定期限。原东莞市国家税务局稽查局依据《税收征收管理法实施细则》第一百零六条,于2017年11月22日公告送达了东国税稽处〔2017〕308号税务处理决定书,其送达公告的理由违背客观事实,公告送达违法。甲公司自2015年12月8日变更住所登记后一直在东莞市道滘镇蔡白村彭辣小组生产经营。这一信息在国家企业信用信息公示系统亦予以公示。甲公司的联系地址和联系方式从未变更过,税务机关完全可以依据《税收征收管理法实施细则》第一百零一条或第一百零五条规定的送达方式送达,但是其违法采用公告送达方式,致使甲公司一直没有收到处理决定书,无法维护自己的合法权益。该不利后果应由税务机关承担。三、根据法律规定,复议机关维持原行政行为,法院应当追加复议机关为共同被告。根据《最高人民法院关于适用〈中华人民共和国行政诉讼法〉的解释》第五十九条、第一百三十四条规定,东莞税务局驳回甲公司的复议申请属复议维持行为,甲公司有权利作出共同起诉。原审法院无视法律规定,要求甲公司在一审起诉状中变更两被告为一被告,否则不予受理,一审过程中,甲公司再次要求追加东莞市国家税务局稽查局为共同被告,原审法院仍然拒绝追加。在未追究共同被告的情况下,原审法院对本案进行了裁判,此行为不仅违背法律规定,而且损害甲公司诉讼权利。

被上诉人东莞税务局答辩称:一、原审判决认定事实清楚、适用法律正确,请二审法院予以维持。二、东莞税务局驳回上诉人行政复议申请,证据充分,适用法律正确,请二审法院予以维持。1.原东莞市国家税务局稽查局(以下简称稽查局)以公告形式送达东国税稽处〔2017〕308号《税务处理决定书》程序合法,文书已依法生效。

稽查局于2017年8月15日作出案涉《税务处理决定书》，在对《税务处理决定书》进行送达时，在甲公司税务登记地址已经查无其下落，无法直接送达及留置送达该《税务处理决定书》，且向上述地址邮寄该《税务处理决定书》因"收件人错误"被邮政退件，亦无法邮寄送达。被退件后，稽查局于2017年11月22日通过东莞日报以公告方式送达该《税务处理决定书》，公告期限为30日。根据《税收征收管理法实施细则》第一百零六条第二项的规定，由于本案中采用直接送达、邮件送达、留置送达等方式无法送达，稽查局以公告方式送达该《税务处理决定书》符合法律规定，该《税务处理决定书》于公告满30日即2017年12月23日视为送达，已依法生效。2.甲公司提起行政复议申请的时间超过法定期限，东莞税务局驳回其行政复议申请，事实清楚，证据充分，适用法律正确，根据《税收征收管理法》第八十八条第一款以及《税务行政复议规则》第三十三条第二款之规定，稽查局于2017年12月23日以公告形式完成向甲公司送达《税务处理决定书》。《税务处理决定书》已依法生效。甲公司没有在《税务处理决定书》所确定的"自收到本决定书之日起15日内"的期限缴纳税款及滞纳金，也未提供相应的担保，甲公司已不具备提起行政复议的条件。虽然甲公司在2018年6月5日、2018年8月22日缴纳了税款及滞纳金，但是其逾期缴纳税款及滞纳金的行为并不产生恢复提起行政复议权利的法律效果。甲公司于2018年9月11日才向东莞税务局申请行政复议，其申请行政复议的时间已超过法定的期限，不符合《行政复议法实施条例》第二十八条所规定的受理条件。东莞税务局依据《行政复议法实施条例》第四十八条第一款第（二）项之规定驳回行政复议申请于法有据，依法应予维持。3.甲公司在上诉状中称复议机关维持原行政行为，与事实不符。东莞税务局受理甲公司的复议申请后，对其复议申请是否符合受理条件进行了程序上的审查，由于甲公司的申请不符合《行政复议法实施条例》第二十八条规定的受理条件，东莞税务局依据《行政复议法实施条例》第四十八条第一款第（二）项作出驳回甲公司复议申请的复议决定。如前所述，由于甲公司的复议申请不符合法定受理条件，东莞税务局作出决定驳回行政复议申请，并非维持原具体行政行为。

东莞中院确认原审法院查明的事实为本案法律事实。

东莞中院认为，本案的争议焦点是东莞税务局作出的东税复驳字〔2018〕2号《驳回行政复议申请决定书》是否合法有据的问题。现论述如下：

首先，原东莞市国家税务局稽查局送达案涉《税务处理决定书》的程序合法。东莞税务局在原审期间提交了《东莞市国家税务局道滘税务分局纳税人涉税事项调查表》《非正常户认定登记表》《非正常户查询结果》、2017年10月3日原东莞市国家税务局稽查局向甲公司邮寄案涉《税务处理决定书》的邮件退单、《东莞日报》送达公告等证据材料，反映了甲公司被认定为非正常户，并且原东莞市国家税务局稽查局采取直接送达及邮寄送达的方式均无法送达《税务处理决定书》的情况下，以公告的方式进行送达的事实。上述送达程序符合《税收征收管理法实施细则》第一百零四条"直接送达税务文书有困难的，可以委托其他有关机关或者其他单位代为送达，或者邮寄送达"及该细则第一百零六条第（二）项"有下列情形之一的，税务机关可以公告送达税务文书，自公告之日起满30日，即视为送达：（二）采用本章规定的其他送达方式无法送达"的规定，程序合法，予以确认。关于甲公司主张其于2016年11月还在工商登记的注册地正常经营，原审送达程序有误的问题，甲公司并未提交证据足以证明其于上述期间在注册地正常经营的事实，亦未能提交证据足以推翻东莞税务局提交的关于送达的证据材料，故不予支持其该主张。

其次，《税收征收管理法》第八十八条第一款："纳税人、扣缴义务人、纳税担保人同税务机关在纳税上发生争议时，必须先依照税务机关的纳税决定缴纳或者解缴税款及滞纳金或者提供相应的担保，然后可以依法申请行政复议；对行政复议决定不服的，可以依法向人民法院起诉"，及《税务行政复议规则》（2015修正）第三十二条第一款"申请人可以在知道税务机关作出具体行政行为之日起60日内提出行政复议申请"规定了纳税人提出行政复议前须先依照税务机关的纳税决定缴纳或者解缴税款及滞纳金或者提供相应的担保，以及提出行政复议的法定期限。结合本案查明的事实，原东莞市国家税务局稽查局于2017年11月22日通过报纸对案涉的《税务处理决定书》进行公告送达，公告期限为30日，公告期满视为送达，甲公司本应在公告期满即2017年12月22日后15日内缴清欠缴的税款及滞纳金或提供相应担保，然后可自上述款项或提供担保被税务机关确认之日起60日内依法向东莞税务局申请行政复议。而甲公司于2018年6月5日才补缴税款及滞纳金，于同年8月22日缴清，于2018年9月11日向东莞税务局提出行政复议，请求撤销案涉《税务处理决定书》。可见，甲公司提起行政复议申请的时间已远超出法定期限。退一步说，即使甲公司于2018年6月5日才知道税务机关作出的具体行政行为，但其提起行政复议申请的时间仍超出法定期限。故东莞税务局驳回甲公司的行政复议申请，证据充分，适用法律正确，予以确认。

另外，关于甲公司主张东莞税务局复议维持原东莞市国家税务局稽查局原行政行为，应追加原东莞市国家税务局稽查局为共同被告的问题。结合《行政诉讼法》第二十六条第二款"经复议的案件，复议机关决定维持原行政行为的，作出原行政行为的行政机关和复议机关是共同被告；复议机关改变原行政行为的，复议机关是被告"，以及《最高人民法院关于适用〈中华人民共和国行政诉讼法〉的解释》第一百三十三条"行政诉讼法第二十六条第二款规定的'复议机关决定维持原行政行为'，包括复议机关驳回复议申请或者复议请求的情形，但以复议申请不符合受理条件为由驳回的除外"的规定，东莞税务局作出东税复驳字〔2018〕2号《驳回行政复议申请决定书》，认为甲公司在税务机关确定的15日期限内没有缴纳税款及滞纳金，也未提供相应的担保，不具备提起行政复议的条件，而决定驳回甲公司的行政复议申请，符合上述规定中复议机关"以复议申请不符合受理条件为由驳回"的条件，即不属于"复议机关决定维持原行政行为"的情形，无须追加作出原行政行为的行政机关原东莞市国家税务局稽查局为共同被告。

综上所述，甲公司的上诉请求没有事实和法律依据，予以驳回。原审法院认定事实清楚，适用法律正确，予以维持。

2019年9月1日，东莞中院依照《行政诉讼法》第八十九条第一款第（一）项之规定，作出〔2019〕粤19行终310号行政判决书，判决驳回上诉，维持原判。本案二审案件受理费50元，由甲公司负担（已预交）。

四、对外承包未办税务登记处罚案①

原审原告保山甲煤炭有限公司干沟煤矿（以下简称干沟煤矿）因与原审被告国家税务总局保山市税务局稽查局、原审被告国家税务总局云南省税务局税务行政处罚及行政赔偿一案，不服保山市隆阳区人民法院作出的〔2018〕云0502行初3号行政判决，向云南省保山市中级人民法院（以下简称保山中院）提起上诉。保山中院受理后，依法组成合议庭，并于2018年11月7日公开开庭审理了本案。二审中，根据国家税务总局云南省税务局公告2018年第1号、国家税务总局保山市税务局公告2018年第5号，本案被上诉人云南省国家税务局变更为国家税务总局云南省税务局，被上诉人保山市国家税务局稽查局变更为国家税务总局保山市税务局稽查局。本案现已审理终结。

原审判决认定，2016年3月22日被告保山市国家税务局稽查局决定对原告保山甲煤炭有限公司干沟煤矿立案检查，并向原告送达《云南省保山市国家税务局（稽查局）税务检查通知书》和《云南省保山市国家税务局（稽查局）调取账簿资料通知书》，告知原告根据《税收征收管理法》第五十四条规定，决定派闻某某、杨某某等人，自2016年3月22日起对原告2012年1月1日至2015年12月31日期间（如检查发现此期间以外明显的税收违法嫌疑或线索不受此限）涉税情况进行检查。同时告知原告决定调取原告2012年1月1日至2015年12月31日的账簿、记账凭证、报表和其他有关资料，并要求原告于2016年3月22日前将上述资料送到保山市国家税务局（稽查局）。被告保山市国家税务局稽查局于2016年3月24日以"在对企业实地检查时发现企业2016年1—2月过磅单。与负责过磅人员核实，企业在此期间确实有销售收入产生，故申请对该企业2016年1月至2月增值税纳税情况一并进行检查"为由，变更了对原告税务稽查的期间。被告保山市国家税务局稽查局以"该案件涉嫌偷税数额巨大，证据资料收集、汇总工作量较大，纳税人对检查出的数据核对也比较费时"为由，分别于2016年5月21日、2016年9月30日、2016年12月31日、2017年3月31日决定对该案件检查时限进行延期。被告保山市国家税务局稽查局于2016年3月22日向原告调取2012年1月至2012年12月会计凭证16册、会计账本2册、过磅单3册，以上材料于2016年4月17日退还给原告。被告保山市国家税务局稽查局于2016年3月24日向原告调取2013年1月至2013年12月过磅单7册、2014年1月至2014年12月过磅单12册、2015年3月至2015年12月过磅单9册、2016年1月至2016年2月过磅单2册，以上材料在"调取账簿资料清单"上注明"原件已提取"。被告保山市国家税务局稽查局于2016

---

① 资料来源：云南省保山市中级人民法院〔2018〕云05行终86号行政判决书。

4月17日出具《保山市国家税务局（稽查局）提取证据专用收据》，表明被告向原告提取的证据名称系"保山甲煤炭有限公司干沟煤矿过磅单"，证据出处"保山甲煤炭有限公司干沟煤矿过磅单房"，内容摘要"过磅车辆牌照号、数量、单价、金额、过磅员签名"，证据所属时间从2011年12月21日至2016年2月25日（但2012年9月25日至2012年11月14日、2013年4月27日至2013年10月24日时间段没有"过磅单"）及对应该时段的"过磅单"数量。原告的法定代表人付某和及干沟煤矿现场生产负责人董某某在《保山市国家税务局（稽查局）提取证据专用收据》上签字并加盖原告的公章。被告保山市国家税务局稽查局于2016年6月17日制作《保山甲煤炭有限公司干沟煤矿过磅单2012年、2013年、2014年、2015年、2016年1—2月统计汇总表》，原告的采购员郭某某、过磅员石某某在汇总表上签字并加盖原告的公章。被告保山市国家税务局稽查局于2016年7月15日制作《税务稽查工作底稿（一）》，对原告"取得货物销售收入未计提销项税额"进行汇总，原告的法定代表人付某和及干沟煤矿现场生产负责人董某某在底稿中签字并注明"数据已核对，与过磅单所载金额一致"，并加盖原告的公章。被告保山市国家税务局稽查局分别于2016年9月22日、2017年8月11日向原告送达《税务事项通知书》（保国税稽通〔2016〕101号、保国税通〔2017〕60号），将检查查实的主要问题书面告知原告，并告知原告在收到该通知书后3日内，如有不同意见，可依法提出书面或口头申辩，如有新的证据也一并提供。原告分别于2016年9月26日、2017年8月14日作出《关于云南省保山市国家税务局稽查局税务事项通知书保国税稽通〔2016〕101号的回复函》《关于云南省保山市国家税务局稽查局税务事项通知书保国税通〔2017〕60号的回复函》，内容为"原告于2008年1月9日与董某某签订保山干沟煤矿承包生产经营协议，承包时间为八年。根据协议在承包期内干沟煤矿的所有生产经营、原煤的生产销售、各种税费的缴纳等综合成本均由董某某负责。在承包期间，董某某没有与原告进行承包结算，合同期满后董某某未向原告提供全面的财务依据，导致原告与董某某无法进行结算，几年来原告未分到利润"。被告保山市国家税务局稽查局于2017年7月24日召开税收违法案件集体审理会议，并形成《保山甲煤炭有限公司干沟煤矿取得货物销售收入少缴纳增值税案件集体审理纪要》，统一意见为：1.原告的行为系偷税，应补缴增值税2 505 077.64元，拟罚款1 252 538.93元。2.该案件达到移送司法机关条件，应予移送。3.根据重大案件提请审理标准的相关要求，将本案件提请保山市国家税务局审理委员会审理。被告保山市国家税务局稽查局于2017年7月25日向保山市国家税务局重大税务案件审理委员会报送《重大税务案件审理提请书》（保国税稽重审题字1号），保山市国家税务局重大税务案件审理委员会于2017年7月27日作出《受理通知书》（保国税重审受字〔2017〕1号），经审理后于2017年8月10日作出《补充调查通知书》（保国税重审补字〔2017〕）。被告保山市国家税务局稽查局根据《补充调查通知书》，于2017年8月11日向保山市隆阳区国家税务局发送《关于查询保山甲煤炭有限公司干沟煤矿涉税相关情况的函》。保山市隆阳区国家税务局于2017年8月11日向被告报送《关于保山甲煤炭有限公司干沟煤矿与纳税主体相关的情况说明》《保山甲煤炭有限公司干沟煤矿纳税情况说明》及《保山甲煤炭有限公司干沟煤矿防伪税控认证情况说明》，上述三份情况说明的内容是：1.保山甲煤炭有限公司干沟煤矿是隆阳区国家税务局的管户。2.干沟煤矿或董某某从未向隆阳区国家税务局提交过《出租、发包报告》、承包（承租）协议合同复印件，也未进行过任何相关事项的备案事宜。3.经查，董某某在隆阳区国家税务局管辖范围内未办理过临时税务登记。4.保山甲煤炭有限公司干沟煤矿2012年1月1日至2016年2月29日增值税合计入库税款86 995.91元，并附有入库税款明细统计表。5.经增值税防伪税控系统查询，原告2012年1月1日至2016年2月29日无发票抵扣认证信息。被告于2017年8月11日向保山市地方税务局稽查局发送《关于查询保山甲煤炭有限公司干沟煤矿纳税情况的函》，保山市地方税务局直属征收分局于2017年8月11日向被告作出《关于保山甲煤炭有限公司干沟煤矿纳税情况的说明》，内容是：1.该公司或董某某从未向保山市地方税务局直属征收分局提交过《出租、发包报告》、承包（承租）协议合同复印件。2.经查，董某某在保山市地方税务局直属征收分局未办理过临时税务登记。3.《保山甲煤炭有限公司干沟煤矿2012年至2016年2月地税分税种已缴税统计表》，证实原告2012年至2016年2月缴纳城市维护建设税、地方教育附加、教育费附加、印花税、资源税、企业所得税等合计税款23 337.26元。被告保山市国家税务局稽查局分别于2017年8月13日、14日向保山市隆阳区国家税务局第一税务分局和通过"金三系统"查询原告《增值税纳税申报表》，证实原告2012年1月至6月属于小规模纳税人，2012年7月至2016年2月属于一般纳税人及相关申报信息。被告保山市国家税务局稽查局于2017年8月21日召开税收违法案件集体审理会议，并形成《保山甲煤炭有限公司干沟煤矿取得货物销售收入少缴纳增值税案件集体审理纪要》，统一意见为：1.原告的行为系偷税，应补缴增值税2 418 081.73元，拟罚款1 209 040.96元。2.该案件达到移送司法机关条件，应予移送。3.根据原告的回函，对原告提出因2008年1月9日与董某某签订生产经营协议，所有税费应由董某某负责承担的意见不予认可，纳税主体仍为原告。4.根据重大案件提请审理标准的相关要求，将本案件提请保山市国家税务局审理委员会审理。被告保山市国家税务局稽查局于2017年8月21日向保山市国家税务局重大税务案件审理委员会报送《重大税务案件审理提请书》（保国税稽重审提字2号），保山市国家税务局重大税务案件审理委员会于2017年8月21日作出《受理通知书》（保国税重审受字〔2017〕2号），于2017年8月25日作出《保山市国家税务局重大税务案件审理委员会审理意见书》（保国税重审决字〔2017〕1号），审理委员会同意被告于2017年8月21日集体审理后形成的统一意见。被告保山市国家税务局稽查局于2017年9月5日作出《云南省保山市国家税务局（稽查局）税务处理决定书》（保国税稽处〔2017〕3号）并于同日向原告送达，原告加盖公章进行签收。《税务处理决定决定书》内容是：一、违法事实。经检查核实原告的"过磅单"所记录的销售数量、金额是企业真实的全部销售收入，由于原告原因，当期未进行会计核算，"过磅单"记载所取得收入未全额如实进行纳税申报，属于原告隐瞒销售收入行为。主要证据：2012年1—6月"过磅单"5 077份,销售煤36 365.529吨,销售收入4 833 436元;2012年7月、8月、9月、11月、12月"过磅单"1 350份,销售煤15 327.57吨,销售收入2 235 793元;2013年1—4月、10—12月"过磅单"2 021份,销售煤23 895.45吨,销售收入3 245 361元;2014年1月至12月"过磅单"2 647份,销售煤34 749.93吨,销售收入3 838 222元;2015年3—7月、9—12月"过磅单"3 413份,销售煤51571.63吨,销售收入5 580 190元;2016年1—2月"过磅单"936份,销售煤13 479.3吨,销售收入1 372 367元。二、处理决定。根据《增值税暂行条例》第一条、第五条、第十二条第一款、第十九条,《中华人民共和国增值税暂行条例实施细则》(以下简称《增值税暂行条例实施细则》)第二条第一款、第三条第一款,《税收征收管理法》第六十三条第一款之规定,由税务机关追缴其不缴或少缴的税款2 418 081.73元;根据《税收征收管理法》第三十二条规定,以上少缴税款2 418 081.73元从滞纳之日起,按日加收万分之五的滞纳金。三、告知原告履行税务处理决定的时间、地点、方式、逾期履行的后果、申请行政复议的时间及途径。原告于2017年9月20日将税款2 418 081.73元及滞纳金1 413 106.57元缴至被告保山市国家税务局稽查局指定的账户内。原告不服被告保山市国家税务局稽查局作出《云南省保山市国家税务局(稽查局)税务处理决定书》(保国税稽处〔2017〕3号),于2017年10月23日向被告云南省国家税务局申请行政复议,要求:1.依法决定撤销保山市国家税务局稽查局作出的保国税稽处〔2017〕3号《税务处理决定书》。2.依法决定赔偿申请人3 831 188.30元。云南省国家税务局于同日受理了原告的行政复议申请,并将行政复议申请书副本及《云南省国家税务局行政复议答复通知书》(云国税复答字〔2017〕4号)发送被申请人云南省保山市国家税务局。被申请人于2017年10月30日提出《云南省保山市国家税务局行政复议答复书》(保国税复答字〔2017〕1号),并提交了作出具体行政行为的证据、依据和其他相关材料。被告云南省国家税务局经审查于2017年12月21日作出《云南省国家税务局行政复议决定书》(云国税复决字〔2017〕4号),该《行政复议决定书》于2017年12月22日向原告邮寄送达,原告于同年12月23日收到。《行政复议决定书》认为,该案认定事实清楚、证据确凿、适用依据正确、程序合法、内容适当,根据《中华人民共和国行政复议法》(以下简称《行政复议法》)第二十八条第一项、《税务行政复议规则》第七十五条第一项的规定,作出如下决定:一是维持保山市国家税务局稽查局于2017年9月5日以《税务处理决定书》(保国税稽处〔2017〕3号)作出的处理决定。二是根据《中华人民共和国国家赔偿法》(以下简称《国家赔偿法》)第三条、第四条规定,本机关认为申请人的赔偿请求不属于国家赔偿范围,并告知了原告不服决定的救济途径。原告不服《云南省保山市国家税务局(稽查局)税务处理决定书》(保国税稽处〔2017〕3号)和《云南省国家税务局行政复议决定书》(云国税复决字〔2017〕4号),向法院提起行政诉讼,请求依法判决撤销被告保山市国家税务局稽查局作出的保国税稽处〔2017〕3号《税务处理决定书》、依法撤销云南省国家税务局云国税复决字〔2017〕4号《行政复议决定书》、依法判决保山市国家税务局稽查局赔偿原告3 831 188.30元。

原审人民法院认为，根据《税收征收管理法》第十四条的规定"本法所称税务机关是指各级税务局、税务分局、税务所和按照国务院规定设立的并向社会公告的税务机构"和《税收征收管理法实施细则》第九条"《税收征收管理法》第十四条所称按照国务院规定设立的并向社会公告的税务机构，是指省以下税务局的稽查局。稽查局专司偷税、逃避追缴欠税、骗税、抗税案件的查处。国家税务总局应当明确划分税务局和稽查局的职责，避免职责交叉"的规定，被告保山市国家税务局稽查局经法律法规的授权，可以以自己的名义作出税务处理决定，故被告云南省保山市国家税务局稽查局是本案适格被告。根据《行政复议法》第十二条的规定"对国税等实行垂直领导的行政机关的具体行政行为不服的，向上一级主管部门申请行政复议"及《税务行政复议规则》第二十九条的规定，被告云南省国家税务局是本案适格被告。根据《税收征收管理法》第六十三条第一款"纳税人伪造、变造、隐匿、擅自销毁账簿、记账凭证，或者在账簿上多列支出或者不列、少列收入，或者经税务机关通知申报而拒不申报或者进行虚假的纳税申报，不缴或者少缴应纳税款的，是偷税。对纳税人偷税的，由税务机关追缴其不缴或者少缴的税款、滞纳金，并处不缴或者少缴的税款百分之五十以上五倍以下的罚款；构成犯罪的，依法追究刑事责任"的规定，本案被告云南省保山市国家税务局稽查局通过对原告被稽查时间段内的销售货物凭证（过磅单）的调取统计并经原告核实确认，查询相应时段原告向税务机关申报纳税信息和税款入库信息，分别按照增值税小规模纳税人和增值税一般纳税人计算方式计算出原告少缴或不缴的税款，认定原告取得收入未全额如实进行纳税申报属于隐瞒销售收入行为，被告通过选案、立案、调查取证、集体讨论、上报国家税务局重大税务案件审理委员会审理、作出《云南省保山市国家税务局（稽查局）税务处理决定书》（保国税稽处〔2017〕3号）并依法送达。综上所述，该院认为被告云南省保山市国家税务局稽查局作出的行政行为事实清楚、证据确凿充分，程序合法，适用法律法规正确。被告云南省国家税务局在受理原告的行政复议申请后，依法对被申请人作出的具体行政行为进行了审查，提出意见，经行政复议机关的负责人同意通过后，依据《行政复议法》第二十八条第（一）项和《税务行政复议规则》第七十五条第（一）项的规定，作出《云南省国家税务局行政复议决定书》（云国税复决字〔2017〕4号）并依法送达。被告云南省国家税务局作出的行政行为证据确凿、适用法律、法规正确，符合法定程序。关于原告提出其不是本案纳税主体，被告作出的行政处理决定及行政复议决定应当予以撤销的诉讼请求，根据《税收征收管理法实施细则》第四十九条第二款"发包人或者出租人应当自发包或者出租之日起30日内将承包人或者承租人的有关情况向主管税务机关报告。发包人或者出租人不报告的，发包人或者出租人与承包人或者承租人承担纳税连带责任"和《税务登记管理办法》第十条第（四）项"有独立的生产经营权、在财务上独立核算并定期向发包人或者出租人上交承包费或租金的承包承租人，应当自承包承租合同签订之日起30日内，向其承包承租业务发生地税务机关申报办理税务登记，税务机关发放临时税务登记证及副本"的规定，如本案原告与案外人存在承包关系，原告应当按法律法规的规定向税务机关报告有关情况，承包人应当向业务发生地税务机关申报办理税务登记，但本案根据被告提交的证据表明，在税务机关登记的纳税人系原告且在2012年1月至2016年2月向税务机关申报纳税的主体也是原告，原告从未向税务机关提交过《出租、发包报告》或承包协议合同等材料，也未向税务机关进行过任何相关事项的备案。同时也没有与原告有承包关系的案外人向相关税务机关申报纳税的事实，故原告的该诉讼请求，不予支持。原告要求被告云南省保山市国家税务局稽查局赔偿其损失的诉讼请求，根据《国家赔偿法》的规定，只有存在违法行为才有赔偿，故对原告的行政赔偿诉讼请求，不予支持。综上所述，依据《行政诉讼法》第六十九条、第七十九的规定，判决驳回原告保山甲煤炭有限公司干沟煤矿的诉讼请求。案件受理费50元，由原告保山甲煤炭有限公司干沟煤矿负担。

上诉人干沟煤矿上诉请求：1.撤销云南省保山市隆阳区人民法院〔2018〕云0502行初3号行政判决书，并依法改判支持上诉人一审全部诉讼请求。2.判令被上诉人承担一、二审诉讼费用。事实及理由：一、一审判决认定事实不清，证据不足。本案涉案煤炭物流事实不清，涉案资金流向不调查且刻意回避，对涉案煤炭销售款的流向及合法性均未予以查明。二、《保山市国家税务局重大税务案件审理委员会审理意见书》（报国税重审决字〔2017〕1号）及税务事项告知书，两行政行为违反法定程序。三、本案因被上诉人的原因导致损失扩大。

被上诉人国家税务总局保山市税务局稽查局（以下简称保山市税务稽查局）辩称：

1.答辩人根据《税收征收管理法》第十四条及《税收征收管理法实施细则》第九条的规定，原保山市国家税务局稽查局具有独立执法主体资格，可以以自己的名义作出税务行政处罚决定。

2.根据《税收征收管理法》第四条第一款、第十五条第一款，《增值税暂行条例》第一条的规定，被答辩人已依法办理工商营业执照、税务登记证和组织机构代码证，是法定的纳税主体，应依法履行如实申报和缴纳税款的义务。根据《税收征收管理法实施细则》第四十九条第二款、《税务登记管理办法》第十条第（四）项的规定，因被答辩人主张的承包双方，均未按照法律法规的规定向税务机关报告有关的情况或申报办理税务登记，且2012年1月至2016年2月申报纳税行为均由被答辩人作出，故被答辩人是法定的纳税主体。

3.答辩人作出的税务行政处罚决定认定事实清楚、证据确凿，程序合法，适用法律法规正确。（1）税务行政处罚决定对被答辩人偷税事实的认定准确。根据《税收征收管理法》第六十三条第一款的规定，答辩人在对被答辩人涉税情况依法进行立案检查过程中，对被答辩人2012年1月至2016年2月销售煤炭凭证（过磅单）进行调查取证，对销售凭证反映应税收入情况进行统计汇总并经被答辩人核实确认，按照增值税小规模纳税人、一般纳税人应纳税额计算公式计算被答辩人2012年1月至2016年2月应纳税额，与被答辩人对应时段的纳税申报信息和税款入库信息比对，查明被答辩人2012年1月至2016年2月销售货物取得销售收入未计入公司收入，进行虚假的纳税申报导致少缴应纳税款，其行为已构成偷税。原保山市国家税务局稽查局作出的税务处理决定对被答辩人少缴税款事实认定准确。（2）税务处理决定对计税依据、少缴税款加收滞纳金的认定准确。根据《增值税暂行条例》第一条"在中华人民共和国境内销售货物或者提供加工、修理修配劳务以及进口货物的单位和个人，为增值税的纳税人，应当依照本条例缴纳增值税"的规定，被答辩人2012年1月至2016年2月销售货物取得销售收入应当依法缴纳增值税。根据《增值税暂行条例》第五条、第十一条第一款、第十二条第一款、第十九条，《增值税暂行条例实施细则》第二条第一款、第三条第一款，以及《税收征收管理法》第六十三条第一款的规定，被答辩人在上述期间销售货物取得收入未全额如实进行纳税申报并缴纳增值税，该行为造成国家税款流失2 418 081.73元，税务机关作出补缴税款2 418 081.73元的处理决定计税依据准确。根据《税收征收管理法》第三十二条的规定，以上少缴税款加收滞纳金1 413 106.57元的法律适用准确，处理适当。被答辩人主张"本案因被上诉人的原因导致损失扩大"无事实和法律依据。原保山市国家税务局稽查局在对被答辩人涉税情况依法进行立案检查过程中，对被答辩人2012年1月至2016年2月销售煤炭凭证（过磅单）进行调查取证，对销售煤炭凭证（过磅单）反映应税收入情况进行统计汇总并经被答辩人核实确认，证据之间相互印证，形成证明被答辩人少缴税款事实的完整证据链，本案涉案煤炭物流、资金流向、票据流向不影响对被答辩人少缴税款事实的认定。被答辩人主张本案涉案款项系违法所得无事实和法律依据。（3）答辩人作出的行政行为程序合法。答辩人对被答辩人作出的行政处罚及税务稽查立案、检查、审理、告知、决定和执行各环节均符合《税收征收管理法》《税收征收管理法实施细则》和国家税务总局《税务稽查工作规程》的规定，手续完备，程序合法。被答辩人主张《保山市国家税务局重大税务案件审理委员会审理意见书》（报国税重审决字〔2017〕1号）及税务事项告知书，两行政行为违反法定程序无事实及法律依据。

4.答辩人在本案中无国家赔偿义务。答辩人依法对被答辩人的税收违法行为作出的税务行政处罚决定，事实清楚、证据确凿、程序合法、适用法律法规正确、处理结果适当，未侵犯被答辩人合法权益并造成财产损害，无赔偿义务。综上所述，原保山市国家税务局稽查局作出的税务处理决定认定事实清楚、证据确凿，程序合法，适用法律法规正确。请求二审法院驳回上诉，维持原判。

被上诉人国家税务总局云南省税务局（以下简称省税务局）答辩称：一、答辩人作出复议决定的事实清楚，证据确凿，适用法律、法规正确。（一）原税务处理决定对纳税主体的认定准确。（二）原税务处理决定对纳税人少缴税款事实的认定准确。（三）原税务处理决定对计税依据、少缴税款及加收滞纳金计算的认定准确。（四）原税务处理决定符合法定程序。（五）被答辩人提出的行政赔偿请求于法无据。二、答辩人是适格的行政复议主体，且行政复议程序符合法律规定。答辩人依法受理被答辩人提出的行政复议申请，依法开展复议工作，并在法定期限内作出《行政复议决定书》并送达被答辩人。行政复议程序符合《行政复议法》《税务行政复议规则》的规定。综上所述，答辩人作出的复议决定认定事实清楚，证据确凿，适用法律、法规正确，符合法定程序。一审认定事实清楚，适用法律正确，请求二审法院依法驳回上诉，维持原判。

二审庭审过程中，被上诉人保山市税务稽查局向保山中院提交〔2018〕云05行终69号判决书1份，欲证明之前已经存在相关类似案件的生效法律文书。经质证，上诉人对该判决的真实性、合法性无异议，对证明目的持有异议。被上诉人省税务局对判决书三性无异议。

保山中院认为，〔2018〕云05行终69号判决书系生效法律文书，且系本案上诉期间形成的新证据，予以采信。

上诉人及被上诉人省税务局未提交二审新证据。双方当事人对一审判决认定事实均无异议。

经审理，二审查明的事实与一审认定一致，法院予以确认。

保山中院认为，依据《行政处罚法》第六条："公民、法人或者其他组织对行政机关所给予的行政处罚，享有陈述权、申辩权；对行政处罚不服的，有权依法申请行政复议或者提起行政诉讼。公民法人或者其他组织因行政机关违法给予行政处罚受到损害的，有权依法提出赔偿要求"的规定，上诉人干沟煤矿作为保山甲煤炭有限公司的分支机构，根据《税收征收管理法》第十五条的规定及被上诉人一审提交该煤矿的营业执照、税务登记证副本等材料，可以作为行政处罚的对象，其对被上诉人作出的税务处罚决定有权提起行政诉讼并一并主张行政赔偿。本案被上诉人国家税务总局保山市税务局稽查局根据《税收征收管理法》第十四条及《税收征收管理法实施细则》第九条的规定，具有作出本案行政处罚决定的法定职权。根据《行政复议法》第十二条及《税务行政复议规则》第十六条，被上诉人国家税务总局云南省税务局是适格的行政复议机关。

本案中，上诉人干沟煤矿作为纳税人，依据《增值税暂行条例》第一条："在中华人民共和国境内销售货物或者提供加工、修理修配劳务以及进口货物的单位和个人，为增值税的纳税人，应当依照本条例缴纳增值税"的规定，其在煤炭销售的经济行为中应当依法履行缴纳增值税的法定义务。被上诉人保山市税务稽查局根据上诉人干沟煤矿提供的煤炭销售凭证认定其于2012年1月至2016年2月应税期间未依法申报缴纳税款，致使国家税款流失2 418 081.73元的事实清楚，上诉人认为因其《采矿许可证》于2012年9月到期，主张本案行政处罚确定的应税期间的销售煤炭收入应以非法所得进行没收，而不能对该非法收入予以征税。经审查，上诉人所提出的采矿许可涉及的矿业行政管理职责不属被上诉人的法定职权，该收入在被上诉人作出行政处罚决定时也未经职能机关依法认定并进行没收处理，且该事项也非属行政诉讼审查范围，同时，其主张被上诉人及一审法院未查明涉案煤炭物流、资金及票据流向的观点，与被上诉人作出行政行为期间其自认账簿资料遗失并对销售凭证即过磅单的签章确认事实相矛盾，故其认为一审判决未认定导致本案事实认定不清的观点缺乏事实依据，该项上诉理由不予支持。关于上诉人提出的被上诉人在作出被诉行政决定前经保山市税务稽查局重大税务案件审理委员会先行作出审理意见，存在程序违法的观点，法院认为，该案件审理委员会属于保山市税务稽查局的内设机构，其对被上诉人审理的案件作出审理意见系依行政机关内部行政事务的处理程序履行职责义务，该处理行为并不对外直接产生行政法律意义的效力，也当然不会对该事项涉及的行政管理相对人的权利和义务产生实质影响，且被上诉人在作出被诉行政决定过程中已给予了其陈述、申辩并向其送达税务事项告知书，充分保障了行政相对人的相应权利，上诉人以此认为被诉行政处理决定存在程序违法的观点不能成立。关于上诉人提出本案因被上诉人的原因导致损失扩大的主张，根据《税收征收管理法》第三十二条的规定，上诉人应税期间及少缴税额已经其确认，被上诉人依此对其自滞纳税款之日起，加收少缴税款滞纳金1 413 106.57元符合法律规定，上诉人的该项上诉主张不予支持。

综上所述，被上诉人作出的行政处理决定及复议决定并无违法和不当之处，也未对上诉人造成财产损害。一审判决认定事实清楚，适用法律正确，审判程序合法，上诉人干沟煤矿的上诉请求依法不能得到支持。

2018年11月14日，保山中院依照《行政诉讼法》第八十九条第一款第（一）项之规定，作出〔2018〕云05行终86号行政判决书，判决驳回上诉，维持原判。案件受理费50元，由上诉人保山甲煤炭有限公司干沟煤矿负担。

第三章

账簿凭证管理及案例分析

第一节 账簿凭证管理一般制度

一、税收征收管理法的相关规定

(一)《税收征收管理法》的规定

《税收征收管理法》(1992年9月4日第七届全国人民代表大会常务委员会第二十七次会议通过,1995年2月28日第八届全国人民代表大会常务委员会第十二次会议第一次修正,2001年4月28日第九届全国人民代表大会常务委员会第二十一次会议修订,2013年6月29日第十二届全国人民代表大会常务委员会第三次会议第二次修正,2015年4月24日第十二届全国人民代表大会常务委员会第十四次会议第三次修正)的相关规定如下。

纳税人、扣缴义务人按照有关法律、行政法规和国务院财政、税务主管部门的规定设置账簿,根据合法、有效凭证记账,进行核算。

从事生产、经营的纳税人的财务、会计制度或者财务、会计处理办法和会计核算软件,应当报送税务机关备案。纳税人、扣缴义务人的财务、会计制度或者财务、会计处理办法与国务院或者国务院财政、税务主管部门有关税收的规定抵触的,依照国务院或者国务院财政、税务主管部门有关税收的规定计算应纳税款、代扣代缴和代收代缴税款。

税务机关是发票的主管机关,负责发票印制、领购、开具、取得、保管、缴销的管理和监督。单位、个人在购销商品、提供或者接受经营服务以及从事其他经营活动中,应当按照规定开具、使用、取得发票。发票的管理办法由国务院规定。

增值税专用发票由国务院税务主管部门指定的企业印制；其他发票，按照国务院税务主管部门的规定，分别由省、自治区、直辖市国家税务局、地方税务局指定企业印制。未经上述税务机关指定，不得印制发票。

国家根据税收征收管理的需要，积极推广使用税控装置。纳税人应当按照规定安装、使用税控装置，不得损毁或者擅自改动税控装置。

从事生产、经营的纳税人、扣缴义务人必须按照国务院财政、税务主管部门规定的保管期限保管账簿、记账凭证、完税凭证及其他有关资料。账簿、记账凭证、完税凭证及其他有关资料不得伪造、变造或者擅自损毁。

（二）《税收征收管理法实施细则》的规定

《税收征收管理法实施细则》（2002年9月7日中华人民共和国国务院令第362号公布，根据2012年11月9日《国务院关于修改和废止部分行政法规的决定》第一次修订，根据2013年7月18日《国务院关于废止和修改部分行政法规的决定》第二次修订，根据2016年2月6日《国务院关于修改部分行政法规的决定》第三次修订）的相关规定如下。

从事生产、经营的纳税人应当自领取营业执照或者发生纳税义务之日起15日内，按照国家有关规定设置账簿。上述所称账簿，是指总账、明细账、日记账以及其他辅助性账簿。总账、日记账应当采用订本式。

生产、经营规模小又确无建账能力的纳税人，可以聘请经批准从事会计代理记账业务的专业机构或者财会人员代为建账和办理账务。

从事生产、经营的纳税人应当自领取税务登记证件之日起15日内，将其财务、会计制度或者财务、会计处理办法报送主管税务机关备案。纳税人使用计算机记账的，应当在使用前将会计电算化系统的会计核算软件、使用说明书及有关资料报送主管税务机关备案。纳税人建立的会计电算化系统应当符合国家有关规定，并能正确、完整核算其收入或者所得。

扣缴义务人应当自税收法律、行政法规规定的扣缴义务发生之日起10日内，按照所代扣、代收的税种，分别设置代扣代缴、代收代缴税款账簿。

纳税人、扣缴义务人会计制度健全，能够通过计算机正确、完整计算其收入和所得或者代扣代缴、代收代缴税款情况的，其计算机输出的完整的书面会计记录，可视同会计账簿。纳税人、扣缴义务人会计制度不健全，不能通过计算机正确、完整计算其收入和所得或者代扣代缴、代收代缴税款情况的，应当建立总账及与纳税或者代扣代缴、代收代缴税款有关的其他账簿。

账簿、会计凭证和报表，应当使用中文。民族自治地方可以同时使用当地通用的一种民族文字。外商投资企业和外国企业可以同时使用一种外国文字。

纳税人应当按照税务机关的要求安装、使用税控装置，并按照税务机关的规定报送有关数据和资料。税控装置推广应用的管理办法由国家税务总局另行制定，报国务院批准后实施。

账簿、记账凭证、报表、完税凭证、发票、出口凭证以及其他有关涉税资料应当合法、真实、完整。账簿、记账凭证、报表、完税凭证、发票、出口凭证以及其他有关涉税资料应当保存10年;但是,法律、行政法规另有规定的除外。

> **疑难问题解答**
>
> 问:A公司向法院起诉交了10 000元受理费,后法院适用简易程序决定收取受理费5 000元,决定退还5 000元。对于退还的5 000元,法院需要正规票据,原来有正规收据(由税务局监制,是不需要交税的),现在正规收据取消了,请问应该如何出具票据?
>
> 答:(国家税务总局湖北省税务局)第一,《增值税暂行条例》(国令第691号)第一条规定,在中华人民共和国境内销售货物或者加工、修理修配劳务,销售服务、无形资产、不动产以及进口货物的单位和个人,为增值税的纳税人,应当依照本条例缴纳增值税。
>
> 第二,根据《国家税务总局货物和劳务税司关于做好增值税发票使用宣传辅导有关工作的通知》(税总货便函〔2017〕127号)附件——《增值税发票开具指南》第二章第一节第四条的规定,纳税人应在发生增值税纳税义务时开具发票。
>
> 第三,人民法院在向当事人收取诉讼费时应当开具《人民法院诉讼费收费专用票据》等类型的相关专用票据,该票据属于财政票据。关于退还诉讼费相关手续及票据事宜,详情请您直接拨打当地12368司法服务热线咨询确认诉讼费退还等相关手续办理事宜。

二、企业所得税税前扣除凭证管理

《企业所得税税前扣除凭证管理办法》(国家税务总局公告2018年第28号)的规定如下。

(一)总则

该办法所称税前扣除凭证,是指企业在计算企业所得税应纳税所得额时,证明与取得收入有关的、合理的支出实际发生,并据以税前扣除的各类凭证。

该办法所称企业是指《中华人民共和国企业所得税法》(以下简称《企业所得税法》)及其实施条例规定的居民企业和非居民企业。

(二)税前扣除凭证管理的原则

税前扣除凭证在管理中遵循真实性、合法性、关联性原则。真实性是指税前扣除凭证反映的经济业务真实，且支出已经实际发生；合法性是指税前扣除凭证的形式、来源符合国家法律、法规等相关规定；关联性是指税前扣除凭证与其反映的支出相关联且有证明力。

企业发生支出，应取得税前扣除凭证，作为计算企业所得税应纳税所得额时扣除相关支出的依据。企业应在当年度《企业所得税法》规定的汇算清缴期结束前取得税前扣除凭证。企业应将与税前扣除凭证相关的资料，包括合同协议、支出依据、付款凭证等留存备查，以证实税前扣除凭证的真实性。

（三）税前扣除凭证的种类

税前扣除凭证按照来源分为内部凭证和外部凭证。

内部凭证是指企业自制用于成本、费用、损失和其他支出核算的会计原始凭证。内部凭证的填制和使用应当符合国家会计法律、法规等相关规定。

外部凭证是指企业发生经营活动和其他事项时，从其他单位、个人取得的用于证明其支出发生的凭证，包括但不限于发票（包括纸质发票和电子发票）、财政票据、完税凭证、收款凭证、分割单等。

（四）增值税应税项目的支出凭证

企业在境内发生的支出项目属于增值税应税项目（以下简称应税项目）的，对方为已办理税务登记的增值税纳税人，其支出以发票（包括按照规定由税务机关代开的发票）作为税前扣除凭证；对方为依法无须办理税务登记的单位或者从事小额零星经营业务的个人，其支出以税务机关代开的发票或者收款凭证及内部凭证作为税前扣除凭证，收款凭证应载明收款单位名称、个人姓名及身份证号、支出项目、收款金额等相关信息。

小额零星经营业务的判断标准是个人从事应税项目经营业务的销售额不超过增值税相关政策规定的起征点。

税务总局对应税项目开具发票另有规定的，以规定的发票或者票据作为税前扣除凭证。

疑难问题解答

问：我公司竞拍取得某矿区采矿权，出让公告规定：竞拍人支付出让金之后，还需要根据省政府《关于深入开展开山采石专项整治切实加强采石场管理的通知》要求，支付给已经被整治关闭的原采矿权人"整合费"，补偿原采矿权的人员费、环境恢复费等。请问，这个"整合费"我们所得税依据什么扣除，对方是否应开具无形资产发票给我们？

答：（国家税务总局江苏省税务局）根据国家税务总局公告2018年第28号第九条的规定，企业在境内发生的支出项目属于增值税应税项目（以下简称应税项目）的，对方为已办理税务登记的增值税纳税人，其支出以发票（包括按照规定由税务机关代开的发票）作为税前扣除凭证；对方为依法无须办理税务登记的单位或者从事小额零星经营业务的个人，其支出以税务机关代开的发票或者收款凭证及内部凭证作为税前扣除凭证，收款凭证应载明收款单位名称、个人姓名及身份证号、支出项目、收款金额等相关信息。小额零星经营业务的判断标准是个人从事应税项目经营业务的销售额不超过增值税相关政策规定的起征点。税务总局对应税项目开具发票另有规定的，以规定的发票或者票据作为税前扣除凭证。

根据国家税务总局公告2018年第28号第十条的规定，企业在境内发生的支出项目不属于应税项目的，对方为单位的，以对方开具的发票以外的其他外部凭证作为税前扣除凭证；对方为个人的，以内部凭证作为税前扣除凭证。

问：公司属于建筑公司，工地上有时会发生一些没有发票的费用，如修理打印机、补胎，还有食堂买菜，都是在工地附近的村庄中购买支付的，没有发票，金额也就几十元至三四百元。请问，收据可以企业所得税前扣除吗？如果能扣除，收据填写有要求吗？

答：（国家税务总局河北省税务局）《企业所得税税前扣除凭证管理办法》（国家税务总局公告2018年第28号）规定：

"第二条　本办法所称税前扣除凭证，是指企业在计算企业所得税应纳税所得额时，证明与取得收入有关的、合理的支出实际发生，并据以税前扣除的各类凭证。

"第五条　企业发生支出，应取得税前扣除凭证，作为计算企业所得税应纳税所得额时扣除相关支出的依据。

"第九条　企业在境内发生的支出项目属于增值税应税项目（以下简称应税项目）的，对方为已办理税务登记的增值税纳税人，其支出以发票（包括按照规定由税务机关代开的发票）作为税前扣除凭证；对方为依法无须办理税务登记的单位或者从事小额零星经营业务的个人，其支出以税务机关代开的发票或者收款凭证及内部凭证作为税前扣除凭证，收款凭证应载明收款单位名称、个人姓名及身份证号、支出项目、收款金额等相关信息。

"小额零星经营业务的判断标准是个人从事应税项目经营业务的销售额不超过增值税相关政策规定的起征点。

"税务总局对应税项目开具发票另有规定的，以规定的发票或者票据作为税前扣除凭证。

"第十三条　企业应当取得而未取得发票、其他外部凭证或者取得不合规发票、不合规其他外部凭证的，若支出真实且已实际发生，应当在当年度汇算清缴期结束前，要求对方补开、换开发票、其他外部凭证。补开、换开后的发票、其他外部凭证符合规定的，可以作为税前扣除凭证。

"第十六条 企业在规定的期限未能补开、换开符合规定的发票、其他外部凭证，并且未能按照本办法第十四条的规定提供相关资料证实其支出真实性的，相应支出不得在发生年度税前扣除。"

（五）非应税项目及境外项目的支出凭证

企业在境内发生的支出项目不属于应税项目的，对方为单位的，以对方开具的发票以外的其他外部凭证作为税前扣除凭证；对方为个人的，以内部凭证作为税前扣除凭证。

企业在境内发生的支出项目虽不属于应税项目，但按税务总局规定可以开具发票的，可以发票作为税前扣除凭证。

企业从境外购进货物或者劳务发生的支出，以对方开具的发票或者具有发票性质的收款凭证、相关税费缴纳凭证作为税前扣除凭证。

疑难问题解答

问：采购合同诉讼，法院判决我公司付给供应商材料款100万元，但供应方不给开发票，我公司可以凭判决书列支成本税前扣除吗？

答：（国家税务总局河北省税务局）根据《国家税务总局关于发布〈企业所得税税前扣除凭证管理办法〉的公告》（国家税务总局公告2018年第28号）的相关规定，企业在经营活动、经济往来中常常伴生有合同协议、付款凭证等相关资料，在某些情形下，则为支出依据，如法院判决企业支付违约金而出具的裁判文书。以上资料不属于税前扣除凭证，但属于与企业经营活动直接相关且能够证明税前扣除凭证真实性的资料，企业也应按照法律、法规等相关规定，履行保管责任，以备包括税务机关在内的有关部门、机构或者人员核实。

（六）不合规凭证及其补正

企业取得私自印制、伪造、变造、作废、开票方非法取得、虚开、填写不规范等不符合规定的发票（以下简称不合规发票），以及取得不符合国家法律、法规等相关规定的其他外部凭证（以下简称不合规其他外部凭证），不得作为税前扣除凭证。

企业应当取得而未取得发票、其他外部凭证或者取得不合规发票、不合规其他外部凭证的，若支出真实且已实际发生，应当在当年度汇算清缴期结束前，要求对方补开、换开发票、其他外部凭证。补开、换开后的发票、其他外部凭证符合规定的，可以作为税前扣除凭证。

企业在补开、换开发票、其他外部凭证过程中，因对方注销、撤销、依法被吊销营业执照、被税务机关认定为非正常户等特殊原因无法补开、换开发票、其他外部凭证的，可凭以下资料证实支出真实性后，其支出允许税前扣除：

（1）无法补开、换开发票、其他外部凭证原因的证明资料（包括工商注销、机构撤销、列入非正常经营户、破产公告等证明资料）。

（2）相关业务活动的合同或者协议。

（3）采用非现金方式支付的付款凭证。

（4）货物运输的证明资料。

（5）货物入库、出库内部凭证。

（6）企业会计核算记录以及其他资料。

上述第一项至第三项为必备资料。

汇算清缴期结束后，税务机关发现企业应当取得而未取得发票、其他外部凭证或者取得不合规发票、不合规其他外部凭证并且告知企业的，企业应当自被告知之日起60日内补开、换开符合规定的发票、其他外部凭证。其中，因对方特殊原因无法补开、换开发票、其他外部凭证的，企业应当按照规定，自被告知之日起60日内提供可以证实其支出真实性的相关资料。

企业在规定的期限未能补开、换开符合规定的发票、其他外部凭证，并且未能按照规定提供相关资料证实其支出真实性的，相应支出不得在发生年度税前扣除。

除发生该办法第十五条规定的情形外，企业以前年度应当取得而未取得发票、其他外部凭证，且相应支出在该年度没有税前扣除的，在以后年度取得符合规定的发票、其他外部凭证或者按照该办法第十四条的规定提供可以证实其支出真实性的相关资料，相应支出可以追补至该支出发生年度税前扣除，但追补年限不得超过五年。

疑难问题解答

问：购买方同时丢失专票发票联和抵扣联，根据国家税务总局2020年1号公告规定，增值税可凭加盖销售方发票专用章的相应发票记账联复印件抵扣进项税，请问企业所得税可凭加盖销售方发票专用章的相应发票记账联复印件税前扣除吗？

答：（国家税务总局河南省税务局）根据《国家税务总局关于发布〈企业所得税税前扣除凭证管理办法〉的公告》（国家税务总局公告2018年

第28号）规定，税前扣除凭证，是指企业在计算企业所得税应纳税所得额时，证明与取得收入有关的、合理的支出实际发生，并据以税前扣除的各类凭证。税前扣除凭证在管理中遵循真实性、合法性、关联性原则。真实性是指税前扣除凭证反映的经济业务真实，且支出已经实际发生；合法性是指税前扣除凭证的形式、来源符合国家法律、法规等相关规定；关联性是指税前扣除凭证与其反映的支出相关联且有证明力。税前扣除凭证按照来源分为内部凭证和外部凭证。内部凭证是指企业自制用于成本、费用、损失和其他支出核算的会计原始凭证。内部凭证的填制和使用应当符合国家会计法律、法规等相关规定。外部凭证是指企业发生经营活动和其他事项时，从其他单位、个人取得的用于证明其支出发生的凭证，包括但不限于发票（包括纸质发票和电子发票）、财政票据、完税凭证、收款凭证、分割单等。

因此，扣除凭证，是指企业在计算企业所得税应纳税所得额时，证明与取得收入有关的、合理的支出实际发生，并据以税前扣除的各类凭证。具体事宜建议您联系主管税务机关进一步确认。

（七）特殊业务的扣除凭证

企业与其他企业（包括关联企业）、个人在境内共同接受应纳增值税劳务（以下简称应税劳务）发生的支出，采取分摊方式的，应当按照独立交易原则进行分摊，企业以发票和分割单作为税前扣除凭证，共同接受应税劳务的其他企业以企业开具的分割单作为税前扣除凭证。

企业与其他企业、个人在境内共同接受非应税劳务发生的支出，采取分摊方式的，企业以发票外的其他外部凭证和分割单作为税前扣除凭证，共同接受非应税劳务的其他企业以企业开具的分割单作为税前扣除凭证。

企业租用（包括企业作为单一承租方租用）办公、生产用房等资产发生的水、电、燃气、冷气、暖气、通信线路、有线电视、网络等费用，出租方作为应税项目开具发票的，企业以发票作为税前扣除凭证；出租方采取分摊方式的，企业以出租方开具的其他外部凭证作为税前扣除凭证。

疑难问题解答

问：我单位属于建安企业，在施工场地与甲方共用水电，甲方在扣除我单位水电费时，只提供水电费分割单不提供发票，我单位能否以开具的分割单作为税前扣除凭证？

答：（国家税务总局内蒙古自治区税务局）根据《国家税务总局关于

发布〈企业所得税税前扣除凭证管理办法〉的公告》（国家税务总局公告2018年第28号）第八条和第十九条的规定，税前扣除凭证按照来源分为内部凭证和外部凭证。内部凭证是指企业自制用于成本、费用、损失和其他支出核算的会计原始凭证。内部凭证的填制和使用应当符合国家会计法律、法规等相关规定。外部凭证是指企业发生经营活动和其他事项时，从其他单位、个人取得的用于证明其支出发生的凭证，包括但不限于发票（包括纸质发票和电子发票）、财政票据、完税凭证、收款凭证、分割单等。企业租用（包括企业作为单一承租方租用）办公、生产用房等资产发生的水、电、燃气、冷气、暖气、通信线路、有线电视、网络等费用，出租方作为应税项目开具发票的，企业以发票作为税前扣除凭证；出租方采取分摊方式的，企业以出租方开具的其他外部凭证作为税前扣除凭证。

问：我公司与重庆的某商场物业分公司签订办公室租赁协议，由物业公司代收代交水电费，将水电费公司开具给物业公司的发票复印件盖公章及我公司应交水电费的收据提供给我公司，不予开具发票给我公司。请问该物业公司的做法是否合理？若合理，我公司是否可以所得税税前扣除该费用？该物业分公司没有转供资质。

答：（国家税务总局厦门市税务局）《发票管理办法》（国务院令第587号）规定："销售商品、提供服务以及从事其他经营活动的单位和个人，对外发生经营业务收取款项，收款方应当向付款方开具发票；特殊情况下，由付款方向收款方开具发票。"

根据《国家税务总局关于发布〈企业所得税税前扣除凭证管理办法〉的公告》（国家税务总局公告2018年第28号）的规定，企业租用（包括企业作为单一承租方租用）办公、生产用房等资产发生的水、电、燃气、冷气、暖气、通信线路、有线电视、网络等费用，出租方作为应税项目开具发票的，企业以发票作为税前扣除凭证；出租方采取分摊方式的，企业以出租方开具的其他外部凭证作为税前扣除凭证。

因此，若属于物业公司代收转付水电费，应由水务集团及供电公司开具发票给付款方。出租方采取分摊方式的，按水务集团及供电公司的发票复印件和分割单及合同注明分割方式为分割依据。若不属于代收转付，则属于转售水电费，应由物业公司开具转售水电费发票作为税前扣除凭证。

三、电子会计凭证报销入账归档管理

根据《财政部国家档案局关于规范电子会计凭证报销入账归档的通知》（财会

〔2020〕6号）的规定，有关规范电子会计凭证报销入账归档的事项如下。

电子会计凭证，是指单位从外部接收的电子形式的各类会计凭证，包括电子发票、财政电子票据、电子客票、电子行程单、电子海关专用缴款书、银行电子回单等电子会计凭证。来源合法、真实的电子会计凭证与纸质会计凭证具有同等法律效力。

除法律和行政法规另有规定外，同时满足下列条件的，单位可以仅使用电子会计凭证进行报销入账归档：

（1）接收的电子会计凭证经查验合法、真实。

（2）电子会计凭证的传输、存储安全、可靠，对电子会计凭证的任何篡改能够及时被发现。

（3）使用的会计核算系统能够准确、完整、有效接收和读取电子会计凭证及其元数据，能够按照国家统一的会计制度完成会计核算业务，能够按照国家档案行政管理部门规定格式输出电子会计凭证及其元数据，设定了经办、审核、审批等必要的审签程序，且能有效防止电子会计凭证重复入账。

（4）电子会计凭证的归档及管理符合《会计档案管理办法》（财政部国家档案局令第79号）等要求。

单位以电子会计凭证的纸质打印件作为报销入账归档依据的，必须同时保存打印该纸质件的电子会计凭证。

符合档案管理要求的电子会计档案与纸质档案具有同等法律效力。除法律、行政法规另有规定外，电子会计档案可不再另以纸质形式保存。

单位和个人在电子会计凭证报销入账归档中存在违反该通知规定行为的，县级以上人民政府财政部门、档案行政管理部门应当依据《中华人民共和国会计法》《中华人民共和国档案法》等有关法律、行政法规处理处罚。

第二节　发票管理制度

一、《发票管理办法》的规定

《发票管理办法》（1993年12月12日国务院批准，1993年12月23日财政部令第6号发布，根据2010年12月20日《国务院关于修改〈中华人民共和国发票管理办法〉的决定》第一次修订，根据2019年3月2日《国务院关于修改部分行政法规的决定》第二次修订）的规定如下。

（一）总则

为了加强发票管理和财务监督，保障国家税收收入，维护经济秩序，根据《税收征收管理法》，制定该办法。

在中华人民共和国境内印制、领购、开具、取得、保管、缴销发票的单位和个人（以下称"印制、使用发票的单位和个人"），必须遵守该办法。

该办法所称发票，是指在购销商品、提供或者接受服务以及从事其他经营活动中，开具、收取的收付款凭证。发票的种类、联次、内容以及使用范围由国务院税务主管部门规定。

国务院税务主管部门统一负责全国的发票管理工作。省、自治区、直辖市税务机关依据职责做好本行政区域内的发票管理工作。财政、审计、市场监督管理、公安等有关部门在各自的职责范围内，配合税务机关做好发票管理工作。

对违反发票管理法规的行为，任何单位和个人可以举报。税务机关应当为检举人保密，并酌情给予奖励。

（二）发票的印制

增值税专用发票由国务院税务主管部门确定的企业印制；其他发票，按照国务院税务主管部门的规定，由省、自治区、直辖市税务机关确定的企业印制。禁止私自印制、伪造、变造发票。

印制发票的企业应当具备下列条件：

（1）取得印刷经营许可证和营业执照。

（2）设备、技术水平能够满足印制发票的需要。

（3）有健全的财务制度和严格的质量监督、安全管理、保密制度。

税务机关应当以招标方式确定印制发票的企业，并发给发票准印证。

印制发票应当使用国务院税务主管部门确定的全国统一的发票防伪专用品。禁止非法制造发票防伪专用品。

发票应当套印全国统一发票监制章。全国统一发票监制章的式样和发票版面印刷的要求，由国务院税务主管部门规定。发票监制章由省、自治区、直辖市税务机关制作。禁止伪造发票监制章。发票实行不定期换版制度。

印制发票的企业按照税务机关的统一规定，建立发票印制管理制度和保管措施。发票监制章和发票防伪专用品的使用和管理实行专人负责制度。

印制发票的企业必须按照税务机关批准的式样和数量印制发票。发票应当使用中文印制。民族自治地方的发票，可以加印当地一种通用的民族文字。有实际需要的，也可以同时使用中外两种文字印制。

各省、自治区、直辖市内的单位和个人使用的发票，除增值税专用发票外，应当在本省、自治区、直辖市内印制；确有必要到外省、自治区、直辖市印制的，应当由省、自治区、直辖市税务机关商印制地省、自治区、直辖市税务机关同意，由印制地省、自治区、直辖市税务机关确定的企业印制。禁止在境外印制发票。

（三）发票的领购

需要领购发票的单位和个人，应当持税务登记证件、经办人身份证明、按照国务院税务主管部门规定式样制作的发票专用章的印模，向主管税务机关办理发票领购手续。主管税务机关根据领购单位和个人的经营范围和规模，确认领购发票的种类、数量以及领购方式，在5个工作日内发给发票领购簿。单位和个人领购发票时，应当按照税务机关的规定报告发票使用情况，税务机关应当按照规定进行查验。

需要临时使用发票的单位和个人，可以凭购销商品、提供或者接受服务以及从事其他经营活动的书面证明、经办人身份证明，直接向经营地税务机关申请代开发票。依照税收法律、行政法规规定应当缴纳税款的，税务机关应当先征收税款，再开具发票。税务机关根据发票管理的需要，可以按照国务院税务主管部门的规定委托其他单位代开发票。禁止非法代开发票。

临时到本省、自治区、直辖市以外从事经营活动的单位或者个人，应当凭所在地税务机关的证明，向经营地税务机关领购经营地的发票。临时在本省、自治区、直辖市以内跨市、县从事经营活动领购发票的办法，由省、自治区、直辖市税务机关规定。

税务机关对外省、自治区、直辖市来本辖区从事临时经营活动的单位和个人领购发票的，可以要求其提供保证人或者根据所领购发票的票面限额以及数量交纳不超过1万元的保证金，并限期缴销发票。按期缴销发票的，解除保证人的担保义务或者退还保证金；未按期缴销发票的，由保证人或者以保证金承担法律责任。税务机关收取保证金应当开具资金往来结算票据。

↔ 疑难问题解答

问：废旧物资回收经营企业向个人收购废旧物资的时候，是否可以由回收企业向税务机关申请使用收购发票，自行开具作为企业所得税购进货物的成本列支。此外，使用收购发票是否有只能在福建省内收购废旧物资使用的规定。在使用时具体有哪些要求？

答：（国家税务总局福建省税务局）收购单位向其他个人购买货物，可以开具收购发票。除另有规定外，收购发票仅限于福建省（不含厦门）范围内使用。严禁跨规定的区域使用收购发票。

文件依据如下：

《福建省增值税普通发票（收购）使用规定》（国家税务总局福建省税

务局公告2018年第8号发布）规定：

"第二条 收购发票，是收购单位向其他个人购买货物、支付款项时开具的发票，是其成本列支并可按照增值税有关规定据以抵扣增值税进项税额的凭证。收购发票包括五联版的纸质增值税普通发票（收购）和增值税电子普通发票（收购）两种形式。

"第八条 除另有规定外，收购发票仅限于福建省（不含厦门）范围内使用。严禁跨规定的区域使用收购发票。

"第九条 收购发票应按下列要求开具：……（四）'货物或应税劳务、服务名称'栏填写收购的货物名称，属于农业产品的，仅限于种植业、养殖业、林业、牧业、水产业生产的各种植物、动物的初级产品。农业产品的征税范围按财政部、国家税务总局的规定确定。选择相应的商品和服务税收分类与编码。"

（四）发票的开具和保管

销售商品、提供服务以及从事其他经营活动的单位和个人，对外发生经营业务收取款项，收款方应当向付款方开具发票；特殊情况下，由付款方向收款方开具发票。所有单位和从事生产、经营活动的个人在购买商品、接受服务以及从事其他经营活动支付款项，应当向收款方取得发票。取得发票时，不得要求变更品名和金额。

不符合规定的发票，不得作为财务报销凭证，任何单位和个人有权拒收。开具发票应当按照规定的时限、顺序、栏目，全部联次一次性如实开具，并加盖发票专用章。任何单位和个人不得有下列虚开发票行为：①为他人、为自己开具与实际经营业务情况不符的发票；②让他人为自己开具与实际经营业务情况不符的发票；③介绍他人开具与实际经营业务情况不符的发票。

安装税控装置的单位和个人，应当按照规定使用税控装置开具发票，并按期向主管税务机关报送开具发票的数据。使用非税控电子器具开具发票的，应当将非税控电子器具使用的软件程序说明资料报主管税务机关备案，并按照规定保存、报送开具发票的数据。国家推广使用网络发票管理系统开具发票，具体管理办法由国务院税务主管部门制定。

任何单位和个人应当按照发票管理规定使用发票，不得有下列行为：①转借、转让、介绍他人转让发票、发票监制章和发票防伪专用品；②知道或者应当知道是私自印制、伪造、变造、非法取得或者废止的发票而受让、开具、存放、携带、邮寄、运输；③拆本使用发票；④扩大发票使用范围；⑤以其他凭证代替发票使用。

税务机关应当提供查询发票真伪的便捷渠道。

除国务院税务主管部门规定的特殊情形外,发票限于领购单位和个人在本省、自治区、直辖市内开具。省、自治区、直辖市税务机关可以规定跨市、县开具发票的办法。除国务院税务主管部门规定的特殊情形外,任何单位和个人不得跨规定的使用区域携带、邮寄、运输空白发票。禁止携带、邮寄或者运输空白发票出入境。

开具发票的单位和个人应当建立发票使用登记制度,设置发票登记簿,并定期向主管税务机关报告发票使用情况。开具发票的单位和个人应当在办理变更或者注销税务登记的同时,办理发票和发票领购簿的变更、缴销手续。开具发票的单位和个人应当按照税务机关的规定存放和保管发票,不得擅自损毁。已经开具的发票存根联和发票登记簿,应当保存5年。保存期满,报经税务机关查验后销毁。

疑难问题解答

问:在报销个人通勤费时,发票抬头应当写个人还是公司?

答:(国家税务总局浙江省税务局)根据《发票管理办法》(中华人民共和国国务院令第587号)规定,销售商品、提供服务以及从事其他经营活动的单位和个人,对外发生经营业务收取款项,收款方应当向付款方开具发票;特殊情况下,由付款方向收款方开具发票。

开具发票应当按照规定的时限、顺序、栏目,全部联次一次性如实开具,并加盖发票专用章。任何单位和个人不得有下列虚开发票行为:(一)为他人、为自己开具与实际经营业务情况不符的发票。(二)让他人为自己开具与实际经营业务情况不符的发票。(三)介绍他人开具与实际经营业务情况不符的发票。

根据《中华人民共和国发票管理办法实施细则》第二十八条的规定,单位和个人在开具发票时,必须做到按照号码顺序填开,填写项目齐全,内容真实,字迹清楚,全部联次一次打印,内容完全一致,并在发票联和抵扣联加盖发票专用章。

问:我公司为商贸企业销售护肤品,与商场合作开设租赁柜,已签订租赁合同,因合作的商场较多,我公司注册地在总部办公,现其中一个商场以实际经营地与注册地不符为由不给我公司开具物业费及租赁费发票,请问我司该如何处理?

答:(国家税务总局河南省税务局)《发票管理办法》(国务院令第587号)规定:

"第六条 对违反发票管理法规的行为,任何单位和个人可以举报。……

"第十九要 销售商品、提供服务以及从事其他经营活动的单位和个人，对外发生经营业务收取款项，收款方应当向付款方开具发票；特殊情况下，由付款方向收款方开具发票。

"第二十条 所有单位和从事生产、经营活动的个人在购买商品、接受服务以及从事其他经营活动支付款项，应当向收款方取得发票。取得发票时，不得要求变更品名和金额。

"第二十一条 不符合规定的发票，不得作为财务报销凭证，任何单位和个人有权拒收。

"第二十二条 开具发票应当按照规定的时限、顺序、栏目，全部联次一次性如实开具，并加盖发票专用章。

"任何单位和个人不得有下列虚开发票行为：

"（一）为他人、为自己开具与实际经营业务情况不符的发票。

"（二）让他人为自己开具与实际经营业务情况不符的发票。

"（三）介绍他人开具与实际经营业务情况不符的发票。

"第三十五条 违反本办法的规定，有下列情形之一的，由税务机关责令改正，可以处1万元以下的罚款；有违法所得的予以没收：

"（一）应当开具而未开具发票，或者未按照规定的时限、顺序、栏目，全部联次一次性开具发票，或者未加盖发票专用章的。……"

因此，根据上述规定，销售商品、提供服务以及从事其他经营活动的单位和个人，对外发生经营业务收取款项，收款方应当向付款方开具发票；特殊情况下，由付款方向收款方开具发票。如果该企业应当开具而未开具发票，建议您提供企业名称、地址等相关信息，向12366热线进行投诉举报，我们将会对您反映的问题进行核实并帮助您索取发票。

问：给香港注册的公司开具增值税普通发票，税号一栏写上了公司海外注册证明书上的编号，该发票是否有效？

答：（国家税务总局福建省税务局）购买方为非居民企业，开具增值税普通发票时"纳税人识别号"栏可以不填。

文件依据如下：

《国家税务总局关于增值税发票开具有关问题的公告》（国家税务总局公告2017年第16号）规定："一、自2017年7月1日起，购买方为企业的，索取增值税普通发票时，应向销售方提供纳税人识别号或统一社会信用代码；销售方为其开具增值税普通发票时，应在'购买方纳税人识别号'栏填写购买方的纳税人识别号或统一社会信用代码。不符合规定的发票，不得作为税收凭证。本公告所称企业，包括公司、非公司制企业法人、企业分支机构、个人独资企业、合伙企业和其他企业。"

（五）发票的检查

税务机关在发票管理中有权进行下列检查：
（1）检查印制、领购、开具、取得、保管和缴销发票的情况。
（2）调出发票查验。
（3）查阅、复制与发票有关的凭证、资料。
（4）向当事各方询问与发票有关的问题和情况。
（5）在查处发票案件时，对与案件有关的情况和资料，可以记录、录音、录像、照相和复制。

印制、使用发票的单位和个人，必须接受税务机关依法检查，如实反映情况，提供有关资料，不得拒绝、隐瞒。税务人员进行检查时，应当出示税务检查证。税务机关需要将已开具的发票调出查验时，应当向被查验的单位和个人开具发票换票证。发票换票证与所调出查验的发票有同等的效力。被调出查验发票的单位和个人不得拒绝接受。税务机关需要将空白发票调出查验时，应当开具收据；经查无问题的，应当及时返还。

单位和个人从中国境外取得的与纳税有关的发票或者凭证，税务机关在纳税审查时有疑义的，可以要求其提供境外公证机构或者注册会计师的确认证明，经税务机关审核认可后，方可作为记账核算的凭证。税务机关在发票检查中需要核对发票存根联与发票联填写情况时，可以向持有发票或者发票存根联的单位发出发票填写情况核对卡，有关单位应当如实填写，按期报回。

疑难问题解答

问：我公司系实业公司，经营范围为企业管理咨询及矿产品、零配件等的销售。受疫情影响，公司近几年并未开展经营范围内的业务。但我公司于2002年对外投资的企业经营状况良好，每年我公司从被投资单位均取得了较高的分红收益，积累了较多的货币资金和留存收益。为提高资产的利用率、增加企业的利润，我公司近几年均将自有资金拆借给特定的数个企业并收取利息。我公司的资金拆借以银行基准利率为依据并参考市场波动确定，为合法合规的借贷行为。对于上述交易，我公司均能提供完整真实的交易记录和资金流水。应借款方要求，我公司须向其开具利息收入发票。企业间的资金拆借是非常普遍的商业行为，我公司近几年的拆借行为也是真实合法的，但因我公司非专业从事贷款服务，未面向非特定对象放贷，无法办理增加金融服务类的经营范围。请问此种情况下，我公司能否申领发票并开具利息收入税目？

答：（国家税务总局江苏省税务局）根据《国务院关于修改〈中华人民共和国发票管理办法〉的决定》（国务院令第587号）及《增值税发票开具使用指南》（税总货便函〔2017〕127号）的规定，销售商品、提供服务以及从事其他经营活动的单位和个人，对外发生经营业务收取款项，收款方应当向付款方开具发票；特殊情况下，由付款方向收款方开具发票。

因此，纳税人发生应税行为，除国家有明令禁止销售的外，即使超出营业执照上的经营范围，也应当据实开具发票。

问：我公司向房东（法人）租赁场地，房东代物业向我们收取水电费，然后可以给我司开水电费发票吗？（水电费超出其经营范围）

答：（国家税务总局福建省税务局）纳税人发生应税行为，除国家有明令禁止销售的，即使超出营业执照上的经营范围，也应当据实开具发票。

文件依据如下：

根据《发票管理办法》（国务院令第587号）及《增值税发票开具使用指南》（税总货便函〔2017〕127号）的规定，销售商品、提供服务以及从事其他经营活动的单位和个人，对外发生经营业务收取款项，收款方应当向付款方开具发票；特殊情况下，由付款方向收款方开具发票。

（六）罚则

违反该办法的规定，有下列情形之一的，由税务机关责令改正，可以处1万元以下的罚款；有违法所得的予以没收：①应当开具而未开具发票，或者未按照规定的时限、顺序、栏目，全部联次一次性开具发票，或者未加盖发票专用章的；②使用税控装置开具发票，未按期向主管税务机关报送开具发票的数据的；③使用非税控电子器具开具发票，未将非税控电子器具使用的软件程序说明资料报主管税务机关备案，或者未按照规定保存、报送开具发票的数据的；④拆本使用发票的；⑤扩大发票使用范围的；⑥以其他凭证代替发票使用的；⑦跨规定区域开具发票的；⑧未按照规定缴销发票的；⑨未按照规定存放和保管发票的。

跨规定的使用区域携带、邮寄、运输空白发票，以及携带、邮寄或者运输空白发票出入境的，由税务机关责令改正，可以处1万元以下的罚款；情节严重的，处1万元以上3万元以下的罚款；有违法所得的予以没收。丢失发票或者擅自损毁发票的，依照上述规定处罚。

违反该办法的规定虚开发票的，由税务机关没收违法所得；虚开金额在1万元以下的，可以并处5万元以下的罚款；虚开金额超过1万元的，并处5万元以上50万元以下的罚款；构成犯罪的，依法追究刑事责任。非法代开发票的，依照上述规定处罚。

私自印制、伪造、变造发票，非法制造发票防伪专用品，伪造发票监制章的，由税务机关没收违法所得，没收、销毁作案工具和非法物品，并处1万元以上5万元以下的罚款；情节严重的，并处5万元以上50万元以下的罚款；对印制发票的企业，可以并处吊销发票准印证；构成犯罪的，依法追究刑事责任。上述规定的处罚，《税收征收管理法》有规定的，依照其规定执行。

有下列情形之一的，由税务机关处1万元以上5万元以下的罚款；情节严重的，处5万元以上50万元以下的罚款；有违法所得的予以没收：①转借、转让、介绍他人转让发票、发票监制章和发票防伪专用品的；②知道或者应当知道是私自印制、伪造、变造、非法取得或者废止的发票而受让、开具、存放、携带、邮寄、运输的。

对违反发票管理规定2次以上或者情节严重的单位和个人，税务机关可以向社会公告。

违反发票管理法规，导致其他单位或者个人未缴、少缴或者骗取税款的，由税务机关没收违法所得，可以并处未缴、少缴或者骗取的税款1倍以下的罚款。

当事人对税务机关的处罚决定不服的，可以依法申请行政复议或者向人民法院提起行政诉讼。

税务人员利用职权之便，故意刁难印制、使用发票的单位和个人，或者有违反发票管理法规行为的，依照国家有关规定给予处分；构成犯罪的，依法追究刑事责任。

疑难问题解答

问：因为公司要举办生日会，然后我代表公司去购买物品。购买物品的第一件事，就是问商家能不能开发票。他告诉我可以开发票，那我就下了这个单，然后到货之后我确认收货了。接着他告诉我开不了发票。然后我就跟商家说，给我退款退货。他告诉我没有运费险，意思就是我要是退货，这个运费由我自己承担。面对这个情况，我该怎么办？怎么报销呢？感觉好无奈。

答：（国家税务总局海南省税务局）《发票管理办法》（国务院令第587号）第十九条规定："销售商品、提供服务以及从事其他经营活动的单位和个人，对外发生经营业务收取款项，收款方应当向付款方开具发票；特殊情况下，由付款方向收款方开具发票。"第二十二条规定："开具发票应当按照规定的时限、顺序、栏目，全部联次一次性如实开具，并加盖发票专用章。"

很抱歉，报销问题不属于税务部门咨询范围。如您购买商品、接受服务时遇到拒开发票，请提供拒开发票的纳税人名称、具体地址、业务发生日期、金额以及您的联系方式等信息，以便进一步核实处理。

二、《中华人民共和国发票管理办法实施细则》的规定

《中华人民共和国发票管理办法实施细则》（2011年2月14日国家税务总局令第25号公布，根据2014年12月27日《国家税务总局关于修改〈中华人民共和国发票管理办法实施细则〉的决定》、2018年6月15日《国家税务总局关于修改部分税务部门规章的决定》、2019年7月24日《国家税务总局关于公布取消一批税务证明事项以及废止和修改部分规章规范性文件的决定》修正，以下简称《发票管理办法实施细则》）的规定如下。

（一）总则

在全国范围内统一式样的发票，由国家税务总局确定。在省、自治区、直辖市范围内统一式样的发票，由省、自治区、直辖市税务局（以下简称省税务局）确定。

发票的基本联次包括存根联、发票联、记账联。存根联由收款方或开票方留存备查；发票联由付款方或受票方作为付款原始凭证；记账联由收款方或开票方作为记账原始凭证。省以上税务机关可根据发票管理情况以及纳税人经营业务需要，增减除发票联以外的其他联次，并确定其用途。

发票的基本内容包括发票的名称、发票代码和号码、联次及用途、客户名称、开户银行及账号、商品名称或经营项目、计量单位、数量、单价、大小写金额、开票人、开票日期、开票单位（个人）名称（章）等。省以上税务机关可根据经济活动以及发票管理需要，确定发票的具体内容。

用票单位可以书面向税务机关要求使用印有本单位名称的发票，税务机关依据《办法》第十五条的规定，确认印有该单位名称发票的种类和数量。

（二）发票的印制

发票准印证由国家税务总局统一监制，省税务局核发。税务机关应当对印制发票企业实施监督管理，对不符合条件的，应当取消其印制发票的资格。

全国统一的发票防伪措施由国家税务总局确定，省税务局可以根据需要增加本地区的发票防伪措施，并向国家税务总局备案。发票防伪专用品应当按照规定专库保管，不得丢失。次品、废品应当在税务机关监督下集中销毁。

全国统一发票监制章是税务机关管理发票的法定标志，其形状、规格、内容、印色由国家税务总局规定。全国范围内发票换版由国家税务总局确定；省、自治区、直辖市范围内发票换版由省税务局确定。发票换版时，应当进行公告。

监制发票的税务机关根据需要下达发票印制通知书，被指定的印制企业必须按照要求印制。发票印制通知书应当载明印制发票企业名称、用票单位名称、发票名称、发票代码、种类、联次、规格、印色、印制数量、起止号码、交货时间、地点等内容。印制发票企业印制完毕的成品应当按照规定验收后专库保管，不得丢失。废品应当及时销毁。

（三）发票的领购

《发票管理办法》第十五条所称经办人身份证明是指经办人的居民身份证、护照或者其他能证明经办人身份的证件。《发票管理办法》第十五条所称发票专用章是指用票单位和个人在其开具发票时加盖的有其名称、税务登记号、发票专用章字样的印章。发票专用章式样由国家税务总局确定。税务机关对领购发票单位和个人提供的发票专用章的印模应当留存备查。

《发票管理办法》第十五条所称领购方式是指批量供应、交旧购新或者验旧购新等方式。《发票管理办法》第十五条所称发票领购簿的内容应当包括用票单位和个人的名称、所属行业、购票方式、核准购票种类、开票限额、发票名称、领购日期、准购数量、起止号码、违章记录、领购人签字（盖章）、核发税务机关（章）等内容。

《发票管理办法》第十五条所称发票使用情况是指发票领用存情况及相关开票数据。税务机关在发售发票时，应当按照核准的收费标准收取工本管理费，并向购票单位和个人开具收据。发票工本费征缴办法按照国家有关规定执行。《发票管理办法》第十六条所称书面证明是指有关业务合同、协议或者税务机关认可的其他资料。税务机关应当与受托代开发票的单位签订协议，明确代开发票的种类、对象、内容和相关责任等内容。

《发票管理办法》第十八条所称保证人，是指在中国境内具有担保能力的公民、法人或者其他经济组织。保证人同意为领购发票的单位和个人提供担保的，应当填写担保书。担保书内容包括：担保对象、范围、期限和责任以及其他有关事项。担保书须经购票人、保证人和税务机关签字盖章后方为有效。《发票管理办法》第十八条第二款所称由保证人或者以保证金承担法律责任，是指由保证人缴纳罚款或者以保证金缴纳罚款。提供保证人或者交纳保证金的具体范围由省税务局规定。

（四）发票的开具和保管

《发票管理办法》第十九条所称特殊情况下，由付款方向收款方开具发票，是指下列情况：

（1）收购单位和扣缴义务人支付个人款项时。

（2）国家税务总局认为其他需要由付款方向收款方开具发票的。

向消费者个人零售小额商品或者提供零星服务的，是否可免予逐笔开具发票，由省税务局确定。填开发票的单位和个人必须在发生经营业务确认营业收入时开具发票。未发生经营业务一律不准开具发票。

开具发票后，如发生销货退回需开红字发票的，必须收回原发票并注明"作废"字样或取得对方有效证明。开具发票后，如发生销售折让的，必须在收回原发票并注明"作废"字样后重新开具销售发票或取得对方有效证明后开具红字发票。

单位和个人在开具发票时，必须做到按照号码顺序填开，填写项目齐全，内容真实，字迹清楚，全部联次一次打印，内容完全一致，并在发票联和抵扣联加盖发票专用章。开具发票应当使用中文。民族自治地方可以同时使用当地通用的一种民族文字。

《发票管理办法》第二十六条所称规定的使用区域是指国家税务总局和省税务局规定的区域。使用发票的单位和个人应当妥善保管发票。发生发票丢失情形时，应当于发现丢失当日书面报告税务机关。

疑难问题解答

问：增值税视同销售是否需要开具发票？

答：（国家税务总局福建省税务局）纳税人发生增值税视同销售情形应据实开具发票。

文件依据如下：

一、《增值税暂行条例实施细则》（财政部 国家税务总局第50号令）第四条规定："单位或者个体工商户的下列行为，视同销售货物：（一）将货物交付其他单位或者个人代销。（二）销售代销货物。（三）设有两个以上机构并实行统一核算的纳税人，将货物从一个机构移送其他机构用于销售，但相关机构设在同一县（市）的除外。（四）将自产或者委托加工的货物用于非增值税应税项目。（五）将自产、委托加工的货物用于集体福利或者个人消费。（六）将自产、委托加工或者购进的货物作为投资，提供给其他单位或者个体工商户。（七）将自产、委托加工或者购进的货物分配给股东或者投资者。（八）将自产、委托加工或者购进的货物无偿赠送其他单位或者个人。"

二、《财政部 国家税务总局关于全面推开营业税改征增值税试点的通知》（财税〔2016〕36号）第十四条规定："下列情形视同销售服务、无形资产或者不动产：（一）单位或者个体工商户向其他单位或者个人无偿提供服务，但用于公益事业或者以社会公众为对象的除外。（二）单位或者个人向其他单位或者个人无偿转让无形资产或者不动产，但用于公益事业或者以社会公众为对象的除外。（三）财政部和国家税务总局规定的其他情形。本通知附件规定的内容，除另有规定执行时间外，自2016年5月1日起执行。"

三、《发票管理办法》规定："第十九条销售商品、提供服务以及从事其他经营活动的单位和个人，对外发生经营业务收取款项，收款方应当向付款方开具发票；特殊情况下，由付款方向收款方开具发票。"

问：我公司是房地产开发企业，增值税一般纳税人，自来水表是我公司的户头，自来水公司将水费发票开具给我公司。水费发票内容包含三部分：

①水冰雪*用水费，税率为3%；②不征税自来水*不征税自来水，不征税；③水冰雪*污水处理费，免税。施工方在施工过程中产生的水费在支付工程款时扣回，现在施工单位向我公司索要水费发票。我公司在扣回水费时没有加价，是原价扣回，如何开具发票？能否参照国家税务总局公告2016年第54号开票？公告中"对外支付的自来水水费"是否包含"不征税自来水"和"污水处理费"？

　　答：（国家税务总局河南省税务局）一、《发票管理办法》（国函〔1993〕174号）第十九条规定："销售商品、提供服务以及从事其他经营活动的单位和个人，对外发生经营业务收取款项，收款方应当向付款方开具发票；特殊情况下，由付款方向收款方开具发票。"

　　二、《增值税暂行条例》（国务院令第691号）第二条规定："增值税税率……（二）纳税人销售交通运输、邮政、基础电信、建筑、不动产租赁服务，销售不动产，转让土地使用权，销售或者进口下列货物，税率为11%……2.自来水……"

　　三、《财政部　税务总局关于调整增值税税率的通知》（财税〔2018〕32号）规定："一、纳税人发生增值税应税销售行为或者进口货物，原适用17%和11%税率的，税率分别调整为16%、10%。"

　　四、《财政部　税务总局海关总署关于深化增值税改革有关政策的公告》（财政部　税务总局海关总署公告2019年第39号）规定："一、增值税一般纳税人发生增值税应税销售行为或者进口货物，原适用16%税率的，税率调整为13%；原适用10%税率的，税率调整为9%。"

　　五、《财政部　国家税务总局关于部分货物适用增值税低税率和简易办法征收增值税政策的通知》（财税〔2009〕9号）第二条规定："下列按简易办法征收增值税的优惠政策继续执行，不得抵扣进项税额……（三）一般纳税人销售自产的下列货物，可选择按照简易办法征收率计算缴纳增值税……5.自来水……"

　　六、《财政部　国家税务总局关于简并增值税征收率政策的通知》（财税〔2014〕57号）第二条规定："财税〔2009〕9号文件第二条第（三）项和第三条'依照6%征收率'调整为'依照3%征收率'。"

　　七、《国家税务总局关于物业管理服务中收取的自来水水费增值税问题的公告》（国家税务总局公告2016年第54号）规定："提供物业管理服务的纳税人，向服务接受方收取的自来水水费，以扣除其对外支付的自来水水费后的余额为销售额，按照简易计税方法依3%的征收率计算缴纳增值税。"

　　八、《财政部　国家税务总局关于污水处理费有关增值税政策的通知》

（财税〔2001〕97号）规定："为了切实加强和改进城市供水、节水和水污染防治工作，促进社会经济的可持续发展，加快城市污水处理设施的建设步伐，根据《国务院关于加强城市供水节水和水污染防治工作的通知》的规定，对各级政府及主管部门委托自来水厂（公司）随水费收取的污水处理费，免征增值税。本通知自2001年7月1日起执行，此前对上述污水处理费未征税的一律不再补征。"

九、《国家税务总局关于水资源费改税后城镇公共供水企业增值税发票开具问题的公告》（国家税务总局公告2017年第47号）规定："根据《财政部 税务总局水利部关于印发〈扩大水资源税改革试点实施办法〉的通知》（财税〔2017〕80号）有关规定，现对城镇公共供水企业开具增值税普通发票问题，公告如下：原对城镇公共供水用水户在基本水价（自来水价格）外征收水资源费的试点省份，在水资源费改税试点期间，按照不增加城镇公共供水企业负担的原则，城镇公共供水企业缴纳的水资源税所对应的水费收入，不计征增值税，按'不征税自来水'项目开具增值税普通发票。本公告自2017年12月1日起施行。"

十、依据《国家税务总局关于增值税发票管理若干事项的公告》（国家税务总局公告2017年第45号）附件（商品和服务税收分类编码表）的规定。

因此，根据上述文件规定，收款方向付款方开具发票，您公司扣施工方的自来水水费需要开具发票，财税〔2009〕9号文件规定自产的自来水可以简易计税，国家税务总局公告2016年第54号文件主要针对提供物业管理服务的纳税人。按照您的描述，您公司不适用上述简易征收文件，应按照适用税率开具发票。污水处理费不属于冰雪水，开具冰雪水不符合如实开具要求。自来水水费包括不征税自来水水费，污水处理费是否包括公告没有明确，建议咨询税局。

（五）发票的检查

《发票管理办法》第三十二条所称发票换票证仅限于在本县（市）范围内使用。需要调出外县（市）的发票查验时，应当提请该县（市）税务机关调取发票。

用票单位和个人有权申请税务机关对发票的真伪进行鉴别。收到申请的税务机关应当受理并负责鉴别发票的真伪；鉴别有困难的，可以提请发票监制税务机关协助鉴别。在伪造、变造现场以及买卖地、存放地查获的发票，由当地税务机关鉴别。

疑难问题解答

问:河南通用定额发票如何查验真伪?有没有网址?报销时公司要求上传查验记录。

答:(国家税务总局河南省税务局)一、根据《国家税务总局关于修改〈中华人民共和国发票管理办法实施细则〉的决定》(国家税务总局令第37号)第三十三条的规定,用票单位和个人有权申请税务机关对发票的真伪进行鉴别。收到申请的税务机关应当受理并负责鉴别发票的真伪;鉴别有困难的,可以提请发票监制税务机关协助鉴别。在伪造、变造现场以及买卖地、存放地查获的发票,由当地税务机关鉴别。

二、国家税务总局河南省税务局官方网站发布的《办税指南》"1.2.6发票真伪鉴定"规定:"五、办理材料:1.待鉴别发票,1份,必报……2.待鉴定发票复印件或者电子数据,1份,条件报送(行政执法部门鉴定发票的提供)……3.单位介绍信,1份,条件报送(行政执法部门鉴定发票的提供)……"

因此,根据上述文件,若您取得河南省税务局监制的发票后,您可通过以下途径再次尝试查询:①可以登录国家税务总局河南省税务局官网(https://henan.chinatax.gov.cn),在"我要查询"—"发票查询"栏目输入发票代码、发票号码、收款方纳税人识别号进行查询。②关注"河南税务"微信公众号,在"微查询"—"发票查询"中进行发票查询。目前,各发票查询途径可正常使用。如您想进一步确定发票真伪,也可按照《办税指南》规定,携带相关资料到当地税务机关大厅办理发票真伪鉴定业务。

问:打车定额发票如何在网站上查真伪?

答:(国家税务总局福建省税务局)由于您未提供取得发票的时间,无法直接为您查验。您可以进入国家税务总局福建省税务局官方网站—我要查询—非税控发票查询,按照页面提示填写票面信息("开票日期"栏次填写您取得发票的日期)并提交查验流向。

问:购买家具后要求商家开发票,商家说只有定额发票,开发票要我承担税点,怎么办?只有订货单,有转账和消费记录。

答:(国家税务总局河南省税务局)《发票管理办法》(国务院令第587号)规定:

"第六条 对违反发票管理法规的行为,任何单位和个人可以举报。

"第十九条 销售商品、提供服务以及从事其他经营活动的单位和个人,对外发生经营业务收取款项,收款方应当向付款方开具发票;特殊情况下，由付款方向收款方开具发票。

"第二十条 所有单位和从事生产、经营活动的个人在购买商品、接受服务以及从事其他经营活动支付款项，应当向收款方取得发票。取得发票时，不得要求变更品名和金额。

"第二十一条 不符合规定的发票，不得作为财务报销凭证，任何单位和个人有权拒收。

"第二十二条 开具发票应当按照规定的时限、顺序、栏目，全部联次一次性如实开具，并加盖发票专用章。

"任何单位和个人不得有下列虚开发票行为：
"（一）为他人、为自己开具与实际经营业务情况不符的发票。
"（二）让他人为自己开具与实际经营业务情况不符的发票。
"（三）介绍他人开具与实际经营业务情况不符的发票。"

因此，根据上述文件规定，销售商品、提供服务以及从事其他经营活动的单位和个人，对外发生经营业务收取款项，收款方应当向付款方开具发票；特殊情况下，由付款方向收款方开具发票。如果该商户应当开具而未开具发票，建议您提供商户名称、地址等相关信息，向12366热线进行投诉举报，我们将会对您反映的问题进行核实并帮助您索取发票。

（六）罚则

税务机关对违反发票管理法规的行为进行处罚，应当将行政处罚决定书面通知当事人；对违反发票管理法规的案件，应当立案查处。对违反发票管理法规的行政处罚，由县以上税务机关决定；罚款额在2 000元以下的，可由税务所决定。

《发票管理办法》第四十条所称的公告是指，税务机关应当在办税场所或者广播、电视、报纸、期刊、网络等新闻媒体上公告纳税人发票违法的情况。公告内容包括纳税人名称、纳税人识别号、经营地点、违反发票管理法规的具体情况。

对违反发票管理法规情节严重构成犯罪的，税务机关应当依法移送司法机关处理。

疑难问题解答

问：假设甲公司持有复垦券30亩a，A母公司与甲公司签订复垦券购买协议，购买复垦券并支付款项，购买时未开具发票；拍地后A母公司设立子

---

① 1亩≈666.67平方米。

公司B，最终土地由B公司开发，甲、A、B三家公司可否签订补充协议，由甲公司直接开增值税专票给B公司，B公司获取的发票在增值税、土地增值税、企业所得税前能否扣除？

答：（国家税务总局河南省税务局）一、《国务院关于修改〈中华人民共和国发票管理办法〉的决定》（国务院令第587号）规定：

"第十九条 销售商品、提供服务以及从事其他经营活动的单位和个人，对外发生经营业务收取款项，收款方应当向付款方开具发票；特殊情况下，由付款方向收款方开具发票。

"第二十条 所有单位和从事生产、经营活动的个人在购买商品、接受服务以及从事其他经营活动支付款项，应当向收款方取得发票。取得发票时，不得要求变更品名和金额。

"第二十一条 不符合规定的发票，不得作为财务报销凭证，任何单位和个人有权拒收。

"第二十二条 开具发票应当按照规定的时限、顺序、栏目，全部联次一次性如实开具，并加盖发票专用章。

"任何单位和个人不得有下列虚开发票行为：

"（一）为他人、为自己开具与实际经营业务情况不符的发票。

"（二）让他人为自己开具与实际经营业务情况不符的发票。

"（三）介绍他人开具与实际经营业务情况不符的发票。"

二、根据《最高人民法院关于适用〈全国人民代表大会常务委员会关于惩治虚开、伪造和非法出售增值税专用发票犯罪的决定〉的若干问题的解释》规定，具有下列行为之一的，属于"虚开增值税专用发票"：①没有货物购销或者没有提供或接受应税劳务而为他人、为自己、让他人为自己、介绍他人开具增值税专用发票。②有货物购销或者提供或接受了应税劳务但为他人、为自己、让他人为自己、介绍他人开具数量或者金额不实的增值税专用发票。③进行了实际经营活动，但让他人为自己代开增值税专用发票。

三、《国家税务总局关于发布〈企业所得税税前扣除凭证管理办法〉的公告》（国家税务总局公告2018年第28号）规定：

"第二条 本办法所称税前扣除凭证，是指企业在计算企业所得税应纳税所得额时，证明与取得收入有关的、合理的支出实际发生，并据以税前扣除的各类凭证。……

"第四条 税前扣除凭证在管理中遵循真实性、合法性、关联性原则。真实性是指税前扣除凭证反映的经济业务真实，且支出已经实际发生；合法性是指税前扣除凭证的形式、来源符合国家法律、法规等相关规定；关联性是指税前扣除凭证与其反映的支出相关联且有证明力。"

因此,根据上述文件规定,销售商品、提供服务以及从事其他经营活动的单位和个人,对外发生经营业务收取款项,收款方应当向付款方开具发票。A母公司购买甲公司复垦券并支付款项,甲公司应对A母公司开具发票。

三、机动车发票管理制度

《机动车发票使用办法》(国家税务总局、工业和信息化部、公安部公告2020年第23号印发)的规定如下。

(一)适用范围

该办法所称机动车发票是指销售机动车(不包括二手车)的单位和个人(以下简称销售方)通过增值税发票管理系统开票软件中机动车发票开具模块所开具的增值税专用发票和机动车销售统一发票(包括纸质发票、电子发票)。增值税发票管理系统开票软件自动在增值税专用发票左上角打印"机动车"字样。机动车发票均应通过增值税发票管理系统开票软件在线开具。按照有关规定不使用网络办税或不具备网络条件的特定纳税人,可以离线开具机动车发票。

开通机动车发票开具模块的销售方分为机动车生产企业、机动车授权经销企业、其他机动车贸易商三种类型。机动车生产企业包括国内机动车生产企业及进口机动车生产企业驻我国办事机构或总授权代理机构;机动车授权经销企业是指经机动车生产企业授权,且同时具备整车销售、零配件销售、售后维修服务等经营业务的机动车经销企业;其他机动车贸易商,是指除上述两类企业以外的机动车销售单位和个人。对于已开通机动车发票开具模块的销售方,税务机关可以根据其实际生产经营情况调整划分类型。

(二)发票开具管理

主管税务机关对机动车发票实行分类分级规范管理,提升办税效率,加强后续服务和监管。①对使用机动车发票开具模块的销售方,需要调整机动车发票用量的,可以按需要即时办理。对于同时存在其他经营业务申领发票的,仍应按现行有关规定执行。②对经税务总局、省税务局大数据分析发现的税收风险程度较高的纳税人,严格控制其发票领用数量和最高开票限额,并加强事中事后监管。

主管税务机关可以结合销售方取得机动车的相关凭据判断其经营规模,并动态调整机动车发票领用数量。

取得机动车的相关凭据包括:①增值税专用发票;②海关进口增值税专用缴款

书；③货物进口证明书。④机动车整车出厂合格证；⑤法院判决书、裁定书、调解书，以及仲裁裁决书、调解书、公证债权文书；⑥国家税务总局规定的其他凭证。

（三）开具发票的要求

1.一般规定

销售方应当按照销售符合国家机动车管理部门车辆参数、安全等技术指标规定的车辆所取得的全部价款如实开具机动车发票。向消费者销售机动车，销售方应当开具机动车销售统一发票；其他销售机动车行为，销售方应当开具增值税专用发票。

2.使用机动车发票开具模块的规则

销售方使用机动车发票开具模块时，应遵循以下规则：

（1）国内机动车生产企业销售本企业生产的机动车、进口机动车生产企业驻我国办事机构或总授权代理机构和从事机动车进口的其他机动车贸易商销售本企业进口的机动车，应通过增值税发票管理系统和机动车合格证管理系统，依据车辆识别代号/车架号将机动车发票开具信息与国产机动车合格证电子信息或车辆电子信息（以下统称"车辆电子信息"）进行关联匹配。

（2）销售方购进机动车直接对外销售，应当通过机动车发票开具模块获取购进机动车的车辆识别代号/车架号等信息后，方可开具对应的机动车发票。

3.开具增值税专用发票的规则

销售机动车开具增值税专用发票时，应遵循以下规则：

（1）正确选择机动车的商品和服务税收分类编码。

（2）增值税专用发票"规格型号"栏应填写机动车车辆识别代号/车架号，"单位"栏应选择"辆"，"单价"栏应填写对应机动车的不含增值税价格。汇总开具增值税专用发票，应通过机动车发票开具模块开具《销售货物或应税劳务、服务清单》，其中的规格型号、单位、单价等栏次也应按照上述增值税专用发票的填写要求填开。国内机动车生产企业若不能按上述规定填写"规格型号"栏的，应当在增值税专用发票（包括《销售货物或应税劳务、服务清单》）上，将相同车辆配置序列号、相同单价的机动车，按照同一行次汇总填列的规则开具发票。

（3）销售方销售机动车开具增值税专用发票后，发生销货退回、开票有误、销售折让等情形，应当凭增值税发票管理系统校验通过的《开具红字增值税专用发票信息表》开具红字增值税专用发票。发生销货退回、开票有误的，在"规格型号"栏填写机动车车辆识别代号/车架号；发生销售折让的，"规格型号"栏不填写机动车车辆识别代号/车架号。

4.开具机动车销售统一发票的规则

销售机动车开具机动车销售统一发票时，应遵循以下规则：

（1）按照"一车一票"原则开具机动车销售统一发票，即一辆机动车只能开具一张机动车销售统一发票,一张机动车销售统一发票只能填写一辆机动车的车辆识别代号/车架号。

(2)机动车销售统一发票的"纳税人识别号/统一社会信用代码/身份证明号码"栏,销售方根据消费者实际情况填写。如果消费者需要抵扣增值税,则该栏必须填写消费者的统一社会信用代码或纳税人识别号,如果消费者为个人,则应填写个人身份证明号码。

(3)开具纸质机动车销售统一发票后,如果发生销货退回或开具有误的,销售方应开具红字发票,红字发票内容应与原蓝字发票一一对应,并按以下流程操作:①销售方开具红字发票时,应当收回消费者所持有的机动车销售统一发票全部联次。如果消费者已办理车辆购置税纳税申报的,则不需退回报税联;如消费者已办理机动车注册登记的,则不需退回注册登记联;如果消费者为增值税一般纳税人且已抵扣增值税的,则不需退回抵扣联。②消费者已经办理机动车注册登记的,销售方应当留存公安机关出具的机动车注销证明复印件;如果消费者无法取得机动车注销证明,销售方应留存机动车生产企业或者机动车经销企业出具的退车证明或者相关情况说明。

(4)消费者丢失机动车销售统一发票,无法办理车辆购置税纳税申报或者机动车注册登记的,应向销售方申请重新开具机动车销售统一发票;销售方核对消费者相关信息后,先开具红字发票,再重新开具与原蓝字发票存根联内容一致的机动车销售统一发票。

(5)机动车销售统一发票打印内容出现压线或者出格的,若内容清晰完整,无须退还重新开具。

(四)电子信息管理

已办理车辆购置税纳税申报的机动车,不得更改车辆电子信息;未办理车辆购置税纳税申报的机动车,可以按照机动车出厂合格证相关管理规定修改车辆电子信息,但销售方所开具的机动车销售统一发票内容应与修改后的车辆电子信息一致。

税务部门与工信部门应加强对车辆电子信息的管理。省税务机关应当将机动车销售统一发票电子信息实时传输至同级公安机关,公安机关应当将机动车登记核查信息反馈税务部门。

(五)罚则与施行时间

销售方未按规定开具机动车发票的,按照《税收征收管理法》《发票管理办法》等法律法规的规定处理。

该办法自2021年5月1日起试行,2021年7月1日起正式施行。自该办法试行之日起制造的机动车,销售方应按该办法规定开具机动车发票。制造日期按照国产机动车的制造日期或者进口机动车的进口日期确定。

> **疑难问题解答**
>
> 问：机动车销售统一发票申请红字信息表如何处理？
> 答：（国家税务总局天津市税务局）机动车销售统一发票开具红字发票无须申请红字信息表，通过机动车销售统一发票负数发票开具模块开具即可。

四、网络发票管理

《网络发票管理办法》（2013年2月25日国家税务总局令第30号公布，根据2018年6月15日《国家税务总局关于修改部分税务部门规章的决定》修正）的规定如下。

（一）适用范围

在中华人民共和国境内使用网络发票管理系统开具发票的单位和个人办理网络发票管理系统的开户登记、网上领取发票手续、在线开具、传输、查验和缴销等事项，适用该办法。

该办法所称网络发票是指符合国家税务总局统一标准并通过国家税务总局及省、自治区、直辖市税务局公布的网络发票管理系统开具的发票。

（二）税务机关的义务

国家积极推广使用网络发票管理系统开具发票。税务机关应加强网络发票的管理，确保网络发票的安全、唯一、便利，并提供便捷的网络发票信息查询渠道；应通过应用网络发票数据分析，提高信息管税水平。

税务机关应根据开具发票的单位和个人的经营情况，核定其在线开具网络发票的种类、行业类别、开票限额等内容。开具发票的单位和个人需要变更网络发票核定内容的，可向税务机关提出书面申请，经税务机关确认，予以变更。

（三）网络发票的开具

开具发票的单位和个人开具网络发票应登录网络发票管理系统，如实完整填写发票的相关内容及数据，确认保存后打印发票。开具发票的单位和个人在线开具的网络发票，经系统自动保存数据后即完成开票信息的确认、查验。单位和个人取得网络发票时，应及时查询验证网络发票信息的真实性、完整性，对不符合规定的发票，不得作为财务报销凭证，任何单位和个人有权拒收。开具发票的单位和个人需要开具红字发票的，必须收回原网络发票全部联次或取得受票方出具的有效证明，通过网络发票管理系统开具金额为负数的红字网络发票。开具发票的单位和个人作废开具的网络发票，应收回原网络发票全部联次，注明"作废"，并在网络发票管理系统中进行发票作废处理。

开具发票的单位和个人在网络出现故障，无法在线开具发票时，可离线开具发票。开具发票后，不得改动开票信息，并于48小时内上传开票信息。

（四）变更与注销

开具发票的单位和个人应当在办理变更或者注销税务登记的同时，办理网络发票管理系统的用户变更、注销手续并缴销空白发票。税务机关根据发票管理的需要，可以按照国家税务总局的规定委托其他单位通过网络发票管理系统代开网络发票。税务机关应当与受托代开发票的单位签订协议，明确代开网络发票的种类、对象、内容和相关责任等内容。

（五）违规处理

开具发票的单位和个人必须如实在线开具网络发票，不得利用网络发票进行转借、转让、虚开发票及其他违法活动。开具发票的单位和个人违反该办法规定的，按照《发票管理办法》有关规定处理。

（六）试行电子发票

省以上税务机关在确保网络发票电子信息正确生成、可靠存储、查询验证、安全唯一等条件的情况下，可以试行电子发票。

第三节　增值税发票管理制度

一、增值税专用发票使用制度

（一）一般规定

根据《增值税专用发票使用规定》（国税发〔2006〕156号）的规定，增值税专用发票（以下简称专用发票）是增值税一般纳税人（以下简称一般纳税人）销售货物或者提供应税劳务开具的发票，是购买方支付增值税税额并可按照增值税有关规定据以抵扣增值税进项税额的凭证。

一般纳税人应通过增值税防伪税控系统（以下简称防伪税控系统）使用专用发票。使用，包括领购、开具、缴销、认证纸质专用发票及其相应的数据电文。防伪税控系统,是指经国务院同意推行的,使用专用设备和通用设备、运用数字密码和电子存储技术管理专用发票的计算机管理系统。专用设备,是指金税卡、IC卡、读卡器和其他设备。通用设备,是指计算机、打印机、扫描器具和其他设备。

专用发票由基本联次或者基本联次附加其他联次构成,基本联次为三联:发票联、抵扣联和记账联。发票联,作为购买方核算采购成本和增值税进项税额的记账凭证;抵扣联,作为购买方报送主管税务机关认证和留存备查的凭证;记账联,作为销售方核算销售收入和增值税销项税额的记账凭证。其他联次用途,由一般纳税人自行确定。

一般纳税人领购专用设备后,凭《最高开票限额申请表》《发票领购簿》到主管税务机关办理初始发行。初始发行,是指主管税务机关将一般纳税人的下列信息载入空白金税卡和IC卡的行为:①企业名称;②税务登记代码;③开票限额;④购票限量;⑤购票人员姓名、密码;⑥开票机数量;⑦国家税务总局规定的其他信息。一般纳税人发生上述①③④⑤⑥⑦项信息变化,应向主管税务机关申请变更发行;发生第②项信息变化,应向主管税务机关申请注销发行。

一般纳税人凭《发票领购簿》、IC卡和经办人身份证明领购专用发票。一般纳税人有下列情形之一的,不得领购开具专用发票:①会计核算不健全,不能向税务机关准确提供增值税销项税额、进项税额、应纳税额数据及其他有关增值税税务资料的。上列其他有关增值税税务资料的内容,由省、自治区、直辖市和计划单列市国家税务局确定。②有《税收征收管理法》规定的税收违法行为,拒不接受税务机关处理的。③有下列行为之一,经税务机关责令限期改正而仍未改正的:虚开增值税专用发票;私自印制专用发票;向税务机关以外的单位和个人买取专用发票;借用他人专用发票;未按该规定第十一条开具专用发票;未按规定保管专用发票和专用设备;未按规定申请办理防伪税控系统变更发行;未按规定接受税务机关检查。

有上列情形的,如已领购专用发票,主管税务机关应暂扣其结存的专用发票和IC卡。

有下列情形之一的,为该规定第八条所称未按规定保管专用发票和专用设备:①未设专人保管专用发票和专用设备;②未按税务机关要求存放专用发票和专用设备;③未将认证相符的专用发票抵扣联、《认证结果通知书》和《认证结果清单》装订成册;④未经税务机关查验,擅自销毁专用发票基本联次。

一般纳税人销售货物或者提供应税劳务,应向购买方开具专用发票。商业企业一般纳税人零售的烟、酒、食品、服装、鞋帽(不包括劳保专用部分)、化妆品等消费品不得开具专用发票。增值税小规模纳税人(以下简称小规模纳税人)需要开具专用发票的,可向主管税务机关申请代开。销售免税货物不得开具专用发票,法律、法规及国家税务总局另有规定的除外。

专用发票应按下列要求开具:①项目齐全,与实际交易相符;②字迹清楚,不得压线、错格;③发票联和抵扣联加盖财务专用章或者发票专用章。④按照增值税纳税义务的发生时间开具。对不符合上列要求的专用发票，购买方有权拒收。

一般纳税人销售货物或者提供应税劳务可汇总开具专用发票。汇总开具专用发票的，同时使用防伪税控系统开具《销售货物或者提供应税劳务清单》，并加盖财务专用章或者发票专用章。

一般纳税人在开具专用发票当月，发生销货退回、开票有误等情形，收到退回的发票联、抵扣联符合作废条件的，按作废处理；开具时发现有误的，可即时作废。作废专用发票须在防伪税控系统中将相应的数据电文按"作废"处理，在纸质专用发票（含未打印的专用发票）各联次上注明"作废"字样，全联次留存。

同时具有下列情形的，为该规定所称作废条件：①收到退回的发票联、抵扣联时间未超过销售方开票当月；②销售方未抄税并且未记账；③购买方未认证或者认证结果为"纳税人识别号认证不符""专用发票代码、号码认证不符"。

该规定所称抄税，是报税前用IC卡或者IC卡和软盘抄取开票数据电文。

一般纳税人开具专用发票应在增值税纳税申报期内向主管税务机关报税，在申报所属月份内可分次向主管税务机关报税。报税，是纳税人持IC卡或者IC卡和软盘向税务机关报送开票数据电文。

因IC卡、软盘质量等问题无法报税的，应更换IC卡、软盘。因硬盘损坏、更换金税卡等原因不能正常报税的，应提供已开具未向税务机关报税的专用发票记账联原件或者复印件，由主管税务机关补采开票数据。

一般纳税人注销税务登记或者转为小规模纳税人，应将专用设备和结存未用的纸质专用发票送交主管税务机关。主管税务机关应缴销其专用发票，并按有关安全管理的要求处理专用设备。专用发票的缴销，是指主管税务机关在纸质专用发票监制章处按"V"字剪角作废，同时作废相应的专用发票数据电文。被缴销的纸质专用发票应退还纳税人。

用于抵扣增值税进项税额的专用发票应经税务机关认证相符（国家税务总局另有规定的除外）。认证相符的专用发票应作为购买方的记账凭证，不得退还销售方。认证，是税务机关通过防伪税控系统对专用发票所列数据的识别、确认。认证相符，是指纳税人识别号无误，专用发票所列密文解译后与明文一致。

经认证，有下列情形之一的，不得作为增值税进项税额的抵扣凭证，税务机关退还原件，购买方可要求销售方重新开具专用发票。①无法认证，是指专用发票所列密文或者明文不能辨认，无法产生认证结果。②纳税人识别号认证不符，是指专用发票所列购买方纳税人识别号有误。③专用发票代码、号码认证不符，是指专用发票所列密文解译后与明文的代码或者号码不一致。

经认证，有下列情形之一的，暂不得作为增值税进项税额的抵扣凭证，税务机关扣留原件，查明原因，分别情况进行处理。①重复认证，是指已经认证相符的同一张专用发票再次认证。②密文有误，是指专用发票所列密文无法解译。③认证不符，是指纳税人识别号有误，或者专用发票所列密文解译后与明文不一致。认证不符不含该规定第二十六条第二项、第三项所列情形。④列为失控专用发票,是指认证时的专用发票已被登记为失控专用发票。

专用发票抵扣联无法认证的,可使用专用发票发票联到主管税务机关认证。专用发票发票联复印件留存备查。

疑难问题解答

问:我公司设立后将要开展第一笔业务,为了能顺利开展,我公司打算在纳税义务发生前核定增值税专用发票,待纳税义务发生时便于开票。考虑到后期业务量较大,需要的专票较多,我公司每个月想申请百万元版专票200份。我公司在电子税局提交了增值税专用发票核定申请,后被大厅审核人员从网上退回,理由是需要携带资料到大厅办理。后经向工作人员询问,初次核定专用发票,只能给批复25份10万元版的。若需要增加数量和提高开票限额,大厅无审批权限,需要向主管税局递交书面申请,由主管税局审批通过后方能办理。请问像我们这种还未开展业务(尚未签订业务合同,未取得购进发票)但即将开展,想提前申请足200份百万元的专票,是否可以获批?

答:(国家税务总局河南省税务局)一、根据《国家税务总局关于新办纳税人首次申领增值税发票有关事项的公告》(国家税务总局公告2018年第29号)的规定,同时满足下列条件的新办纳税人首次申领增值税发票,主管税务机关应当自受理申请之日起2个工作日内办结,有条件的主管税务机关当日办结:①纳税人的办税人员、法定代表人已经进行实名信息采集和验证(需要采集、验证法定代表人实名信息的纳税人范围由各省税务机关确定);②纳税人有开具增值税发票需求,主动申领发票;③纳税人按照规定办理税控设备发行等事项。税务机关为符合规定的首次申领增值税发票的新办纳税人办理发票票种核定,增值税专用发票最高开票限额不超过10万元,每月最高领用数量不超过25份;增值税普通发票最高开票限额不超过10万元,每月最高领用数量不超过50份。各省税务机关可以在此范围内结合纳税人税收风险程度,自行确定新办纳税人首次申领增值税发票票种核定标准。

二、根据《发票管理办法》(国务院令第587号)第十五条的规定,需要领购发票的单位和个人,应当持税务登记证件、经办人身份证明、按照国务院税务主管部门规定式样制作的发票专用章的印模,向主管税务机关办理发票领购手续。主管税务机关根据领购单位和个人的经营范围和规模,确认领购发票的种类、数量以及领购方式,在5个工作日内发给发票领购簿。

三、国家税务总局河南省税务局官方网站发布的《办税指南》"1.2.1.6

增值税专用发票核定调整"规定:"【办理条件】税务机关依据已办理增值税专用发票核定纳税人的申请,根据其生产经营变化情况,对其使用税控系统开具的增值税专用发票和机动车销售统一发票单次(月)领用量、离线开具时限、离线开具总金额进行调整,以及机动车销售统一发票最高开票限额予以变更。【办理材料】1.《纳税人领用发票票种核定表》。2.经办人身份证明。"

因此,根据上述文件规定,首次申领增值税发票的新办纳税人办理发票票种核定,增值税专用发票最高开票限额不超过10万元,每月最高领用数量不超过25份。如果您单位发票数量及限额不够用,您可携带上述资料到主管税务机关办理增值税专用发票核定调整及增值税税控系统专用设备变更发行业务。上述业务可通过网上办理。国家税务总局河南省电子税务局系统由航天金穗公司开发维护并提供技术支持,如您遇到具体操作问题,您可以拨打400-011-0088热线向航天金穗公司详细咨询。另外,您也可以登录国家税务总局河南省税务局网站(https://henan.chinatax.gov.cn),在"纳税服务"—"办税指南"中查看上述业务详细办理流程。具体办理事宜您可联系主管税务机关进一步确认。

问:我想请问开具给河北省保定市某某公司的增值税专用发票上的购买方地址写河北省保定市某某地址可以吗?还是保定市的前面不能加河北省三个字?购买方营业执照上面是没有河北省三个字的。

答:(国家税务总局河北省税务局)根据《国家税务总局关于修订〈增值税专用发票使用规定〉的通知》(国税发〔2006〕156号)规定,专用发票应按下列要求开具:①项目齐全,与实际交易相符;②字迹清楚,不得压线、错格;③发票联和抵扣联加盖财务专用章或者发票专用章;④按照增值税纳税义务的发生时间开具。对不符合上列要求的专用发票,购买方有权拒收。

(二)增值税专用发票审核检查操作规程

根据《增值税专用发票审核检查操作规程(试行)》(国税发〔2008〕33号)的规定,该规程所称增值税专用发票审核检查,是指各级税务机关按照规定的程序和方法,运用"增值税专用发票审核检查子系统"(以下简称核查子系统),对增值税专用发票稽核比对结果属于异常的增值税专用发票进行核对、检查和处理的日常管理工作。

审核检查的增值税专用发票,是指全国增值税专用发票稽核系统产生稽核比对结果为"不符""缺联""属于作废"的增值税专用发票。

增值税专用发票审核检查工作,由各级税务机关的流转税管理部门负责组织,稽查局和信息中心配合,税务机关管理部门(指管户的税务局、税务分局、税务所及负责税源管理的内设机构)具体实施。

国家税务总局流转税管理部门设置审核检查管理岗,每月6日前(含当日,遇法定节假日比照征管法实施细则有关规定顺延,下同)统计下列报表:①《全国审核检查情况汇总统计表》;②《分地区审核检查情况汇总统计表》;③《全国审核检查结果统计表》;④《分地区审核检查结果统计表》;⑤《分地区审核检查税务处理情况统计表》。

省税务机关流转税管理部门设置审核检查管理岗,每月5日前统计并上报下列报表:①《本级审核检查情况汇总统计表》;②《分地区审核检查情况汇总统计表》;③《本级审核检查结果统计表》;④《分地区审核检查结果统计表》;⑤《分地区审核检查税务处理情况统计表》。

地市税务机关流转税管理部门设置审核检查管理岗,按月查询下列统计报表,分析本地审核检查工作进度和质量情况:①《本级审核检查情况汇总统计表》;②《分地区审核检查情况汇总统计表》;③《本级审核检查结果统计表》;④《分地区审核检查结果统计表》;⑤《分地区审核检查税务处理情况统计表》。

区县税务机关流转税管理部门设置审核检查管理岗,负责以下工作:

一是将核查子系统无法自动分发的异常专用发票信息分捡到指定的税务机关管理部门。

二是按月查询下列统计报表,对税务机关管理部门的审核检查工作进行监控和督促:①《本级审核检查情况汇总统计表》;②《分地区审核检查情况汇总统计表》;③《本级审核检查结果统计表》;④《分地区审核检查结果统计表》;⑤《分地区审核检查税务处理情况统计表》。

税务机关管理部门设置审核检查岗和审核检查综合岗。

审核检查岗负责以下工作:①收到核查任务后,打印《审核检查工作底稿》;②对异常增值税专用发票进行审核检查,填写《审核检查工作底稿》,根据审核检查情况提出核查处理意见;③将《审核检查工作底稿》提交部门领导和区县主管局长审批;④经区县主管局长审批,将审核检查结果、税务处理意见及接收异地核查的回复信息录入核查子系统,对需异地核查的在核查子系统中发起委托异地核查;⑤将审核检查结果、回复异地核查信息、委托异地核查函及税务处理结果提交审核检查综合岗进行复核;⑥审核检查资料整理归档。

审核检查综合岗负责以下工作:①将审核检查任务分派到审核检查岗;②对审核检查岗录入的审核检查结果、税务处理结果、委托异地核查信息、回复异地核查信息进行复核;③发出《增值税抵扣凭证委托审核检查函》及《增值税抵扣凭证审核检查回复函》。

省税务机关信息中心设置核查子系统技术维护岗,负责下列工作:①核查子系统的系统维护和技术支持;②保障核查子系统正常运行的技术环境,及时解决网络和设备故障；③对审核检查结果中的技术问题进行确认；④系统代码维护。

地市、区县税务机关信息中心设置核查子系统技术维护岗，负责下列工作：①对审核检查结果中的技术问题进行确认；②系统代码维护。

审核检查岗接收核查任务后，按下列要求进行审核检查：①核查抵扣凭证原件；②查看有关购销合同、账务处理、资金往来、货物情况等；③根据工作需要可进行实地核查，实地核查必须两人以上；④填写《审核检查工作底稿》。

经审核检查，对不同类型异常抵扣凭证分别进行处置。

"不符"发票：①抵扣联票面信息与抵扣联电子信息相符的，传递给销售方主管税务机关审核检查；②抵扣联票面信息与抵扣联电子信息不相符、与存根联电子信息相符的，按该规程第十七条和第十八条规定进行处理；③抵扣联票面信息与抵扣联、存根联电子信息均不相符的，根据抵扣联票面信息修改抵扣联电子信息，传递给销售方主管税务机关审核检查。

"缺联"发票：①抵扣联票面信息与抵扣联电子信息相符的，传递给销售方主管税务机关审核检查；②抵扣联的票面信息与抵扣联电子信息不相符的，根据抵扣联票面信息修改抵扣联电子信息，传递给销售方主管税务机关审核检查。

"属于作废"发票：①纳税人未申报抵扣的，按该规程第十七条和第十八条规定进行处理；②纳税人已申报抵扣，传递给销售方主管税务机关审核检查。

经审核检查，对接收的异地《增值税抵扣凭证委托审核检查函》中增值税专用发票按照以下类型回复委托方税务机关：①辖区内无此纳税人的，按照"辖区内无此纳税人"录入核查子系统；②辖区内有此纳税人的，分别按照"无相应存根联""虚开发票""存抵不相符""该票未申报""企业漏采集""企业误作废""税务机关漏传递""税务机关发票发售错误"和"其他"等录入核查子系统。

税务机关管理部门应按下列时限完成审核检查工作：①对不需要委托异地核查的异常增值税专用发票，应当在30日内完成审核检查并录入处理结果。②需要委托异地核查的异常增值税专用发票，应当在30日内发出《增值税抵扣凭证委托审核检查函》并根据回复情况15日内录入处理结果。③对接收的异地《增值税抵扣凭证委托审核检查函》，应当在30日内完成审核检查并向委托方税务机关发出《增值税抵扣凭证审核检查回复函》。

税务机关管理部门应依照有关档案管理规定，将审核检查工作中形成的《审核检查工作底稿》及有关资料及时归档。

异常增值税专用发票的审核检查结果分为以下类型：一是企业问题，二是税务机关操作问题或技术问题。其中，企业问题包括以下方面：①操作问题。操作问题包括：销售方已申报但漏采集；购买方已认证但未申报抵扣；购买方票面信息采集错误；其他操作问题。②一般性违规问题。一般性违规问题包括：销售方违规作废；购买方未按规定取得；购买方未按规定抵扣；其他违规。③涉嫌偷骗税问题。涉嫌偷骗税问题包括：涉嫌偷税、逃避追缴欠税、骗取出口退税、抗税以及其他需要立案查处的税收违法行为；涉嫌增值税专用发票和其他发票违法犯罪行为；需要进行全面系统的税务检查的。

经区县主管局长批准，税务机关管理部门对审核检查结果分别进行处理：①属于"企业操作问题"和"税务机关操作问题或技术问题"，符合税法规定抵扣条件的，允许其抵扣增值税进项税额。②属于企业问题中"一般性违规问题"的，依据现行规定处理。③属于企业问题中"涉嫌偷骗税"的，不需要对企业作出税务处理，将《增值税抵扣凭证审核检查移交清单》及相关资料移交稽查部门查处。

对于走逃企业或者非正常户的异常发票，经过审核检查确能证明涉嫌偷骗税行为的，移交稽查部门查处。稽查部门应当在自接收涉嫌偷骗税有关资料之日起1个月内立案检查。

各级税务机关应将异常增值税专用发票审核检查工作纳入税收工作考核范围，定期对以下指标进行考核：

审核检查完成率＝本期完成审核检查发票数÷本期应完成审核检查发票数×100%

其中：

本期完成审核检查发票数＝按期完成审核检查发票数＋逾期完成审核检查发票数

本期应完成审核检查发票数＝本期按期应完成审核检查发票数＋前期逾期未完成审核检查发票数

审核检查按期完成率＝按期完成审核检查发票数÷按期应完成审核检查发票数×100%

异地核查回复率＝本期回复异地核查发票数÷本期应回复异地核查发票数×100%

其中：

本期回复异地核查发票数＝按期回复异地核查发票数＋逾期回复异地核查发票数

本期应回复异地核查发票数＝本期按期应回复异地核查发票数＋前期逾期未回复异地核查发票数

异地核查按期回复率＝按期完成异地核查发票数÷按期应完成异地核查凭证数×100%

疑难问题解答

问：某税务局对我公司购进货物取得发票不允许抵扣，理由是我方付款方式不是公司账户支付，是公司员工账户支付的，因此发票不允许报销抵扣。税务管理员还说"销售货物方可以这样收款，开具发票也是符合规定，但是不允许公司抵扣报销"。

（1）所以我想请问到底有没有相关问题的正确回答。这个发票能不能开，为什么允许开，不允许用？

（2）关于这个问题官网留言回复不会因为付款账户不一致而不允许进项税抵扣。我给税务管理部门也说了。他们说官网上说的不对，他们说的才对。请问以后以谁说的算？

（3）我们也是挣血汗钱，就被他们一句话只许开不许用，难道政策规定同一个业务发生卖货方可以不因为支付账户不同允许开发票（因为要交税钱），买货方却因为支付账户不同不允许抵扣（因为抵扣公司可以少缴纳税款）就损失了。

答：（国家税务总局大连市税务局）《国家税务总局关于加强增值税征收管理若干问题的通知》（国税发〔1995〕192号）规定，购进货物或应税劳务支付货款、劳务费用的对象。纳税人购进货物或应税劳务，支付运输费用，所支付款项的单位，必须与开具抵扣凭证的销货单位、提供劳务的单位一致，才能够申报抵扣进项税额，否则不予抵扣。

综上所述，建议纳税人按照上述规定进行处理，如有疑义，请咨询当地税务局进行确认。

问：公司购进货物，货款支付由公司员工个人代为支付后报销。开具的发票会因我公司付款账户不同而对进项抵扣有限制吗？

答：（国家税务总局云南省税务局）《国家税务总局关于加强增值税征收管理若干问题的通知》（国税发〔1995〕192号）规定："购进货物或应税劳务支付货款、劳务费用的对象。纳税人购进货物或应税劳务，支付运输费用，所支付款项的单位，必须与开具抵扣凭证的销货单位、提供劳务的单位一致，才能够申报抵扣进项税额，否则不予抵扣。"

因此，建议参考上述文件开具发票。若您对此任有疑问，可以拨打12366纳税服务热线咨询相关问题，我们可以将您的疑问以咨询工单的形式流转至您的主管税务机关核实处理。

（三）在全国开展营业税改征增值税试点有关征收管理问题

根据《国家税务总局关于在全国开展营业税改征增值税试点有关征收管理问题的公告》（国家税务总局公告2013年第39号）的规定，有关征收管理的问题如下。

1.关于纳税人发票使用问题

（1）提供港口码头服务、货运客运场站服务、装卸搬运服务、旅客运输服务的一般纳税人，可以选择使用定额普通发票。

（2）从事国际货物运输代理业务的一般纳税人，应使用六联专用发票或五联增值税普通发票，其中第四联用作购付汇联；从事国际货物运输代理业务的小规模纳税人，应使用普通发票，其中第四联用作购付汇联。

（3）纳税人于本地区试点实施之日前提供改征增值税的营业税应税服务并开具营业税发票后，如发生服务中止、折让、开票有误等情形，且不符合发票作废条件的，应于2014年3月31日前向原主管税务机关申请开具营业税红字发票，不得开具红字专用发票和红字货运专票。需重新开具发票的，应于2014年3月31日前向原主管税务机关申请开具营业税发票，不得开具专用发票或货运专票。

2.关于税控系统使用问题

（1）自本地区营改增试点实施之日起，一般纳税人提供货物运输服务、开具货运专票的，使用货物运输业增值税专用发票税控系统（以下简称货运专票税控系统）；提供货物运输服务之外的其他增值税应税服务、开具专用发票和增值税普通发票的，使用增值税防伪税控系统（以下简称防伪税控系统）。

（2）自2013年8月1日起，一般纳税人从事机动车（旧机动车除外）零售业务开具机动车销售统一发票，应使用机动车销售统一发票税控系统（以下简称机动车发票税控系统）。

（3）试点纳税人使用的防伪税控系统专用设备为金税盘和报税盘，纳税人应当使用金税盘开具发票，使用报税盘领购发票、抄报税；货运专票税控系统和机动车发票税控系统专用设备为税控盘和报税盘，纳税人应当使用税控盘开具发票，使用报税盘领购发票、抄报税。货运专票税控系统及专用设备管理，按照现行防伪税控系统有关规定执行。各省国税机关可对现有相关文书作适当调整。

（4）北京市小规模纳税人自2012年9月1日起使用金税盘或税控盘开具普通发票，使用报税盘领购发票、抄报税的办法继续执行。

3.关于增值税专用发票（增值税税控系统）最高开票限额审批问题

增值税专用发票（增值税税控系统）实行最高开票限额管理。最高开票限额，是指单份专用发票或货运专票开具的销售额合计数不得达到的上限额度。

最高开票限额由一般纳税人申请，区县税务机关依法审批。一般纳税人申请最高开票限额时，需填报《增值税专用发票最高开票限额申请单》。主管税务机关受理纳税人申请以后，根据需要进行实地查验。实地查验的范围和方法由各省国税机关确定。

税务机关应根据纳税人实际生产经营和销售情况进行审批，保证纳税人生产经营的正常需要。

4.关于货运专票开具问题

（1）一般纳税人提供应税货物运输服务，使用货运专票；提供其他增值税应税项目、免税项目或非增值税应税项目的，不得使用货运专票。

（2）货运专票中"承运人及纳税人识别号"栏填写提供货物运输服务、开具货运专票的一般纳税人信息；"实际受票方及纳税人识别号"栏填写实际负担运输费用、抵扣进项税额的一般纳税人信息；"费用项目及金额"栏填写应税货物运输服务明细项目及不含增值税的销售额；"合计金额"栏填写应税货物运输服务项目不含增值税的销售额合计；"税率"栏填写增值税税率；"税额"栏填写按照应税货物运输服务项目不含增值税的销售额和适用税率计算得出的增值税税额；"价税合计（大写）（小写）"栏填写不含增值税的销售额和增值税税额的合计；"机器编号"栏填写货运专票税控系统税控盘编号。

（3）税务机关在代开货运专票时，货运专票税控系统在货运专票左上角自动打印"代开"字样；"税率"栏填写小规模纳税人增值税征收率；"税额"栏填写按照应税货物运输服务项目不含增值税的销售额和小规模纳税人增值税征收率计算得出的增值税税额；"备注"栏填写税收完税凭证号码；其他栏次内容与第（2）项相同。

5.关于货运专票管理问题

（1）货运专票暂不纳入失控发票快速反应机制管理。

（2）货运专票的认证结果类型包括"认证相符""无法认证""认证不符""密文有误"和"重复认证"等类型（暂无失控发票类型），稽核结果类型包括"相符""不符""缺联""重号""属于作废"和"滞留"等类型。认证、稽核异常货运专票的处理按照专用发票的有关规定执行。

（3）稽核异常的货运专票的核查工作，按照《增值税专用发票审核检查操作规程（试行）》的有关规定执行。

（四）简化增值税发票领用和使用程序

根据《国家税务总局关于简化增值税发票领用和使用程序有关问题的公告》（国家税务总局公告2014年第19号）的规定，有关简化增值税发票领用和使用程序的问题如下。

1.简化纳税人领用增值税发票手续

取消增值税发票（包括增值税专用发票、货物运输业增值税专用发票、增值税普通发票和机动车销售统一发票，下同）手工验旧。税务机关应用增值税一般纳税人（以下简称一般纳税人）发票税控系统报税数据，通过信息化手段实现增值税发票验旧工作。

2.简化专用发票审批手续

一般纳税人申请专用发票（包括增值税专用发票和货物运输业增值税专用发票，下同）最高开票限额不超过十万元的，主管税务机关不需事前进行实地查验。各省国税机关可在此基础上适当扩大不需事前实地查验的范围，实地查验的范围和方法由各省国税机关确定。

3.简化红字专用发票办理手续

一般纳税人开具专用发票后，发生销货退回或销售折让，按照规定开具红字专用发票后，不再将该笔业务的相应记账凭证复印件报送主管税务机关备案。

4.实行分类分级规范化管理

对增值税发票实行分类分级规范化管理，提高工作效率，减少办税环节。

以下纳税人可一次领取不超过3个月的增值税发票用量，纳税人需要调整增值税发票用量，手续齐全的，按照纳税人需要即时办理：

（1）纳税信用等级评定为A类的纳税人。

（2）地市国税局确定的纳税信用好，税收风险等级低的其他类型纳税人。

上述纳税人2年内有涉税违法行为、移交司法机关处理记录，或者正在接受税务机关立案稽查的，不适用上述规定。

辅导期一般纳税人专用发票限量限额管理工作，按照《增值税一般纳税人纳税辅导期管理办法》有关规定执行。

5.建立高效联动的风险防控机制

税务机关在做好纳税服务，提高办税效率的同时，充分利用信息化手段，建立高效联动的风险防控机制，科学设立风险防控指标，加强日常评估及后续监控管理，提升后续监控的及时性和针对性，跟踪分析纳税人发票使用及纳税申报情况。对纳税人发票使用异常且无正当理由的，税务机关可重新核定发票限额及领用数量。

疑难问题解答

问：我公司为一般纳税人，因业务需要租用B公司（一般纳税人）的厂房。由于供电协议是以B公司的名义签署，电力公司每月按用电总量开具给B公司，实际电费由我公司承担。那么我公司如何取得电费发票进行抵扣呢？（B公司不能更改电费户头为我公司）

答：（国家税务总局安徽省税务局）《安徽省国家税务局关于增值税若干问题的公告》（安徽省国家税务局公告2014年第9号）规定："二、关于转供水电问题增值税一般纳税人向其他单位或个人租赁房屋或场地，除收取租金外，因转供水、电单独向承租方收取水费、电费属于销售货物行为，应按水、电的适用税率计提销项税，可以向索取增值税专用发票的承租方（不包括个人）开具增值税专用发票。"

（五）红字增值税发票开具有关问题

根据《国家税务总局关于红字增值税发票开具有关问题的公告》（国家税务总局

公告2016年第47号）的规定，增值税一般纳税人开具增值税专用发票（以下简称专用发票）后，发生销货退回、开票有误、应税服务中止等情形但不符合发票作废条件，或者因销货部分退回及发生销售折让，需要开具红字专用发票的，按以下方法处理：

（1）购买方取得专用发票已用于申报抵扣的，购买方可在增值税发票管理新系统（以下简称新系统）中填开并上传《开具红字增值税专用发票信息表》（以下简称《信息表》），在填开《信息表》时不填写相对应的蓝字专用发票信息，应暂依《信息表》所列增值税税额从当期进项税额中转出，待取得销售方开具的红字专用发票后，与《信息表》一并作为记账凭证。购买方取得专用发票未用于申报抵扣、但发票联或抵扣联无法退回的，购买方填开《信息表》时应填写相对应的蓝字专用发票信息。销售方开具专用发票尚未交付购买方，以及购买方未用于申报抵扣并将发票联及抵扣联退回的，销售方可在新系统中填开并上传《信息表》。销售方填开《信息表》时应填写相对应的蓝字专用发票信息。

（2）主管税务机关通过网络接收纳税人上传的《信息表》，系统自动校验通过后，生成带有"红字发票信息表编号"的《信息表》，并将信息同步至纳税人端系统中。

（3）销售方凭税务机关系统校验通过的《信息表》开具红字专用发票，在新系统中以销项负数开具。红字专用发票应与《信息表》一一对应。

（4）纳税人也可凭《信息表》电子信息或纸质资料到税务机关对《信息表》内容进行系统校验。

税务机关为小规模纳税人代开专用发票，需要开具红字专用发票的，按照一般纳税人开具红字专用发票的方法处理。

纳税人需要开具红字增值税普通发票的，可以在所对应的蓝字发票金额范围内开具多份红字发票。红字机动车销售统一发票需与原蓝字机动车销售统一发票一一对应。

按照《国家税务总局关于纳税人认定或登记为一般纳税人前进项税额抵扣问题的公告》（国家税务总局公告2015年第59号）的规定，需要开具红字专用发票的，按照该公告规定执行。

疑难问题解答

问：我司在银行有开对公账户，对公账户中产生的开户手续费和交易手续费是否需要开具增值税发票才能进行税前抵扣？

答：（国家税务总局安徽省税务局）直接收费金融服务，是指为货币资金融通及其他金融业务提供相关服务并且收取费用的业务活动。以提供直接收费金融服务收取的手续费、佣金、酬金、管理费、服务费、经手费、开户费、过户费、结算费、转托管费等各类费用为销售额。

一、根据财税〔2016〕36号的规定："第二十六条纳税人取得的增值税扣税凭证不符合法律、行政法规或者国家税务总局有关规定的，其进项税额不得从销项税额中抵扣。"

根据财税〔2016〕36号附件2《营业税改征增值税试点有关事项的规定》的规定，纳税人接受贷款服务向贷款方支付的与该笔贷款直接相关的投融资顾问费、手续费、咨询费等费用，其进项税额不得从销项税额中抵扣。

二、《国家税务总局关于发布〈企业所得税税前扣除凭证管理办法〉的公告》（国家税务总局公告2018年第28号）第九条规定，企业在境内发生的支出项目属于增值税应税项目的，对方为已办理税务登记的增值税纳税人，其支出以发票（包括按照规定由税务机关代开的发票）作为税前扣除凭证。

问：已抵扣专用发票，可不可以部分红冲，只冲销一部分？如果可以，有什么支持文件呢？

答：（国家税务总局河北省税务局）根据《国家税务总局关于红字增值税发票开具有关问题的公告》（国家税务总局公告2016年第47号）的规定，增值税一般纳税人开具增值税专用发票（以下简称专用发票）后，发生销货退回、开票有误、应税服务中止等情形但不符合发票作废条件，或者因销货部分退回及发生销售折让，需要开具红字专用发票的，按以下方法处理：①购买方取得专用发票已用于申报抵扣的，购买方可在增值税发票管理新系统（以下简称新系统）中填开并上传《开具红字增值税专用发票信息表》（以下简称《信息表》），在填开《信息表》时不填写相对应的蓝字专用发票信息，应暂依《信息表》所列增值税税额从当期进项税额中转出，待取得销售方开具的红字专用发票后，与《信息表》一并作为记账凭证。②主管税务机关通过网络接收纳税人上传的《信息表》，系统自动校验通过后，生成带有"红字发票信息表编号"的《信息表》，并将信息同步至纳税人端系统中。③销售方凭税务机关系统校验通过的《信息表》开具红字专用发票，在新系统中以销项负数开具。红字专用发票应与《信息表》一一对应。④纳税人也可凭《信息表》电子信息或纸质资料到税务机关对《信息表》内容进行系统校验。纳税人需要开具红字增值税普通发票的，可以在所对应的蓝字发票金额范围内开具多份红字发票。

问：农产品采购，对方开具普通发票零税率，可以抵扣进项税，需要对方提供自产自销免税农产品证明吗？对方没有自产自销农产品免税证明，可以抵扣进项税吗？

答：（国家税务总局厦门市税务局）《增值税暂行条例》（国务院令第538号）第十五条规定："下列项目免征增值税：（一）农业生产者销售的自产农产品……"

《财政部　国家税务总局关于简并增值税税率有关政策的通知》（财税〔2017〕37号）文件规定："二、纳税人购进农产品，按下列规定抵扣进项税额：（一）除本条第（二）项规定外，纳税人购进农产品，取得一般纳税人开具的增值税专用发票或海关进口增值税专用缴款书的，以增值税专用发票或海关进口增值税专用缴款书上注明的增值税税额为进项税额；从按照简易计税方法依照3%征收率计算缴纳增值税的小规模纳税人取得增值税专用发票的，以增值税专用发票上注明的金额和11%的扣除率计算进项税额；取得（开具）农产品销售发票或收购发票的，以农产品销售发票或收购发票上注明的农产品买价和11%的扣除率计算进项税额。……"

《财政部　税务总局关于调整增值税税率的通知》（财税〔2018〕32号）规定，纳税人购进农产品，原适用11%扣除率的，扣除率调整为10%。纳税人购进用于生产销售或委托加工16%税率货物的农产品，按照12%的扣除率计算进项税额。

《财政部　税务总局　海关总署关于深化增值税改革有关政策的公告》（财政部　税务总局　海关总署公告2019年第39号）规定，纳税人购进农产品，原适用10%扣除率的，扣除率调整为9%。纳税人购进用于生产或者委托加工13%税率货物的农产品，按照10%的扣除率计算进项税额。

按上述情况，没有要求自产自销农产品免税证明。农业生产者销售的自产农产品免征增值税，发票应开具免税，而非零税率。如果发票开具错误，请退回重开。

问：我公司车辆到充电站充电，充电站是一般纳税人，对方应该对我公司开具多少税率发票，能开具6%的充电服务费发票吗？

答：（国家税务总局湖北省税务局）使用充电桩为汽车提供充电服务，我们认为实际上属于企业的售电行为，应按照销售电力产品缴纳增值税。2019年4月1日以后，一般纳税人适用税率为13%。

综上所述，请您直接联系当地主管税务机关，需要由其依据相关政策法规并结合贵单位实际经营情况实事求是来认定。湖北省电子税务局（https://etax.hubei.chinatax.gov.cn）—公众服务—办税地图—当地主管税务机关办税服务厅联系电话。

二、代开增值税专用发票制度

（一）货物运输业小规模纳税人代开增值税专用发票管理

《货物运输业小规模纳税人申请代开增值税专用发票管理办法》（国家税务总局公告2017年第55号发布，根据国家税务总局公告2018年第31号、2019年第45号修正）的规定如下。

同时具备以下条件的增值税纳税人（以下简称纳税人）适用该办法：①在中华人民共和国境内（以下简称境内）提供公路或内河货物运输服务，并办理了税务登记（包括临时税务登记）。②提供公路货物运输服务的（以4.5吨及以下普通货运车辆从事普通道路货物运输经营的除外），取得《中华人民共和国道路运输经营许可证》和《中华人民共和国道路运输证》；提供内河货物运输服务的，取得《国内水路运输经营许可证》和《船舶营业运输证》。③在税务登记地主管税务机关按增值税小规模纳税人管理。

纳税人在境内提供公路或内河货物运输服务，需要开具增值税专用发票的，可在税务登记地、货物起运地、货物到达地或运输业务承揽地（含互联网物流平台所在地）中任何一地，就近向税务机关（以下称代开单位）申请代开增值税专用发票。

纳税人应将营运资质和营运机动车、船舶信息向主管税务机关进行备案。完成上述备案后，纳税人可向代开单位申请代开增值税专用发票，并向代开单位提供以下资料：①《货物运输业代开增值税专用发票缴纳税款申报单》（以下简称《申报单》）；②加载统一社会信用代码的营业执照（或税务登记证或组织机构代码证）复印件；③经办人身份证件及复印件。

纳税人申请代开增值税专用发票时，应按机动车号牌或船舶登记号码分别填写《申报单》，挂车应单独填写《申报单》。《申报单》中填写的运输工具相关信息，必须与其向主管税务机关备案的信息一致。

纳税人对申请代开增值税专用发票时提交资料的真实性和合法性承担责任。代开单位对纳税人提交资料的完整性和一致性进行核对。资料不符合要求的，应一次性告知纳税人补正资料；符合要求的，按规定代开增值税专用发票。

纳税人申请代开增值税专用发票时，应按照所代开增值税专用发票上注明的税额向代开单位全额缴纳增值税。纳税人代开专用发票后，如发生服务中止、折让、开票有误等情形，需要作废增值税专用发票、开具增值税红字专用发票、重新代开增值税专用发票、办理退税等事宜的，应由原代开单位按照现行规定予以受理。

纳税人在非税务登记地申请代开增值税专用发票，不改变主管税务机关对其实施税收管理。纳税人应按照主管税务机关核定的纳税期限，按期计算增值税应纳税额，抵减其申请代开增值税专用发票缴纳的增值税后，向主管税务机关申报缴纳增值税。

纳税人代开增值税专用发票对应的销售额，一并计入该纳税人月（季、年）度销售额,作为主管税务机关对其实施税收管理的标准和依据。

增值税发票管理新系统定期将纳税人异地代开发票、税款缴纳等数据信息清分至主管税务机关。主管税务机关应加强数据比对分析,对纳税人申请代开增值税专用发票金额明显超出其实际运输能力的,主管税务机关可暂停其在非税务登记地代开增值税专用发票并及时约谈纳税人。经约谈排除疑点的,纳税人可继续在非税务登记地申请代开增值税专用发票。

各省、自治区、直辖市和计划单列市税务局可根据该办法制定具体实施办法。该办法未明确事项,按现行增值税专用发票使用规定及税务机关代开增值税专用发票有关规定执行。

(二)网络平台道路货物运输企业代开增值税专用发票试点

根据《国家税务总局关于开展网络平台道路货物运输企业代开增值税专用发票试点工作的通知》(税总函〔2019〕405号)的规定,为进一步优化纳税服务,提高货物运输业小规模纳税人使用增值税专用发票的便利性,根据《税收征收管理法》及其实施细则、《发票管理办法》及其实施细则、《交通运输部国家税务总局关于印发〈网络平台道路货物运输经营管理暂行办法〉的通知》(交运规〔2019〕12号)等规定,国家税务总局决定在全国范围内开展网络平台道路货物运输企业代开增值税专用发票试点工作。

1.试点内容

经国家税务总局各省、自治区、直辖市和计划单列市税务局(以下简称各省税务局)批准,纳入试点的网络平台道路货物运输企业(以下简称试点企业)可以为同时符合以下条件的货物运输业小规模纳税人(以下简称会员)代开增值税专用发票,并代办相关涉税事项。

(1)在中华人民共和国境内提供公路货物运输服务,取得《中华人民共和国道路运输经营许可证》和《中华人民共和国道路运输证》。以4.5吨及以下普通货运车辆从事普通道路货物运输经营的,无须取得《中华人民共和国道路运输经营许可证》和《中华人民共和国道路运输证》。

(2)以自己的名义对外经营,并办理了税务登记(包括临时税务登记)。

(3)未做增值税专用发票票种核定。

(4)注册为该平台会员。

2.试点企业的条件

试点企业应当同时符合以下条件:

(1)按照《交通运输部国家税务总局关于印发〈网络平台道路货物运输经营管理暂行办法〉的通知》(交运规〔2019〕12号)规定,取得经营范围中注明"网络货运"的《道路运输经营许可证》。

(2)具备与开展业务相适应的相关线上服务能力,包括信息数据交互及处理能力,物流信息全程跟踪、记录、存储、分析能力,实现交易、运输、结算等各环节全过程透明化动态管理，对实际承运驾驶员和车辆的运输轨迹实时展示，并记录含有时间和地理位置信息的实时运输轨迹数据。

（3）与省级交通运输主管部门建立的网络货运信息监测系统实现有效对接，按照要求完成数据上传。

（4）对会员相关资质进行审查，保证提供运输服务的实际承运车辆具备合法有效的营运证，驾驶员具有合法有效的从业资格证。

试点企业代开增值税专用发票不得收取任何费用，否则将取消其试点企业资格。

3.专用发票的开具

试点企业按照以下规定为会员代开增值税专用发票：

（1）仅限于为会员通过本平台承揽的货物运输服务代开增值税专用发票。

（2）应与会员签订委托代开增值税专用发票协议。协议范本由各省税务局制定。

（3）使用自有增值税发票税控开票软件，按照3%的征收率代开增值税专用发票，并在发票备注栏注明会员的纳税人名称、纳税人识别号、起运地、到达地、车种车号以及运输货物信息。如内容较多，可另附清单。

（4）代开增值税专用发票的相关栏次内容，应与会员通过本平台承揽的运输服务，以及本平台记录的物流信息保持一致。平台记录的交易、资金、物流等相关信息应统一存储，以备核查。

（5）试点企业接受会员提供的货物运输服务，不得为会员代开专用发票。试点企业可以按照《货物运输业小规模纳税人申请代开增值税专用发票管理办法》（国家税务总局公告2017年第55号发布）的相关规定，代会员向试点企业主管税务机关申请代开专用发票。

4.涉税事项的办理

（1）试点企业代开增值税专用发票应当缴纳的增值税，由试点企业按月代会员向试点企业主管税务机关申报缴纳，并将完税凭证转交给会员。

（2）试点企业办理增值税纳税申报时，代开增值税专用发票对应的收入不属于试点企业的增值税应税收入，无须申报。试点企业应按月将代开增值税专用发票和代缴税款情况向主管税务机关报备，具体报备的有关事项由各省税务局确定。

（3）会员应按照其主管税务机关核定的纳税期限，按规定计算增值税应纳税额，抵减已由试点企业代为缴纳的增值税后，向主管税务机关申报纳税。

5.工作要求

（1）各地税务机关应高度重视网络平台道路货物运输企业代开专用发票试点工作，总结前期开展互联网物流平台企业代开专用发票试点工作的经验，严格按照税务总局部署落实好相关工作。

（2）各省税务局负责组织实施网络平台道路货物运输企业代开专用发票试点工作，按照纳税人自愿的原则确定试点企业。开展试点工作需要纳税人周知的其他事项，由各省税务局负责办理。

（3）各地税务机关应积极推动试点工作开展，加强试点企业的管理，分析试点企业运行数据。发现试点企业虚构业务、虚开发票等违法违规行为的，应立即取消其试点资格并依法处理。

（4）各地税务机关应与当地道路货运行业主管部门对接，充分利用和挖掘内外部大数据资源，深入开展物流行业经济分析和税收风险管理工作，及时总结试点经验，提升试点成效。试点过程中发现的情况和问题，请及时上报国家税务总局（货物和劳务税司）。

疑难问题解答

问：个人登记为临时税务登记证，在税局代开增值税专用发票，需加盖什么章？我只查询到了"增值税纳税人应在代开增值税专用发票的备注栏上，加盖本单位的发票专用章（为其他个人代开的特殊情况除外）。税务机关在代开增值税普通发票以及为其他个人代开增值税专用发票的备注栏上，加盖税务机关代开发票专用章"。那么，请问，个人登记为临时税务登记证，需加盖个人刻的发票专用章还是税局的代开发票章？如果刻个人的发票专用章，我感觉特别奇怪。

答：（国家税务总局上海市税务局）根据所述情况，如个人登记临时税务登记证仅限于代开增值税发票的，盖税局的代开发票章即可。

三、增值税专用发票制度改革

（一）调整增值税专用发票防伪措施

根据《国家税务总局关于调整增值税专用发票防伪措施有关事项的公告》（国家税务总局公告2019年第9号）的规定，为加强和改进增值税专用发票管理，税务总局决定调整增值税专用发票防伪措施，自2019年第一季度起增值税专用发票按照调整后的防伪措施印制。

取消光角变色圆环纤维、造纸防伪线等防伪措施，继续保留防伪油墨颜色擦可变、专用异型号码、复合信息防伪等防伪措施。

税务机关库存和纳税人尚未使用的增值税专用发票可以继续使用。

（二）海关缴款书抵扣及小规模纳税人开具专票改革

《国家税务总局关于增值税发票管理等有关事项的公告》（国家税务总局公告

2019年第33号)的规定如下:

(1)增值税一般纳税人取得海关进口增值税专用缴款书(以下简称海关缴款书)后如需申报抵扣或出口退税,按以下方式处理:①增值税一般纳税人取得仅注明一个缴款单位信息的海关缴款书,应当登录本省(区、市)增值税发票选择确认平台(以下简称选择确认平台)查询、选择用于申报抵扣或出口退税的海关缴款书信息。通过选择确认平台查询到的海关缴款书信息与实际情况不一致或未查询到对应信息的,应当上传海关缴款书信息,经系统稽核比对相符后,纳税人登录选择确认平台查询、选择用于申报抵扣或出口退税的海关缴款书信息。②增值税一般纳税人取得注明两个缴款单位信息的海关缴款书,应当上传海关缴款书信息,经系统稽核比对相符后,纳税人登录选择确认平台查询、选择用于申报抵扣或出口退税的海关缴款书信息。

(2)稽核比对结果为不符、缺联、重号、滞留的异常海关缴款书按以下方式处理:①对于稽核比对结果为不符、缺联的海关缴款书,纳税人应当持海关缴款书原件向主管税务机关申请数据修改或核对。属于纳税人数据采集错误的,数据修改后再次进行稽核比对;不属于数据采集错误的,纳税人可向主管税务机关申请数据核对,主管税务机关会同海关进行核查。经核查,海关缴款书票面信息与纳税人实际进口货物业务一致的,纳税人登录选择确认平台查询、选择用于申报抵扣或出口退税的海关缴款书信息。②对于稽核比对结果为重号的海关缴款书,纳税人可向主管税务机关申请核查。经核查,海关缴款书票面信息与纳税人实际进口货物业务一致的,纳税人登录选择确认平台查询、选择用于申报抵扣或出口退税的海关缴款书信息。③对于稽核比对结果为滞留的海关缴款书,可继续参与稽核比对,纳税人不需申请数据核对。

(3)增值税小规模纳税人(其他个人除外)发生增值税应税行为,需要开具增值税专用发票的,可以自愿使用增值税发票管理系统自行开具。选择自行开具增值税专用发票的小规模纳税人,税务机关不再为其代开增值税专用发票。增值税小规模纳税人应当就开具增值税专用发票的销售额计算增值税应纳税额,并在规定的纳税申报期内向主管税务机关申报缴纳。在填写增值税纳税申报表时,应当将当期开具增值税专用发票的销售额,按照3%和5%的征收率,分别填写在《增值税纳税申报表》(小规模纳税人适用)第2栏和第5栏"税务机关代开的增值税专用发票不含税销售额"的"本期数"相应栏次中。

(三)取消增值税扣税凭证认证确认期限改革

《国家税务总局关于取消增值税扣税凭证认证确认期限等增值税征管问题的公告》(国家税务总局公告2019年第45号)的规定如下:

(1)增值税一般纳税人取得2017年1月1日及以后开具的增值税专用发票、海关进口增值税专用缴款书、机动车销售统一发票、收费公路通行费增值税电子普通发票,取消认证确认、稽核比对、申报抵扣的期限。纳税人在进行增值税纳税申报时,应当通过本省(自治区、直辖市和计划单列市)增值税发票综合服务平台对上述扣税凭证信息进行用途确认。

增值税一般纳税人取得2016年12月31日及以前开具的增值税专用发票、海关进口增值税专用缴款书、机动车销售统一发票,超过认证确认、稽核比对、申报抵扣期限,但符合规定条件的,仍可按照《国家税务总局关于逾期增值税扣税凭证抵扣问题的公告》(国家税务总局公告2011年第50号)、《国家税务总局关于未按期申报抵扣增值税扣税凭证有关问题的公告》(国家税务总局公告2011年第78号)规定,继续抵扣进项税额。

(2)纳税人享受增值税即征即退政策,有纳税信用级别条件要求的,以纳税人申请退税税款所属期的纳税信用级别确定。申请退税税款所属期内纳税信用级别发生变化的,以变化后的纳税信用级别确定。纳税人适用增值税留抵退税政策,有纳税信用级别条件要求的,以纳税人向主管税务机关申请办理增值税留抵退税提交《退(抵)税申请表》时的纳税信用级别确定。

(3)按照《财政部 税务总局 海关总署关于深化增值税改革有关政策的公告》(财政部 税务总局 海关总署公告2019年第39号)和《财政部 税务总局关于明确部分先进制造业增值税期末留抵退税政策的公告》(财政部 税务总局公告2019年第84号)的规定,在计算允许退还的增量留抵税额的进项构成比例时,纳税人在2019年4月至申请退税前一税款所属期内按规定转出的进项税额,无须从已抵扣的增值税专用发票、机动车销售统一发票、海关进口增值税专用缴款书、解缴税款完税凭证注明的增值税额中扣减。

(四)增值税发票综合服务平台

《国家税务总局关于增值税发票综合服务平台等事项的公告》(国家税务总局公告2020年第1号)的规定如下:

(1)税务总局将增值税发票选择确认平台升级为增值税发票综合服务平台,为纳税人提供发票用途确认、风险提示、信息下载等服务。纳税人取得增值税专用发票、机动车销售统一发票、收费公路通行费增值税电子普通发票后,如需用于申报抵扣增值税进项税额或申请出口退税、代办退税,应当登录增值税发票综合服务平台确认发票用途。增值税发票综合服务平台登录地址由国家税务总局各省(自治区、直辖市和计划单列市)税务局(以下简称各省税务局)确定并公布。

纳税人应当按照发票用途确认结果申报抵扣增值税进项税额或申请出口退税、代办退税。纳税人已经申报抵扣的发票,如改用于出口退税或代办退税,应当向主管税务机关提出申请,由主管税务机关核实情况并调整用途。纳税人已经确认用途为申请出口退税或代办退税的发票,如改用于申报抵扣,应当向主管税务机关提出申请,经主管税务机关核实该发票尚未申报出口退税,并将发票电子信息回退后,由纳税人调整用途。

(2)纳税人通过增值税电子发票公共服务平台开具的增值税电子普通发票,属于税务机关监制的发票，采用电子签名代替发票专用章，其法律效力、基本用途、基本使用规定等与增值税普通发票相同。

增值税电子普通发票版式文件格式为OFD格式。单位和个人可以登录全国增值税发票查验平台（https://inv-veri.chinatax.gov.cn）下载增值税电子发票版式文件阅读器查阅增值税电子普通发票。

（3）纳税人办理增值税普通发票、增值税电子普通发票、收费公路通行费增值税电子普通发票、机动车销售统一发票、二手车销售统一发票票种核定事项，除税务机关按规定确定的高风险等情形外，主管税务机关应当即时办结。

（4）纳税人同时丢失已开具增值税专用发票或机动车销售统一发票的发票联和抵扣联，可凭加盖销售方发票专用章的相应发票记账联复印件，作为增值税进项税额的抵扣凭证、退税凭证或记账凭证。

纳税人丢失已开具增值税专用发票或机动车销售统一发票的抵扣联，可凭相应发票的发票联复印件，作为增值税进项税额的抵扣凭证或退税凭证；纳税人丢失已开具增值税专用发票或机动车销售统一发票的发票联，可凭相应发票的抵扣联复印件，作为记账凭证。

疑难问题解答

问：劳务派遣业务差额征税，开具增值税普通发票必须通过开票软件的差额征税系统开具才能享受差额征税的政策吗？另外，劳务派遣业务享受差额征税有几种开票方式？

答：（国家税务总局河北省税务局）根据《财政部 国家税务总局关于进一步明确全面推开营改增试点有关劳务派遣服务、收费公路通行费抵扣等政策的通知》（财税〔2016〕47号）的规定，一般纳税人提供劳务派遣服务，可以按照《财政部 国家税务总局关于全面推开营业税改征增值税试点的通知》（财税〔2016〕36号）的有关规定，以取得的全部价款和价外费用为销售额，按照一般计税方法计算缴纳增值税；也可以选择差额纳税，以取得的全部价款和价外费用，扣除代用工单位支付给劳务派遣员工的工资、福利和为其办理社会保险及住房公积金后的余额为销售额，按照简易计税方法依5%的征收率计算缴纳增值税。

小规模纳税人提供劳务派遣服务，可以按照《财政部 国家税务总局关于全面推开营业税改征增值税试点的通知》（财税〔2016〕36号）的有关规定，以取得的全部价款和价外费用为销售额，按照简易计税方法依3%的征收率计算缴纳增值税；也可以选择差额纳税，以取得的全部价款和价外费用，扣除代用工单位支付给劳务派遣员工的工资、福利和为其办理社会保险及住房公积金后的余额为销售额,按照简易计税方法依5%的征收率计算缴纳增值税。

选择差额纳税的纳税人,向用工单位收取用于支付给劳务派遣员工工资、福利和为其办理社会保险及住房公积金的费用,不得开具增值税专用发票,可以开具普通发票。劳务派遣服务,是指劳务派遣公司为了满足用工单位对于各类灵活用工的需求,将员工派遣至用工单位,接受用工单位管理并为其工作的服务。

根据《国家税务总局关于全面推开营业税改征增值税试点有关税收征收管理事项的公告》(国家税务总局公告2016年第23号)规定,按照现行政策规定适用差额征税办法缴纳增值税,且不得全额开具增值税发票的(财政部、税务总局另有规定的除外),纳税人自行开具或者税务机关代开增值税发票时,通过新系统中差额征税开票功能,录入含税销售额(或含税评估额)和扣除额,系统自动计算税额和不含税金额,备注栏自动打印"差额征税"字样,发票开具不应与其他应税行为混开。

根据文件规定,提供劳务派遣服务的纳税人在开具发票时:一要正确选择商品和应税劳务名称,二要正确选择征收率。劳务派遣差额纳税、按照简易计税方法依5%的征收率计算缴纳增值税,开具专用发票的,需分别开具1张专用发票、1张普通发票,其中,差额专用发票征收率为5%,扣除额普通发票征收率为0。开具普通发票的,原则上使用差额征税模块开具1张普通发票(差额或扣除额为零时,也可使用差额模块开具),征收率为5%;确需开具2张普通发票,差额发票征收率为5%,扣除额发票征收率为0。

四、增值税专用发票电子化

(一)在新办纳税人中实行增值税专用发票电子化

根据《国家税务总局关于在新办纳税人中实行增值税专用发票电子化有关事项的公告》(国家税务总局公告2020年第22号)的规定,为全面落实《优化营商环境条例》,深化税收领域"放管服"改革,加大推广使用电子发票的力度,国家税务总局决定在前期宁波、石家庄和杭州等3个地区试点的基础上,在全国新设立登记的纳税人(以下简称新办纳税人)中实行增值税专用发票电子化(以下简称专票电子化)。

(1)自2020年12月21日起,在天津、河北、上海、江苏、浙江、安徽、广东、重庆、四川、宁波和深圳等11个地区的新办纳税人中实行专票电子化,受票方范围为全国。其中,宁波、石家庄和杭州等3个地区已试点纳税人开具增值税电子专用发票(以下简称电子专票)的受票方范围扩至全国。自2021年1月21日起,在北京、山西、内蒙古、辽宁、吉林、黑龙江、福建、江西、山东、河南、湖北、湖南、广西、海南、贵州、云南、西藏、陕西、甘肃、青海、宁夏、新疆、大连、厦门和青岛等25个地区的新办纳税人中实行专票电子化，受票方范围为全国。实行专票电子化的新办纳税人具体范围由国家税务总局各省、自治区、直辖市和计划单列市税务局（以下简称各省税务局）确定。

（2）电子专票由各省税务局监制，采用电子签名代替发票专用章，属于增值税专用发票，其法律效力、基本用途、基本使用规定等与增值税纸质专用发票（以下简称纸质专票）相同。

（3）电子专票的发票代码为12位，编码规则：第1位为0，第2～5位代表省、自治区、直辖市和计划单列市，第6～7位代表年度，第8～10位代表批次，第11～12位为13。发票号码为8位，按年度、分批次编制。

（4）自各地专票电子化实行之日起，本地区需要开具增值税纸质普通发票、增值税电子普通发票（以下简称电子普票）、纸质专票、电子专票、纸质机动车销售统一发票和纸质二手车销售统一发票的新办纳税人，统一领取税务UKey开具发票。税务机关向新办纳税人免费发放税务UKey，并依托增值税电子发票公共服务平台，为纳税人提供免费的电子专票开具服务。

（5）税务机关按照电子专票和纸质专票的合计数，为纳税人核定增值税专用发票领用数量。电子专票和纸质专票的增值税专用发票（增值税税控系统）最高开票限额应当相同。

（6）纳税人开具增值税专用发票时，既可以开具电子专票，也可以开具纸质专票。受票方索取纸质专票的，开票方应当开具纸质专票。

（7）纳税人开具电子专票后，发生销货退回、开票有误、应税服务中止、销售折让等情形，需要开具红字电子专票的，按照以下规定执行：①购买方已将电子专票用于申报抵扣的，由购买方在增值税发票管理系统（以下简称发票管理系统）中填开并上传《开具红字增值税专用发票信息表》（以下简称《信息表》），填开《信息表》时不填写相对应的蓝字电子专票信息。购买方未将电子专票用于申报抵扣的，由销售方在发票管理系统中填开并上传《信息表》，填开《信息表》时应填写相对应的蓝字电子专票信息。②税务机关通过网络接收纳税人上传的《信息表》，系统自动校验通过后，生成带有"红字发票信息表编号"的《信息表》，并将信息同步至纳税人端系统中。③销售方凭税务机关系统校验通过的《信息表》开具红字电子专票，在发票管理系统中以销项负数开具。红字电子专票应与《信息表》——对应。④购买方已将电子专票用于申报抵扣的，应当暂依《信息表》所列增值税税额从当期进项税额中转出，待取得销售方开具的红字电子专票后，与《信息表》一并作为记账凭证。

（8）受票方取得电子专票用于申报抵扣增值税进项税额或申请出口退税、代办退税的，应当登录增值税发票综合服务平台确认发票用途，登录地址由各省税务局确定并公布。

（9）单位和个人可以通过全国增值税发票查验平台（https://inv-veri.chinatax.gov.cn）对电子专票信息进行查验；可以通过全国增值税发票查验平台下载增值税电子发票版式文件阅读器，查阅电子专票并验证电子签名有效性。

（10）纳税人以电子发票（含电子专票和电子普票）报销入账归档的，按照《财政部 国家档案局关于规范电子会计凭证报销入账归档的通知》（财会〔2020〕6号）的规定执行。

疑难问题解答

问：通过增值税电子发票公共服务平台开具的增值税电子普通发票是否有发票专用章？

答：（国家税务总局天津市税务局）没有。根据《国家税务总局关于增值税发票综合服务平台等事项的公告》（国家税务总局公告2020年第1号）的规定，纳税人通过增值税电子发票公共服务平台开具的增值税电子普通发票，属于税务机关监制的发票，采用电子签名代替发票专用章，其法律效力、基本用途、基本使用规定等与增值税普通发票相同。增值税电子普通发票版式文件格式为OFD格式。单位和个人可以登录全国增值税发票查验平台（https://inv-veri.chinatax.gov.cn）下载增值税电子发票版式文件阅读器查阅增值税电子普通发票。

问：我们是一个软件公司，如果想要开发电子发票辅助协同软件，请问如何进行第三方电子发票平台备案？

答：（国家税务总局湖北省税务局）第一，《国家税务总局关于进一步做好增值税电子普通发票推行工作的指导意见》（税总发〔2017〕31号）规定：

"三、规范电子发票服务平台建设

"电子发票服务平台以纳税人自建为主，也可由第三方建设提供服务平台。电子发票服务平台应免费提供电子发票版式文件的生成、打印、查询和交付等基础服务。

"税务总局负责统一制定电子发票服务平台的技术标准和管理制度，建设对服务平台进行监督管理的税务监管平台。电子发票服务平台必须遵循统一的技术标准和管理制度。平台建设的技术方案和管理方案应报税务机关备案。"

第二，联系电话：027-87322067。

由于您的问题涉及当地主管税务机关的具体涉税征管操作事项，建议您直接联系当地主管税务机关进行处理。湖北省电子税务局（https://etax.hubei.chinatax.gov.cn）—公众服务—办税地图—当地主管税务机关办税服务厅联系电话。

（二）进一步扩大增值税电子发票电子化报销、入账、归档试点工作

根据《国家档案局办公室 财政部办公厅 商务部办公厅国家税务总局办公厅关于进一步扩大增值税电子发票电子化报销、入账、归档试点工作的通知》（档办发〔2021〕1号）的规定，为贯彻2021年中央经济工作会议精神，落实《税务总局等十三部门关于推进纳税便利化改革优化税收营商环境若干措施的通知》要求，加快增值税电子发票应用和推广实施工作，降低企业交易成本，推进"六保""六稳"工作，助力国家数字经济发展，按照国务院有关要求，在前两批试点的基础上，国家档案局会同财政部、商务部、国家税务总局拟再选定一批单位开展增值税电子发票电子化报销、入账、归档试点工作，形成示范效应，进一步完善数字经济发展所需的制度和标准规范，有关事项如下。

1.试点内容

（1）开展增值税电子发票电子化报销入账试点工作，过程符合《企业会计信息化工作规范》（财会〔2013〕20号）有关要求。

（2）开展增值税电子发票电子化归档试点，档案部门或档案人员从会计核算部门或会计核算系统接收电子发票，过程符合《会计档案管理办法》（财政部 国家档案局令第79号）、《财政部 国家档案局关于规范电子会计凭证报销入账归档的通知》（财会〔2020〕6号），归档存储格式符合要求，归档过程中电子发票真实性、完整性、可用性、安全性有保障。

（3）及时总结试点工作，形成可推广、可复制的经验和做法，试点完成后及时报送试点工作总结报告。

2.试点单位条件

（1）科学设计增值税电子发票电子化归集、报销、入账、归档方案。

（2）试点所需人员、资金有保障。

（3）愿意为电子发票推广应用发挥示范带头作用。

3.试点验收条件

（1）实现增值税电子发票电子化归集、报销、入账、归档。

（2）形成3个月的财务数据，对增值税电子发票电子化归集、报销、入账、归档方案进行验证，采用的管理和技术方案可行。

（3）2021年10月底前完成试点工作，形成试点工作总结报告。

4.试点工作组织

（1）国家档案局、财政部、商务部、国家税务总局组成协调小组对试点工作进行指导，对中央企业总部的试点工作进行验收。

（2）各省、自治区、直辖市、计划单列市及新疆生产建设兵团档案局、财政部门、商务部门、税务局（以下统称"省级试点工作组织部门"）和各中央企业总部负责本地区、本集团的试点工作，负责选定本地区或本集团所属的企业及行政事业单位进行试点，指导试点单位开展试点工作，对完成试点的单位进行验收。

（3）省级试点工作组织部门、各中央企业总部要高度重视此项工作，成立联合工作组共同开展此项工作，加强对试点工作组织领导。

（4）省级试点工作组织部门、各中央企业总部要综合考虑本地区、本集团经济发展实际，从打通产业链上下游及配合增值税专用发票电子化等方面选定具有代表性的单位开展试点。

5.试点方案报送

有试点意向的单位编制试点方案报所在地省级试点工作组织部门联合审核。有试点意向中央企业所属单位编制试点方案报中央企业总部审核。省级试点工作组织部门对试点方案审核同意后确定不少于10家的本地区试点单位名单，中央企业总部对试点方案审核同意后确定不多于5家企业的集团试点单位名单（可包含总部作为试点单位），与推荐单位的试点方案一同于2021年3月31日前报国家档案局。国家档案局联合财政部、商务部、国家税务总局审核确定试点单位名单。纳入本次试点范围的企业可参加财政部电子发票入账数据标准和财务报表数据标准试点。

（三）三部门有关司局就"专票电子化"管理与操作有关问题答问

2020年12月20日，国家税务总局发布了《关于在新办纳税人中实行增值税专用发票电子化有关事项的公告》（国家税务总局公告2020年第22号发布），决定在前期宁波、石家庄和杭州等3个地区试点的基础上，在全国新办纳税人中实行增值税专用发票电子化。随着电子发票逐步推广应用，各单位应当按照有关法律法规的规定，规范使用电子发票进行报销入账归档等活动。

2015年12月，财政部、国家档案局印发新修订《会计档案管理办法》（财政部 国家档案局令第79号印发），随后又于2020年3月印发《财政部　国家档案局关于规范电子会计凭证报销入账归档的通知》（财会〔2020〕6号）。上述文件均对包括电子发票在内的各类电子会计凭证的报销入账归档工作作出了明确规定。

为进一步回应社会关切，服务和指导基层单位更加规范使用电子发票，财政部、国家档案局、国家税务总局有关部门结合已经发布的相关文件，就增值税电子专用发票（以下简称电子专票）全流程电子化管理操作等有关问题回答如下。

（1）电子专票作为电子会计凭证与纸质会计凭证法律效力是否相同？

答：电子会计凭证是指以电子形式生成、传输、存储的各类会计凭证，包括电子原始凭证、电子记账凭证。电子专票属于电子会计原始凭证。国家税务总局2020年第22号公告第二条规定："电子专票由各省税务局监制，采用电子签名代替发票专用章，属于增值税专用发票，其法律效力、基本用途、基本使用规定等与增值税纸质专用发票相同。"《财政部　国家档案局关于规范电子会计凭证报销入账归档的通知》（财会〔2020〕6号）规定："来源合法、真实的电子会计凭证与纸质会计凭证具有同等法律效力。"《中华人民共和国档案法》第三十七条规定："电子档案应当来源可靠、程序规范、要素合规""电子档案与传统载体档案具有同等效力，可以以电子形式作为凭证使用"。因此，来源合法、真实的电子专票作为电子会计凭证与纸质会计凭证具有同等的法律效力，且可作为电子档案进行保存归档。

（2）实行专票电子化的新办纳税人如何开具电子专票？

答：实行专票电子化的新办纳税人可向税务机关免费领取税务UKey，通过电子税务局、办税服务厅等渠道申请电子专票票种核定，在国家税务总局增值税发票查验平台（https://inv-veri.chinatax.gov.cn）下载并安装增值税发票开票软件（税务UKey版）后，开具电子专票。开票完成后，纳税人可以通过电子邮件、二维码等方式，远程交付电子专票给受票方。

（3）受票方收到电子专票后，应如何查验其发票真伪？

答：电子专票采用可靠的电子签名代替原发票专用章，采用经过税务数字证书签名的电子发票监制章代替原发票监制章，更好适应了发票电子化改革的需要。

纳税人可以通过全国增值税发票查验平台（https://inv-veri.chinatax.gov.cn）下载增值税电子发票版式文件阅读器，查阅电子专票并验证电子签名以及电子发票监制章有效性。

验证电子签名的具体方法如下：通过增值税电子发票版式文件阅读器打开已下载的电子专票版式文件，鼠标移动到左下角"销售方"相关信息处，点击鼠标右键，再点击提示框中的"验证"按钮，即可弹出验证结果，如图2-1所示。

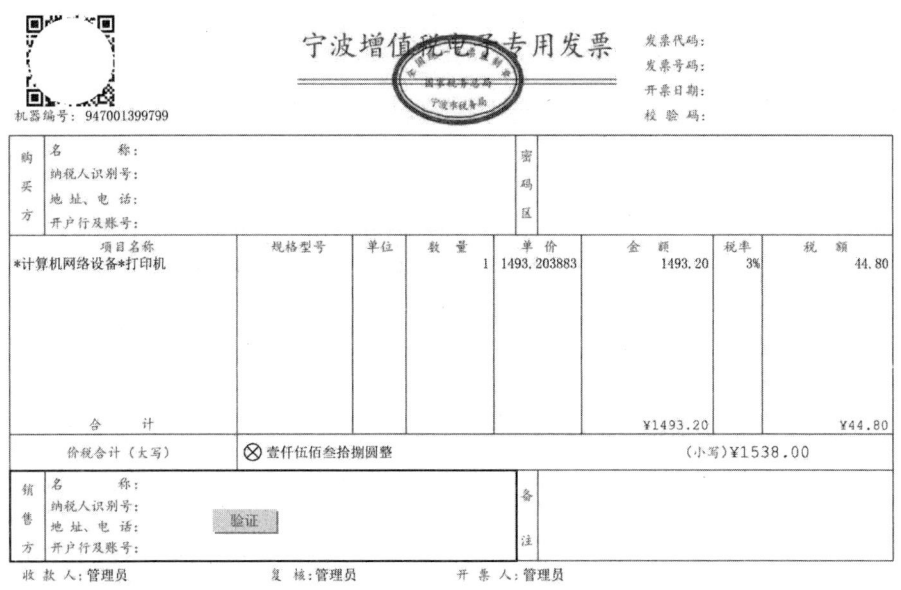

图2-1 验证电子签名

如图2-2所示,如果验证结果为"该签章有效!受该签章保护的文档内容未被修改。该签章之后的文档内容无变更",表明销售方的电子签名有效。

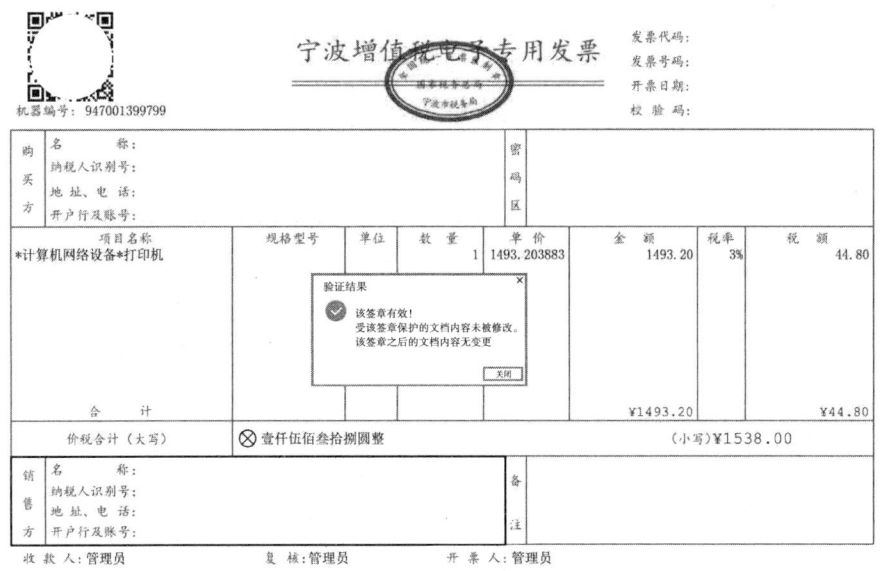

图2-2 验证电子签名结果

验证电子发票监制章的具体方法如下:通过增值税电子发票版式文件阅读器打开已下载的电子专票版式文件,鼠标右键点击发票上方椭圆形的发票监制章,选择"验证",即可显示验证结果,如图2-3所示。

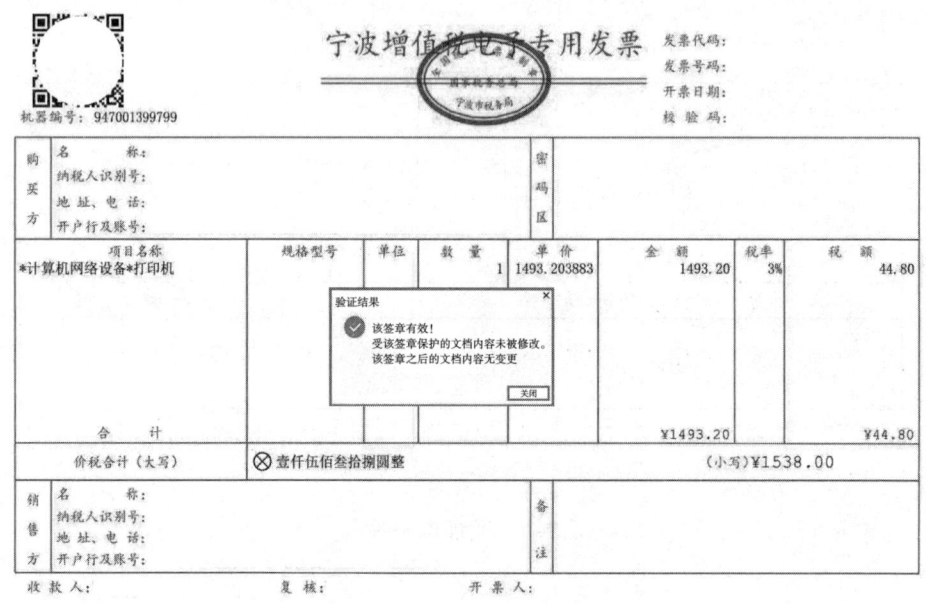

图2-3 验证电子签章结果

此外,纳税人还可以在全国增值税发票查验平台上,通过录入发票代码、发票号码、开票日期、发票校验码等字段,对电子专票信息进行查验。

(4)受票方收到电子专票后,如何申请抵扣增值税进项税额或出口退税、代办退税?

答:受票方取得电子专票用于申报抵扣增值税进项税额或申请出口退税、代办退税的,应当登录增值税发票综合服务平台确认发票用途,登录地址由各省税务局确定并公布。

(5)使用电子专票进行报销入账归档的基本规定有哪些?

答:依据财会〔2020〕6号文件的规定,电子专票作为电子会计凭证的一种,同时满足下列条件的,可以仅使用电子专票进行报销入账归档:

一是接收的电子会计凭证经查验合法、真实。

二是电子会计凭证的传输、存储安全、可靠,对电子会计凭证的任何篡改能够及时被发现。

三是使用的会计核算系统能够准确、完整、有效接收和读取电子会计凭证及其元数据,能够按照国家统一的会计制度完成会计核算业务,能够按照国家档案行政管理部门规定格式输出电子会计凭证及其元数据,设定了经办、审核、审批等必要的审签程序，且能有效防止电子会计凭证重复入账；

四是电子会计凭证的归档及管理符合《会计档案管理办法》（财政部　国家档案局令第79号发布）等要求。

采用电子专票进行报销、入账且本单位财务信息系统能导出符合国家档案部门规定的电子归档格式的，应当将电子专票与其他电子会计记账凭证等一起归档保存，电子专票不再需要打印和保存纸质件；不满足上述条件的单位，采用电子专票纸质打印件进行报销、入账的，电子专票应当与其纸质打印件一并交由会计档案人员保存。

（6）如何借助标准化手段支持会计核算系统对电子专票进行自动接收、识别和入账处理？

答：财政部即将出台电子发票入账数据标准，并将会同国家税务总局在部分企业开展试点，以进一步规范电子发票等电子凭证入账，方便受票方会计核算系统进行自动化的接收、识别和入账处理。

（7）电子专票的纸质打印件能否单独作为报销入账归档依据使用？

答：不能。根据财会〔2020〕6号文件的规定，各单位无论采用何种报销、入账方式，只要接收的是电子专票，则必须归档保存电子专票。单位如果以电子专票的纸质打印件作为报销入账归档依据的，必须同时保存打印该纸质件的电子专票。

（8）受票方应如何防范电子专票的纸质打印件重复报销入账的风险？

答：电子专票的纸质打印件只是承载电子专票发票信息的载体，不具备物理防伪功能，具有可复制的特点。为避免电子专票的纸质打印件重复报销入账，各单位应建立完善的内控机制，严格按照财会〔2020〕6号文件的规定执行。如果以电子专票的纸质打印件作为报销入账归档依据的，必须同时保存打印该纸质件的电子专票。同时建议各单位在报销入账时对发票代码、号码进行查重处理。对于已经使用财务信息系统的单位，可以通过建立发票数据库的方式，升级系统功能，利用系统进行自动比对；对于尚未使用财务软件实行纯手工记账的单位，可以通过电子表格等方式，建立已入账发票手工台账，有效防范重复报销、虚假入账等风险。

（9）包括电子专票在内的各类电子发票应如何归档保存？

答：电子发票归档保存分以下几种情况进行。

已建立电子档案管理系统的单位，实施了会计信息系统，与电子发票相关的记账凭证、报销凭证等已全部实现电子化（不包括纸质凭证扫描，下同），可将电子发票与相关的记账凭证、报销凭证等电子会计凭证通过归档接口或手工导入电子档案管理系统进行整理、归档并长期保存，归档方法可参照《企业电子文件归档和电子档案管理指南》（档办发〔2015〕4号）；如果与电子发票相关的记账凭证、报销凭证等未实现电子化，可单独将电子发票通过归档接口或手工导入电子档案管理系统进行整理、归档并长期保存，整理、归档、长期保存方法可参照《企业电子文件归档电子档案管理指南》（档办发〔2015〕4号）。

无电子档案管理系统的单位,如果实施了会计信息系统,与电子发票相关的记账凭证、报销凭证等已全部实现电子化,可将电子发票与相关的记账凭证、报销凭证等移交会计档案管理人员保存,编制档号,存储结构建议采取如图2-4所示方式。

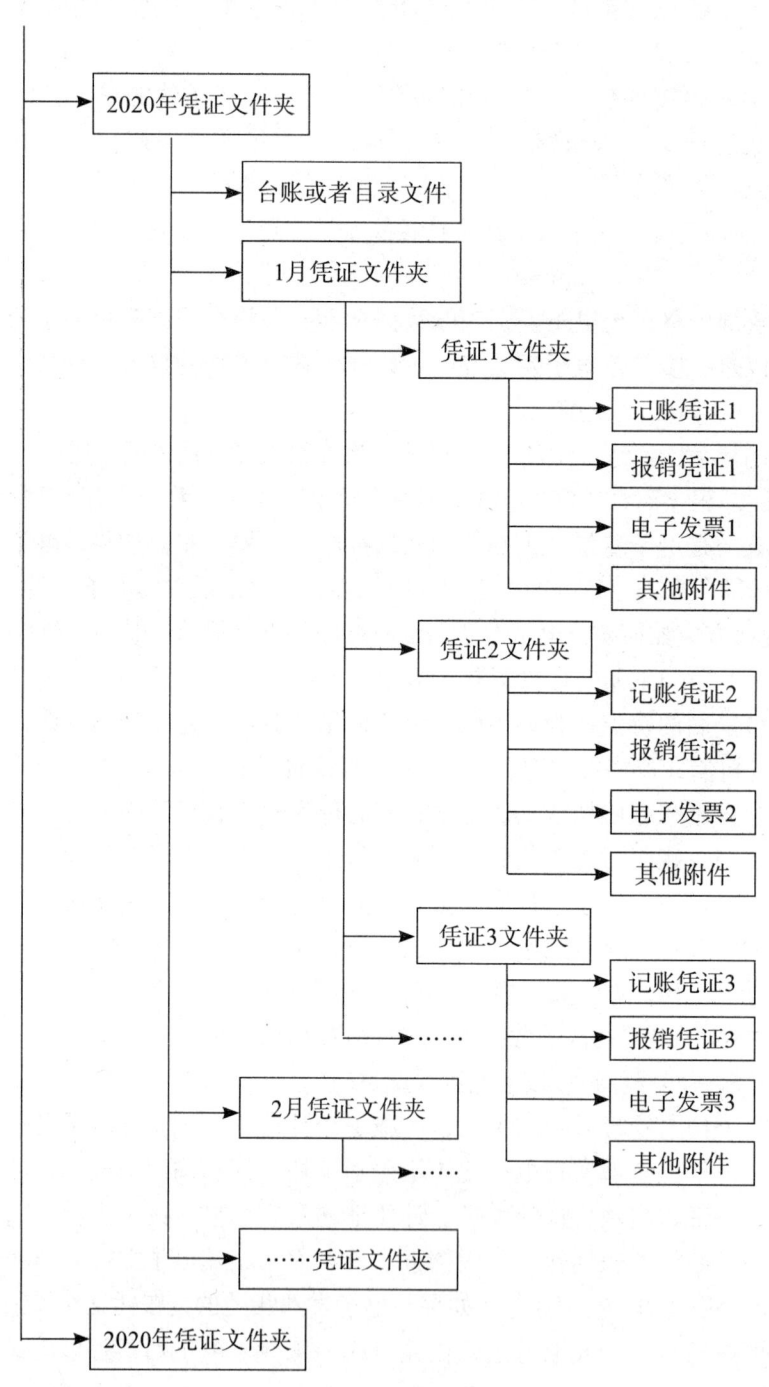

图2-4　电子文件存储结构

第三章 账簿凭证管理及案例分析

同时,建立电子会计档案台账或者目录,台账或者目录的结构建议如表2-1所示。

表2-1 电子会计档案台账或者目录

序号	纳税人识别号	年度	交易事项	开票方名称	发票号码	开具日期	报销单据号	记账凭证号	文件名	备注

保存电子发票时,应当采用多重备份、定期检测等方法,保证电子发票档案在规定的保管期限内不会丢失并能被读取。

(10)接收电子专票的单位,相关的纸质会计凭证该如何保管?

答:接受电子专票的单位,如果部分业务的报销、入账仍采用纸质凭证,该部分纸质凭证仍应按传统纸质会计档案的管理方法进行管理。

(11)上述关于电子专票报销入账归档的问答口径是否适用于其他增值税电子发票?

答:同样适用。

第四节 账簿凭证管理典型案例分析

一、企业所得税税前扣除凭证案例[①]

上诉人广州市甲科技实业有限公司(以下简称甲科技公司)因与被上诉人国家税务总局广州市税务局第一稽查局(以下简称市税务局第一稽查局)、国家税务总局广州市税务局(以下简称市税务局)税务处理及行政复议决定一案,不服广州铁路运输法院〔2019〕粤7101行初5475号行政判决,向广州铁路运输中级法院(以下简称广州铁路中院)提起上诉。广州铁路中院受理后,依法组成合议庭进行了审理。本案现已审理终结。

原审法院经审理查明:2017年9月19日,原安徽省马鞍山市国家税务局稽查局向原广州市国家税务局南区稽查局出具《已证实虚开通知单》及发票明细单,证实马鞍山

---

① 资料来源:广州铁路运输中级法院〔2020〕粤71行终1279号行政判决书。

佳荣物流有限公司、马鞍山福瑞物流有限公司在2013年至2014年期间，在无实际货物运输业务行为的情况下，向甲科技公司虚开发票。

2018年3月30日，原广州市国家税务局南区稽查局出具穗国税南稽检通〔2018〕167号《税务检查通知书》，通知甲科技公司，该局将自2018年4月2日起对其2013年1月1日至2014年12月31日期间涉税情况进行检查。该通知书于2018年4月16日直接送达甲科技公司。

2018年5月11日，原广州市国家税务局南区稽查局向中国银行发出穗国税南稽许〔2018〕191号《检查存款账户许可证明》，要求其协助查询甲科技公司的相关支票的支付交易情况。在案证据中的9张出票人为甲科技公司的中国银行支票复印件记载的收款人分别为上饶市信江运输有限公司、江西伟兴物流有限公司。甲科技公司于2018年7月16日在上述支票复印件上盖章确认与原件核对无误，原件存于其处。

2018年7月2日，原广州市国家税务局南区稽查局出具穗国税南稽税通〔2018〕479号《税务事项通知书》，根据《税收征收管理法》第五十四条第（三）项、《企业所得税税前扣除凭证管理办法》（国家税务总局公告2018年第28号）第十四条、第十五条的规定，通知甲科技公司自收到通知书之日起60日内补开、换开符合规定的货物运输业增值税专用发票，因对方特殊原因无法补开、换开货物运输业增值税专用发票的，应当自收到通知书之日起60日内提供可以证实相关真实性的资料。该通知书于2018年7月4日直接送达甲科技公司。甲科技公司于2018年8月31日出具《情况说明》，提出由于马鞍山佳荣物流有限公司、马鞍山福瑞物流有限公司已被列入工商经营异常名录，甲科技公司无法在期限内补开、换开发票、其他外部凭证，现向该局提供证实真实性的相关资料，包括原始发货托运凭证，收款凭证。甲科技公司于2019年1月23日出具《关于无法补开合法发票的情况说明》，提出其根据税务通知书的要求，要求三鑫运业物流有限公司补开具合法正规的运输发票，但是由于三鑫运业物流有限公司没有进行工商登记，没有经营执照，无法补开合法正规的发票给甲科技公司。

2018年7月31日，因税务机构改革，国家税务总局广州市税务局稽查局出具穗税稽税通〔2018〕129431号《税务事项通知书》，通知甲科技公司对其税务检查相关工作暂以国家税务总局广州市税务局稽查局名义开展。该通知书于同日直接送达甲科技公司。

2018年11月30日，因税务机构改革，市税务局第一稽查局出具穗税一稽税通〔2018〕90324号《税务事项通知书》，通知甲科技公司对其税务检查相关工作，执法主体由国家税务总局广州市税务局稽查局变更为国家税务总局广州市税务局第一稽查局以及检查人员变更等事项。该通知书于同日直接送达甲科技公司。甲科技公司于2018年12月20日向市税务局第一稽查局出具《情况说明》，提出该公司货物由三鑫运业物流有限公司承运，三鑫运业物流有限公司称其将货物转至马鞍山佳荣物流有限公司、马鞍山福瑞物流有限公司，三鑫运业物流有限公司并向甲科技公司出具上述马鞍山两家公司开具的增值税发票。甲科技公司称,号码为00208439的发票于2013年10月收到并进行抵扣认证,号码为00209270的发票于2013年11月收到并进行抵扣认证,号码分别为00468117、00468118的发票于2014年1月收到并进行抵扣认证,号码分别为00473405、00473406、00473407的发票于2014年4月收到并进行抵扣认证,号码分别为00822107、00822108的发票于2014年6月收到并进行抵扣认证,号码分别为00823765、00823766的发票于2014年7月收到并抵扣认证。甲科技公司称已经将上述11张增值税发票通过国税前台人工扫描认证进行抵扣,至今没做进项税转出,款项分别于2013年10月、11月、12月,2014年1月、4月、5月、6月累计结清;并且上述11张增值税专用发票涉及的成本合计669168.47元,已经分别在2013年10月、11月,2014年1月、4月、6月、7月,结转本年利润,并在企业所得税税前扣除,至检查日止未作企业所得税纳税调整,未足额缴纳企业所得税。此外,由于三鑫运业物流有限公司有时候在对账时会把一些杂小的运费漏记,在收款时就产生了应付款与支票金额不符的情况,从而产生了少量的现金支付。

2019年1月9日,市税务局第一稽查局出具穗税一稽询〔2019〕3号《询问通知书》,通知甲科技公司法定代表人黄某某于2019年1月11日到该局就涉税事宜接受询问。该通知书于同日直接送达甲科技公司,甲科技公司于2019年1月11日向市税务局第一稽查局出具《补充说明》,并分别于2019年1月11日、1月25日、2月22日向市税务局第一稽查局提交了《承运合同》《采购合同》、收据、送货单、货物托运单、对账单、银行流水、记账凭证、会计账簿、《增值税纳税申报表》《企业所得税纳税申报表》等材料。

2019年1月19日,市税务局第一稽查局对甲科技公司的法定代表人黄某某进行调查,并制作《询问(调查)笔录》。甲科技公司于2019年1月31日向市税务局第一稽查局出具《税务稽查情况说明》,再次说明其货物运输及收款情况,提出其公司没有接受第三方开具的发票以及主观或客观的偷税、逃税。

2019年1月25日,市税务局第一稽查局制作《税务稽查工作底稿(二)》,记载了涉案增值税发票的代码、号码、金额、涉及的税额以及涉及的成本数额,甲科技公司未缴纳增值税、城市维护建设税、教育费附加、地方教育附加以及企业所得税的情况。同日,甲科技公司陈述上述底稿记载的数据准确,其与三鑫运业物流有限公司的交易属实,三鑫运业物流有限公司与其签订的合同有合同章,收据有财务章,开具的发票已由税务前台抵扣认证,事发后2019年1月24日甲科技公司去查证三鑫运业物流有限公司,发现其无工商登记,故无法补开发票。

2019年5月8日,市税务局第一稽查局出具穗税一稽罚告〔2019〕150022号《税务行政处罚事项告知书》,书面告知甲科技公司处罚依据、金额以及依法享受的陈述、申辩、听证等权利。该《处罚事项告知书》于2019年5月14日直接送达甲科技公司。2019年5月16日,甲科技公司向市税务局第一稽查局提出《听证申请》和《关于举行听证会的说明》，书面提出陈述申辩意见及听证申请。市税务局第一稽查局受理后于2019年5月29日举行听证，并制作《听证笔录》。

2019年7月16日，市税务局第一稽查局向甲科技公司作出穗税一稽处〔2019〕150414号《税务处理决定书》。该《税务处理决定书》的主要内容为："我局于2018年4月2日起至2019年5月7日对你单位2013年1月1日至2014年12月31日缴纳税费情况进行检查。违法事实及处理决定如下：一、违法事实。（一）你单位向三鑫运业物流有限公司购进运输服务，但从销售方取得第三方马鞍山佳荣物流有限公司开具的9份货物运输业增值税专用发票，发票代码3400131730，发票号码00208439、00209270、00468117、00468118、00473405、00473406、00473407、00823765、00823766，金额共547 686.49元，税额共计60 245.51元，价税合计共607 932.00元；你单位向三鑫运业物流有限公司购进运输服务，从销售方取得第三方马鞍山福瑞物流有限公司开具的货物运输业增值税专用发票2份，发票代码3400131730，发票号码00822107、00822108，金额共计121 481.98元，税额共计13 363.02元，价税合计共134 845.00元。以上11份发票经原安徽省马鞍山市国家税务局稽查局证实，上述发票为虚开的增值税专用发票。上述发票涉及的进项税额合计73 608.53元，你单位于2013年10月、11月和2014年1月、4月、6月、7月（税款所属时期）向税务机关申报抵扣，至我局检查之日止未作进项转出处理，少缴增值税及相关城市维护建设税、教育费附加及地方教育附加。（二）上述2013年取得的2张发票涉及的金额107 525.22元，2014年取得的9张发票涉及的金额561 643.25元，合计669 168.47元，你单位分别于2013年、2014年当年企业所得税税前扣除669 168.47元……至我局检查之日止未作纳税调整。经原广州市国家税务局南区稽查局发出《税务事项通知书》（穗国税南稽税通〔2018〕479号）后，你单位未能在规定的期限内从销售方补开、换开发票，也无法提供涉及金额669 168.47元支出真实性的相关资料，造成少计企业所得税应纳税所得额。……二、处理决定。（一）追缴增值税及附加税费。根据《税收征收管理法》第六十三条第一款、《财政部、国家税务总局关于将铁路运输和邮政业纳入营业税改征增值税试点的通知》（财税〔2013〕106号）附件1《营业税改征增值税试点实施办法》第一条、第八条、第十八条、第二十三条、第五十一条及《国家税务总局关于纳税人虚开增值税专用发票征补税款问题的公告》（国家税务总局公告2012年第33号，以下简称33号公号）规定，'纳税人取得虚开的增值税专用发票，不得作为增值税合法有效的扣税凭证抵扣其进项税额'的规定，你单位取得上述虚开的货物运输业增值税专用发票11份，其进项税额不予抵扣，对你单位追缴增值税73 608.53元，其中2013年11 827.78元，2014年61 780.75元。根据《中华人民共和国城市维护建设税暂行条例》（2011年1月8日修订）第二条、第三条、第四条的规定，对你单位追缴纳城市维护建设税5 152.61元，其中2013年827.95元，2014年4 324.66元。根据《征收教育费附加的暂行规定》（2011年1月8日修订）第二条、第三条的规定，对你单位追缴教育费附加2 208.26元，其中2013年354.83元，2014年1 853.43元。

根据《关于贯彻落实广东省地方教育附加征收使用管理暂行办法的意见》(粤财综〔2011〕58号)和《广东省地方教育附加征收使用管理暂行办法》第六条、第十条的规定,对你单位追缴地方教育附加1 472.16元,其中2013年236.55元,2014年1 235.61元。(二)追缴企业所得税。根据《税收征收管理法》第十九条、《企业所得税法》第一条第一款、第二条第二款、第三条第一款、第五条、第八条、《发票管理办法》第二十一条和《企业所得税税前扣除凭证管理办法》第十六条'企业在规定的期限未能补开、换开符合规定的发票、其他外部凭证,并且未能按照该办法第十四条的规定提供相关资料证实其支出真实性的,相应支出不得在发生年度税前扣除'的规定,上述发票是不符合规定的发票,不得作为税前扣除的凭据。应调增你单位2013年度应纳税所得额106 105.89元(成本107 525.22元—城市维护建设税827.95元—教育费附加354.83元—地方教育附加236.55元),年度原申报应纳税所得额1 109 434.04元,调整后年度应纳税所得额为1 215 539.93元,应按25%的税率应缴纳企业所得税303 884.98元,原申报年度应缴企业所得税277 358.51元,应补缴2013年度企业所得税26 526.47元;应调增你单位2014年度应纳税所得额554 229.55元(成本561 643.25元—城市维护建设税4 324.66元—教育费附加1 853.43元—地方教育附加1 235.61元),年度原申报应纳税所得额1 183 033.85元,调整后年度应纳税所得额为1 737 263.40元,应按25%的税率应缴纳企业所得税434 315.85元,原申报年度应缴企业所得税295 758.46元,应补缴2014年度企业所得税138 557.39元。合计应补缴企业所得税165 083.86元。(三)加收滞纳金。根据《税收征收管理法》第三十二条、《税收征收管理法实施细则》第七十五条的规定,对你单位上述少缴增值税73 608.53元、城市维护建设税5 152.61元、企业所得税165 083.86元从滞纳税款之日起,至实际缴纳之日止按日加收万分之五的滞纳金。综上所述,你单位应补缴增值税73 608.53元、城市维护建设税5 152.61元、教育费附加2 208.26元、地方教育附加1 472.16元、企业所得税165 083.86元,并从税款滞纳之日起至实际缴纳或者解缴税款之日止,按日加收滞纳税款万分之五的滞纳金。"上述《税务处理决定书》于2019年7月22日直接送达甲科技公司。

2019年8月13日,甲科技公司不服上述《税务处理决定书》,向市税务局申请行政复议。市税务局于同日受理后,于2019年8月20日向市税务局第一稽查局发出《行政复议答复通知书》。市税务局第一稽查局于2019年8月27日作出《行政复议答复书》,并提交了相关证据材料。2019年9月29日,市税务局作出《行政复议延期审理通知书》,决定行政复议决定延期至2019年11月11日之前作出。2019年10月15日,市税务局作出穗税行〔2019〕27号《行政复议决定书》,根据《行政复议法》第二十八条第一款第(一)项及《行政复议法实施条例》第四十三条的规定,决定维持市税务局第一稽查局作出的穗税一稽处〔2019〕150414号《税务处理决定书》。甲科技公司仍不服,诉至原审法院。

原审另查明,《国家税务总局广州市税务局关于设立国家税务总局广州市税务局第一稽查局、国家税务总局广州市税务局第二稽查局、国家税务总局广州市税务局第三稽查局的公告》（国家税务总局广州市税务局公告2018年第5号）规定："一、国家税务总局广州市税务局第一稽查局主要职责：承担广州市税务局列名大企业的税务稽查、税收高风险事项应对和协查等工作；负责广州市越秀区、白云区、花都区、从化区区域内的税收、社会保险费和有关非税收入违法案件的查处以及查办案件的执行工作，承接广州市税务局稽查局指定案件的查处以及执行工作。"

经稽查局局长审批，市税务局第一稽查局办理税收违法案件审理时限延长至2019年7月22日。

原审法院认为：市税务局第一稽查局的职权有相应的法律、法规予以规定，有权作出涉案税务处理决定。甲科技公司对市税务局第一稽查局的职权并无异议，原审法院不予赘述。本案中，涉案税务处理决定认定的11份增值税发票的代码、号码、金额、涉及的成本数额以及税额，甲科技公司将涉案11份增值税发票涉及的进项税额73 608.53元向税务机关申报抵扣，至市税务局第一稽查局检查之日止未作进项转出处理以及甲科技公司将涉案11份增值税发票涉及的成本669 168.47元在当年企业所得税税前扣除，至市税务局第一稽查局检查之日止未作纳税调整的事实有相应证据证实，且甲科技公司对此均没有异议，原审法院予以确认。根据本案的案件事实及各方当事人的诉辩意见，本案的争议焦点是：一是甲科技公司是否具有《税收征收管理法》第六十三条第一款规定的偷税行为和主观故意。二是市税务局第一稽查局适用《企业所得税税前扣除凭证管理办法》的第十六条适用法律是否正确。三是涉案稽查程序是否合法。四是涉案《税务处理决定书》计算加收滞纳金的期限是否符合法律规定。

一、甲科技公司是否具有《税收征收管理法》第六十三条第一款规定的偷税行为和主观故意。《税收征收管理法》第六十三条第一款规定："纳税人伪造、变造、隐匿、擅自销毁账簿、记账凭证，或者在账簿上多列支出或者不列、少列收入，或者经税务机关通知申报而拒不申报或者进行虚假的纳税申报，不缴或者少缴应纳税款的，是偷税。对纳税人偷税的，由税务机关追缴其不缴或者少缴的税款、滞纳金，并处不缴或者少缴的税款百分之五十以上五倍以下的罚款；构成犯罪的，依法追究刑事责任。"33号公告规定："纳税人取得虚开的增值税专用发票，不得作为增值税合法有效的扣税凭证抵扣其进项税额。"本案中，涉案11份增值税发票系由马鞍山佳荣物流有限公司、马鞍山福瑞物流有限公司公司开具，根据安徽省马鞍山市国家税务局稽查局2017年9月19日向原广州市国家税务局南区稽查局出具的《已证实虚开通知单》及发票明细单，证实马鞍山佳荣物流有限公司、马鞍山福瑞物流有限公司在2013年至2014年期间，在无实际货物运输业务行为的情况下，向甲科技公司虚开发票。甲科技公司明知其与开票单位不具有真实的业务往来的情况下，进行虚假的纳税申报，将取得的涉案11份增值税发票用于抵扣进项税额违反相关法律规定，少缴增值税、城市维护建设税、教育费附加、地方教育附加，符合《税收征收管理法》第六十三条第一款规定的偷税行为和偷税的主观故意。甲科技公司主张其不知道开票单位提供的涉案发票属于虚开的发票以及没有偷税的故意，与事实不符，原审法院不予采纳。甲科技公司取得的涉案11份增值税发票为虚开的发票，依法不得作为增值税合法有效的抵扣凭证抵扣其进项税额。甲科技公司将涉案取得虚开的11份增值税发票用于抵扣进项税额违反相关法律规定，少缴增值税、城市维护建设税、教育费附加、地方教育附加，市税务局第一稽查局依法追缴相应的增值税、城市维护建设税、教育费附加、地方教育附加认定事实清楚，适用法律正确，处理结果适当。

二、市税务局第一稽查局适用《企业所得税税前扣除凭证管理办法》的第十六条适用法律是否正确。《企业所得税税前扣除凭证管理办法》第十四条规定："企业在补开、换开发票、其他外部凭证过程中，因对方注销、撤销、依法被吊销营业执照、被税务机关认定为非正常户等特殊原因无法补开、换开发票、其他外部凭证的，可凭以下资料证实支出真实性后，其支出允许税前扣除：（一）无法补开、换开发票、其他外部凭证原因的证明资料（包括工商注销、机构撤销、列入非正常经营户、破产公告等证明资料）。（二）相关业务活动的合同或者协议。（三）采用非现金方式支付的付款凭证。（四）货物运输的证明资料。（五）货物入库、出库内部凭证。（六）企业会计核算记录以及其他资料。前款第一项至第三项为必备资料。"第十六条规定："企业在规定的期限未能补开、换开符合规定的发票、其他外部凭证，并且未能按照该办法第十四条的规定提供相关资料证实其支出真实性的，相应支出不得在发生年度税前扣除。"其一，在实施时间上，《企业所得税税前扣除凭证管理办法》

自2018年7月1日起实施，原广州市国家税务局南区稽查局于2018年7月2日出具穗国税南稽税通〔2018〕479号《税务事项通知书》时，该管理办法已经实施。其二，在制定依据上，《企业所得税税前扣除凭证管理办法》系根据《企业所得税法》及其实施条例、《税收征收管理法》及其实施细则、《发票管理办法》及其实施细则等规定而制定的，具有充分的上位法依据。其三，在内容上，《企业所得税税前扣除凭证管理办法》的第十四条是针对企业未取得外部凭证或取得不合规外部凭证的情况下，规定企业可以采取的补救措施，有利于企业及时改正相应的不合法或不合规的纳税行为。本案中，甲科技公司申报企业所得税使用了涉案11份增值税发票作为抵扣凭证，市税务局第一稽查局适用《企业所得税税前扣除凭证管理办法》第十四条的规定，要求甲科技公司采取相应的补救措施，并无不当。甲科技公司并未提供符合《企业所得税税前扣除凭证管理办法》第十四条规定的证实其支出真实性相关资料，市税务局第一稽查局则适用该管理办法第十六条的规定予以处理，亦并无不当。市税务局第一稽查局向甲科技公司追缴其少缴的企业所得税165 083.86元，认定事实清楚，适用法律正确，处理结果适当。关于甲科技公司认为其货物运输业务真实，因此其实际发生的运输费应当在税前扣除的主张。经查，甲科技公司向市税务局第一稽查局提交的《承运合同》中承运方盖章为"三鑫运业物流有限公司业务专用章"，提交的《收款收据》

中的收款单位为"三鑫物流有限公司财务专用章",《承运合同》中的业务专用章与《收款收据》中的财务专用章指向的单位名称明显不一致。经甲科技公司盖章确认无误的中国银行支票复印件的收款人为"上饶市信江运输有限公司""江西伟兴物流有限公司",亦与前述的《承运合同》中的业务专用章与《收款收据》中的财务专用章指向的单位名称明显不一致。现甲科技公司不能举证证实其支出真实性的合法、合规的凭证,其认为涉案运输费应当在税前扣除的主张不能成立,原审法院不予支持。

三、涉案稽查程序是否合法。《税务稽查工作规程》第二十二条第四款规定:"检查应当自实施检查之日起60日内完成;确需延长检查时间的,应当经稽查局局长批准。"本案中,原广州市国家税务局南区稽查局于2018年3月30日对甲科技公司立案调查,因执法机构改革,国家税务总局广州市税务局稽查局、市税务局第一稽查局分别向甲科技公司告知了执法主体及相应的变更情况,并经稽查局局长审批,依法延长本案的检查时间,并未违反上述法律规定。甲科技公司提出市税务局第一稽查局违反法定办理时限的主张不能成立,原审法院不予支持。甲科技公司主张市税务局第一稽查局关于涉案9张中国银行支票复印件取证程序违法,其提出执法主体将调取的涉案9张中国银行支票复印件交由甲科技公司确认后,作为甲科技公司提供的证据。经查,涉案9张中国银行支票复印件经甲科技公司于2018年7月16日盖章确认与原件核对无误,原件存于其处。涉案9张中国银行支票复印件具有真实性,可以作为市税务局第一稽查局作出涉案《税务处理决定书》的证据。甲科技公司提出上述主张,不能成立,原审法院不予支持。

四、涉案《税务处理决定书》计算加收滞纳金的期限是否符合法律规定。《税收征收管理法》第三十二条规定:"纳税人未按照规定期限缴纳税款的,扣缴义务人未按照规定期限解缴税款的,税务机关除责令限期缴纳外,从滞纳税款之日起,按日加收滞纳税款万分之五的滞纳金。"《税收征收管理法实施细则》第七十五条规定:"《税收征收管理法》第三十二条规定的加收滞纳金的起止时间,为法律、行政法规规定或者税务机关依照法律、行政法规的规定确定的税款缴纳期限届满次日起至纳税人、扣缴义务人实际缴纳或者解缴税款之日止。"本案中,涉案税务处理决定认定甲科技公司少缴增值税73 608.53元、城市维护建设税5 152.61元、企业所得税165 083.86元事实清楚,根据上述规定,责令甲科技公司自滞纳税款之日起,至实际缴纳或者解缴税款之日止,按日加收滞纳税款万分之五的滞纳金,并无不当。甲科技公司称市税务局第一稽查局超过法定检查期限缺乏事实和法律依据,甲科技公司主张该期间的滞纳金不应由其承担,理由不能成立,原审法院不予支持。

《行政复议法》第十二条第二款规定:"对海关、金融、国税、外汇管理等实行垂直领导的行政机关和国家安全机关的具体行政行为不服的,向上一级主管部门申请行政复议。"本案中,甲科技公司不服市税务局第一稽查局作出的涉案《税务处理决定书》,市税务局依法有权进行行政复议。《行政复议法》第二十八条规定:"行政复议机关负责法制工作的机构应当对被申请人作出的具体行政行为进行审查,提出意见,经行政复议机关的负责人同意或者集体讨论通过后,按照下列规定作出行政复议决定:(一)具体行政行为认定事实清楚,证据确凿,适用依据正确,程序合法,内容适当的,决定维持……"市税务局第一稽查局作出涉案《税务处理决定书》合法,市税务局作出穗税行复〔2019〕27号《行政复议决定书》,决定维持上述《税务处理决定书》,符合法律规定。经审查,市税务局作出上述行政复议决定程序合法。

综上所述,市税务局第一稽查局作出的穗税一稽处〔2019〕150414号《税务处理决定书》和市税务局作出的穗税行复〔2019〕27号《行政复议决定书》,认定事实清楚,适用法律正确,程序合法,符合法定权限。甲科技公司请求撤销上述《税务处理决定书》和《行政复议决定书》,理由不充分,原审法院不予支持。依照《行政诉讼法》第六十九条、第七十九条的规定,判决驳回甲科技公司的诉讼请求。

上诉人甲科技公司不服原审判决,向广州铁路中院提起上诉称:一、甲科技公司相关运费已真实发生,不具有偷税行为和主观故意,原审判决认定事实错误。原审判决认定的仅仅是增值税及其附加税费的追缴合法适当,但增值税进项税额不能抵扣,不等于相关支出不能在企业所得税税前扣除,少缴增值税和少缴企业所得税是不同的问题。换言之,虚开的增值税发票虽不得抵扣进项税额,但相关支出如真实发生,且符合《企业所得税法》等相关规定,可以在企业所得税税前扣除,不属于偷税。甲科技公司的《货物采购合同》《承运合同》、对账单、货物托运单、送货单,以及运费支付的收据、支票存根、银行交易明细等,证明运输业务真实存在,运输费用已经真实支付。根据《企业所得税法》第八条的规定,除了发票,能够证明业务真实的相关资料,同样是有效的税前扣除凭证。因此,甲科技公司将相关运费支出在企业所得税税前扣除的行为,符合法律规定,不具有偷税行为和主观故意。二、原审判决未核实甲科技公司与龚某某之间业务和支出的真实性,且对市税务局第一稽查局改变证据来源导致认定事实不清的情况未予重视,原审判决认定事实错误。1."三鑫运业物流有限公司"是龚某某虚拟的公司,甲科技公司是与龚某某发生业务。甲科技公司提交的证据足以形成证据链,证明甲科技公司与龚某某之间运输业务客观存在,运输费用真实。2.对于原审法院提及的"中国银行支票复印件",甲科技公司在原审庭审及代理词中均反复强调其证据来源存在问题,但原审判决未作回应。三、原审法院对稽查时间超期的问题及甲科技公司提出的补充质证意见未作回应,错误采纳市税务局第一稽查局逾期提交的证据,认定本案适用《企业所得税税前扣除凭证管理办法》,适用法律错误。原审判决实质上认可了市税务局第一稽查局在原审庭审结束后两个多月才补充提交的证据《延长税收违法案件检查时限审批表》和《延长税收违法案件审理时限审批表》。由于反复延长检查时限多达八次,其中四次延长时限理由仅为"该案正在资料审核中",并非基于"确需延长检查时间"的合理事由,导致检查在《企业所得税税前扣除凭证管理办法》施行后才完成,并据此作出对甲科技公司不利的处理决定，不符合"从旧兼从轻"的法律适用原则，属于适用法律错误。退一步说，即使适用《企业所得税税前扣除凭证管理办法》，甲科技公司已按照该办法第十四条第（一）至（三）款的规定，提供了相关证明资料，因此，相应支出在发生年度税前扣除于法有据。据此，请求判决：1.撤销原审判决。2.撤销市税务局第一稽查局作出的穗税一稽处〔2019〕150414号《税务处理决定书》。3.撤销市税务局作出的穗税行复〔2019〕27号《行政复议决定书》。4.本案全部诉讼费用由市税务局第一稽查局、市税务局承担。

被上诉人市税务局第一稽查局二审期间提交答辩意见称：一、原审判决认定事实清楚，适用法律正确，请求予以维持。1.甲科技公司在明知其与开票单位之间不存在真实货物运输业务的情况下，仍以开票单位虚开的增值税专用发票向税务机关申报抵扣，造成少缴增值税、城市维护建设税、教育费附加、地方教育附加，市税务局第一稽查局依法予以追缴具有事实和法律依据。2.鉴于甲科技公司的11份增值税专用发票是虚开的发票，不能证实该公司的运输费用真实发生，不能作为企业所得税税前扣除的凭证，原广州市国家税务局南区稽查局已依法通知甲科技公司在指定期限内补开、换开发票，或提供资料证实其支出的真实性，甲科技公司在指定期限内既不能补开、换开发票，提供的资料也不能证实其支出的真实性，市税务局第一稽查局依法追缴企业所得税具有事实和法律依据。3.甲科技公司少缴增值税、城市维护建设税、企业所得税，根据《税收征收管理法》第三十二条、《税收征收管理法实施细则》第七十五条的规定，市税务局第一稽查局依法对甲科技公司少缴的税款加收滞纳金具有事实和法律依据。二、对甲科技公司上诉事实和理由的回应意见。1.甲科技公司以开票单位虚开的增值税专用发票向税务机关申报抵扣，原审判决认定甲科技公司具有偷税行为和主观故意具有事实和法律依据。2.甲科技公司在诉讼过程中对中国银行支票联的来源提出异议，但该中国银行支票联已经甲科技公司盖章确认，可以作为认定事实的依据。3.市税务局第一稽查局已根据《税务稽查工作规程》的规定延长案件办理期限，不存在超期办案的情形。4.本案适用《企业所得税税前扣除凭证管理办法》更有利于保护行政相对人的合法权益，且根据"实体从旧，程序从新"的法律适用原则，市税务局第一稽查局的具体行政行为未违反"从旧兼从轻"的法律适用原则。综上所述，市税务局第一稽查局作出的被诉税务处理决定认定事实清楚，证据充分，程序合法，适用法律正确，原审判决具有事实和法律依据，请求驳回甲科技公司的上诉请求，维持原审判决。

被上诉人市税务局二审期间提交答辩意见称：市税务局收到甲科技公司复议申请后依法进行审查，作出被诉行政复议决定并告知甲科技公司，认定事实清楚，适用法律正确，程序合法。甲科技公司取得并使用不合规发票的事实清楚，且其不能提交符合要求的证明资料。市税务局第一稽查局作出的被诉税务处理决定认定事实清楚，证据确凿，适用依据正确，程序合法，内容适当，市税务局作出被诉行政复议决定予以维持符合法律规定。综上所述，原审法院认定事实清楚，适用法律正确，请求驳回上诉，维持原判。

经审查，原审法院查明事实清楚，且有相应证据证实，广州铁路中院予以确认。

广州铁路中院认为，根据查明的案件事实及各方当事人的诉辩意见，本案争议焦点主要在于：一、被诉《税务处理决定书》追缴企业所得税是否符合法律规定。二、被诉稽查程序是否合法。

一、被诉《税务处理决定书》追缴企业所得税是否符合法律规定。《企业所得税法》第八条规定："企业实际发生的与取得收入有关的、合理的支出，包括成本、费用、税金、损失和其他支出，准予在计算应纳税所得额时扣除。"《税收征收管理法》第十九条规定："纳税人、扣缴义务人按照有关法律、行政法规和国务院财政、税务主管部门的规定设置账簿，根据合法、有效凭证记账，进行核算。"第六十三条第一款规定："纳税人伪造、变造、隐匿、擅自销毁账簿、记账凭证，或者在账簿上多列支出或者不列、少列收入，或者经税务机关通知申报而拒不申报或者进行虚假的纳税申报，不缴或者少缴应纳税款的，是偷税。对纳税人偷税的，由税务机关追缴其不缴或者少缴的税款、滞纳金，并处不缴或者少缴的税款百分之五十以上五倍以下的罚款；构成犯罪的，依法追究刑事责任。"《发票管理办法》第二十一条规定："不符合规定的发票，不得作为财务报销凭证，任何单位和个人有权拒收。"《企业所得税税前扣除凭证管理办法》第十四条规定："企业在补开、换开发票、其他外部凭证过程中，因对方注销、撤销、依法被吊销营业执照、被税务机关认定为非正常户等特殊原因无法补开、换开发票、其他外部凭证的，可凭以下资料证实支出真实性后，其支出允许税前扣除：（一）无法补开、换开发票、其他外部凭证原因的证明资料（包括工商注销、机构撤销、列入非正常经营户、破产公告等证明资料）。（二）相关业务活动的合同或者协议。（三）采用非现金方式支付的付款凭证。（四）货物运输的证明资料。（五）货物入库、出库内部凭证。（六）企业会计核算记录以及其他资料。前款第一项至第三项为必备资料。"第十六条规定："企业在规定的期限未能补开、换开符合规定的发票、其他外部凭证，并且未能按照该办法第十四条的规定提供相关资料证实其支出真实性的，相应支出不得在发生年度税前扣除。"根据上述规定，企业在申请企业所得税税前扣除时，扣除的支出应为企业实际发生的与取得收入有关的合理支出，且支出的真实性具有相关资料予以证实。对于企业进行虚假纳税申报、少缴应纳税款的，由税务机关追缴其少缴的税款。本案中，甲科技公司使用涉案11份虚开的货物运输业增值税专用发票进行企业所得税税前扣除，其税前扣除支出的发票不具有真实性，相应支出不应作为企业所得税税前扣除。因此，市税务局第一稽查局要求甲科技公司采取相应的补救措施证明其支出真实性，并无不当。因甲科技公司未能提交符合《企业所得税税前扣除凭证管理办法》第十四条规定的证实支出真实性的相关资料，市税务局第一稽查局认定其税前扣除不符合上述法律法规的规定，据此作出被诉税务处理决定追缴其少缴的企业所得税，认定事实清楚，适用法律正确，处理结果适当，依法应予维持。关于甲科技公司认为其货物运输业务真实，实际发生的运输费应当在税前扣除，以及市税务局第一稽查局适用《企业所得税税前扣除凭证管理办法》导致适用法律错误的主张，原审判决已作出详细评述，广州铁路中院予以认可，不再赘述。

二、涉案稽查程序是否合法。《税务稽查工作规程》第二十二条第四款规定："检查应当自实施检查之日起60日内完成；确需延长检查时间的，应当经稽查局局长批准。"本案中，原广州市国家税务局南区稽查局自2018年4月2日对甲科技公司进行税务检查，其后因执法机构改革，国家税务总局广州市税务局稽查局、市税务局第一稽查局分别向甲科技公司告知了执法主体及相应的变更情况。因需延长检查时间，经稽查局局长审批，市税务局第一稽查局依法延长本案的检查时间，并未违反上述规定。因此，甲科技公司上诉主张市税务局第一稽查局违反法定办理时限，于法无据，不予采纳。

市税务局受理甲科技公司的行政复议申请后，经审查市税务局第一稽查局作出的被诉税务处理决定，认定事实清楚，适用依据正确，程序合法，遂根据《行政复议法》第二十八条规定在法定期限内作出被诉行政复议决定，复议程序合法。

综上所述，原审判决认定事实清楚，适用法律正确，程序合法，予以维持。甲科技公司的上诉请求不能成立，予以驳回。

2020年8月3日，广州铁路中院依照《行政诉讼法》第八十九条第一款第（一）项规定，作出〔2020〕粤71行终1279号行政判决书，判决驳回上诉，维持原判。二审案件受理费50元，由上诉人广州市甲科技实业有限公司负担。

二、丢失账簿与虚开发票案①

上诉人北京甲商贸有限公司（以下简称甲公司）因诉国家税务总局北京市税务局第一稽查局（以下简称北京税务第一稽查局）、国家税务总局北京市税务局（以下简称北京税务局）罚款、责令改正及行政复议决定一案，不服北京市西城区人民法院（以下简称一审法院）所作〔2020〕京0102行初62号行政判决，向北京市第二中级人民法院（以下简称北京二中院）提出上诉。北京二中院依法组成合议庭，对本案进行了审理，现已审理终结。

2017年10月20日，原北京市石景山区国家税务局稽查局（以下简称原石景山国税稽查局）作出石国税稽罚〔2017〕9号《税务行政处罚决定书》（以下简称被诉处罚决定），其中认定甲公司存在的违法事实为：（一）未按规定保管账簿、记账凭证的行为。经查，甲公司2012年明细账、记账凭证等资料搬家时丢失，根据《税收征收管理法》第二十四条、第六十条第一款第二项和《税收征收管理法实施细则》第二十九条

---

① 资料来源：北京市第二中级人民法院〔2011〕京02行终397号行政判决书。

第二款等相关文件之规定，甲公司的上述行为属于未按规定保管账簿、记账凭证的行为。（二）虚开增值税专用发票的行为。甲公司2012年11月28日为某商贸（北京）有限公司（以下简称某公司）开具52份增值税专用发票，发票代码：1100112140，发票号码：09700854至09700875、09701381至09701410，金额合计3 892 926.63元，税额合计661 797.47元，价税合计4 554 724.10元。经金税协查，西城国税稽查局调查取证，某公司2012年11月第50号1/1记账凭证记载，2012年11月30日收到由甲公司2012年11月28日开具52份增值税专用发票，发票代码：1100112140、发票号码：09700854至09700875、09701381至09701410，发票的票面货物名称全部为螺纹钢。某公司2012年12月第16号1/1记账凭证记载，2012年12月25日以银行转账（建行北京财满支行，账号×××）方式，分两笔支付甲公司货款4 554 724.10元。经金税协查，西城国税稽查局调取到某公司与甲公司之间相关业务的"采购合同"1份，"采购合同"的总合同金额4 554 724.10元。某公司会计核算中记账凭证没有出、入库单据，也没有相关运费的核算记载。经金税协查，西城国税稽查局对某公司取得甲公司开具增值税专用发票涉及的有关货物情况进行调查取证，检查发现某公司2012年12月第20号1/1记账凭证记载，某公司2012年12月25日支付4 554 724.10元货款的当日，甲公司仍然通过某公司的银行账户（建行北京财满支行，账号×××）分两笔将上述4 554 724.10元货款全部转回给某公司。调查证实甲公司开具上述52份增值税专用发票后，将货款资金全部回流给了支付方某公司。通过调查询问证实，某公司的人员与甲公司没有办理过钢材货物的交收，即某公司与甲公司没有进行过实际钢材贸易。根据《发票管理办法》第二十二条、第三十七条、33号公告等相关文件之规定，甲公司的上述行为属于虚开增值税专用发票的行为。根据《税收征收管理法》第二十四条、第六十条第一款第二项、《税收征收管理法实施细则》第二十九条第二款、33号公告、《发票管理办法》第二十二条第二款第一项、第三十七条的规定，（一）对甲公司为他人开具与实际经营业务情况不符的发票行为应定性为虚开，对该公司虚开行为处以20万元处罚。（二）对甲公司未按照规定保管账簿或者保管记账凭证和有关资料的行为，责令限期改正，并处以罚款2 000元。

甲公司不服被诉处罚决定，向原北京市国家税务局（以下简称原北京国税局）申请行政复议。北京税务局于2020年1月9日作出京税复决字〔2020〕1号《行政复议决定书》（以下简称被诉复议决定），决定维持被诉处罚决定。

甲公司向一审法院诉称，一、被诉处罚决定认定事实错误。甲公司2012年明细账、记账凭证丢失并非故意行为，不应属于《税收征收管理法》第六十条第一款第二项规定的行为。二、被诉处罚决定定性甲公司构成虚开增值税专用发票行为缺乏事实依据。1.甲公司系为配合某公司向中国某公司贸易融资而与其签订采购合同并开具增值税专用发票，主观上没有偷逃税款的目的。2.涉案交易甲公司皆依法开具发票并足额缴纳税款，客观上没有造成国家税款损失。三、被诉处罚决定违反了《行政处罚法》第三十八条和《关于加强行政执法与刑事司法衔接工作的意见》第一条第三款的规定。鉴于被诉处罚决定作出时,甲公司所涉虚开增值税发票案已进入检察院审查起诉阶段,此时作出行政处罚,明显违反了上述规定。故诉请法院判决撤销被诉复议决定和被诉处罚决定,本案诉讼费由北京税务第一稽查局和北京税务局承担。

北京税务第一稽查局一审辩称,一、被诉处罚决定认定事实清楚,证据确实充分,适用法律正确,程序合法。2017年8月16日,原石景山国税稽查局(后因税务机构改革,工作职责由北京税务第一稽查局承继)向甲公司送达税务检查通知书,决定对其2012年1月1日至2012年12月31日期间的涉税情况进行检查。经检查发现:1.甲公司存在未按规定保管账簿、记账凭证的行为。2.甲公司存在虚开增值税专用发票行为。针对上述发现的税收违法行为,原石景山国税稽查局按照法定程序作出被诉处罚决定。二、甲公司的诉讼请求及理由没有事实与法律依据,不能成立。1.关于甲公司所称2012年明细账、记账凭证丢失并非故意行为,不应属于《税收征收管理法》第六十条第一款第二项的行为问题。根据《税收征收管理法》第二十四条第一款及《税收征收管理法实施细则》第二十九条第二款的规定,甲公司的账簿、记账凭证等涉税资料应当保存10年。《行政处罚法》及《税收征收管理法》并未规定税务机关在实施行政处罚时需以行政相对人存在主观故意为前提。因此,无论甲公司丢失2012年明细账、记账凭证是否是故意行为,原石景山国税稽查局都有权对其进行处罚。2.关于甲公司所称被诉处罚决定认定其构成虚开增值税专用发票行为缺乏事实依据的问题。税务机关判定纳税人是否存在虚开发票的行为,主要是调查纳税人是否存在真实交易及有交易情况下是否按照交易内容开具发票。本案中,甲公司除了与某公司签订采购合同外,双方并未实际交付货物和实际支付合同款项,甲公司是在没有真实交易的情况下为某公司开具的增值税专用发票。甲公司的行为虽然未构成刑法上的虚开增值税专用发票罪,但因此种行为严重扰乱了增值税专用发票的正常管理秩序,因而已构成违反发票管理规定的虚开发票的行政违法行为。3.关于甲公司所称被诉处罚决定违反《行政处罚法》第三十八条、《关于加强行政执法与刑事司法衔接工作的意见》第一条第三款规定的问题。根据上述规定,行政机关有权根据情况对行政相对人的违法行为实施行政处罚;同时,如果行政相对人的行为涉嫌构成犯罪,行政机关有权移送司法机关处理,此规定并不意味着行政机关对移送司法机关处理的案件就一定不能实施行政处罚。对司法机关未就同一主体立案处理的案件,行政机关在移送前有权实施行政处罚。本案中,原石景山国税稽查局在对甲公司实施税务行政处罚前,并未向司法机关移送。而且,在处罚前,公安机关起诉意见书提请追究的是刘某某个人的刑事责任。稽查局处罚的主体与公安机关立案侦查的对象不是同一主体,被诉处罚决定并未违反上述规定。综上所述,被诉处罚决定事实清楚、证据充分、适用法律正确、程序合法,应予维持。甲公司所诉没有事实和法律依据,请法院依法驳回甲公司的诉讼请求。

北京税务局一审辩称,一、北京税务局已依法受理甲公司要求撤销被诉处罚决定的行政复议申请并作出行政复议决定,履行了行政复议的法定职责。二、被诉复议决定认定事实清楚,证据充分,适用法律正确,甲公司的诉求没有依据不能成立。综上所述,请求法院依法驳回甲公司的诉讼请求。

一审法院经审理查明,2017年8月8日,原石景山国税稽查局决定对甲公司2012年1月1日至2012年12月31日涉嫌税收违法行为立案调查。原石景山国税稽查局于2017年8月14日作出税务检查通知书,并于2017年8月16日向甲公司送达。原石景山国税稽查局于2017年9月6日作出责令限期改正通知书,并于2017年9月7日向甲公司送达。2017年9月11日,原石景山国税稽查局向甲公司作出并送达税务行政处罚事项告知书。2017年9月13日,甲公司提出听证申请。2017年9月18日,原石景山国税稽查局向甲公司作出并送达税务行政处罚听证通知书。2017年9月27日,原石景山国税稽查局按照听证程序举行听证会。经原北京市石景山区国家税务局重大税务案件审理委员会审理,原石景山国税稽查局于2017年10月20日作出被诉处罚决定。原石景山国税稽查局向甲公司送达被诉处罚决定。2017年10月23日,原石景山国税稽查局以甲公司涉嫌触犯《刑法》第二百零三条为由,将甲公司案件移送北京市公安局丰台分局。

甲公司不服被诉处罚决定,向原北京国税局提起行政复议申请。2017年11月9日,原北京国税局受理甲公司提起的行政复议申请。2017年11月16日,原北京国税局向甲公司作出受理行政复议申请通知书。2017年11月20日,原北京国税局向原石景山国税稽查局送达行政复议答复通知书。2017年11月27日,原北京国税局收到原石景山国税稽查局提交的行政复议答复意见书及相关材料。2018年1月5日,原北京国税局向甲公司作出行政复议中止审理通知书。原北京国税局向甲公司送达上述通知书。2020年1月8日,北京税务局向甲公司作出行政复议恢复审理通知书。北京税务局向甲公司送达上述通知书。2020年1月9日,北京税务局作出被诉复议决定。甲公司不服,向法院提起行政诉讼。另对于被诉处罚决定及被诉复议决定认定的事实,法院亦予确认。

另查,2017年2月26日,北京市公安局丰台分局作出的丰公诉字〔2017〕438号起诉意见书载明,犯罪嫌疑人分别为赵某、刘某某、李某某,拟将犯罪嫌疑人赵某、李某某、刘某某涉嫌虚开增值税专用发票罪的案件移送北京市丰台区人民检察院审查起诉,依法追究犯罪嫌疑人赵某、刘某某、李某某的刑事责任。

2017年12月31日,北京市西城区人民检察院作出京西检公诉刑诉〔2018〕76号起诉书,指控某公司、甲公司、北京某商贸有限公司(以下简称某1公司)、赵某、刘某某(于2016年9月20日被北京市公安局丰台分局刑事拘留)犯虚开增值税专用发票罪。

2018年6月15日,北京税务局挂牌成立,承继了原北京国税局的工作职责。自2018年8月17日起,原石景山国税稽查局的工作职责由北京税务第一稽查局承继。

2019年7月9日,法院〔2019〕京02刑终113号《刑事判决书》(以下简称113号刑事判决书)载明:"经审理查明……某公司找到刘某某任法定代表人的某1公司和甲公司,由某1公司于2012年8月至2013年3月,给某公司开具增值税专用(进项)发票

103份，税额合计16 150 052.28元，价税合计111 150 360.6元；甲公司于2012年11月，给某公司开具增值税专用（进项）发票52份，税额合计661 797.47元，价税合计4 554 724.1元。某公司将上述某1公司和甲公司开具的进项发票全部认证抵扣。在此过程中，某公司以支付货款名义转给某1公司90 241 794.78元，经甲公司后转回某公司85 491 794.78元；2012年12月25日，某公司支付甲公司4 554 724.1元，当日全部转回某公司。某1公司、甲公司在给某公司虚开增值税专用（进项）发票交易过程中，获取非法利益共计475万元……针对上诉人、上诉单位的上诉理由及相应辩护人的辩护意见和北京市人民检察院第二分院的出庭意见，法院综合评判如下：1.各上诉单位、各上诉人的行为不构成虚开增值税专用发票罪。增值税是以商品或应税劳务在流转过程中产生的增值额为计税依据而征收的一种流转税，增值税的征收以有实际商品流转或应税劳务发生且有增值为事实基础，同样开具增值税专用发票也应以实际发生商品流转或应税劳务为事实基础，在没有真实贸易的情况下开具增值税专用发票，就是一种虚假开具的行为，本质上属于虚开增值税专用发票行为，此种行为严重扰乱了增值税专用发票的正常管理秩序，已构成行政违法。但作为刑事犯罪的虚开增值税专用发票罪，不仅要从形式上把握是否存在虚假开具增值税专用发票的行为，还要从实质上把握行为人虚开增值税专用发票的主观心态以及客观后果……本案中，某公司找某1公司、甲公司虚开增值税专用发票，是因为之前某公司、山东分公司与中国某公司之间的贸易融资，某公司给中国某公司虚开了大量的增值税专用（进项）发票，某公司因此留下了相应的增值税专用（销项）发票，为避免因此缴纳相应的增值税，某公司找到某1公司、甲公司获取了虚开的增值税专用（进项）发票。从事情的前因看，某公司找某1公司、甲公司虚开增值税专用发票主观上并非出于骗取国家税款的目的。上述虚开的增值税专用（进项）发票虽已全部认证抵扣，但考虑到之前某公司因给中国某公司开具增值税专用发票而留下的大量销项发票，该部分发票因为没有实际发生商品流转，没有产生真实的商品增值，也就没有缴纳增值税的事实基础，不缴纳该部分税款也不会给国家造成实际的税款损失，现有证据不能排除某公司获取的虚开增值税专用（进项）发票就是抵扣了上述虚开的增值税专用（销项）发票的可能，也不足以证实所抵扣的增值税专用（销项）发票中包含有因存在真实交易而应当缴纳增值税的情况，故而认定某公司将虚开的增值税专用（进项）发票进行认证抵扣造成国家税款损失的证据不足。综上所述，某公司及其实际控制人赵某因主观上不具有骗取国家税款的目的，客观上认定造成国家税款损失的证据不足，因此，某公司、赵某的行为不构成虚开增值税专用发票罪。与之对应，负责开具相应增值税专用发票的某1公司、甲公司及其法定代表人刘某某基于同样的原因也不构成虚开增值税专用发票罪……2.某公司、赵某的行为构成非法购买增值税专用发票罪，某1公司、甲公司、刘某某的行为构成非法出售增值税专用发票罪……"

一审法院认为，本案争议的焦点有以下几点：一、甲公司2012年明细账、记账凭证等资料在搬家时丢失，是否属于《税收征收管理法》第二十四条规定的未按规定保管账簿、记账凭证。二、原石景山国税稽查局作出被诉处罚决定是否违反《关于加强行政执法与刑事司法衔接工作的意见》。三、按照虚开增值税专用发票对某1公司进行处罚是否合法。

一、关于甲公司2012年明细账、记账凭证等资料搬家时丢失，是否属于《税收征收管理法》第二十四条规定的未按规定保管账簿、记账凭证的问题。《税收征收管理法》第二十四条规定，从事生产、经营的纳税人、扣缴义务人必须按照国务院财政、税务主管部门规定的保管期限保管账簿、记账凭证、完税凭证及其他有关资料。账簿、记账凭证、完税凭证及其他有关资料不得伪造、变造或者擅自损毁。《税收征收管理法实施细则》第二十九条规定，账簿、记账凭证、报表、完税凭证、发票、出口凭证以及其他有关涉税资料应当合法、真实、完整。账簿、记账凭证、报表、完税凭证、发票、出口凭证以及其他有关涉税资料应当保存10年；但是，法律、行政法规另有规定的除外。《税收征收管理法》第六十条第一款第二项规定，未按照规定设置、保管账簿或者保管记账凭证和有关资料的，由税务机关责令限期改正，可以处2 000元以下的罚款；情节严重的，处2 000元以上1万元以下的罚款。法院认为，甲公司搬家时导致相关材料丢失，客观上造成该公司存在未按规定保管账簿、记账凭证的情形，原石景山国税稽查局对甲公司按照《税收征收管理法》第六十条第一款第二项的规定，对其作出责令限期改正并处2 000元罚款，并无不当。

二、关于原石景山国税稽查局作出被诉处罚决定是否违反《关于加强行政执法与刑事司法衔接工作的意见》的问题。《关于加强行政执法与刑事司法衔接工作的意见》规定，行政执法机关向公安机关移送涉嫌犯罪案件，应当移交案件的全部材料，同时将案件移送书及有关材料目录抄送人民检察院。行政执法机关在移送案件时已经作出行政处罚决定的，应当将行政处罚决定书一并抄送公安机关、人民检察院；未作出行政处罚决定的，原则上应当在公安机关决定不予立案或者撤销案件、人民检察院作出不起诉决定、人民法院作出无罪判决或者免予刑事处罚后，再决定是否给予行政处罚。法院认为，原石景山国税稽查局对甲公司立案调查作出被诉处罚决定时，公安机关尚未对甲公司立案侦查。原石景山国税稽查局于2017年10月20日作出被诉处罚决定，于2017年10月23日将甲公司案件移送北京市公安局丰台分局，并不违反上述规定。

三、关于是否应当按照虚开增值税专用发票对甲公司进行处罚的问题。本案中，甲公司为某公司开具52份增值税专用发票，金额合计3 892 926.63元，税额合计661 797.47元，价税合计4 554 724.10元，之后将货款资金全部回流给了支付方某公司。某公司与甲公司没有进行过实际钢材贸易。法院113号刑事判决书虽然认定甲公司的上述行为不属于刑事犯罪的虚开增值税专用发票罪，但仍认可其本质上属于虚开增值税专用发票行为，此种行为严重扰乱了增值税专用发票的正常管理秩序，已构成行政违法。法院认为，原石景山国税稽查局对甲公司的上述行为按照虚开增值税专用发票进行处罚，并无不当。

原石景山国税稽查局立案后，查明相关事实，依法向甲公司送达行政处罚事先告知书，组织听证，并按照《重大税务案件审理办法》的规定，将甲公司案件提请审理委员会审理后作出被诉处罚决定。被诉处罚决定事实认定清楚，程序合法，适用法律正确，处罚适当，予以支持。

原北京国税局按照《行政复议法》和《行政复议法实施条例》的相关规定，依法受理了甲公司的行政复议申请，并向原石景山国税稽查局送达行政复议申请书副本及行政复议答复通知书。在审查期间，原北京国税局认为存在《行政复议法实施条例》第四十一条第一款第八项和《税务行政复议规则》第七十九条第一款第九项规定的情形，决定中止案件审理，在中止原因消除后及时恢复了案件审理，并将上述中止及恢复审理情况向甲公司进行了告知。经过审查，北京税务局作出被诉复议决定。法院认为，被诉复议决定认定事实清楚，适用法律正确，程序并无不当，予以支持。综上所述，甲公司请求撤销被诉处罚决定及被诉复议决定的诉讼请求不能成立，不予支持。故一审法院依照《行政诉讼法》第六十九条、第七十九条之规定，判决驳回甲公司的诉讼请求。

甲公司不服一审判决，上诉请求撤销一审判决，依法改判撤销北京税务局所作被诉复议决定和原石景山国税稽查局所作被诉处罚决定；两审诉讼费由北京税务第一稽查局、北京税务局承担。主要理由：1.一审判决认定基本事实错误，适用法律错误，程序严重违法。一审判决认定原石景山国税稽查局作出被诉处罚决定时公安机关尚未对甲公司立案侦查错误，在案证据证明被诉处罚决定是在公安机关立案后作出。2.一审判决适用法律错误。原石景山国税稽查局在明知公安机关已经对甲公司立案侦查并对法定代表人采取强制措施的前提下，仍然对甲公司作出被诉处罚决定，明显违反了《关于加强行政执法与刑事司法衔接工作的意见》第一条第三款的规定，一审判决适用法律错误。3.处罚机关在调查过程中，调查取证程序违法。根据《看守所条例》《看守所条例实施办法》的规定，原石景山国税稽查局在调查过程中到看守所对刘某某、赵某进行询问，违反规定。4.复议机关中止复议行为违法。复议机关根据《行政复议法实施条例》第四十一条第一款第八项、《税务行政复议规则》第七十九条第一款第九项的规定中止复议，法律依据错误。5.最高人民法院对本案类似情况的处理有明确规定，根据〔2008〕行他字第1号的明确规定，处罚机关对甲公司的处罚明显违反规定，应予以撤销。

北京税务第一稽查局同意一审判决，请求予以维持。

北京税务局同意一审判决，请求予以维持。

在一审诉讼期间，北京税务第一稽查局提交并在庭审中出示了税务稽查立案审批表、税务检查通知书、责令限期改正通知书、税务稽查工作底稿（二）、税务行政处罚事项告知书、行政处罚听证申请书、税务行政处罚听证通知书、听证笔录、税收违法案件集体审理纪要、重大税务案件审理提请书、重大税务案件审理委员会审理意见书、被诉处罚决定、涉嫌犯罪案件移送书、起诉意见书、国家税务总局北京市税务局关于国家税务总局北京市税务局稽查局等5个税务稽查机构工作职责的公告、询问（调查）笔录、询问/讯问笔录、采购合同、记账凭证、北京增值税专用发票，增值税专用发票认证发票查询、中国建设银行网上银行电子回单、协助查询财产通知书、银行账户明细、稽查局税收违法案件协查回复、司法会计鉴定意见书、送达回证等证据，用以证明北京税务第一稽查局所作被诉处罚决定的合法性。

在一审诉讼期间，北京税务局提交并在庭审中出示了行政复议申请书及相关材料、行政复议申请回执、受理行政复议申请通知书、行政复议答复通知书、行政复议答复书、证据清单、法律依据清单、行政复议中止审理通知书、行政复议恢复审理通知书、被诉复议决定、113号刑事判决书、起诉意见书、邮寄凭证、送达回证等证据，用以证明北京税务局所作被诉复议决定的合法性。

在一审诉讼期间，甲公司提交并在庭审中出示了换押证、起诉书、行政复议中止审理通知书、113号刑事判决书等证据，用以证明被诉处罚决定、被诉复议决定应被撤销。

经庭审质证，一审法院对上述证据作如下确认：北京税务第一稽查局提交的被诉处罚决定、北京税务局提交的被诉复议决定系本案被诉行政行为载体，不宜作为证据使用，不予采纳。北京税务第一稽查局、北京税务局提交的其他证据、甲公司提交的证据符合《最高人民法院关于行政诉讼证据若干问题的规定》对证据的要求，能够证明案件相关事实，予以确认。

一审法院已将当事人提交的上述证据随案移送本院。经审查，一审法院对上述证据材料的认证意见符合《最高人民法院关于行政诉讼证据若干问题的规定》，认证意见正确，北京二中院予以确认。

北京二中院经审理查明的事实与一审判决认定的事实一致。

北京二中院认为，根据《税收征收管理法》第十四条及《税收征收管理法实施细则》第九条关于涉税案件查处机关及其职责的规定，北京税务第一稽查局具有依法查处涉税案件并作出相应处理的法定职责。依照《行政复议法》关于行政复议机关及其职责的规定，北京税务局具有受理甲公司所提行政复议申请，并根据具体情况作出行政复议决定的法定职责。

根据《税收征收管理法》第二十四条第一款、第六十条第一款第二项的规定，从事生产、经营的纳税人、扣缴义务人必须按照国务院财政、税务主管部门规定的保管期限保管账簿、记账凭证、完税凭证及其他有关资料。纳税人未按照规定设置、保管账簿或者保管记账凭证和有关资料的，由税务机关责令限期改正，可以处2 000元以下的罚款；情节严重的，处2 000元以上1万元以下的罚款。《税收征收管理法实施细则》第二十九条第二款规定，账簿、记账凭证、报表、完税凭证、发票、出口凭证以及其他有关涉税资料应当保存10年；但是，法律、行政法规另有规定的除外。本案中，根据在案证据证明的事实，甲公司未按照规定保管账簿、记账凭证的行为违反了上述涉税资料保管规定，税务机关依法责令甲公司限期改正，并处以罚款，并无不当。

根据《发票管理办法》第二十二条第二款第一项的规定，任何单位和个人不得为他人、为自己开具与实际经营业务情况不符的发票。第三十七条规定，违反该办法第二十二条第二款的规定虚开发票的，由税务机关没收违法所得；虚开金额在1万元以下的，可以并处5万元以下的罚款；虚开金额超过1万元的，并处5万元以上50万元以下的罚款；构成犯罪的，依法追究刑事责任。33号公告规定，纳税人虚开增值税专用发票，未就其虚开金额申报并缴纳增值税的，应按照其虚开金额补缴增值税；已就其虚开金额申报并缴纳增值税的，不再按照其虚开金额补缴增值税。税务机关对纳税人虚开增值税专用发票的行为，应按《税收征收管理法》及发票管理办法的有关规定给予处罚。纳税人取得虚开的增值税专用发票，不得作为增值税合法有效的扣税凭证抵扣其进项税额。本案中，甲公司在没有实际发生商品流转的情况下，向某公司开具增值税专用发票，收取的相关款项通过关联公司予以转回，根据上述规定，甲公司的行为属于虚开增值税专用发票的行为，税务机关依据事实及规定予以处罚，亦无不当。

税务机关在作出被诉处罚决定前按照《税务稽查工作规程》《重大税务案件审理办法》等有关规定，履行了立案、调查、告知、听证、送达等程序。故北京税务第一稽查局对甲公司作出的被诉处罚决定认定事实清楚，适用法律法规正确，程序合法。

根据《行政复议法》《行政复议法实施条例》《税务行政复议规则》等关于行政复议的受理、审查、程序、时限等相关规定，北京税务局在收到甲公司所提行政复议申请后，履行了受理、调查、中止、恢复、送达等程序，经审查作出被诉复议决定，符合规定。

对于甲公司所提关于被诉处罚决定在公安机关立案后作出、行政复议中止违法等主张，一审法院未予支持，并已有详细论述。北京二中院予以认可，不再赘述。

综上所述，一审法院判决驳回甲公司的诉讼请求正确，予以维持。甲公司的上诉请求无事实及法律依据，不予支持。

2021年4月9日，北京市二中院依照《行政诉讼法》第八十九条第一款第一项的规定，作出〔2021〕京02行终397号行政判决书，判决驳回上诉，维持一审判决。一、二审案件受理费各50元，均由北京甲商贸有限公司负担（已交纳）。

三、发票存疑不履行法定职责案[①]

济南甲食品有限公司（以下简称甲公司）诉山东省章丘市国家税务局（以下简称章丘市国税局）不履行法定职责一案，章丘市人民法院于2012年10月22日作出〔2012〕章行初字第17号行政判决。甲公司不服，提起上诉。济南市中级人民法院于2013年1月

[①] 资料来源：山东省高级人民法院〔2014〕鲁行再终字第4号行政判决书。

15日作出〔2012〕济行终字第208号行政判决。甲公司不服,向山东省高级人民法院(以下简称山东高院)申请再审。山东高院于2014年5月14日作出〔2014〕鲁行监字第1号行政裁定,裁定本案由山东高院进行提审。山东高院依法组成合议庭,书面审理了本案。本案现已审理终结。

  章丘市人民法院一审查明:原告甲公司是在工商部门注册登记的企业法人单位,从事生产、加工谷物果实代用茶业务。2009年迁至章丘市相公庄镇十九郎村。2010年重新启动对日出口贸易。2010年6月起向被告章丘市国税局申报出口货物应退税款。被告先后于2012年1月、2月为原告办理出口退税共计34万余元,剩余42 843.84元被告以原告提供了虚假发票为由没有退回。原告不服,于2012年4月19日向济南市国家税务局提起行政复议。复议过程中,双方达成和解协议,约定:申请人(原告)自觉配合被申请人(被告)对出口退税相关事项的调查、检查;被申请人及时组织人员进行调查、检查,并将结果向申请人反馈。原告撤回复议申请。被告在审查过程中认为出售人为杨某某、张某某的33份发票存在疑点,涉嫌虚开农产品收购发票,向章丘市公安局进行了通报。章丘市公安局立案后派员到江苏省射阳县千秋镇找杨某某、张某某进行了调查,杨某某、张某某二人否认2010年和2011年与原告发生过农产品买卖业务。原告不服,诉至法院,请求法院判令被告立即退还出口货物应退税42 843.84元,利息3 602元,共计人民币46 445.84元。

  章丘市人民法院一审认为:《增值税暂行条例》第八条规定,"纳税人购进货物或者接受应税劳务(以下简称'购进货物或者应税劳务')支付或者负担的增值税税额,为进项税额。下列进项税额准予从销项税额中抵扣……(三)购进农产品,除取得增值税专用发票或者海关进出口增值税缴款书外,按照农产品收购发票或者销售发票上注明的农产品买价和13%的扣除率计算的进项税额。进项税计算公式:进项税额=卖价×扣税率……"本案中,出售人为杨某某、张某某的33份发票总额为329 658元,依据该计算公式,其进项税为329658×13%=42 843.84元,即原告要求退税的部分。《发票管理办法实施细则》(国家税务总局令2011年第25号)第二十六条规定:"填开发票的单位和个人必须在发生经营业务确认营业收入时开具发票,未发生经营业务一律不准开具发票。"《山东省国家税务局转发〈国家税务总局关于加强以农产品为主要原料生产的出口货物退税管理的通知〉的通知》(鲁国税函〔2006〕220号文件)第二条规定:"凡发现其购、产、销、运输、报关、收汇等环节存在疑点、不能确定其业务真实性的,一律先暂停办理退税,并按有关规定落实和处理。"根据上述规定,被告在审查原告提供的相关资料进行出口退税的过程中,发现原告提供的出售人为杨某某、张某某33份发票存在疑点后,对其产生的进项额暂停计算退税。《国家税务总局关于开展打击制售假发票和非法开发票专项整治行动有关问题的通知》(国税发〔2008〕40号)第三条规定:"……整治不合法发票的买方市场,是专项整治行动的重要方面,对于不符合规定的发票和其他凭证,包括虚假发票和非法代开发票,均不得用以税前扣除、出口退税、抵扣税款。"根据上述规定，被告将存在疑点的发票通报公安机关，公安机关受理后找相关人员进行了调查，杨某某、张某某否认与原告发生相应的农产品买卖业务。被告根据自身和公安机关的证据材料对该33份发票的进项税不予退还并无不当。因此，原告要求被告退还出口货物应退税款42 843.84元，利息3 602元的请求于法无据，不予支持。依照《最高人民法院关于执行〈中华人民共和国行政诉讼法〉若干问题的解释》第五十六条第（一）项之规定，判决驳回原告甲公司要求被告退还出口货物应退税款42 843.84元，利息3 602元的诉讼请求。

甲公司不服，向济南市中级人民法院提起上诉。济南市中级人民法院二审查明甲公司向章丘市国税局提出退税申请的时间是2011年6月，其他事实认定与一审判决无异。

济南市中级人民法院二审认为：《发票管理办法实施细则》第二十六条规定："填开发票的单位和个人必须在发生经营业务确认营业收入时开具发票，未发生经营业务一律不准开具发票。"《山东省国家税务局转发〈国家税务总局关于加强以农产品为主要原料生产的出口货物退税管理的通知〉的通知》（鲁国税函〔2006〕220号文件）第二条规定："凡发现其购、产、销、运输、报关、收汇等环节存在疑点、不能确定其业务真实性的，一律先暂停办理退税，并按有关规定落实和处理。"本案中，被上诉人在审核上诉人的退税业务中发现涉案33张农产品收购发票存在疑点。经被上诉人及公安机关的调查，该宗发票载明的农产品出售人杨某某、张某某均否认存在经营业务。被上诉人据此暂不办理上诉人涉案33份存在疑点发票的进项税退税并无不当。原审法院判决驳回济南甲食品有限公司要求被告退还出口货物应退税款42 843.84元，利息3 602元的诉讼请求，认定事实基本清楚，适用法律正确，程序合法，依法应予维持。依照《行政诉讼法》第六十一条第（一）项之规定，判决驳回上诉，维持原判。

甲公司申请再审称：1.申请再审人提供的证据可以证明申请再审人所开具的33张发票是真实的，不存在虚开的情况。被申请再审人不提交对周某1取证的证据，不提交除杨某某、张某某两人以外对其他9人调查取证的证据，仅凭杨某某、张某某两人的笔录为本案定性，缺乏证据的全面性。2.章丘市公安局出具结论是不予立案，否定了本案是经济犯罪案件。申请再审人的农产品收购发票和增值税普通发票都被核销完毕，按照法律规定不存在违法行为。3.二审法院判决没有对申请再审人出口货物业务的真实性进行审核，适用法律及审判程序上存在错误。一、二审判决适用了两个法律条文，即《发票管理办法实施细则》第二十六条和《山东省国家税务局转发〈国家税务总局关于加强以农产品为主要原料生产的出口货物退税管理的通知〉的通知》（鲁国税函〔2006〕220号文件）第二条，上述法律条文都没有不退税的规定。而且法律规定的是"先暂停办理退税，并按有关规定落实和处理"。二审法院判决并未审查被申请再审人暂不退税的期限以及在何期限内按有关规定落实和处理的意见，事实上将暂不退税演变成实际的不退税。请求撤销原审判决，支持甲公司的原诉讼请求。

双方当事人在一、二两审中提交的证据已随案移送山东高院,再审中未提交新的证据。二审案卷中,有甲公司在二审庭审中提供的张某某以及杨某某的丈夫周飞等人于2012年10月26日、28日出具的书面证言,用于证明他们于2010年至2011年间将大麦销售给了甲公司。二审庭审中章丘市国税局以证人未出庭作证等为由对上述书证不予认可,法院也未予以认证。合议庭经评议认为,章丘市国税局系因对甲公司申请退税事项存疑暂停办理退税,至于杨某某、张某某是否将大麦销售给了甲公司的事实属于税务机关依职权认定的问题,本案中无须认定。一、二两审法院查明的其他程序性案件事实,山东高院无不同意见。

山东高院认为:本案的主要争议焦点系甲公司所诉章丘市国税局暂停办理退税是否构成不履行法定职责。根据《增值税暂行条例》第八条之规定,本案中,出售人为杨某某、张某某的33份发票总额为329 658元,依据公式计算进项税为42 843.84元,即甲公司要求退税的部分。《山东省国家税务局转发〈国家税务总局关于加强以农产品为主要原料生产的出口货物退税管理的通知〉的通知》(鲁国税函〔2006〕220号文件)第二条规定:"凡发现其购、产、销、运输、报关、收汇等环节存在疑点、不能确定其业务真实性的,一律先暂停办理退税,并按有关规定落实和处理。"章丘市国税局于2012年1月、2月为甲公司办理出口退税34万余元后,认为发票载明的农产品出售人杨某某、张某某否认存在经营业务,据此暂不办理涉案33份存在疑点发票的进项税退税并无不当。但甲公司向济南市国家税务局撤回复议申请后,章丘市国税局在审查过程中认为出售人为杨某某、张某某的33份发票存在疑点,涉嫌虚开农产品收购发票,向章丘市公安局进行了通报。章丘市公安局对甲公司涉嫌虚开农产品收购发票一案经过调查后,于2012年7月6日出具了"关于甲公司涉嫌虚开农产品收购发票不予立案的情况说明",结论为"没有直接证据证明甲公司虚开农产品收购发票,经领导批准,不予立案。"依据上述法律规范的规定,税务机关发现存在疑点不能确定业务真实性的,在"暂停办理退税"之后,还应"按有关规定落实和处理"。针对当事人的申请决定是否办理退税系税务机关的法定职责,税务机关在暂停办理后,应当按照正当行政程序原则积极履行"落实和处理"职责,尽快作出最终处理意见,不应久拖不决或以暂停办理代替实质上的最终处理,否则亦构成不履行法定职责。特别是本案中,在章丘市公安局以"没有直接证据证明甲公司虚开农产品收购发票"为由决定不予立案后,甲公司申请退税问题实际上仍处于待处理状态,章丘市国税局应尽快按有关规定"落实和处理",在调查的基础上针对甲公司申报出口货物退税问题作出是否退税的处理决定。而章丘市国税局在章丘市公安局对甲公司涉嫌虚开农产品收购发票一案决定不予立案后,未"按有关规定落实和处理",属于适用法律错误,其行为构成不履行法定职责。原一、二审判决驳回甲公司的诉讼请求,亦属适用法律错误,依法应予以改判。

2014年5月20日,山东高院依据《行政诉讼法》第五十四条第(三)项、《最高人民法院关于执行〈中华人民共和国行政诉讼法〉若干问题的解释》第七十八条之规定，作出〔2014〕鲁行再终字第4号行政判决书，判决如撤销济南市中级人民法院〔2012〕济行终字第208号行政判决；撤销章丘市人民法院〔2012〕章行初字第17号行政判决；章丘市国税局于本判决生效之日起60日内针对甲公司的申请作出是否退税的处理决定。原一、二两审案件受理费各50元，均由章丘市国税局承担。

四、发票违法检举案[①]

上诉人国家税务总局深圳市龙华区税务局因与被上诉人李某行政处理决定纠纷一案，不服广东省深圳市盐田区人民法院〔2019〕粤0308行初665号行政判决，向深圳市中级人民法院（以下简称深圳中院）提起上诉。深圳中院受理后依法组成合议庭，对本案进行了审理，现已审理终结。

经审理，原审判决查明的事实无误，法院予以确认。

深圳中院认为，根据一审法院的调查和李某的明确表示，本案被诉行政行为是上诉人于2019年1月23日向被上诉人作出的《检举税收违法行为查办结果简要告知书》，人民法院依法对该行为的合法性进行审查。根据《发票管理办法》第二十条规定："所有单位和从事生产、经营活动的个人在购买商品、接受服务以及从事其他经营活动支付款项，应当向收款方取得发票。取得发票时，不得要求变更品名和金额。"该法第二十二条规定："开具发票应当按照规定的时限、顺序、栏目，全部联次一次性如实开具，并加盖发票专用章。任何单位和个人不得有下列虚开发票行为：（一）为他人、为自己开具与实际经营业务情况不符的发票。（二）让他人为自己开具与实际经营业务情况不符的发票。（三）介绍他人开具与实际经营业务情况不符的发票。"又根据当时有效的《税收违法行为检举管理办法》第九条规定："举报中心受理检举事项的范围是：涉嫌偷税，逃避追缴欠税，骗税，虚开、伪造、非法提供、非法取得发票，以及其他税收违法行为。"该办法第二十条第一款规定："对实名检举案件，举报中心收到承办部门回复的查办结果以后，可以应检举人的要求将与检举线索有关的查办结果简要告知检举人；检举案件查结以前，不得向检举人透露案件查处情况。"本案中，被上诉人实名举报深圳市甲汽车服务有限公司未按规定向其开具发票，上诉人经调查核实，向被上诉人作出已责令被举报人开具发票的告知，被上诉人对此不服，提出复议申请，认为开具发票的品名填写错误。经复议，复议机关认为上诉人未查明真实交易情况，查处及答复存在事实不清、证据不足，故而撤销了上述告知，要求上诉人重新作出处理，上诉人于2019年1月作出本案所诉查办结果告知，告知：1.被检举人已向你开具发票两张。2.已对被检举人处以罚款，被检举人已缴纳。根据上诉人提交的涉案处罚决定，该决定针对深圳市甲汽车服务有限公司应开具而未开

---

① 资料来源：广东省深圳市中级人民法院〔2019〕粤03行终1511号行政判决书。

具发票的违法行为作出处罚。根据《发票管理办法》第二十条、第二十二条规定，本案中，深圳市甲汽车服务有限公司是否存在为他人开具与实际经营业务情况不符的发票，是否开具的发票品名不对应，事实仍不清楚，证据亦不充分。在事实未查明的基础上，上诉人即作出被诉查办结果告知，事实不清，依法应予撤销。上诉人的上诉主张不能成立，对其上诉请求，不予支持。原审判决认定事实清楚，适用法律、法规正确，依法应予维持。

2021年3月30日，深圳中院依照《行政诉讼法》第八十九条第一款第（一）项之规定，作出〔2019〕粤03行终1511号行政判决书，判决驳回上诉，维持原判。本案二审案件受理费人民币50元，由上诉人国家税务总局深圳市龙华区税务局负担。

五、虚开发票处罚过重案①

上诉人长海县甲生物科技有限公司（以下简称甲公司）因与被上诉人国家税务总局长海县税务局税务行政处罚一案，不服辽宁省长海县人民法院〔2020〕辽0224行初10号行政判决向大连市中级人民法院（以下简称大连中院）提起上诉。大连中院受理后，依法组成合议庭审理了本案，现已审理终结。

原审法院认定，原告甲公司向河南乙公司分别于2015年10月22日虚开3组增值税专用发票，开具货物名称为盐渍海参，发票金额均为876 106.19元，销项税额均为113 893.81元，3组增值税专用发票的价税合计为297万元；于2015年11月16日虚开3组增值税专用发票，销项税额均为113 893.81元，2组增值税专用发票的价税合计为1 979 999.98元；于2016年4月27日虚开4组增值税专用发票，开具货物名称为盐渍海参，发票金额均为876 106.19元，销项税额均为113 893.81元，4组增值税专用发票的价税合计为396万元。大连市长海县国家税务局于2016年5月9日立案稽查。2019年5月28日，被告向原告下发长税罚告〔2019〕924号《行政处罚告知书》，认定原告虚开9组增值税专用发票，拟对原告作出罚款30万元的行政处罚。原告收到后，申请了听证，被告于2019年6月13日依法召开听证会。2019年10月10日，被告向原告下发长税罚告〔2019〕934号《行政处罚告知书》，拟对原告作出罚款30万元的行政处罚。原告收到后，向被告提交了书面《复函》。2019年10月22日，被告向原告下发长税罚〔2019〕924号《行政处罚决定书》，对原告作出罚款30万元的行政处罚。对此，原告不服，诉至该院。

另查，2018年7月5日，因机构改革原大连市长海县国家税务局职能划归被告国家税务总局长海县税务局。

原审法院认为，《发票管理办法》第二十二条规定，开具发票应当按照规定的时限、顺序、栏目，全部联次一次性开具，并加盖发票专用章。任何单位和个人不得

---

① 资料来源：辽宁省大连市中级法院人民法院人〔2020〕辽02行终619行的判决书。

有下列虚开发票行为：（一）为他人、为自己开具与实际经营业务情况不符的发票。（二）让他人为自己开具与实际经营业务情况不符的发票……第三十七条第一款规定，违反该办法第二十二条第二款的规定虚开发票的，由税务机关没收违法所得；虚开金额在1万元以下的，可以并处5万元以下的罚款；虚开金额超过1万元的，并处5万元以上50万元以下的罚款；构成犯罪的，依法追究刑事责任。本案中，原告于2015年10月22日、11月16日、2016年4月27日分三次开具的9组增值税专用发票的行为，属于为他人开具发票的行为。被告通过对相关人员调查询问、取证、异地协查、提取办案机关询问笔录等检查方式，认定原告为他人开具与实际经营业务情况不符的事实清楚、证据充分。被告在执法过程中履行了相关程序规定，其执法过程符合法定程序要求。被告所依据案件事实作出的行政决定，适用法律、法规正确。因原告的诉讼主张无事实和法律依据，故该院不予采信。依据《行政诉讼法》第六十九条之规定，判决驳回原告甲公司的诉讼请求。

上诉人甲公司上诉称，请求撤销原审判决，改判撤销长税罚〔2019〕924号税务《行政处罚决定书》（以下简称被诉行政处罚决定）。主要理由是：被诉行政行为适用法律不当，原审判决认定被上诉人作出行政处罚适用法律正确，缺乏事实及法律依据。一、被上诉人作出罚款的行政处罚不符合其依据的法律规定。被上诉人依据《发票管理办法》第三十七条进行罚款，但该条规定对虚开发票，要处以没收违法所得的行政处罚、可以并处罚款。而上诉人虽然虚开发票，但实际上已全额缴纳了税款，并无违法所得可以没收，也就谈不上并处罚款。被上诉人作出单处罚款的行政处罚，与其依据的法律规定不符。最高院2018年12月04日发布了《人民法院充分发挥审判职能作用保护产权和企业家合法权益典型案例（第二批）》，其中的张某强虚开增值税专用发票案，在该案被上诉人因虚开增值税专用发票罪、一审法院在法定刑之下判决其承担刑事责任并报最高院核准后，最高院认为其并不具有偷逃税收的目的，其行为未对国家造成税收损失，不具有社会危害性。虽然被上诉人并未上诉，但是最高院基于刑法的谦抑性要求认为，该案不应定罪处罚，故未核准一审判决，并撤销一审判决，将该案发回重审。最终，一审法院宣告张某强无罪。可见虚开发票被追责的前提有二，一是行为人主观上有骗取国家税款的目的，二是该行为客观上造成国家税款的损失。同样，虚开发票这一违法行为也应具有上述主、客观条件，所以《发票管理办法》第三十七条规定的行政处罚首先是没收违法所得，在此基础上才是可以并处罚款。在没有骗取税款的目的、未给国家造成税收损失的前提下，没有违法所得可以没收的，不应单独给予罚款的行政处罚。二、罚款30万元，处罚幅度过重，没有任何法律依据。在处罚决定书中，被上诉人称系依据《发票管理办法》第三十七条第一款罚款30万元，但该条款仅规定虚开发票金额超过1万元的，可并处5万元以上50万元以下的罚款，并未具体规定处罚金额量定标准。在两份行政处罚告知书中，被上诉人明确说明，处罚裁量标准系依据《大连市国家税务局关于发布税务行政处罚裁量基准的公告》(大连市国家税务局公告2014年第16号)第二十七条第(五)项和《大连市地方税务局关于发布税务行政处罚裁量标准的公告》(大连市地方税务局公告2012年第6号)第三十条第(五)项"虚开发票,票面金额累计在30万元以上的,处30万元以上50万元以下的罚款"。故按最低限罚款30万元。但上述两份文件,已被大连市国家税务局、大连市地方税务局2016年6月23日发布的《大连市税务行政处罚裁量权基准》(大连市国家税务局、大连市地方税务局公告2016年第19号)第五十六条予以废止。虽然2016年第19号公告中有类似的处罚裁量标准,但该公告亦已失效。被上诉人明知上述文件已被废止,所以在处罚决定书中未再引用上述文件条款作为处罚依据,仅以《发票管理办法》第三十七条作为处罚依据。但罚款30万元,与上诉人无违法所得、未给国家造成税收损失的违法行为比较而言,明显处罚过重,违背了《行政处罚法》第四条的实施行政处罚必须与违法行为的事实、性质、情节以及社会危害程度相当的公正原则。《国家税务总局关于纳税人取得虚开的增值税专用发票处理问题的通知》(国税发〔1997〕134号)第三条规定:纳税人以上述第一条(受票方利用他人虚开的专用发票)、第二条(购货方从销售方取得第三方开具的专用发票,或者从销货地以外的地区取得专用发票)所列的方式取得专用发票未申报抵扣税款,或者未申请出口退税的,应当依照《发票管理办法》及有关规定,按所取得专用发票的份数,分别处以1万元以下的罚款。上诉人虚开发票、无违法所得、未造成国家税收损失的行为,与上述规定中的行为类似,应该参照上述规定,对30万元罚款,予以适当降低。综上所述,在上诉人无违法所得的前提下,单独处以罚款不符合相关法律规定;罚款30万元依据的是已失效的法律文件,与上诉人行为的性质、情节及社会危害程度严重不符。

被上诉人国家税务总局长海县税务局辩称,原审判决认定事实清楚,适用法律正确,请求驳回上诉,维持原判。一、行政机关应当依据行政法律规范行政,而不能依据刑事法律规范行政。上诉人混淆了行政和刑事的界限,以刑事法律规范的标准来审视行政行为的合法性,不符合"依法行政"的法律精神。上诉人所引用《人民法院充分发挥审判职能作用保护产权和企业家合法权益典型案例(第二批)》的案例是刑事案件,适用的刑事法律规范范畴的刑法追责,而本案上诉人的虚开发票违法行为事实清楚、证据确凿,其行为首先是违反《发票管理办法》行政法规的违法行为,应当受到行政法律的制裁惩戒,对其追责适用于行政法律规范的行政处罚,而非刑法追责。同理,无论将来本案上诉人虚开发票违法行为是否不予或免予追究刑事责任,均不能据此不予或免予行政追责。且对于本案而言,根据《发票管理办法》第二十二条、第三十七条规定,作出虚开发票行为即构成行政违法,不以行为人具有偷、逃税款的目的和实际造成税款损失的结果为构成要件。罚款和没收违法所得是并列的两个处罚种类,没收违法所得并不是罚款的前提条件。上诉人主张无违法所得就不能处以罚款,是曲解法律条文意思。二、对上诉人罚款30万元符合法律规定的处罚幅度,不属于处罚过重。《发票管理办法》第三十七条规定对虚开发票违法行为的罚款幅度为5万—

50万元，被上诉人决定对上诉人罚款30万元没有超过法定幅度。行政处罚裁量基准是行政机关内部的指导性规定，本身并不直接影响相对人的权利和义务。并且，行政处罚裁量基准属于实体性规定，适用时应当遵循"从旧兼从轻"的原则。上诉人虚开发票行为发生在2015年10月至2016年4月，累计票面金额891万元。《大连市税务行政处罚裁量权基准》（大连市国家税务局、大连市地方税务局公告2016年第19号）是2016年6月23日发布的，并且新旧规定对于虚开发票违法行为的罚款幅度没有变化，均规定"虚开发票，票面金额累计在30万元以上的，处30万元以上50万元以下的罚款。"被上诉人适用行为当时有效的规定，符合"从旧兼从轻"的原则，也不损害上诉人的合法权益。并且，上诉人累计虚开发票票面金额远大于30万元，被上诉人决定罚款30万元已经是按裁量基准的下限进行处罚，不存在明显过重的问题。《国家税务总局关于纳税人取得虚开的增值税专用发票处理问题的通知》（国税发〔1997〕134号）第三条规定是指接受发票一方不知道开票方提供的发票是虚开的发票且没有申报抵扣税款的情况，是对取得发票方（受票方）的处理规定，并不是对虚开发票方（开票方）的处理规定，本案的上诉人作为开票方与河南出版贸易有限公司双方均明知没有真实交易而开具发票，与前述通知规定的情况明显不同，不具有可以参照适用情形。

大连中院经审理查明，甲公司向河南乙公司于2015年11月16日虚开2组增值税专用发票，销项税额均为113 893.81元，2组增值税专用发票的价税合计为1 979 999.98元。原审判决认定2015年11月16日虚开3组增值税专用发票错误，予以纠正。大连中院认定的其他事实与原审判决认定的事实一致。

大连中院认为，被上诉人国家税务总局长海县税务局依法具有作出被诉行政处罚决定的职权。本案中，从被上诉人原审提交的证据来看，被上诉人国家税务总局长海县税务局对上诉人所涉税务违法行为立案后，依法履行通知、调查询问、听证、告知、集体讨论等程序，在经审批延长的办案期内作出被诉行政处罚决定，程序合法。《发票管理办法》第二十二条规定："开具发票应当按照规定的时限、顺序、栏目，全部联次一次性如实开具，并加盖发票专用章。任何单位和个人不得有下列虚开发票行为：（一）为他人、为自己开具与实际经营业务情况不符的发票。（二）让他人为自己开具与实际经营业务情况不符的发票。（三）介绍他人开具与实际经营业务情况不符的发票。"第三十七条第一款亦规定："违反该办法第二十二条第二款的规定虚开发票的，由税务机关没收违法所得；虚开金额在1万元以下的，可以并处5万元以下的罚款；虚开金额超过1万元的，并处5万元以上50万元以下的罚款；构成犯罪的，依法追究刑事责任。"国家税务总局长海县税务局根据上诉人开具的案涉9组发票，结合相关人员的询问笔录、销售合同、相关公司的预付账款明细、记账凭证明细、应收账款明细及相关账户交易记录等证据，认定上诉人存在开具9组与实际经营业务情况不符的发票行为，并据此在前述法律规定的处罚幅度范围内作出被诉行政处罚决定，事实清楚，适用法律正确，并无不妥。关于上诉人提出被诉行政处罚决定不符合法律规定及处罚幅度过重的主张，因均无事实及法律依据，不采纳。综上所述，原审判决正确，予以维持。上诉人的上诉请求缺乏事实与法律依据，不予支持。

2020年12月21日，大连中院依照《行政诉讼法》第八十六条、第八十九条第一款第（一）项之规定，作出〔2020〕辽02行终619号行政判决书，判决驳回上诉，维持原判决。二审案件受理费人民币50元，由上诉人长海县甲生物科技有限公司负担（已交纳）。

第四章

纳税申报管理及案例分析

第一节 纳税申报通用管理制度

一、《税收征收管理法》的相关规定

纳税人必须依照法律、行政法规规定或者税务机关依照法律、行政法规的规定确定的申报期限、申报内容如实办理纳税申报，报送纳税申报表、财务会计报表以及税务机关根据实际需要要求纳税人报送的其他纳税资料。

扣缴义务人必须依照法律、行政法规规定或者税务机关依照法律、行政法规的规定确定的申报期限、申报内容如实报送代扣代缴、代收代缴税款报告表以及税务机关根据实际需要要求扣缴义务人报送的其他有关资料。

纳税人、扣缴义务人可以直接到税务机关办理纳税申报或者报送代扣代缴、代收代缴税款报告表，也可以按照规定采取邮寄、数据电文或者其他方式办理上述申报、报送事项。

纳税人、扣缴义务人不能按期办理纳税申报或者报送代扣代缴、代收代缴税款报告表的，经税务机关核准，可以延期申报。经核准延期办理上述规定的申报、报送事项的，应当在纳税期内按照上期实际缴纳的税额或者税务机关核定的税额预缴税款，并在核准的延期内办理税款结算。

> **疑难问题解答**
>
> 问：税务局税管人员要求一般纳税人的报税人员必须要有会计从业资格证，合理吗？
>
> 答：（国家税务总局河南省税务局）目前税法政策中暂无一般纳税人报税人员必须要有会计从业资格证的规定。具体涉税事宜，请与主管税务机关联系确认。

二、《税收征收管理法实施细则》的相关规定

税务机关应当建立、健全纳税人自行申报纳税制度。纳税人、扣缴义务人可以采取邮寄、数据电文方式办理纳税申报或者报送代扣代缴、代收代缴税款报告表。数据电文方式，是指税务机关确定的电话语音、电子数据交换和网络传输等电子方式。

纳税人采取邮寄方式办理纳税申报的，应当使用统一的纳税申报专用信封，并以邮政部门收据作为申报凭据。邮寄申报以寄出的邮戳日期为实际申报日期。纳税人采取电子方式办理纳税申报的，应当按照税务机关规定的期限和要求保存有关资料，并定期书面报送主管税务机关。

纳税人在纳税期内没有应纳税款的，也应当按照规定办理纳税申报。纳税人享受减税、免税待遇的，在减税、免税期间应当按照规定办理纳税申报。

纳税人、扣缴义务人的纳税申报或者代扣代缴、代收代缴税款报告表的主要内容包括：税种、税目，应纳税项目或者应代扣代缴、代收代缴税款项目，计税依据，扣除项目及标准，适用税率或者单位税额，应退税项目及税额、应减免税项目及税额，应纳税额或者应代扣代缴、代收代缴税额，税款所属期限、延期缴纳税款、欠税、滞纳金等。

纳税人办理纳税申报时，应当如实填写纳税申报表，并根据不同的情况相应报送下列有关证件、资料：

（1）财务会计报表及其说明材料。
（2）与纳税有关的合同、协议书及凭证。
（3）税控装置的电子报税资料。
（4）外出经营活动税收管理证明和异地完税凭证。
（5）境内或者境外公证机构出具的有关证明文件。
（6）税务机关规定应当报送的其他有关证件、资料。

扣缴义务人办理代扣代缴、代收代缴税款报告时，应当如实填写代扣代缴、代收代缴税款报告表，并报送代扣代缴、代收代缴税款的合法凭证以及税务机关规定的其他有关证件、资料。

实行定期定额缴纳税款的纳税人,可以实行简易申报、简并征期等申报纳税方式。

纳税人、扣缴义务人按照规定的期限办理纳税申报或者报送代扣代缴、代收代缴税款报告表确有困难,需要延期的,应当在规定的期限内向税务机关提出书面延期申请,经税务机关核准,在核准的期限内办理。

纳税人、扣缴义务人因不可抗力,不能按期办理纳税申报或者报送代扣代缴、代收代缴税款报告表的,可以延期办理;但是,应当在不可抗力情形消除后立即向税务机关报告。税务机关应当查明事实,予以核准。

疑难问题解答

问:我已经从上家企业离职,企业一直拖着不变更办税员,我是否可以带着离职证明去大厅删除办税员身份?

答:(河北省税务局)根据《全国税务机关纳税服务规范》的规定,解除相关人员关联关系。

业务描述:

主张身份证件被冒用于登记注册为法定代表人,根据登记机关登记信息的变化情况,更改该法定代表人与纳税人的关联关系。

主张身份证件被冒用于登记为财务负责人和其他办税人员,根据其出具的个人声明、公安机关接报案回执等相关资料,解除其与纳税人的关联关系。

主张本人身份信息被其他单位或个人违法使用办理虚假纳税申报的自然人纳税人,可向税务机关进行检举。

办理材料:个人声明1份。

有以下情形的,还应提供相应材料:

(1)财务负责人和其他办税人员离职后,原任职单位未及时报告税务机关维护:离职证明1份。

(2)身份信息被冒用登记为财务负责人、办税人员:公安机关接报案回执复印件1份。

三、邮寄纳税申报办法

《邮寄纳税申报办法》(1997年9月26日,国税发〔1997〕147号文件印发,根据2016年5月29日《国家税务总局关于公布全文废止和部分条款废止的税务部门规章目录的决定》和2018年6月15日《国家税务总局关于修改部分税务部门规章的决定》修正)的规定如下。

（一）适用范围

凡实行查账征收方式的纳税人，均可采用该办法。

（二）邮寄内容

邮寄申报的邮件内容包括纳税申报表、财务会计报表以及税务机关要求纳税人报送的其他纳税资料。

（三）办理程序

（1）纳税人在法定的纳税申报期内，按税务机关规定的要求填写各类申报表和纳税资料后，使用统一规定的纳税申报特快专递专用信封，可以根据约定时间由邮政人员上门收寄，也可到指定的邮政部门办理交寄手续。无论是邮政人员上门收寄还是由纳税人到邮政部门办理交寄，邮政部门均应向纳税人开具收据。该收据作为邮寄申报的凭据，备以查核。

（2）邮政部门办理纳税申报特快专递邮件参照同城特快邮件方式交寄、封发处理，按照与税务机关约定的时限投递，保证传递服务质量。具体投递频次、时限由省、自治区、直辖市邮政、税务部门协商确定。业务量、业务收入统计按照同城特快业务现行规定办理。

（3）各基层税务机关要指定人员统一接收、处理邮政部门送达的纳税申报邮件。

（四）邮资

纳税申报特快专递邮件实行按件收费，每件中准价为8元，各省、自治区、直辖市邮政管理局可根据各地实际情况，以中准价为基础上下浮动30%。价格确定后，须报经省物价主管部门备案。

邮件资费的收取方式及相关手续由各省、自治区、直辖市税务和邮政部门协商确定。

（五）申报日期确认

邮寄纳税申报的具体日期以邮政部门收寄日戳日期为准。

（六）专用信封

邮寄纳税申报专用信封，由各省、自治区、直辖市邮政管理局与同级税务机关共同指定印刷厂承印，并负责监制；由各地（市）、州、盟税务局按照国家邮政局、国家税务总局确定的式样（附后）印制；由纳税人向主管税务机关领购。

（七）解释与实施

该办法由国家税务总局、国家邮政局负责解释；各省、自治区、直辖市税务局、邮政管理局可依据该办法制定具体的实施办法。

四、网上纳税申报软件管理规范

根据《网上纳税申报软件管理规范（试行）》（国家税务总局公告2010年第3号）的规定，为规范网上纳税（费）申报软件开发与服务，加强对软件开发与服务单位（以下简称开发服务商）的监管，确保纳税人申报的电子涉税数据准确、完整和安全，国家税务总局特制定《网上纳税申报软件管理规范》。

（一）总则

网上纳税申报软件分为低保型纳税申报软件、商品化纳税申报软件和纳税人自行开发纳税申报软件。低保型纳税申报软件，是指税务机关免费为纳税人提供、符合相关规定、满足基本要求的纳税申报软件。商品化纳税申报软件，是指市场上开发服务商根据相关规定开发的，纳税人自愿选用并享有配套服务的纳税申报软件。纳税人自行开发纳税申报软件，是指纳税人自行研发符合相关规定的纳税申报软件。

根据国家法律法规和税收政策，国家税务总局制定和修订统一的网上纳税申报业务标准（以下简称业务标准），并及时向社会发布。业务标准之外税（费）申报，由省税务机关依据业务标准增补相应的内容，并报国家税务总局备案后及时向社会发布。

低保型纳税申报软件，由国家税务总局组织开发和维护，免费提供给纳税人使用。商品化纳税申报软件和纳税人自行开发纳税申报软件，由开发服务商和自行开发纳税人自行组织开发和维护。

税务机关应对开发服务商服务质量进行约束和监督。

（二）网上纳税申报软件评测

国家税务总局负责对开发服务商进行评测及监管。开发服务商应当具备以下条件：

（1）较强的综合实力：专职软件开发人员不少于30人，技术服务人员不少于50人。

（2）软件开发管理能力：软件能力成熟度（CMMI）达到3级以上。

（3）软件支持服务能力：拥有集软件升级维护保障、远程客户服务呼叫中心、本地化上门服务于一体的完善的支持服务体系。

（4）有参与税务信息化或国家大型信息化建设项目的经验。

网上纳税申报软件的具体评测由国家税务总局自行组织或委托、联合第三方测评机构实施。国家税务总局定期发布评测公告，开发服务商根据公告向国家税务总局提出评测申请。

评测合格的网上纳税申报软件及开发服务商目录由国家税务总局向社会公布，各地税务机关必须在目录中选择使用，选定后由省税务机关上报国家税务总局备案。未通过评测的软件各级税务机关不得选用。国家税务总局不定期对在用网上纳税申报软件进行抽检。

（三）服务与权益保障

纳税人选用商品化纳税申报软件，应当与开发服务商签订合同。开发服务商应当免费提供网上纳税申报软件，并提供按年和按次两种收费服务项目，由纳税人自愿选择服务项目，不服务不得收取费用。

开发服务商应当公告服务项目和收费标准。开发服务商收费标准，应当随着推广规模的逐步扩大而逐年降低。

开发服务商应当提供优质服务，其配套服务的主要内容应包括咨询、软件升级维护、现场技术支持等。

（四）数据传输质量与保密

网上纳税申报软件，应当采用必要的安全认证措施，解决网上纳税申报的身份识别问题，各地税务机关不得强制纳税人有偿使用。

开发服务商应保障其软件能按照税务机关的要求，及时、完整、准确地传输纳税申报电子数据。

开发服务商必须遵守国家保密规定，保证纳税人电子申报数据安全，不得对纳税人的纳税申报电子数据有任何泄密行为。

（五）日常运行维护

低保型纳税申报软件由国家税务总局负责督促选定的开发服务商进行软件升级，并及时公布。

商品化纳税申报软件由开发服务商根据税务机关发布的业务标准及时升级，并提供给纳税人使用。

自行开发的纳税申报软件的纳税人根据税务机关发布的业务标准及时升级。

（六）法律责任

凡开发服务商发生下列情形之一者，按管辖权限由相应的省税务机关责令限期整改。给纳税人造成损失的，由开发服务商按照合同协议承担赔偿责任。①未按照国家税务总局规定的业务标准和补充说明，及时进行申报软件修改升级，给纳税人造成损失或经抽检不合格的；②未按照合同协议规定的标准提供服务和收取服务费用的；③纳税人投诉反映强烈，经核查属实并造成重大影响的；④纳税人满意度达不到各地税务机关制定的具体标准的。

凡开发服务商发生下列情形之一者，按管辖权限由相应的省税务机关责令其退出网上纳税申报技术服务市场，并及时上报国家税务总局备案和向社会公布。给纳税人造成损失的，由开发服务商按照合同协议承担赔偿责任。①网上纳税申报软件经评测不合格，一个月内修改后再次评测仍不合格的；②将纳税人纳税申报电子数据向第三方泄露经核查属实的；③限期整改仍不合格的。

第二节 增值税纳税申报管理

一、增值税纳税申报基本制度

(一)《增值税暂行条例》的规定

中华人民共和国境外的单位或者个人在境内销售劳务,在境内未设有经营机构的,以其境内代理人为扣缴义务人;在境内没有代理人的,以购买方为扣缴义务人。

1.增值税纳税义务发生时间

(1)发生应税销售行为,为收讫销售款项或者取得索取销售款项凭据的当天;先开具发票的,为开具发票的当天。

(2)进口货物,为报关进口的当天。

增值税扣缴义务发生时间为纳税人增值税纳税义务发生的当天。

增值税由税务机关征收,进口货物的增值税由海关代征。

2.增值税纳税地点

(1)固定业户应当向其机构所在地的主管税务机关申报纳税。总机构和分支机构不在同一县(市)的,应当分别向各自所在地的主管税务机关申报纳税;经国务院财政、税务主管部门或者其授权的财政、税务机关批准,可以由总机构汇总向总机构所在地的主管税务机关申报纳税。

(2)固定业户到外县(市)销售货物或者劳务,应当向其机构所在地的主管税务机关报告外出经营事项,并向其机构所在地的主管税务机关申报纳税;未报告的,应当向销售地或者劳务发生地的主管税务机关申报纳税;未向销售地或者劳务发生地的主管税务机关申报纳税的,由其机构所在地的主管税务机关补征税款。

(3)非固定业户销售货物或者劳务,应当向销售地或者劳务发生地的主管税务机关申报纳税;未向销售地或者劳务发生地的主管税务机关申报纳税的,由其机构所在地或者居住地的主管税务机关补征税款。

(4)进口货物,应当向报关地海关申报纳税。

扣缴义务人应当向其机构所在地或者居住地的主管税务机关申报缴纳其扣缴的税款。

3.增值税纳税期限

增值税的纳税期限分别为1日、3日、5日、10日、15日、1个月或者1个季度。纳税人的具体纳税期限,由主管税务机关根据纳税人应纳税额的大小分别核定;不能按照固定期限纳税的，可以按次纳税。纳税人以1个月或者1个季度为1个纳税期的，自期满之日起15日内申报纳税；以1日、3日、5日、10日或者15日为1个纳税期的，自期满之日起5日内预缴税款，于次月1日起15日内申报纳税并结清上月应纳税款。扣缴义务人解缴税款的期限，依照上述规定执行。

纳税人进口货物，应当自海关填发海关进口增值税专用缴款书之日起15日内缴纳税款。

纳税人出口货物适用退（免）税规定的，应当向海关办理出口手续，凭出口报关单等有关凭证，在规定的出口退（免）税申报期内按月向主管税务机关申报办理该项出口货物的退（免）税；境内单位和个人跨境销售服务和无形资产适用退（免）税规定的，应当按期向主管税务机关申报办理退（免）税。具体办法由国务院财政、税务主管部门制定。出口货物办理退税后发生退货或者退关的，纳税人应当依法补缴已退的税款。

疑难问题解答

问：我公司是客运公司，将本公司的出租车（车辆属于公司）对外发包给个人经营，我公司只按月收取固定管理费。我公司已将管理费按月申报增值税，那承包我公司出租车的个人取得的客运收入是否还需要我公司代缴增值税？

答：（国家税务总局湖南省税务局）根据《财政部　国家税务总局关于全面推开营业税改征增值税试点的通知》（财税〔2016〕36号）附件1"营业税改征增值税试点实施办法"第二条的规定，单位以承包、承租、挂靠方式经营的，承包人、承租人、挂靠人（以下统称"承包人"）以发包人、出租人、被挂靠人（以下统称"发包人"）名义对外经营并由发包人承担相关法律责任的，以该发包人为纳税人。否则，以承包人为纳税人。

（二）《增值税暂行条例实施细则》的规定

《增值税暂行条例》规定的收讫销售款项或者取得索取销售款项凭据的当天，按销售结算方式的不同，具体为：

（1）采取直接收款方式销售货物，不论货物是否发出，均为收到销售款或者取得索取销售款凭据的当天。

（2）采取托收承付和委托银行收款方式销售货物，为发出货物并办妥托收手续的当天。

（3）采取赊销和分期收款方式销售货物，为书面合同约定的收款日期的当天，无书面合同的或者书面合同没有约定收款日期的,为货物发出的当天。

(4)采取预收货款方式销售货物,为货物发出的当天,但生产销售生产工期超过12个月的大型机械设备、船舶、飞机等货物,为收到预收款或者书面合同约定的收款日期的当天。

(5)委托其他纳税人代销货物,为收到代销单位的代销清单或者收到全部或者部分货款的当天。未收到代销清单及货款的,为发出代销货物满180天的当天。

(6)销售应税劳务,为提供劳务同时收讫销售款或者取得索取销售款的凭据的当天。

(7)纳税人发生《增值税暂行条例实施细则》所列视同销售货物行为,为货物移送的当天。

《增值税暂行条例》以1个季度为纳税期限的规定仅适用于小规模纳税人。小规模纳税人的具体纳税期限,由主管税务机关根据其应纳税额的大小分别核定。

二、增值税一般纳税人纳税申报办法

(一)适用范围

根据《税收征收管理法》及其实施细则、《增值税暂行条例》和《发票管理办法》的有关规定,制定《增值税一般纳税人纳税申报办法》(国税发〔2003〕53号印发)。凡增值税一般纳税人(以下简称纳税人)均按该办法进行纳税申报。

(二)电子信息采集

纳税人进行纳税申报必须实行电子信息采集。使用防伪税控系统开具增值税专用发票的纳税人必须在抄报税成功后,方可进行纳税申报。

(三)纳税申报资料

1.必报资料

(1)《增值税纳税申报表(适用于增值税一般纳税人)》及其《增值税纳税申报表附列资料(表一)(表二)(表三)(表四)》。

(2)使用防伪税控系统的纳税人,必须报送记录当期纳税信息的IC卡(明细数据备份在软盘上的纳税人,还须报送备份数据软盘)、《增值税专用发票存根联明细表》及《增值税专用发票抵扣联明细表》。

(3)《资产负债表》和《损益表》。

(4)《成品油购销存情况明细表》(发生成品油零售业务的纳税人填报)。

(5)主管税务机关规定的其他必报资料。

纳税申报实行电子信息采集的纳税人,除向主管税务机关报送上述必报资料的电子数据外,还需报送纸介的《增值税纳税申报表(适用于一般纳税人)》(主表及附表）。

2.备查资料

（1）已开具的增值税专用发票和普通发票存根联。

（2）符合抵扣条件并且在本期申报抵扣的增值税专用发票抵扣联。

（3）海关进口货物完税凭证、运输发票、购进农产品普通发票及购进废旧物资普通发票的复印件。

（4）收购凭证的存根联或报查联。

（5）代扣代缴税款凭证存根联。

（6）主管税务机关规定的其他备查资料。

备查资料是否需要在当期报送，由各省级税务局确定。

（四）增值税纳税申报资料的管理

1.增值税纳税申报必报资料

纳税人在纳税申报期内，应及时将全部必报资料的电子数据报送主管税务机关，并在主管税务机关按照税法规定确定的期限内（具体时间由各省级税务局确定），将该办法要求报送的纸介的必报资料（具体份数由省一级税务局确定）报送主管税务机关，税务机关签收后，一份退还纳税人，其余留存。

2.增值税纳税申报备查资料

纳税人在月度终了后，应将备查资料认真整理并装订成册。

（1）属于整本开具的手工版增值税专用发票及普通发票的存根联，按原顺序装订；开具的电脑版增值税专用发票，包括防伪税控系统开具的增值税专用发票的存根联，应按开票顺序号码每25份装订一册，不足25份的按实际开具份数装订。

（2）对属于扣税凭证的单证，根据取得的时间顺序，按单证种类每25份装订一册，不足25份的按实际份数装订。

（3）装订时，必须使用税务机关统一规定的《征税/扣税单证汇总簿封面》（以下简称《封面》），并按规定填写封面内容，由办税人员和财务人员审核签章。启用《封面》后，纳税人可不再填写原增值税专用发票的封面内容。

（4）纳税人当月未使用完的手工版增值税专用发票，暂不加装《封面》，两个月仍未使用完的，应在主管税务机关对其剩余部分剪角作废的当月加装《封面》。

纳税人开具的普通发票及收购凭证在其整本使用完毕的当月，加装《封面》。

（5）《封面》的内容包括纳税人单位名称、本册单证份数、金额、税额、本月此种单证总册数及本册单证编号、税款所属时间等，具体格式由各省一级税务局制定。

（五）纳税申报表的领购

《增值税纳税申报表（适用于增值税一般纳税人）》（主表及附表）由纳税人向主管税务机关购领。

（六）申报期限

纳税人应按月进行纳税申报，申报期为次月1日起至10日止，遇最后一日为法定节假日的，顺延1日；在每月1日至10日内有连续3日以上法定休假日的，按休假日天数顺延。

（七）罚则

（1）纳税人未按规定期限办理纳税申报和报送纳税资料的，按照《税收征收管理法》第六十二条的有关规定处罚。

（2）纳税人经税务机关通知申报而拒不申报或者进行虚假的纳税申报，不缴或者少缴应纳税款的，按偷税处理，并按《税收征收管理法》第六十三条的有关规定处罚。

（3）纳税人不进行纳税申报，不缴或者少缴应纳税款的，按《税收征收管理法》第六十四条的有关规定处罚。

三、全面推开营业税改征增值税试点后增值税纳税申报有关事项

为保障全面推开营业税改征增值税改革试点工作顺利实施，国家税务总局印发了《关于全面推开营业税改征增值税试点后增值税纳税申报有关事项的公告》（国家税务总局公告2016年第13号印发），有关增值税纳税申报的事项如下。

（一）适用范围

中华人民共和国境内增值税纳税人均应按照该公告的规定进行增值税纳税申报。

（二）纳税申报资料

纳税申报资料包括纳税申报表及其附列资料和纳税申报其他资料。

1.纳税申报表及其附列资料

增值税一般纳税人（以下简称一般纳税人）纳税申报表及其附列资料包括：①《增值税纳税申报表（一般纳税人适用）》。②《增值税纳税申报表附列资料（一）》（本期销售情况明细）。③《增值税纳税申报表附列资料（二）》（本期进项税额明细）。④《增值税纳税申报表附列资料（三）》（服务、不动产和无形资产扣除项目明细）。一般纳税人销售服务、不动产和无形资产，在确定服务、不动产和无形资产销售额时，按照有关规定可以从取得的全部价款和价外费用中扣除价款的，需填报《增值税纳税申报表附列资料（三）》。其他情况不填写该附列资料。⑤《增值税纳税申报表附列资料（四）》（税额抵减情况表）。⑥《增值税纳税申报表附列资料（五）》（不动产分期抵扣计算表）。⑦《固定资产（不含不动产）进项税额抵扣情况表》。⑧《本期抵扣进项税额结构明细表》。⑨《增值税减免税申报明细表》。

增值税小规模纳税人（以下简称小规模纳税人）纳税申报表及其附列资料包括：①《增值税纳税申报表（小规模纳税人适用）》。②《增值税纳税申报表（小规模纳税人适用）附列资料》。小规模纳税人销售服务，在确定服务销售额时，按照有关规定可以从取得的全部价款和价外费用中扣除价款的，需填报《增值税纳税申报表（小规模纳税人适用）附列资料》。其他情况不填写该附列资料。③《增值税减免税申报明细表》。

2.纳税申报其他资料

（1）已开具的税控机动车销售统一发票和普通发票的存根联。

（2）符合抵扣条件且在本期申报抵扣的增值税专用发票（含税控机动车销售统一发票）的抵扣联。

（3）符合抵扣条件且在本期申报抵扣的海关进口增值税专用缴款书、购进农产品取得的普通发票的复印件。

（4）符合抵扣条件且在本期申报抵扣的税收完税凭证及其清单，书面合同、付款证明和境外单位的对账单或者发票。

（5）已开具的农产品收购凭证的存根联或报查联。

（6）纳税人销售服务、不动产和无形资产，在确定服务、不动产和无形资产销售额时，按照有关规定从取得的全部价款和价外费用中扣除价款的合法凭证及其清单。

（7）主管税务机关规定的其他资料。

3.资料要求

纳税申报表及其附列资料为必报资料。纳税申报其他资料的报备要求由各省、自治区、直辖市和计划单列市税务局确定。

（三）增值税预缴税款表

纳税人跨县（市）提供建筑服务、房地产开发企业预售自行开发的房地产项目、纳税人出租与机构所在地不在同一县（市）的不动产，按规定需要在项目所在地或不动产所在地主管税务机关预缴税款的，需填写《增值税预缴税款表》。

（四）宣传和辅导

主管税务机关应做好增值税纳税申报的宣传和辅导工作。

疑难问题解答

问：增值税纳税申报表第4栏"纳税检查调整的销售额"可不可以填写企业自己发现以前年度的报税错误中少报的销售额，如果不可以，企业发现错误后如何补报税？

答：（国家税务总局河北省税务局）《国家税务总局关于增值税消费税

与附加税费申报表整合有关事项的公告》(国家税务总局公告2021年第20)附件2"《增值税及附加税费申报表(一般纳税人适用)》及其附列资料填写说明"规定:"(十八)第4栏'纳税检查调整的销售额':填写纳税人因税务、财政、审计部门检查,并按一般计税方法在本期计算调整的销售额。但享受增值税即征即退政策的货物、劳务和服务、不动产、无形资产,经纳税检查属于偷税的,不填入'即征即退项目'列,而应填入'一般项目'列。"

营业税改征增值税的纳税人,服务、不动产和无形资产有扣除项目的,本栏应填写扣除之前的不含税销售额。

本栏"一般项目"列"本月数"=《附列资料(一)》第7列第1至第5行之和。

四、增值税纳税申报比对管理操作规程

(一)制定依据

为进一步加强和规范增值税纳税申报比对(以下简称申报比对)管理,提高申报质量,优化纳税服务,根据《税收征收管理法》和《增值税暂行条例》等有关税收法律、法规规定,国家税务总局制定《增值税纳税申报比对管理操作规程(试行)》(税总发〔2017〕124号印发)。

(二)申报比对管理的含义

申报比对管理是指税务机关以信息化为依托,通过优化整合现有征管信息资源,对增值税纳税申报信息进行票表税比对,并对比对结果进行相应处理。

(三)设置申报异常处理岗

主管税务机关应设置申报异常处理岗,主要负责异常比对结果的核实及相关处理工作。异常处理岗原则上不设置在办税服务厅前台。

(四)申报比对范围及内容

1.比对信息范围

(1)增值税纳税申报表及其附列资料(以下简称申报表)信息。

(2)增值税一般纳税人和小规模纳税人开具的增值税发票信息。

(3)增值税一般纳税人取得的进项抵扣凭证信息。

（4）纳税人税款入库信息。
（5）增值税优惠备案信息。
（6）申报比对所需的其他信息。

2.比对内容

比对内容包括表表比对、票表比对和表税比对。表表比对是指申报表表内、表间逻辑关系比对。票表比对是指各类发票、凭证、备案资格等信息与申报表进行比对。表税比对是指纳税人当期申报的应纳税款与当期的实际入库税款进行比对。

（五）申报比对规则

1.逻辑关系

申报表表内、表间逻辑关系比对，按照税务总局制定的申报表填写规则执行。

2.增值税一般纳税人票表比对规则

（1）销项比对。当期开具发票（不包含不征税发票）的金额、税额合计数应小于或者等于当期申报的销售额、税额合计数。

纳税人当期申报免税销售额、即征即退销售额的，应当比对其增值税优惠备案信息，按规定不需要办理备案手续的除外。

（2）进项比对。①当期已认证或确认的进项增值税专用发票（以下简称专用发票）上注明的金额、税额合计数应大于或者等于申报表中本期申报抵扣的专用发票进项金额、税额合计数。②经稽核比对相符的海关进口增值税专用缴款书上注明的税额合计数应大于或者等于申报表中本期申报抵扣的海关进口增值税专用缴款书的税额。③取得的代扣代缴税收缴款凭证上注明的增值税税额合计数应大于或者等于申报表中本期申报抵扣的代扣代缴税收缴款凭证的税额。④取得的《出口货物转内销证明》上注明的进项税额合计数应大于或者等于申报表中本期申报抵扣的外贸企业进项税额抵扣证明的税额。⑤按照政策规定，依据相关凭证注明的金额计算抵扣进项税额的，计算得出的进项税额应大于或者等于申报表中本期申报抵扣的相应凭证税额。⑥红字增值税专用发票信息表中注明的应作转出的进项税额应等于申报表中进项税额转出中的红字专用发票信息表注明的进项税额。⑦申报表中进项税额转出金额不应小于零。

（3）应纳税额减征额比对。当期申报的应纳税额减征额应小于或者等于当期符合政策规定的减征税额。

（4）预缴税款比对。申报表中的预缴税额本期发生额应小于或者等于实际已预缴的税款。

（5）特殊规则。实行汇总缴纳增值税的总机构和分支机构可以不进行票表比对。按季申报的纳税人应当对其季度数据进行汇总比对。

3.增值税小规模纳税人票表比对规则

（1）当期开具的增值税专用发票金额应小于或者等于申报表填报的增值税专用发票销售额。

（2）当期开具的增值税普通发票金额应小于或者等于申报表填报的增值税普通发

票销售额。

（3）申报表中的预缴税额应小于或者等于实际已预缴的税款。

（4）纳税人当期申报免税销售额的，应当比对其增值税优惠备案信息，按规定不需要办理备案手续的除外。

4.表税比对规则

纳税人当期申报的应纳税款应小于或者等于当期实际入库税款。

5.申报比对其他规则

（1）税务总局可以根据增值税风险管理的需要，对申报表特定项目设置申报比对规则。

（2）各省国税机关可以根据申报比对管理实际，合理设置相关比对项目金额尾差的正负范围。

（3）主管税务机关可以结合申报比对管理实际，将征收方式、发票开具等业务存在特殊情形的纳税人列入白名单管理，并根据实际情况确定所适用的申报比对规则。白名单实行动态管理。

6.规则的适用

上述第1至第3项比对规则为基本规则，第4至第5项比对规则为可选规则。各省税务机关可以在上述比对规则的基础上，根据申报管理的需要自主增加比对规则。

（六）申报比对操作流程

申报比对环节可以设置在事中或者事后，由省税务机关根据申报管理需要进行确定。主管税务机关通过征管信息系统或网上申报系统进行申报比对，并根据比对结果分别采取以下处理流程。

1.申报比对相符

申报比对相符后，主管税务机关对纳税人税控设备进行解锁。

2.申报比对不相符

申报比对不相符的，向纳税人反馈比对不相符的内容，并按照下列流程进行处理：

（1）申报比对不符的，除符合本项第2点情形外，暂不对其税控设备进行解锁，并将异常比对结果转交申报异常处理岗。

（2）纳税人仅因为相关资格尚未备案，造成比对不符的，应当对税控设备进行解锁。

（3）异常比对结果经申报异常处理岗核实可以解除异常的，对纳税人税控设备进行解锁；核实后仍不能解除异常的，不得对税控设备解锁，由税源管理部门继续核实处理。

（4）异常比对结果经税源管理部门核实可以解除异常的，对纳税人税控设备进行解锁。核实后发现涉嫌虚开发票等严重涉税违法行为，经稽查部门分析判断认为需要稽查立案的，转交稽查部门处理，经处理可以解除异常的，对纳税人税控设备进行解锁。

（5）异常比对结果的处理期限，由主管税务机关根据实际情况确定。

（七）应急措施

由于出现信息系统异常等突发情形，影响正常纳税申报秩序时，省税务机关可以采取应急措施，暂停申报比对。在突发情形消除后，可以根据实际情况重新启动申报比对流程。

疑难问题解答

问：2021年7月份及之后税款所属期，纳税人收到主管税务机关税务事项通知书，告知其已申报抵扣的增值税专用发票为异常增值税扣税凭证。纳税人在办理增值税纳税申报时应当如何处理？

答：（国家税务总局天津市税务局）按照《增值税及附加税费申报表（一般纳税人适用）》及其附列资料的填写说明，在《增值税及附加税费申报表附列资料（二）》第23a栏"异常凭证转出进项税额"栏次，填写本期异常增值税扣税凭证转出的进项税额。

如果纳税人的纳税信用等级不为A级，按照《国家税务总局关于异常增值税扣税凭证管理等有关事项的公告》（国家税务总局公告2019年第38号，以下简称38号公告）第三条第（一）项的规定，应当在纳税人办理收到相关税务事项通知书对应税款所属期的增值税及附加税费申报时，按照《增值税及附加税费申报表附列资料（二）》填写说明的要求，将对应专用发票已抵扣税额计入《增值税及附加税费申报表附列资料（二）》第23a栏。

如果纳税人的纳税信用等级为A级，则可以按照38号公告第三条第（四）项的规定，自接到税务机关通知之日起10个工作日内，向主管税务机关提出核实申请，在税务机关出具核实结果之前暂不作进项税额转出处理，也不需要将对应专用发票已抵扣税额计入《增值税及附加税费申报表附列资料（二）》第23a栏。

若纳税人逾期未提出核实申请，或者提出核实申请但经核实确认相关发票不符合现行增值税进项税额抵扣相关规定的，应当继续作进项转出处理。

五、增值税、消费税与附加税费申报表整合

根据《国家税务总局关于增值税、消费税与附加税费申报表整合有关事项的公告》（国家税务总局公告2021年第20号）的规定，自2021年8月1日起，增值税、消费税分别与城市维护建设税、教育费附加、地方教育附加申报表整合，启用《增值税及附加税费申报表（一般纳税人适用）》《增值税及附加税费申报表（小规模纳税人适

用）》《增值税及附加税费预缴表》及其附列资料和《消费税及附加税费申报表》，《废止文件及条款清单》所列文件、条款同时废止。

> **疑难问题解答**
>
> 问：申报表整合后，如何进行增值税、消费税及附加税费申报？
>
> 答：（国家税务总局天津市税务局）新启用的《增值税及附加税费申报表（一般纳税人适用）》《增值税及附加税费申报表（小规模纳税人适用）》《增值税及附加税费预缴表》及其附列资料和《消费税及附加税费申报表》中，附加税费申报表作为附列资料或附表，纳税人在进行增值税、消费税申报的同时完成附加税费申报。
>
> 具体为纳税人填写增值税、消费税相关申报信息后，自动带入附加税费附列资料（附表）；纳税人填写完附加税费其他申报信息后，回到增值税、消费税申报主表，形成纳税人本期应缴纳的增值税、消费税和附加税费数据。上述表内信息预填均由系统自动实现。
>
> 问：申报表整合施行后原附加税费申报表还可以使用吗？
>
> 答：（国家税务总局天津市税务局）不可以。增值税、消费税与附加税费申报表整合后，不仅对申报表进行了改进，而且对支撑申报的信息系统和电子税务局进行了功能的优化和完善，覆盖了增值税、消费税和附加税费申报的所有场景。因此，申报表整合施行后，原《城市维护建设税 教育费附加 地方教育附加申报表》不再使用。

六、加大增值税留抵税额政策实施力度

（一）进一步加大增值税期末留抵退税政策实施力度

2022年3月21日，《财政部 税务总局关于进一步加大增值税期末留抵退税政策实施力度的公告》（财政部 税务总局公告2022年第14号，以下简称2022年第14号公告）规定，有关进一步加大增值税期末留抵退税实施力度的政策如下：

（1）加大小微企业增值税期末留抵退税政策力度，将先进制造业按月全额退还增值税增量留抵税额政策范围扩大至符合条件的小微企业（含个体工商户，下同），并一次性退还小微企业存量留抵税额。

符合条件的小微企业，可以自2022年4月纳税申报期起向主管税务机关申请退还增量留抵税额。在2022年12月31日前，退税条件按照本公告第三条规定执行。

符合条件的微型企业，可以自2022年4月纳税申报期起向主管税务机关申请一次性退还存量留抵税额；符合条件的小型企业，可以自2022年5月纳税申报期起向主管税务机关申请一次性退还存量留抵税额。

（2）加大"制造业""科学研究和技术服务业""电力、热力、燃气及水生产和供应业""软件和信息技术服务业""生态保护和环境治理业"和"交通运输、仓储和邮政业"（以下称制造业等行业）增值税期末留抵退税政策力度，将先进制造业按月全额退还增值税增量留抵税额政策范围扩大至符合条件的制造业等行业企业（含个体工商户，下同），并一次性退还制造业等行业企业存量留抵税额。

符合条件的制造业等行业企业，可以自2022年4月纳税申报期起向主管税务机关申请退还增量留抵税额。

符合条件的制造业等行业中型企业，可以自2022年7月纳税申报期起向主管税务机关申请一次性退还存量留抵税额；符合条件的制造业等行业大型企业，可以自2022年10月纳税申报期起向主管税务机关申请一次性退还存量留抵税额。

（3）适用该公告政策的纳税人需同时符合以下条件：①纳税信用等级为A级或者B级；②申请退税前36个月未发生骗取留抵退税、骗取出口退税或虚开增值税专用发票情形；③申请退税前36个月未因偷税被税务机关处罚两次及以上；④2019年4月1日起未享受即征即退、先征后返（退）政策。

（4）该公告所称增量留抵税额，区分以下情形确定：①纳税人获得一次性存量留抵退税前，增量留抵税额为当期期末留抵税额与2019年3月31日相比新增加的留抵税额；②纳税人获得一次性存量留抵退税后，增量留抵税额为当期期末留抵税额。

（5）该公告所称存量留抵税额，区分以下情形确定：①纳税人获得一次性存量留抵退税前，当期期末留抵税额大于或等于2019年3月31日期末留抵税额的，存量留抵税额为2019年3月31日期末留抵税额；当期期末留抵税额小于2019年3月31日期末留抵税额的，存量留抵税额为当期期末留抵税额；②纳税人获得一次性存量留抵退税后，存量留抵税额为零。

（6）该公告所称中型企业、小型企业和微型企业，按照《中小企业划型标准规定》（工信部联企业〔2011〕300号）和《金融业企业划型标准规定》（银发〔2015〕309号）中的营业收入指标、资产总额指标确定。其中，资产总额指标按照纳税人上一会计年度年末值确定。营业收入指标按照纳税人上一会计年度增值税销售额确定；不满一个会计年度的，按照以下公式计算：

$$\text{增值税销售额（年）} = \frac{\text{上一会计年度企业实际存续期间增值税销售额}}{\text{企业实际存续月数}} \times 12$$

该公告所称增值税销售额包括纳税申报销售额、稽查查补销售额、纳税评估调整销售额。适用增值税差额征税政策的，以差额后的销售额确定。

对于工信部联企业〔2011〕300号和银发〔2015〕309号文件所列行业以外的纳税人，以及工信部联企业〔2011〕300号文件所列行业但未采用营业收入指标或资产总额指标划型确定的纳税人，微型企业标准为增值税销售额（年）100万元以下（不含

100万元）；小型企业标准为增值税销售额（年）2 000万元以下（不含2 000万元）；中型企业标准为增值税销售额（年）1亿元以下（不含1亿元）。

该公告所称大型企业是指除上述中型企业、小型企业和微型企业外的其他企业。

（7）该公告所称制造业等行业企业是指从事《国民经济行业分类》中"制造业""科学研究和技术服务业""电力、热力、燃气及水生产和供应业""软件和信息技术服务业""生态保护和环境治理业"和"交通运输、仓储和邮政业"业务相应发生的增值税销售额占全部增值税销售额的比重超过50%的纳税人。

上述销售额比重根据纳税人申请退税前连续12个月的销售额计算确定；申请退税前经营期不满12个月但满3个月的，按照实际经营期的销售额计算确定。

（8）适用该公告政策的纳税人，按照以下公式计算允许退还的留抵税额：

允许退还的增量留抵税额＝增量留抵税额×进项构成比例×100%

允许退还的存量留抵税额＝存量留抵税额×进项构成比例×100%

进项构成比例，为2019年4月至申请退税前一税款所属期已抵扣的增值税专用发票（含带有"增值税专用发票"字样全面数字化的电子发票、税控机动车销售统一发票）、收费公路通行费增值税电子普通发票、海关进口增值税专用缴款书、解缴税款完税凭证注明的增值税额占同期全部已抵扣进项税额的比重。

（9）纳税人出口货物劳务、发生跨境应税行为，适用免抵退税办法的，应先办理免抵退税。免抵退税办理完毕后，仍符合该公告规定条件的，可以申请退还留抵税额；适用免退税办法的，相关进项税额不得用于退还留抵税额。

（10）纳税人自2019年4月1日起已取得留抵退税款的，不得再申请享受增值税即征即退、先征后返（退）政策。纳税人可以在2022年10月31日前一次性将已取得的留抵退税款全部缴回后，按规定申请享受增值税即征即退、先征后返（退）政策。

纳税人自2019年4月1日起已享受增值税即征即退、先征后返（退）政策的，可以在2022年10月31日前一次性将已退还的增值税即征即退、先征后返（退）税款全部缴回后，按规定申请退还留抵税额。

（11）纳税人可以选择向主管税务机关申请留抵退税，也可以选择结转下期继续抵扣。纳税人应在纳税申报期内，完成当期增值税纳税申报后申请留抵退税。2022年4月至6月的留抵退税申请时间，延长至每月最后一个工作日。

纳税人可以在规定期限内同时申请增量留抵退税和存量留抵退税。同时符合本公告第一条和第二条相关留抵退税政策的纳税人，可任意选择申请适用上述留抵退税政策。

（12）纳税人取得退还的留抵税额后，应相应调减当期留抵税额。

如果发现纳税人存在留抵退税政策适用有误的情形，纳税人应在下个纳税申报期结束前缴回相关留抵退税款。

以虚增进项、虚假申报或其他欺骗手段，骗取留抵退税款的，由税务机关追缴其骗取的退税款，并按照《税收征收管理法》等有关规定处理。

（13）适用该公告规定留抵退税政策的纳税人办理留抵退税的税收管理事项，继续按照现行规定执行。

（14）除上述纳税人以外的其他纳税人申请退还增量留抵税额的规定，继续按照《财政部　税务总局　海关总署关于深化增值税改革有关政策的公告》（财政部　税务总局　海关总署公告2019年第39号）执行，其中，第八条第三款关于"进项构成比例"的相关规定，按照该公告第八条规定执行。

（15）各级财政和税务部门务必高度重视留抵退税工作，摸清底数、周密筹划、加强宣传、密切协作、统筹推进，并分别于2022年4月30日、6月30日、9月30日、12月31日前，在纳税人自愿申请的基础上，集中退还微型、小型、中型、大型企业存量留抵税额。税务部门结合纳税人留抵退税申请情况，规范高效便捷地为纳税人办理留抵退税。

▶▶▶ 税务稽查风险案例 ◀◀◀

2022年8月，北京市税务局第一稽查局根据税收大数据分析线索，依法查处了北京河伯国际进出口有限公司骗取增值税留抵退税案件。

经查，该公司通过隐匿销售收入、减少销项税额、进行虚假申报等手段，骗取留抵退税21.62万元，北京市税务局第一稽查局依法追缴该公司骗取的留抵退税款，并依据《行政处罚法》《税收征收管理法》相关规定，拟处1倍罚款。同时，北京市税务局第一稽查局依法对其近3年各项税收缴纳情况进行全面检查，发现该公司偷税39.19万元，依法追缴该公司偷税款，并依据《行政处罚法》《税收征收管理法》相关规定，拟处1倍罚款、加收滞纳金。

北京市税务局第一稽查局有关负责人表示，下一步将认真贯彻落实国家税务总局、公安部、最高人民检察院、海关总署、中国人民银行、国家外汇管理局六部门联合打击骗取增值税留抵退税工作推进会精神，进一步发挥六部门联合打击机制作用，把打击骗取留抵退税作为当前常态化打击工作的重中之重，聚焦团伙式、跨区域、虚开发票虚增进项骗取留抵退税等违法犯罪行为，以零容忍的态度坚决予以打击，形成打击骗取留抵退税的压倒性态势，护航留抵退税政策落准落好。

资料来源：国家税务总局官方网站https://www.chinatax.gov.cn/chinatax/n810219/c102025/c5178723/content.html.

（二）进一步加大增值税期末留抵退税政策实施力度有关征管事项

根据《国家税务总局关于进一步加大增值税期末留抵退税政策实施力度有关征管事项的公告》（国家税务总局公告2022年第4号，以下简称2022年第4号公告）的规定，进一步加大增值税期末留抵退税政策实施力度有关征管的事项如下：

（1）纳税人申请留抵退税，应在规定的留抵退税申请期间，完成本期增值税纳税申报后，通过电子税务局或办税服务厅提交《退（抵）税申请表》。

（2）在计算允许退还的留抵税额的进项构成比例时，纳税人在2019年4月至申请退税前一税款所属期内按规定转出的进项税额，无须从已抵扣的增值税专用发票（含带有"增值税专用发票"字样全面数字化的电子发票、税控机动车销售统一发票）、收费公路通行费增值税电子普通发票、海关进口增值税专用缴款书、解缴税款完税凭证注明的增值税额中扣减。

（3）纳税人按照2022年第14号公告第十条的规定，需要申请缴回已退还的全部留抵退税款的，可通过电子税务局或办税服务厅提交《缴回留抵退税申请表》。税务机关应自受理之日起5个工作日内，依申请向纳税人出具留抵退税款缴回的《税务事项通知书》。纳税人在缴回已退还的全部留抵退税款后，办理增值税纳税申报时，将缴回的全部退税款在《增值税及附加税费申报表附列资料（二）》（本期进项税额明细）第22栏"上期留抵税额退税"填写负数，并可继续按规定抵扣进项税额。

（4）适用增值税一般计税方法的个体工商户，可自本公告发布之日起，自愿向主管税务机关申请参照企业纳税信用评价指标和评价方式参加评价，并在以后的存续期内适用国家税务总局纳税信用管理相关规定。对于已按照省税务机关公布的纳税信用管理办法参加纳税信用评价的，也可选择沿用原纳税信用级别，符合条件的可申请办理留抵退税。

（5）对符合条件、低风险的纳税人，税务机关进一步优化留抵退税办理流程，提升留抵退税服务水平，简化退税审核程序，帮助纳税人快捷获取留抵退税。

（6）纳税人办理留抵退税的其他事项，按照《国家税务总局关于办理增值税期末留抵税额退税有关事项的公告》（国家税务总局公告2019年第20号，以下简称2019年第20号公告）的规定执行，其中办理增量留抵退税的相关征管规定适用于存量留抵退税。

▶▶▶ 税务稽查风险案例 ◀◀◀

2022年8月，上海市税务局第五稽查局根据税收大数据分析线索，依法查处了上海金叶眼镜有限公司骗取增值税留抵退税案件。

经查，该公司通过隐匿销售收入、减少销项税额、进行虚假申报等手段，骗取留抵退税23.37万元。上海市税务局第五稽查局依法追缴该公司骗取的留抵退税款，并依据《行政处罚法》《税收征收管理法》相关规定，拟处1倍罚款。

上海市税务局第五稽查局有关负责人表示，下一步将认真贯彻落实国家税务总局、公安部、最高人民检察院、海关总署、中国人民银行、国家外汇管理局六部门联合打击骗取增值税留抵退税工作推进会精神，进一步发挥六部门联合打击机制作用，聚焦团伙式、跨区域、虚开发票虚增进项骗取留抵退税等违法犯罪行为，以零容忍的态度坚决予以打击，进一步形成打击骗取留抵退税的压倒性态势。

资料来源：国家税务总局上海市税务局官方网站http://shanghai.chinatax.gov.cn/xwdt/swxw/202208/t463964.html.

（三）进一步加快增值税期末留抵退税政策实施进度

根据《财政部 税务总局关于进一步加快增值税期末留抵退税政策实施进度的公告》（财政部 税务总局公告2022年第17号）的规定，有关进一步加快增值税期末留抵退税政策实施进度的政策如下：

（1）加快小微企业留抵退税政策实施进度，按照2022年第14号公告的规定，抓紧办理小微企业留抵退税，在纳税人自愿申请的基础上，加快退税进度，积极落实微型企业、小型企业存量留抵税额分别于2022年4月30日前、6月30日前集中退还的退税政策。

（2）提前退还中型企业存量留抵税额，将2022年第14号公告第二条第二项规定的"符合条件的制造业等行业中型企业，可以自2022年7月纳税申报期起向主管税务机关申请一次性退还存量留抵税额"调整为"符合条件的制造业等行业中型企业，可以自2022年5月纳税申报期起向主管税务机关申请一次性退还存量留抵税额"。2022年6月30日前，在纳税人自愿申请的基础上，集中退还中型企业存量留抵税额。

（3）各级财政和税务部门要进一步增强工作责任感和紧迫感，高度重视留抵退税工作，建立健全工作机制，密切配合，上下协同，加强政策宣传辅导，优化退税服务，提高审核效率，加快留抵退税办理进度，强化资金保障，对符合条件、低风险的纳税人，要最大程度优化留抵退税办理流程，简化退税审核程序，高效便捷地为纳税人办理留抵退税，同时，严密防范退税风险，严厉打击骗税行为，确保留抵退税措施不折不扣落到实处、见到实效。

▶◀◀ 税务稽查风险案例 ▶▶◀◀

2022年11月，为确保出口退税政策平稳有序落实到位，助力外贸稳定健康发展，重庆市税务、公安、海关、人民银行等部门联合依法查处重庆市某纺织品有限公司等4户麻纺制品企业骗取出口退税团伙案件。

经查，重庆市某纺织品有限公司等4户企业，取得虚开农产品收购发票7 347份，采取虚构织布业务、伪造运输单据、虚假货物出口等手段假报出口，骗取出口退税。重庆市税务部门依据《税收征收管理法》及相关规定，追缴骗取出口退税5 868.33万元，并将案件移送公安机关。公安机关对抓获的15名犯罪嫌疑人以骗取出口退税罪移送检察机关审查起诉。近日，重庆市检察机关对其中8名犯罪嫌疑人提起诉讼。

重庆市税务局稽查局有关负责人表示，税务部门将认真贯彻国家税务总局、公安部、最高人民检察院、海关总署、中国人民银行、国家外汇管理局部署，进一步发挥六部门联合打击机制作用，坚持以零容忍的态度对虚开发票骗取出口退税等涉税违法犯罪行为重拳出击、严惩不贷，始终保持高压态势，护航出口退税政策措施落准落好。

资料来源：国家税务总局官方网站 https://www.chinatax.gov.cn/chinatax/n810219/c102025/c5182844/content.html.

（四）进一步持续加快增值税期末留抵退税政策实施进度

根据《财政部　税务总局关于进一步持续加快增值税期末留抵退税政策实施进度的公告》（财政部　税务总局公告2022年第19号）的规定，进一步持续加快增值税期末留抵退税政策实施进度的有关政策如下：

（1）提前退还大型企业存量留抵税额，将2022年第14号公告第二条第二项规定的"符合条件的制造业等行业大型企业，可以自2022年10月纳税申报期起向主管税务机关申请一次性退还存量留抵税额"调整为"符合条件的制造业等行业大型企业，可以自2022年6月纳税申报期起向主管税务机关申请一次性退还存量留抵税额"。2022年6月30日前，在纳税人自愿申请的基础上，集中退还大型企业存量留抵税额。

（2）各级财政和税务部门要坚决贯彻党中央、国务院决策部署，充分认识实施好大规模留抵退税政策的重要意义，按照2022年第14号公告、《财政部　税务总局关于进一步加快增值税期末留抵退税政策实施进度的公告》（财政部　税务总局公告2022年第17号）和本公告有关要求，持续加快留抵退税进度，进一步抓紧办理小微企业、个体工商户留抵退税，加大帮扶力度，在纳税人自愿申请的基础上，积极落实存量留抵退税在2022年6月30日前集中退还的退税政策。同时，严密防范退税风险，严厉打击骗税行为，确保留抵退税退得快、退得准、退得稳、退得好。

▶◀ 税务稽查风险案例 ▶◀

2022年9月，浙江省税务局稽查局根据税收大数据分析线索，指导舟山市税务局第一稽查局，联合公安经侦部门依法查处了浙江某科技有限公司骗取增值税留抵退税案件。

经查，该公司通过取得虚开的增值税专用发票虚增进项税额、进行虚假申报等手段，骗取留抵退税79.71万元。舟山市税务局第一稽查局依法追缴该公司骗取的留抵退税款，并移送公安经侦部门依法追究相关人员刑事责任。目前，公安经侦部门已抓获犯罪嫌疑人2人。

浙江省税务局稽查局有关负责人表示，下一步将认真贯彻落实国家税务总局、公安部、最高人民检察院、海关总署、中国人民银行、国家外汇管理局六部门联合打击骗取增值税留抵退税工作推进会精神，进一步发挥六部门联合打击机制作用，聚焦团伙式、跨区域、虚开发票虚增进项骗取留抵退税等违法犯罪行为，以零容忍的态度坚决予以打击，进一步形成打击骗取留抵退税的压倒性态势。

资料来源：国家税务总局浙江省税务局官方网站http://zhejiang.chinatax.gov.cn/art/2022/9/5/art_13226_562231.html.

（五）扩大全额退还增值税留抵税额政策行业范围

根据《财政部 税务总局关于扩大全额退还增值税留抵税额政策行业范围的公告》（财政部 税务总局公告2022年第21号，以下简称21号公告）的规定，扩大全额退还增值税留抵税额政策行业范围有关的政策如下：

（1）扩大全额退还增值税留抵税额政策行业范围，将2022年第14号公告第二条规定的制造业等行业按月全额退还增值税增量留抵税额、一次性退还存量留抵税额的政策范围，扩大至"批发和零售业""农、林、牧、渔业""住宿和餐饮业""居民服务、修理和其他服务业""教育""卫生和社会工作"和"文化、体育和娱乐业"（以下称批发零售业等行业）企业（含个体工商户，下同）。

符合条件的批发零售业等行业企业，可以自2022年7月纳税申报期起向主管税务机关申请退还增量留抵税额。

符合条件的批发零售业等行业企业，可以自2022年7月纳税申报期起向主管税务机关申请一次性退还存量留抵税额。

（2）2022年第14号公告和本公告所称制造业、批发零售业等行业企业，是指从事《国民经济行业分类》中"批发和零售业""农、林、牧、渔业""住宿和餐饮业""居民服务、修理和其他服务业""教育""卫生和社会工作""文化、体育和娱乐业""制造业""科学研究和技术服务业""电力、热力、燃气及水生产和供应业""软件和信息技术服务业""生态保护和环境治理业"和"交通运输、仓储和邮政业"业务相应发生的增值税销售额占全部增值税销售额的比重超过50%的纳税人。

上述销售额比重根据纳税人申请退税前连续12个月的销售额计算确定；申请退税前经营期不满12个月但满3个月的，按照实际经营期的销售额计算确定。

（3）按照2022年第14号公告第六条规定适用《中小企业划型标准规定》（工信部联企业〔2011〕300号）和《金融业企业划型标准规定》（银发〔2015〕309号）时，纳税人的行业归属，根据《国民经济行业分类》关于以主要经济活动确定行业归属的原则，以上一会计年度从事《国民经济行业分类》对应业务增值税销售额占全部增值税销售额比重最高的行业确定。

（4）制造业、批发零售业等行业企业申请留抵退税的其他规定，继续按照2022年第14号公告等有关规定执行。

（5）上述第（1）项和第（2）项政策自2022年7月1日起执行；上述第（3）项政策自2022年6月7日起执行。

税务稽查风险案例

2022年11月,辽宁省阜新市税务局第一稽查局根据税收大数据分析线索,依法查处了阜新博隆运输有限公司骗取增值税留抵退税案件。

经查,该公司通过隐匿销售收入、减少销项税额、进行虚假申报等手段,骗取留抵退税111.99万元。阜新市税务局第一稽查局依法追缴该公司骗取的留抵退税款,并依据《行政处罚法》《税收征收管理法》相关规定,处1倍罚款。

阜新市税务局第一稽查局有关负责人表示,下一步将认真贯彻落实国家税务总局、公安部、最高人民检察院、海关总署、中国人民银行、国家外汇管理局六部门联合打击骗取增值税留抵退税工作推进会精神,进一步发挥六部门联合打击机制作用,聚焦团伙式、跨区域、虚开发票虚增进项税额骗取留抵退税等违法犯罪行为,以零容忍的态度坚决予以打击。

资料来源:国家税务总局辽宁省税务局官方网站http://liaoning.chinatax.gov.cn/art/2022/11/15/art_628_92900.html.

(六)扩大全额退还增值税留抵税额政策行业范围有关征管事项

根据《国家税务总局关于扩大全额退还增值税留抵税额政策行业范围有关征管事项的公告》(国家税务总局公告2022年第11号)规定,有关扩大全额退还增值税留抵税额政策行业范围的征管事项如下:

符合《财政部 税务总局关于扩大全额退还增值税留抵税额政策行业范围的公告》(财政部 税务总局公告2022年第21号,以下简称21号公告)规定的纳税人申请退还留抵税额,应按照2019年第20号公告和2022年第4号公告等规定办理相关留抵退税业务。同时,对《退(抵)税申请表》进行修订并重新发布。

上述政策自2022年7月1日起施行。2022年第4号公告附件1同时废止。

税务稽查风险案例

2022年11月,黑龙江省鹤岗市税务局第一稽查局根据税收大数据分析线索,依法查处了黑龙江省宝泉岭农垦佳晟粮贸有限公司骗取增值税留抵退税案件。

经查,该公司通过隐匿销售收入、减少销项税额、进行虚假申报等手段,骗取留抵退税145.97万元。鹤岗市税务局第一稽查局依法追缴该公司骗取的留抵退税款,并依据《行政处罚法》《税收征收管理法》相关规定,处1倍罚款。

鹤岗市税务局第一稽查局有关负责人表示,下一步将认真贯彻落实国家税务总局、公安部、最高人民检察院、海关总署、中国人民银行、国家外汇管理局六部门联合打击骗取增值税留抵退税工作推进会精神,进一步发挥六部门联合打击机制作用,聚焦团伙式、跨区域、虚开发票虚增进项税额骗取留抵退税等违法犯罪行为，以零容忍的态度坚决予以打击。

资料来源：国家税务总局黑龙江省税务局官方网站http://heilongjiang.chinatax.gov.cn/art/2022/11/15/art_8260_444803.html.

（七）扩大全额退还增值税留抵税额政策行业范围有关征管事项政策解读

（1）扩大全额退还增值税留抵税额政策行业范围的主要内容是什么？

为深入落实党中央、国务院决策部署，财政部、税务总局联合发布21号公告明确，扩大2022年第14号公告规定的制造业等行业留抵退税政策的适用范围，增加"批发和零售业""农、林、牧、渔业""住宿和餐饮业""居民服务、修理和其他服务业""教育""卫生和社会工作"和"文化、体育和娱乐业"7个行业（以下称批发零售业等行业），实施按月全额退还增量留抵税额以及一次性退还存量留抵税额的留抵退税政策。

（2）《公告》出台的背景是什么？

为方便纳税人办理留抵退税业务，税务总局先后制发了2019年第20号公告和2022年第4号公告，明确了留抵退税办理相关征管事项。此次将批发零售业等行业纳入全额退税的留抵退税政策范围后，在现行留抵退税征管框架下，结合新出台政策的具体内容，发布本公告对相关征管事项作补充规定。

（3）制造业等行业留抵退税政策扩围到批发零售业等行业后如何判断行业性留抵退税政策范围？

制造业等行业留抵退税政策的适用范围扩大至批发零售业等行业后，形成制造业、批发零售业等行业留抵退税政策。按照21号公告的规定，制造业、批发零售业等行业企业，是指从事《国民经济行业分类》中"批发和零售业""农、林、牧、渔业""住宿和餐饮业""居民服务、修理和其他服务业""教育""卫生和社会工作""文化、体育和娱乐业""制造业""科学研究和技术服务业""电力、热力、燃气及水生产和供应业""软件和信息技术服务业""生态保护和环境治理业"和"交通运输、仓储和邮政业"业务相应发生的增值税销售额占全部增值税销售额的比重超过50%的纳税人。上述销售额比重根据纳税人申请退税前连续12个月的销售额计算确定；申请退税前经营期不满12个月但满3个月的，按照实际经营期的销售额计算确定。

需要说明的是，如果一个纳税人从事上述多项业务，以相关业务增值税销售额加总计算销售额占比，从而确定是否属于制造业、批发零售业等行业纳税人。

例如，某纳税人2021年7月至2022年6月期间共取得增值税销售额1 000万元，其中：生产并销售机器设备销售额300万元，外购并批发办公用品销售额200万元，租赁设备销售额250万元，提供文化服务销售额150万元，提供建筑服务销售额100万元。该纳税人2021年7月至2022年6月期间发生的制造业、批发零售业等行业销售额占比为

65%［（300+200+150）÷1 000×100%］。因此，该纳税人当期属于制造业、批发零售业等行业纳税人。

（4）批发零售业等行业纳税人申请留抵退税，需要满足哪些留抵退税条件？

按照21号公告规定办理留抵退税的制造业、批发零售业等行业纳税人，继续适用2022年第14号公告规定的留抵退税条件，具体如下：①纳税信用等级为A级或者B级；②申请退税前36个月未发生骗取留抵退税、骗取出口退税或虚开增值税专用发票情形；③申请退税前36个月未因偷税被税务机关处罚两次及以上；⑤2019年4月1日起未享受即征即退、先征后返（退）政策。

（5）批发零售业等行业纳税人申请一次性存量留抵退税的具体时间是什么？

按照21号公告规定，符合条件的批发零售业等行业纳税人，可以自2022年7月纳税申报期起向主管税务机关申请退还存量留抵税额。

需要说明的是，上述时间为申请一次性存量留抵退税的起始时间，当期未申请的，以后纳税申报期也可以按规定申请。

（6）批发零售业等行业纳税人申请增量留抵退税的具体时间是什么？

按照21号公告规定，符合条件的批发零售业等行业纳税人，可以自2022年7月纳税申报期起向主管税务机关申请退还增量留抵税额。

需要说明的是，上述时间为申请增量留抵退税的起始时间，当期未申请的，以后纳税申报期也可以按规定申请。

（7）制造业、批发零售业等行业纳税人按照21号公告规定申请退还的存量留抵税额如何确定？

纳税人按照21号公告规定申请退还的存量留抵税额，继续按照2022年第14号公告的规定执行，具体区分以下情形确定：

第一，纳税人获得一次性存量留抵退税前，当期期末留抵税额大于或等于2019年3月31日期末留抵税额的，存量留抵税额为2019年3月31日期末留抵税额；当期期末留抵税额小于2019年3月31日期末留抵税额的，存量留抵税额为当期期末留抵税额。

第二，纳税人获得一次性存量留抵退税后，存量留抵税额为零。

例如，某大型餐饮企业2019年3月31日的期末留抵税额为1 500万元，此前未获得存量留抵退税。2022年7月纳税申报期申请一次性存量留抵退税时，如果当期期末留抵税额为2 000万元，该纳税人的存量留抵税额为1 500万元；如果当期期末留抵税额为1 000万元，该纳税人的存量留抵税额为1 000万元。该纳税人在7月份获得存量留抵退税后，将再无存量留抵税额。

（8）制造业、批发零售业等行业纳税人按照21号公告规定申请退还的增量留抵税额如何确定？

制造业、批发零售业等行业纳税人按照21号公告规定申请退还的增量留抵税额，继续按照2022年第14号公告的规定执行，具体区分以下情形确定：

第一，纳税人获得一次性存量留抵退税前，增量留抵税额为当期期末留抵税额与2019年3月31日相比新增加的留抵税额。

第二，纳税人获得一次性存量留抵退税后，增量留抵税额为当期期末留抵税额。

例如，某大型零售企业纳税人2019年3月31日的期末留抵税额为800万元，2022年7月31日的期末留抵税额为1 000万元，在8月纳税申报期申请增量留抵退税时，如果此前未获得一次性存量留抵退税，该纳税人的增量留抵税额为200万元（1 000－800）；如果此前已获得一次性存量留抵退税，该纳税人的增量留抵税额为1 000万元。

（9）纳税人在适用小微企业留抵退税政策时如何确定其行业归属？

21号公告明确，按照2022年第14号公告第六条规定适用《中小企业划型标准规定》（工信部联企业〔2011〕300号）和《金融业企业划型标准规定》（银发〔2015〕309号）时，纳税人的行业归属，根据《国民经济行业分类》关于以主要经济活动确定行业归属的原则，以上一会计年度从事《国民经济行业分类》对应业务增值税销售额占全部增值税销售额比重最高的行业确定。

例如，某混业经营纳税人2022年7月申请办理留抵退税，其上一会计年度（2021年1月1日至2021年12月31日）增值税销售额500万元，其中，提供建筑服务销售额200万元，提供工程设备租赁服务销售额150万元，外购并销售建筑材料等货物销售额150万元。该纳税人"建筑业"对应业务的增值税销售额占比为40%；"租赁和商务服务业"对应业务的增值税销售额占比为30%；"批发和零售业"对应业务的增值税销售额占比为30%。因其"建筑业"对应业务的销售额占比最高，在适用小微企业划型标准时，应按照《中小企业划型标准规定》（工信部联企业〔2011〕300号）规定的建筑业的划型标准判断该企业是否为小微企业。

（10）制造业、批发零售业等行业纳税人申请办理存量留抵退税和增量留抵退税，从征管规定上看有什么变化吗？

符合21号公告规定的制造业、批发零售业等行业纳税人申请办理存量留抵退税和增量留抵退税，继续按照2019年第20号公告和2022年第4号公告等规定办理相关留抵退税业务。其中，纳税人办理存量留抵退税与办理增量留抵退税的相关征管规定一致。

（11）制造业、批发零售业等行业纳税人适用21号公告规定的留抵退税政策，需要提交什么退税申请资料？

制造业、批发零售业等行业纳税人适用21号公告规定的留抵退税政策，在申请办理留抵退税时提交的退税申请资料无变化，仅需要提交一张《退（抵）税申请表》。需要说明的是，《退（抵）税申请表》可通过电子税务局线上提交，也可以通过办税服务厅线下提交。结合本次出台的留抵退税政策规定，对原《退（抵）税申请表》中的部分填报内容做了相应调整，纳税人申请留抵退税时，可结合其适用的具体政策和实际生产经营等情况进行填报。

（12）此次《退（抵）税申请表》有哪些调整变化？

结合21号公告规定的行业性留抵退税政策内容，《退（抵）税申请表》相应补充了文件依据、行业范围等栏次。具体修改内容包括：

一是在"留抵退税申请文件依据"中增加"《财政部　税务总局关于扩大全额退还增值税留抵税额政策行业范围的公告》（财政部　税务总局公告2022年第21号）"。

二是在"退税企业类型"的"特定行业"中增加"批发和零售业""农、林、牧、渔业""住宿和餐饮业""居民服务、修理和其他服务业""教育""卫生和社会工作""文化、体育和娱乐业"7个行业的选项。

三是将"留抵退税申请类型"中对应"特定行业"的增值税销售额占比计算公式中也相应增加批发零售业等7个行业增值税销售额的表述。

▶◀ 税务稽查风险案例 ▶◀

2022年9月，安徽省税务局稽查局根据税收大数据分析线索，指导蚌埠市税务局第一稽查局，联合公安经侦部门依法查处一起虚开发票团伙骗取增值税留抵退税案件。

经查，该团伙控制多家空壳企业在没有真实货物交易的情况下，对外虚开增值税专用发票。蚌埠市税务局第一稽查局已查实该团伙下游企业通过接受虚开发票虚增进项税额骗取留抵退税47.68万元，正对其他涉嫌利用虚开发票骗取留抵退税的企业开展深入检查。目前，公安经侦部门已抓获犯罪嫌疑人4人。

安徽省税务局稽查局有关负责人表示，下一步将认真贯彻落实国家税务总局、公安部、最高人民检察院、海关总署、中国人民银行、国家外汇管理局六部门联合打击骗取增值税留抵退税工作推进会精神，进一步发挥六部门联合打击机制作用，聚焦团伙式、跨区域、虚开发票虚增进项骗取留抵退税等违法犯罪行为，以零容忍的态度坚决予以打击，进一步形成打击骗取留抵退税的压倒性态势。

资料来源：国家税务总局安徽省税务局官方网站http://anhui.chinatax.gov.cn/art/2022/9/13/art_9518_1002945.html.

（八）阶段性加快出口退税办理进度有关工作

根据《国家税务总局关于阶段性加快出口退税办理进度有关工作的通知》（税总货劳函〔2022〕83号）的规定，阶段性加快出口退税办理进度的有关工作如下。

1.阶段性加快出口退税进度

自2022年6月20日至2023年6月30日期间，税务部门办理一类、二类出口企业正常出口退（免）税的平均时间，压缩在3个工作日内。到期将视外贸发展和实际执行情况，进一步明确办理时间要求。

一类、二类出口企业，是指出口退税管理类别为一类和二类的出口企业。

正常出口退（免）税，是指经税务机关审核，符合现行规定且不存在涉嫌骗税等疑点的出口退（免）税业务。

2.做好宣传解读和纳税人辅导工作

（1）加强一线人员培训。各地税务机关要切实做好12366纳税缴费服务热线和办税服务厅等基层一线工作人员关于进一步加快出口退税办理进度要求的相关培训，重点针对本通知加快办理退税进度要求、前期《税务总局等十部门关于进一步加大出口退税支持力度促进外贸平稳发展的通知》（税总货劳发〔2022〕36号，以下称《十部门通知》）内容、报送资料、业务口径等进行强化培训，全面提升业务水平和服务能力。

（2）开展政策精准推送。各地税务机关要按照税费优惠政策精准推送机制，通过本省电子税务局就阶段性加快出口退税进度相关举措，针对一类、二类出口企业等适用主体开展政策精准推送，并主动通过本地征纳沟通平台等多种渠道方式，区分企业不同类型人员开展更具针对性的信息推送。

（3）做好纳税人宣传辅导。各地税务机关要结合本地实际，针对阶段性加快出口退税办理进度有关措施内容制作宣传产品，通过税务网站、征纳沟通平台、新媒体等渠道开展广泛而又务实的宣传。要进一步压实主管税务机关的网格化服务责任，针对适用主体分类开展政策解读和专项辅导，既要宣讲阶段性加快出口退税办理进度的重要意义，讲清本通知内容，又要辅导好操作流程，帮助纳税人懂政策、能申报、会操作，还要提示提醒纳税人严格加强风险内控，避免出现税收违法违规行为。

3.工作要求

（1）提高思想认识，加强组织领导。对出口退税信用好的企业阶段性加快退税办理进度，是党中央、国务院为进一步稳外贸稳外资作出的一项重要部署，是税务机关在《十部门通知》基础上，进一步支持外贸稳定发展、更好服务高水平对外开放大局的重要举措。各级税务机关要切实强化政治担当，深化思想认识，结合接受中央巡视自查整改等工作，加强组织领导，加大督促指导，压实工作责任，坚持"快退、狠打、严查、外督、长宣"五措并举，确保本地区一类、二类出口企业正常出口退（免）税的平均办理时间不超过3个工作日。

（2）加强工作统筹，确保快退税款。省级税务局要切实扛起主体责任，提前做好工作部署，全力保障信息系统运行稳定，密切跟踪各地办理进度，及时指导督促基层税务局落实落细。要强化出口退税、规划核算、征管科技、信息中心、数据风险等部门间协同配合，及时传递信息，确保按时办理退税。各级税务机关要上下联动，密切配合，协同发力，确保快退税款。

（3）加强风险防控，加大打骗力度。各级税务机关要统筹做好加快出口退税办理进度与防范打击出口骗税工作，树牢底线思维，既对标时间要求加快出口退税办理进度，也杜绝片面追求进度而放松出口骗税风险防控。要加强出口退税风险分析应对工作，充分发挥六部门常态化打虚打骗工作机制作用，加大与公安、检察院、海关、人民银行、外汇管理局等部门的协作力度，紧盯出口骗税新情况、新动态，始终保持对"三假"涉税违法犯罪行为严查狠打的高压态势，更好营造公平公正营商环境。

（4）强化内部监督，严查问题风险。各级税务机关在落实加快出口退税进度新举措的同时,要充分发扬自我革命精神,坚持刀刃向内,将"严查内错"贯穿政策落实全过程、各环节,严查税务人员落实加快出口退税进度中的不作为、慢作为、乱作为等失职失责行为,特别是对内外勾结骗取出口退税等违法行为,深入开展"一案双查",从严从快严查彻办。

(5)主动接受监督、听取各方意见。各级税务机关在全力推进出口退税办理进度的过程中,要充分运用落实税费支持政策直联工作机制、"税费服务产品体验"、政务网站、局长信箱等方式,真诚接受社会监督,主动听取多方意见,并做好各方意见建议的收集、分析、处理和反馈工作,确保纳税人和社会有关方面的意见建议得到及时有效回应,不断完善和改进服务举措。

(6)持续广泛宣传,营造良好氛围。各级税务机关要积极主动开展政策宣传工作,持续跟踪纳税人受益情况以及政策执行效果,加强与媒体沟通联系,广泛宣传《十部门通知》和进一步加快出口退税进度新举措对促进外贸保稳提质、提升对外开放水平、稳住宏观经济大盘方面发挥的积极效应,营造良好的舆论氛围。

▶▶ 税务稽查风险案例 ◀◀

2022年9月,深圳市税务局第四稽查局根据税收大数据分析线索,依法查处了深圳振鹏达实业集团有限公司骗取增值税留抵退税案件。

经查,该公司通过未按规定转出进项税额、进行虚假申报等手段,骗取留抵退税43.69万元。深圳市税务局第四稽查局依法追缴该公司骗取的留抵退税款,并依据《行政处罚法》《税收征收管理法》相关规定,拟处1倍罚款。

深圳市税务局第四稽查局有关负责人表示,下一步将认真贯彻落实国家税务总局、公安部、最高人民检察院、海关总署、中国人民银行、国家外汇管理局六部门联合打击骗取增值税留抵退税工作推进会精神,进一步发挥六部门联合打击机制作用,聚焦团伙式、跨区域、虚开发票虚增进项骗取留抵退税等违法犯罪行为,以零容忍的态度坚决予以打击,进一步形成打击骗取留抵退税的压倒性态势。

资料来源:国家税务总局官方网站https://www.chinatax.gov.cn/chinatax/n810219/c102025/c5181222/content.html.

(九)切实落实燃煤发电企业增值税留抵退税政策

根据《财政部 税务总局关于切实落实燃煤发电企业增值税留抵退税政策做好电力保供工作的通知》(财税〔2022〕25号)的规定,切实落实燃煤发电企业增值税留抵退税政策的有关事项如下:

对购买使用进口煤炭的燃煤发电企业,符合2022年第14号公告规定的,在纳税人自愿申请的基础上,进一步加快留抵退税办理进度,规范高效便捷为其办理留抵退税。

各地财政和税务部门要高度重视燃煤发电企业留抵退税工作，密切部门间协作，加强政策宣传辅导，及时掌握企业经营和税收情况，重点做好购买使用进口煤炭的燃煤发电企业留抵退税落实工作。

七、小规模纳税人减免增值税

（一）小规模纳税人减免增值税政策

根据《财政部　税务总局关于明确增值税小规模纳税人减免增值税等政策的公告》（财政部　税务总局公告2023年第1号，以下简称2023年1号公告）及《财政部　税务总局关于增值税小规模纳税人减免增值税政策的公告》（财政部　税务总局公告2023年第19号，以下简称2023年19号公告）的规定，关于增值税小规模纳税人减免增值税的政策如下：

自2023年1月1日至2027年12月31日，对月销售额10万元以下（含本数）的增值税小规模纳税人，免征增值税。

自2023年1月1日至2027年12月31日，增值税小规模纳税人适用3%征收率的应税销售收入，减按1%征收率征收增值税；适用3%预征率的预缴增值税项目，减按1%预征率预缴增值税。

（二）小规模纳税人增值税加计抵减政策

根据2023年1号公告的规定，小规模纳税人增值税加计抵减的政策如下。

自2023年1月1日至2023年12月31日，增值税加计抵减政策按照以下规定执行：

（1）允许生产性服务业纳税人按照当期可抵扣进项税额加计5%抵减应纳税额。生产性服务业纳税人，是指提供邮政服务、电信服务、现代服务、生活服务取得的销售额占全部销售额的比重超过50%的纳税人。

（2）允许生活性服务业纳税人按照当期可抵扣进项税额加计10%抵减应纳税额。生活性服务业纳税人，是指提供生活服务取得的销售额占全部销售额的比重超过50%的纳税人。

（3）纳税人适用加计抵减政策的其他有关事项，按照《财政部　税务总局　海关总署关于深化增值税改革有关政策的公告》（财政部　税务总局　海关总署公告2019年第39号）、《财政部　税务总局关于明确生活性服务业增值税加计抵减政策的公告》（财政部　税务总局公告2019年第87号）等有关规定执行。

按照2023年1号公告规定，应予减免的增值税，在2023年1号公告下发前已征收的，可抵减纳税人以后纳税期应缴纳税款或予以退还。

（三）小规模纳税人减免增值税等征收管理事项解读

（1）小规模纳税人免税月销售额标准调整以后，销售额的执行口径是否有变化？

答：没有变化。纳税人确定销售额有两个要点：一是以所有增值税应税销售行为

（包括销售货物、劳务、服务、无形资产和不动产）合并计算销售额，判断是否达到免税标准。但为剔除偶然发生的不动产销售业务的影响，使纳税人更充分享受政策，本公告明确小规模纳税人合计月销售额超过10万元（以1个季度为1个纳税期的，季度销售额超过30万元，下同），但在扣除本期发生的销售不动产的销售额后未超过10万元的，其销售货物、劳务、服务、无形资产取得的销售额，也可享受小规模纳税人免税政策。二是适用增值税差额征税政策的，以差额后的余额为销售额，确定其是否可享受小规模纳税人免税政策。

例如，按季度申报的小规模纳税人A在2023年4月销售货物取得收入10万元，5月提供建筑服务取得收入20万元，同时向其他建筑企业支付分包款12万元，6月销售自建的不动产取得收入200万元，则A小规模纳税人2023年第二季度（4~6月）差额后合计销售额218万元（10+20-12+200），超过30万元，但是扣除200万元不动产，差额后的销售额是18万元（10+20-12），不超过30万元，可以享受小规模纳税人免税政策。同时，纳税人销售不动产200万元应依法纳税。

（2）自然人出租不动产一次性收取的多个月份的租金，如何适用政策？

答：此前，税务总局明确，《增值税暂行条例实施细则》第九条所称的其他个人，采取一次性收取租金（包括预收款）形式出租不动产取得的租金收入，可在对应的租赁期内平均分摊，分摊后的月租金收入不超过小规模纳税人免税月销售额标准的，可享受小规模纳税人免税政策。为确保纳税人充分享受政策，延续此前已出台政策的相关口径，小规模纳税人免税月销售额标准调整为10万元以后，其他个人采取一次性收取租金形式出租不动产取得的租金收入，同样可在对应的租赁期内平均分摊，分摊后的月租金未超过10万元的，可以享受免征增值税政策。

（3）小规模纳税人是否可以放弃减免税、开具增值税专用发票？

答：小规模纳税人适用月销售额10万元以下免征增值税政策的，纳税人可对部分或者全部销售收入选择放弃享受免税政策，并开具增值税专用发票。小规模纳税人适用3%征收率销售收入减按1%征收率征收增值税政策的，纳税人可对部分或者全部销售收入选择放弃享受减税，并开具增值税专用发票。

（4）小规模纳税人在2022年12月31日前已经开具的增值税发票，如果发生销售折让、中止、退回或开票有误等情形，应当如何处理？

答：小规模纳税人在2022年12月31日前已经开具增值税发票，发生销售折让、中止、退回或开票有误等情形需要开具红字发票的，应开具对应征收率的红字发票或免税红字发票，即：如果2022年12月31日之前按3%征收率开具了增值税发票，则应按照3%的征收率开具红字发票；如果2022年12月31日之前按1%征收率开具了增值税发票，则应按照1%征收率开具红字发票；如果2022年12月31日之前开具了免税发票，则开具免税红字发票。纳税人开票有误需要重新开具发票的，在开具红字发票后，重新开具正确的蓝字发票。

（5）小规模纳税人在办理增值税纳税申报时，应当如何填写相关免税栏次？

答：小规模纳税人发生增值税应税销售行为，合计月销售额未超过10万元的，免征增值税的销售额等项目应当填写在《增值税及附加税费申报表（小规模纳税人适用）》"小微企业免税销售额"或者"未达起征点销售额"相关栏次，如果没有其他免税项目，则无需填报《增值税减免税申报明细表》；减按1%征收率征收增值税的销售额应当填写在《增值税及附加税费申报表（小规模纳税人适用）》"应征增值税不含税销售额（3%征收率）"相应栏次，对应减征的增值税应纳税额按销售额的2%计算填写在《增值税及附加税费申报表（小规模纳税人适用）》"本期应纳税额减征额"及《增值税减免税申报明细表》减税项目相应栏次。

（6）小规模纳税人可以根据经营需要自行选择按月或者按季申报吗？

答：小规模纳税人可以自行选择纳税期限。小规模纳税人纳税期限不同，其享受免税政策的效果可能存在差异。为确保小规模纳税人充分享受政策，延续《国家税务总局关于小规模纳税人免征增值税征管问题的公告》（国家税务总局公告2021年第5号）相关规定，本公告明确，按照固定期限纳税的小规模纳税人可以根据自己的实际经营情况选择实行按月纳税或按季纳税。但是需要注意的是，纳税期限一经选择，一个会计年度内不得变更。

例如，小规模纳税人选择按月或者按季纳税，在政策适用方面的不同：

情况1：某小规模纳税人2023年4～6月的销售额分别是6万元、8万元和12万元。如果纳税人按月纳税，则6月的销售额超过了月销售额10万元的免税标准，需要缴纳增值税，4月、5月的6万元、8万元能够享受免税；如果纳税人按季纳税，2023年2季度销售额合计26万元，未超过季度销售额30万元的免税标准，因此，26万元全部能够享受免税政策。

情况2：某小规模纳税人2023年4～6月的销售额分别是6万元、8万元和20万元，如果纳税人按月纳税，4月和5月的销售额均未超过月销售额10万元的免税标准，能够享受免税政策；如果纳税人按季纳税，2023年2季度销售额合计34万元，超过季度销售额30万元的免税标准，因此，34万元均无法享受免税政策。

（7）小规模纳税人需要预缴增值税的，应如何预缴税款？

答：现行增值税实施了若干预缴税款的规定，比如跨地区提供建筑服务、销售不动产、出租不动产等等。本公告明确，按照现行规定应当预缴增值税税款的小规模纳税人，凡在预缴地实现的月销售额未超过10万元的，当期无需预缴税款。在预缴地实现的月销售额超过10万元的，适用3%预征率的预缴增值税项目，减按1%预征率预缴增值税。

（8）小规模纳税人销售不动产取得的销售额，应该如何适用免税政策？

答：小规模纳税人包括单位和个体工商户，还包括其他个人。不同主体适用政策应视不同情况而定。

第一，小规模纳税人中的单位和个体工商户销售不动产，涉及纳税人在不动产所在地预缴增值税的事项。如何适用政策与销售额以及纳税人选择的纳税期限有关。举例来说，如果纳税人销售不动产销售额为28万元，则有两种情况：一是纳税人选择按月纳税，销售不动产销售额超过月销售额10万元免税标准，则应在不动产所在地预缴税款；二是该纳税人选择按季纳税，销售不动产销售额未超过季度销售额30万元的免税标准，则无需在不动产所在地预缴税款。因此，本公告明确小规模纳税人中的单位和个体工商户销售不动产，应按其纳税期、公告第九条以及其他现行政策规定确定是否预缴增值税。

第二，小规模纳税人中其他个人偶然发生销售不动产的行为，应当按照现行政策规定执行。因此，本公告明确其他个人销售不动产，继续按照现行规定征免增值税。

（9）生产性服务业纳税人加计抵减政策的适用范围是什么？

答：生产性服务业纳税人，按照当期可抵扣进项税额加计5%抵减应纳税额。生产性服务业纳税人，是指提供邮政服务、电信服务、现代服务、生活服务（以下称四项服务）取得的销售额占全部销售额的比重超过50%的纳税人。四项服务的具体范围按照《销售服务、无形资产、不动产注释》（财税〔2016〕36号印发）执行。

（10）生活性服务业纳税人加计抵减政策的适用范围是什么？

答：生活性服务业纳税人，按照当期可抵扣进项税额加计10%抵减应纳税额。生活性服务业纳税人，是指提供生活服务取得的销售额占全部销售额的比重超过50%的纳税人。生活服务的具体范围按照《销售服务、无形资产、不动产注释》（财税〔2016〕36号印发）执行。

（11）纳税人适用2023年1号公告规定的加计抵减政策，需要提交什么资料？

答：纳税人适用2023年1号公告规定的加计抵减政策，仅需在年度首次确认适用时，通过电子税务局或办税服务厅提交一份适用加计抵减政策的声明。其中，生产性服务业纳税人适用5%加计抵减政策，需提交《适用5%加计抵减政策的声明》；生活性服务业纳税人适用10%加计抵减政策，需提交《适用10%加计抵减政策的声明》。

（12）纳税人适用2023年1号公告规定的加计抵减政策，和此前执行的加计抵减政策相比，相关征管规定有无变化？

答：没有变化。本公告明确，纳税人适用加计抵减政策的其他征管事项，继续按照《国家税务总局关于国内旅客运输服务进项税抵扣等增值税征管问题的公告》（国家税务总局公告2019年第31号）第二条等有关规定执行。

（13）2022年12月31日小规模纳税人适用3%征收率的应税销售收入免征增值税政策到期后，在2023年1号公告出台前部分纳税人已按照3%征收率缴纳了增值税，能够退还相应的税款吗？

答：按照2023年1号公告第四条规定应予减免的增值税，在2023年1号公告下发前已征收的，可抵减纳税人以后纳税期应缴纳税款或予以退还。但是，纳税人如果已经向购买方开具了增值税专用发票，应先将增值税专用发票追回。

第三节 企业所得税纳税申报管理

一、企业所得税纳税申报基本制度

（一）《企业所得税法》的规定

除税收法律、行政法规另有规定外，居民企业以企业登记注册地为纳税地点；但登记注册地在境外的，以实际管理机构所在地为纳税地点。居民企业在中国境内设立不具有法人资格的营业机构的，应当汇总计算并缴纳企业所得税。

非居民企业取得《企业所得税法》第三条第二款规定的所得，以机构、场所所在地为纳税地点。非居民企业在中国境内设立两个或者两个以上机构、场所，符合国务院税务主管部门规定条件的，可以选择由其主要机构、场所汇总缴纳企业所得税。非居民企业取得《企业所得税法》第三条第三款规定的所得，以扣缴义务人所在地为纳税地点。

除国务院另有规定外，企业之间不得合并缴纳企业所得税。

企业所得税按纳税年度计算。纳税年度自公历1月1日起至12月31日止。企业在一个纳税年度中间开业，或者终止经营活动，使该纳税年度的实际经营期不足12个月的，应当以其实际经营期为一个纳税年度。企业依法清算时，应当以清算期间作为一个纳税年度。

企业所得税分月或者分季预缴。企业应当自月份或者季度终了之日起15日内，向税务机关报送预缴企业所得税纳税申报表，预缴税款。企业应当自年度终了之日起5个月内，向税务机关报送年度企业所得税纳税申报表，并汇算清缴，结清应缴应退税款。企业在报送企业所得税纳税申报表时，应当按照规定附送财务会计报告和其他有关资料。

企业在年度中终止经营活动的，应当自实际经营终止之日起六十日内，向税务机关办理当期企业所得税汇算清缴。企业应当在办理注销登记前，就其清算所得向税务机关申报并依法缴纳企业所得税。

（二）《企业所得税法实施条例》的规定

《中华人民共和国企业所得税法实施条例》（2007年12月6日中华人民共和国国务院令第512号公布，根据2019年4月23日《国务院关于修改部分行政法规的决定》修订，以下简称《企业所得税法实施条例》）的规定如下：

《企业所得税法》第五十条所称企业登记注册地，是指企业依照国家有关规定登记注册的住所地。

企业汇总计算并缴纳企业所得税时，应当统一核算应纳税所得额，具体办法由国务院财政、税务主管部门另行制定。

《企业所得税法》第五十一条所称主要机构、场所，应当同时符合下列条件：

（1）对其他各机构、场所的生产经营活动负有监督管理责任。

（2）设有完整的账簿、凭证，能够准确反映各机构、场所的收入、成本、费用和盈亏情况。

企业所得税分月或者分季预缴，由税务机关具体核定。企业根据《企业所得税法》第五十四条规定分月或者分季预缴企业所得税时，应当按照月度或者季度的实际利润额预缴；按照月度或者季度的实际利润额预缴有困难的，可以按照上一纳税年度应纳税所得额的月度或者季度平均额预缴，或者按照经税务机关认可的其他方法预缴。预缴方法一经确定，该纳税年度内不得随意变更。

企业在纳税年度内无论盈利或者亏损，都应当依照《企业所得税法》第五十四条规定的期限，向税务机关报送预缴企业所得税纳税申报表、年度企业所得税纳税申报表、财务会计报告和税务机关规定应当报送的其他有关资料。

二、简化小型微利企业所得税年度纳税申报

根据《国家税务总局关于简化小型微利企业所得税年度纳税申报有关措施的公告》（国家税务总局公告2018年第58号）的规定，为切实减轻小型微利企业纳税申报负担，根据《国家税务总局关于进一步深化税务系统"放管服"改革优化税收环境的若干意见》（税总发〔2017〕101号）有关精神，国家税务总局就实行查账征收企业所得税的小型微利企业（以下简称小型微利企业）填报《中华人民共和国企业所得税年度纳税申报表（A类，2017年版）》（国家税务总局公告2017年第54号发布，国家税务总局公告2018年第57号修订）有关事项公告如下：

（1）《中华人民共和国企业所得税年度纳税申报表（A类）》（A100000）为小型微利企业必填表单。

（2）《企业所得税年度纳税申报基础信息表》（A000000）中的"基本经营情况"为小型微利企业必填项目；"有关涉税事项情况"为选填项目，存在或者发生相关事项时小型微利企业必须填报；"主要股东及分红情况"为小型微利企业免填项目。

（3）小型微利企业免于填报《一般企业收入明细表》（A101010）、《金融企业收入明细表》（A101020）、《一般企业成本支出明细表》（A102010）、《金融企业支出明细表》（A102020）、《事业单位、民间非营利组织收入、支出明细表》（A103000）、《期间费用明细表》（A104000）。上述表单相关数据应当在《中华人民共和国企业所得税年度纳税申报表（A类）》（A100000）中直接填写。

（4）除上述规定的表单、项目外，小型微利企业可结合自身经营情况，选择表单

填报。未发生表单中规定的事项，无须填报。

（5）小型微利企业，是指符合《企业所得税法》及其实施条例、《财政部 税务总局关于进一步扩大小型微利企业所得税优惠政策范围的通知》（财税〔2018〕77号）、《财政部 税务总局关于实施小微企业普惠性税收减免政策的通知》（财税〔2019〕13号）等规定的企业。上述政策规定发生调整的，按照最新政策规定执行。

（6）上述制度适用于小型微利企业2018年度及以后年度企业所得税汇算清缴纳税申报。

三、企业所得税年度纳税申报表的调整

根据《国家税务总局关于企业所得税年度纳税申报有关事项的公告》（国家税务总局公告2022年第27号）的规定，为贯彻落实《企业所得税法》及有关税收政策，进一步减轻纳税人办税负担，对企业所得税年度纳税申报有关事项进行如下调整：

（1）对《中华人民共和国企业所得税年度纳税申报表（A类，2017年版）》部分表单和填报说明进行修订，具体如下：对《资产折旧、摊销及纳税调整明细表》（A105080）、《企业重组及递延纳税事项纳税调整明细表》（A105100）、《免税、减计收入及加计扣除优惠明细表》（A107010）、《研发费用加计扣除优惠明细表》（A107012）、《减免所得税优惠明细表》（A107040）的表单样式及填报说明进行修订；对《纳税调整项目明细表》（A105000）的填报说明进行修订。

（2）企业搬迁完成当年，向主管税务机关报送企业所得税年度纳税申报表时，不再报送《企业政策性搬迁清算损益表》。

（3）上述调整适用于2022年度及以后年度企业所得税汇算清缴申报。《国家税务总局关于发布〈中华人民共和国企业所得税年度纳税申报表（A类，2017年版）〉的公告》（国家税务总局公告2017年第54号）、《国家税务总局关于修订〈中华人民共和国企业所得税年度纳税申报表（A类，2017年版）〉部分表单样式及填报说明的公告》（国家税务总局公告2018年第57号）、《国家税务总局关于修订企业所得税年度纳税申报表的公告》（国家税务总局公告2020年第24号）、《国家税务总局关于企业所得税年度汇算清缴有关事项的公告》（国家税务总局公告2021年第34号）中的上述表单和填报说明同时废止。《国家税务总局关于发布〈企业政策性搬迁所得税管理办法〉的公告》（国家税务总局公告2012年第40号）第二十五条关于"应同时报送《企业政策性搬迁清算损益表》（表样附后）"的规定和附件《企业政策性搬迁清算损益表》同时废止。

四、研发费用加计扣除政策

（一）进一步落实研发费用加计扣除政策

根据《国家税务总局关于进一步落实研发费用加计扣除政策有关问题的公告》

（国家税务总局公告2021年第28号）的规定，关于进一步落实研发费用加计扣除政策有关问题的事项如下。

1. 关于研发支出辅助账样式的问题

（1）《国家税务总局关于企业研究开发费用税前加计扣除政策有关问题的公告》（国家税务总局公告2015年第97号，以下简称97号公告）发布的研发支出辅助账和研发支出辅助账汇总表样式（以下简称2015版研发支出辅助账样式）继续有效。另增设简化版研发支出辅助账和研发支出辅助账汇总表样式（以下简称2021版研发支出辅助账样式），具体样式及填写说明见附件。

（2）企业按照研发项目设置辅助账时，可以自主选择使用2015版研发支出辅助账样式，或者2021版研发支出辅助账样式，也可以参照上述样式自行设计研发支出辅助账样式。

企业自行设计的研发支出辅助账样式，应当包括2021版研发支出辅助账样式所列数据项，且逻辑关系一致，能准确归集允许加计扣除的研发费用。

2. 关于其他相关费用限额计算的问题

（1）企业在一个纳税年度内同时开展多项研发活动的，由原来按照每一研发项目分别计算"其他相关费用"限额，改为统一计算全部研发项目"其他相关费用"限额。

企业按照以下公式计算《财政部 国家税务总局 科技部关于完善研究开发费用税前加计扣除政策的通知》（财税〔2015〕119号）第一条第（一）项"允许加计扣除的研发费用"第6目规定的"其他相关费用"的限额，其中资本化项目发生的费用在形成无形资产的年度统一纳入计算：

$$\text{全部研发项目的其他相关费用限额} = \text{全部研发项目的人员人工等五项费用之和} \times \frac{10\%}{1-10\%}$$

"人员人工等五项费用"是指财税〔2015〕119号文件第一条第（一）项"允许加计扣除的研发费用"第1目至第5目费用，包括"人员人工费用""直接投入费用""折旧费用""无形资产摊销"和"新产品设计费、新工艺规程制定费、新药研制的临床试验费、勘探开发技术的现场试验费"。

（2）当"其他相关费用"实际发生数小于限额时，按实际发生数计算税前加计扣除额；当"其他相关费用"实际发生数大于限额时，按限额计算税前加计扣除额。

3. 执行时间

条款适用于2021年及以后年度。97号公告第二条第（三）项"其他相关费用的归集与限额计算"的规定同时废止。

（二）进一步落实研发费用加计扣除政策解读

为贯彻落实国务院激励企业加大研发投入、优化研发费用加计扣除政策实施的举措，深入开展"我为纳税人缴费人办实事暨便民办税春风行动"，让纳税人充分享受政策红利，激励企业增加研发投入积极性，方便企业提前享受研发费用加计扣除优惠政策，国家税务总局制发《关于进一步落实研发费用加计扣除政策有关问题的公告》（国家税务总局公告2021年第28号，以下简称《公告》）。现解读如下。

（1）《公告》出台的主要背景是什么？

答：研发费用加计扣除政策是支持企业科技创新的有效政策抓手。一直以来，党中央、国务院高度重视研发费用加计扣除政策的贯彻落实，多措并举，让企业充分享受政策红利。近期，国务院又推出了进一步激励企业加大研发投入、优化研发费用加计扣除政策实施的举措。为把国务院的决策部署落实落细，增加企业获得感，减轻办税负担，我局制发《公告》。

（2）《公告》主要包括哪些内容？

答：《公告》主要包括两项内容：

一是增设优化简化研发费用辅助账样式。为便于企业准备合规的研发费用辅助账，税务总局2015年制发97号公告，发布了2015版研发支出辅助账样式，对帮助纳税人准确归集研发费用和享受优惠政策起到积极作用。考虑到部分中小微企业财务核算水平不高，准确归集、填写2015版研发支出辅助账有一定难度，《公告》增设了2021版研发支出辅助账样式，降低了填写难度。

二是调整优化了"其他相关费用"限额的计算方法。原来按照每一研发项目分别计算"其他相关费用"限额，《公告》改为统一计算所有研发项目"其他相关费用"限额，简化了计算方法，允许多个项目"其他相关费用"限额调剂使用，总体上提高了可加计扣除的金额。

（3）与2015版研发支出辅助账样式相比，2021版研发支出辅助账样式在哪些方面做了优化简化？

答：与2015版研发支出辅助账样式相比，2021版研发支出辅助账样式主要在以下方面进行了优化简化：

一是简并辅助账样式。2015版研发支出辅助账样式包括自主研发、委托研发、合作研发、集中研发等4类辅助账和辅助账汇总表样式，共"4张辅助账＋1张汇总表"。2021版研发支出辅助账将4类辅助账样式合并为一类，共"1张辅助账＋1张汇总表"，总体上减少辅助账样式的数量。

二是精简辅助账信息。2015版研发支出辅助账样式要求填写人员人工等六大类费用的各项明细信息，并要求填报"借方金额""贷方金额"等会计信息。2021版研发支出辅助账样式仅要求企业填写人员人工等六大类费用合计，不再填写具体明细费用，同时删除了部分会计信息，减少了企业填写工作量。

三是调整优化操作口径。2015版研发支出辅助账样式未体现2015年之后的政策变化情况，如未明确委托境外研发费用的填写要求，企业需自行调整样式或分析填报。2021版研发支出辅助账样式，充分考虑了税收政策的调整情况，增加了委托境外研发的相关列次，体现其他相关费用限额的计算方法的调整。《公告》还对填写口径进行了详细说明，便于纳税人准确归集核算。

（4）《公告》实施以后，2015版研发支出辅助账样式还可以继续使用吗？

答：研发支出辅助账样式的定位是为企业享受加计扣除政策提供一个参照使用的样本，不强制执行。因此，2021版研发支出辅助账样式发布后，2015版研发支出辅助账样式继续有效。纳税人既可以选择使用2021版研发支出辅助账样式，也可以继续选择2015版研发支出辅助账样式。

需要说明，企业继续使用2015版研发支出辅助账样式的，可以参考2021版研发支出辅助账样式对委托境外研发费用、其他相关费用限额的计算公式等进行相应调整。

（5）企业可以自行设计辅助账样式吗？

答：纳税人可以自行设计辅助账样式。为保证企业准确归集可加计扣除的研发费用，且与《研发费用加计扣除优惠明细表》（A107012）的数据项相匹配，企业自行设计的辅助账样式，应当至少包括2021版研发支出辅助账样式所列数据项，且逻辑关系一致。

（6）为什么要调整其他相关费用限额计算方法，调整后对企业有哪些好处？

答：按现行政策规定，其他相关费用采取限额管理方式，不得超过可加计扣除研发费用总额的10%。97号公告明确按每一项目分别计算其他相关费用限额，对于有多个研发项目的企业，其有的研发项目其他相关费用占比不到10%，有的超过10%，不同研发项目的限额不能调剂使用。为进一步减轻企业负担、方便计算，让企业更多地享受优惠，《公告》将其他相关费用限额的计算方法调整为按全部项目统一计算，不再分项目计算。

例如，假设某公司2021年度有A和B两个研发项目。项目A人员人工等五项费用之和为90万元，其他相关费用为12万元；项目B人员人工等五项费用之和为100万元，其他相关费用为8万元。

按照97号公告的计算方法如下：

项目A的其他相关费用限额为10万元［90×10%÷（1－10%）］，按照孰小原则，可加计扣除的其他相关费用为10万元；项目B的其他相关费用限额为11.11万元［100×10%÷（1－10%）］，按照孰小原则，可加计扣除的其他相关费用为8万元。两个项目可加计扣除的其他相关费用合计为18万元。

按照《公告》明确的计算方法如下：

两个项目的其他相关费用限额为21.11万元［（90+100）×10%÷（1－10%）］，可加计扣除的其他相关费用为20万元（12+8），大于18万元，且仅需计算一次，减轻了工作量。

（三）进一步提高科技型中小企业研发费用税前加计扣除比例

根据《财政部 税务总局关于进一步完善研发费用税前加计扣除政策的公告》

（财政部　税务总局公告2023年第7号）的规定，进一步完善研发费用税前加计扣除政策的有关问题如下：

（1）企业开展研发活动中实际发生的研发费用，未形成无形资产计入当期损益的，在按规定据实扣除的基础上，自2023年1月1日起，再按照实际发生额的100%在税前加计扣除；形成无形资产的，自2023年1月1日起，按照无形资产成本的200%在税前摊销。

（2）企业享受研发费用加计扣除政策的其他政策口径和管理要求，按照《财政部　国家税务总局　科技部关于完善研究开发费用税前加计扣除政策的通知》（财税〔2015〕119号）、《财政部　税务总局　科技部关于企业委托境外研究开发费用税前加计扣除有关政策问题的通知》（财税〔2018〕64号）等文件相关规定执行。

（3）上述政策自2023年1月1日起执行，《财政部　税务总局关于进一步完善研发费用税前加计扣除政策的公告》（财政部　税务总局公告2021年第13号）、《财政部　税务总局　科技部关于进一步提高科技型中小企业研发费用税前加计扣除比例的公告》（财政部　税务总局　科技部公告2022年第16号）、《财政部　税务总局　科技部关于加大支持科技创新税前扣除力度的公告》（财政部　税务总局　科技部公告2022年第28号）同时废止。

（四）企业预缴申报享受研发费用加计扣除优惠政策有关事项

根据《国家税务总局　财政部关于优化预缴申报享受研发费用加计扣除政策有关事项的公告》（国家税务总局　财政部公告2023年第11号）的规定，关于优化预缴申报享受研发费用加计扣除政策的有关事项如下：

（1）企业7月份预缴申报第二季度（按季预缴）或6月份（按月预缴）企业所得税时，能准确归集核算研发费用的，可以结合自身生产经营实际情况，自主选择就当年上半年研发费用享受加计扣除政策。

对7月份预缴申报期未选择享受优惠的企业，在10月份预缴申报或年度汇算清缴时能够准确归集核算研发费用的，可结合自身生产经营实际情况，自主选择在10月份预缴申报或年度汇算清缴时统一享受。

（2）企业10月份预缴申报第3季度（按季预缴）或9月份（按月预缴）企业所得税时，能准确归集核算研发费用的，企业可结合自身生产经营实际情况，自主选择就当年前三季度研发费用享受加计扣除政策。

对10月份预缴申报期未选择享受优惠的企业，在年度汇算清缴时能够准确归集核算研发费用的，可结合自身生产经营实际情况，自主选择在年度汇算清缴时统一享受。

（3）企业享受研发费用加计扣除优惠政策采取"真实发生、自行判别、申报享受、相关资料留存备查"的办理方式，由企业依据实际发生的研发费用支出，自行计算加计扣除金额，填报《中华人民共和国企业所得税月（季）度预缴纳税申报表（A类）》享受税收优惠，并根据享受加计扣除优惠的研发费用情况（上半年或前三季度）填写《研发费用加计扣除优惠明细表》（A107012）。《研发费用加计扣除优惠明细表》（A107012）与规定的其他资料一并留存备查。

（4）上述政策自2023年1月1日起施行。《国家税务总局关于企业预缴申报享受研发费用加计扣除优惠政策有关事项的公告》（国家税务总局公告2022年第10号，以下简称10号公告）同时废止。

（五）优化预缴申报享受研发费用加计扣除政策解读

为更好地支持企业创新发展，结合全面扎实开展学习贯彻习近平新时代中国特色社会主义思想主题教育有关要求，国家税务总局、财政部制发了《关于优化预缴申报享受研发费用加计扣除政策有关事项的公告》（国家税务总局　财政部公告2023年第11号，以下简称《公告》）。有关问题解读如下。

（1）《公告》出台的主要背景是什么？

在2021年以前，研发费用加计扣除政策在企业所得税汇算清缴时享受。2021年，经国务院同意，我局制发了《关于进一步落实研发费用加计扣除政策有关问题的公告》（国家税务总局公告2021年第28号），允许企业在2021年10月份预缴申报时，就前三季度研发费用享受加计扣除政策。2022年，为进一步稳定政策预期，我局制发了10号公告，将企业在10月份预缴申报时享受研发费用加计扣除政策的举措予以制度化、长期化。

允许企业10月份预缴申报时享受研发费用加计扣除的政策实施两年来，运行情况良好，将企业享受优惠的时点提前了3～8个月，使企业尽早享受到政策红利，缓解了资金的压力。在学习贯彻习近平新时代中国特色社会主义思想主题教育调研中，有企业反映目前仅能在10月预缴申报期、次年汇算清缴期两个时点可以享受研发费用加计扣除，建议增加允许申报享受的时点，使企业进一步提前享受到政策红利。按照习近平总书记强调的"要坚持边学习、边对照、边检视、边整改，把问题整改贯穿主题教育始终，让人民群众切实感受到解决问题的实际成效"的要求，我们对企业提出的问题进行了认真研究，起草了《公告》，允许企业在7月份预缴申报时就上半年发生的研发费用享受加计扣除政策，即在原有10月份预缴申报和年度汇算清缴两个享受时点的基础上，再新增一个享受时点，将企业享受优惠的时点再提前3个月。

（2）《公告》的主要变化是什么？

按照10号公告、《国家税务总局关于发布修订后的〈企业所得税优惠政策事项办理办法〉的公告》（国家税务总局公告2018年第23号）等规定，企业可在10月份预缴申报及年度汇算清缴时享受研发费用加计扣除政策。《公告》在上述两个时点的基础上，新增一个享受时点，对7月份预缴申报第二季度（按季预缴）或6月份（按月预缴）企业所得税时，能准确归集核算研发费用的，允许企业就当年上半年发生的研发费用享受加计扣除政策。

（3）企业在7月份预缴申报时未选择享受研发费用加计扣除政策的，以后还可以享受吗？

对7月份预缴申报期未选择享受优惠的企业，在10月份预缴申报或年度汇算清缴时能够准确归集核算研发费用的，可结合自身生产经营实际情况，自主选择在10月份预缴申报或年度汇算清缴时统一享受。

（4）与10号公告相比，企业预缴申报时享受研发费用加计扣除政策的管理要求有什么变化？

《公告》明确的企业预缴申报时享受研发费用加计扣除政策的管理要求，与10号公告的要求保持一致，没有变化，具体为：企业享受研发费用加计扣除优惠政策采取"真实发生、自行判别、申报享受、相关资料留存备查"的办理方式，由企业依据实际发生的研发费用支出，自行计算加计扣除金额，填报《中华人民共和国企业所得税月（季）度预缴纳税申报表（A类）》享受税收优惠，并根据享受加计扣除优惠的研发费用情况（上半年或前三季度）填写《研发费用加计扣除优惠明细表》（A107012）。《研发费用加计扣除优惠明细表》（A107012）与规定的其他资料一并留存备查。

五、小型微利企业所得税优惠政策

根据《财政部 税务总局关于进一步支持小微企业和个体工商户发展有关税费政策的公告》（财政部 税务总局公告2023年第12号）的规定，关于进一步支持小微企业和个体工商户发展的有关税费政策如下：

（1）自2023年1月1日至2027年12月31日，对个体工商户年应纳税所得额不超过200万元的部分，减半征收个人所得税。个体工商户在享受现行其他个人所得税优惠政策的基础上，可叠加享受本条优惠政策。

（2）自2023年1月1日至2027年12月31日，对增值税小规模纳税人、小型微利企业和个体工商户减半征收资源税（不含水资源税）、城市维护建设税、房产税、城镇土地使用税、印花税（不含证券交易印花税）、耕地占用税和教育费附加、地方教育附加。

（3）对小型微利企业年应纳税所得额不超过300万元的部分减按25%计算应纳税所得额，按20%的税率缴纳企业所得税政策，延续执行至2027年12月31日。

（4）增值税小规模纳税人、小型微利企业和个体工商户已依法享受资源税、城市维护建设税、房产税、城镇土地使用税、印花税、耕地占用税、教育费附加、地方教育附加等其他优惠政策的，可叠加享受本公告第二条规定的优惠政策。

（5）上述所称小型微利企业，是指从事国家非限制和禁止行业，且同时符合年度应纳税所得额不超过300万元、从业人数不超过300人、资产总额不超过5 000万元等三个条件的企业。

从业人数，包括与企业建立劳动关系的职工人数和企业接受的劳务派遣用工人数。所称从业人数和资产总额指标，应按企业全年的季度平均值确定。具体计算公式如下：

季度平均值＝（季初值＋季末值）÷2

全年季度平均值＝全年各季度平均值之和÷4

年度中间开业或者终止经营活动的，以其实际经营期作为一个纳税年度确定上述相关指标。

小型微利企业的判定以企业所得税年度汇算清缴结果为准。登记为增值税一般纳税人的新设立的企业，从事国家非限制和禁止行业，且同时符合申报期上月末从业人数不超过300人、资产总额不超过5000万元等两个条件的，可在首次办理汇算清缴前按照小型微利企业申报享受第二条规定的优惠政策。

（6）该公告发布之日前，已征的相关税款，可抵减纳税人以后月份应缴纳税款或予以退还。发布之日前已办理注销的，不再追溯享受。

《财政部　税务总局关于进一步实施小微企业"六税两费"减免政策的公告》（财政部　税务总局公告2022年第10号）及《财政部　税务总局关于小微企业和个体工商户所得税优惠政策的公告》（财政部　税务总局公告2023年第6号）中个体工商户所得税优惠政策自2023年1月1日起相应停止执行。

第四节　个人所得税纳税申报管理

一、个人所得税纳税申报基本制度

（一）《个人所得税法》的规定

《个人所得税法》（1980年9月10日第五届全国人民代表大会第三次会议通过，根据1993年10月31日第八届全国人民代表大会常务委员会第四次会议《关于修改〈中华人民共和国个人所得税法〉的决定》第一次修正，根据1999年8月30日第九届全国人民代表大会常务委员会第十一次会议《关于修改〈中华人民共和国个人所得税法〉的决定》第二次修正，根据2005年10月27日第十届全国人民代表大会常务委员会第十八次会议《关于修改〈中华人民共和国个人所得税法〉的决定》第三次修正，根据2007年6月29日第十届全国人民代表大会常务委员会第二十八次会议《关于修改〈中华人民共和国个人所得税法〉的决定》第四次修正，根据2007年12月29日第十届全国人民代表大会常务委员会第三十一次会议《关于修改〈中华人民共和国个人所得税法〉的决定》第五次修正，根据2011年6月30日第十一届全国人民代表大会常务委员会第二十一次会议《关于修改〈中华人民共和国个人所得税法〉的决定》第六次修正，根据2018年8月31日第十三届全国人民代表大会常务委员会第五次会议《关于修改〈中华人民共和国个人所得税法〉的决定》第七次修正，以下简称《个人所得税法》）的规定如下：

有下列情形之一的，纳税人应当依法办理纳税申报：

（1）取得综合所得需要办理汇算清缴。

（2）取得应税所得没有扣缴义务人。

（3）取得应税所得，扣缴义务人未扣缴税款。

（4）取得境外所得。

（5）因移居境外注销中国户籍。

（6）非居民个人在中国境内从两处以上取得工资、薪金所得。

（7）国务院规定的其他情形。

扣缴义务人应当按照国家规定办理全员全额扣缴申报，并向纳税人提供其个人所得和已扣缴税款等信息。

居民个人取得综合所得，按年计算个人所得税；有扣缴义务人的，由扣缴义务人按月或者按次预扣预缴税款；需要办理汇算清缴的，应当在取得所得的次年三月一日至六月三十日内办理汇算清缴。预扣预缴办法由国务院税务主管部门制定。

居民个人向扣缴义务人提供专项附加扣除信息的，扣缴义务人按月预扣预缴税款时应当按照规定予以扣除，不得拒绝。

非居民个人取得工资、薪金所得，劳务报酬所得，稿酬所得和特许权使用费所得，有扣缴义务人的，由扣缴义务人按月或者按次代扣代缴税款，不办理汇算清缴。

纳税人取得经营所得，按年计算个人所得税，由纳税人在月度或者季度终了后十五日内向税务机关报送纳税申报表，并预缴税款；在取得所得的次年三月三十一日前办理汇算清缴。纳税人取得利息、股息、红利所得，财产租赁所得，财产转让所得和偶然所得，按月或者按次计算个人所得税，有扣缴义务人的，由扣缴义务人按月或者按次代扣代缴税款。

纳税人取得应税所得没有扣缴义务人的，应当在取得所得的次月十五日内向税务机关报送纳税申报表，并缴纳税款。纳税人取得应税所得，扣缴义务人未扣缴税款的，纳税人应当在取得所得的次年六月三十日前，缴纳税款；税务机关通知限期缴纳的，纳税人应当按照期限缴纳税款。居民个人从中国境外取得所得的，应当在取得所得的次年三月一日至六月三十日内申报纳税。非居民个人在中国境内从两处以上取得工资、薪金所得的，应当在取得所得的次月十五日内申报纳税。纳税人因移居境外注销中国户籍的，应当在注销中国户籍前办理税款清算。

扣缴义务人每月或者每次预扣、代扣的税款，应当在次月十五日内缴入国库，并向税务机关报送扣缴个人所得税申报表。纳税人办理汇算清缴退税或者扣缴义务人为纳税人办理汇算清缴退税的，税务机关审核后，按照国库管理的有关规定办理退税。

（二）《个人所得税法实施条例》的规定

《中华人民共和国个人所得税法实施条例》（1994年1月28日中华人民共和国国务

院令第142号发布，根据2005年12月19日《国务院关于修改〈中华人民共和国个人所得税法实施条例〉的决定》第一次修订，根据2008年2月18日《国务院关于修改〈中华人民共和国个人所得税法实施条例〉的决定》第二次修订，根据2011年7月19日《国务院关于修改〈中华人民共和国个人所得税法实施条例〉的决定》第三次修订，2018年12月18日中华人民共和国国务院令第707号第四次修订，以下简称《个人所得税法实施条例》）的规定如下：

取得综合所得需要办理汇算清缴的情形包括：

（1）从两处以上取得综合所得，且综合所得年收入额减除专项扣除的余额超过6万元。

（2）取得劳务报酬所得、稿酬所得、特许权使用费所得中一项或者多项所得，且综合所得年收入额减除专项扣除的余额超过6万元。

（3）纳税年度内预缴税额低于应纳税额。

（4）纳税人申请退税。

纳税人申请退税，应当提供其在中国境内开设的银行账户，并在汇算清缴地就地办理税款退库。

《个人所得税法》第十条第二款所称全员全额扣缴申报，是指扣缴义务人在代扣税款的次月十五日内，向主管税务机关报送其支付所得的所有个人的有关信息、支付所得数额、扣除事项和数额、扣缴税款的具体数额和总额以及其他相关涉税信息资料。

纳税人办理纳税申报的地点以及其他有关事项的具体办法，由国务院税务主管部门制定。

居民个人取得工资、薪金所得时，可以向扣缴义务人提供专项附加扣除有关信息，由扣缴义务人扣缴税款时减除专项附加扣除。纳税人同时从两处以上取得工资、薪金所得，并由扣缴义务人减除专项附加扣除的，对同一专项附加扣除项目，在一个纳税年度内只能选择从一处取得的所得中减除。居民个人取得劳务报酬所得、稿酬所得、特许权使用费所得，应当在汇算清缴时向税务机关提供有关信息，减除专项附加扣除。

纳税人可以委托扣缴义务人或者其他单位和个人办理汇算清缴。

扣缴义务人应当按照纳税人提供的信息计算办理扣缴申报，不得擅自更改纳税人提供的信息。纳税人发现扣缴义务人提供或者扣缴申报的个人信息、所得、扣缴税款等与实际情况不符的，有权要求扣缴义务人修改。扣缴义务人拒绝修改的，纳税人应当报告税务机关，税务机关应当及时处理。纳税人、扣缴义务人应当按照规定保存与专项附加扣除相关的资料。税务机关可以对纳税人提供的专项附加扣除信息进行抽查，具体办法由国务院税务主管部门另行规定。税务机关发现纳税人提供虚假信息的，应当责令改正并通知扣缴义务人；情节严重的，有关部门应当依法予以处理，纳入信用信息系统并实施联合惩戒。

纳税人申请退税时提供的汇算清缴信息有错误的，税务机关应当告知其更正；纳税人更正的，税务机关应当及时办理退税。扣缴义务人未将扣缴的税款解缴入库的，不影响纳税人按照规定申请退税，税务机关应当凭纳税人提供的有关资料办理退税。

所得为人民币以外货币的，按照办理纳税申报或者扣缴申报的上一月最后一日人民币汇率中间价，折合成人民币计算应纳税所得额。年度终了后办理汇算清缴的，对已经按月、按季或者按次预缴税款的人民币以外货币所得，不再重新折算；对应当补缴税款的所得部分，按照上一纳税年度最后一日人民币汇率中间价，折合成人民币计算应纳税所得额。

疑难问题解答

问：在办理综合所得申报后，发现填错了，已经扣款，于是更正了申报，但是已经多交了税款，那么怎么进行退税呢？是否支持在线无接触办理？

答：（国家税务总局湖北省税务局）一、您可在自行办理年度汇算申报后，直接申请退税。如果您通过手机个人所得税App或自然人电子税务局网页端（https://etax.chinatax.gov.cn）等网络方式进行年度汇算申报，在税款计算后您可选择申请退税或放弃退税，只要您提供中国境内开设的符合条件的银行账户即可直接申请退税。

二、如您由扣缴义务人或者其他单位和个人代为办理年度汇算的，可以由其在为您完成年度汇算后一并申请退税。

三、若采取邮寄或到办税服务厅申报的，在填报申报表时勾选"申请退税"，并填写您中国境内开设的符合条件的银行卡账户信息。

由于您的问题涉及当地主管税务机关的具体涉税征管操作事项，建议您直接联系当地主管税务机关进行处理。湖北省电子税务局（https://etax.hubei.chinatax.gov.cn）——公众服务——办税地图——当地主管税务机关办税服务厅联系电话。

二、个人所得税自行纳税申报

根据《国家税务总局关于个人所得税自行纳税申报有关问题的公告》（国家税务总局公告2018年第62号）的规定，个人所得税自行纳税申报制度如下。

（一）取得综合所得需要办理汇算清缴的纳税申报

取得综合所得且符合下列情形之一的纳税人，应当依法办理汇算清缴：

（1）从两处以上取得综合所得，且综合所得年收入额减除专项扣除后的余额超过6万元。

（2）取得劳务报酬所得、稿酬所得、特许权使用费所得中一项或者多项所得，且综合所得年收入额减除专项扣除的余额超过6万元。

（3）纳税年度内预缴税额低于应纳税额。

（4）纳税人申请退税。

需要办理汇算清缴的纳税人，应当在取得所得的次年三月一日至六月三十日内，向任职、受雇单位所在地主管税务机关办理纳税申报，并报送《个人所得税年度自行纳税申报表》。纳税人有两处以上任职、受雇单位的，选择向其中一处任职、受雇单位所在地主管税务机关办理纳税申报；纳税人没有任职、受雇单位的，向户籍所在地或经常居住地主管税务机关办理纳税申报。

纳税人办理综合所得汇算清缴，应当准备与收入、专项扣除、专项附加扣除、依法确定的其他扣除、捐赠、享受税收优惠等相关的资料，并按规定留存备查或报送。

（二）取得经营所得的纳税申报

个体工商户业主、个人独资企业投资者、合伙企业个人合伙人、承包承租经营者个人以及其他从事生产、经营活动的个人取得经营所得，包括以下情形：

（1）个体工商户从事生产、经营活动取得的所得，个人独资企业投资人、合伙企业的个人合伙人来源于境内注册的个人独资企业、合伙企业生产、经营的所得。

（2）个人依法从事办学、医疗、咨询以及其他有偿服务活动取得的所得。

（3）个人对企业、事业单位承包经营、承租经营以及转包、转租取得的所得。

（4）个人从事其他生产、经营活动取得的所得。

纳税人取得经营所得，按年计算个人所得税，由纳税人在月度或季度终了后十五日内，向经营管理所在地主管税务机关办理预缴纳税申报，并报送《个人所得税经营所得纳税申报表（A表）》。在取得所得的次年三月三十一日前，向经营管理所在地主管税务机关办理汇算清缴，并报送《个人所得税经营所得纳税申报表（B表）》；从两处以上取得经营所得的，选择向其中一处经营管理所在地主管税务机关办理年度汇总申报，并报送《个人所得税经营所得纳税申报表（C表）》。

（三）取得应税所得，扣缴义务人未扣缴税款的纳税申报

纳税人取得应税所得，扣缴义务人未扣缴税款的，应当区别以下情形办理纳税申报：

（1）居民个人取得综合所得的，按照该公告第一条办理。

（2）非居民个人取得工资、薪金所得，劳务报酬所得，稿酬所得，特许权使用费所得的，应当在取得所得的次年六月三十日前，向扣缴义务人所在地主管税务机关办理纳税申报，并报送《个人所得税自行纳税申报表（A表）》。有两个以上扣缴义务人均未扣缴税款的，选择向其中一处扣缴义务人所在地主管税务机关办理纳税申报。非居民个人在次年六月三十日前离境（临时离境除外）的，应当在离境前办理纳税申报。

（3）纳税人取得利息、股息、红利所得，财产租赁所得，财产转让所得和偶然所

得的，应当在取得所得的次年六月三十日前，按相关规定向主管税务机关办理纳税申报，并报送《个人所得税自行纳税申报表（A表）》。税务机关通知限期缴纳的，纳税人应当按照期限缴纳税款。

（四）取得境外所得的纳税申报

居民个人从中国境外取得所得的，应当在取得所得的次年三月一日至六月三十日内，向中国境内任职、受雇单位所在地主管税务机关办理纳税申报；在中国境内没有任职、受雇单位的，向户籍所在地或中国境内经常居住地主管税务机关办理纳税申报；户籍所在地与中国境内经常居住地不一致的，选择其中一地主管税务机关办理纳税申报；在中国境内没有户籍的，向中国境内经常居住地主管税务机关办理纳税申报。

（五）因移居境外注销中国户籍的纳税申报

纳税人因移居境外注销中国户籍的，应当在申请注销中国户籍前，向户籍所在地主管税务机关办理纳税申报，进行税款清算。

（1）纳税人在注销户籍年度取得综合所得的，应当在注销户籍前，办理当年综合所得的汇算清缴，并报送《个人所得税年度自行纳税申报表》。尚未办理上一年度综合所得汇算清缴的，应当在办理注销户籍纳税申报时一并办理。

（2）纳税人在注销户籍年度取得经营所得的，应当在注销户籍前，办理当年经营所得的汇算清缴，并报送《个人所得税经营所得纳税申报表（B表）》。从两处以上取得经营所得的，还应当一并报送《个人所得税经营所得纳税申报表（C表）》。尚未办理上一年度经营所得汇算清缴的，应当在办理注销户籍纳税申报时一并办理。

（3）纳税人在注销户籍当年取得利息、股息、红利所得，财产租赁所得，财产转让所得和偶然所得的，应当在注销户籍前，申报当年上述所得的完税情况，并报送《个人所得税自行纳税申报表（A表）》。

（4）纳税人有未缴或者少缴税款的，应当在注销户籍前，结清欠缴或未缴的税款。纳税人存在分期缴税且未缴纳完毕的，应当在注销户籍前，结清尚未缴纳的税款。

（5）纳税人办理注销户籍纳税申报时，需要办理专项附加扣除、依法确定的其他扣除的，应当向税务机关报送《个人所得税专项附加扣除信息表》《商业健康保险税前扣除情况明细表》《个人税收递延型商业养老保险税前扣除情况明细表》等。

（六）非居民个人在中国境内从两处以上取得工资、薪金所得的纳税申报

非居民个人在中国境内从两处以上取得工资、薪金所得的，应当在取得所得的次月十五日内，向其中一处任职、受雇单位所在地主管税务机关办理纳税申报，并报送《个人所得税自行纳税申报表（A表）》。

（七）纳税申报方式

纳税人可以采用远程办税端、邮寄等方式申报，也可以直接到主管税务机关申报。

（八）其他有关问题

（1）纳税人办理自行纳税申报时，应当一并报送税务机关要求报送的其他有关资料。首次申报或者个人基础信息发生变化的，还应报送《个人所得税基础信息表（B表）》。

（2）纳税人在办理纳税申报时需要享受税收协定待遇的，按照享受税收协定待遇有关办法办理。

疑难问题解答

问：我公司注册资本100万，两个自然人股东，A占60%，实缴30万元；B占40%，实缴为0，公司经营亏损，目前净资产8万元（低于实收资本）；现在B要转让股权，请问B对应的净资产份额怎么确定？可以0股价转让吗？（章程规定按实缴资本分红）。

答：（国家税务总局河南省税务局）一、根据《个人所得税法》的规定，财产转让所得应当缴纳个人所得税。应纳税所得额的计算：财产转让所得，以转让财产的收入额减除财产原值和合理费用后的余额，为应纳税所得额。

二、《股权转让所得个人所得税管理办法（试行）》（国家税务总局公告2014年第67号）规定：

"第二条　本办法所称股权是指自然人股东（以下简称个人）投资于在中国境内成立的企业或组织（以下统称被投资企业，不包括个人独资企业和合伙企业）的股权或股份。

"第三条　本办法所称股权转让是指个人将股权转让给其他个人或法人的行为，包括以下情形：

"（一）出售股权；……

"（六）以股权抵偿债务；

"（七）其他股权转移行为。

"第七条　股权转让收入是指转让方因股权转让而获得的现金、实物、有价证券和其他形式的经济利益。

"第八条　转让方取得与股权转让相关的各种款项，包括违约金、补偿金以及其他名目的款项、资产、权益等，均应当并入股权转让收入。

"第十条　股权转让收入应当按照公平交易原则确定。

"第十二条 符合下列情形之一，视为股权转让收入明显偏低：

"（一）申报的股权转让收入低于股权对应的净资产份额的。其中，被投资企业拥有土地使用权、房屋、房地产企业未销售房产、知识产权、探矿权、采矿权、股权等资产的，申报的股权转让收入低于股权对应的净资产公允价值份额的；

"（二）申报的股权转让收入低于初始投资成本或低于取得该股权所支付的价款及相关税费的；

"（三）申报的股权转让收入低于相同或类似条件下同一企业同一股东或其他股东股权转让收入的；

"（四）申报的股权转让收入低于相同或类似条件下同类行业的企业股权转让收入的；

"（五）不具合理性的无偿让渡股权或股份；（六）主管税务机关认定的其他情形。

"第十三条 符合下列条件之一的股权转让收入明显偏低，视为有正当理由：

"（一）能出具有效文件，证明被投资企业因国家政策调整，生产经营受到重大影响，导致低价转让股权……

"（四）股权转让双方能够提供有效证据证明其合理性的其他合理情形。……

"第十四条 主管税务机关应依次按照下列方法核定股权转让收入：

"（一）净资产核定法

"股权转让收入按照每股净资产或股权对应的净资产份额核定。

"被投资企业的土地使用权、房屋、房地产企业未销售房产、知识产权、探矿权、采矿权、股权等资产占企业总资产比例超过20%的，主管税务机关可参照纳税人提供的具有法定资质的中介机构出具的资产评估报告核定股权转让收入。

"6个月内再次发生股权转让且被投资企业净资产未发生重大变化的，主管税务机关可参照上一次股权转让时被投资企业的资产评估报告核定此次股权转让收入。……

"第十五条 个人转让股权的原值依照以下方法确认：

"（一）以现金出资方式取得的股权，按照实际支付的价款与取得股权直接相关的合理税费之和确认股权原值；

"（二）以非货币性资产出资方式取得的股权，按照税务机关认可或核定的投资入股时非货币性资产价格与取得股权直接相关的合理税费之和确认股权原值……

"第十六条 股权转让人已被主管税务机关核定股权转让收入并依法征

收个人所得税的,该股权受让人的股权原值以取得股权时发生的合理税费与股权转让人被主管税务机关核定的股权转让收入之和确认。

"第十七条 个人转让股权未提供完整、准确的股权原值凭证,不能正确计算股权原值的,由主管税务机关核定其股权原值。"

三、《税收征收管理法》第三十五条规定:"纳税人有下列情形之一的,税务机关有权核定其应纳税额……(六)纳税人申报的计税依据明显偏低,又无正当理由的。"

因此,根据您的描述,暂不清楚您具体咨询哪个税种资产份额确定的问题。如果您咨询的是个人所得税资产份额确认,建议您参考上述文件规定进行确认。是否可以0股价转让,建议您参考上述文件界定是否属于股权转让收入明显偏低情形,如果股权转让收入明显偏低且无正当理由,主管税务机关应依次按照文件规定的方法核定股权转让收入。具体涉税事宜您可联系主管税务机关进一步确认。

三、个人所得税扣缴申报管理

(一)立法目的

为规范个人所得税扣缴申报行为,维护纳税人和扣缴义务人合法权益,根据《个人所得税法》及其实施条例、《税收征收管理法》及其实施细则等法律法规的规定,国家税务总局制定《个人所得税扣缴申报管理办法(试行)》(国家税务总局公告2018年第61号)。

扣缴义务人,是指向个人支付所得的单位或者个人。扣缴义务人应当依法办理全员全额扣缴申报。

全员全额扣缴申报,是指扣缴义务人应当在代扣税款的次月十五日内,向主管税务机关报送其支付所得的所有个人的有关信息、支付所得数额、扣除事项和数额、扣缴税款的具体数额和总额以及其他相关涉税信息资料。

(二)基础信息申报

扣缴义务人每月或者每次预扣、代扣的税款,应当在次月十五日内缴入国库,并向税务机关报送《个人所得税扣缴申报表》。

实行个人所得税全员全额扣缴申报的应税所得包括:

(1)工资、薪金所得。

(2)劳务报酬所得。

（3）稿酬所得。
（4）特许权使用费所得。
（5）利息、股息、红利所得。
（6）财产租赁所得。
（7）财产转让所得。
（8）偶然所得。

扣缴义务人首次向纳税人支付所得时，应当按照纳税人提供的纳税人识别号等基础信息，填写《个人所得税基础信息表（A表）》，并于次月扣缴申报时向税务机关报送。扣缴义务人对纳税人向其报告的相关基础信息变化情况，应当于次月扣缴申报时向税务机关报送。

（三）工资薪金预扣税款的计算

扣缴义务人向居民个人支付工资、薪金所得时，应当按照累计预扣法计算预扣税款，并按月办理扣缴申报。

累计预扣法，是指扣缴义务人在一个纳税年度内预扣预缴税款时，以纳税人在本单位截至当前月份工资、薪金所得累计收入减除累计免税收入、累计减除费用、累计专项扣除、累计专项附加扣除和累计依法确定的其他扣除后的余额为累计预扣预缴应纳税所得额，适用个人所得税预扣率表一（表4-1），计算累计应预扣预缴税额，再减除累计减免税额和累计已预扣预缴税额，其余额为本期应预扣预缴税额。余额为负值时，暂不退税。纳税年度终了后余额仍为负值时，由纳税人通过办理综合所得年度汇算清缴，税款多退少补。

表4-1　个人所得税预扣率表一

（居民个人工资、薪金所得预扣预缴适用）

级数	累计预扣预缴应纳税所得额	预扣率	速算扣除数
1	不超过36 000元的	3%	0
2	超过36 000元至144 000元的部分	10%	2 520
3	超过144 000元至300 000元的部分	20%	16 920
4	超过300 000元至420 000元的部分	25%	31 920
5	超过420 000元至660 000元的部分	30%	52 920
6	超过660 000元至960 000元的部分	35%	85 920
7	超过960 000元的部分	45%	181 920

具体计算公式如下：

本期应预扣预缴税额＝（累计预扣预缴应纳税所得额×预扣率－速算扣除数）－累计减免税额－累计已预扣预缴税额

累计预扣预缴应纳税所得额＝累计收入－累计免税收入－累计减除费用－累计专项扣除－累计专项附加扣除－累计依法确定的其他扣除

其中：累计减除费用，按照5 000元/月乘以纳税人当年截至本月在本单位的任职受雇月份数计算。

居民个人向扣缴义务人提供有关信息并依法要求办理专项附加扣除的，扣缴义务人应当按照规定在工资、薪金所得按月预扣预缴税款时予以扣除，不得拒绝。

计算案例分析

2023年1月份孙先生工资明细如下：①工资15 000元；②缴纳社会保险费1 000元；③缴纳公积金1 000元；④附加扣除2 000元。

孙先生2023年1月工资所得应预扣税款180元［（15 000－5 000－1 000－1 000－2 000）×3％］，该笔个人所得税在2021年2月15日之前申报缴纳。

2023年2月份孙先生工资明细如下：①工资16 000元；②缴纳社会保险费1 100元；③缴纳公积金1 000元；④附加扣除3 000元。孙先生2021年2月工资所得应预扣税款177元［（15 000＋16 000－5 000×2－1 000－1 100－1 000×2－2 000－3 000）×3％－180］，该笔个人所得税在2021年3月15日之前申报缴纳。

2023年3月及以后月份预扣税款的计算以此类推，如果中间计算的余额为负值时，暂不退税，在孙先生办理2023年度综合所得年度汇算清缴时，再多退少补。

（四）其他综合所得预扣税款的计算

扣缴义务人向居民个人支付劳务报酬所得、稿酬所得、特许权使用费所得时，应当按照以下方法按次或者按月预扣预缴税款。

劳务报酬所得、稿酬所得、特许权使用费所得以收入减除费用后的余额为收入额；其中，稿酬所得的收入额减按70％计算。

减除费用：预扣预缴税款时，劳务报酬所得、稿酬所得、特许权使用费所得每次收入不超过4 000元的，减除费用按800元计算；每次收入4 000元以上的，减除费用按收入的20％计算。

应纳税所得额：劳务报酬所得、稿酬所得、特许权使用费所得，以每次收入额为预扣预缴应纳税所得额，计算应预扣预缴税额。劳务报酬所得适用个人所得税预扣率表二（表4-2），稿酬所得、特许权使用费所得适用20％的比例预扣率。

第四章 纳税申报管理及案例分析

表4-2 个人所得税预扣率表二

（居民个人劳务报酬所得预扣预缴适用）

级数	预扣预缴应纳税所得额	预扣率	速算扣除数
1	不超过20 000元的	20%	0
2	超过20 000元至50 000元的部分	30%	2 000
3	超过50 000元的部分	40%	7 000

居民个人办理年度综合所得汇算清缴时，应当依法计算劳务报酬所得、稿酬所得、特许权使用费所得的收入额，并入年度综合所得计算应纳税款，税款多退少补。

▶◀ 计算案例分析 ▶◀

王先生在甲公司上班，每月领取工资，同时还在乙公司兼职，每月领取800元劳务报酬，乙公司每月发放劳务报酬时，应预扣预缴多少个人所得税？

解析：劳务报酬预扣预缴个人所得税时，每次收入不超过4 000元的，减除费用按800元计算，因此，每次取得收入不超过800元的，不需要预扣预缴个人所得税。但年度结束后，王先生应将其取得的全部劳务报酬并入综合所得，重新计算个人所得税并多退少补。

（五）非居民个人预扣税款的计算

扣缴义务人向非居民个人支付工资、薪金所得，劳务报酬所得，稿酬所得和特许权使用费所得时，应当按照以下方法按月或者按次代扣代缴税款：

非居民个人的工资、薪金所得，以每月收入额减除费用5 000元后的余额为应纳税所得额；劳务报酬所得、稿酬所得、特许权使用费所得，以每次收入额为应纳税所得额，适用个人所得税税率表三（表4-3）计算应纳税额。劳务报酬所得、稿酬所得、特许权使用费所得以收入减除20%的费用后的余额为收入额；其中，稿酬所得的收入额减按70%计算。

表4-3 个人所得税税率表三

（非居民个人工资、薪金所得，劳务报酬所得，稿酬所得，特许权使用费所得适用）

级数	应纳税所得额	税率	速算扣除数
1	不超过3 000元的	3%	0
2	超过3 000元至12 000元的部分	10%	210

（续表）

级数	应纳税所得额	税率	速算扣除数
3	超过12 000元至25 000元的部分	20%	1 410
4	超过25 000元至35 000元的部分	25%	2 660
5	超过35 000元至55 000元的部分	30%	4 410
6	超过55 000元至80 000元的部分	35%	7 160
7	超过80 000元的部分	45%	15 160

非居民个人在一个纳税年度内税款扣缴方法保持不变，达到居民个人条件时，应当告知扣缴义务人基础信息变化情况，年度终了后按照居民个人有关规定办理汇算清缴。

纳税人需要享受税收协定待遇的，应当在取得应税所得时主动向扣缴义务人提出，并提交相关信息、资料，扣缴义务人代扣代缴税款时按照享受税收协定待遇有关办法办理。

（六）其他所得预扣税款的计算

扣缴义务人支付利息、股息、红利所得，财产租赁所得，财产转让所得或者偶然所得时，应当依法按次或者按月代扣代缴税款。

劳务报酬所得、稿酬所得、特许权使用费所得，属于一次性收入的，以取得该项收入为1次；属于同一项目连续性收入的，以一个月内取得的收入为1次。

财产租赁所得，以一个月内取得的收入为1次。

利息、股息、红利所得，以支付利息、股息、红利时取得的收入为1次。偶然所得，以每次取得该项收入为1次。

（七）扣缴信息核对

支付工资、薪金所得的扣缴义务人应当于年度终了后两个月内，向纳税人提供其个人所得和已扣缴税款等信息。纳税人年度中间需要提供上述信息的，扣缴义务人应当提供。纳税人取得除工资、薪金所得以外的其他所得，扣缴义务人应当在扣缴税款后，及时向纳税人提供其个人所得和已扣缴税款等信息。

扣缴义务人应当按照纳税人提供的信息计算税款、办理扣缴申报，不得擅自更改纳税人提供的信息。扣缴义务人发现纳税人提供的信息与实际情况不符的，可以要求纳税人修改。纳税人拒绝修改的，扣缴义务人应当报告税务机关，税务机关应当及时处理。纳税人发现扣缴义务人提供或者扣缴申报的个人信息、支付所得、扣缴税款等信息与实际情况不符的，有权要求扣缴义务人修改。扣缴义务人拒绝修改的，纳税人应当报告税务机关，税务机关应当及时处理。

（八）扣缴义务及手续费

扣缴义务人对纳税人提供的《个人所得税专项附加扣除信息表》，应当按照规定妥善保存备查。

扣缴义务人应当依法对纳税人报送的专项附加扣除等相关涉税信息和资料保密。

对扣缴义务人按照规定扣缴的税款，按年付给2%的手续费。不包括税务机关、司法机关等查补或者责令补扣的税款。扣缴义务人领取的扣缴手续费可用于提升办税能力、奖励办税人员。

（九）罚则

扣缴义务人依法履行代扣代缴义务，纳税人不得拒绝。纳税人拒绝的，扣缴义务人应当及时报告税务机关。扣缴义务人有未按照规定向税务机关报送资料和信息、未按照纳税人提供信息虚报虚扣专项附加扣除、应扣未扣税款、不缴或少缴已扣税款、借用或冒用他人身份等行为的，依照《税收征收管理法》等相关法律、行政法规处理。

（十）完善调整部分纳税人个人所得税预扣预缴方法

根据《国家税务总局关于完善调整部分纳税人个人所得税预扣预缴方法的公告》（国家税务总局公告2020年第13号）的规定，有关完善调整年度中间首次取得工资、薪金所得等人员有关个人所得税预扣预缴方法的事项如下：

自2020年7月1日起，对一个纳税年度内首次取得工资、薪金所得的居民个人，扣缴义务人在预扣预缴个人所得税时，可按照5 000元/月乘以纳税人当年截至本月月份数计算累计减除费用。

正在接受全日制学历教育的学生因实习取得劳务报酬所得的，扣缴义务人预扣预缴个人所得税时，可按照《国家税务总局关于发布〈个人所得税扣缴申报管理办法（试行）〉的公告》（国家税务总局公告2018年第61号）规定的累计预扣法计算并预扣预缴税款。

符合上述规定并可按上述条款预扣预缴个人所得税的纳税人，应当及时向扣缴义务人申明并如实提供相关佐证资料或承诺书，并对相关资料及承诺书的真实性、准确性、完整性负责。相关资料或承诺书，纳税人及扣缴义务人需留存备查。

首次取得工资、薪金所得的居民个人，是指自纳税年度首月起至新入职时，未取得工资、薪金所得或者未按照累计预扣法预扣预缴过连续性劳务报酬所得个人所得税的居民个人。

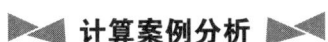

计算案例分析

纳税人小赵2023年1～8月份一直未找到工作，没有取得过工资、薪金所得,仅有过一笔8 000元的劳务报酬且按照单次收入适用20%的预扣率预扣预缴了税款,9月初找到新工作并开始领薪,那么新入职单位在为小赵计算并预扣9月份工资、薪金所得个人所得税时,可以扣除自年初开始计算的累计减除费用45 000元(9×5 000)。

李先生2023年7月1日到甲公司工作,月工资4万元,社会保险费与住房公积金为3000元,没有专项附加扣除。按照旧政策,甲公司应为李先生7月工资预扣预缴个人所得税960元〔(40 000−5 000−3 000)×3%〕;甲公司应为李先生8月工资预扣预缴个人所得税2 920元〔(40 000×2−5 000×2−3 000×2)×10%−2 520−960〕。按照新政策,甲公司应为李先生7月工资预扣预缴个人所得税60元〔(40 000−5 000×7−3 000)×3%〕;甲公司应为李先生8月工资预扣预缴个人所得税960元〔(40 000×2−5 000×8−3 000×2)×3%−60〕。李先生7月工资少预扣预缴个人所得税900元(960−60),李先生8月工资少预扣预缴个人所得税1 960元(2 920−960)。

学生小张2023年7月份在某公司实习取得劳务报酬3 000元。扣缴单位在为其预扣预缴劳务报酬所得个人所得税时,可采取累计预扣法预扣预缴税款。如果采用该方法,那么小张7月份劳务报酬扣除5 000元减除费用后则无须预缴税款,比预扣预缴方法完善调整前少预缴440元〔(3 000−800)×20%−0〕。如果小张年内再无其他综合所得,也就无须办理年度汇算退税。

(十一)进一步简便优化部分纳税人个人所得税预扣预缴方法

根据《国家税务总局关于进一步简便优化部分纳税人个人所得税预扣预缴方法的公告》(国家税务总局公告2020年第19号)的规定,有关进一步简便优化部分纳税人个人所得税预扣预缴方法事项如下:

自2021年1月1日起,对上一完整纳税年度内每月均在同一单位预扣预缴工资、薪金所得个人所得税且全年工资、薪金收入不超过6万元的居民个人,扣缴义务人在预扣预缴本年度工资、薪金所得个人所得税时,累计减除费用自1月份起直接按照全年6万元计算扣除。即,在纳税人累计收入不超过6万元的月份,暂不预扣预缴个人所得税;在其累计收入超过6万元的当月及年内后续月份,再预扣预缴个人所得税。

扣缴义务人应当按规定办理全员全额扣缴申报,并在《个人所得税扣缴申报表》相应纳税人的备注栏注明"上年各月均有申报且全年收入不超过6万元"字样。

对按照累计预扣法预扣预缴劳务报酬所得个人所得税的居民个人,扣缴义务人比照上述规定执行。

四、个人所得税专项附加扣除暂行办法

（一）总则

根据《个人所得税法》规定，制定《个人所得税专项附加扣除暂行办法》（国发〔2018〕41号印发）。

该办法所称个人所得税专项附加扣除，是指《个人所得税法》规定的子女教育、继续教育、大病医疗、住房贷款利息或者住房租金、赡养老人等6项专项附加扣除。

个人所得税专项附加扣除遵循公平合理、利于民生、简便易行的原则。根据教育、医疗、住房、养老等民生支出变化情况，适时调整专项附加扣除范围和标准。

（二）子女教育

纳税人的子女接受全日制学历教育的相关支出，按照每个子女每月1 000元①的标准定额扣除。学历教育包括义务教育（小学、初中教育）、高中阶段教育（普通高中、中等职业、技工教育）、高等教育（大学专科、大学本科、硕士研究生、博士研究生教育）。年满3岁至小学入学前处于学前教育阶段的子女，按上述规定执行。

父母可以选择由其中一方按扣除标准的100%扣除，也可以选择由双方分别按扣除标准的50%扣除，具体扣除方式在一个纳税年度内不能变更。

纳税人子女在中国境外接受教育的，纳税人应当留存境外学校录取通知书、留学签证等相关教育的证明资料备查。

（三）继续教育

纳税人在中国境内接受学历（学位）继续教育的支出，在学历（学位）教育期间按照每月400元定额扣除。同一学历（学位）继续教育的扣除期限不能超过48个月。纳税人接受技能人员职业资格继续教育、专业技术人员职业资格继续教育的支出，在取得相关证书的当年，按照3 600元定额扣除。

个人接受本科及以下学历（学位）继续教育，符合该办法规定扣除条件的，可以选择由其父母扣除，也可以选择由本人扣除。

纳税人接受技能人员职业资格继续教育、专业技术人员职业资格继续教育的，应当留存相关证书等资料备查。

（四）大病医疗

在一个纳税年度内，纳税人发生的与基本医保相关的医药费用支出，扣除医保报销后个人负担（指医保目录范围内的自付部分）累计超过15 000元的部分，由纳税人在

---

① 自2023年1月1日起，提高到每月2 000元。

办理年度汇算清缴时，在80 000元限额内据实扣除。

纳税人发生的医药费用支出可以选择由本人或者其配偶扣除；未成年子女发生的医药费用支出可以选择由其父母一方扣除。纳税人及其配偶、未成年子女发生的医药费用支出，按上述规定分别计算扣除额。

纳税人应当留存医药服务收费及医保报销相关票据原件（或者复印件）等资料备查。医疗保障部门应当向患者提供在医疗保障信息系统记录的本人年度医药费用信息查询服务。

（五）住房贷款利息

纳税人本人或者配偶单独或者共同使用商业银行或者住房公积金个人住房贷款为本人或者其配偶购买中国境内住房，发生的首套住房贷款利息支出，在实际发生贷款利息的年度，按照每月1 000元的标准定额扣除，扣除期限最长不超过240个月。纳税人只能享受一次首套住房贷款的利息扣除。该办法所称首套住房贷款是指购买住房享受首套住房贷款利率的住房贷款。

经夫妻双方约定，可以选择由其中一方扣除，具体扣除方式在一个纳税年度内不能变更。夫妻双方婚前分别购买住房发生的首套住房贷款，其贷款利息支出，婚后可以选择其中一套购买的住房，由购买方按扣除标准的100%扣除，也可以由夫妻双方对各自购买的住房分别按扣除标准的50%扣除，具体扣除方式在一个纳税年度内不能变更。

纳税人应当留存住房贷款合同、贷款还款支出凭证备查。

（六）住房租金

纳税人在主要工作城市没有自有住房而发生的住房租金支出，可以按照以下标准定额扣除：

（1）直辖市、省会（首府）城市、计划单列市以及国务院确定的其他城市，扣除标准为每月1 500元。

（2）除第一项所列城市以外，市辖区户籍人口超过100万的城市，扣除标准为每月1 100元；市辖区户籍人口不超过100万的城市，扣除标准为每月800元。

纳税人的配偶在纳税人的主要工作城市有自有住房的，视同纳税人在主要工作城市有自有住房。市辖区户籍人口，以国家统计局公布的数据为准。

该办法所称主要工作城市是指纳税人任职受雇的直辖市、计划单列市、副省级城市、地级市（地区、州、盟）全部行政区域范围；纳税人无任职受雇单位的，为受理其综合所得汇算清缴的税务机关所在城市。夫妻双方主要工作城市相同的，只能由一方扣除住房租金支出。

住房租金支出由签订租赁住房合同的承租人扣除。纳税人及其配偶在一个纳税年度内不能同时分别享受住房贷款利息和住房租金专项附加扣除。纳税人应当留存住房租赁合同、协议等有关资料备查。

（七）赡养老人

纳税人赡养一位及以上被赡养人的赡养支出，统一按照以下标准定额扣除：

（1）纳税人为独生子女的，按照每月2 000元①的标准定额扣除。

（2）纳税人为非独生子女的，由其与兄弟姐妹分摊每月2 000元的扣除额度，每人分摊的额度不能超过每月1 000元。可以由赡养人均摊或者约定分摊，也可以由被赡养人指定分摊。约定或者指定分摊的须签订书面分摊协议，指定分摊优先于约定分摊。具体分摊方式和额度在一个纳税年度内不能变更。

该办法所称被赡养人是指年满60岁的父母，以及子女均已去世的年满60岁的祖父母、外祖父母。

（八）保障措施

纳税人向收款单位索取发票、财政票据、支出凭证，收款单位不能拒绝提供。

纳税人首次享受专项附加扣除，应当将专项附加扣除相关信息提交扣缴义务人或者税务机关，扣缴义务人应当及时将相关信息报送税务机关，纳税人对所提交信息的真实性、准确性、完整性负责。专项附加扣除信息发生变化的，纳税人应当及时向扣缴义务人或者税务机关提供相关信息。上述所称专项附加扣除相关信息，包括纳税人本人、配偶、子女、被赡养人等个人身份信息，以及国务院税务主管部门规定的其他与专项附加扣除相关的信息。该办法规定纳税人需要留存备查的相关资料应当留存五年。

有关部门和单位有责任和义务向税务部门提供或者协助核实以下与专项附加扣除有关的信息：

（1）公安部门有关户籍人口基本信息、户成员关系信息、出入境证件信息、相关出国人员信息、户籍人口死亡标识等信息。

（2）卫生健康部门有关出生医学证明信息、独生子女信息。

（3）民政部门、外交部门、法院有关婚姻状况信息。

（4）教育部门有关学生学籍信息（包括学历继续教育学生学籍、考籍信息）、在相关部门备案的境外教育机构资质信息。

（5）人力资源社会保障等部门有关技工院校学生学籍信息、技能人员职业资格继续教育信息、专业技术人员职业资格继续教育信息。

（6）住房城乡建设部门有关房屋（含公租房）租赁信息、住房公积金管理机构有关住房公积金贷款还款支出信息。

---

① 自2023年1月1日起，赡养老人专项附加扣除标准，由每月2 000元提高到3 000元，其中，独生子女每月扣除3 000元；非独生子女与兄弟姐妹分摊每月3 000元的扣除额度，每人不超过1 500元。

（7）自然资源部门有关不动产登记信息。

（8）人民银行、金融监督管理部门有关住房商业贷款还款支出信息。

（9）医疗保障部门有关在医疗保障信息系统记录的个人负担的医药费用信息。

（10）国务院税务主管部门确定需要提供的其他涉税信息。

上述数据信息的格式、标准、共享方式，由国务院税务主管部门及各省、自治区、直辖市和计划单列市税务局商有关部门确定。有关部门和单位拥有专项附加扣除涉税信息，但未按规定要求向税务部门提供的，拥有涉税信息的部门或者单位的主要负责人及相关人员承担相应责任。

扣缴义务人发现纳税人提供的信息与实际情况不符的，可以要求纳税人修改。纳税人拒绝修改的，扣缴义务人应当报告税务机关，税务机关应当及时处理。

税务机关核查专项附加扣除情况时，纳税人任职受雇单位所在地、经常居住地、户籍所在地的公安派出所、居民委员会或者村民委员会等有关单位和个人应当协助核查。

（九）附则

该办法所称父母，是指生父母、继父母、养父母。该办法所称子女，是指婚生子女、非婚生子女、继子女、养子女。父母之外的其他人担任未成年人的监护人的，比照该办法规定执行。

个人所得税专项附加扣除额一个纳税年度扣除不完的，不能结转以后年度扣除。

个人所得税专项附加扣除具体操作办法，由国务院税务主管部门另行制定。该办法自2019年1月1日起施行。

五、设立3岁以下婴幼儿照护个人所得税专项附加扣除

根据《国务院关于设立3岁以下婴幼儿照护个人所得税专项附加扣除的通知》（国发〔2022〕8号），为贯彻落实《中共中央 国务院关于优化生育政策促进人口长期均衡发展的决定》，依据《个人所得税法》有关规定，国务院决定，设立3岁以下婴幼儿照护个人所得税专项附加扣除。有关事项如下：

（1）纳税人照护3岁以下婴幼儿子女的相关支出，按照每个婴幼儿每月1 000元[①]的标准定额扣除。

（2）父母可以选择由其中一方按扣除标准的100%扣除，也可以选择由双方分别按扣除标准的50%扣除，具体扣除方式在一个纳税年度内不能变更。

（3）3岁以下婴幼儿照护个人所得税专项附加扣除涉及的保障措施和其他事项，参照《个人所得税专项附加扣除暂行办法》有关规定执行。

（4）3岁以下婴幼儿照护个人所得税专项附加扣除自2022年1月1日起实施。

---

① 自2023年1月1日起，提高到每月2 000元。

六、个人所得税专项附加扣除操作办法

（一）总则

为了规范个人所得税专项附加扣除行为，切实维护纳税人合法权益，根据新修改的《个人所得税法》及其实施条例、《税收征收管理法》及其实施细则、《国务院关于印发个人所得税专项附加扣除暂行办法的通知》（国发〔2018〕41号）的规定，国家税务总局制定《个人所得税专项附加扣除操作办法（试行）》（国家税务总局公告2022年第7号修订发布）。

纳税人享受子女教育、继续教育、大病医疗、住房贷款利息或者住房租金、赡养老人、3岁以下婴幼儿照护专项附加扣除的，依照该办法规定办理。

（二）享受扣除及办理时间

纳税人享受符合规定的专项附加扣除的计算时间分别为：

（1）子女教育。学前教育阶段，为子女年满3周岁当月至小学入学前一月。学历教育，为子女接受全日制学历教育入学的当月至全日制学历教育结束的当月。

（2）继续教育。学历（学位）继续教育，为在中国境内接受学历（学位）继续教育入学的当月至学历（学位）继续教育结束的当月，同一学历（学位）继续教育的扣除期限最长不得超过48个月。技能人员职业资格继续教育、专业技术人员职业资格继续教育，为取得相关证书的当年。

（3）大病医疗。为医疗保障信息系统记录的医药费用实际支出的当年。

（4）住房贷款利息。为贷款合同约定开始还款的当月至贷款全部归还或贷款合同终止的当月，扣除期限最长不得超过240个月。

（5）住房租金。为租赁合同（协议）约定的房屋租赁期开始的当月至租赁期结束的当月。提前终止合同（协议）的，以实际租赁期限为准。

（6）赡养老人。为被赡养人年满60周岁的当月至赡养义务终止的年末。

（7）3岁以下婴幼儿照护。为婴幼儿出生的当月至年满3周岁的前一个月。

上述第一项、第二项规定的学历教育和学历（学位）继续教育的期间，包含因病或其他非主观原因休学但学籍继续保留的休学期间，以及施教机构按规定组织实施的寒暑假等假期。

享受子女教育、继续教育、住房贷款利息或者住房租金、赡养老人、3岁以下婴幼儿照护专项附加扣除的纳税人，自符合条件开始，可以向支付工资、薪金所得的扣缴义务人提供上述专项附加扣除有关信息，由扣缴义务人在预扣预缴税款时，按其在本单位本年可享受的累计扣除额办理扣除；也可以在次年三月一日至六月三十日内，向汇缴地主管税务机关办理汇算清缴申报时扣除。纳税人同时从两处以上取得工资、薪金所得，并由扣缴义务人办理上述专项附加扣除的，对同一专项附加扣除项目，一个

纳税年度内，纳税人只能选择从其中一处扣除。享受大病医疗专项附加扣除的纳税人，由其在次年三月一日至六月三十日内，自行向汇缴地主管税务机关办理汇算清缴申报时扣除。

扣缴义务人办理工资、薪金所得预扣预缴税款时，应当根据纳税人报送的《个人所得税专项附加扣除信息表》（以下简称《扣除信息表》）为纳税人办理专项附加扣除。纳税人年度中间更换工作单位的，在原单位任职、受雇期间已享受的专项附加扣除金额，不得在新任职、受雇单位扣除。原扣缴义务人应当自纳税人离职不再发放工资薪金所得的当月起，停止为其办理专项附加扣除。

纳税人未取得工资、薪金所得，仅取得劳务报酬所得、稿酬所得、特许权使用费所得需要享受专项附加扣除的，应当在次年三月一日至六月三十日内，自行向汇缴地主管税务机关报送《扣除信息表》，并在办理汇算清缴申报时扣除。

一个纳税年度内，纳税人在扣缴义务人预扣预缴税款环节未享受或未足额享受专项附加扣除的，可以在当年内向支付工资、薪金的扣缴义务人申请在剩余月份发放工资、薪金时补充扣除，也可以在次年三月一日至六月三十日内，向汇缴地主管税务机关办理汇算清缴时申报扣除。

（三）报送信息及留存备查资料

纳税人选择在扣缴义务人发放工资、薪金所得时享受专项附加扣除的，首次享受时应当填写并向扣缴义务人报送《扣除信息表》；纳税年度中间相关信息发生变化的，纳税人应当更新《扣除信息表》相应栏次，并及时报送给扣缴义务人。更换工作单位的纳税人，需要由新任职、受雇扣缴义务人办理专项附加扣除的，应当在入职的当月，填写并向扣缴义务人报送《扣除信息表》。

纳税人次年需要由扣缴义务人继续办理专项附加扣除的，应当于每年12月份对次年享受专项附加扣除的内容进行确认，并报送至扣缴义务人。纳税人未及时确认的，扣缴义务人于次年1月起暂停扣除，待纳税人确认后再行办理专项附加扣除。扣缴义务人应当将纳税人报送的专项附加扣除信息，在次月办理扣缴申报时一并报送至主管税务机关。

纳税人选择在汇算清缴申报时享受专项附加扣除的，应当填写并向汇缴地主管税务机关报送《扣除信息表》。

纳税人将需要享受的专项附加扣除项目信息填报至《扣除信息表》相应栏次。填报要素完整的，扣缴义务人或者主管税务机关应当受理；填报要素不完整的，扣缴义务人或者主管税务机关应当及时告知纳税人补正或重新填报。纳税人未补正或重新填报的，暂不办理相关专项附加扣除，待纳税人补正或重新填报后再行办理。

纳税人享受子女教育专项附加扣除，应当填报配偶及子女的姓名、身份证件类型及号码、子女当前受教育阶段及起止时间、子女就读学校以及本人与配偶之间扣除分配比例等信息。纳税人需要留存备查资料包括：子女在境外接受教育的，应当留存境外学校录取通知书、留学签证等境外教育佐证资料。

纳税人享受继续教育专项附加扣除，接受学历（学位）继续教育的，应当填报教育起止时间、教育阶段等信息；接受技能人员或者专业技术人员职业资格继续教育的，应当填报证书名称、证书编号、发证机关、发证（批准）时间等信息。纳税人需要留存备查资料包括：纳税人接受技能人员职业资格继续教育、专业技术人员职业资格继续教育的，应当留存职业资格相关证书等资料。

纳税人享受住房贷款利息专项附加扣除，应当填报住房权属信息、住房坐落地址、贷款方式、贷款银行、贷款合同编号、贷款期限、首次还款日期等信息；纳税人有配偶的，填写配偶姓名、身份证件类型及号码。纳税人需要留存备查资料包括：住房贷款合同、贷款还款支出凭证等资料。

纳税人享受住房租金专项附加扣除，应当填报主要工作城市、租赁住房坐落地址、出租人姓名及身份证件类型和号码或者出租方单位名称及纳税人识别号（社会统一信用代码）、租赁起止时间等信息；纳税人有配偶的，填写配偶姓名、身份证件类型及号码。纳税人需要留存备查资料包括：住房租赁合同或协议等资料。

纳税人享受赡养老人专项附加扣除，应当填报纳税人是否为独生子女、月扣除金额、被赡养人姓名及身份证件类型和号码、与纳税人关系；有共同赡养人的，需填报分摊方式、共同赡养人姓名及身份证件类型和号码等信息。纳税人需要留存备查资料包括：约定或指定分摊的书面分摊协议等资料。

纳税人享受大病医疗专项附加扣除，应当填报患者姓名、身份证件类型及号码、与纳税人关系、与基本医保相关的医药费用总金额、医保目录范围内个人负担的自付金额等信息。纳税人需要留存备查资料包括：大病患者医药服务收费及医保报销相关票据原件或复印件，或者医疗保障部门出具的纳税年度医药费用清单等资料。

纳税人享受3岁以下婴幼儿照护专项附加扣除，应当填报配偶及子女的姓名、身份证件类型（如居民身份证、子女出生医学证明等）及号码以及本人与配偶之间扣除分配比例等信息。纳税人需要留存备查资料包括：子女的出生医学证明等资料。

纳税人应当对报送的专项附加扣除信息的真实性、准确性、完整性负责。

（四）信息报送方式

纳税人可以通过远程办税端、电子或者纸质报表等方式，向扣缴义务人或者主管税务机关报送个人专项附加扣除信息。

纳税人选择纳税年度内由扣缴义务人办理专项附加扣除的，按下列规定办理：

（1）纳税人通过远程办税端选择扣缴义务人并报送专项附加扣除信息的，扣缴义务人根据接收的扣除信息办理扣除。

（2）纳税人通过填写电子或者纸质《扣除信息表》直接报送扣缴义务人的，扣缴义务人将相关信息导入或者录入扣缴端软件，并在次月办理扣缴申报时提交给主管税务机关。《扣除信息表》应当一式两份，纳税人和扣缴义务人签字（章）后分别留存备查。

纳税人选择年度终了后办理汇算清缴申报时享受专项附加扣除的，既可以通过远程办税端报送专项附加扣除信息，也可以将电子或者纸质《扣除信息表》（一式两份）报送给汇缴地主管税务机关。报送电子《扣除信息表》的，主管税务机关受理打印，交由纳税人签字后，一份由纳税人留存备查，一份由税务机关留存；报送纸质《扣除信息表》的，纳税人签字确认、主管税务机关受理签章后，一份退还纳税人留存备查，一份由税务机关留存。

扣缴义务人和税务机关应当告知纳税人办理专项附加扣除的方式和渠道，鼓励并引导纳税人采用远程办税端报送信息。

（五）后续管理

纳税人应当将《扣除信息表》及相关留存备查资料，自法定汇算清缴期结束后保存5年。

纳税人报送给扣缴义务人的《扣除信息表》，扣缴义务人应当自预扣预缴年度的次年起留存5年。

纳税人向扣缴义务人提供专项附加扣除信息的，扣缴义务人应当按照规定予以扣除，不得拒绝。扣缴义务人应当为纳税人报送的专项附加扣除信息保密。

扣缴义务人应当及时按照纳税人提供的信息计算办理扣缴申报，不得擅自更改纳税人提供的相关信息。扣缴义务人发现纳税人提供的信息与实际情况不符，可以要求纳税人修改。纳税人拒绝修改的，扣缴义务人应当向主管税务机关报告，税务机关应当及时处理。除纳税人另有要求外，扣缴义务人应当于年度终了后两个月内，向纳税人提供已办理的专项附加扣除项目及金额等信息。

税务机关定期对纳税人提供的专项附加扣除信息开展抽查。税务机关核查时，纳税人无法提供留存备查资料，或者留存备查资料不能支持相关情况的，税务机关可以要求纳税人提供其他佐证；不能提供其他佐证材料，或者佐证材料仍不足以支持的，不得享受相关专项附加扣除。税务机关核查专项附加扣除情况时，可以提请有关单位和个人协助核查，相关单位和个人应当协助。

纳税人有下列情形之一的，主管税务机关应当责令其改正；情形严重的，应当纳入有关信用信息系统，并按照国家有关规定实施联合惩戒；涉及违反《税收征收管理法》等法律法规的，税务机关依法进行处理：

（1）报送虚假专项附加扣除信息。

（2）重复享受专项附加扣除。

（3）超范围或标准享受专项附加扣除。

（4）拒不提供留存备查资料。

（5）税务总局规定的其他情形。

纳税人在任职、受雇单位报送虚假扣除信息的，税务机关责令改正的同时，通知扣缴义务人。

第五节 纳税申报管理典型案例分析

一、增值税纳税申报案例[①]

原告北京甲文化传媒有限公司（以下简称甲公司）不服被告北京市海淀区国家税务局第九税务所（以下简称第九税务所）作出的行政处罚决定，向北京市海淀区人民法院（以下简称海淀法院）提起行政诉讼。海淀法院于2013年12月24日受理后，依法组成合议庭。2014年1月21日，海淀法院公开开庭审理了本案。本案现已审理终结。

2013年9月27日，第九税务所对甲公司作出海九国简罚〔2013〕1014号税务行政处罚决定书（简易），认定甲公司2013年8月增值税逾期未申报，依据《税收征收管理法》第六十二条的规定，罚款人民币100元。

在法定举证期限内，被告第九税务所提交如下证据并当庭出示：①税种登记表、北京市海淀区国家税务局（以下简称海淀国税局）告知事项，上述证据证明原告于2013年8月21日到海淀国税局办理税务登记，核定税种为增值税，海淀国税局告知原告应自2013年9月起，1日至15日内申报增值税，并告知原告依法履行申报义务和咨询途径；②纳税申报通知单、税种登记信息，上述证据证明海淀国税局通知原告到被告处办理备案，且原告于8月29日到被告处办理了备案手续；③未结案违法违章案件信息，证明原告在2013年9月未在规定的期限内办理纳税申报，已构成违法；④税务行政处罚事项告知书、原告提交的申请、被告执法人员出具的说明，上述证据证明被告告知了原告作出行政处罚的相关事项，原告进行了陈述与申辩；⑤增值税纳税申报表，证明原告在接受税务行政处罚后，于2013年9月30日进行了增值税纳税申报；⑥海国税复决字〔2013〕1号税务行政复议决定书，证明复议决定维持了被告作出的行政处罚。同时，被告第九税务所当庭出示《行政处罚法》《税收征收管理法》第十四条、第二十五条、第六十二条、第七十四条，《税收征收管理法实施细则》第三十二条，《增值税暂行条例》第十九条、第二十三条，以及财税〔2013〕37号《财政部 国家税务总局关于在全国开展交通运输业和部分现代服务业营业税改征增值税试点税收政策的通知》（以下简称37号文件）作为其作出具体行政行为的法律规范依据。

原告甲公司诉称，第一，被告没有尽到告知义务，原告无过错，被告作出的处罚没有法定依据。《税收征收管理法》中规定纳税人有权了解与纳税程序有关的情况。被告作出的处罚决定认定原告"2013年8月增值税逾期未申报"，而原告在受罚后补

[①] 资料来源：北京市海淀区人民法院〔2014〕海行初字第58号行政判决书。

报的是"无增值税申报",被告的认定与事实不符。在告知事项中没有告知原告报2013年8月增值税,也没有告知原告要报"无增值税申报"。第二,原告是新办企业,原告从何时起成为增值税纳税人是认定处罚决定是否合法的关键。根据《增值税暂行条例》的相关规定,原告至2013年9月27日没有取得税控机和发票,没有发生纳税义务,不是增值税纳税人。而被告作出行政处罚依据的《税收征收管理法》第二十五条、第六十二条中都规定,这些法律适用的对象必须是纳税人。被告用约束增值税纳税人的法律规定,处罚不存在的事物或非增值税纳税人,没有法律依据。综上,原告认为被告作出的行政处罚认定事实不清、适用法律错误,请求人民法院依法撤销海九国简罚〔2013〕1014号税务行政处罚决定书。

在法院指定的证据交换期限内,原告甲公司提交如下证据并当庭出示:

①海国税复决字〔2013〕1号税务行政复议决定书,证明原告于2013年8月21日领取税务登记证、核定税种,税务机关没有告知原告应申报2013年8月的无增值税申报,处罚决定认定原告"2013年8月增值税逾期未申报"与事实不符;原告至9月27日都没有发生增值税纳税义务,原告不是纳税人,被告的处罚决定适用法律错误;②领取税控机、发票机通知,证明至9月27日,被告仍在给原告办相关手续,原告没有经营,无增值税,不是纳税人;③电子缴税付款凭证,证明被告对非增值税纳税人作出了错误处罚。同时,原告当庭出示《税收征收管理法》第四条、第十四条、第六十二条、第七十四条,《税收征收管理法实施细则》第三十二条,《增值税暂行条例》第一条、第十九条、第二十三条作为支持其诉讼请求的法律法规依据。

被告第九税务所辩称,第一,被告作出的处罚决定事实清楚,证据确凿,法律适用正确,程序合法,过罚相当。原告于2013年8月21日到海淀国税局办理税务登记,核定税种为增值税,通过《北京市海淀区国家税务局告知事项》告知原告"自2013年9月起,1日至15日内申报流转税(增值税、消费税等)(按月申报)",原告于同日签收。海淀国税局于同日向原告送达《纳税申报通知单》,告知原告到被告处办理备案,原告于8月29日到被告处办理了新户备案手续。9月17日,经被告在"税收征管信息系统"查询确认,原告未按照规定的期限对所属期为2013年8月的增值税进行纳税申报,其行为违反了《税收征收管理法》第二十五条的规定。9月27日被告依据《税收征收管理法》第六十二条的规定,对原告作出罚款100元的行政处罚。第二,原告的诉讼请求没有事实和法律依据,不能成立。根据37号文件的规定,海淀国税局认定原告为增值税纳税人符合相关税法规定;根据《增值税暂行条例》第二十三条的规定,原告知道也应当知道其2013年9月应对8月的增值税进行申报;根据海淀国税局的告知事项及《税收征收管理法》第二十五条的规定,原告也应当知道会计期间和纳税期间同样为自然月。原告混淆了发生增值税纳税义务的时间与纳税申报期限的概念。原告在办理税务登记后,无论是否实际发生增值税纳税义务,都必须履行在申报期内进行纳税申报的义务。综上所述,被告作出的海九国简罚〔2013〕1014号税务行政处罚决定合法、适当,请求人民法院依法判决驳回原告的诉讼请求。

第四章 纳税申报管理及案例分析

上述证据经过庭审质证,各方当事人发表质辩意见如下:

针对被告提交的证据,原告对证据1、证据3、证据5的证明事项存在异议,认为被告未明确告知原告需要申报8月份无增值税的纳税申报,原告未发生增值税业务,不是增值税纳税人。原告对被告提交的其他证据均无异议。

针对原告提交的证据,被告对证据1、证据2的真实性、关联性予以认可,但不同意原告的证明事项;被告认为证据3与本案不具有关联性。

法院在听取了各方当事人的质辩意见并经评议后,认证如下:

被告第九税务所提交的全部证据形式上符合《最高人民法院关于行政诉讼证据若干问题的规定》中规定的提供证据的要求,与本案被诉的行政行为具有关联性,且内容真实、合法,能够证明其所要证明的事项,法院均予以采信。

原告甲公司提交的全部证据形式上符合《最高人民法院关于行政诉讼证据若干问题的规定》中规定的提供证据的要求,与本案被诉的行政行为具有关联性,且内容真实、合法,本院予以采纳。但原告提交的上述证据不能证明其欲证明的事项,对其证明事项,法院不予采信。

根据以上经过认证的证据以及庭审查明的情况,可以确认如下事实:

甲公司于2013年8月21日在海淀国税局税务登记窗口办理税务登记,经核定税种为增值税。同时,海淀国税局向甲公司办税人员送达了《北京市海淀区国家税务局告知事项》,告知其"自2013年9月起,1日至15日内申报流转税(增值税、消费税等)(按月申报)"。同年8月29日,甲公司到第九税务所办理新户报到手续。此后,甲公司因2013年8月增值税逾期未申报,第九税务所于9月27日向甲公司作出海九国简罚〔2013〕1014号税务行政处罚决定书,罚款金额100元。甲公司于9月30日进行了所属期为2013年8月的增值税纳税申报补报,并缴纳了罚款。

甲公司对上述处罚决定不服,于2013年10月15日向海淀国税局申请行政复议,该局于同年12月6日作出海国税复决字〔2013〕1号税务行政复议决定书,维持了上述行政处罚决定。甲公司也不服,遂向法院提起诉讼。

法院认为,依据《税收征收管理法》第五条、第十四条、第七十四条的规定,被告第九税务所作为税务机关,依法对于本行政区域内的税收征管工作负责,同时,对于罚款金额在2 000元以下的行政处罚,依法享有决定权。

《税收征收管理法》第四条规定,法律、行政法规规定负有纳税义务的单位和个人为纳税人。第二十五条规定,纳税人必须依照法律、行政法规规定或者税务机关依照法律、行政法规的规定确定的申报期限、申报内容如实办理纳税申报,报送纳税申报表、财务会计报表以及税务机关根据实际需要要求纳税人报送的其他纳税资料。《增值税暂行条例》第二十三条规定,纳税人的具体纳税期限,由主管税务机关根据纳税人应纳税额的大小分别核定。依据上述规定,海淀国税局根据原告的情况核定税种为增值税并办理税务登记后,无论是否发生增值税应税项目,原告即已成为增值税纳税人,负有在规定期限内办理纳税申报的义务。同时,海淀国税局告知了原告纳税申报的期限，履行了相应的告知义务。虽然，原告在办理税务登记的当月没有发生增值税应税项目，但根据《税收征收管理法实施细则》第三十二条的规定，纳税人在纳税期内没有应纳税款的，也应当按照规定办理纳税申报，并在税务机关告知的期限内予以申报。因此，本案中，被告针对原告未按照规定的期限办理纳税申报的行为，依据《税收征收管理法》第六十二条的规定进行处罚，认定事实清楚，证据充分，适用法律正确，依法履行了相关程序。原告的诉讼请求缺乏事实和法律依据，法院不予支持。

2014年3月6日，海淀法院依照《最高人民法院关于执行〈中华人民共和国行政诉讼法〉若干问题的解释》第五十六条第（四）项的规定，作出〔2014〕海行初字第58号行政判决书，判决驳回原告北京甲文化传播有限公司的诉讼请求。案件受理费50元，由原告北京甲文化传播有限公司负担（已交纳）。

二、企业所得税纳税申报案[①]

上诉人台山市甲数控制品有限公司（以下简称甲公司）因与被上诉人台山市国家税务局稽查局（以下简称台山国税稽查局）税务行政处罚纠纷一案，上诉人甲公司不服广东省江门市江海区人民法院〔2015〕江海法行初字第261号行政判决，向江门市中级人民法院（以下简称江门中院）提起上诉。江门中院于2017年4月13日立案后，依法组成合议庭进行了审理。本案现已审理终结。

一审法院经审理查明：甲公司于2005年1月19日在工商行政管理部门登记成立，是外国自然人独资的有限责任公司，已领取企业法人营业执照并已办理税务登记，营业执照注册号为××。在2009年7月至2011年4月期间，甲公司按里程公司的要求为其加工腔体（散热片）等产品，产品完工后由甲公司运至里程公司指定地点，里程公司工作人员在送货单上签名确认从而完成交付。双方已就2009年7月至2010年6月期间的完工产品进行对账，确认货款金额为1 941 295.83元，其余已交付的完工产品，双方未进行对账。经法院生效判决确认，双方未对账而通过送货单结合相应的订单的货款金额为2 854 200.47元。另外，还确认2009年10月20日起至同年11月26日止、甲公司为里程公司加工定作的电池内、外壳样品的货款为19 364.88元。综上，2009年至2011年，甲公司交付给里程公司的完工产品等货款含税金额合计4 814 861.18元。2010年8月至2011年4月，甲公司为里程公司开具增值税专用发票22张，发票金额为1 714 113.53元，该部分金额已在会计账簿销售收入科目上列明并进行了纳税申报，税额合计291 399.30元，价税合计2 005 512.83元。其余完工产品货款金额合计2 809 348.35元未开具发票，也未在会计账簿销售收入科目中列明，亦未进行纳税申报。2013年7月23日，里程公司以银行汇兑方式汇款给甲公司，汇款金额2 030 318.12元（包括偿付甲公司的货款2 002 498.12元及法院案件受理费27 820元），至此，甲公司为里程公司进行加工定做的完工产品的货款

[①] 资料来源：广东省江门市中级人民法院〔2017〕粤07行终74号行政判决书。

全部结算完毕。收到前述款项后，甲公司将该款项记载在会计账簿银行存款科目中，但未在销售收入科目中列明。至本案庭审时，甲公司仍未就余下完工产品货款金额合计2 809 348.35元进行纳税申报并缴纳相应税款。

2014年5月5日，台山国税稽查局向甲公司发出台国税稽检通一〔2014〕8号《税务检查通知书》及台国税稽调〔2014〕8号《调取账簿资料通知书》，决定从2014年5月5日起对甲公司2009年1月1日至2011年12月31日涉税情况进行检查并调取账簿、凭证以及其他有关纳税资料。2015年7月29日，台山国税稽查局向甲公司调取营业执照及账簿等有关纳税资料，甲公司的法定代表人YanLianLi（中文名：李某某）拒绝在前述纳税资料复印件上签名确认并加盖公章，也拒绝在税务稽查工作底稿陈述意见栏中加以说明并签名确认、加盖公章。台山国税稽查局经调查，于2015年8月20日向甲公司作出并送达台国税稽罚告〔2015〕15号《税务行政处罚事项告知书》，告知拟作出行政处罚的事实、依据、陈述、申辩及听证权利。次日，甲公司向台山国税稽查局提交《听证申请书》，台山国税稽查局于同日进行受理并于2015年9月2日组织召开了听证会。2015年9月6日，台山国税稽查局作出《关于台山市甲数控制品有限公司行政处罚听证会的听证报告》，建议维持原处罚。2015年9月29日，台山国税稽查局向甲公司作出台国税稽罚〔2015〕13号《税务行政处罚决定书》，认为甲公司2010年7月至2011年4月期间为里程公司进行加工承揽业务的完工产品货款收入未能按实际收入依法申报纳税，在账簿上少列收入，折不含税金额2 401 152.44元；在账簿上少列收入，没有依法申报应纳税所得额，少计应税收入2 401 152.44元，少申报应纳税所得额2 401 152.44元，遂根据《税收征收管理法》第六十三条第一款的规定，对甲公司少缴增值税、企业所得税税款的偷税行为，分别处少缴前述税款一倍的罚款408 195.91元、550 984.19元，合计959 180.10元。2015年10月8日，台山国税稽查局将前述决定书送达甲公司。甲公司不服，提起本案行政诉讼。

另查明，2015年9月29日，台山国税稽查局还向甲公司作出台国税稽处〔2015〕13号《税务处理决定书》，认为甲公司2010年7月至2011年4月为里程公司进行加工承揽业务的完工产品货款收入未能按实际收入依法申报纳税，在账簿上少列收入，折不含税金额2 401 152.44元；在账簿上少列收入，没有依法申报应纳税所得额，少计应税收入2 401 152.44元，少申报应纳税所得额2 401 152.44元，认为甲公司在账簿上少列收入，少缴增值税及企业所得税的行为为偷税行为，决定向甲公司追缴2010年至2011年少缴的增值税408 195.91元及所得税550 984.19元。2015年10月8日，台山国税稽查局将前述决定书送达甲公司。甲公司不服，于2015年12月1日向台山市国家税务局提出行政复议申请，台山市国家税务局作出台国税复〔2015〕1号《不予受理决定书》，对甲公司提出的复议申请不予受理。甲公司仍不服，向一审法院提起行政诉讼。一审法院受理后，作出〔2016〕粤0704行初1号《行政判决书》，判决驳回甲公司的诉讼请求。甲公司亦不服，向江门中院提起上诉，该院于2016年10月12日作出〔2016〕粤07行终69号《行政判决书》，判决驳回上诉，维持原判。该判决已于2016年10月18日发生法律效力。

一审法院认为，本案系税务行政处罚纠纷。《税收征收管理法》第二条规定："凡依法由税务机关征收的各种税收的征收管理，均适用本法。"第五条规定："国务院税务主管部门主管全国税收征收管理工作。各地国家税务局和地方税务局应当按照国务院规定的税收征收管理范围分别进行征收管理。"第十四条规定："本法所称税务机关是指各级税务局、税务分局、税务所和按照国务院规定设立的并向社会公告的税务机构。"《税收征收管理法实施细则》第九条规定："《税收征收管理法》第十四条所称按照国务院规定设立的并向社会公告的税务机构，是指省以下税务局的稽查局。稽查局专司偷税、逃避追缴欠税、骗税、抗税案件的查处。"可见，省以下税务局的稽查局具有对偷税、逃避追缴欠税、骗税、抗税案件的查处职能。本案中，台山国税稽查局作为法定的税务机关，具有对其税收征收管理范围内的偷税案件进行查处的法定职责，其执法主体适格，一审法院予以确认。

综合各方当事人的诉辩意见，本案的争议焦点是台山国税稽查局作出的台国税稽罚〔2015〕13号《税务行政处罚决定书》是否合法。

《行政处罚法》第三十一条规定："行政机关在作出行政处罚决定之前，应当告知当事人作出行政处罚决定的事实、理由及依据，并告知当事人依法享有的权利。"第四十二条规定："行政机关作出较大数额罚款等行政处罚决定之前，应当告知当事人有要求举行听证的权利；当事人要求听证的，行政机关应当组织听证。"第四十三条规定："听证结束后，行政机关依照本法第三十八条的规定，作出决定。"本案中，台山国税稽查局在作出涉案处罚决定前告知了甲公司拟作出处罚的事实、理由和依据以及甲公司应享有的听证等权利。之后，依据甲公司的申请，进行了听证，并在听证结束后，作出涉案处罚决定并送达甲公司，台山国税稽查局作出涉案行政处罚程序符合法律规定。

《税收征收管理法》第二十五条规定："纳税人必须依照法律、行政法规规定或者税务机关依照法律、行政法规的规定确定的申报期限、申报内容如实办理纳税申报，报送纳税申报表、财务会计报表以及税务机关根据实际需要要求纳税人报送的其他纳税资料。"第二十七条规定："纳税人、扣缴义务人不能按期办理纳税申报，经税务机关核准，可以延期申报。经核准延期办理前款规定的申报、报送事项的，应当在纳税期内按照上期实际缴纳的税额或者税务机关核定的税额预缴税款，并在核准的延期内办理税款结算。"第三十一条规定："纳税人、扣缴义务人按照法律、行政法规规定或者税务机关依照法律、行政法规的规定确定的期限，缴纳或者解缴税款。纳税人因有特殊困难，不能按期缴纳税款的，经省、自治区、直辖市国家税务局、地方税务局批准，可以延期缴纳税款，但是最长不得超过三个月。"第六十三条规定："纳税人伪造、变造、隐匿、擅自销毁账簿、记账凭证，或者在账簿上多列支出或者不列、少列收入，或者经税务机关通知申报而拒不申报或者进行虚假的纳税申报，不缴或者少缴应纳税款的，是偷税。对纳税人偷税的，由税务机关追缴其不缴或者少缴的税款、滞纳金，并处不缴或者少缴的税款百分之五十以上五倍以下的罚款；构成犯罪的,依法追究刑事责任。"《税收征收管理法实施细则》第三十二条规定:"纳税人在纳税期内没有应纳税款的,也应当按照规定办理纳税申报。"《增值税暂行条例》第十九条规定:"增值税纳税义务发生时间:(一)销售货物或者应税劳务,为收讫销售款项或者取得索取销售款项凭据的当天;先开具发票的,为开具发票的当天。增值税扣缴义务发生时间为纳税人增值税义务发生的当天。"第二十三条规定:"增值税的纳税期限分别为1日、3日、5日、10日、15日、1个月或者1个季度。纳税人的具体纳税期限,由主管税务机关根据纳税人应纳税额的大小分别核定;不能按照固定期限纳税的,可以按次纳税。纳税人以1个月或者1个季度为1个纳税期的,自期满之日起15日内申报纳税;以1日、3日、5日、10日或者15日为1个纳税期的,自期满之日起5日内预缴税款,于次月1日起15日内申报纳税并结清上月应纳税款。"

《企业所得税法》第五十三条规定:"企业所得税按纳税年度计算。纳税年度自公历1月1日起至12月31日止。"第五十四条规定:"企业所得税分月或者分季预缴。企业应当自月份或者季度终了之日起十五日内,向税务机关报送预缴企业所得税纳税申报表,预缴税款。企业应当自年度终了之日起五个月内,向税务机关报送年度企业所得税纳税申报表,并汇算清缴,结清应缴应退税款。"《企业所得税法实施条例》第九条规定:"企业应纳税所得额的计算,以权责发生制为原则,属于当期的收入和费用,不论款项是否收付,均作为当期的收入和费用;"第一百二十九条规定:"企业在纳税年度内无论盈利或者亏损,都应当依照《企业所得税法》第五十四条规定的期限,向税务机关报送预缴企业所得税纳税申报表。资料。"由上述法律规定可知,纳税人必须按照相关法律、法规的规定或者税务机关依法确定的申报期限、申报内容如实办理纳税申报,不能按期办理的,经税务机关核准,可以延期申报。纳税人在纳税期内没有应纳税款的,也应当按照规定办理纳税申报。销售货物或者应税劳务的,增值税纳税义务发生时间为收讫销售款项或者取得索取销售款项凭据的当天,先开具发票的,为开具发票的当天。企业应纳税所得额的计算,以权责发生制为原则,属于当期的收入和费用,不论款项是否收付,均作为当期的收入和费用。纳税人应在法定的纳税期限内缴纳增值税和企业所得税。企业在纳税年度内无论盈利或者亏损,都应当在法定的期限,向税务机关进行企业所得税的纳税申报。纳税人在账簿上不列、少列收入,不缴或者少缴应纳税款的,是偷税。对纳税人偷税的,由税务机关追缴其不缴或者少缴的税款、滞纳金,并处不缴或者少缴的税款百分之五十以上五倍以下的罚款。

本案现有证据显示,2009年7月至2011年4月,甲公司为里程公司加工腔体(散热片)等产品,双方已交付的完工产品货款含税金额合计4 814 861.18元。根据上述法律规定,甲公司应按照法律规定的申报期限、申报内容如实办理纳税申报并缴纳相应的税款,但台山国税稽查局经调查后发现甲公司尚有余下完工产品货款金额合计2 809 348.35元未在会计账簿销售收入科目中列明,亦未在法定期限内进行纳税申报并缴纳相应税款,也未有证据显示甲公司具有延期申报及缴纳税款等法定情形,台山国税稽查局据此认定甲公司存在偷税行为并作出涉案行政处罚决定，未违反法律规定。甲公司关于未在会计账簿中列明及未在法定期限申报纳税是由于里程公司未按时支付货款、双方之间的债权债务诉讼未终结以及2013年7月23日收到货款后即在会计账簿银行收入中列明，不存在偷税故意，不应认定为偷税的主张理据不足，一审法院不予采纳。综上所述，依照《行政诉讼法》第六十九条的规定，判决驳回台山市甲数控制品有限公司的诉讼请求。案件受理费人民币50元，由甲公司负担。

上诉人甲公司上诉请求：撤销一审行政判决，改判为撤销台山国税稽查局作出的台国税稽罚〔2015〕13号《税务行政处罚决定书》。事实和理由：案涉经营活动中，甲公司既无偷税的故意，亦未实施偷税的行为，台山国税稽查局以偷税为由对甲公司进行处罚缺乏事实的依据。本案中，对2011年之前甲公司与里程公司发生的交易，甲公司已开具发票缴纳税款的交易金额为2 005 512.83元，但对台山国税稽查局认定为偷税的其余交易，因甲公司与里程公司在交易的价款、金额、违约责任承担等方面发生了争议，由于里程公司拒绝支付款项，甲公司于2011年8月作为原告提起诉讼，同月，里程公司也在另案中以甲公司违约为由提起诉讼。

甲公司作为原告的诉讼2013年5月判决生效后，按判决甲公司可收回2 002 498.12元，2013年7月甲公司收到里程公司支付的款项，虽然甲公司没有将该2 002 498.12元在财务账簿中列入"销售收入"科目，但却及时、如实地将该笔款项记录在财务账簿的"银行存款科"目中。

本案争议产生的原因，与我国的税制改革有密切的关系。21世纪初期前，我国财务会计制度采用的是"实际收付制"，即应纳税项目需待实际完成收取或支付后，才进行纳税，此种征税方式的好处是纳税时税款金额确定，不存在税款解缴后再需调整的不便。21世纪初，国家由于财政压力，财政部要求按"权责发生制"进行征税，即只要交易发生，无论应纳税项目是否实际完成收付，均需要立即缴纳税款，此种征税方式的好处是国家可以最快、最大利益化的征收税款，但缺点是企业负担极重，若应收账款出现呆账坏账，企业在成本都无法收回的情况下，税款还是需要全额缴纳（税款入库后是无法退还的，多缴纳的税款只能在以后应缴税款中慢慢抵扣）。本案中，之所以甲公司没有立即将涉案的该2 002 498.12元交易列入销售收入科目，而只是列入银行存款科目，便是基于相关交易存有争议，且里程公司作为原告针对甲公司提起的诉讼尚未有处理结果，无法最终确认甲公司是否还需要向里程公司支付违约金，因此，该笔2 002 498.12元的款项还无法最终确定能否作为甲公司的收入来进行记账（实际上，里程公司起诉甲公司的案件，省高院判决甲公司需向里程公司支付违约金2 778 996.88元，即甲公司收回的款项还不够向里程公司支付违约金）。

《税收征收管理法》第六十三条，对何为偷税定义为："纳税人伪造、变造、隐匿、擅自销毁账簿、记账凭证，或者在账簿上多列支出或者不列、少列收入，或者经税务机关通知申报而拒不申报或者进行虚假申报的，不缴或者少缴应纳税款的，是偷税。"从以上法律条文可知，构成偷税，除在主观上需具有偷逃税款的故意，在客观上还需积极实施了偷逃税款的行为。本案中，甲公司既没有伪造、变造、隐匿、擅自销毁账簿、所取得收入也立即如实记载于财务账簿中，亦没有进行虚假申报。甲公司需特别提醒法庭注意的是，除已完税的交易外，对台山国税稽查局认为甲公司偷税的交易，在2010年，甲公司还曾向里程公司开具4张价税合计达389 234.89元的增值税发票，只是由于里程公司以双方存有争议为由，拒绝付款并拒绝接受该四份发票，甲公司只好将该四份发票作废。由此可见，甲公司在整个经营过程中，既没有偷税的故意，也没有实施偷税的行为，只是因为涉及民事诉讼，以及对"权责发生制"的会计制度理解出现偏差，才导致未能及时缴纳税款，但若认定甲公司偷税则完全没有事实根据。《税收征收管理法》第六十条，对未按规定设置、保管账簿等违规行为亦有明确的处罚措施。由此可见，法律亦预见到除故意的偷税行为外，亦可能存在并非故意的税务违规行为，对此两种性质截然不同的行为，亦需要区别对待制定不同的处罚措施。台山国税稽查局对甲公司进行税务稽查后，甲公司向税务专业人士进行了咨询并查阅了相关法律法规，甲公司承认，自身在财务会计制度上确实存在不规范、不完善之处，对税务机关核查后应补缴的增值税和所得税，甲公司亦认可予以缴纳。但甲公司的行为绝非故意的偷税行为，台山国税稽查局未能对财务制度中的不规范行为与偷税行为进行正确区分，简单粗暴地以偷税为由对甲公司进行处罚，既没有事实的依据，也没有法律的依据。甲公司本为守法经营的诚信企业，一直以来遵守中国的法律法规，之前从未受过工商、税务等机关的任何处罚，无奈因合作伙伴里程公司拒付货款，将甲公司拖入到漫长的多次民事诉讼程序中，进而导致税款未能及时缴纳，但台山国税稽查局将甲公司的违规行为错误定性为"偷税"并处罚，如此的错误认定及处罚直接将甲公司置于破产倒闭的境地。恳请二审法院查明事实，对一审错误判决予以纠正。

被上诉人台山国税稽查局辩称，甲公司不服一审判决，其提出的上诉理由归纳起来有两点，一是认为其没有偷税的主观故意，二是认为其没有实施偷税的行为。台山国税稽查局认为，甲公司的这两点上诉理由均不成立，甲公司既实施了偷税的实际行为，又具有偷税的主观故意，更造成了偷税的危害后果。

（1）甲公司实施了偷税的行为。《税收征收管理法》第六十三条明确规定了偷税行为："纳税人伪造、变造、隐匿、擅自销毁账簿、记账凭证，或者在账簿上多列支出或者不列、少列收入，或者经税务机关通知申报而拒不申报或者进行虚假的纳税申报，不缴或者少缴应纳税款的，是偷税。"本案甲公司的行为，符合其中的在账簿上不列、少列收入以及进行虚假的纳税申报的规定。甲公司在2009年至2011年期间取得经里程公司签字的送货单等能证明货物移交的凭据，即为取得了索取货款的凭证。根据《小企业会计制度》第一条第十一项第八目、《增值税暂行条例》第十九条、《企业所得税法》第九条等相关规定，甲公司即应在其账簿上"主营业务收入""应交税费"等科目中记录这些收入，在纳税申报时申报这些收入并缴纳税款，但甲公司实际上并没有在账簿作出任何记录，也没有依法申报纳税。甲公司2013年实际取得这些收入后，在账簿上借记银行存款，贷记应收账款，即只作减少应收款，增加银行存款的记录，仍然没有在账簿中"主营业务收入"和"应交税费"等其依法应当记录的科目记录这些收入，以此方式掩盖了其已经实际取得应税收入的事实；在相应的纳税申报中继续隐瞒已经实际收到款项的事实，作出虚假的纳税申报。直至税务机关对甲公司实施检查，甲公司始终没有在账簿中能够反映其收入的"主营业务收入"和"应交税费"等科目中记录涉案的应税收入，始终没有如实向税务机关申报这些收入和应缴纳的税款。可见甲公司明显实施了在账簿上不列、少列收入以及进行虚假的纳税申报的实际偷税行为。

（2）甲公司具有偷税的主观故意。甲公司实施的在账簿上不列少列收入、虚假的纳税申报行为，具有主观故意性。

甲公司系明知故为，故意不按照规定在相关会计科目中记录收入，隐瞒事实作出虚假纳税申报。甲公司以其对"权责发生制"会计制度理解偏差，执行财务制度不规范、不完善为由，来解释其违法发生的原因。这种解释明显属于谎言。首先，从2009年最初发生违法行为时起，到2014年税务机关实施检查之时，长达5年的时间，甲公司始终不在账簿上记录相关收入，不如实作出纳税申报，这难以用一般的过失来解释；其次，2013年甲公司已经实际收到相关款项，即使按照甲公司自称的"收付实现制"，也应当确认收入申报纳税，这怎么属于对"权责发生制"的理解偏差？而其中账簿上直接借记银行存款，贷记应收账款的做法，正是一种常见的隐瞒收入的会计处理方法，系有意为之。最后，本案涉及的会计、税收规则、属于常识性的规则，甲公司具备正常会计核算的制度和人员，理应知晓这些规则。

甲公司以存在民事纠纷为由辩解，正好暴露了其不愿依法在账簿上记录收入，依法申报纳税的真实意图。甲公司在上诉状中表明，其2008年至2011年期间之所以不按照规定在账簿中记录收入，系担心应收账款形成呆账坏账；其在2013年之所以不在账簿中记录收入申报纳税，系因为与里程公司之间存在民事纠纷，担心需要支付违约金。这些解释恰恰暴露了甲公司的真实意图，即其将自己的利益凌驾于会计制度和税法的规定之上，当自己的利益可能受到损害时，就可以违背会计制度和税法的规定，就可以不缴少缴税款。

在税务机关指出错误后拒不纠正，在税务机关作出《税务处理决定书》后拒不缴纳税款，进一步说明了甲公司意图不缴少缴税款的主观故意性。台山国税稽查局于2014年对甲公司实施检查过程中，就指出了甲公司的错误；在送达的《税务行政处罚事项告知书》中，明确告知了其错误；在2015年作出了《税务处理决定书》和《税务行政处罚决定书》中，更是针对其错误作出了处理处罚决定。如果甲公司确因过失而不存在主观故意，又怎会一而再，再而三地拒绝纠正错误，拒不补缴税款？这些事实能够说明甲公司的行为根本不属于过失少缴税款行为，而是本意上就不愿缴纳相关税款。

（3）甲公司的偷税行为造成了严重的危害后果。甲公司故意实施了在账簿上不列少列收入，虚假的纳税申报行为，该行为性质上属于偷税。甲公司的偷税行为，已经产生了严重的危害后果,共计造成少缴税款959 180.10元;且由于甲公司长期拒不缴纳相关税款,进一步侵犯了国家的税收利益,产生滞纳金。甲公司的偷税行为,理应依法给予行政处罚。

综上所述,甲公司的全部上诉理由均不能成立,一审判决认定事实清楚,适用法律正确,请上诉法院依法驳回上诉,维持原判。

江门中院经二审审理,对一审法院判决所查明基本事实予以确认。再查明:二审期间,甲公司确认于2010年7月到12月期间少缴增值税为280 540.74元。在2011年1月至4月期间少缴增值税127 655.17元,共计408 195.91元。2011年度少缴企业所得税188 718.83元,2010年度少缴企业所得税362 265.36元,共计550 984.19元。两项合计959 180.10元。

江门中院认为,本案是税务行政处罚纠纷。根据《税收征收管理法》第十四条"本法所称税务机关是指各级税务局、税务分局、税务所和按照国务院规定设立的并向社会公告的税务机构"及《税收征收管理法实施细则》第九条第一款"《税收征收管理法》第十四条所称按照国务院规定设立的并向社会公告的税务机构,是指省以下税务局的稽查局。稽查局专司偷税、逃避追缴欠税、骗税、抗税案件的查处"的规定,台山国税稽查局作为法定的税务机关,具有对其税收征收管理范围内的偷税案件进行查处的法定职责,其在本案中执法主体适格。

本案的争议焦点是台山国税稽查局作出的台国税稽罚〔2015〕13号《税务行政处罚决定书》是否合法。

《行政处罚法》第三十一条"行政机关在作出行政处罚决定之前,应当告知当事人作出行政处罚决定的事实、理由及依据,并告知当事人依法享有的权利"、第四十二条"行政机关作出责令停产停业、吊销许可证或者执照、较大数额罚款等行政处罚决定之前,应当告知当事人有要求举行听证的权利;当事人要求听证的,行政机关应当组织听证"、第四十三条"听证结束后,行政机关依照本法第三十八条的规定,作出决定"。本案中,台山国税稽查局在作出涉案处罚决定前进行了合法调查,向甲公司法定代表人制作了询问笔录,并告知了甲公司存在的违法事实及税务行政处罚的事实依据、法律依据和拟作出的处罚决定以及甲公司应享有的陈述和申辩及申请听证等权利,并依据甲公司听证申请,台山国税稽查局亦依法组织了听证程序,并制作了听证笔录及听证报告。之后,台山国税稽查局作出涉案税务行政处罚决定并向甲公司合法送达,该税务行政处罚决定程序合法。

根据《税收征收管理法》第二十五条"纳税人必须依照法律、行政法规规定或者税务机关依照法律、行政法规的规定确定的申报期限、申报内容如实办理纳税申报,报送纳税申报表、财务会计报表以及税务机关根据实际需要要求纳税人报送的其他纳税资料"、第六十三条"纳税人伪造、变造、隐匿、擅自销毁账簿、记账凭证,或者在账簿上多列支出或者不列、少列收入,或者经税务机关通知申报而拒不申报或者进行虚假的纳税申报,不缴或者少缴应纳税款的,是偷税。对纳税人偷税的,由税务机关追缴其不缴或者少缴的税款、滞纳金,并处不缴或者少缴的税款百分之五十以上五倍以下的罚款;构成犯罪的,依法追究刑事责任"、《增值税暂行条例》第十九条"增值税纳税义务发生时间:(一)销售货物或者应税劳务,为收讫销售款项或者取得索取销售款项凭据的当天;先开具发票的,为开具发票的当天。增值税扣缴义务发生时间为纳税人增值税义务发生的当天"、第二十三条"增值税的纳税期限分别为1日、3日、5日、10日、15日、1个月或者1个季度。纳税人的具体纳税期限,由主管税务机关根据纳税人应纳税额的大小分别核定;不能按照固定期限纳税的,可以按次纳税。纳税人以1个月或者1个季度为1个纳税期的,自期满之日起15日内申报纳税;以1日、3日、5日、10日或者15日为1个纳税期的,自期满之日起5日内预缴税款,于次月1日起15日内申报纳税并结清上月应纳税款"、《企业所得税法实施条例》第九条"企业应纳税所得额的计算,以权责发生制为原则,属于当期的收入和费用,不论款项是否收付,均作为当期的收入和费用"的规定,纳税销售货物或者应税劳务的,增值税纳税义务发生时间为收讫销售款项或者取得索取销售款项凭据的当天,先开具发票的,为开具发票的当天。企业应纳税所得额的计算,以权责发生制为原则,属于当期的收入和费用,不论款项是否收付,均作为当期的收入和费用。纳税人在账簿上不列、少列收入,不缴或者少缴应纳税款的,是偷税。对纳税人偷税的,由税务机关追缴其不缴或者少缴的税款、滞纳金,并处不缴或者少缴的税款百分之五十以上五倍以下的罚款。

结合本案已查明的事实和现有证据显示,2009年7月至2011年4月,甲公司为里程公司加工腔体(散热片)等产品,双方已交付的完工产品货款含税金额合计4 814 861.18元。其间甲公司已取得经里程公司签字的送货单等能证明货物移交的凭据即取得了索取货款的凭证,甲公司应按照法律规定的申报期限、申报内容在纳税申报时如实办理这些收入的纳税申报并缴纳相应的税款。本案除甲公司已在会计账簿销售收入科目上列明并进行了纳税申报的价税合计2 005 512.83元外,甲公司尚有余下完工产品货款含税销售额合计2 809 348.35元未在会计账簿销售收入科目中列明,亦未在法定期限内进行纳税申报并缴纳相应税款。2013年7月23日甲公司取得里程公司货款收入2 002 498.12元后,在其会计账簿上列明借记银行存款,贷记应收账款,即只作减少应收款,增加银行存款的记录,仍然没有在其会计账簿中"主营业务收入"和"应交税费"等依法应当记录的科目记录这些收入,在所得税核算时也没有将这些收入作为当年收入计算在内,同时,本案也未有证据显示甲公司具有延期申报及缴纳税款等法定情形,台山国税稽查局据此认定甲公司上述期间为里程公司进行加工承揽业务的完工产品货款收入未能按实际收入依法申报纳税,在账簿上少列收入,折不含税销售额2 401 152.44元,少申报应纳税所得额2 401 152.44元,2010年7月至2011年4月期间存在少缴增值税税款及少缴企业所得税税款的偷税行为并作出处以少缴税款的一倍的罚款共计959 180.10元的涉案行政处罚决定,未违反法律规定且处理合理合法。甲公司上诉主张其未在会计账簿销售收入科目中列明及未在法定期限申报纳税是由于涉及民事诉讼以及对"权责发生制"的会计制度理解出现偏差,才导致未能及时缴纳税且不存在偷税故意,不应认定为偷税缺乏理据。

综上所述,原审判决认定事实清楚,适用法律法规正确,予以维持。

2017年6月29日,江门中院依照《行政诉讼法》第八十九条第一款第一项的规定,作出〔2017〕粤07行终74号行政判决书,判决驳回上诉,维持原判。二审案件受理费50元,由台山市甲数控制品有限公司负担。

三、个人所得税纳税申报案例①

上诉人北京市赵公口甲酒楼(以下简称甲酒楼)因诉国家税务总局北京市丰台区税务局第一税务所(以下简称第一税务所)处罚决定及国家税务总局北京市丰台区税务局(以下简称丰台税务局)行政复议决定一案,不服北京市丰台区人民法院(以下简称一审法院)所作〔2020〕京0106行初236号行政判决,向北京市第二中级人民法院(以下简称北京二中院)提起上诉。北京二中院受理后依法组成合议庭进行了审理,本案现已审理终结。

2020年3月23日,第一税务所向甲酒楼作出京丰一税简罚〔2020〕6258号《税务行政处罚决定书(简易)》(以下简称被诉处罚决定),认定甲酒楼2019年6月1日至2019年6月30日个人所得税(工资薪金所得)未按期进行申报、2019年10月1日至2019年12月31日企业所得税(应纳税所得额)未按期进行申报、2019年10月1日至2019年12月31日城市维护建设税〔市区(增值税附征)〕未按期进行申报、2019年10月1日至2019年12月31日增值税未按期进行申报,违反了《税收征收管理法》第六十二条的规定,处罚款400元。甲酒楼不服,向丰台税务局提起行政复议。丰台税务局于2020年5月20日作出京丰税复字〔2020〕2号《行政复议决定书》(以下简称被诉复议决定),认为甲酒楼未按规定期限办理纳税申报、报送纳税资料和报送代缴报告表,存在多个税种逾期未申报、未报送资料的税收违法行为,维持了第一税务所作出的被诉处罚决定。

甲酒楼不服上述行政行为,诉至一审法院称:其按照税务部门要求办理报税工作,在申报税务相关事项中不存在过错过失。甲酒楼被税务部门处罚是由于税务部门工作人员不问清事实情况,违规违章粗暴处置所致。甲酒楼申请行政复议后,丰台税务局作出被诉复议决定维持了第一税务所作出的被诉处罚决定。请求法院依法撤销被诉处罚决定及被诉复议决定。

第一税务所一审辩称:第一税务所作为一级税务机构,依法具有作出被诉处罚决定的职责权限,甲酒楼负有按期申报和报送有关资料的义务,并存在逾期申报的行为。被诉处罚决定事实清楚,证据充分,法律适用正确,程序合法,处罚适当,甲酒楼的诉讼请求和事实理由没有事实和法律依据,不能成立,请求法院依法驳回。

丰台税务局一审辩称:丰台税务局依法受理甲酒楼的行政复议申请,并作出被诉复议决定,履行了行政复议的法定职责,程序合法,被诉复议决定及被诉处罚决定事

---

① 资料来源:北京市第二中级人民法院〔2020〕京02行终1047号行政判决书。

实清楚,法律适用正确,甲酒楼的诉讼请求没有事实根据和法律依据,请求法院依法驳回。

一审法院经审理认为,《税收征收管理法》第十四条规定,本法所称税务机关是指各级税务局、税务分局、税务所和按照国务院规定设立的并向社会公告的税务机构。第七十四条规定,本法规定的行政处罚,罚款额在2 000元以下的,可以由税务所决定。据此,第一税务所具有实施行政处罚的法定职权。《税收征收管理法》第二十五条规定,纳税人必须依照法律、行政法规规定或者税务机关依照法律、行政法规的规定确定的申报期限、申报内容如实办理纳税申报,报送纳税申报表、财务会计报表以及税务机关根据实际需要要求纳税人报送的其他纳税资料。扣缴义务人必须依照法律、行政法规规定或者税务机关依照法律、行政法规的规定确定的申报期限、申报内容如实报送代扣代缴、代收代缴税款报告表以及税务机关根据实际需要要求扣缴义务人报送的其他有关资料。《税收征收管理法实施细则》第三十二条规定,纳税人在纳税期内没有应纳税款的,也应当按照规定办理纳税申报。纳税人享受减税、免税待遇的,在减税、免税期间应当按照规定办理纳税申报。《个人所得税法》第九条规定,个人所得税以所得人为纳税人,以支付所得的单位或者个人为扣缴义务人。第十四条规定,扣缴义务人每月或者每次预扣、代扣的税款,应当在次月十五日内缴入国库,并向税务机关报送扣缴个人所得税申报表。《企业所得税法》第五十四条规定,企业所得税分月或者分季预缴。企业应当自月份或者季度终了之日起十五日内,向税务机关报送预缴企业所得税纳税申报表,预缴税款。企业应当自年度终了之日起五个月内,向税务机关报送年度企业所得税纳税申报表,并汇算清缴,结清应缴应退税款。企业在报送企业所得税纳税申报表时,应当按照规定附送财务会计报告和其他有关资料。《增值税暂行条例》第二十三条第二款规定,纳税人以1个月或者1个季度为1个纳税期的,自期满之日起15日内申报纳税。《城市维护建设税暂行条例》第三条规定,城市维护建设税,以纳税人实际缴纳的消费税、增值税、营业税税额为计税依据,分别与消费税、增值税、营业税同时缴纳。第五条规定,城市维护建设税的征收、管理、纳税环节、奖罚等事项,比照消费税、增值税、营业税的有关规定办理。《税收征收管理法》第六十二条规定,纳税人未按照规定的期限办理纳税申报和报送纳税资料的,或者扣缴义务人未按照规定的期限向税务机关报送代扣代缴、代收代缴税款报告表和有关资料的,由税务机关责令限期改正,可以处2 000元以下的罚款;情节严重的,可以处2 000元以上1万元以下的罚款。《行政处罚法》第三十一条规定,行政机关在作出行政处罚决定之前,应当告知当事人作出行政处罚决定的事实、理由及依据,并告知当事人依法享有的权利。第三十三条规定,违法事实确凿并有法定依据,对公民处以50元以下、对法人或者其他组织处以1 000元以下罚款或者警告的行政处罚的,可以当场作出行政处罚决定。当事人应当依照本法第四十六条、第四十七条、第四十八条的规定履行行政处罚决定。第三十四条规定,执法人员当场作出行政处罚决定的,应当向当事人出示执法身份证件,填写预定格式、编有号码的行政处罚决定书。行政处罚决定书应当当场交付当事人。前款规定的行政处罚决定书应当载明当事人的违法行为、行政处罚依据、罚款数额、时间、地点以及行政机关名称，并由执法人员签名或者盖章。执法人员当场作出的行政处罚决定，必须报所属行政机关备案。《国家税务总局关于修订税务行政处罚（简易）执法文书的公告》（国家税务总局公告2017年第33号）第一条规定，税务机关依法对公民、法人或者其他组织当场作出行政处罚决定的，使用修订后的《税务行政处罚决定书（简易）》，不再另行填写《陈述申辩笔录》和《税务文书送达回证》。本案中，甲酒楼应当依照规定办理个人所得税、企业所得税、城市维护建设税及增值税的纳税申报和报送纳税资料，但其未按时进行申报。第一税务所依据相关法律法规，作出责令改正通知书，同时作出被诉处罚决定，事实清楚，程序合法。丰台税务局接到甲酒楼的复议申请后，履行了受理、送达等程序，作出被诉复议决定，并无不当。甲酒楼的诉讼请求，缺乏事实根据和法律依据，不予支持。一审法院依照《行政诉讼法》第六十九条的规定，判决驳回甲酒楼的诉讼请求。

甲酒楼不服一审判决，上诉至北京二中院，请求撤销一审判决，依法改判支持其一审诉讼请求。第一税务所、丰台税务局均同意一审判决，请求予以维持。

在一审诉讼期间，第一税务所在法定举证期限内提交并在庭审中出示了如下证据，证明被诉处罚决定的合法性：税收管理系统查询截图；责令限期改正通知书、税务文书送达回证；被诉处罚决定、税收（规费）违法行为登记表。

在一审诉讼期间，丰台税务局在法定举证期限内提交并在庭审中出示了如下证据，证明被诉复议决定的合法性：行政复议申请书及所附材料（包括：责令限期改正通知书、被诉处罚决定）、EMS快递单及查询结果；行政复议答复通知书、行政复议文书送达回证；被申请人答复书、证据目录清单、法律依据清单；EMS快递单及查询结果、行政复议文书送达回证。

在一审诉讼期间，甲酒楼在法定举证期限内提交并在庭审中出示了2020年3月20日15时40分手机短信截图、2015年6月24日10时45分手机短信截图作为证据证明其属于东铁匠营税务所管辖。

经庭审质证，一审法院对当事人提交的证据作如下确认：第一税务所和丰台税务局的证据，具备真实性、合法性及与本案的关联性，证明目的成立，予以采信。甲酒楼的证据与本案不具有关联性，不予采用。

一审法院已将当事人提交的上述证据随案移送北京二中院。经审查，一审法院对上述证据材料的认证意见符合《最高人民法院关于行政诉讼证据若干问题的规定》，认证意见正确，北京二中院予以确认。

北京二中院根据合法有效的证据以及当事人的有关陈述，查明如下事实：税收管理系统查询界面显示，甲酒楼2019年6月1日至2019年6月30日个人所得税（工资薪金所得）未按期进行申报、2019年10月1日至2019年12月31日企业所得税（应纳税所得额）未按期进行申报、2019年10月1日至2019年12月31日城市维护建设税〔市区（增值税附征）]未按期进行申报、2019年10月1日至2019年12月31日增值税未按期进行申报。第一税务所认定甲酒楼的前述行为属于未按照规定期限办理纳税申报和报送纳税资料，违反了《税收征收管理法》第六十二条的规定，于2020年3月23日向甲酒楼作出并送达《责令限期改正通知书》，责令其于2020年3月30日前改正上述行为。同日，第一税务所向甲酒楼作出并送达被诉处罚决定。甲酒楼不服被诉处罚决定，于2020年4月3日向丰台税务局提出行政复议申请，丰台税务局于2020年5月20日作出被诉复议决定，维持了被诉处罚决定。

北京二中院认为：《税收征收管理法》第十四条规定，本法所称税务机关是指各级税务局、税务分局、税务所和按照国务院规定设立的并向社会公告的税务机构。据此，第一税务所具有征税的法定职权。根据《行政复议法》的相关规定，丰台税务局负有对被诉征税行为进行行政复议并作出复议决定的法定职责。

《税收征收管理法》第二十五条规定，纳税人必须依照法律、行政法规规定或者税务机关依照法律、行政法规的规定确定的申报期限、申报内容如实办理纳税申报，报送纳税申报表、财务会计报表以及税务机关根据实际需要要求纳税人报送的其他纳税资料。扣缴义务人必须依照法律、行政法规规定或者税务机关依照法律、行政法规的规定确定的申报期限、申报内容如实报送代扣代缴、代收代缴税款报告表以及税务机关根据实际需要要求扣缴义务人报送的其他有关资料。《税收征收管理法实施细则》第三十二条规定，纳税人在纳税期内没有应纳税款的，也应当按照规定办理纳税申报。纳税人享受减税、免税待遇的，在减税、免税期间应当按照规定办理纳税申报。《个人所得税法》第九条规定，个人所得税以所得人为纳税人，以支付所得的单位或者个人为扣缴义务人。第十四条规定，扣缴义务人每月或者每次预扣、代扣的税款，应当在次月十五日内缴入国库，并向税务机关报送扣缴个人所得税申报表。《企业所得税法》第五十四条规定，企业所得税分月或者分季预缴。企业应当自月份或者季度终了之日起十五日内，向税务机关报送预缴企业所得税纳税申报表，预缴税款。企业应当自年度终了之日起五个月内，向税务机关报送年度企业所得税纳税申报表，并汇算清缴，结清应缴应退税款。企业在报送企业所得税纳税申报表时，应当按照规定附送财务会计报告和其他有关资料。《增值税暂行条例》第二十三条第二款规定，纳税人以1个月或者1个季度为1个纳税期的，自期满之日起15日内申报纳税。《城市维护建设税暂行条例》第三条规定，城市维护建设税，以纳税人实际缴纳的消费税、增值税、营业税税额为计税依据，分别与消费税、增值税、营业税同时缴纳。第五条规定，城市维护建设税的征收、管理、纳税环节、奖罚等事项，比照消费税、增值税、营业税的有关规定办理。《税收征收管理法》第六十二条规定，纳税人未按照规定的期限办理纳税申报和报送纳税资料的，或者扣缴义务人未按照规定的期限向税务机关报送代扣代缴、代收代缴税款报告表和有关资料的，由税务机关责令限期改正，可以处2 000元以下的罚款；情节严重的，可以处2 000元以上1万元以下的罚款。本案中，甲酒楼未按期申报个人所得税（工资薪金所得）、企业所得税（应纳税所得额）、城市维护建设税〔市区（增值税附征）〕、增值税。第一税务所认定甲酒楼的前述行为属于未按照规定期限办理纳税申报和报送纳税资料，依据相关法律法规责令限期改正，并作出被诉处罚决定，事实清楚，程序合法。丰台税务局接到甲酒楼的复议申请后，履行了受理、调查、送达等程序，作出被诉复议决定，亦无不当之处。

综上，一审法院根据《行政诉讼法》第六十九条之规定，判决驳回甲酒楼的诉讼请求是正确的，应予维持。甲酒楼的上诉请求，缺乏依据，不予支持。

2020年11月26日，北京二中院依照《行政诉讼法》第八十九条第一款第（一）项之规定，作出〔2020〕京02行终1047号行政判决书，判决驳回上诉，维持一审判决。一、二审案件受理费各50元，均由北京市赵公口甲酒楼负担（已交纳）。

第五章

税款缴纳管理及案例分析

第一节 税款缴纳管理通用制度

一、《税收征收管理法》的规定

（一）税款征收法定原则

税务机关依照法律、行政法规的规定征收税款，不得违反法律、行政法规的规定开征、停征、多征、少征、提前征收、延缓征收或者摊派税款。

除税务机关、税务人员以及经税务机关依照法律、行政法规委托的单位和人员外，任何单位和个人不得进行税款征收活动。

扣缴义务人依照法律、行政法规的规定履行代扣、代收税款的义务。对法律、行政法规没有规定负有代扣、代收税款义务的单位和个人，税务机关不得要求其履行代扣、代收税款义务。扣缴义务人依法履行代扣、代收税款义务时，纳税人不得拒绝。纳税人拒绝的，扣缴义务人应当及时报告税务机关处理。税务机关按照规定付给扣缴义务人代扣、代收手续费。

（二）依法缴纳或解缴税款

纳税人、扣缴义务人按照法律、行政法规规定或者税务机关依照法律、行政法规的规定确定的期限，缴纳或者解缴税款。纳税人因有特殊困难，不能按期缴纳税款的，经省、自治区、直辖市税务局批准，可以延期缴纳税款，但是最长不得超过三个月。

纳税人未按照规定期限缴纳税款的，扣缴义务人未按照规定期限解缴税款的，税务机关除责令限期缴纳外，从滞纳税款之日起，按日加收滞纳税款万分之五的滞纳金。

纳税人依照法律、行政法规的规定办理减税、免税。地方各级人民政府、各级人民政府主管部门、单位和个人违反法律、行政法规规定，擅自作出的减税、免税决定无效，税务机关不得执行，并向上级税务机关报告。

税务机关征收税款时，必须给纳税人开具完税凭证。扣缴义务人代扣、代收税款时，纳税人要求扣缴义务人开具代扣、代收税款凭证的，扣缴义务人应当开具。

（三）核定征税与反避税

纳税人有下列情形之一的，税务机关有权核定其应纳税额：
（1）依照法律、行政法规的规定可以不设置账簿的。
（2）依照法律、行政法规的规定应当设置账簿但未设置的。
（3）擅自销毁账簿或者拒不提供纳税资料的。
（4）虽设置账簿，但账目混乱或者成本资料、收入凭证、费用凭证残缺不全，难以查账的。
（5）发生纳税义务，未按照规定的期限办理纳税申报，经税务机关责令限期申报，逾期仍不申报的。
（6）纳税人申报的计税依据明显偏低，又无正当理由的。

税务机关核定应纳税额的具体程序和方法由国务院税务主管部门规定。

企业或者外国企业在中国境内设立的从事生产、经营的机构、场所与其关联企业之间的业务往来，应当按照独立企业之间的业务往来收取或者支付价款、费用；不按照独立企业之间的业务往来收取或者支付价款、费用，而减少其应纳税的收入或者所得额的，税务机关有权进行合理调整。

（四）税收保全措施

对未按照规定办理税务登记的从事生产、经营的纳税人以及临时从事经营的纳税人，由税务机关核定其应纳税额，责令缴纳；不缴纳的，税务机关可以扣押其价值相当于应纳税款的商品、货物。扣押后缴纳应纳税款的，税务机关必须立即解除扣押，并归还所扣押的商品、货物；扣押后仍不缴纳应纳税款的，经县以上税务局（分局）局长批准，依法拍卖或者变卖所扣押的商品、货物，以拍卖或者变卖所得抵缴税款。

税务机关有根据认为从事生产、经营的纳税人有逃避纳税义务行为的，可以在规定的纳税期之前，责令限期缴纳应纳税款；在限期内发现纳税人有明显的转移、隐匿其应纳税的商品、货物以及其他财产或者应纳税的收入的迹象的，税务机关可以责成纳税人提供纳税担保。如果纳税人不能提供纳税担保，经县以上税务局（分局）局长批准，税务机关可以采取下列税收保全措施：

（1）书面通知纳税人开户银行或者其他金融机构冻结纳税人的金额相当于应纳税款的存款。

（2）扣押、查封纳税人的价值相当于应纳税款的商品、货物或者其他财产。

纳税人在上述规定的限期内缴纳税款的，税务机关必须立即解除税收保全措施；限期期满仍未缴纳税款的，经县以上税务局（分局）局长批准，税务机关可以书面通知纳税人开户银行或者其他金融机构从其冻结的存款中扣缴税款，或者依法拍卖或者变卖所扣押、查封的商品、货物或者其他财产，以拍卖或者变卖所得抵缴税款。个人及其所扶养家属维持生活必需的住房和用品，不在税收保全措施的范围之内。

纳税人在限期内已缴纳税款，税务机关未立即解除税收保全措施，使纳税人的合法利益遭受损失的，税务机关应当承担赔偿责任。

税务机关扣押商品、货物或者其他财产时，必须开付收据；查封商品、货物或者其他财产时，必须开付清单。

（五）税收强制执行措施

从事生产、经营的纳税人、扣缴义务人未按照规定的期限缴纳或者解缴税款，纳税担保人未按照规定的期限缴纳所担保的税款，由税务机关责令限期缴纳，逾期仍未缴纳的，经县以上税务局（分局）局长批准，税务机关可以采取下列强制执行措施：

（1）书面通知其开户银行或者其他金融机构从其存款中扣缴税款。

（2）扣押、查封、依法拍卖或者变卖其价值相当于应纳税款的商品、货物或者其他财产，以拍卖或者变卖所得抵缴税款。

税务机关采取强制执行措施时，对上述所列纳税人、扣缴义务人、纳税担保人未缴纳的滞纳金同时强制执行。个人及其所扶养家属维持生活必需的住房和用品，不在强制执行措施的范围之内。

上述规定的采取税收保全措施、强制执行措施的权力，不得由法定的税务机关以外的单位和个人行使。

税务机关采取税收保全措施和强制执行措施必须依照法定权限和法定程序，不得查封、扣押纳税人个人及其所扶养家属维持生活必需的住房和用品。

税务机关滥用职权违法采取税收保全措施、强制执行措施，或者采取税收保全措施、强制执行措施不当，使纳税人、扣缴义务人或者纳税担保人的合法权益遭受损失的，应当依法承担赔偿责任。

（六）离境清税与税收优先权

欠缴税款的纳税人或者他的法定代表人需要出境的，应当在出境前向税务机关结清应纳税款、滞纳金或者提供担保。未结清税款、滞纳金，又不提供担保的，税务机关可以通知出境管理机关阻止其出境。

税务机关征收税款，税收优先于无担保债权，法律另有规定的除外；纳税人欠缴的税款发生在纳税人以其财产设定抵押、质押或者纳税人的财产被留置之前的，税收应当先于抵押权、质权、留置权执行。纳税人欠缴税款，同时又被行政机关决定处以罚款、没收违法所得的，税收优先于罚款、没收违法所得。税务机关应当对纳税人欠缴税款的情况定期予以公告。

纳税人有欠税情形而以其财产设定抵押、质押的，应当向抵押权人、质权人说明其欠税情况。抵押权人、质权人可以请求税务机关提供有关的欠税情况。

（七）欠税报告与税收保全措施

纳税人有合并、分立情形的，应当向税务机关报告，并依法缴清税款。纳税人合并时未缴清税款的，应当由合并后的纳税人继续履行未履行的纳税义务；纳税人分立时未缴清税款的，分立后的纳税人对未履行的纳税义务应当承担连带责任。

欠缴税款数额较大的纳税人在处分其不动产或者大额资产之前，应当向税务机关报告。

欠缴税款的纳税人因怠于行使到期债权，或者放弃到期债权，或者无偿转让财产，或者以明显不合理的低价转让财产而受让人知道该情形，对国家税收造成损害的，税务机关可以依照《民法典》的规定行使代位权、撤销权。税务机关依照上述规定行使代位权、撤销权的，不免除欠缴税款的纳税人尚未履行的纳税义务和应承担的法律责任。

（八）退税与补税制度

纳税人超过应纳税额缴纳的税款，税务机关发现后应当立即退还；纳税人自结算缴纳税款之日起三年内发现的，可以向税务机关要求退还多缴的税款并加算银行同期存款利息，税务机关及时查实后应当立即退还；涉及从国库中退库的，依照法律、行政法规有关国库管理的规定退还。

因税务机关的责任，致使纳税人、扣缴义务人未缴或者少缴税款的，税务机关在3年内可以要求纳税人、扣缴义务人补缴税款，但是不得加收滞纳金。

因纳税人、扣缴义务人计算错误等失误，未缴或者少缴税款的，税务机关在3年内可以追征税款、滞纳金；有特殊情况的，追征期可以延长到5年。

对偷税、抗税、骗税的，税务机关追征其未缴或者少缴的税款、滞纳金或者所骗取的税款，不受上述规定期限的限制。

国家税务局和地方税务局应当按照国家规定的税收征收管理范围和税款入库预算级次，将征收的税款缴入国库。对审计机关、财政机关依法查出的税收违法行为，税务机关应当根据有关机关的决定、意见书，依法将应收的税款、滞纳金按照税款入库预算级次缴入国库，并将结果及时回复有关机关。

疑难问题解答

问：我司为房地产企业，A项目，2015年预售时预缴企业所得税80万元，2016年交楼后企业自行计算项目应缴纳180万元，补缴100万元（180－80），现在2021年稽查后认定，2016年多结转成本，调整后应缴纳200万元，合计需再补缴20万元。滞纳金的计算按照以下哪个金额为计算基数？

（1）2016年应缴纳200万元。

（2）2021年补缴的20万元。

（3）100万元（16年应缴纳200万元－16年补缴纳100万元）。

（4）120万元（16年应缴纳200万元－15年预缴80万元）。

答：（国家税务总局河南省税务局）（1）根据《国家税务总局关于印发〈房地产开发经营业务企业所得税处理办法〉的通知》（国税发〔2009〕31号）第九条的规定，企业销售未完工开发产品取得的收入，应先按预计计税毛利率分季（或月）计算出预计毛利额，计入当期应纳税所得额。开发产品完工后，企业应及时结算其计税成本并计算此前销售收入的实际毛利额，同时将其实际毛利额与其对应的预计毛利额之间的差额，计入当年度企业本项目与其他项目合并计算的应纳税所得额。在年度纳税申报时，企业须出具对该项开发产品实际毛利额与预计毛利额之间差异调整情况的报告以及税务机关需要的其他相关资料。

（2）《税收征收管理法》第二十五条规定："纳税人必须依照法律、行政法规规定或者税务机关依照法律、行政法规的规定确定的申报期限、申报内容如实办理纳税申报，报送纳税申报表、财务会计报表以及税务机关根据实际需要要求纳税人报送的其他纳税资料。"第三十二条规定："纳税人未按照规定期限缴纳税款的，扣缴义务人未按照规定期限解缴税款的，税务机关除责令限期缴纳外，从滞纳税款之日起，按日加收滞纳税款万分之五的滞纳金。"

因此，根据上述文件规定，企业销售未完工开发产品取得的收入，应先按预计计税毛利率分季（或月）计算出预计毛利额，计入当期应纳税所得额。开发产品完工后，企业应及时结算其计税成本并计算此前销售收入的实际毛利额，同时将其实际毛利额与其对应的预计毛利额之间的差额，计入当年度企业本项目与其他项目合并计算的应纳税所得额。纳税人未按照规定期限缴纳税款的，从滞纳税款之日起，按日加收滞纳税款0.5‰的滞纳金。

答：（国家税务总局大连市税务局）《企业所得税法实施条例》（国务院令第512号）第一百二十一条规定："税务机关根据税收法律、行政法规的规定，对企业作出特别纳税调整的，应当对补征的税款，自税款所属纳税年度的次年6月1日起至补缴税款之日止的期间，按日加收利息。前款规定加收的利息，不得在计算应纳税所得额时扣除。"综上所述，请参照上述规定处理，如有其他疑义，请与主管税务机关核实。

二、《税收征收管理法实施细则》的规定

（一）税务机关的征税职责

税务机关应当加强对税款征收的管理，建立、健全责任制度。税务机关根据保证国家税款及时足额入库、方便纳税人、降低税收成本的原则，确定税款征收的方式。税务机关应当加强对纳税人出口退税的管理，具体管理办法由国家税务总局会同国务院有关部门制定。

税务机关应当将各种税收的税款、滞纳金、罚款，按照国家规定的预算科目和预算级次及时缴入国库，税务机关不得占压、挪用、截留，不得缴入国库以外或者国家规定的税款账户以外的任何账户。已缴入国库的税款、滞纳金、罚款，任何单位和个人不得擅自变更预算科目和预算级次。

税务机关应当根据方便、快捷、安全的原则，积极推广使用支票、银行卡、电子结算方式缴纳税款。

（二）延期纳税与减免税制度

纳税人有下列情形之一的，属于《税收征收管理法》第三十一条所称特殊困难：
（1）因不可抗力，导致纳税人发生较大损失，正常生产经营活动受到较大影响的。
（2）当期货币资金在扣除应付职工工资、社会保险费后，不足以缴纳税款的。

计划单列市税务局可以参照《税收征收管理法》第三十一条第二款的批准权限，审批纳税人延期缴纳税款。

纳税人需要延期缴纳税款的，应当在缴纳税款期限届满前提出申请，并报送下列材料：申请延期缴纳税款报告，当期货币资金余额情况及所有银行存款账户的对账单，资产负债表，应付职工工资和社会保险费等税务机关要求提供的支出预算。

税务机关应当自收到申请延期缴纳税款报告之日起20日内作出批准或者不予批准的决定；不予批准的，从缴纳税款期限届满之日起加收滞纳金。

享受减税、免税优惠的纳税人，减税、免税期满，应当自期满次日起恢复纳税；减税、免税条件发生变化的，应当在纳税申报时向税务机关报告；不再符合减税、免税条件的，应当依法履行纳税义务；未依法纳税的，税务机关应当予以追缴。

（三）委托征税与完税凭证

税务机关根据有利于税收控管和方便纳税的原则，可以按照国家有关规定委托有关单位和人员代征零星分散和异地缴纳的税收，并发给委托代征证书。受托单位和人

员按照代征证书的要求，以税务机关的名义依法征收税款，纳税人不得拒绝；纳税人拒绝的，受托代征单位和人员应当及时报告税务机关。

《税收征收管理法》第三十四条所称完税凭证，是指各种完税证、缴款书、印花税票、扣（收）税凭证以及其他完税证明。未经税务机关指定，任何单位、个人不得印制完税凭证。完税凭证不得转借、倒卖、变造或者伪造。完税凭证的式样及管理办法由国家税务总局制定。

税务机关收到税款后，应当向纳税人开具完税凭证。纳税人通过银行缴纳税款的，税务机关可以委托银行开具完税凭证。

（四）核定征税与信誉等级评定

纳税人有《税收征收管理法》第三十五条或者第三十七条所列情形之一的，税务机关有权采用下列任何一种方法核定其应纳税额：

（1）参照当地同类行业或者类似行业中经营规模和收入水平相近的纳税人的税负水平核定。

（2）按照营业收入或者成本加合理的费用和利润的方法核定。

（3）按照耗用的原材料、燃料、动力等推算或者测算核定。

（4）按照其他合理方法核定。

采用上述所列一种方法不足以正确核定应纳税额时，可以同时采用两种以上的方法核定。纳税人对税务机关采取上述规定的方法核定的应纳税额有异议的，应当提供相关证据，经税务机关认定后，调整应纳税额。

税务机关负责纳税人纳税信誉等级评定工作。纳税人纳税信誉等级的评定办法由国家税务总局制定。

（五）特殊经营模式与特殊情形下的税款征收

承包人或者承租人有独立的生产经营权，在财务上独立核算，并定期向发包人或者出租人上缴承包费或者租金的，承包人或者承租人应当就其生产、经营收入和所得纳税，并接受税务管理；但是，法律、行政法规另有规定的除外。

发包人或者出租人应当自发包或者出租之日起30日内将承包人或者承租人的有关情况向主管税务机关报告。发包人或者出租人不报告的，发包人或者出租人与承包人或者承租人承担纳税连带责任。

纳税人有解散、撤销、破产情形的，在清算前应当向其主管税务机关报告；未结清税款的，由其主管税务机关参加清算。

（六）反避税制度

《税收征收管理法》第三十六条所称关联企业，是指有下列关系之一的公司、企业和其他经济组织：①在资金、经营、购销等方面，存在直接或者间接的拥有或者控制关系；②直接或者间接地同为第三者所拥有或者控制；③在利益上具有相关联的其他关系。

纳税人有义务就其与关联企业之间的业务往来，向当地税务机关提供有关的价格、费用标准等资料。具体办法由国家税务总局制定。

《税收征收管理法》第三十六条所称独立企业之间的业务往来，是指没有关联关系的企业之间按照公平成交价格和营业常规所进行的业务往来。

纳税人可以向主管税务机关提出与其关联企业之间业务往来的定价原则和计算方法，主管税务机关审核、批准后，与纳税人预先约定有关定价事项，监督纳税人执行。

纳税人与其关联企业之间的业务往来有下列情形之一的，税务机关可以调整其应纳税额：①购销业务未按照独立企业之间的业务往来作价；②融通资金所支付或者收取的利息超过或者低于没有关联关系的企业之间所能同意的数额，或者利率超过或者低于同类业务的正常利率；③提供劳务，未按照独立企业之间业务往来收取或者支付劳务费用；④转让财产、提供财产使用权等业务往来，未按照独立企业之间业务往来作价或者收取、支付费用；⑤未按照独立企业之间业务往来作价的其他情形。

纳税人有上述所列情形之一的，税务机关可以按照下列方法调整计税收入额或者所得额：①按照独立企业之间进行的相同或者类似业务活动的价格；②按照再销售给无关联关系的第三者的价格所应取得的收入和利润水平；③按照成本加合理的费用和利润；④按照其他合理的方法。

纳税人与其关联企业未按照独立企业之间的业务往来支付价款、费用的，税务机关自该业务往来发生的纳税年度起3年内进行调整；有特殊情况的，可以自该业务往来发生的纳税年度起10年内进行调整。

（七）税收保全与强制执行制度

《税收征收管理法》第三十七条所称未按照规定办理税务登记从事生产、经营的纳税人，包括到外县（市）从事生产、经营而未向营业地税务机关报验登记的纳税人。

税务机关依照《税收征收管理法》第三十七条的规定，扣押纳税人商品、货物的，纳税人应当自扣押之日起15日内缴纳税款。对扣押的鲜活、易腐烂变质或者易失效的商品、货物，税务机关根据被扣押物品的保质期，可以缩短前款规定的扣押期限。

《税收征收管理法》第三十八条、第四十条所称其他财产，包括纳税人的房地产、现金、有价证券等不动产和动产。机动车辆、金银饰品、古玩字画、豪华住宅或者一处以外的住房不属于《税收征收管理法》第三十八条、第四十条、第四十二条所称个人及其所扶养家属维持生活必需的住房和用品。税务机关对单价5 000元以下的其他生活用品，不采取税收保全措施和强制执行措施。

《税收征收管理法》第三十八条、第四十条、第四十二条所称个人所扶养家属，是指与纳税人共同居住生活的配偶、直系亲属以及无生活来源并由纳税人扶养的其他亲属。

《税收征收管理法》第三十八条、第八十八条所称担保，包括经税务机关认可的纳税保证人为纳税人提供的纳税保证，以及纳税人或者第三人以其未设置或者未全部设置担保物权的财产提供的担保。纳税保证人，是指在中国境内具有纳税担保能力的自然人、法人或者其他经济组织。法律、行政法规规定的没有担保资格的单位和个人，不得作为纳税担保人。

纳税担保人同意为纳税人提供纳税担保的，应当填写纳税担保书，写明担保对象、担保范围、担保期限和担保责任以及其他有关事项。担保书须经纳税人、纳税担保人签字盖章并经税务机关同意，方为有效。纳税人或者第三人以其财产提供纳税担保的，应当填写财产清单，并写明财产价值以及其他有关事项。纳税担保财产清单须经纳税人、第三人签字盖章并经税务机关确认，方为有效。

税务机关执行扣押、查封商品、货物或者其他财产时，应当由两名以上税务人员执行，并通知被执行人。被执行人是自然人的，应当通知被执行人本人或者其成年家属到场；被执行人是法人或者其他组织的，应当通知其法定代表人或者主要负责人到场；拒不到场的，不影响执行。

税务机关执行《税收征收管理法》第三十七条、第三十八条、第四十条的规定，扣押、查封价值相当于应纳税款的商品、货物或者其他财产时，参照同类商品的市场价、出厂价或者评估价估算。税务机关按照上述方法确定应扣押、查封的商品、货物或者其他财产的价值时，还应当包括滞纳金和拍卖、变卖所发生的费用。

对价值超过应纳税额且不可分割的商品、货物或者其他财产，税务机关在纳税人、扣缴义务人或者纳税担保人无其他可供强制执行的财产的情况下，可以整体扣押、查封、拍卖。

税务机关执行《税收征收管理法》第三十七条、第三十八条、第四十条的规定，实施扣押、查封时，对有产权证件的动产或者不动产，税务机关可以责令当事人将产权证件交税务机关保管，同时可以向有关机关发出协助执行通知书，有关机关在扣押、查封期间不再办理该动产或者不动产的过户手续。

对查封的商品、货物或者其他财产，税务机关可以指令被执行人负责保管，保管责任由被执行人承担。继续使用被查封的财产不会减少其价值的，税务机关可以允许被执行人继续使用；因被执行人保管或者使用的过错造成的损失，由被执行人承担。

纳税人在税务机关采取税收保全措施后，按照税务机关规定的期限缴纳税款的，税务机关应当自收到税款或者银行转回的完税凭证之日起1日内解除税收保全。

税务机关将扣押、查封的商品、货物或者其他财产变价抵缴税款时，应当交由依法成立的拍卖机构拍卖；无法委托拍卖或者不适于拍卖的，可以交由当地商业企业代为销售，也可以责令纳税人限期处理；无法委托商业企业销售，纳税人也无法处理的，可以由税务机关变价处理，具体办法由国家税务总局规定。国家禁止自由买卖的商品，应当交由有关单位按照国家规定的价格收购。拍卖或者变卖所得抵缴税款、滞纳金、罚款以及拍卖、变卖等费用后，剩余部分应当在3日内退还被执行人。

《税收征收管理法》第三十九条、第四十三条所称损失，是指因税务机关的责任，使纳税人、扣缴义务人或者纳税担保人的合法利益遭受的直接损失。

《税收征收管理法》所称其他金融机构，是指信托投资公司、信用合作社、邮政储蓄机构以及经中国人民银行、中国证券监督管理委员会等批准设立的其他金融机构。

《税收征收管理法》所称存款，包括独资企业投资人、合伙企业合伙人、个体工商户的储蓄存款以及股东资金账户中的资金等。

（八）离境清税与欠税公告

从事生产、经营的纳税人、扣缴义务人未按照规定的期限缴纳或者解缴税款的，纳税担保人未按照规定的期限缴纳所担保的税款的，由税务机关发出限期缴纳税款通知书，责令缴纳或者解缴税款的最长期限不得超过15日。

欠缴税款的纳税人或者其法定代表人在出境前未按照规定结清应纳税款、滞纳金或者提供纳税担保的，税务机关可以通知出入境管理机关阻止其出境。阻止出境的具体办法，由国家税务总局会同公安部制定。

《税收征收管理法》第三十二条规定的加收滞纳金的起止时间，为法律、行政法规规定或者税务机关依照法律、行政法规的规定确定的税款缴纳期限届满次日起至纳税人、扣缴义务人实际缴纳或者解缴税款之日止。

县级以上各级税务机关应当将纳税人的欠税情况，在办税场所或者广播、电视、报纸、期刊、网络等新闻媒体上定期公告。对纳税人欠缴税款的情况实行定期公告的办法，由国家税务总局制定。

《税收征收管理法》第四十九条所称欠缴税款数额较大，是指欠缴税款5万元以上。

（九）退税与补税制度

税务机关发现纳税人多缴税款的，应当自发现之日起10日内办理退还手续；纳税人发现多缴税款，要求退还的，税务机关应当自接到纳税人退还申请之日起30日内查实并办理退还手续。

《税收征收管理法》第五十一条规定的加算银行同期存款利息的多缴税款退税，不包括依法预缴税款形成的结算退税、出口退税和各种减免退税。退税利息按照税务机关办理退税手续当天中国人民银行规定的活期存款利率计算。

当纳税人既有应退税款又有欠缴税款的，税务机关可以将应退税款和利息先抵扣欠缴税款；抵扣后有余额的，退还纳税人。

《税收征收管理法》第五十二条所称税务机关的责任，是指税务机关适用税收法律、行政法规不当或者执法行为违法。

《税收征收管理法》第五十二条所称纳税人、扣缴义务人计算错误等失误，是指非主观故意的计算公式运用错误以及明显的笔误。

《税收征收管理法》第五十二条所称特殊情况，是指纳税人或者扣缴义务人因计算错误等失误，未缴或者少缴、未扣或者少扣、未收或者少收税款，累计数额在10万元以上的。

《税收征收管理法》第五十二条规定的补缴和追征税款、滞纳金的期限，自纳税人、扣缴义务人应缴未缴或者少缴税款之日起计算。

审计机关、财政机关依法进行审计、检查时，对税务机关的税收违法行为作出的决定，税务机关应当执行；发现被审计、检查单位有税收违法行为的，向被审计、检查单位下达决定、意见书，责成被审计、检查单位向税务机关缴纳应当缴纳的税款、滞纳金。税务机关应当根据有关机关的决定、意见书，依照税收法律、行政法规的规定，将应收的税款、滞纳金按照国家规定的税收征收管理范围和税款入库预算级次缴入国库。税务机关应当自收到审计机关、财政机关的决定、意见书之日起30日内将执行情况书面回复审计机关、财政机关。有关机关不得将其履行职责过程中发现的税款、滞纳金自行征收入库或者以其他款项的名义自行处理、占压。

三、欠税公告制度

（一）立法目的与适用范围

为了规范税务机关的欠税公告行为，督促纳税人自觉缴纳欠税，防止新的欠税的发生，保证国家税款的及时足额入库，根据《税收征收管理法》及其实施细则的规定，国家税务总局制定《欠税公告办法（试行）》（2004年10月10日国家税务总局令第9号公布，根据2018年6月15日国家税务总局令第44号《国家税务总局关于修改部分税务部门规章的决定》修正）。

扣缴义务人、纳税担保人的欠税公告参照该办法的规定执行。

（二）公告机关与欠税的界定

该办法所称公告机关为县以上（含县）税务局。

该办法所称欠税是指纳税人超过税收法律、行政法规规定的期限或者纳税人超过税务机关依照税收法律、行政法规规定确定的纳税期限（以下简称税款缴纳期限）未缴纳的税款，包括：

（1）办理纳税申报后，纳税人未在税款缴纳期限内缴纳的税款。

（2）经批准延期缴纳的税款期限已满，纳税人未在税款缴纳期限内缴纳的税款。

（3）税务检查已查定纳税人的应补税额，纳税人未在税款缴纳期限内缴纳的税款。

（4）税务机关根据《税收征收管理法》第二十七条、第三十五条核定纳税人的应纳税额，纳税人未在税款缴纳期限内缴纳的税款。

（5）纳税人的其他未在税款缴纳期限内缴纳的税款。

税务机关对上述规定的欠税数额应当及时核实。该办法公告的欠税不包括滞纳金和罚款。

（三）公告频率与内容

公告机关应当按期在办税场所或者广播、电视、报纸、期刊、网络等新闻媒体上公告纳税人的欠缴税款情况。①企业或单位欠税的，每季公告一次。②个体工商户和其他个人欠税的，每半年公告一次。③走逃、失踪的纳税户以及其他经税务机关查无下落的非正常户欠税的，随时公告。

欠税公告内容如下：①企业或单位欠税的，公告企业或单位的名称、纳税人识别号、法定代表人或负责人姓名、居民身份证或其他有效身份证件号码、经营地点、欠税税种、欠税余额和当期新发生的欠税金额。②个体工商户欠税的，公告业户名称、业主姓名、纳税人识别号、居民身份证或其他有效身份证件号码、经营地点、欠税税种、欠税余额和当期新发生的欠税金额。③个人（不含个体工商户）欠税的，公告其姓名、居民身份证或其他有效身份证件号码、欠税税种、欠税余额和当期新发生的欠税金额。

（四）公告权限

企业、单位纳税人欠缴税款200万元以下（不含200万元），个体工商户和其他个人欠缴税款10万元以下（不含10万元）的，由县级税务局（分局）在办税服务厅公告。

企业、单位纳税人欠缴税款200万元以上（含200万元），个体工商户和其他个人欠缴税款10万元以上（含10万元）的，由地（市）级税务局（分局）公告。

对走逃、失踪的纳税户以及其他经税务机关查无下落的纳税人欠税的，由各省、自治区、直辖市和计划单列市税务局公告。

对按该办法规定需要由上级公告机关公告的纳税人欠税信息，下级公告机关应及时上报。具体的时间和要求由各省、自治区、直辖市和计划单列市税务局确定。

（五）欠税数额的确认

公告机关在欠税公告前，应当深入细致地对纳税人欠税情况进行确认，重点要就欠税统计清单数据与纳税人分户台账记载数据、账簿记载书面数据与信息系统记录电子数据逐一进行核对，确保公告数据的真实、准确。

欠税一经确定，公告机关应当以正式文书的形式签发公告决定，向社会公告。欠税公告的数额实行欠税余额和新增欠税相结合的办法，对纳税人的以下欠税，税务机关可不公告：

（1）已宣告破产，经法定清算后，依法注销其法人资格的企业欠税。

（2）被责令撤销、关闭，经法定清算后，被依法注销或吊销其法人资格的企业欠税。

（3）已经连续停止生产经营一年（按日历日期计算）以上的企业欠税。

（4）失踪两年以上的纳税人的欠税。

公告决定应当列为税收征管资料档案，妥善保存。

（六）保密义务与催缴义务

公告机关公告纳税人欠税情况不得超出该办法规定的范围，并应依照《税收征收管理法》及其实施细则的规定对纳税人的有关情况进行保密。

欠税发生后，除依照该办法公告外，税务机关应当依法催缴并严格按日计算加收滞纳金，直至采取税收保全、税收强制执行措施清缴欠税。任何单位和个人不得以欠税公告代替税收保全、税收强制执行等法定措施的实施，干扰清缴欠税。各级公告机关应指定部门负责欠税公告工作，并明确其他有关职能部门的相关责任，加强欠税管理。

（七）责任追究

公告机关应公告不公告或者应上报不上报，给国家税款造成损失的，上级税务机关除责令其改正外，应按《中华人民共和国公务员法》（以下简称《公务员法》）规定，对直接责任人员予以处理。

第二节　纳税担保制度

一、总则

（一）立法目的与概念界定

为规范纳税担保行为，保障国家税收收入，保护纳税人和其他当事人的合法权益，根据《税收征收管理法》及其实施细则和其他法律、法规的规定，国家税务总局制定《纳税担保试行办法》（国家税务总局令第11号）。

该办法所称纳税担保，是指经税务机关同意或确认，纳税人或其他自然人、法人、经济组织以保证、抵押、质押的方式，为纳税人应当缴纳的税款及滞纳金提供担保的行为。纳税担保人包括以保证方式为纳税人提供纳税担保的纳税保证人和其他以未设置或者未全部设置担保物权的财产为纳税人提供纳税担保的第三人。

（二）适用范围

纳税人有下列情况之一的，适用纳税担保：

（1）税务机关有根据认为从事生产、经营的纳税人有逃避纳税义务行为，在规定的纳税期之前经责令其限期缴纳应纳税款，在限期内发现纳税人有明显的转移、隐匿其应纳税的商品、货物以及其他财产或者应纳税收入的迹象，责成纳税人提供纳税担保的。

（2）欠缴税款、滞纳金的纳税人或者其法定代表人需要出境的。

（3）纳税人同税务机关在纳税上发生争议而未缴清税款，需要申请行政复议的。

（4）税收法律、行政法规规定可以提供纳税担保的其他情形。

扣缴义务人按照《税收征收管理法》第八十八条规定需要提供纳税担保的，适用该办法的规定。纳税担保人按照《税收征收管理法》第八十八条规定需要提供纳税担保的，应当按照该办法规定的抵押、质押方式，以其财产提供纳税担保；纳税担保人已经以其财产为纳税人向税务机关提供担保的，不再需要提供新的担保。

（三）纳税担保范围

纳税担保范围包括税款、滞纳金和实现税款、滞纳金的费用。费用包括抵押、质押登记费用，质押保管费用，以及保管、拍卖、变卖担保财产等相关费用支出。

用于纳税担保的财产、权利的价值不得低于应当缴纳的税款、滞纳金，并考虑相关的费用。纳税担保的财产价值不足以抵缴税款、滞纳金的，税务机关应当向提供担保的纳税人或纳税担保人继续追缴。

（四）担保财产的估算

用于纳税担保的财产、权利的价格估算，除法律、行政法规另有规定外，由税务机关按照《税收征收管理法实施细则》第六十四条规定的方式，参照同类商品的市场价、出厂价或者评估价估算。

二、纳税保证

（一）纳税保证的含义

纳税保证，是指纳税保证人向税务机关保证，当纳税人未按照税收法律、行政法规规定或者税务机关确定的期限缴清税款、滞纳金时，由纳税保证人按照约定履行缴纳税款及滞纳金的行为。税务机关认可的，保证成立；税务机关不认可的，保证不成立。

该办法所称纳税保证为连带责任保证，纳税人和纳税保证人对所担保的税款及滞纳金承担连带责任。当纳税人在税收法律、行政法规或税务机关确定的期限届满未缴清税款及滞纳金的，税务机关即可要求纳税保证人在其担保范围内承担保证责任，缴纳担保的税款及滞纳金。

（二）纳税保证人

纳税保证人，是指在中国境内具有纳税担保能力的自然人、法人或者其他经济组织。法人或其他经济组织财务报表资产净值超过需要担保的税额及滞纳金2倍的，自然人、法人或其他经济组织所拥有或者依法可以处分的未设置担保的财产的价值超过需要担保的税额及滞纳金的，为具有纳税担保能力。

国家机关，学校、幼儿园、医院等事业单位、社会团体不得作为纳税保证人。

企业法人的职能部门不得为纳税保证人。企业法人的分支机构有法人书面授权的，可以在授权范围内提供纳税担保。

有以下情形之一的，不得作为纳税保证人：

（1）有偷税、抗税、骗税、逃避追缴欠税行为被税务机关、司法机关追究过法律责任未满2年的。

（2）因有税收违法行为正在被税务机关立案处理或涉嫌刑事犯罪被司法机关立案侦查的。

（3）纳税信誉等级被评为C级以下的。

（4）在主管税务机关所在地的市（地、州）没有住所的自然人或税务登记不在本市（地、州）的企业。

（5）无民事行为能力或限制民事行为能力的自然人。

（6）与纳税人存在担保关联关系的。

（7）有欠税行为的。

（三）纳税担保书

纳税保证人同意为纳税人提供纳税担保的，应当填写纳税担保书。纳税担保书应当包括以下内容：

（1）纳税人应缴纳的税款及滞纳金数额、所属期间、税种、税目名称。

（2）纳税人应当履行缴纳税款及滞纳金的期限。

（3）保证担保范围及担保责任。

（4）保证期间和履行保证责任的期限。

（5）保证人的存款账号或者开户银行及其账号。

（6）税务机关认为需要说明的其他事项。

纳税担保书须经纳税人、纳税保证人签字盖章并经税务机关签字盖章同意方为有效。纳税担保从税务机关在纳税担保书签字盖章之日起生效。

（四）保证期间

保证期间为纳税人应缴纳税款期限届满之日起60日，即税务机关自纳税人应缴纳税款的期限届满之日起60日内有权要求纳税保证人承担保证责任，缴纳税款、滞纳金。

履行保证责任的期限为15日，即纳税保证人应当自收到税务机关的纳税通知书之日起15日内履行保证责任，缴纳税款及滞纳金。

纳税保证期间内税务机关未通知纳税保证人缴纳税款及滞纳金以承担担保责任的，纳税保证人免除担保责任。

（五）担保责任

纳税人在规定的期限届满未缴清税款及滞纳金，税务机关在保证期限内书面通知纳税保证人的，纳税保证人应按照纳税担保书约定的范围，自收到纳税通知书之日起15日内缴纳税款及滞纳金，履行担保责任。

纳税保证人未按照规定的履行保证责任的期限缴纳税款及滞纳金的，由税务机关发出责令限期缴纳通知书，责令纳税保证人在限期15日内缴纳；逾期仍未缴纳的，经县以上税务局（分局）局长批准，对纳税保证人采取强制执行措施，通知其开户银行或其他金融机构从其存款中扣缴所担保的纳税人应缴纳的税款、滞纳金，或扣押、查封、拍卖、变卖其价值相当于所担保的纳税人应缴纳的税款、滞纳金的商品、货物或者其他财产，以拍卖、变卖所得抵缴担保的税款、滞纳金。

三、纳税抵押

（一）纳税抵押的含义

纳税抵押，是指纳税人或纳税担保人不转移对该办法第十五条所列财产的占有，将该财产作为税款及滞纳金的担保。纳税人逾期未缴清税款及滞纳金的，税务机关有权依法处置该财产以抵缴税款及滞纳金。

上述规定的纳税人或者纳税担保人为抵押人，税务机关为抵押权人，提供担保的财产为抵押物。

（二）纳税抵押的财产

1.可以抵押的财产

下列财产可以抵押：

（1）抵押人所有的房屋和其他地上定着物。

（2）抵押人所有的机器、交通运输工具和其他财产。

（3）抵押人依法有权处分的国有的房屋和其他地上定着物。

（4）抵押人依法有权处分的国有的机器、交通运输工具和其他财产。

（5）经设区的市、自治州以上税务机关确认的其他可以抵押的合法财产。以依法取得的国有土地上的房屋抵押的，该房屋占用范围内的国有土地使用权同时抵押。以乡（镇）、村企业的厂房等建筑物抵押的，其占用范围内的土地使用权同时抵押。

2.不可抵押的财产

下列财产不得抵押：

（1）土地所有权。

（2）土地使用权，但该办法第十六条规定的除外。

（3）学校、幼儿园、医院等以公益为目的的事业单位、社会团体、民办非企业单位的教育设施、医疗卫生设施和其他社会公益设施。

（4）所有权、使用权不明或者有争议的财产。

（5）依法被查封、扣押、监管的财产。

（6）依法定程序确认为违法、违章的建筑物。

（7）法律、行政法规规定禁止流通的财产或者不可转让的财产。

（8）经设区的市、自治州以上税务机关确认的其他不予抵押的财产。

学校、幼儿园、医院等以公益为目的事业单位、社会团体，可以其教育设施、医疗卫生设施和其他社会公益设施以外的财产为其应缴纳的税款及滞纳金提供抵押。

（三）纳税担保书

纳税人提供抵押担保的，应当填写纳税担保书和纳税担保财产清单。纳税担保书应当包括以下内容：

（1）担保的纳税人应缴纳的税款及滞纳金数额、所属期间、税种名称、税目。

（2）纳税人履行应缴纳税款及滞纳金的期限。

（3）抵押物的名称、数量、质量、状况、所在地、所有权权属或者使用权权属。

（4）抵押担保的范围及担保责任。

（5）税务机关认为需要说明的其他事项。

纳税担保财产清单应当写明财产价值以及相关事项。纳税担保书和纳税担保财产清单须经纳税人签字盖章并经税务机关确认。

（四）抵押物登记

纳税抵押财产应当办理抵押物登记。纳税抵押自抵押物登记之日起生效。纳税人应向税务机关提供由以下部门出具的抵押登记的证明及其复印件（以下简称证明材料）：

（1）以城市房地产或者乡（镇）、村企业的厂房等建筑物抵押的，提供县级以上地方人民政府规定部门出具的证明材料。

（2）以船舶、车辆抵押的，提供运输工具的登记部门出具的证明材料。

（3）以企业的设备和其他动产抵押的，提供财产所在地的工商行政管理部门出具的证明材料或者纳税人所在地的公证部门出具的证明材料。

（五）抵押物变动

抵押期间，经税务机关同意，纳税人可以转让已办理登记的抵押物，并告知受让人转让物已经抵押的情况。纳税人转让抵押物所得的价款，应当向税务机关提前缴纳所担保的税款、滞纳金。超过部分，归纳税人所有，不足部分由纳税人缴纳或提供相应的担保。

在抵押物灭失、毁损或者被征用的情况下,税务机关应该就该抵押物的保险金、赔偿金或者补偿金要求优先受偿,抵缴税款、滞纳金。抵押物灭失、毁损或者被征用的情况下,抵押权所担保的纳税义务履行期未满的,税务机关可以要求将保险金、赔偿金或补偿金等作为担保财产。

(六)实现抵押权

纳税人在规定的期限内未缴清税款、滞纳金的,税务机关应当依法拍卖、变卖抵押物,变价抵缴税款、滞纳金。

纳税担保人以其财产为纳税人提供纳税抵押担保的,按照纳税人提供抵押担保的规定执行;纳税担保书和纳税担保财产清单须经纳税人、纳税担保人签字盖章并经税务机关确认。

纳税人在规定的期限届满未缴清税款、滞纳金的,税务机关应当在期限届满之日起15日内书面通知纳税担保人自收到纳税通知书之日起15日内缴纳担保的税款、滞纳金。

纳税担保人未按照上述期限缴纳所担保的税款、滞纳金的,由税务机关责令限期在15日内缴纳;逾期仍未缴纳的,经县以上税务局(分局)局长批准,税务机关依法拍卖、变卖抵押物,抵缴税款、滞纳金。

四、纳税质押

(一)纳税质押的含义

纳税质押,是指经税务机关同意,纳税人或纳税担保人将其动产或权利凭证移交税务机关占有,将该动产或权利凭证作为税款及滞纳金的担保。纳税人逾期未缴清税款及滞纳金的,税务机关有权依法处置该动产或权利凭证以抵缴税款及滞纳金。纳税质押分为动产质押和权利质押。

动产质押包括现金以及其他除不动产以外的财产提供的质押。汇票、支票、本票、债券、存款单等权利凭证可以质押。对于实际价值波动很大的动产或权利凭证,经设区的市、自治州以上税务机关确认,税务机关可以不接受其作为纳税质押。

(二)纳税担保书

纳税人提供质押担保的,应当填写纳税担保书和纳税担保财产清单并签字盖章。纳税担保书应当包括以下内容:

(1)担保的税款及滞纳金数额、所属期间、税种名称、税目。

(2)纳税人履行应缴纳税款、滞纳金的期限。

(3)质物的名称、数量、质量、价值、状况、移交前所在地、所有权权属或者使用权权属。

（4）质押担保的范围及担保责任。
（5）纳税担保财产价值。
（6）税务机关认为需要说明的其他事项。

纳税担保财产清单应当写明财产价值及相关事项。纳税质押自纳税担保书和纳税担保财产清单经税务机关确认和质物移交之日起生效。

（三）质押财产的处理

以汇票、支票、本票、公司债券出质的，税务机关应当与纳税人背书清单记载"质押"字样。以存款单出质的，应由签发的金融机构核押。

以载明兑现或者提货日期的汇票、支票、本票、债券、存款单出质的，汇票、支票、本票、债券、存款单兑现日期先于纳税义务履行期或者担保期的，税务机关与纳税人约定将兑现的价款用于缴纳或者抵缴所担保的税款及滞纳金。

纳税人在规定的期限内缴清税款及滞纳金的，税务机关应当自纳税人缴清税款及滞纳金之日起3个工作日内返还质物，解除质押关系。纳税人在规定的期限内未缴清税款、滞纳金的，税务机关应当依法拍卖、变卖质物，抵缴税款、滞纳金。

（四）质押权的实现

纳税担保人以其动产或财产权利为纳税人提供纳税质押担保的，按照纳税人提供质押担保的规定执行；纳税担保书和纳税担保财产清单须经纳税人、纳税担保人签字盖章并经税务机关确认。

纳税人在规定的期限内缴清税款、滞纳金的，税务机关应当在3个工作日内将质物返还给纳税担保人，解除质押关系。

纳税人在规定的期限内未缴清税款、滞纳金的，税务机关应当在期限届满之日起15日内书面通知纳税担保人自收到纳税通知书之日起15日内缴纳担保的税款、滞纳金。

纳税担保人未按照前款规定的期限缴纳所担保的税款、滞纳金，由税务机关责令限期在15日内缴纳；缴清税款、滞纳金的，税务机关自纳税担保人缴清税款及滞纳金之日起3个工作日内返还质物、解除质押关系；逾期仍未缴纳的，经县以上税务局（分局）局长批准，税务机关依法拍卖、变卖质物，抵缴税款、滞纳金。

五、法律责任

（一）纳税人的法律责任

纳税人、纳税担保人采取欺骗、隐瞒等手段提供担保的，由税务机关处以1 000元以下的罚款；属于经营行为的，处以10 000元以下的罚款。非法为纳税人、纳税担保人实施虚假纳税担保提供方便的，由税务机关处以1 000元以下的罚款。

纳税人采取欺骗、隐瞒等手段提供担保，造成应缴税款损失的，由税务机关按照

《税收征收管理法》第六十八条规定处以未缴、少缴税款50%以上5倍以下的罚款。

（二）税务机关的法律责任

税务机关负有妥善保管质物的义务。因保管不善致使质物灭失或者毁损，或未经纳税人同意擅自使用、出租、处分质物而给纳税人造成损失的，税务机关应当对直接损失承担赔偿责任。纳税义务期限届满或担保期间，纳税人或者纳税担保人请求税务机关及时行使权利，而税务机关怠于行使权利致使质物价格下跌造成损失的，税务机关应当对直接损失承担赔偿责任。

（三）税务人员的法律责任

税务机关工作人员有下列情形之一的，根据情节轻重给予行政处分：

（1）违反该办法规定，对符合担保条件的纳税担保，不予同意或故意刁难的。

（2）违反该办法规定，对不符合担保条件的纳税担保，予以批准，致使国家税款及滞纳金遭受损失的。

（3）私分、挪用、占用、擅自处分担保财物的。

（4）其他违法情形。

第三节　纳税信用管理制度

一、基本管理制度

（一）总则

为规范纳税信用管理，促进纳税人诚信自律，提高税法遵从度，推进社会信用体系建设，根据《税收征收管理法》及其实施细则、《国务院关于促进市场公平竞争维护市场正常秩序的若干意见》（国发〔2014〕20号）和《国务院关于印发社会信用体系建设规划纲要（2014—2020年）的通知》（国发〔2014〕21号），国家税务总局制定《纳税信用管理办法（试行）》（国家税务总局公告2014年第40号发布）。

该办法所称纳税信用管理，是指税务机关对纳税人的纳税信用信息开展的采集、评价、确定、发布和应用等活动。

该办法适用于已办理税务登记，从事生产、经营并适用查账征收的企业纳税人（以下简称纳税人）。扣缴义务人、自然人纳税信用管理办法由国家税务总局另行规定。个体工商户和其他类型纳税人的纳税信用管理办法由省税务机关制定。

国家税务总局主管全国纳税信用管理工作。省以下税务机关负责所辖地区纳税信用管理工作的组织和实施。

纳税信用管理遵循客观公正、标准统一、分级分类、动态调整的原则。国家税务总局推行纳税信用管理工作的信息化，规范统一纳税信用管理。税务机关积极参与社会信用体系建设，与相关部门建立信用信息共建共享机制，推动纳税信用与其他社会信用联动管理。

（二）纳税信用信息采集

纳税信用信息采集是指税务机关对纳税人纳税信用信息的记录和收集。

纳税信用信息包括纳税人信用历史信息、税务内部信息、外部信息。纳税人信用历史信息包括基本信息和评价年度之前的纳税信用记录，以及相关部门评定的优良信用记录和不良信用记录。税务内部信息包括经常性指标信息和非经常性指标信息。经常性指标信息是指涉税申报信息、税（费）款缴纳信息、发票与税控器具信息、登记与账簿信息等纳税人在评价年度内经常产生的指标信息；非经常性指标信息是指税务检查信息等纳税人在评价年度内不经常产生的指标信息。外部信息包括外部参考信息和外部评价信息。外部参考信息包括评价年度相关部门评定的优良信用记录和不良信用记录；外部评价信息是指从相关部门取得的影响纳税人纳税信用评价的指标信息。

纳税信用信息采集工作由国家税务总局和省税务机关组织实施，按月采集。纳税人信用历史信息中的基本信息由税务机关从税务管理系统中采集，税务管理系统中暂缺的信息由税务机关通过纳税人申报采集；评价年度之前的纳税信用记录，以及相关部门评定的优良信用记录和不良信用记录，从税收管理记录、国家统一信用信息平台等渠道中采集。税务内部信息从税务管理系统中采集。外部信息主要通过税务管理系统、国家统一信用信息平台、相关部门官方网站、新闻媒体或者媒介等渠道采集。通过新闻媒体或者媒介采集的信息应核实后使用。

（三）纳税信用评价

纳税信用评价采取年度评价指标得分和直接判级方式。评价指标包括税务内部信息和外部评价信息。直接判级适用于有严重失信行为的纳税人。外部参考信息在年度纳税信用评价结果中记录，与纳税信用评价信息形成联动机制。

1.不能参加本期评价的纳税人

纳税信用评价周期为一个纳税年度，有下列情形之一的纳税人，不参加本期的评价：

（1）纳入纳税信用管理时间不满一个评价年度的。

（2）因涉嫌税收违法被立案查处尚未结案的。

（3）被审计、财政部门依法查出税收违法行为，税务机关正在依法处理，尚未办结的。

（4）已申请税务行政复议、提起行政诉讼尚未结案的。

（5）其他不应参加本期评价的情形。

2.纳税信用级别

纳税信用级别设A、B、C、D四级。A级纳税信用为年度评价指标得分90分以上的；B级纳税信用为年度评价指标得分70分以上不满90分的；C级纳税信用为年度评价指标得分40分以上不满70分的；D级纳税信用为年度评价指标得分不满40分或者直接判级确定的。

3.不能评为A级的情形

有下列情形之一的纳税人，本评价年度不能评为A级：

（1）实际生产经营期不满3年的。

（2）上一评价年度纳税信用评价结果为D级的。

（3）非正常原因一个评价年度内增值税或营业税连续3个月或者累计6个月零申报、负申报的。

（4）不能按照国家统一的会计制度规定设置账簿，并根据合法、有效凭证核算，向税务机关提供准确税务资料的。

4.直接判为D级的情形

有下列情形之一的纳税人，本评价年度直接判为D级：

（1）存在逃避缴纳税款、逃避追缴欠税、骗取出口退税、虚开增值税专用发票等行为，经判决构成涉税犯罪的。

（2）存在前项所列行为，未构成犯罪，但偷税（逃避缴纳税款）金额10万元以上且占各税种应纳税总额10%以上，或者存在逃避追缴欠税、骗取出口退税、虚开增值税专用发票等税收违法行为，已缴纳税款、滞纳金、罚款的。

（3）在规定期限内未按税务机关处理结论缴纳或者足额缴纳税款、滞纳金和罚款的。

（4）以暴力、威胁方法拒不缴纳税款或者拒绝、阻挠税务机关依法实施税务稽查执法行为的。

（5）存在违反增值税发票管理规定或者违反其他发票管理规定的行为，导致其他单位或者个人未缴、少缴或者骗取税款的。

（6）提供虚假申报材料享受税收优惠政策的。

（7）骗取国家出口退税款，被停止出口退（免）税资格未到期的。

（8）有非正常户记录或者由非正常户直接责任人员注册登记或者负责经营的。

（9）由D级纳税人的直接责任人员注册登记或者负责经营的。

（10）存在税务机关依法认定的其他严重失信情形的。

5.不影响纳税信用评价的情形

纳税人有下列情形的，不影响其纳税信用评价：

（1）由于税务机关原因或者不可抗力，造成纳税人未能及时履行纳税义务的。

（2）非主观故意的计算公式运用错误以及明显的笔误造成未缴或者少缴税款的。

（3）国家税务总局认定的其他不影响纳税信用评价的情形。

（四）纳税信用评价结果的确定和发布

纳税信用评价结果的确定和发布遵循谁评价、谁确定、谁发布的原则。税务机关每年4月确定上一年度纳税信用评价结果，并为纳税人提供自我查询服务。纳税人对纳税信用评价结果有异议的，可以书面向作出评价的税务机关申请复评。作出评价的税务机关应按该办法第三章规定进行复核。

税务机关对纳税人的纳税信用级别实行动态调整。因税务检查等发现纳税人以前评价年度需扣减信用评价指标得分或者直接判级的，税务机关应按该办法第三章规定调整其以前年度纳税信用评价结果和记录。纳税人因该办法第十七条第三、四、五项所列情形解除而向税务机关申请补充纳税信用评价的，税务机关应按该办法第三章规定处理。

纳税人信用评价状态变化时，税务机关可采取适当方式通知、提醒纳税人。税务机关对纳税信用评价结果，按分级分类原则，依法有序开放：

（1）主动公开A级纳税人名单及相关信息。

（2）根据社会信用体系建设需要，以及与相关部门信用信息共建共享合作备忘录、协议等规定，逐步开放B、C、D级纳税人名单及相关信息。

（3）定期或者不定期公布重大税收违法案件信息。

（五）纳税信用评价结果的应用

税务机关按照守信激励，失信惩戒的原则，对不同信用级别的纳税人实施分类服务和管理。

1. 对纳税信用评价为A级的纳税人

对纳税信用评价为A级的纳税人，税务机关予以下列激励措施：

（1）主动向社会公告年度A级纳税人名单。

（2）一般纳税人可单次领取3个月的增值税发票用量，需要调整增值税发票用量时即时办理。

（3）普通发票按需领用。

（4）连续3年被评为A级信用级别（简称3连A）的纳税人，除享受以上措施外，还可以由税务机关提供绿色通道或专门人员帮助办理涉税事项。

（5）税务机关与相关部门实施的联合激励措施，以及结合当地实际情况采取的其他激励措施。

对纳税信用评价为B级的纳税人，税务机关实施正常管理，适时进行税收政策和管理规定的辅导，并视信用评价状态变化趋势选择性地提供该办法第二十九条的激励措施。

对纳税信用评价为C级的纳税人，税务机关应依法从严管理，并视信用评价状态变化趋势选择性地采取该办法第三十二条的管理措施。

2. 对纳税信用评价为D级的纳税人

对纳税信用评价为D级的纳税人，税务机关应采取以下措施：

（1）按照该办法第二十七条的规定，公开D级纳税人及其直接责任人员名单，对直接责任人员注册登记或者负责经营的其他纳税人纳税信用直接判为D级。

（2）增值税专用发票领用按辅导期一般纳税人政策办理，普通发票的领用实行交（验）旧供新、严格限量供应。

（3）加强出口退税审核。

（4）加强纳税评估，严格审核其报送的各种资料。

（5）列入重点监控对象，提高监督检查频次，发现税收违法违规行为的，不得适用规定处罚幅度内的最低标准。

（6）将纳税信用评价结果通报相关部门，建议在经营、投融资、取得政府供应土地、进出口、出入境、注册新公司、工程招投标、政府采购、获得荣誉、安全许可、生产许可、从业任职资格、资质审核等方面予以限制或禁止。

（7）税务机关与相关部门实施的联合惩戒措施，以及结合实际情况依法采取的其他严格管理措施。

二、纳税信用管理制度改革

（一）明确纳税信用补评和复评事项

根据《国家税务总局关于明确纳税信用补评和复评事项的公告》（国家税务总局公告2015年第46号）的规定，有关纳税信用补评、复评事项如下：

（1）纳税人因《纳税信用管理办法（试行）》第十七条第三、四、五项所列情形解除，或对当期未予评价有异议的，可填写《纳税信用补评申请表》，向主管税务机关申请补充纳税信用评价。纳税人主管税务机关按照《纳税信用管理办法（试行）》第三章的规定开展纳税信用补评工作。主管税务机关应自受理申请之日起15个工作日内完成补评工作，并向纳税人反馈纳税信用评价信息或提供评价结果的自我查询服务。

（2）纳税人对纳税信用评价结果有异议的，可在纳税信用评价结果确定的当年内，填写《纳税信用复评申请表》，向主管税务机关申请复评。作出评价的税务机关应按《纳税信用管理办法（试行）》第三章规定对评价结果进行复核。主管税务机关自受理申请之日起15个工作日内完成复评工作，并向纳税人反馈纳税信用复评信息或提供复评结果的自我查询服务。

（3）主管税务机关应于每月前5个工作日内将纳税信用补评、复评情况层报至省税务机关备案，并发布A级纳税人变动情况通告。省税务机关应及时更新税务网站公布的纳税信用评价信息，并于每月前10个工作日内将A级纳税人变动情况报送税务总局（纳税服务司）。

（二）明确纳税信用管理若干业务口径

根据《国家税务总局关于明确纳税信用管理若干业务口径的公告》（国家税务总局公告2015年第85号）的规定，有关纳税信用管理若干业务口径如下。

1.关于《纳税信用管理办法（试行）》的适用范围

《纳税信用管理办法（试行）》的适用范围为：已办理税务登记（含"三证合一、一照一码"、临时登记），从事生产、经营并适用查账征收的独立核算企业、个人独资企业和个人合伙企业。

查账征收是指企业所得税征收方式为查账征收，个人独资企业和个人合伙企业的个人所得税征收方式为查账征收。

2.关于纳税信用信息采集

根据《纳税信用管理办法（试行）》第十三条的规定，税务内部信息从税务管理系统中采集，采集的信息记录截止时间为评价年度12月31日（含本日，下同）。

主管税务机关遵循"无记录不评价，何时（年）记录、何时（年）评价"的原则，使用税务管理系统中纳税人的纳税信用信息，按照规定的评价指标和评价方式确定纳税信用级别。

3.关于起评分

非经常性指标缺失是指：在评价年度内，税务管理系统中没有纳税评估、大企业税务审计、反避税调查或税务稽查出具的决定（结论）文书的记录。

4.关于评价范围

在《纳税信用管理办法（试行）》适用范围内，有下列情形之一的纳税人，不参加本期的评价：

（1）纳入纳税信用管理时间不满一个评价年度的。评价年度为公历年度，即1月1日至12月31日。纳入纳税信用管理时间不满一个评价年度是指：税务登记在评价年度1月2日以后；或者税务登记在评价年度12月31日以前注销的。

营改增企业的税务登记日期，为原地方税务机关税务登记日期。2015年10月1日之后，新办的"三证合一、一照一码"企业纳入纳税信用管理的时间，从税务机关采集纳税人补充信息之日计算。

由非正常户直接责任人员、D级纳税人直接责任人员注册登记或负责经营的企业，纳入纳税信用管理时间不满一个评价年度的，按该公告第六条第八项、第九项规定执行。

（2）本评价年度内无生产经营业务收入的。生产经营业务收入是指主营业务收入，不包括非主营业务的房租收入、变卖物品收入等。有无主营业务收入，根据税务管理系统中纳税人在评价年度内有无向税务机关申报主营业务收入的申报记录确定。

（3）因涉嫌税收违法被立案查处尚未结案的。因涉嫌税收违法被立案查处是指：因涉嫌税收违法被移送公安机关或被公安机关直接立案查处，根据税务管理系统中的移送记录或被立案记录确定。被税务稽查部门立案检查的，不属于该情形，应纳入本期评价范围。

尚未结案是指在评价年度12月31日前，税务管理系统中有移送记录或被立案记录而没有已结案的记录。

（4）被审计、财政部门依法查出税收违法行为，税务机关正在依法处理，尚未办结的。尚未办结是指在评价年度12月31日前，税务管理系统中有在办、在流转处理的记录而没有办结的记录。

（5）已申请税务行政复议、提起行政诉讼尚未结案的。尚未结案是指在评价年度12月31日前，税务管理系统中有受理复议、提起诉讼的记录而没有结案的记录。

5.关于不能评为A级的情形

非正常原因一个评价年度内增值税或营业税连续3个月或者累计6个月零申报、负申报的，不能评为A级。

正常原因是指：季节性生产经营、享受政策性减免税等正常情况原因。非正常原因是除上述原因外的其他原因。

按季申报视同连续3个月。

6.关于直接判为D级的情形

（1）存在逃避缴纳税款、逃避追缴欠税、骗取出口退税、虚开增值税专用发票等行为，经判决构成涉税犯罪的。

以判决结果在税务管理系统中的记录日期确定判D级的年度，同时按照《纳税信用管理办法（试行）》第二十五条规定调整其以前年度信用记录。

（2）存在前项所列行为，未构成犯罪，但偷税（逃避缴纳税款）金额10万元以上且占各税种应纳税总额10%以上，或者存在逃避追缴欠税、骗取出口退税、虚开增值税专用发票等税收违法行为，已缴纳税款、滞纳金、罚款的。

以处理结果在税务管理系统中的记录日期确定判D级的年度，同时按照《纳税信用管理办法（试行）》第二十五条规定调整其以前年度信用记录。

偷税（逃避缴纳税款）金额占各税种应纳税总额比例＝一个纳税年度的各税种偷税（逃避缴纳税款）总额÷该纳税年度各税种应纳税总额

（3）在规定期限内未按税务机关处理结论缴纳或者足额缴纳税款、滞纳金和罚款的。

以该情形在税务管理系统中的记录日期确定判D级的年度。

（4）以暴力、威胁方法拒不缴纳税款或者拒绝、阻挠税务机关依法实施税务稽查执法行为的。

以该情形在税务管理系统中的记录日期确定判D级的年度，同时按照《纳税信用管理办法（试行）》第二十五条规定调整其以前年度信用记录。

（5）存在违反增值税发票管理规定或者违反其他发票管理规定的行为，导致其他单位或者个人未缴、少缴或骗取税款的。

以该情形在税务管理系统中的记录日期确定判D级的年度，同时按照《纳税信用管理办法（试行）》第二十五条规定调整其以前年度信用记录。

（6）提供虚假申报材料享受税收优惠政策的。以该情形在税务管理系统中的记录日期确定判D级的年度，同时按照《信用管理办法》第二十五条规定调整其以前年度信用记录。

（7）骗取国家出口退税款，被停止出口退（免）税资格未到期的。在评价年度内，被停止出口退（免）税资格未到期。根据税务管理系统中的记录信息确定。

（8）有非正常户记录或者由非正常户直接责任人员注册登记或者负责经营的。有非正常户记录是指：在评价年度12月31日为非正常状态。

由非正常户直接责任人员注册登记或者负责经营的是指：由非正常户直接责任人员在认定为非正常户之后注册登记或负责经营的企业。该类企业不受《纳税信用管理办法（试行）》第十七条第一项规定限制，在纳入纳税信用管理的当年即纳入评价范围，且直接判为D级。

（9）由D级纳税人的直接责任人员注册登记或者负责经营的。由D级纳税人的直接责任人员在被评价为D级之后注册登记或者负责经营的企业，不受《纳税信用管理办法（试行）》第十七条第一项规定限制，在纳入纳税信用管理的当年即纳入评价范围，且直接判为D级。

（10）存在税务机关依法认定的其他严重失信情形的。税务机关按照《国家税务总局关于发布〈重大税收违法案件信息公布办法（试行）〉的公告》（国家税务总局公告2014年第41号）公布的重大税收违法案件当事人，在公布的评价年度判为D级，其D级记录一直保持至从公布栏中撤出的评价年度（但不得少于2年），次年不得评为A级。

7.关于D级评价的保留

（1）D级企业直接责任人在企业被评价为D级之后注册登记或者负责经营的企业评价为D级（简称关联D）。关联D只保留一年，次年度根据《纳税信用管理办法（试行）》规定重新评价但不得评为A级。

（2）因该公告第六条第一项、第二项、第四项、第五项、第六项被直接判为D级的，主管税务机关应调整其以前年度纳税信用级别为D级，该D级评价（简称动态D）不保留到下一年度。

8.关于发布A级纳税人名单

（1）按照谁评价、谁确定、谁发布的原则，纳税人主管税务机关负责纳税信用的评价、确定和发布，上级税务机关汇总公布评价结果。

（2）主管税务机关于每年4月按照税务总局统一规定的时间分别以通告的形式对外发布A级纳税人信息，发布内容包括：纳税人识别号、纳税人名称、评价年度、纳税人主管税务机关。税务总局、省税务机关、市税务机关通过门户网站（或子网站）汇总公布管辖范围内的A级纳税人信息。由于复评、动态调整等原因需要调整A级名单的，应发布变化情况通告，及时更新公告栏、公布栏内容，并层报税务总局（纳税服务司）。

（3）在评价结果公布前（每年1月至4月），发现评价为A级的纳税人已注销或被税务机关认定为非正常户的,其评价结果不予发布。

> **疑难问题解答**
>
> 问:个体户的纳税等级如何查询?
> 答:(国家税务总局陕西省税务局)《国家税务总局关于明确纳税信用管理若干业务口径的公告》(国家税务总局公告2015年第85号)第一条规定:"《信用管理办法》的适用范围为:已办理税务登记(含'三证合一、一照一码'、临时登记),从事生产、经营并适用查账征收的独立核算企业、个人独资企业和个人合伙企业。查账征收是指企业所得税征收方式为查账征收,个人独资企业和个人合伙企业的个人所得税征收方式为查账征收。"
> 因此,个体工商户不适用《纳税信用管理办法(试行)》(国家税务总局公告2014年第40号),没有纳税信用等级。

(三)完善纳税信用管理有关事项

根据《国家税务总局关于完善纳税信用管理有关事项的公告》(国家税务总局公告2016年第9号)的规定,根据《深化国税、地税征管体制改革方案》关于建立促进诚信纳税机制的要求,国家税务总局对《纳税信用管理办法(试行)》(国家税务总局公告2014年第40号发布)有关内容进行了调整完善,有关事项如下。

1.关于税务机关对纳税人的纳税信用级别实行动态调整的方法和程序

(1)因税务检查等发现纳税人以前评价年度存在直接判为D级情形的,主管税务机关应调整其相应评价年度纳税信用级别为D级,并记录动态调整信息,该D级评价不保留至下一年度。对税务检查等发现纳税人以前评价年度存在需扣减纳税信用评价指标得分情形的,主管税务机关暂不调整其相应年度纳税信用评价结果和记录。

(2)主管税务机关按月开展纳税信用级别动态调整工作。

(3)主管税务机关完成动态调整工作后,于次月月初5个工作日内将动态调整情况层报至省税务机关备案,并发布A级纳税人变动情况通告。省税务机关据此更新税务网站公布的纳税信用评价信息,于每月上旬将A级纳税人变动情况汇总报送税务总局(纳税服务司)。

(4)纳税信用年度评价结果发布前,主管税务机关发现纳税人在评价年度存在动态调整情形的,应调整后再发布评价结果。

2.关于税务机关对纳税信用评价状态发生变化的纳税人通知、提醒方式

纳税信用评价状态发生变化是指,纳税信用评价年度之中,纳税人的信用评价指标出现扣分且将影响评价级别下降的情形。

税务机关按月采集纳税信用评价信息时，发现纳税人出现上述情形的，可通过邮件、短信、微信等方式，通知、提醒纳税人，并视纳税信用评价状态变化趋势采取相应的服务和管理措施，促进纳税人诚信自律，提高税法遵从度。

（四）纳税信用评价有关事项

根据《国家税务总局关于纳税信用评价有关事项的公告》（国家税务总局公告2018年第8号）的规定，随着纳税信用体系建设不断推进，纳税信用的社会价值和社会影响力日益增强，成为纳税人参与市场竞争的重要资产。为进一步落实国务院"放管服"改革精神，优化税收营商环境，鼓励"大众创业、万众创新"，根据《税收征收管理法》和《国务院关于印发社会信用体系建设规划纲要（2014—2020年）的通知》（国发〔2014〕21号），国家税务总局就进一步完善纳税信用评价的有关事项公告如下：

（1）新增下列企业参与纳税信用评价：①从首次在税务机关办理涉税事宜之日起时间不满一个评价年度的企业（以下简称新设立企业）。评价年度是指公历年度，即1月1日至12月31日。②评价年度内无生产经营业务收入的企业。③适用企业所得税核定征收办法的企业。

（2）上述所列企业的纳税信用评价时限如下：①新设立企业在2018年4月1日以前已办理涉税事宜的，税务机关应在2018年4月30日前对其纳税信用进行评价；从2018年4月1日起，对首次在税务机关办理涉税事宜的新设立企业，税务机关应及时进行纳税信用评价；②评价年度内无生产经营业务收入的企业和适用企业所得税核定征收办法的企业，税务机关在每一评价年度结束后，按照《纳税信用管理办法（试行）》（国家税务总局公告2014年第40号发布，以下简称《信用管理办法》）规定的时限进行纳税信用评价。

（3）增设M级纳税信用级别，纳税信用级别由A、B、C、D四级变更为A、B、M、C、D五级。未发生《信用管理办法》第二十条所列失信行为的下列企业适用M级纳税信用：①新设立企业。②评价年度内无生产经营业务收入且年度评价指标得分70分以上的企业。

（4）对纳税信用评价为M级的企业，税务机关实行下列激励措施：税务机关适时进行税收政策和管理规定的辅导。

（5）企业（包括新设立企业）发生《信用管理办法》第二十条所列失信行为的，税务机关应及时对其纳税信用级别进行调整，并以适当的方式告知。

（6）除上述规定外，纳税信用管理的其他事项按照《信用管理办法》规定执行。

（五）加强个人所得税纳税信用建设

根据《国家发展改革委办公厅、国家税务总局办公厅关于加强个人所得税纳税信用建设的通知》（发改办财金规〔2019〕860号）的规定，有关加强个人所得税纳税信用建设的事项如下。

1. 总体要求

2019年1月1日起全面施行的《个人所得税法》及其实施条例，是党中央、国务院着眼于优化税收制度、推动经济发展、惠及百姓民生作出的一项重大决策部署。各地区、各部门要以习近平新时代中国特色社会主义思想为指导，全面贯彻党的十九大和十九届二中、三中全会精神，按照党中央、国务院关于社会信用体系建设的总体要求和部署，以培育诚信意识、践行社会主义核心价值观为根本，建立健全个人所得税纳税信用记录，完善守信激励与失信惩戒机制，加强个人信息安全和权益维护，有效引导纳税人诚信纳税，公平享受减税红利，推动税务领域信用体系建设迈上新台阶。开展个人所得税纳税信用建设，要坚持依法推进原则，严格依照法律法规建立健全个人所得税纳税信用机制；要坚持业务协同原则，充分发挥各业务主管部门在个人所得税纳税信用建设中的组织引导和示范推动作用，形成个人所得税纳税信用建设合力；要坚持权益保护原则，注重纳税人信息安全和隐私保护，健全信用修复机制，维护纳税人合法权益。

2. 建立个人所得税纳税信用管理机制

（1）全面实施个人所得税申报信用承诺制。税务部门在个人所得税自行纳税申报表、个人所得税专项附加扣除信息表等表单中设立格式规范、标准统一的信用承诺书，纳税人需对填报信息的真实性、准确性、完整性作出守信承诺。信用承诺的履行情况纳入个人信用记录，提醒和引导纳税人重视自身纳税信用，并视情况予以失信惩戒。

（2）建立健全个人所得税纳税信用记录。税务总局以自然人纳税人识别号为唯一标识，以个人所得税纳税申报记录、专项附加扣除信息报送记录、违反信用承诺和违法违规行为记录为重点，研究制定自然人纳税信用管理的制度办法，全面建立自然人纳税信用信息采集、记录、查询、应用、修复、安全管理和权益维护机制，依法依规采集和评价自然人纳税信用信息，形成全国自然人纳税信用信息库，并与全国信用信息共享平台建立数据共享机制。

（3）建立自然人失信行为认定机制。对于违反《税收征收管理法》《个人所得税法》以及其他法律法规和规范性文件，违背诚实信用原则，存在偷税、骗税、骗抵、冒用他人身份信息、恶意举报、虚假申诉等失信行为的当事人，税务部门将其列入重点关注对象，依法依规采取行政性约束和惩戒措施；对于情节严重、达到重大税收违法失信案件标准的，税务部门将其列为严重失信当事人，依法对外公示，并与全国信用信息共享平台共享。

3. 完善守信联合激励和失信联合惩戒机制

（1）对个人所得税守信纳税人提供更多便利和机会。探索将个人所得税守信情况纳入自然人诚信积分体系管理机制。对个人所得税纳税信用记录持续优良的纳税人，相关部门应提供更多服务便利，依法实施绿色通道、容缺受理等激励措施；鼓励行政管理部门在颁发荣誉证书、嘉奖和表彰时将其作为参考因素予以考虑。

（2）对个人所得税严重失信当事人实施联合惩戒。税务部门与有关部门合作，建立个人所得税严重失信当事人联合惩戒机制，对经税务部门依法认定，在个人所得税自行申报、专项附加扣除和享受优惠等过程中存在严重违法失信行为的纳税人和扣缴义务人，向全国信用信息共享平台推送相关信息并建立信用信息数据动态更新机制，依法依规实施联合惩戒。

4.加强信息安全和权益维护

（1）强化信息安全和隐私保护。税务部门依法保护自然人纳税信用信息，积极引导社会各方依法依规使用自然人纳税信用信息。各地区、各部门要按最小授权原则设定自然人纳税信用信息管理人员权限。加大对信用信息系统、信用服务机构数据库的监管力度，保护纳税人合法权益和个人隐私，确保国家信息安全。

（2）建立异议解决和失信修复机制。对个人所得税纳税信用记录存在异议的，纳税人可向税务机关提出异议申请，税务机关应及时回复并反馈结果。自然人在规定期限内纠正失信行为、消除不良影响的，可以通过主动做出信用承诺、参与信用知识学习、税收公益活动或信用体系建设公益活动等方式开展信用修复，对完成信用修复的自然人，税务部门按照规定修复其纳税信用。对因政策理解偏差或办税系统操作失误导致轻微失信，且能够按照规定履行涉税义务的自然人，税务部门将简化修复程序，及时对其纳税信用进行修复。

5.强化组织实施

（1）加强组织领导和统筹协调。各地区、各部门要统筹实施个人所得税纳税信用管理工作，完善配套制度建设，建立联动机制，实现跨部门信用信息共享，构建税收共治管理、信用协同监管格局。要建立工作考核推进机制，对本地区、本部门个人所得税纳税信用建设工作要定期进行督促、指导和检查。

（2）加强纳税人诚信教育。各地区、各部门要充分利用报纸、广播、电视、网络等渠道，做好个人所得税改革的政策解读和舆论引导，加大依法诚信纳税的宣传力度；依托街道、社区、居委会，引导社会力量广泛参与，褒扬诚信、惩戒失信，提升全社会诚信意识，形成崇尚诚信、践行诚信的良好风尚。

（六）关于纳税信用修复有关事项

根据《国家税务总局关于纳税信用修复有关事项的公告》（国家税务总局公告2019年第37号）的规定，有关纳税信用修复的事项如下：

（1）纳入纳税信用管理的企业纳税人，符合下列条件之一的，可在规定期限内向主管税务机关申请纳税信用修复。①纳税人发生未按法定期限办理纳税申报、税款缴纳、资料备案等事项且已补办的。②未按税务机关处理结论缴纳或者足额缴纳税款、滞纳金和罚款，未构成犯罪，纳税信用级别被直接判为D级的纳税人，在税务机关处理结论明确的期限期满后60日内足额缴纳、补缴的。③纳税人履行相应法律义务并由税务机关依法解除非正常户状态的。

（2）符合上述第①项所列条件且失信行为已纳入纳税信用评价的，纳税人可在失信行为被税务机关列入失信记录的次年年底前向主管税务机关提出信用修复申请，税务机关按照《纳税信用修复范围及标准》调整该项纳税信用评价指标分值，重新评价纳税人的纳税信用级别；符合第①项所列条件但失信行为尚未纳入纳税信用评价的，纳税人无须提出申请，税务机关按照《纳税信用修复范围及标准》调整纳税人该项纳税信用评价指标分值并进行纳税信用评价。

符合上述第②项、第③项所列条件的，纳税人可在纳税信用被直接判为D级的次年年底前向主管税务机关提出申请，税务机关根据纳税人失信行为纠正情况调整该项纳税信用评价指标的状态，重新评价纳税人的纳税信用级别，但不得评价为A级。

非正常户失信行为纳税信用修复一个纳税年度内只能申请一次。纳税年度自公历1月1日起至12月31日止。

纳税信用修复后纳税信用级别不再为D级的纳税人，其直接责任人注册登记或者负责经营的其他纳税人之前被关联为D级的，可向主管税务机关申请解除纳税信用D级关联。

（3）需向主管税务机关提出纳税信用修复申请的纳税人应填报《纳税信用修复申请表》，并对纠正失信行为的真实性作出承诺。税务机关发现纳税人虚假承诺的，撤销相应的纳税信用修复，并按照《纳税信用评价指标和评价方式（试行）调整表》予以扣分。

（4）主管税务机关自受理纳税信用修复申请之日起15个工作日内完成审核，并向纳税人反馈信用修复结果。

（5）纳税信用修复完成后，纳税人按照修复后的纳税信用级别适用相应的税收政策和管理服务措施，之前已适用的税收政策和管理服务措施不作追溯调整。

（七）纳税信用管理有关事项

根据《国家税务总局关于纳税信用管理有关事项的公告》（国家税务总局公告2020年第15号）的规定，有关纳税信用管理的事项如下：

（1）非独立核算分支机构可自愿参与纳税信用评价。非独立核算分支机构是指由企业纳税人设立，已在税务机关完成登记信息确认且核算方式为非独立核算的分支机构。非独立核算分支机构参评后，2019年度之前的纳税信用级别不再评价，在机构存续期间适用国家税务总局纳税信用管理相关规定。

（2）自开展2020年度评价时起，调整纳税信用评价计分方法中的起评分规则。近三个评价年度内存在非经常性指标信息的，从100分起评；近三个评价年度内没有非经常性指标信息的，从90分起评。

（3）自开展2019年度评价时起，调整税务机关对D级纳税人采取的信用管理措施。对于因评价指标得分评为D级的纳税人，次年由直接保留D级评价调整为评价时加扣11分；税务机关应按照前述规定在2020年11月30日前调整其2019年度纳税信用级别，2019年度以前的纳税信用级别不作追溯调整。对于因直接判级评为D级的纳税人，维持D级评价保留2年、第三年纳税信用不得评价为A级。

（4）纳税人对指标评价情况有异议的，可在评价年度次年3月份填写《纳税信用复评（核）申请表》，向主管税务机关提出复核，主管税务机关在开展年度评价时审核调整，并随评价结果向纳税人提供复核情况的自我查询服务。

（八）纳税信用评价与修复有关事项

根据《国家税务总局关于纳税信用评价与修复有关事项的公告》（国家税务总局公告2021年第31号），有关纳税信用评价与修复的事项规定如下：

符合下列条件之一的纳税人，可向主管税务机关申请纳税信用修复：

（1）破产企业或其管理人在重整或和解程序中，已依法缴纳税款、滞纳金、罚款，并纠正相关纳税信用失信行为的。

（2）因确定为重大税收违法失信主体，纳税信用直接判为D级的纳税人，失信主体信息已按照国家税务总局相关规定不予公布或停止公布，申请前连续12个月没有新增纳税信用失信行为记录的。

（3）由纳税信用D级纳税人的直接责任人员注册登记或者负责经营，纳税信用关联评价为D级的纳税人，申请前连续6个月没有新增纳税信用失信行为记录的。

（4）因其他失信行为纳税信用直接判为D级的纳税人，已纠正纳税信用失信行为、履行税收法律责任，申请前连续12个月没有新增纳税信用失信行为记录的。

（5）因上一年度纳税信用直接判为D级，本年度纳税信用保留为D级的纳税人，已纠正纳税信用失信行为、履行税收法律责任或失信主体信息已按照国家税务总局相关规定不予公布或停止公布，申请前连续12个月没有新增纳税信用失信行为记录的。

符合《国家税务总局关于纳税信用修复有关事项的公告》（国家税务总局公告2019年第37号）所列条件的纳税人，其纳税信用级别及失信行为的修复仍从其规定。

符合上述所列条件的纳税人，可填写《纳税信用修复申请表》，对当前的纳税信用评价结果向主管税务机关申请纳税信用修复。税务机关核实纳税人纳税信用状况，按照《纳税信用修复范围及标准》调整相应纳税信用评价指标状态，根据纳税信用评价相关规定，重新评价纳税人的纳税信用级别。

申请破产重整企业纳税信用修复的，应同步提供人民法院批准的重整计划或认可的和解协议，其破产重整前发生的相关失信行为，可按照《纳税信用修复范围及标准》中破产重整企业适用的修复标准开展修复。

自2021年度纳税信用评价起，税务机关按照"首违不罚"相关规定对纳税人不予行政处罚的，相关记录不纳入纳税信用评价。

上述规定自2022年1月1日起施行。《国家税务总局关于明确纳税信用管理若干业务口径的公告》（国家税务总局公告2015年第85号，2018年第31号修改）第六条第（十）项、《国家税务总局关于纳税信用修复有关事项的公告》（国家税务总局公告2019年第37号）所附《纳税信用修复申请表》《纳税信用修复范围及标准》同时废止。

> **疑难问题解答**
>
> 问：如何查询企业纳税信用等级？
>
> 答：（国家税务总局陕西省税务局）您可以通过以下方式查询企业的纳税信用等级：
>
> 方法1：您可通过国家税务总局陕西省电子税务局的"公众服务—公共查询—信用等级—A类纳税人查询"模块查询A类纳税人。
>
> 方法2：您可使用企业登录国家税务总局陕西省电子税务局后，在"我要办税—纳税信用—纳税信用查询"模块，或者在"我要查询——户式查询—纳税信用查询"模块查询本企业纳税信用等级。
>
> 方法3：您可联系企业主管税务局机关查询。

三、重大税收违法失信案件信息公布制度

（一）总则

为了贯彻落实中共中央办公厅、国务院办公厅印发的《关于进一步深化税收征管改革的意见》，维护正常税收征收管理秩序，惩戒重大税收违法失信行为，保障税务行政相对人合法权益，促进依法诚信纳税，推进社会信用体系建设，根据《税收征收管理法》《优化营商环境条例》等相关法律法规，国家税务总局制定《重大税收违法失信主体信息公布管理办法》（国家税务总局令第54号发布）。

税务机关依照《重大税收违法失信主体信息公布管理办法》的规定，确定重大税收违法失信主体，向社会公布失信信息，并将信息通报相关部门实施监管和联合惩戒。重大税收违法失信主体信息公布管理应当遵循依法行政、公平公正、统一规范、审慎适当的原则。

各级税务机关应当依法保护税务行政相对人合法权益，对重大税收违法失信主体信息公布管理工作中知悉的国家秘密、商业秘密或者个人隐私、个人信息，应当依法予以保密。

税务机关工作人员在重大税收违法失信主体信息公布管理工作中，滥用职权、玩

忽职守、徇私舞弊的，依照有关规定严肃处理；涉嫌犯罪的，依法移送司法机关。

（二）失信主体的确定

上述所称"重大税收违法失信主体"（以下简称失信主体）是指有下列情形之一的纳税人、扣缴义务人或者其他涉税当事人（以下简称当事人）：①伪造、变造、隐匿、擅自销毁账簿、记账凭证，或者在账簿上多列支出或者不列、少列收入，或者经税务机关通知申报而拒不申报或者进行虚假的纳税申报，不缴或者少缴应纳税款100万元以上，且任一年度不缴或者少缴应纳税款占当年各税种应纳税总额10%以上的，或者采取前述手段，不缴或者少缴已扣、已收税款，数额在100万元以上的；②欠缴应纳税款，采取转移或者隐匿财产的手段，妨碍税务机关追缴欠缴的税款，欠缴税款金额100万元以上的；③骗取国家出口退税款的；④以暴力、威胁方法拒不缴纳税款的；⑤虚开增值税专用发票或者虚开用于骗取出口退税、抵扣税款的其他发票的；⑥虚开增值税普通发票100份以上或者金额400万元以上的；⑦私自印制、伪造、变造发票，非法制造发票防伪专用品，伪造发票监制章的；⑧具有偷税、逃避追缴欠税、骗取出口退税、抗税、虚开发票等行为，在稽查案件执行完毕前，不履行税收义务并脱离税务机关监管，经税务机关检查确认走逃（失联）的；⑨为纳税人、扣缴义务人非法提供银行账户、发票、证明或者其他方便，导致未缴、少缴税款100万元以上或者骗取国家出口退税款的；⑩税务代理人违反税收法律、行政法规造成纳税人未缴或者少缴税款100万元以上的；其他性质恶劣、情节严重、社会危害性较大的税收违法行为。

税务机关对当事人依法作出《税务行政处罚决定书》，当事人在法定期限内未申请行政复议、未提起行政诉讼，或者申请行政复议，行政复议机关作出行政复议决定后，在法定期限内未提起行政诉讼，或者人民法院对税务行政处罚决定或行政复议决定作出生效判决、裁定后，有上述规定情形之一的，税务机关确定其为失信主体。

对移送公安机关的当事人，税务机关在移送时已依法作出《税务处理决定书》，未作出《税务行政处罚决定书》的，当事人在法定期限内未申请行政复议、未提起行政诉讼，或者申请行政复议，行政复议机关作出行政复议决定后，在法定期限内未提起行政诉讼，或者人民法院对税务处理决定或行政复议决定作出生效判决、裁定后，有上述规定情形之一的，税务机关确定其为失信主体。

税务机关应当在作出确定失信主体决定前向当事人送达告知文书，告知其依法享有陈述、申辩的权利。告知文书应当包括以下内容：①当事人姓名或者名称、有效身份证件号码或者统一社会信用代码、地址。没有统一社会信用代码的，以税务机关赋予的纳税人识别号代替；②拟确定为失信主体的事由、依据；③拟向社会公布的失信信息；④拟通知相关部门采取失信惩戒措施提示；⑤当事人依法享有的相关权利；⑥其他相关事项。

对纳入纳税信用评价范围的当事人，还应当告知其拟适用D级纳税人管理措施。

当事人在税务机关告知后5日内，可以书面或者口头提出陈述、申辩意见。当事人口头提出陈述、申辩意见的，税务机关应当制作陈述申辩笔录，并由当事人签章。

税务机关应当充分听取当事人陈述、申辩意见，对当事人提出的事实、理由和证据进行复核。当事人提出的事实、理由或者证据成立的，应当采纳。

经设区的市、自治州以上税务局局长或者其授权的税务局领导批准，税务机关在申请行政复议或提起行政诉讼期限届满，或者行政复议决定、人民法院判决或裁定生效后，于30日内制作失信主体确定文书，并依法送达当事人。失信主体确定文书应当包括以下内容：①当事人姓名或者名称、有效身份证件号码或者统一社会信用代码、地址。没有统一社会信用代码的，以税务机关赋予的纳税人识别号代替；②确定为失信主体的事由、依据；③向社会公布的失信信息提示；④相关部门采取失信惩戒措施提示；⑤当事人依法享有的相关权利；⑥其他相关事项。

对纳入纳税信用评价范围的当事人，还应当包括适用D级纳税人管理措施提示。

上述规定的时限不包括因其他方式无法送达，公告送达告知文书和确定文书的时间。

（三）信息公布

税务机关应当在失信主体确定文书送达后的次月15日内，向社会公布下列信息：

（1）失信主体基本情况。

（2）失信主体的主要税收违法事实。

（3）税务处理、税务行政处罚决定及法律依据。

（4）确定失信主体的税务机关。

（5）法律、行政法规规定应当公布的其他信息。

对依法确定为国家秘密的信息，法律、行政法规禁止公开的信息，以及公开后可能危及国家安全、公共安全、经济安全、社会稳定的信息，税务机关不予公开。

税务机关按照上述规定向社会公布失信主体基本情况。失信主体为法人或者其他组织的，公布其名称、统一社会信用代码（纳税人识别号）、注册地址以及违法行为发生时的法定代表人、负责人或经人民法院生效裁判确定的实际责任人的姓名、性别及身份证件号码（隐去出生年、月、日号码段）；失信主体为自然人的，公布其姓名、性别、身份证件号码（隐去出生年、月、日号码段）。

经人民法院生效裁判确定的实际责任人，与违法行为发生时的法定代表人或者负责人不一致的，除有证据证明法定代表人或者负责人有涉案行为外，税务机关只向社会公布实际责任人信息。

税务机关应当通过国家税务总局各省、自治区、直辖市、计划单列市税务局网站向社会公布失信主体信息，根据本地区实际情况，也可以通过税务机关公告栏、报纸、广播、电视、网络媒体等途径以及新闻发布会等形式向社会公布。

国家税务总局归集各地税务机关确定的失信主体信息，并提供至"信用中国"网站进行公开。

属于"重大税收违法失信主体"所列情形第一项、第二项的失信主体，在失信信息公布前按照《税务处理决定书》《税务行政处罚决定书》缴清税款、滞纳金和罚款的，经税务机关确认，不向社会公布其相关信息。

属于"重大税收违法失信主体"所列情形第八项的失信主体，具有偷税、逃避追缴欠税行为的，按照上述规定处理。

税务机关对按上述规定确定的失信主体，纳入纳税信用评价范围的，按照纳税信用管理规定，将其纳税信用级别判为D级，适用相应的D级纳税人管理措施。

对按规定向社会公布信息的失信主体，税务机关将失信信息提供给相关部门，由相关部门依法依规采取失信惩戒措施。失信主体信息自公布之日起满3年的，税务机关在5日内停止信息公布。

（四）提前停止公布

失信信息公布期间，符合下列条件之一的，失信主体或者其破产管理人可以向作出确定失信主体决定的税务机关申请提前停止公布失信信息：①按照《税务处理决定书》《税务行政处罚决定书》缴清（退）税款、滞纳金、罚款，且失信主体失信信息公布满六个月的；②失信主体破产，人民法院出具批准重整计划或认可和解协议的裁定书，税务机关依法受偿的；③在发生重大自然灾害、公共卫生、社会安全等突发事件期间，因参与应急抢险救灾、疫情防控、重大项目建设或者履行社会责任作出突出贡献的。

按上述第一项规定申请提前停止公布的，申请人应当提交停止公布失信信息申请表、诚信纳税承诺书。按上述第二项规定申请提前停止公布的，申请人应当提交停止公布失信信息申请表，人民法院出具的批准重整计划或认可和解协议的裁定书。按上述第三项规定申请提前停止公布的，申请人应当提交停止公布失信信息申请表、诚信纳税承诺书以及省、自治区、直辖市、计划单列市人民政府出具的有关材料。

税务机关应当自收到申请之日起2日内作出是否受理的决定。申请材料齐全、符合法定形式的，应当予以受理，并告知申请人。不予受理的，应当告知申请人，并说明理由。

受理申请后，税务机关应当及时审核。符合上述第一项规定条件的，经设区的市、自治州以上税务局局长或者其授权的税务局领导批准，准予提前停止公布；符合上述第二项、第三项规定条件的，经省、自治区、直辖市、计划单列市税务局局长或者其授权的税务局领导批准，准予提前停止公布。

税务机关应当自受理之日起15日内作出是否予以提前停止公布的决定，并告知申请人。对不予提前停止公布的，应当说明理由。

失信主体有下列情形之一的，不予提前停止公布：①被确定为失信主体后，因发生偷税、逃避追缴欠税、骗取出口退税、抗税、虚开发票等税收违法行为受到税务处理或者行政处罚的；②五年内被确定为失信主体两次以上的。

失信主体破产，人民法院出具批准重整计划或认可和解协议的裁定书，税务机关依法受偿的，申请人按这一规定申请提前停止公布的，不受前述规定限制。

税务机关作出准予提前停止公布决定的，应当在5日内停止信息公布。税务机关可以组织申请提前停止公布的失信主体法定代表人、财务负责人等参加信用培训，开展依法诚信纳税教育。信用培训不得收取任何费用。

（五）附则

上述规定的期间以日计算的，是指工作日，不含法定休假日；期间以年、月计算的，到期月的对应日为期间的最后一日；没有对应日的，月末日为期间的最后一日。期间开始的当日不计算在期间内。上述所称"以上、日内"，包含本数（级）。

第四节 税款缴纳管理典型案例分析

一、核定征税案例[①]

上诉人周某1诉被上诉人国家税务总局淮安市税务局（以下简称淮安市税务局）、被上诉人国家税务总局江苏省税务局（以下简称江苏省税务局）税收行政管理及行政复议一案，不服淮安市淮阴区人民法院〔2018〕苏0804行初81号行政判决，向江苏省淮安市中级人民法院（以下简称淮安中院）提起上诉。淮安中院于2019年5月10日立案受理后，依法组成合议庭公开审理了本案。本案现已审理终结。

一审法院经审理查明：2018年7月12日，周某1、苗某和陈某某、周某2签订《房屋买卖合同》，约定陈某某、周某2将自有坐落于荷花池小区3号楼701室的房屋以72万元的价格转让于周某1、苗某。同年7月19日，上述买卖双方至被告淮安市税务局税务窗口办理存量房交易的纳税申报。被告按规定使用全省统一的存量房交易计税价格评估系统对申报交易的涉案存量房进行现场评估，评估系统所需录入的项目内容均从纳税人提供的房产证和网签合同信息中直接获取。评估系统生成的评估价格为983 663.06元。窗口工作人员打印系统文书《存量房交易计税价格核定明细单（确认书）》，交由买卖双方阅读并陈述意见。陈述栏中有A、B两类打印意见，A项为"我已对上述内容阅知，对核定的计税价格无异议（√）"，B项为"对价格有异议，不能接受，申请转交相关评估机构进行再评估（ ）"。买卖双方阅后在该确认书中签字，对上述勾选事项作出确认。随后，原告方向被告缴纳了作为买方的相关税费9 836.64元。

---

① 资料来源：江苏省淮安市中级人民法院〔2019〕苏08行终122号行政判决书。

后原告不服，向江苏省税务局提起行政复议。被告江苏省税务局依法受理后，通知被告淮安市税务局提交书面答复和证据材料，淮安市税务局在法定期限内提交行政复议答复书及证据材料。2018年10月29日，被告江苏省税务局作出苏税复决字〔2018〕2号《税务行政复议决定书》，决定对淮安市税务局作出的核定税款行为予以维持。

原告认为被告淮安市税务局未告知原告相关权利，程序违法，侵犯其合法权益，遂诉至一审法院，请求判决确认被告淮安市税务局的核税行为违法，并判决撤销被告江苏省税务局作出的苏税复决字〔2018〕2号《税务行政复议决定书》。

一审法院认为：（1）关于计税依据。根据《中华人民共和国契税暂行条例》（以下简称《契税暂行条例》）第四条第二款的规定，被告在发现纳税人的申报价格明显低于市场价格时，被告有权参照市场价格核定计税依据。同时，《财政部、国家税务总局关于推广应用房地产估价技术加强存量房交易税收征管工作的通知》规定，自2012年7月1日起对存量房交易价格进行全面评估，严格禁止不经评估直接按申报的交易价格征税。而《江苏省地方税务局存量房评估工作管理办法》对评估的规范也作出了具体的规定。该案中，被告淮安市税务局通过全省统一开发的价格评估系统现场评估后，根据系统反馈的价格和提示，发现原告申报的交易价格明显偏低，且原告并不能说明其具备的正当理由，被告根据上述评估工作办法依照系统生成的交易价格进行计税，符合法规和规范性文件的规定。（2）关于计税价格争议的处理。针对纳税人对税务机关核定的计税价格有异议的，《江苏省地方税务局存量房交易计税价格争议处理办法》对争议处理程序作出了明确规定。该案中，原告虽主张被告没有告知提出异议的权利，但从确认书中能够清楚表明，被告向原告告知了陈述申辩的权利，而原告通过签字确认的方式表示对系统生成的评估价格并无异议，被告也就无从启动争议处理程序，因此，原告的主张没有事实依据，法院不予支持。（3）关于行政复议程序的合法性。一审法院认为，被告江苏省税务局收到原告的行政复议申请后，经通知被申请人答复、举证后，依法作出行政复议决定并送达双方，该行政复议符合法定程序。综上，被告淮安市税务局的核税行为依据的事实清楚，程序合法，适用法律正确，被告江苏省税务局所作行政复议决定的程序合法，原告周某1的诉请无事实和法律依据，法院不予支持。根据《行政诉讼法》第六十九条之规定，判决驳回原告周某1的诉讼请求。

上诉人周某1上诉称：（1）一审法院依据窗口工作人员打印系统文书《存量房交易计税价格核定明细单（确认书）》认定上诉人的主张没有事实根据。该确认书陈述栏中A、B两类打印意见的勾选项在上诉人现场签字时未作勾选，上诉人当时就核税价格有异议，现场便提出，现场工作人员不能现场解决，持续数小时，上诉人现场签字时得到现场工作人员的答复是签字后便可以提起价格异议。签字后，上诉人很快到税务机关提起复议。（2）涉案房屋买卖双方系亲属关系（周某2与周某1系姐弟），该房屋买卖与正常的房屋买卖具有明显区别，具有赞助的情况。综上，请求撤销一审判决，判决淮安市税务局核税行为违法，判令江苏省税务局撤销行政复议决定，判令两被上诉人共同承担诉讼费用。

被上诉人淮安市税务局、江苏省税务局均未提交书面答辩意见。各方当事人在一审中提交的证据均已随卷移送淮安中院。

二审中，上诉人周某1提交以下证据：①《证明》；②《常住人口登记表》，旨在证明涉案房屋买卖双方的亲属关系，也证明区别于一般的房屋买卖，不管是哪种亲属关系被上诉人都应该考虑。被上诉人淮安市税务局、江苏省税务局质证认为，证据的真实性、合法性无异议，关联性有异议，缴税现场询问上诉人交易价格明显低于评估价格的原因，上诉人提出的理由是装潢比较差，并未提出其他理由和证据，复议过程中亦未提出，即使上诉人现在提出异议，其提出的理由也不属于正当理由。经审查，以上证据不属于法律规定的新的证据，无正当理由未在法定举证期限内提交，法院不予采纳。

淮安中院经审理查明的事实与一审认定事实一致。

淮安中院认为，《税收征收管理法》第三十五条第一款规定："纳税人有下列情形之一的，税务机关有权核定其应纳税额……（六）纳税人申报的计税依据明显偏低，又无正当理由的。"《契税暂行条例》第四条规定："契税的计税依据：（一）国有土地使用权出让、土地使用权出售、房屋买卖，为成交价格……前款成交价格明显低于市场价格并且无正当理由的，或者所交换土地使用权、房屋的价格的差额明显不合理并且无正当理由的，由征收机关参照市场价格核定。"《财政部、国家税务总局关于推广应用房地产估价技术加强存量房交易税收征管工作的通知》（财税〔2011〕61号）规定："二、严格按照规定推行存量房评估工作（一）积极推进存量房评估工作，自2012年7月1日起对纳税人所申报的存量房交易价格要进行全面评估。严格禁止不经评估即直接按纳税人申报的交易价格征税……（二）严格按照规定实施存量房评估。对于评估认定申报交易价格偏低的，应进一步经过规定程序确认申报交易价格偏低是否有正当理由。有正当理由的，按申报交易价格征税；没有正当理由的，按核定计税价格征税。"《江苏省地方税务局存量房评估工作管理办法》（苏地税发〔2012〕89号）对存量房评估亦作出了具体的规定。本案中，被上诉人淮安市税务局根据上述规定，使用全省统一的评估系统对涉案存量房进行评估，并对评估价格和申报价格进行比对，申报价格明显偏低且无正当理由，被上诉人淮安市税务局按照评估系统生成的评估价格核定计税价格，其核税行为并无不当。

关于上诉人主张其对核定的计税价格有异议，现场签字时未在《存量房交易计税价格核定明细单（确认书）》纳税人陈述栏选项中进行过勾选的问题。法院认为，被上诉人所举证的《存量房交易计税价格核定明细单（确认书）》中，"纳税人陈述（选择打'√'）"一栏载明勾选的是"A、我已对上述内容阅知，对核定的计税价格无异议"，并由包含上诉人在内的买卖双方签字。上诉人主张其当时并未勾选，系被上诉人工作人员事后勾选，对此主张并未在法定举证期限内提供证据予以证明。同时，在该栏目内除上述A选项外，亦明确载有"B、我已对上述内容阅知，对核定的计税价格存在异议，不能接受，申请转交相关评估机构进行再评估"，上诉人如果对核定的计税价格存在异议,可以勾选B选项,但是其并未对B选项进行勾选,亦与常理不符。上诉人该上诉理由不能成立,法院不予采纳。

关于上诉人主张涉案房屋买卖双方系姐弟关系,该房屋买卖与正常房屋买卖具有明显区别,被上诉人对此应予考虑的问题。法院认为,上诉人在行政程序中并未提出过上述理由及相关证据,且《关于进一步加强存量房评估工作的通知》(苏地税发〔2014〕58号)中规定,"四、严格按照规定进行争议处理。……以下情况可视为正当理由:(一)法院判决;(二)亲属(三代以内直系血亲)间交易;(三)房屋客观上有明显缺损等严重质量问题;(四)税务机关认定的其他情形。"上诉人该理由不属于"正当理由",其认为无论是何种亲属关系均应予以考虑的主张,缺乏法律依据,法院不予支持。

关于被上诉人江苏省税务局所作行政复议决定是否合法的问题。法院认为,被上诉人江苏省税务局在收到上诉人周某1的复议申请后,履行了受理、通知答复等程序,在法定期限内作出维持原行政行为的复议决定,并无不当。上诉人诉请撤销该行政复议决定的理由亦不能成立,法院不予支持。

综上,一审判决认定事实清楚,适用法律正确,程序合法,应予维持。上诉人周某1的上诉理由不能成立,其上诉请求不予支持。

2019年7月29日,淮安中院依照《行政诉讼法》第八十六条、第八十九条第一款第(一)项之规定,作出〔2019〕苏08行终122号行政判决书,判决驳回上诉,维持原判。二审案件受理费50元,由上诉人周某1负担。

二、税收强制执行案例[①]

上诉人福建甲医药有限公司(以下简称甲公司)因与被上诉人国家税务总局漳州市税务局第一稽查局(以下简称第一稽查局)、国家税务总局漳州市税务局(以下简称漳州市税务局)税务行政强制执行决定一案,不服漳州市芗城区人民法院〔2019〕闽0602行初179号行政判决,向福建省漳州市中级人民法院(以下简称漳州中院)提起上诉。漳州中院依法组成合议庭,公开开庭审理了本案。本案现已审理终结。

原审查明,2017年7月14日,第一稽查局(原南靖县国家税务局稽查局,下同)向甲公司作出靖国税稽处〔2017〕2号《税务处理决定书》称,经对甲公司2013年1月1日至2015年12月31日的涉税情况依法检查后认定该公司存在虚构收购业务、虚构委托加工业务、财务作虚假核算、虚开增值税专用发票等违法行为,作出决定补缴增值税及滞纳金的决定。同日,第一稽查局向甲公司送达该《税务处理决定书》。2017年7月31日,第一稽查局(原南靖县国家税务局稽查局)向甲公司发出靖国税稽通〔2017〕1号《税务事项通知书》,该《税务事项通知书》事由为责令限期缴纳税款,通知内容为限甲公司于2017年8月9日前向其缴纳自2013年1月1日至2015年12月31日的应缴税款159 670 110.02元及

---

① 资料来源:福建省漳州市中级人民法院〔2020〕闽06行终55号行政判决书。

第五章 税款缴纳管理及案例分析

从税款滞纳之日起至缴纳或解缴之日止,按日加收滞纳税款万分之五的滞纳金。同日,第一稽查局向甲公司送达该《税务事项通知书》。2019年4月23日,第一稽查局向甲公司作出漳税一稽强催〔2019〕1号《催告书》,要求甲公司在收到该催告书之日起十日内缴纳自2013年1月1日至2015年12月31日的应缴税款159 670 110.02元及从税款滞纳之日起至缴纳或解缴之日止,按日加收滞纳税款万分之五的滞纳金,逾期仍未履行,将依法强制执行。2019年4月23日,第一稽查局前往甲公司经营地址公证送达该《催告书》,并于2019年4月24日向甲公司邮寄送达该《催告书》。2019年4月25日,甲公司向第一稽查局提交《行政处理陈述与申辩书》。2019年5月7日,第一稽查局向甲公司作出《关于对〈福建甲医药有限公司行政处理陈述与申辩书〉的回复》,对陈述申辩内容不予采纳,并于2019年5月9日送达。2019年5月29日,第一稽查局向甲公司作出漳税一稽强扣〔2019〕1号《税收强制执行决定书》,决定从甲公司开户于中国邮政储蓄银行南靖支行账号为10×××01账户中扣缴税款及滞纳金合计16 136.32元并缴入国库。同日,第一稽查局向中国邮政储蓄银行南靖支行发出漳税一稽扣通〔2019〕1号《扣缴税收款项通知书》并实际扣缴税款及滞纳金合计16 136.32元入库。漳税一稽强扣〔2019〕1号《税收强制执行决定书》于2019年6月3日送达甲公司。2019年6月13日,甲公司不服第一稽查局作出的漳税一稽强扣〔2019〕1号《税收强制执行决定书》,向漳州市税务局申请行政复议。2019年9月6日,漳州市税务局作出漳税复决字〔2019〕1号《行政复议决定书》,维持第一稽查局作出的漳税一稽强扣〔2019〕1号《税收强制执行决定书》。

原审另查明,甲公司不服第一稽查局作出靖国税稽处〔2017〕2号《税务处理决定书》,向漳州市税务局(原福建省漳州市国家税务局,下同)提起行政复议申请。2017年9月11日,漳州市税务局作出漳国税复不受字〔2017〕1号《不予受理行政复议申请决定书》。甲公司不服,于2017年9月25日向原审法院提起行政诉讼,案号为〔2017〕闽0602行初149号。2017年11月10日,甲公司撤回起诉。

原审认为,根据甲公司、第一稽查局、漳州市税务局的诉辩意见,本案争议的焦点主要有以下三点:(1)第一稽查局作出的漳税一稽强扣〔2019〕1号《税收强制执行决定书》是否具有事实根据;(2)第一稽查局作出的税收强制执行决定及实施的程序是否合法;(3)漳州市税务局作出的漳税复决字〔2019〕1号《行政复议决定书》是否合法。

关于焦点一,甲公司主张靖国税稽处〔2017〕2号《税务处理决定书》存在认定事实不清、计算错误等违法情形。原审认为,本案的被诉行政行为系行政强制执行行为,是税务机关对不履行税务处理决定的公民、法人或者其他组织依法强制履行义务的行政行为。在此类案件中,被强制执行的行政决定是否合法,不属于本案的司法审查范围。人民法院对被强制执行的行政决定的审查仅止于判定其是否属于无效行政决定。如案涉的税务处理决定无效,则被诉税务强制行为缺乏事实根据;如案涉的税务处理决定有效,则被诉税务强制行为为具有事实根据;根据《行政诉讼法》第七十五条和《最高人民法院关于适用〈中华人民共和国行政诉讼法〉的解释》第九十九条规定,只有行政决定具有下列情形之一时,才能被认定无效:一是行政行为实施主体不具有行政主体资格;二是减损权利或者增加义务的行政决定没有法律规范依据;三是行政决定的内容客观上不可能实施;四是具有其他重大且明显违法的情形。《行政诉讼法》已经赋予行政相对人就不服行政决定可以提起行政诉讼的权利。甲公司对靖国税稽处〔2017〕2号《税务处理决定书》不服,已行使了行政复议及行政诉讼的法律救济权利,上述《税务处理决定书》已依法生效。因此,靖国税稽处〔2017〕2号《税务处理决定书》可以作为本案案涉税务强制执行决定书的强制执行依据,甲公司主张因《税务处理决定书》存在违法进而导致案涉《税务强制执行决定书》存在继续违法的主张,不予采纳。

关于焦点二,甲公司主张第一稽查局作出的税收强制执行决定前并未依照法定程序完成相应的行政告知及催告义务,且在作出实际税收强制执行行为后才向甲公司送达案涉税务强制执行决定书,属程序违法。原审认为,根据《中华人民共和国行政强制法》(以下简称《行政强制法》)第三十五条至第三十八条的规定,对不履行行政决定的,行政机关应当以书面的方式对当事人进行催告,催告过程中要充分保障当事人的陈述和申辩权。经催告仍不履行的,行政机关应当作出强制执行决定并予以执行。本案中,第一稽查局在甲公司不履行靖国税稽处〔2017〕2号《税务处理决定书》后,依法向甲公司作出漳税一稽强催〔2019〕1号《催告书》并送达甲公司,已完成法定催告义务。该《催告书》明确告知逾期不履行时拟强制执行的理由和依据,并告知了依法享有的陈述和申辩权。甲公司亦在收到上述《催告书》后提交了《行政处理陈述与申辩书》,第一稽查局受理该《行政处理陈述与申辩书》并作出答复,充分保障了甲公司作为行政相对人的行政救济权利。在甲公司逾期不履行靖国税稽处〔2017〕2号《税务处理决定书》的情况下,第一稽查局作出案涉税务强制执行决定书,对甲公司名下账户进行税款及滞纳金扣缴,符合法律规定。另,根据《税收征收管理法》第四十条规定,经局长批准,书面通知甲公司的开户银行或者其他金融机构从甲公司存款中扣缴税款,所适用的法律法规现行有效,适用正确;扣缴数额未超过拟强制执行的标的额,所采取的扣缴范围为法律规定的书面通知金融机构,扣缴对象为普通账户中的存款,行为适当;完成了强制执行决定的审批、制作、扣缴和送达的相关法定程序,符合法定程序要求。

关于焦点三,漳州市税务局具有作出行政复议的法定职权,且案涉行政复议决定认定事实清楚,适用法律正确、复议程序合法,并无不当。

综上,依照《行政诉讼法》第六十九条的规定,判决驳回甲公司的诉讼请求。案件受理费50元,由甲公司负担。

甲公司不服原审判决,向漳州中院提起上诉,请求撤销原审判决,并依法改判或发回重审,本案一、二审诉讼费用由二被上诉人共同承担。主要有:(1)靖国税稽处〔2017〕2号《税务处理决定书》存在重大且明显违法,已是无效行政决定,不能作为漳税一稽强扣〔2019〕1号《税收强制执行决定书》的事实根据,一审法院应当进行关联性审查但未进行。上诉人在一审诉讼中,已明确指明《税务处理决定书》补缴税额错误明显,同时还存在各种程序与实体的重大违法问题:①程序上,如应当同时作出处罚决定,但其未同时作出,剥夺了上诉人的陈述与申辩权;违反选案、检查相分离原则,检查人员应当回避而没有回避,在稽查终结后无合法手续仍进行稽查、调取以前年度账簿未经税务局局长批准;②实体上,《税务处理决定书》《催告书》《强拍决定书》中税款金额计算错误明显、上诉人不构成虚开收购发票业务等。上述重大且明显违法已导致《税务处理决定书》是无效行政决定,依据《行政诉讼法》第七十五条及《最高人民法院关于适用〈中华人民共和国行政诉讼法〉的解释》第九十九条第(四)项规定,《税务处理决定书》符合具有其他重大且明显违法的情形,应认定为无效,不得作为被诉强制执行行为的事实依据。上述规定实际已证实即使《税务处理决定书》在形式上已生效,亦可由于《税务处理决定书》存在法定情形而否定行政行为形式上"已生效"所产生的效果,即上诉人即使对《税务处理决定书》进行过权利救济,该《税务处理决定书》形式上已生效,均不影响其内容实质的重大且明显违法而导致无效,因此,其不得作为本案强制执行行为的事实根据。一审法院忽略行政决定实质可否定形式外观的事实,仅以《税务处理决定书》已生效而认定其可作为强制执行依据是错误的。只有法院对《税务处理决定书》进行关联性审查,才能确定《税务处理决定书》是否存在无效的法定情形。而一审法院未就此问题进行审查,实质是认定事实不清,应予纠正。(2)一审法院有意回避第一稽查局强制执行决定中未载明强制执行理由与依据以及第一稽查局先实施强制执行行为、后送达强制执行决定程序违法的客观事实,继而认定第一稽查局的行政强制行为合法,明显认定错误,应予纠正。①一审法院仅提及《催告书》中载明了强制执行的理由与依据,但对第一稽查局作出的漳税一稽强扣〔2019〕1号《税收强制执行决定书》中是否载明了强制执行的理由与依据避而不谈。从该《税收强制执行决定书》中可明显看到,该决定书并未载明强制执行的理由与依据,根据《行政强制法》第三十五、三十七条规定,《催告书》中是否载明强制执行的理由与依据均不得代替该《税收强制执行决定书》本应载明的强制执行的理由与依据的法定内容,因此,第一稽查局的行为违法。②从行政强制法第四章"行政机关强制执行程序"条文编纂的逻辑顺序即已极为明确地表明了强制执行程序存在先催告、后作出强制执行决定、再送达、最后执行的执行顺序。而第一稽查局于2019年5月29日便实施强制扣划的行为,但却是在2019年6月3日才将被诉《税收强制执行决定书》送达上诉人,该先扣划后送达决定的行为已明显违法,但一审法院对此并未给予正面回应,避而不谈径直认定第一稽查局的行政强制行为符合法定程序要求,明显错误,应当予以纠正。(3)一审法院严重不负责,一审判决书中存在多处笔误。从这些笔误中可以看出一审法院在判决本案时草草了事,并未认真对待上诉人提及的二被上诉人违法问题,从而作出错误判决,应当予以纠正。

被上诉人第一稽查局辩称:(1)靖国税稽处〔2017〕2号《税务处理决定书》属于生效的合法的行政决定,上诉人就该《税务处理决定书》已经行使过法定的救济权利,《税务处理决定书》并非本案审查范围。上诉人已经行使过法定救济权利,却在本案中要求法院对《税务处理决定书》再次审查，于法无据。（2）行政强制执行行为是由催告书的作出及送达、强制执行决定书的作出及送达、强制执行措施的实施三个阶段共同组成。第一稽查局在作出本案被诉行政强制扣款执行行为中，已经告知了上诉人甲公司所执行的依据和理由，保障了甲公司的程序性权利，甲公司也已经充分行使了其陈述申辩等权利。在甲公司逾期不履行《税务处理决定书》的情况下，第一稽查局作出被诉《税收强制执行决定书》，该行为合法有据，未对上诉人的程序性权利造成任何损害。（3）第一稽查局先扣款后通知的行为符合法律法规的规定。《税收征收管理法》和《行政强制法》的法律位阶相同，《税收征收管理法》属于特别法。根据《税收征收管理法》第四十条第一款第（一）项、第二款规定，在第一稽查局向上诉人催告履行后，因上诉人拒不履行，第一稽查局有权书面通知银行扣缴上诉人所欠缴的税款及滞纳金，而该扣缴税款的行为无须提前告知欠缴税款的纳税人。（4）上诉人的上诉理由第三点属于主观臆测、恶意揣测，不能成立。综上所述，一审判决认定事实清楚、适用法律正确，请求依法驳回上诉，维持原判。被上诉人漳州市税务局的答辩意见与被上诉人第一稽查局的答辩意见一致。

经审理查明，各方当事人在法定举证期限内向原审法院提交的证据材料，已经原审庭审举证、质证，相关证据材料亦随案移送漳州中院。根据本案有效证据及各方当事人的庭审陈述，漳州中院查明以下事实：

2017年7月14日，原福建省南靖县国家税务局稽查局（以下简称原南靖县国税稽查局）作出靖国税稽处〔2017〕2号《税务处理决定书》，其中决定上诉人应补缴增值税共计163 670 110.02元，并对应补税款从滞纳税款之日起至实际解缴税款之日止，按日加收万分之五的滞纳金，限甲公司自收到该决定书之日起15日内到原南靖县国家税务局纳税服务大厅将上述税款及滞纳金缴纳入库，逾期未缴清的，将依照《税收征收管理法》第四十条规定强制执行。同日，甲公司收到该《税务处理决定书》。因甲公司于稽查期间预缴税款400万元，原南靖县国税稽查局于2017年7月31日作出靖国税稽通〔2017〕1号《税务事项通知书》，通知甲公司限于2017年8月9日前缴纳2013年1月1日至2015年12月31日的应缴税款159 670 110.02元，并从税款滞纳之日起至缴纳或解缴之日止，按日加收滞纳税款万分之五的滞纳金，与税款一并缴纳。

并于同日将该《税务事项通知书》送达给甲公司。2017年9月7日，甲公司因不服靖国税稽处〔2017〕2号《税务处理决定书》，向原福建省漳州市国家税务局提出复议申请，该局于2017年9月11日作出漳国税复不受字〔2017〕1号《不予受理行政复议申请决定书》。甲公司不服，于2017年9月27日向原审法院提起行政诉讼，后于2017年11月10日提出撤诉申请，原审法院于同日作出〔2017〕闽0602行初149号行政裁定书，准许甲公司撤回起诉。2019年3月8日，第一稽查局作出漳税一稽通〔2019〕1号《税务事项通知书》，通知甲公司案件执法主体由南靖县国税稽查局变更为第一稽查局。2019年4月23日，第一稽查局作出漳税一稽强催〔2019〕1号《催告书》，载明甲公司在法定期限不履行原南靖县国税稽查局作出的靖国税稽处〔2017〕2号《税务处理决定书》，根据《行政强制法》第三十四条、第三十五条规定向甲公司催告，要求甲公司收到该催告书之日起十日内缴纳税款159 670 110.02元，并从税款滞纳之日起至缴纳或解缴之日止，按日加收滞纳税款万分之五的滞纳金，与税款一并缴纳；逾期仍未履行义务的，第一稽查局将依法强制执行；并告知甲公司在收到催告书后有权进行陈述和申辩。同日，第一稽查局到上诉人的住所地在"东大路164号"门牌号的下方粘贴上述《催告书》。2019年4月24日，第一稽查局向甲公司邮寄上述《催告书》，甲公司于2019年4月25日签收该《催告书》并向第一稽查局提交《行政处理陈述与申辩书》。2019年5月7日，第一稽查局作出《关于对〈福建甲医药有限公司行政处理陈述与申辩书〉的回复》，认为甲公司陈述与申辩的内容不能成立，不予采纳。并于2019年5月9日送达该回复给甲公司。2019年5月29日，第一稽查局作出漳税一稽强扣〔2019〕1号《税收强制执行决定书》，载明根据《税收征收管理法》第四十条规定，经漳州市税务局局长批准，决定从2019年5月29日起从甲公司在中国邮政储蓄银行南靖支行的存款账户中扣缴税款9 750.04元、滞纳金6 386.28元，合计16 136.32元缴入国库。第一稽查局于2019年6月3日将该《税收强制执行决定书》送达给甲公司。甲公司不服，向漳州市税务局申请行政复议。漳州市税务局于2019年6月17日收到甲公司的行政复议申请并予以受理。2019年6月20日，漳州市税务局向第一稽查局送达《行政复议答复通知书》。甲公司申请听证后，漳州市税务局于2019年7月22日举行听证会。漳州市税务局认为案件情况复杂，不能在规定期限内作出行政复议决定，经负责人批准，于2019年8月9日作出《行政复议延期审理通知书》，决定延期至2019年9月12日之前作出。2019年8月12日，漳州市税务局分别向甲公司、第一稽查局送达《行政复议延期审理通知书》及《行政复议听证通知书》。2019年8月22日，漳州市税务局再次举行听证会。2019年9月6日，经负责人批准后，漳州市税务局作出漳税复决字〔2019〕1号《行政复议决定书》，决定维持第一稽查局于2019年5月29日作出的漳税一稽强扣〔2019〕1号《税收强制执行决定书》，并于2019年9月9日将该《行政复议决定书》分别直接送达给甲公司和第一稽查局。

漳州中院认为，《税收征收管理法》第四十条第一款第（一）项规定："从事生产、经营的纳税人、扣缴义务人未按照规定的期限缴纳或者解缴税款，纳税担保人未按照规定的期限缴纳所担保的税款，由税务机关责令限期缴纳，逾期仍未缴纳的，经县以上税务局（分局）局长批准，税务机关可以采取下列强制执行措施：（一）书面通知其开户银行或者其他金融机构从其存款中扣缴税款。"该条第二款规定："税务机关采取强制执行措施时，对前款所列纳税人、扣缴义务人、纳税担保人未缴纳的滞纳金同时强制执行。"《行政强制法》第三十七条第一款规定："经催告，当事人逾期仍不履行行政决定，且无正当理由的，行政机关可以作出强制执行决定。"本案中，原南靖县国税稽查局于2017年7月14日作出靖国税稽处〔2017〕2号《税务处理决定书》，其中决定甲公司应补缴增值税共计163 670 110.02元，并从滞纳税款之日起至实际解缴税款之日止，按日加收万分之五的滞纳金，限甲公司自收到该决定书之日起

15日内将上述税款及滞纳金缴纳入库。同日，甲公司收到该《税务处理决定书》。被上诉人第一稽查局于2019年5月29日作出本案被诉漳税一稽强扣〔2019〕1号《税收强制执行决定书》时，靖国税稽处〔2017〕2号《税务处理决定书》系生效的行政处理决定。甲公司逾期未依法履行该《税务处理决定书》确定的义务，第一稽查局经催告、听取甲公司陈述、申辩等程序，在甲公司无正当理由逾期仍不履行缴纳税款及滞纳金义务的情况下，经依法批准作出漳税一稽强扣〔2019〕1号《税收强制执行决定书》，并依法送达甲公司，并无不当。漳州市税务局作为复议机关，受理上诉人的行政复议申请后，经向被上诉人第一稽查局送达《行政复议答复通知书》、依法延长审理期限、举行听证会、审批等程序作出被诉行政复议决定，维持了漳税一稽强扣〔2019〕1号《税收强制执行决定书》，并依法送达，亦无不当。上诉人上诉主张靖国税稽处〔2017〕2号《税务处理决定书》存在税款金额计算错误等重大且明显违法问题，根据《行政诉讼法》第七十五条以及《最高人民法院关于适用〈中华人民共和国行政诉讼法〉的解释》第九十九条等规定，属无效行政决定，不能作为本案强制执行的事实依据。经审查，《行政诉讼法》第七十五条关于"行政行为有实施主体不具有行政主体资格或者没有依据等重大且明显违法情形，原告申请确认行政行为无效的，人民法院判决确认无效"，以及《最高人民法院关于适用〈中华人民共和国行政诉讼法〉的解释》第九十九条关于"有下列情形之一的，属于行政诉讼法第七十五条规定的'重大且明显违法'：（一）行政行为实施主体不具有行政主体资格；（二）减损权利或者增加义务的行政行为没有法律规范依据；（三）行政行为的内容客观上不可能实施；（四）其他重大且明显违法的情形"等规定，均是针对被诉行政行为而言，而本案被诉行政行为系第一稽查局作出的漳税一稽强扣〔2019〕1号《税收强制执行决定书》并非靖国税稽处〔2017〕2号《税务处理决定书》，该《税务处理决定书》系已经发生法律效力的行政决定，即使甲公司关于该《税务处理决定书》的附表中的合计金额"1 255 465 772.51"元错误，应为"1 255 715 774.11"元的主张成立，但由于附表中的合计金额"1 255 465 772.51"元小于甲公司主张的合计金额"1 255 715 774.11"元，该《税务处理决定书》中决定甲公司应补缴的增值税金额也是少于甲公司实际应补缴的金额，且被诉强制执行决定中扣缴税款金额及滞纳金金额，均远远低于上诉人应补缴的税款及滞纳金金额，甲公司的合法权益明显不会因该问题而受到损害。本案现有有效证据不能证明靖国税稽处〔2017〕2号《税务处理决定书》存在实施主体不具有行政主体资格、明显缺乏事实依据、明显缺乏法律、法规依据以及其他明显违法并损害被执行人合法权益等足以阻却强制执行的情形。上诉人的上述上诉主张不能成立，不予支持。关于上诉人上诉主张被诉《税收强制执行决定书》中未载明强制执行理由与依据违法的问题。经审查，《行政强制法》第三十七条第二款规定："强制执行决定应当以书面形式作出，并载明下列事项：（二）强制执行的理由和依据"。《税收征收管理法实施细则》第一百零七条第（四）项规定："税务文书的格式由国家税务总局制定。本细则所称税务文书，包括：（四）税收强制执行决定书。"《国

家税务总局关于印发全国统一税收执法文书式样的通知》（国税发〔2005〕179号）下发的全国统一税收执法文书，其中包含了税收强制执行决定书（扣缴税收款项适用），自2006年5月1日起执行。本案被诉《税收强制执行决定书》系依据《国家税务总局关于印发全国统一税收执法文书式样的通知》（国税发〔2005〕179号）附表1中的税收强制执行决定书（扣缴税收款项适用）的格式进行制作，已载明了强制执行的依据是《税收征收管理法》第四十条规定。本案第一稽查局在作出被诉强制执行决定前已向上诉人送达《催告书》，《催告书》中也已载明甲公司在法定期限内不履行靖国税稽处〔2017〕2号《税务处理决定书》，催告其缴纳税款及滞纳金，逾期仍未履行义务的，将依法强制执行。上诉人进行了陈述申辩，实际上已经知晓了强制执行的理由，故上诉人的上述上诉主张不能成立，不予支持。鉴于《国家税务总局关于印发全国统一税收执法文书式样的通知》施行时，《行政强制法》尚未开始施行，现该文书格式存在一定滞后性，法院将针对上述文书格式问题另行向税务机关提出司法建议。关于上诉人提出第一稽查局先实施强制执行行为后送达强制执行决定，程序违法问题。因本案审查的是被上诉人第一稽查局作出漳税一稽扣〔2019〕1号《税收强制执行决定书》的合法性，而非之后的强制执行行为，上诉人提出的该问题属强制执行行为程序合法性问题，不属本案审查范畴，因此，上诉人的该上诉主张不能成立，不予支持。至于上诉人提出原审判决的"本院认为"部分存在多处笔误的问题，二审期间，原审法院对存在的多处笔误已经裁定补正并送达各方当事人，但原审法院要引以为戒，防止此类问题再次发生。综上，上诉人的上诉请求均不能成立，不予支持。原审判决认定的基本事实清楚，适用法律、法规正确，应予维持。

2020年6月28日，漳州中院依照《行政诉讼法》第八十九条第一款第（一）项之规定，作出〔2020〕闽06行终55号行政判决书，判决驳回上诉，维持原判。二审案件受理费50元，由上诉人福建甲医药有限公司负担。

三、纳税人超期申请退税案例[①]

刘某某诉国家税务总局北京市西城区税务局（以下简称西城税务局）作出的通知及国家税务总局北京市税务局（以下简称市税务局）行政复议一案，西城税务局不服北京市西城区人民法院（以下简称一审法院）所作〔2017〕京0102行初813号行政判决（以下简称一审判决），向北京市第二中级人民法院（以下简称北京二中院）提起上诉。北京二中院依法组成合议庭，于2019年8月19日公开开庭进行了审理。本案现已审理终结。

2016年12月26日，西城税务局作出京地税西税通〔2016〕31517号《税务事项通知书》（以下简称被诉通知书），主要内容为：刘某某；事由：退抵税（费）审批通知；依据：《税收征收管理法》第五十一条；通知内容：你（单位）于2016年12月22日

---

① 资料来源：北京市第二中级人民法院〔2019〕京02行终964号行政判决书。

提出的退抵税（费）审批收悉，经审核，不符合要求，不予审批。2017年1月18日，西城税务局作出《更正通知书》，主要内容为，刘某某：现将我局向你送达的被诉通知书内容更正如下："2016年12月22日"更正为"2016年12月13日"。

刘某某不服被诉通知书，向市税务局提起行政复议。市税务局于2017年7月31日作出京地税复字〔2017〕3号《税务行政复议决定书》（以下简称被诉复议决定），认为西城税务局作出的被诉通知书认定事实清楚、证据充分、适用依据正确、程序合法、内容适当，依据《行政复议法》第二十八条第一款第（一）项、《税务行政复议规则》第七十五条第一项的规定，维持被诉通知书。

刘某某向一审法院诉称，2011年，刘某某欲将位于北京市西城区菜市口大街6号院3号楼6单元203室房屋（以下简称涉案房屋）通过出售的方式过户给沈某。2011年9月5日，刘某某向西城税务局缴纳营业税42 500元、城市维护建设税2 975元、教育费附加1 275元，共计46 750元。在涉案房屋交易过程中，刘某某前夫王某发现其对涉案房屋的权利受到侵害，因此与刘某某之间产生系列诉讼，最终法院判决认定涉案房屋权属归王某所有，导致刘某某与沈某之间的房屋交易失败。依照法律规定，营业税等税款是在房屋交易成功的情况下税务机关收取的，现刘某某与沈某之间的房屋交易失败，西城税务局应予退回。刘某某向西城税务局申请退营业税、城市维护建设税、教育费附加，西城税务局于2016年12月26日作出被诉通知书。刘某某不服，于2017年1月9日向市税务局申请行政复议，市税务局2017年7月31日作出被诉复议决定维持被诉通知书，刘某某于2017年8月2日收到。现诉至法院，请求法院：1.撤销西城税务局作出的被诉通知书及市税务局作出的被诉复议决定；2.判令西城税务局向刘某某退营业税42 500元、城市维护建设税2 975元、教育费附加1 275元，共计46 750元；3.诉讼费用由西城税务局、市税务局承担。

西城税务局向一审法院辩称，（1）西城税务局作出的被诉通知书认定事实清楚、法律适用正确、程序合法。2011年9月5日，刘某某持民事调解书、强制执行裁定书等材料到西城税务局所辖第七税务所申报缴纳将涉案房屋过户给沈某发生的税费，第七税务所向刘某某征收营业税42 500元、城市维护建设税2 975元、教育费附加1 275元。2016年12月13日，刘某某向西城税务局所辖第二税务所提出退税申请。经查验，第二税务所依法受理退税申请后，将退税申请材料交西城税务局办理。西城税务局经审核发现，刘某某于2011年9月5日缴纳营业税、城市维护建设税、教育费附加，于2016年12月13日提出退税申请，已超过《税收征收管理法》第五十一条规定的三年退税申请期限，据此作出被诉通知书并向刘某某送达。（2）刘某某主张"营业税等税款是在房屋交易成功的情况下税务机关收取的，现刘某某与沈某之间的房屋交易失败，西城税务局应予退回"没有法律根据，不能成立。《税收征收管理法》第五十一条规定"超过应纳税额缴纳的税款"的产生原因有多种，包括因法律原因、技术原因以及其他原因导致的多缴税款。该条还规定，应退还的纳税人多缴的税款有两类，一是由税务机关发现，二是由纳税人自己发现。由纳税人发现的多缴税款，无论什么原因造成，都应在结算缴纳税款之日起三年内申请退还，超过三年申请退税的，税务机关不能办理退还手续。本案中，刘某某缴纳营业税、城市维护建设税、教育费附加的时间是2011年9月5日，提出退税申请的时间是2016年12月13日，已超过法定的三年退税申请期限，因此，其提出的退税申请不符合退税条件，西城税务局据此作出不予退税的被诉通知书并无不当。综上，刘某某所诉事由没有法律依据，请求法院判决驳回刘某某的诉讼请求。

市税务局向一审法院辩称，（1）市税务局受理刘某某提出的行政复议申请并作出被诉复议决定，履行了行政复议的法定职责，程序合法。2017年1月9日，刘某某不服西城税务局作出的被诉通知书向市税务局提出行政复议，复议请求为"责令西城税务局将刘某某缴纳的营业税、城市维护建设税、教育费附加退回"。2017年1月12日，市税务局决定受理刘某某的行政复议申请并向刘某某邮寄送达《行政复议申请受理通知书》，向西城税务局送达《行政复议答复通知书》。2017年1月20日，西城税务局提交《行政复议答复书》及证据、法律依据等材料。经审理，市税务局认为本案情况复杂，不能在规定期限内作出行政复议决定，根据《行政复议法》第三十一条第一款、《税务行政复议规则》第八十三条第一款的规定，决定延长案件审理期限30日，并于2017年3月10日将《行政复议延期通知书》邮寄送达刘某某。由于本案涉及退税相关政策的法律适用问题需有权机关作出解释或者确认，根据《行政复议法实施条例》第四十一条第一款第六项、《税务行政复议规则》第七十九条第一款第七项的规定，市税务局决定自2017年3月22日起中止该案审理。中止原因消除后，于2017年7月21日决定恢复审理。2017年7月31日作出被诉复议决定并邮寄送达刘某某。（2）西城税务局作出的被诉通知书认定事实清楚、证据确凿、适用法律正确、程序合法。刘某某所称"营业税等税款是在房屋交易成功的情况下，税务机关收取的，现其与沈某之间的房屋交易失败，西城税务局应予退回"没有法律根据，不能成立。综上，被诉复议决定认定事实清楚、证据确实充分、适用法律正确，刘某某的诉讼请求没有事实和法律依据，请求法院驳回刘某某的诉讼请求。

沈某向一审法院述称，财政部、国家税务总局文件《关于购房人办理退房有关契税问题的通知》（财税〔2011〕32号，以下简称32号通知）明确如果没有办理权属登记可以退还契税。关于刘某某的各项税费我们认为基于同一笔交易，刘某某税费应予以退还，不应适用《税收征收管理法》第五十一条，该条规定是多缴纳税款，而不适用交易不成功的情况；西城税务局答辩中也表达了刘某某缴纳的税款应该退还，只不过是涉及时效的问题；《税收征收管理法》第五十一条还规定，税务机关如果发现应该予以退还并没有时效的规定，相当于现在西城税务局已经知晓情况却不予办理。刘某某本人一直在进行民事诉讼，主张退还税款的权利，只不过主张对象有问题，但是不能要求纳税人知道应该如何办理退税。

王某向一审法院述称，关于刘某某和沈某之间的诉讼不了解过程，至于退税问题也不清楚情况，对刘某某的诉讼请求无法发表意见。

一审法院经审理查明：

2009年3月3日，刘某某与北京甲房地产有限公司签订《商品房预售合同》，约定刘某某购买涉案房屋，总价款1 465 156元。2009年3月6日，刘某某与王某登记结婚。2010年1月26日，刘某某与王某协议离婚，并在离婚协议中约定涉案房屋归男方所有，女方协助办理过户，所欠贷款由王某偿还。

2010年4月1日，因刘某某与范某某民间借贷纠纷，北京市海淀区人民法院（以下简称海淀法院）作出〔2010〕海民初字第9925号民事调解书，确定刘某某在约定时间内偿还范某某85万元借款，如未按期还款，刘某某应将涉案房屋过户给范某某或范某某指定的第三人。同月，因刘某某未履行调解书确定的还款义务，海淀法院作出〔2010〕海民执字第4656号强制执行裁定书，将涉案房屋过户给范某某指定的第三人沈某。

2011年4月28日，王某向海淀法院起诉刘某某，要求确认涉案房屋归王某所有。2011年8月29日，海淀法院作出〔2011〕海民初字第17526号民事判决书，判决因涉案房屋尚未办理产权证书，无法确认涉案房屋产权人，离婚协议书约定的条件尚未成立，故驳回王某的诉讼请求。王某不服提起上诉，2011年10月30日，北京市第一中级人民法院（以下简称一中院）作出〔2011〕一中民终字第15498号民事判决书，驳回上诉，维持原判。

2011年9月5日，刘某某到西城税务局第七税务所申报缴纳了涉案房屋过户给沈某产生的营业税42 500元、城市维护建设税2 975元、教育费附加1 275元，共计46 750元，同时代理沈某申报缴纳了契税25 500元。

2011年11月4日，一中院指令海淀法院对刘某某、范某某民间借贷纠纷案件自行审查处理。海淀法院按照一中院的要求，对〔2010〕海民初字第9925号民事调解书进行再审，于2012年4月20日作出〔2012〕海民再初字第37号民事判决书，判决撤销〔2010〕海民初字第9925号民事调解书，刘某某偿还范某某85万元。后范某某提起上诉，2012年9月18日，一中院作出〔2012〕一中民再终字第07154号民事判决书，判决驳回上诉，维持原判。

2012年，王某将刘某某诉至一审法院，要求法院判令将涉案房屋过户到王某名下。一审法院于2012年3月20日作出〔2012〕西民初字第4807号民事判决书，判决刘某某协助王某办理将涉案房屋所有权证登记于王某名下的手续。刘某某不服，提起上诉，2012年11月9日，一中院作出〔2012〕一中民终字第6209号民事判决书，驳回上诉，维持原判。现涉案房屋已登记于王某名下。

2016年6月14日，刘某某向海淀法院起诉王某不当得利纠纷，请求法院判决王某返还其垫付的购房款及税费。后对返还税款22 127.17元不再主张，海淀法院作出〔2016〕京0108民初20622号民事判决书，判决王某于本判决生效后十日内返还刘某某532 470元；驳回刘某某其他诉讼请求。刘某某、王某不服，提起上诉。2017年3月24日，一中院作出〔2017〕京01民终669号民事判决书，判决撤销〔2016〕京0108民初20622号民事判决书；王某于本判决生效后十日内返还刘某某532 470元，并按中国人民银行公布的同期贷款利率给付2013年3月7日至实际返还之日止的利息；驳回刘某某的其他诉讼请求；驳回王某的上诉请求。

2016年12月13日，刘某某向西城税务局第二税务所提出退税申请，请求退还其于2011年9月5日缴纳的营业税42 500元、城市维护建设税2 975元、教育费附加1 275元，共计46 750元。西城税务局经审查，于2016年12月26日作出被诉通知书并送达刘某某，后因被诉通知书中对退税申请提出时间描述错误，于2017年1月18日作出《更正通知书》将错误日期更正并送达刘某某。

2017年1月9日，刘某某向市税务局提出行政复议申请，复议请求为，责令西城税务局将刘某某缴纳的营业税、城市维护建设税、教育费附加退回。2017年1月12日，市税务局决定受理刘某某的行政复议申请并向刘某某邮寄送达《行政复议申请受理通知书》，向西城税务局送达《行政复议答复通知书》。2017年1月20日，西城税务局提交《行政复议答复书》及证据、依据等相关材料。市税务局经审理认为本案情况复杂，不能在规定期限内作出行政复议决定，根据《行政复议法》第三十一条第一款、《税务行政复议规则》第八十三条第一款的规定，于2017年3月10日作出《行政复议延期通知书》决定延长案件审理期限30日，并邮寄送达刘某某及西城税务局。由于本案涉及退税相关政策的法律适用问题需有权机关作出解释或者确认，根据《行政复议法实施条例》第四十一条第一款第六项、《税务行政复议规则》第七十九条第一款第七项的规定，市税务局于2017年3月22日作出《行政复议中止通知书》决定中止案件审理并送达刘某某及西城税务局。中止原因消除后，于2017年7月21日作出《行政复议恢复审理通知书》并送达刘某某及西城税务局。2017年7月31日作出被诉复议决定并邮寄送达刘某某及西城税务局。

一审法院认为，根据《税收征收管理法》第五条、第十四条的规定，西城税务局负责本行政区域内税务征收管理工作，具有对退税申请予以审查并处理的法定职责。根据《税务行政复议规则》第十七条、《行政复议法》第十二条的规定，市税务局作为西城税务局的上一级主管部门，具有对西城税务局作出行政行为不服提起行政复议予以受理、审查并作出处理的法定职责。

归纳本案的审理焦点为：一是刘某某缴纳的营业税、城市维护建设税、教育费附加的性质如何认定，是否应予退还；二是西城税务局适用《税收征收管理法》第五十一条作出被诉通知书是否正确。

关于焦点一，一审法院认为，刘某某曾缴纳的税款自其与沈某基于以房抵债的行为不具备法律效力时，已不符合税的根本属性，不具备课税要素条件和税收依据，依法应予退还，否则将有违税法的立法精神和宗旨。

（1）税收的概念和基本构成要素。税收或称租税、赋税、税金等，简称税，是国家为实现其公共职能，满足社会公共需要而凭借其政治权力，按照预定的标准和程序，无偿地、强制地取得财政收入的一种活动或手段，具有国家单方强制性、无偿征收性、标准确定性等特征，应遵循一定的原则并按照规定的标准得以实施。课税要素是指国家征税必不可少的要素即必须具备的条件，从狭义上说主要针对税收实体法要素，包括征税主体、征税客体、税率等。课税要素理论是判定相关主体的纳税义务是否成立以及国家是否有权征税的标准，只有满足课税要素，相关主体才能成为税法上的纳税人并负有依法纳税的义务，国家才能作为征收主体对其征收税款。其中征税客体即主要解决对什么征税的问题，一般界定为物，主要涉及商品、所得以及财产等，如具有收益性和营利性则一般可以征税，如具有一定的公益性和非营利性则一般不予征税。

本案中，2011年9月5日，刘某某和沈某分别缴纳营业税、城市维护建设税、教育费附加及契税，其缴税基础源于〔2010〕海民初字第9925号民事调解书所确定的刘某某基于对范某某以房抵债行为而将涉案房屋过户给沈某的民事义务。此时，依据税法理论和规定，因房屋权属发生移转变更的事实，应由承受房屋所有权的人即沈某作为纳税主体缴纳契税，相对出让房屋所有权的人即刘某某作为纳税主体缴纳营业税、城市维护建设税、教育费附加，征税客体为涉案房屋，因具有财产收益性故满足课税要素的基本构成要件。此后，海淀法院于2012年4月20日作出〔2012〕海民再初字第37号民事判决书，判决撤销〔2010〕海民初字第9925号民事调解书，刘某某偿还范某某人民币85万元。一中院于2012年9月18日二审予以维持。一审法院于2012年3月20日作出〔2012〕西民初字第4807号民事判决书，判决刘某某协助王某办理将涉案房屋所有权证登记于王某名下的手续。一中院于2012年11月9日二审予以维持。至此，刘某某与沈某之间基于涉案房屋的以房抵债行为灭失，其缴纳的税款性质要结合课税要素、税收依据等因素加以综合判定。

税收依据是指纳税人据以缴纳税款的原因和国家可以据以征收税款的理由，国家征收是否有法可依、有据可循是征收活动是否合法有效进行的基础性前提，如征税无据则国家可能涉嫌侵权。国家税务总局《关于无效产权转移征收契税的批复》（国税函〔2008〕438号，以下简称438号批复）中明确，按照现行契税政策规定，对经法院判决的无效产权转移行为不征收契税。法院判决撤销房屋所有权证后，已纳契税款应予退还。32号通知中明确，对已缴纳契税的购房单位和个人，在未办理房屋权属变更登记前退房的，退还已纳契税；在办理房屋权属变更登记后退房的，不予退还已纳契税。结合本案事实，刘某某与沈某之间基于以房抵债的行为失去法律效力后，从税收主体上看，刘某某不会基于涉案房屋过户而获取收益，沈某亦不能取得涉案房屋所有权的实质利益，二者均已不具备纳税人的基本构成要件，国家不再具有征税的基础和理由，其与纳税人之间已不具备特定的征纳关系；从税收客体上看，涉案房屋不再涉及以房抵债之客观条件且未发生房屋权属变更登记至沈某名下的基础事实，税收客体亦不复存在。刘某某与沈某曾缴纳的税款已不符合课税要素的必要条件，不具备税收依据的基础，不再符合税的根本属性。

（2）税收原则和税法宗旨。税收原则是在税制设计和实施都应遵循的，同时也是评价税制优劣和考核税务机关行政管理状况的基本准则。一般认为，我国当代税收原则主要包括税收财政、公平、效率、适度、法治原则等，其中税收是否公平通常认为是税制制定和实施的首要原则，也成为涉税行政诉讼案件司法审查的重点。《税收征收管理法》第一条规定，为了加强税收征收管理，规范税收征收和缴纳行为，保障国家税收收入，保护纳税人的合法权益，促进经济和社会发展，制定本法。该法律条款明确规定税法的立法目的，必然要求制定明确稳定的税收征收标准，确立税法基本原则并体现在课税要素的诸项规定之中。根据对涉案事实的分析，刘某某缴纳的税款性质发生变化，国家作为公权力在已不具备课税要素以及税收依据的前提下应予以退还，如若不然，将不符合税收公平、适度、法治等基本原则，相对于个人私权而言，涉嫌存在税收利益的不平衡和不合理，有违保护纳税人合法权益，促进经济和社会发展的税法立法宗旨，违背法的公平正义的基本价值取向。

关于焦点二，一审法院认为，税务机关针对纳税人提出的退税申请，应遵循税法的立法精神，秉承行政合法性原则为基础、行政合理性原则为补充的执法理念，正确行使税收管理职责，切实维护行政相对人的合法权益。

具体到本案中，主要涉及退税制度的法律适用问题。退税制度由纳税人退还请求权的实现和征税主体的退还义务两部分构成，主要解决纳税人因超出应纳税额缴税、误缴或不应缴纳税款等多种因素引发的税款是否应予退还等问题。目前，我国税收管理领域关于退税制度的法律规定主要是《税收征收管理法》第五十一条，即纳税人超过应纳税额缴纳的税款，税务机关发现后应当立即退还；纳税人自结算缴纳税款之日起三年内发现的，可以向税务机关要求退还多缴的税款并加算银行同期存款利息，税务机关及时查实后应当立即退还；涉及从国库中退库的，依照法律、行政法规有关国库管理的规定退还。此外，438号批复明确无效产权转移行为不征收契税；32号通知明确在未办理房屋权属变更登记前退房的，退还已纳契税。

关于如何理解和适用上述法律及相关规定，在学界以及税收行政管理执法实践中均存在较大争议，集中体现在何种情况下适用以及如何适用《税收征收管理法》第五十一条中关于三年退税期限的规定。刘某某代表一方观点，即认为其曾缴纳的税款不再属于税款性质，不应受《税收征收管理法》第五十一条超过应纳税额缴纳的税款之前提条件，进而不应适用三年退税申请期限的限制；西城税务局及市税务局代表另一方观点，即认为刘某某2011年9月5日结算缴纳税款，2016年12月13日申请退税，已超过三年退税申请期限，故不应予以退还。对此，一审法院结合行政执法理念与司法审查标准，作如下分析：

（1）行政合法性原则的基本要求。行政合法性原则，是行政法上的基本原则，也是行政诉讼法上应当遵循的基本原则，合法行政既要保障行政相对人的合法权益，又要求行政机关及时、正确行使行政职权。《税收征收管理法》第五十一条是目前我国税收管理领域中关于退税的法律依据，其中针对纳税人超过应纳税额缴纳的税款，主要分两种情况予以处理：一是税务机关发现应当立即退还；二是纳税人自结算缴纳税款之日起三年内发现的，可以向税务机关要求退还多缴的税款，税务机关及时查实后应当立即退还。税务机关在行政执法过程中,应基于行政合法性原则,针对具体涉案事实所对应的法律适用情形,严格依法履职,不作当然的扩大解释或缩小解释。本案中,如焦点一所述,刘某某与沈某曾缴纳的税款已不符合税的根本属性,不具备税收依据,国家作为征税主体依法应予退还,但《税收征收管理法》第五十一条中没有与之完全相对应的适用情形,在此情况下,需要行政机关运用行政合理性原则,正确行使自由裁量权。

(2)行政合理性原则的有益补充。行政合理性原则,主要体现在行政机关自由裁量权的行使过程中,不仅应当按照法律、法规规定的条件、种类和幅度范围实施行政管理,且要符合法律的意图、精神和宗旨,符合公平正义等法的价值目标。随着行政法治的发展和我国依法治国方略的确立,行政诉讼司法审查不仅限于对行政行为合法性的审查,最终目标是实现行政争议的实质性解决,行政行为是否合理、适当亦成为目前我国行政诉讼司法审查的内容之一。

行政机关如何运用行政权解决行政争议,是对其执法水平和能力提出的更高要求。《税收征收管理法》第五十一条规定"纳税人超过应纳税额缴纳的税款,税务机关发现后应当立即退还",其主旨也是考虑本着税收公平、公正等基本原则,赋予税务机关针对客观上确应予以退税的情形,不以期限限制而运用行政自由裁量权加以甄别和判断,以确保依法及时退还多缴税款,最大程度保护纳税人及相关利害关系人的合法权益。本案中,西城税务局已明知刘某某就退税问题引发争议且应属退税情形,应遵循税法立法精神和税收法定、公平、公正等基本原则,综合考虑刘某某一直通过民事诉讼等途径主张纳税损失等具体情况,对其提出的退税申请予以全面、客观、正确的评价和考量并作出实质性判定,切实解决在房产交易经司法审查不能继续履行的情况下,如何最大程度保护行政相对人合法权益的问题,不宜对纳税人应在三年内就发现多缴的税款申请退税作形式理解,苛以更为严格的义务,使行政执法缺乏合理性和必要性,让行政相对人或公众质疑行政执法的可信度,降低执法公信力。

需要指出的是,目前我国公民总体法律意识仍然处于较低水平,法律意识体现着社会成员对国家法律制度的认知水平、价值取向、行为自觉性以及对法律制度的支持态度和心理接受能力。具体到本案,刘某某虽然通过提起民事诉讼等方式向王某主张其缴纳税款的损失,但因对我国现行税收管理制度和相关法律规定不甚了解,致使其未能及时向税务主管部门主张退税的合法权利,这也从另一角度真实反映出我国公民普遍存在的,对纳税知识、税收管理法律规定知之甚少的现状,究其原因是多方面的。鉴于此,对公民个人而言,不能因不知法抗辩不守法,而要积极学习法律,践行法律,逐步提高全民法律素养,正确运用法律手段维护自身合法权益;对税务机关而言,根据我国目前公民对税收政策和法律规定知悉程度不高的现状,应更为广泛地宣传税收法律、行政法规,普及纳税知识,无偿地为纳税人提供咨询服务,制定更有针对性的纳税人基本权利保护制度,如完善纳税人在缴纳税款时对退税、复议诉讼等权利救济途径的释明和告知程序等,使公民对税法的认知水平逐步提高,以期进一步规范税收征管秩序，营造良好的执法环境。税收主管部门在行政执法过程中，应依法依规并结合个案具体情形，坚持服务与执法并重，在实事求是的基础上正确行使行政职权，让行政相对人得以信服，从而提升执法公信力，实现法的价值的内在要求，促进经济和社会良性、稳定、健康发展。

本案中，西城税务局过于严格要求刘某某对税收法律制度明确知悉，并适用《税收征收管理法》第五十一条纳税人应在缴纳税款之日起三年内提出退税申请，缺乏行政合理性，适用法律错误。市税务局在行政复议程序中，就涉案事实进行核查，对所确认的事实部分一审法院不持异议；其严格按照法律规定履行受理、审查、请示、延期、中止、恢复审理等事项，执法程序并无不当；其对西城税务局适用《税收征收管理法》第五十一条是否合法的问题已予以高度关注并报请国家税务总局，但依然未从税收的性质、课税要素以及税法宗旨等方面并结合涉案事实予以综合考量，将刘某某不应缴纳的营业税、城市维护建设税、教育费附加，适用《税收征收管理法》第五十一条加以退税期限三年的时限约束，有违合理行政原则。据此，市税务局依据《行政复议法》第二十八条第一款第（一）项、《税务行政复议规则》第七十五条第（一）项的规定维持被诉通知书，适用法律错误。

综上，西城税务局作出的被诉通知书以及市税务局作出的被诉复议决定适用法律错误，依法应予撤销。刘某某主张撤销被诉通知书及被诉复议决定的诉讼请求于法有据，应予支持；刘某某主张判令西城税务局向刘某某退营业税42 500元、城市维护建设税2 975元、教育费附加1 275元，共计46 750元的诉讼请求，因系行政机关行政权的行使范围，司法权不宜介入，西城税务局应对刘某某主张退还已缴税款的申请，遵循税法宗旨、税收基本原则，兼具行政合法性和行政合理性的执法理念，结合具体涉案事实重新予以处理。综上，一审法院依照《行政诉讼法》第七十条第（二）项、第七十九条之规定，判决：一、撤销被诉通知书；二、撤销被诉复议决定；三、西城税务局于本判决生效后，对刘某某2016年12月13日提出退营业税、城市维护建设税、教育费附加的申请重新进行处理。

西城税务局不服一审判决，提出上诉，请求撤销一审判决，改判驳回刘某某的诉讼请求，诉讼费由刘某某承担。理由如下：一、刘某某向税务机关缴纳及申请退还的款项均是税费，其性质没有发生根本变化；二、刘某某主张"税款是在房屋交易成功的情况下税务机关收取的，现刘某某与沈某之间的房屋交易失败，西城税务局应予退回"没有法律根据，不能成立。《税收征收管理法》第五十一条规定"超过应纳税额缴纳的税款"的产生原因有多种，包括因法律原因、技术原因以及其他原因导致的多缴税款。该条还规定，应退还的纳税人多缴的税款有两类，一是由税务机关发现，二是由纳税人自己发现。由纳税人发现的多缴税款，无论什么原因造成，都应在结算缴纳税款之日起三年内申请退还，超过三年申请退税的，税务机关不能办理退还手续。本案中，刘某某缴纳税款的时间是2011年9月5日，提出退税申请的时间是2016年12月13日，已超过法定的三年退税申请期限，因此，其提出的退税申请不符合退税条件，西城税务局据此作出不予退税的被诉通知书认定事实清楚、适用法律正确、程序合法，并无不当。

市税务局同意西城税务局的意见。刘某某、沈某同意一审判决，请求维持原判。王某未陈述意见。

刘某某在法定期限内向一审法院提交了如下证据：

（1）2011年9月5日城市维护建设税、教育费附加、营业税税票，证明刘某某2011年9月5日缴纳了三项税款。

（2）〔2010〕海民初字第9925号民事调解书、〔2011〕海民初字第17526号民事判决书、〔2012〕西民初字第4807号民事判决书、〔2012〕海民再初字第37号民事判决书、〔2012〕一中民再终字第07154号民事判决书、〔2013〕一中民终字第09728号民事裁定书、〔2014〕一中民终字第09839号民事调解书、〔2016〕京0108民初20622号民事判决书、〔2017〕京01民终669号民事判决书，证明刘某某一直在进行民事诉讼主张自己的合法权益，要求退还税款和尾款。

西城税务局在法定期限内向一审法院提交了如下证据：

（1）《退（抵）税申请表》及所附材料，证明刘某某于2011年9月5日在办理涉案房屋产权过户之前依法申报缴纳了相关税费，于2016年12月13日向西城税务局提出退税申请，超过《税收征收管理法》第五十一条规定的三年退税期限。

（2）《税务事项通知书》（京地税西二税通〔2016〕30645号）及送达回证，证明经查验，西城税务局所辖第二税务所依法受理刘某某的退税申请，程序合法。

（3）被诉通知书及更正通知书，证明西城税务局作出不予退税的被诉通知书及更正通知书并依法送达刘某某。

市税务局在法定期限内向一审法院提交了如下证据：

（1）《接收行政复议申请材料收据》《行政复议申请书》及所附材料，证明刘某某2017年1月9日向市税务局提出行政复议申请，2017年4月提交了补充材料。

（2）《行政复议申请受理通知书》、EMS邮寄单及邮寄查询记录，证明市税务局依法受理刘某某的行政复议申请。

（3）《行政复议答复通知书》及送达回证，证明市税务局通知西城税务局在10日内提出书面答复并提交相关证据、依据和有关材料。

（4）西城税务局提交的《行政复议答复书》、证据和法律依据，证明西城税务局作出行政复议答复并提交相关证据、依据和有关材料。

（5）《行政复议延期通知书》、EMS邮寄单及邮寄查询记录、送达回证，证明市税务局依法决定对行政复议案件进行延期审理。

（6）《行政复议中止通知书》、EMS邮寄单、邮寄查询记录、送达回证及《行政复议恢复审理通知书》、EMS邮寄单、邮寄查询记录、送达回证，证明市税务局依法中止行政复议案件的审理，并在中止原因消除后恢复审理。

（7）《关于行政复议案件中相关法律适用问题的请示》及答复意见，证明市税务局依法向上级机关进行法律适用问题的请示并收到答复意见。

（8）被诉复议决定的EMS邮寄单、邮寄查询记录及送达回证，证明市税务局将其作出的被诉复议决定依法送达刘某某和西城税务局。

沈某、王某在法定期限内未向一审法院提交证据。

一审法院对上述经质证的证据材料作如下确认：西城税务局提交的证据3中的被诉通知书系本案行政行为的载体，不作证据使用。西城税务局提交的其他证据，刘某某及市税务局提交的全部证据，形式上符合《最高人民法院关于行政诉讼证据若干问题的规定》中规定提供证据的要求，内容真实，与本案具有关联性，予以采纳。

一审法院已将上述证据材料全部移送北京二中院，北京二中院审查后认定，一审法院对上述证据材料所作认证符合《最高人民法院关于行政诉讼证据若干问题的规定》的有关规定，经审查属实，亦予以确认。根据上述被认定合法有效的证据，北京二中院认定一审法院审理查明的事实成立。

北京二中院认为，根据《税收征收管理法》第五条、第十四条的规定，西城税务局负责本行政区域内税务征收管理工作，具有对退税申请予以审查并处理的法定职责。根据《税务行政复议规则》第十七条、《行政复议法》第十二条的规定，市税务局作为西城税务局的上一级主管部门，具有对西城税务局作出行政行为不服提起行政复议予以受理、审查并作出处理的法定职责。

《税收征收管理法》第四条规定"法律、行政法规规定负有纳税义务的单位和个人为纳税人"，第五十一条规定"纳税人超过应纳税额缴纳的税款，税务机关发现后应当立即退还；纳税人自结算缴纳税款之日起三年内发现的，可以向税务机关要求退还多缴的税款并加算银行同期存款利息，税务机关及时查实后应当立即退还；涉及从国库中退库的，依照法律、行政法规有关国库管理的规定退还"。根据前述规定，依法负有应纳税义务的纳税人多缴税款后，应适用第五十一条之规定，对多缴纳的税款予以退还。在税收征缴过程中，当事人交纳了相关款项，但经查明实际上不负有纳税义务的，以缴纳税款名义实际缴纳的款项，该种情形不属于第五十一条规定的"超过应纳税额缴纳"问题，对该款项的退还，亦不宜适用前述第五十一条的规定。

本案中，刘某某2011年9月5日应缴纳税费的民事基础行为已被法院生效判决予以撤销，其已不负有纳税义务，其实际缴纳的款项，不属于《税收征收管理法》第五十一条规定的"超过应纳税额缴纳"情形。西城税务局作出的被诉通知书及市税务局作出的被诉复议决定适用法律错误，依法应予撤销。对刘某某请求判令西城税务局退还营业税42 500元、城市维护建设税2 975元、教育费附加1 275元，共计46 750元的主张，应由西城税务局根据法律法规的规定，结合本案具体情况，对其申请重新予以处理。一审判决认定事实清楚，程序合法，适用法律正确，予以维持。西城税务局的上诉请求缺乏事实及法律依据，不予支持。

2020年4月28日,北京二中院依照《行政诉讼法》第八十九条第一款第(一)项之规定,作出〔2019〕京02行终964号行政判决书,判决驳回上诉,维持一审判决。一审案件受理费五十元,由国家税务总局北京市西城区税务局、国家税务总局北京市税务局负担;二审案件受理费五十元,由国家税务总局北京市西城区税务局负担(已交纳)。

第六章

税务稽查管理及案例分析

第一节 税务稽查管理基本制度

一、《税收征收管理法》的相关规定

（一）税务检查的对象

税务机关有权进行下列税务检查：

（1）检查纳税人的账簿、记账凭证、报表和有关资料，检查扣缴义务人代扣代缴、代收代缴税款账簿、记账凭证和有关资料。

（2）到纳税人的生产、经营场所和货物存放地检查纳税人应纳税的商品、货物或者其他财产，检查扣缴义务人与代扣代缴、代收代缴税款有关的经营情况。

（3）责成纳税人、扣缴义务人提供与纳税或者代扣代缴、代收代缴税款有关的文件、证明材料和有关资料。

（4）询问纳税人、扣缴义务人与纳税或者代扣代缴、代收代缴税款有关的问题和情况。

（5）到车站、码头、机场、邮政企业及其分支机构检查纳税人托运、邮寄应纳税商品、货物或者其他财产的有关单据、凭证和有关资料。

（6）经县以上税务局（分局）局长批准，凭全国统一格式的检查存款账户许可证明，查询从事生产、经营的纳税人、扣缴义务人在银行或者其他金融机构的存款账户。税务机关在调查税收违法案件时，经设区的市、自治州以上税务局（分局）局长批准，可以查询案件涉嫌人员的储蓄存款。税务机关查询所获得的资料，不得用于税收以外的用途。

（二）采取税收保全措施与强制执行措施

税务机关对从事生产、经营的纳税人以前纳税期的纳税情况依法进行税务检查时，发现纳税人有逃避纳税义务行为，并有明显的转移、隐匿其应纳税的商品、货物以及其他财产或者应纳税的收入的迹象的，可以按照《税收征收管理法》规定的批准权限采取税收保全措施或者强制执行措施。

（三）纳税人与扣缴义务人的配合义务

纳税人、扣缴义务人必须接受税务机关依法进行的税务检查，如实反映情况，提供有关资料，不得拒绝、隐瞒。

（四）有关单位和个人的配合义务

税务机关依法进行税务检查时，有权向有关单位和个人调查纳税人、扣缴义务人和其他当事人与纳税或者代扣代缴、代收代缴税款有关的情况，有关单位和个人有义务向税务机关如实提供有关资料及证明材料。

（五）税务检查的手段

税务机关调查税务违法案件时，对与案件有关的情况和资料，可以记录、录音、录像、照相和复制。

（六）税务检查的合法性要求

税务机关派出的人员进行税务检查时，应当出示税务检查证和税务检查通知书，并有责任为被检查人保守秘密；未出示税务检查证和税务检查通知书的，被检查人有权拒绝检查。

二、《税收征收管理法实施细则》的相关规定

（一）税务检查制度建设

税务机关应当建立科学的检查制度，统筹安排检查工作，严格控制对纳税人、扣缴义务人的检查次数。

税务机关应当制定合理的税务稽查工作规程，负责选案、检查、审理、执行的人员的职责应当明确，并相互分离、相互制约，规范选案程序和检查行为。

税务检查工作的具体办法，由国家税务总局制定。

（二）税务检查的对象

税务机关行使《税收征收管理法》第五十四条第（一）项职权时，可以在纳税人、扣缴义务人的业务场所进行；必要时，经县以上税务局（分局）局长批准，可以将纳税人、扣缴义务人以前会计年度的账簿、记账凭证、报表和其他有关资料调回税务机关检查，但是税务机关必须向纳税人、扣缴义务人开付清单，并在3个月内完整退还；有特殊情况的，经设区的市、自治州以上税务局局长批准，税务机关可以将纳税人、扣缴义务人当年的账簿、记账凭证、报表和其他有关资料调回检查，但是税务机关必须在30日内退还。

（三）检查存款账户的要求

税务机关行使《税收征收管理法》第五十四条第（六）项职权时，应当指定专人负责，凭全国统一格式的检查存款账户许可证明进行，并有责任为被检查人保守秘密。

检查存款账户许可证明，由国家税务总局制定。

税务机关查询的内容，包括纳税人存款账户余额和资金往来情况。

（四）税收保全措施的期限

依照《税收征收管理法》第五十五条规定，税务机关采取税收保全措施的期限一般不得超过6个月；重大案件需要延长的，应当报国家税务总局批准。

（五）税务检查的合法性要求

税务机关和税务人员应当依照《税收征收管理法》及其实施细则的规定行使税务检查职权。

税务人员进行税务检查时，应当出示税务检查证和税务检查通知书；无税务检查证和税务检查通知书的，纳税人、扣缴义务人及其他当事人有权拒绝检查。税务机关对集贸市场及集中经营业户进行检查时，可以使用统一的税务检查通知书。

税务检查证和税务检查通知书的式样、使用和管理的具体办法，由国家税务总局制定。

三、税务检查证管理办法

（一）总则

为加强税务检查证管理，规范税务执法行为，保护纳税人、扣缴义务人及其他当事人合法权益，根据《税收征收管理法》等相关规定，制定《税务检查证管理办法》（国家税务总局公告2018年第44号）。

税务检查证是具有法定执法权限的税务人员，对纳税人、扣缴义务人及其他当事人进行检查时,证明其执法身份、职责权限和执法范围的专用证件。税务检查证的名称为《中华人民共和国税务检查证》。

国家税务总局负责制定、发布税务检查证式样和技术标准。国家税务总局负责适用全国范围税务检查证的审批、制作、发放、监督管理工作。国家税务总局各省、自治区、直辖市、计划单列市税务局(以下简称省税务局)负责适用本辖区税务检查证的审批、制作、发放、监督管理工作。国家税务总局和省税务局应当严格控制税务检查证的发放。

税务检查证分为稽查部门专用税务检查证和征收管理部门专用税务检查证。稽查部门专用税务检查证,适用于稽查人员开展稽查工作,由稽查部门归口管理。征收管理部门专用税务检查证,适用于征收、管理人员开展日常检查工作,由征收管理部门归口管理。

税务检查证实行信息化管理。省税务局应当在税收征管信息系统中的税务检查证管理模块内及时完善、更新持证人员相关信息,提供税务检查证互联网验证服务。

(二)证件式样

税务检查证由专用皮夹和内卡组成。税务检查证的皮夹式样如下:

(1)稽查部门专用税务检查证皮夹为竖式黑色皮质,征收管理部门专用税务检查证皮夹为竖式咖啡色皮质。

(2)皮夹外部正面镂刻税徽图案、"中华人民共和国税务检查证"字样,背面镂刻"CHINATAXATION"字样。

(3)皮夹内部上端镶嵌税徽一枚和"中国税务"四字,下端放置内卡。

税务检查证内卡应当载明下列事项:持证人的姓名、照片、工作单位、证号、二维码、检查范围、检查职责、税务检查证专用印章、有效期限。内卡需内置芯片,存储持证人员上述信息。

税务检查证的皮夹和内卡文字均使用中文。民族自治区可以同时使用当地通用的一种民族文字。

(三)证件申领和核发

税务人员因岗位职责需要办理税务检查证时,由其所在单位税务检查证主管部门核实基础信息后,填报税务检查证申请。首次申领税务检查证的,应当取得税务执法资格。

国家税务总局及省税务局税务检查证主管部门负责审批办证申请。审批通过后,国家税务总局及省税务局税务检查证主管部门印制《中华人民共和国税务检查证》,由申请人员所在单位税务检查证主管部门负责具体发放工作。

税务人员到所在单位管辖区域以外临时执行检查公务的,由国家税务总局或者执行公务所在地省税务局税务检查证主管部门核发相应有效期限的临时税务检查证。临时税务检查证有效期限不得超过一年,临时公务执行完毕后应当及时缴销。

（四）证件使用

税务人员进行检查时，应当出示税务检查证和税务检查通知书，可以以文字或音像形式记录出示情况。税务人员出示税务检查证时，可以告知被检查人或其他当事人通过扫描二维码查验持证人身份。

税务人员应当严格依法行使税务检查职权，并为被检查人或其他当事人保守秘密。税务检查证只限于持证人本人使用，不得转借、转让或涂改。

持证人应当妥善保管税务检查证，防止遗失、损毁。税务检查证遗失的，持证人应当作出书面情况说明，并在税务检查证所注明的管辖区域内公开发行的报纸或者政府网站、税务机关网站发布公告后，再申请补发。税务检查证严重损毁、无法使用的，持证人可以申请换发，并在办理换发手续时交回原证件。

（五）监督管理

税务检查证实行定期审验制度，每两年审验一次。临时税务检查证不在审验范围。国家税务总局及省税务局税务检查证主管部门统一组织审验工作，持证人所在单位税务检查证主管部门负责具体实施，并及时报送审验情况。

通过比对内卡芯片信息与税务检查证管理模块中所载持证人信息进行审验，一致的为审验通过。税务检查证审验不通过的，持证人所在单位税务检查证主管部门应当及时变更、清理相关信息。

持证人因调动、辞退、辞职、退休或者岗位调整等原因不再从事税务检查工作的，由持证人所在单位税务检查证主管部门在工作变动前收缴其税务检查证。持证人因涉嫌违法违纪被立案审查、尚未作出结论的，应当暂时收缴其税务检查证。收回的税务检查证应当由发放证件机关定期销毁。

第二节　税务稽查程序制度

一、税务稽查案件办理程序规定

（一）总则

为了贯彻落实中共中央办公厅、国务院办公厅印发的《关于进一步深化税收征管改革的意见》，保障税收法律、行政法规的贯彻实施，规范税务稽查案件办理程序，强化监督制约机制，保护纳税人、扣缴义务人和其他涉税当事人合法权益，根据《税收征收管理法》《税收征收管理法实施细则》等法律、行政法规，制定《税务稽查案件办理程序规定》（国家税务总局令第52号）。

稽查局办理税务稽查案件适用该规定。办理税务稽查案件应当以事实为根据，以法律为准绳，坚持公平、公正、公开、效率的原则。

税务稽查由稽查局依法实施。稽查局主要职责是依法对纳税人、扣缴义务人和其他涉税当事人履行纳税义务、扣缴义务情况及涉税事项进行检查处理，以及围绕检查处理开展的其他相关工作。稽查局具体职责由国家税务总局依照《税收征收管理法》《税收征收管理法实施细则》和国家有关规定确定。

稽查局办理税务稽查案件时，实行选案、检查、审理、执行分工制约原则。稽查局应当在税务局向社会公告的范围内实施税务稽查。上级税务机关可以根据案件办理的需要指定管辖。税收法律、行政法规和国家税务总局规章对税务稽查管辖另有规定的，从其规定。税务稽查管辖有争议的，由争议各方本着有利于案件办理的原则逐级协商解决；不能协商一致的，报请共同的上级税务机关决定。

税务稽查人员具有《税收征收管理法实施细则》规定回避情形的，应当回避。被查对象申请税务稽查人员回避或者税务稽查人员自行申请回避的，由稽查局局长依法决定是否回避。稽查局局长发现税务稽查人员具有规定回避情形的，应当要求其回避。稽查局局长的回避，由税务局局长依法审查决定。

税务稽查人员对实施税务稽查过程中知悉的国家秘密、商业秘密或者个人隐私、个人信息，应当依法予以保密。纳税人、扣缴义务人和其他涉税当事人的税收违法行为不属于保密范围。

税务稽查人员应当遵守工作纪律，恪守职业道德，不得有下列行为：

（1）违反法定程序、超越权限行使职权。

（2）利用职权为自己或者他人牟取利益。

（3）玩忽职守，不履行法定义务。

（4）泄露国家秘密、工作秘密，向被查对象通风报信、泄露案情。

（5）弄虚作假，故意夸大或者隐瞒案情。

（6）接受被查对象的请客送礼等影响公正执行公务的行为。

（7）其他违法违纪行为。

税务稽查人员在执法办案中滥用职权、玩忽职守、徇私舞弊的，依照有关规定严肃处理；涉嫌犯罪的，依法移送司法机关处理。税务稽查案件办理应当通过文字、音像等形式，对案件办理的启动、调查取证、审核、决定、送达、执行等进行全过程记录。

（二）选案

稽查局应当加强稽查案源管理，全面收集整理案源信息，合理、准确地选择待查对象。案源管理依照国家税务总局有关规定执行。

待查对象确定后，经稽查局局长批准实施立案检查。必要时，依照法律法规的规定，稽查局可以在立案前进行检查。

稽查局应当统筹安排检查工作，严格控制对纳税人、扣缴义务人的检查次数。

（三）检查

检查前，稽查局应当告知被查对象检查时间、需要准备的资料等，但预先通知有碍检查的除外。检查应当由两名以上具有执法资格的检查人员共同实施，并向被查对象出示税务检查证件、出示或者送达税务检查通知书，告知其权利和义务。

检查应当依照法定权限和程序，采取实地检查、调取账簿资料、询问、查询存款账户或者储蓄存款、异地协查等方法。对采用电子信息系统进行管理和核算的被查对象，检查人员可以要求其打开该电子信息系统，或者提供与原始电子数据、电子信息系统技术资料一致的复制件。被查对象拒不打开或者拒不提供的，经稽查局局长批准，可以采用适当的技术手段对该电子信息系统进行直接检查，或者提取、复制电子数据进行检查，但所采用的技术手段不得破坏该电子信息系统原始电子数据，或者影响该电子信息系统正常运行。

检查应当依照法定权限和程序收集证据材料。收集的证据必须经查证属实，并与证明事项相关联。不得以下列方式收集、获取证据材料：①严重违反法定程序收集；②以违反法律强制性规定的手段获取且侵害他人合法权益；③以利诱、欺诈、胁迫、暴力等手段获取。

调取账簿、记账凭证、报表和其他有关资料时，应当向被查对象出具调取账簿资料通知书，并填写调取账簿资料清单交其核对后签章确认。调取纳税人、扣缴义务人以前会计年度的账簿、记账凭证、报表和其他有关资料的，应当经县以上税务局局长批准，并在3个月内完整退还；调取纳税人、扣缴义务人当年的账簿、记账凭证、报表和其他有关资料的，应当经设区的市、自治州以上税务局局长批准，并在30日内退还。退还账簿资料时，应当由被查对象核对调取账簿资料清单，并签章确认。

需要提取证据材料原件的，应当向当事人出具提取证据专用收据，由当事人核对后签章确认。对需要退还的证据材料原件，检查结束后应当及时退还，并履行相关签收手续。需要将已开具的纸质发票调出查验时，应当向被查验的单位或者个人开具发票换票证；需要将空白纸质发票调出查验时，应当向被查验的单位或者个人开具调验空白发票收据。经查无问题的，应当及时退还，并履行相关签收手续。提取证据材料复制件的，应当由当事人或者原件保存单位（个人）在复制件上注明"与原件核对无误"及原件存放地点，并签章。

询问应当由两名以上检查人员实施。除在被查对象生产、经营、办公场所询问外，应当向被询问人送达询问通知书。询问时应当告知被询问人有关权利义务。询问笔录应当交被询问人核对或者向其宣读；询问笔录有修改的，应当由被询问人在改动处捺指印；核对无误后，由被询问人在尾页结束处写明"以上笔录我看过（或者向我宣读过），与我说的相符"，并逐页签章、捺指印。被询问人拒绝在询问笔录上签章、捺指印的，检查人员应当在笔录上注明。

当事人、证人可以采取书面或者口头方式陈述或者提供证言。当事人、证人口头陈述或者提供证言的，检查人员应当以笔录、录音、录像等形式进行记录。笔录可以手写或者使用计算机记录并打印，由当事人或者证人逐页签章、捺指印。当事人、证人口头提出变更陈述或者证言的，检查人员应当就变更部分重新制作笔录，注明原因，由当事人或者证人逐页签章、捺指印。当事人、证人变更书面陈述或者证言的，变更前的笔录不予退回。

制作录音、录像等视听资料的，应当注明制作方法、制作时间、制作人和证明对象等内容。调取视听资料时，应当调取有关资料的原始载体；难以调取原始载体的，可以调取复制件，但应当说明复制方法、人员、时间和原件存放处等事项。对声音资料，应当附有该声音内容的文字记录；对图像资料，应当附有必要的文字说明。

以电子数据的内容证明案件事实的，检查人员可以要求当事人将电子数据打印成纸质资料，在纸质资料上注明数据出处、打印场所、打印时间或者提供时间，注明"与电子数据核对无误"，并由当事人签章。需要以有形载体形式固定电子数据的，检查人员应当与提供电子数据的个人、单位的法定代表人或者财务负责人或者经单位授权的其他人员一起将电子数据复制到存储介质上并封存，同时在封存包装物上注明制作方法、制作时间、制作人、文件格式及大小等，注明"与原始载体记载的电子数据核对无误"，并由电子数据提供人签章。收集、提取电子数据，检查人员应当制作现场笔录，注明电子数据的来源、事由、证明目的或者对象，提取时间、地点、方法、过程，原始存储介质的存放地点以及对电子数据存储介质的签封情况等。进行数据压缩的，应当在笔录中注明压缩方法和完整性校验值。

检查人员实地调查取证时，可以制作现场笔录、勘验笔录，对实地调查取证情况予以记录。制作现场笔录、勘验笔录，应当载明时间、地点和事件等内容，并由检查人员签名和当事人签章。当事人经通知不到场或者拒绝在现场笔录、勘验笔录上签章的，检查人员应当在笔录上注明原因；如有其他人员在场，可以由其签章证明。

检查人员异地调查取证的，当地税务机关应当予以协助；发函委托相关稽查局调查取证的，必要时可以派人参与受托地稽查局的调查取证，受托地稽查局应当根据协查请求，依照法定权限和程序调查。需要取得境外资料的，稽查局可以提请国际税收管理部门依照有关规定程序获取。

查询从事生产、经营的纳税人、扣缴义务人存款账户，应当经县以上税务局局长批准，凭检查存款账户许可证明向相关银行或者其他金融机构查询。查询案件涉嫌人员储蓄存款的，应当经设区的市、自治州以上税务局局长批准，凭检查存款账户许可证明向相关银行或者其他金融机构查询。

被查对象有下列情形之一的，依照《税收征收管理法》和《税收征收管理法实施细则》有关逃避、拒绝或者以其他方式阻挠税务检查的规定处理：①提供虚假资料，不如实反映情况，或者拒绝提供有关资料的；②拒绝或者阻止税务机关记录、录音、录像、照相和复制与案件有关的情况和资料的；③在检查期间转移、隐匿、销毁有关资料的;④有不依法接受税务检查的其他情形的。

税务机关有根据认为从事生产、经营的纳税人有逃避纳税义务行为,可以在规定的纳税期之前,责令限期缴纳应纳税款;在限期内发现纳税人有明显的转移、隐匿其应纳税的商品、货物以及其他财产或者应纳税收入迹象的,可以责成纳税人提供纳税担保。如果纳税人不能提供纳税担保,经县以上税务局局长批准,可以依法采取税收强制措施。检查从事生产、经营的纳税人以前纳税期的纳税情况时,发现纳税人有逃避纳税义务行为,并有明显的转移、隐匿其应纳税的商品、货物以及其他财产或者应纳税收入迹象的,经县以上税务局局长批准,可以依法采取税收强制措施。

稽查局采取税收强制措施时,应当向纳税人、扣缴义务人、纳税担保人交付税收强制措施决定书,告知其采取税收强制措施的内容、理由、依据以及依法享有的权利、救济途径,并履行法律、法规规定的其他程序。采取冻结纳税人在开户银行或者其他金融机构的存款措施时,应当向纳税人开户银行或者其他金融机构交付冻结存款通知书,冻结其相当于应纳税款的存款;并于作出冻结决定之日起3个工作日内,向纳税人交付冻结决定书。采取查封、扣押商品、货物或者其他财产措施时,应当向纳税人、扣缴义务人、纳税担保人当场交付查封、扣押决定书,填写查封商品、货物或者其他财产清单或者出具扣押商品、货物或者其他财产专用收据,由当事人核对后签章。查封清单、扣押收据一式二份,由当事人和稽查局分别保存。采取查封、扣押有产权证件的动产或者不动产措施时,应当依法向有关单位送达税务协助执行通知书,通知其在查封、扣押期间不再办理该动产或者不动产的过户手续。

按照该规定第二十八条第二款采取查封、扣押措施的,期限一般不得超过6个月;重大案件有下列情形之一,需要延长期限的,应当报国家税务总局批准:①案情复杂,在查封、扣押期限内确实难以查明案件事实的;②被查对象转移、隐匿、销毁账簿、记账凭证或者其他证据材料的;③被查对象拒不提供相关情况或者以其他方式拒绝、阻挠检查的;④解除查封、扣押措施可能使纳税人转移、隐匿、损毁或者违法处置财产,从而导致税款无法追缴的。

除上述规定情形外采取查封、扣押、冻结措施的,期限不得超过30日;情况复杂的,经县以上税务局局长批准,可以延长,但是延长期限不得超过30日。

有下列情形之一的,应当依法及时解除税收强制措施:①纳税人已按履行期限缴纳税款、扣缴义务人已按履行期限解缴税款、纳税担保人已按履行期限缴纳所担保税款的;②税收强制措施被复议机关决定撤销的;③税收强制措施被人民法院判决撤销的;④其他法定应当解除税收强制措施的。

解除税收强制措施时,应当向纳税人、扣缴义务人、纳税担保人送达解除税收强制措施决定书,告知其解除税收强制措施的时间、内容和依据,并通知其在规定时间内办理解除税收强制措施的有关事宜:①采取冻结存款措施的,应当向冻结存款的纳税人开户银行或者其他金融机构送达解除冻结存款通知书,解除冻结;②采取查封商品、货物或者其他财产措施的,应当解除查封并收回查封商品、货物或者其他财产清单；③采取扣押商品、货物或者其他财产措施的，应当予以返还并收回扣押商品、货物或者其他财产专用收据。

税收强制措施涉及协助执行单位的，应当向协助执行单位送达税务协助执行通知书，通知解除税收强制措施相关事项。

有下列情形之一，致使检查暂时无法进行的，经稽查局局长批准后，中止检查：①当事人被有关机关依法限制人身自由的；②账簿、记账凭证及有关资料被其他国家机关依法调取且尚未归还的；③与税收违法行为直接相关的事实需要人民法院或者其他国家机关确认的；④法律、行政法规或者国家税务总局规定的其他可以中止检查的。

中止检查的情形消失，经稽查局局长批准后，恢复检查。

有下列情形之一，致使检查确实无法进行的，经稽查局局长批准后，终结检查：①被查对象死亡或者被依法宣告死亡或者依法注销，且有证据表明无财产可抵缴税款或者无法定税收义务承担主体的；②被查对象税收违法行为均已超过法定追究期限的；③法律、行政法规或者国家税务总局规定的其他可以终结检查的。

检查结束前，检查人员可以将发现的税收违法事实和依据告知被查对象。被查对象对违法事实和依据有异议的，应当在限期内提供说明及证据材料。被查对象口头说明的，检查人员应当制作笔录，由当事人签章。

（四）审理

检查结束后，稽查局应当对案件进行审理。符合重大税务案件标准的，稽查局审理后提请税务局重大税务案件审理委员会审理。重大税务案件审理依照国家税务总局有关规定执行。

案件审理应当着重审核以下内容：①执法主体是否正确；②被查对象是否准确；③税收违法事实是否清楚，证据是否充分，数据是否准确，资料是否齐全；④适用法律、行政法规、规章及其他规范性文件是否适当，定性是否正确；⑤是否符合法定程序；⑥是否超越或者滥用职权；⑦税务处理、处罚建议是否适当；⑧其他应当审核确认的事项或者问题。

有下列情形之一的，应当补正或者补充调查：①被查对象认定错误的；②税收违法事实不清、证据不足的；③不符合法定程序的；④税务文书不规范、不完整的；⑤其他需要补正或者补充调查的。

拟对被查对象或者其他涉税当事人作出税务行政处罚的，应当向其送达税务行政处罚事项告知书，告知其依法享有陈述、申辩及要求听证的权利。税务行政处罚事项告知书应当包括以下内容：①被查对象或者其他涉税当事人姓名或者名称、有效身份证件号码或者统一社会信用代码、地址。没有统一社会信用代码的，以税务机关赋予的纳税人识别号代替；②认定的税收违法事实和性质；③适用的法律、行政法规、规章及其他规范性文件；④拟作出的税务行政处罚；⑤当事人依法享有的权利；⑥告知书的文号、制作日期、税务机关名称及印章；⑦其他相关事项。

被查对象或者其他涉税当事人可以书面或者口头提出陈述、申辩意见。对当事人口头提出陈述、申辩意见，应当制作陈述申辩笔录，如实记录，由陈述人、申辩人签章。应当充分听取当事人的陈述、申辩意见；经复核，当事人提出的事实、理由或者证据成立的，应当采纳。

被查对象或者其他涉税当事人按照法律、法规、规章要求听证的，应当依法组织听证。听证依照国家税务总局有关规定执行。

经审理，区分下列情形分别作出处理：①有税收违法行为，应当作出税务处理决定的，制作税务处理决定书；②有税收违法行为，应当作出税务行政处罚决定的，制作税务行政处罚决定书；③税收违法行为轻微，依法可以不予税务行政处罚的，制作不予税务行政处罚决定书；④没有税收违法行为的，制作税务稽查结论。

税务处理决定书、税务行政处罚决定书、不予税务行政处罚决定书、税务稽查结论引用的法律、行政法规、规章及其他规范性文件，应当注明文件全称、文号和有关条款。

税务处理决定书应当包括以下主要内容：①被查对象姓名或者名称、有效身份证件号码或者统一社会信用代码、地址。没有统一社会信用代码的，以税务机关赋予的纳税人识别号代替；②检查范围和内容；③税收违法事实及所属期间；④处理决定及依据；⑤税款金额、缴纳期限及地点；⑥税款滞纳时间、滞纳金计算方法、缴纳期限及地点；⑦被查对象不按期履行处理决定应当承担的责任；⑧申请行政复议或者提起行政诉讼的途径和期限；⑨处理决定书的文号、制作日期、税务机关名称及印章。

税务行政处罚决定书应当包括以下主要内容：①被查对象或者其他涉税当事人姓名或者名称、有效身份证件号码或者统一社会信用代码、地址。没有统一社会信用代码的，以税务机关赋予的纳税人识别号代替；②检查范围和内容；③税收违法事实、证据及所属期间；④行政处罚种类和依据；⑤行政处罚履行方式、期限和地点；⑥当事人不按期履行行政处罚决定应当承担的责任。⑦申请行政复议或者提起行政诉讼的途径和期限；⑧行政处罚决定书的文号、制作日期、税务机关名称及印章。

税务行政处罚决定应当依法公开。公开的行政处罚决定被依法变更、撤销、确认违法或者确认无效的，应当在3个工作日内撤回原行政处罚决定信息并公开说明理由。

不予税务行政处罚决定书应当包括以下主要内容：①被查对象或者其他涉税当事人姓名或者名称、有效身份证件号码或者统一社会信用代码、地址。没有统一社会信用代码的，以税务机关赋予的纳税人识别号代替；②检查范围和内容；③税收违法事实及所属期间；④不予税务行政处罚的理由及依据；⑤申请行政复议或者提起行政诉讼的途径和期限；⑥不予行政处罚决定书的文号、制作日期、税务机关名称及印章。

税务稽查结论应当包括以下主要内容：①被查对象姓名或者名称、有效身份证件号码或者统一社会信用代码、地址。没有统一社会信用代码的，以税务机关赋予的纳税人识别号代替；②检查范围和内容；③检查时间和检查所属期间；④检查结论；⑤结论的文号、制作日期、税务机关名称及印章。

稽查局应当自立案之日起90日内作出行政处理、处罚决定或者无税收违法行为结论。案情复杂需要延期的,经税务局局长批准,可以延长不超过90日;特殊情况或者发生不可抗力需要继续延期的,应当经上一级税务局分管副局长批准,并确定合理的延长期限。但下列时间不计算在内:①中止检查的时间;②请示上级机关或者征求有权机关意见的时间;③提请重大税务案件审理的时间;④因其他方式无法送达,公告送达文书的时间;⑤组织听证的时间;⑥纳税人、扣缴义务人超期提供资料的时间;⑦移送司法机关后,税务机关需根据司法文书决定是否处罚的案件,从司法机关接受移送到司法文书生效的时间。

税收违法行为涉嫌犯罪的,填制涉嫌犯罪案件移送书,经税务局局长批准后,依法移送公安机关,并附送以下资料:①涉嫌犯罪案件情况的调查报告;②涉嫌犯罪的主要证据材料复制件;③其他有关涉嫌犯罪的材料。

(五)执行

稽查局应当依法及时送达税务处理决定书、税务行政处罚决定书、不予税务行政处罚决定书、税务稽查结论等税务文书。

具有下列情形之一的,经县以上税务局局长批准,稽查局可以依法强制执行,或者依法申请人民法院强制执行:①纳税人、扣缴义务人未按照规定的期限缴纳或者解缴税款、滞纳金,责令限期缴纳逾期仍未缴纳的;②经稽查局确认的纳税担保人未按照规定的期限缴纳所担保的税款、滞纳金,责令限期缴纳逾期仍未缴纳的;③当事人对处罚决定逾期不申请行政复议也不向人民法院起诉、又不履行的;④其他可以依法强制执行的。

当事人确有经济困难,需要延期或者分期缴纳罚款的,可向稽查局提出申请,经税务局局长批准后,可以暂缓或者分期缴纳。

作出强制执行决定前,应当制作并送达催告文书,催告当事人履行义务,听取当事人陈述、申辩意见。经催告,当事人逾期仍不履行行政决定,且无正当理由的,经县以上税务局局长批准,实施强制执行。实施强制执行时,应当向被执行人送达强制执行决定书,告知其实施强制执行的内容、理由及依据,并告知其享有依法申请行政复议或者提起行政诉讼的权利。催告期间,对有证据证明有转移或者隐匿财物迹象的,可以作出立即强制执行决定。

稽查局采取从被执行人开户银行或者其他金融机构的存款中扣缴税款、滞纳金、罚款措施时,应当向被执行人开户银行或者其他金融机构送达扣缴税收款项通知书,依法扣缴税款、滞纳金、罚款,并及时将有关凭证送达被执行人。

拍卖、变卖被执行人商品、货物或者其他财产,以拍卖、变卖所得抵缴税款、滞纳金、罚款的,在拍卖、变卖前应当依法进行查封、扣押。稽查局拍卖、变卖被执行人商品、货物或者其他财产前,应当制作拍卖/变卖抵税财物决定书,经县以上税务局局长批准后送达被执行人,予以拍卖或者变卖。拍卖或者变卖实现后,应当在结算并收取价款后3个工作日内,办理税款、滞纳金、罚款的入库手续,并制作拍卖/变卖结果通知书，附拍卖/变卖查封、扣押的商品、货物或者其他财产清单，经稽查局局长审核后，送达被执行人。以拍卖或者变卖所得抵缴税款、滞纳金、罚款和拍卖、变卖等费用后，尚有剩余的财产或者无法进行拍卖、变卖的财产的，应当制作返还商品、货物或者其他财产通知书，附返还商品、货物或者其他财产清单，送达被执行人，并自办理税款、滞纳金、罚款入库手续之日起3个工作日内退还被执行人。

执行过程中发现有下列情形之一的，经稽查局局长批准后，中止执行：①当事人死亡或者被依法宣告死亡，尚未确定可执行财产的；②当事人进入破产清算程序尚未终结的；③可执行财产被司法机关或者其他国家机关依法查封、扣押、冻结，致使执行暂时无法进行的；④可供执行的标的物需要人民法院或者仲裁机构确定权属的；⑤法律、行政法规和国家税务总局规定其他可以中止执行的。

中止执行情形消失后，经稽查局局长批准，恢复执行。

当事人确无财产可供抵缴税款、滞纳金、罚款或者依照破产清算程序确实无法清缴税款、滞纳金、罚款，或者有其他法定终结执行情形的，经税务局局长批准后，终结执行。

税务处理决定书、税务行政处罚决定书等决定性文书送达后，有下列情形之一的，稽查局可以依法重新作出：①决定性文书被人民法院判决撤销的；②决定性文书被行政复议机关决定撤销的；③税务机关认为需要变更或者撤销原决定性文书的；④其他依法需要变更或者撤销原决定性文书的。

（六）附则

该规定相关税务文书的式样，由国家税务总局规定。

该规定所称签章，区分以下情况确定：

（1）属于法人或者其他组织的，由相关人员签名，加盖单位印章并注明日期。

（2）属于个人的，由个人签名并注明日期。该规定所称"以上""日内"，均含本数。

二、税务稽查办案专项经费管理

（一）总则

为了规范税务稽查办案专项经费管理，加强税务稽查办案专项经费使用的监督，提高财政资金使用效益，根据《中华人民共和国预算法》（以下简称《预算法》）等法规的相关规定，财政部制定《税务稽查办案专项经费管理暂行办法》（财行〔2009〕557号印发）。

税务稽查办案专项经费，是指中央财政保障国家税务局系统（以下简称国税系统）查办税收案件任务的完成，安排用于税务稽查部门查办税收案件的专项经费。包括一般办案费和大案要案办案费。一般办案费，是指县以上国家税务局依照国家税务总局《税务稽查工作规程》（国税发〔1995〕226号印发）有关规定立案查办除大案要案以外的税收案件所发生的相关费用。大案要案办案费，是指国家税务总局直接组织查办或者督办税收违法大案要案所发生的有关费用。

国家税务总局直接组织查办或督办的大案要案主要包括：①党中央、国务院批转交办的案件；②最高人民法院、最高人民检察院、公安部、审计署、国家信访局等部门需要国税系统协助查办的案件；③国家税务总局领导批转交办，或者由国家税务总局稽查局直接组织查办或负责督办的案件等。

各省、自治区、直辖市、计划单列市国家税务局提请国家税务总局督办或者组织协查，并符合下列标准之一的案件，视同大案要案处理：①单位偷税、逃避追缴欠税数额在250万元以上（含250万元，下同），个人（包括个体工商户）偷税、逃避追缴欠税数额在50万元以上的；②抗税数额在30万元以上，或者聚众抗税，或者冲击、打砸税务机关，或者围攻、殴打税务人员，或者暴力抗税致人重伤、死亡的；③骗取出口退税款数额在200万元以上的；④虚开增值税专用发票及其他可抵扣凭证，涉及税款数额在300万元以上的；⑤伪造增值税专用发票及其他可抵扣凭证，或者出售伪造的增值税专用发票及其他可抵扣凭证，份数在250份以上的；⑥非法出售增值税专用发票及其他可抵扣凭证，或者非法购买增值税专用发票及其他可抵扣凭证，或者购买伪造的增值税专用发票及其他可抵扣凭证，份数在250份以上的；⑦非法出售其他发票，或者伪造、擅自制造其他发票，或者出售伪造、擅自制造的其他发票，份数在1 000份以上的。

税务稽查办案专项经费的管理使用应当遵循专款专用、专项管理、厉行节约、注重实效的原则，不得用于弥补日常经费支出或挪作其他用途。

（二）支出范围和标准

1.支出范围

税务稽查办案专项经费的支出范围包括：

（1）差旅费，是指办案人员外出调查取证所发生的住宿费、旅费、伙食补助费及杂费。

（2）邮电费，是指办案人员在集中办案或者异地办案期间所发生的邮寄费、电话费（不含移动通信费）、电报费、传真费、网络通讯费等。

（3）会议费，是指召开与办案直接相关的会议所发生的会议场地租用费、印刷费等。

（4）设备购置费，是指为查办税收案件购置必需计算机、摄像器材、传真机、复印机等办案设备所发生的费用。

（5）租赁费，是指集中办案过程中临时租赁办公用房、交通工具及其他设备所发生的费用。

（6）培训费，是指集中办案期间，对办案人员进行培训所发生的费用。

（7）检举奖励费，是指按照有关规定，用于奖励已查实并结案的税收违法案件检举有功人员的经费。

（8）协查办案费，是指办案单位在办案过程中支付给案件协查单位的有关费用，复制、翻拍、传递情报材料的费用以及组织、委托有关方面人员进行专题情报研究的费用等。

（9）误餐费，是指办案人员在市内调查取证过程中，因工作需要不能正常用餐的补助。

2.支出标准

税务稽查办案专项经费支出，国家已有相关支出标准的，应当严格执行有关规定；没有支出标准的，应当严格控制支出：

（1）差旅费、会议费和培训费的支出标准，按照有关规定执行。

（2）从严控制设备购置支出，办案所需设备原则上使用已有设备。需新购置设备的，所需经费从基本支出经费中安排，确实无法安排而办案又急需的，可从设备购置经费中安排。设备购置按照政府采购有关规定执行。

（3）严格控制租赁设备支出，根据办案工作需要，应当在参照当地相关设备租赁价格水平的基础上，从严控制租赁费支出。

（4）检举奖励费标准，按照财政部、国家税务总局、人力资源社会保障部的有关规定执行。

（5）邮电费、误餐费根据相关规定执行。

（6）根据协查办案业务量，从严控制协查办案费支出。

（三）预算编制和执行

税务稽查办案专项经费的预算编制和批复程序，按照财政部部门预算的要求和国家税务总局的规定执行。

财政部批复国家税务总局部门预算后，国家税务总局应当按照部门预算管理的相关要求，及时向下级预算单位批复稽查办案专项经费预算。

各级国家税务局应当严格执行税务稽查办案专项经费预算，不得自行调整。预算执行过程中如确需调整税务稽查办案专项经费预算的，必须按照规定的程序报批。

税务稽查办案专项经费年底形成的结余资金，按照财政部结余资金管理的有关规定执行。

（四）经费使用和监督

税务稽查办案专项经费由各级国家税务局财务部门和稽查部门按照职责分工实施管理。财务部门负责编制税务稽查办案专项经费预算、决算，实施日常会计核算。稽查部门负责提出税务稽查办案专项经费预算申请，并严格按照该办法有关规定使用。

各级国家税务局财务部门要加强税务稽查办案专项经费支出的财务管理，按照规定的支出范围和标准支付费用。

（1）差旅费、会议费、邮电费和培训费，凭有效发票（单据），经专案负责人和稽查部门审核后，报主管本级稽查办案的国家税务局（以下简称主管局）审批。

（2）购置办案所需设备，应当由办案单位提出申请，经专案交办单位或者批准立案单位相关领导批准后，由同级固定资产管理部门和财务部门按照政府采购的有关规定进行购置。发生的相关费用，按照相关财务审核审批程序和国库集中支付的有关规定办理。用办案经费购置的设备，由省级国家税务局按照规定权限和程序审批，报国家税务总局备案。

（3）租赁办案用房、办案设备由办案单位提出申请，经专案交办单位或者批准立案单位相关领导审核，报主管局审批。发生的相关费用，由办案单位的相关负责人签字后凭有效单据报销。

（4）检举奖励按照国家税务总局的有关规定执行。

（5）协查办案费，应当由办案单位提出申请，经专案交办单位或者批准立案单位相关领导审核，由办案单位的相关责任人签字后，报主管局审批。

（6）误餐费，应当由办案单位的相关负责人签字后，按照财政部规定的有关标准，凭有效单据报销。

使用税务稽查办案专项经费购置的固定资产，应当按照有关政策规定纳入本单位固定资产核算和管理。

各级国家税务局应当按照该办法规定的支出范围和标准，加强对税务稽查办案专项经费使用情况的监督检查。财政部和国家税务总局按照有关规定和职责分工对稽查办案专项经费的使用情况进行监督检查。对超范围使用、超标准支出、挤占挪用税务稽查办案专项经费的依照《财政违法行为处罚处分条例》（国务院令第427号）等有关规定追究法律责任，并由上级税务机关按照有关规定扣减下一年度税务稽查办案专项经费。

（五）补充规定

根据《财政部、税务总局关于〈税务稽查办案专项经费管理暂行办法〉的补充通知》（财行〔2017〕84号）的规定，财政部、各级国税部门及其工作人员在税务稽查办案经费预算编制、调剂、决算等审批工作中，存在违规编报、批复预决算，违规管理税务稽查办案项目资金等行为的，以及其他滥用职权、玩忽职守、徇私舞弊等违法违纪行为的，按照《预算法》《公务员法》《中华人民共和国行政监察法》《财政违法行为处罚处分条例》等国家有关规定追究相应责任；涉嫌犯罪的，移送司法机关处理。

三、税务稽查案源管理

（一）总则

为规范税务稽查案源管理，提高税务稽查质效，推进税务稽查体制机制改革，根据《税收征收管理法》及其实施细则等相关规定,国家税务总局制定《税务稽查案源管理办法(试行)》(税总发〔2016〕71号印发)。

该办法适用于国家税务总局及省、市、县税务局。该办法所称税务稽查案源(以下统称案源)即税收违法案件的来源,是指经过收集、分析、判断、处理等程序形成的涉嫌偷税(逃避缴纳税款)、逃避追缴欠税、骗税、抗税、虚开发票等税收违法行为的相关数据、信息和线索。

该办法所称税务稽查案源管理,是指税务局稽查局(以下简称稽查局)按照规定程序,对各类涉税数据、信息和线索进行收集、处理、立案、反馈的管理过程。案源管理的具体流程主要包括:案源信息的收集、案源的分类处理、案源的立案分配和处理结果的使用。

案源管理应当遵循依法依规、风险导向、统筹协调、分类分级、动态管理的原则。税务局应当以风险管理为导向,以税收大数据为支撑,以风险推送、外部转办、稽查自选为重点,以打击偷税(逃避缴纳税款)、逃避追缴欠税、骗税、抗税、虚开发票等税收违法行为为目标,注重处理结果的分析反馈和增值使用,形成风险闭环式案源管理的新格局。

案源由稽查局归口管理。上级稽查局对下级稽查局的案源管理工作进行指导和监督。下级稽查局确定的案源属于上级稽查局重点稽查对象名录范围的,应当报上级稽查局审批。实施案源集中管理的地区,由上级稽查局审批确定下级稽查局选取的案源。

各级税务机关应当不断提高案源管理信息化水平,高效采集、有效整合税收征管数据与社会公共数据,保障案源信息的及时性、有效性和准确性。

(二)案源信息

案源信息是指税务局在税收管理中形成的,以及外部相关单位、部门或者个人提供的纳税人、扣缴义务人和其他涉税当事人(以下简称纳税人)的税收数据、信息和违法行为线索。

1. 案源信息的内容

案源信息的内容具体包括:

(1)纳税人自行申报的税收数据和信息,以及税务局在税收管理过程中形成的税务登记、发票使用、税收优惠、资格认定、出口退税、企业财务报表等涉税数据和信息。

(2)税务局风险管理等部门在风险分析和识别工作中发现并推送的高风险纳税人风险信息。

(3)上级党委、政府、纪检监察等单位和上级税务机关(以下统称上级机关)通过督办函、交办函等形式下发的督办、交办任务提供的税收违法线索。

(4)检举人提供的税收违法线索。

(5)受托协查事项形成的税收违法线索。

(6)公安、检察、审计、纪检监察等外部单位以及税务局督察内审、纪检监察等部门提供的税收违法线索。

（7）专项情报交换、自动情报交换和自发情报交换等过程中形成的国际税收情报信息。

（8）稽查局执法过程中形成的案件线索、处理处罚等税务稽查数据。

（9）政府部门和社会组织共享的涉税信息以及税务局收集的社会公共信息等第三方信息。

（10）其他涉税数据、信息和税收违法线索。

2. 案源信息的收集和整理

稽查局应当拓展信息来源渠道，按规定收集和整理案源信息。

（1）稽查局案源部门（以下简称案源部门）负责以下事项：接收风险管理等部门推送的高风险纳税人风险信息，税务局内、外部相关单位和部门提供的税收违法线索，并确认案源信息来源部门的工作和时限要求；接收督办、交办线索，并明确督办、交办事项的工作和时限要求；收集和整理纳税人自行申报信息、税收管理数据、税务稽查数据、国际税收情报信息和第三方信息等涉税数据、信息，并按照稽查任务和计划，提取选案所需的案源信息。

（2）稽查局举报受理部门（以下简称举报受理部门）负责接收书信、来访、互联网、传真等形式的检举线索。12366纳税服务热线举报专岗负责接收的电话形式的检举线索，应填制举报工单后移交举报受理部门进一步处理。

（3）稽查局协查部门（以下简称协查部门）负责接收协查信息管理系统发函、不通过协查系统发起的纸质发函、实地协查等形式的协查线索，并按照《税收违法案件协查函》的内容登记案源信息。

案源信息以纳税人识别号为标识，一户一档建立案源信息档案。案源信息档案包括基本信息、分类信息、异常信息、共享信息和必要的信息标识等。

稽查局应当对案源信息进行分类处理，建立案源信息库；同时按照随机抽查工作要求，在案源信息档案中分级标识重点稽查对象，作为建立税务稽查随机抽查对象名录库的重要信息来源。

（三）案源类型

根据案源信息的来源不同，将案源分为九种类型：

（1）推送案源，是指根据风险管理等部门按照风险管理工作流程推送的高风险纳税人风险信息分析选取的案源。

（2）督办案源，是指根据上级机关以督办函等形式下达的，有明确工作和时限要求的特定纳税人税收违法线索或者工作任务确认的案源。

（3）交办案源，是指根据上级机关以交办函等形式交办的特定纳税人税收违法线索或者工作任务确认的案源。

（4）安排案源，是指根据上级税务局安排的随机抽查计划和打击偷税（逃避缴纳税款)、逃避追缴欠税、骗税、抗税、虚开发票等稽查任务,对案源信息进行分析选取的案源。

(5)自选案源,是指根据本级税务局制定的随机抽查和打击偷税(逃避缴纳税款)、逃避追缴欠税、骗税、抗税、虚开发票等稽查任务,对案源信息进行分析选取的案源。

(6)检举案源,是指对检举线索进行识别判断确认的案源。

(7)协查案源,是指对协查线索进行识别判断确认的案源。

(8)转办案源,是指对公安、检察、审计、纪检监察等外部单位以及税务局督察内审、纪检监察等部门提供的税收违法线索进行识别判断确认的案源。

(9)其他案源,是指对税务稽查部门自行收集或者税务局内、外部相关单位和部门提供的其他税收违法线索进行识别判断确认的案源。

督办案源、交办案源、转办案源、检举案源和协查案源由于来源渠道特殊,统称为特殊案源。对特殊案源应当由稽查局指定专人负责管理,严格遵守保密纪律,依法依规进行处理。

(四)案源处理

案源处理是指案源部门对收集的案源信息进行识别和判断,根据案源类型、纳税人状态、线索清晰程度、税收风险等级等因素,进行退回或者补正、移交税务局相关部门、暂存待查、调查核实(包括协查)、立案检查等分类处理的过程。案源部门对案源信息进行识别判断,提出拟处理意见,填写《税务稽查案源审批表》,经稽查局负责人批准后处理。

1.退回或者补正

推送和转办的案源信息符合下列情形之一的,案源部门制作《案源信息退回(补正)函》,退回信息来源部门或者要求信息来源部门补充资料:

(1)纳税人不属于管辖范围,纳税人状态为非正常或者注销的,可以作退回处理。

(2)案源信息数据有误、未提供必要数据资料或者其他导致无法进一步处理的情形,可以作退回处理或者要求补充资料。

(3)税收违法线索不清晰或者资料不完整,要求补充资料不能补充资料的,可以作退回处理。

(4)其他需要退回信息来源部门或者要求补充资料的情形。

2.移交税务局相关部门

符合下列情形之一的,案源部门制作《转办函》,移交税务局相关部门处理:

(1)检举、转办等案源信息涉及发票违法等事项,通过日常税务管理能够纠正的,经税务局负责人批准移交相关部门处理。

(2)协查事项需要提供纳税人查无此户、非正常、注销等状态证明或者提取征管资料、鉴定发票等事项,经稽查局负责人批准移交相关部门配合取证。

（3）案源信息涉及特别纳税调整事项的，经税务局负责人批准移交反避税部门处理。

（4）其他需要移交相关部门配合工作的事项。

3. 暂存待查

符合下列情形之一的，作暂存待查处理：

（1）纳税人状态为非正常或者注销的督办、交办案源信息，经督办、交办部门同意可以作暂存待查处理。

（2）纳税人状态为非正常、注销或者税收违法线索不清晰的检举案源信息可以作暂存待查处理。

（3）纳税人走逃而无法开展检查的可以作暂存待查处理。

（4）其他不宜开展检查又无法退回的情形。

4. 调查核实（包括协查）

符合下列情形之一的特殊案源，经稽查局负责人批准进行调查核实（包括协查）：

（1）督办、交办的工作任务只涉及协助取证等事项，通过调查核实（包括协查）可以完成，经督办、交办部门同意的。

（2）检举案源信息线索较明确但缺少必要证明资料，举报受理部门认为需要通过调查核实（包括协查）确认的。

（3）协查案源信息不符合《税收违法案件发票协查管理办法（试行）》规定的直接立案条件的，应当根据协查要求及时安排调查核实（包括协查）。

（4）其他特殊案源信息，存在一定疑点线索但缺少必要证明资料，需要通过进一步调查核实（包括协查）确认的。

需要调查核实（包括协查）的，应由案源部门或者举报受理部门或者协查部门制作《税务稽查调查核实（包括协查）任务通知书》，转送稽查局检查部门（以下简称检查部门），检查部门制作《税务检查通知书（检查二）》进行调查核实（包括协查）。检查部门应当按照有关要求根据调查核实结果制作《税务稽查调查核实（包括协查）报告》反馈安排调查核实（包括协查）任务的部门。

5. 立案检查

符合下列情形之一的，确认为需要立案检查的案源：

（1）督办、交办事项明确要求立案检查的案源。

（2）案源部门接收并确认的高风险纳税人风险信息案源，以及按照稽查任务和计划要求安排和自选的案源。

（3）举报受理部门受理的检举内容详细、线索清楚的案源。

（4）协查部门接收的协查案源信息涉及的纳税人状态正常，且存在下列情形之一的案源：委托方已开具《已证实虚开通知单》并提供相关证据的；委托方提供的证据资料能够证明协查对象存在税收违法嫌疑的；协查证实协查对象存在税收违法行为的。

（5）转办案源涉及的纳税人状态正常，且税收违法线索清晰的案源。

（6）经过调查核实（包括协查）发现纳税人存在税收违法行为的案源。
（7）其他经过识别判断后应当立案的案源。
（8）上级稽查局要求立案检查的案源。

（五）案源分配

稽查局应当建立案源管理集体审议会议制度，负责重点稽查对象和批量案源立案或者撤销的审批，并制定集体审议案源的标准。对达到集体审议标准的重点稽查对象和批量案源立案或者撤销案源的审批，由稽查局负责人主持召开案源管理集体审议会议，稽查局相关部门负责人参加。

需要立案检查的案源，由案源部门制作《税务稽查立案审批表》，经稽查局负责人批准或者案源管理集体审议会议审议决定立案。同一批次立案户数较多的，可附《税务稽查案源清册》。

案源立案的优先原则：①督办案源优先于其他案源；②重要或者紧急的案源，优先于一般案源；③实名检举案源优先于匿名检举案源。

涉及国税、地税共同管辖的案源，符合下列情形的应当共同立案：①上级机关要求开展联合稽查的；②共同管辖的重点稽查对象；③通过联合随机抽查选取的；④共同获得具体税收违法线索的；⑤除以上情形之外，经国税、地税协商一致，需要共同立案的。

案源部门对立案的案源，应当合理地分配到检查部门，实施检查。①稽查层级与管理对象相匹配。对纳入全国、省级和市级重点稽查对象名录库的案源，按照分级管理的原则，由国家税务总局和省、市税务局稽查局分别组织或者实施检查；②执法主体与案件性质相匹配。按照案源的涉税违法数额大小、情节轻重、案情复杂程度、涉案地区多少、社会影响情况等因素，分别由国家税务总局和省、市、县税务局稽查局组织或者实施检查。本级稽查局查处确有困难的案源，可以报请上级稽查局督办。上级机关下发的督办案源未经批准，本级稽查局不得转给下级稽查局查处；③稽查力量与检查任务相匹配。案情复杂的案源可以采取"项目式管理、团队化作业"的形式组织检查；④办案能力与案源特点相匹配。根据案源所属行业和税收违法类型等特点，合理搭配检查人员力量或者采取竞标等形式选派检查人员。

案源分配计划经批准后，案源部门制作《税务稽查任务通知书》，附《税务稽查项目书》，列明检查所属期、检查疑点、检查时限和要求等内容，连同相关资料一并移交检查部门。

符合下列情形之一的，提请撤销案源的部门填写《税务稽查案源撤销审批表》，经稽查局负责人批准或者案源管理集体审议会议决定，可以撤销案源：①案源登记有误或者案源重复的；②多个部门同时入户，经所属税务局负责人决定稽查局停止实施检查的；③不符合上级政策规定或者上级机关要求撤销案源的。

（六）结果使用

稽查局应当按照风险管理要求，对案源处理结果进行跟踪反馈和统计分析，实现案源闭环管理。

稽查局相关部门应当及时将案源处理结果填写《案源处理结果反馈单》，归集到案源部门。①未立案的，由案源部门记录未立案理由；②中止、终结检查的，由检查部门反馈并附阶段性检查情况和中止、终结理由；③中止、终结执行的，由执行部门反馈并附中止、终结理由、《税务处理决定书》《税务行政处罚决定书》及相关资料；④执行完毕的，由执行部门反馈并附《税务处理决定书》《税务行政处罚决定书》《税收缴款书》及相关资料。

案源部门接到案源处理结果，应当及时处理，并填写《案源处理结果反馈单》。①推送案源，按照风险管理工作流程的要求向风险管理等部门反馈处理结果，对于高风险应对任务中反映出的行业性、地域性或者特定类型纳税人的共性税收风险特征，及时提交风险管理等部门；②督办案源、交办案源和转办案源，根据案源来源部门要求就需核实的税收违法线索检查情况进行反馈；③自选案源和安排案源，汇总检查情况并定期上报稽查局负责人；④检举案源和协查案源，将检查情况反馈给举报受理部门或者协查部门，由举报受理部门或者协查部门反馈给实名检举人或者协查委托方。

按反馈对象的不同，《案源处理结果反馈单》的审批要求如下：①反馈稽查局相关部门、实名检举人和协查委托方的，分别由案源部门、举报受理部门和协查部门负责人批准；②反馈税务局其他部门的，由稽查局负责人批准；③反馈税务局外部单位的，由税务局负责人批准。

稽查局未立案检查的推送案源，反馈后推送部门仍认为需要立案检查的，经税务局负责人批准，由稽查局按交办案源程序立案检查。确因案情复杂无法按期查结反馈的，应当向信息来源部门说明情况。

案源部门负责按照年度工作任务和计划的要求，从案源信息的收集、案源的分类处理和立案分配、案源处理结果的使用等方面，对立案检查案源的分布区域、所属行业、企业规模、经济性质、税收违法类型、查补入库税额等情况定期进行统计分析。

稽查局要通过对稽查结果的统计分析和典型案例剖析，查找税收管理薄弱环节，并就完善税收政策和加强管理等方面提出意见和建议。

(七) 附则

案源管理工作适用保密条款的，应当依照《中华人民共和国保守国家秘密法》《税收征收管理法》《税收征收管理法实施细则》《国家税务机关系统保密工作规则》《税收违法行为检举管理办法》《税务稽查案件协查管理办法（试行）》等有关规定执行。

该办法所称税务局负责人，是指税务局局长或者经税务局局长授权的税务局领导。该办法所称稽查局负责人，是指稽查局局长或者经稽查局局长授权的稽查局领导。

四、重大税务案件审理办法

（一）总则

为贯彻落实中共中央办公厅、国务院办公厅印发的《关于进一步深化税收征管改革的意见》，推进税务机关科学民主决策，强化内部权力制约，优化税务执法方式，严格规范执法行为，推进科学精确执法，保护纳税人缴费人等税务行政相对人合法权益，根据《行政处罚法》《税收征收管理法》，国家税务总局制定《重大税务案件审理办法》（2014年12月2日国家税务总局令第34号公布，根据2021年6月7日国家税务总局令第51号修正）。

省以下各级税务局开展重大税务案件审理工作适用该办法。

重大税务案件审理应当以事实为根据、以法律为准绳，遵循合法、合理、公平、公正、效率的原则，注重法律效果和社会效果相统一。

参与重大税务案件审理的人员应当严格遵守国家保密规定和工作纪律，依法为纳税人缴费人等税务行政相对人的商业秘密、个人隐私和个人信息保密。

（二）审理机构和职责

省以下各级税务局设立重大税务案件审理委员会（以下简称审理委员会）。审理委员会由主任、副主任和成员单位组成，实行主任负责制。审理委员会主任由税务局局长担任，副主任由税务局其他领导担任。审理委员会成员单位包括政策法规、税政业务、纳税服务、征管科技、大企业税收管理、税务稽查、督察内审部门。各级税务局可以根据实际需要，增加其他与案件审理有关的部门作为成员单位。

审理委员会履行下列职责：①拟定本机关审理委员会工作规程、议事规则等制度；②审理重大税务案件；③指导监督下级税务局重大税务案件审理工作。

审理委员会下设办公室，办公室设在政策法规部门，办公室主任由政策法规部门负责人兼任。

审理委员会办公室履行下列职责：①组织实施重大税务案件审理工作；②提出初审意见；③制作审理会议纪要和审理意见书。④办理重大税务案件审理工作的统计、报告、案卷归档；⑤承担审理委员会交办的其他工作。

审理委员会成员单位根据部门职责参加案件审理，提出审理意见。稽查局负责提交重大税务案件证据材料、拟作税务处理处罚意见、举行听证。稽查局对其提交的案件材料的真实性、合法性、准确性负责。

参与重大税务案件审理的人员有法律法规规定的回避情形的，应当回避。重大税务案件审理参与人员的回避，由其所在部门的负责人决定；审理委员会成员单位负责人的回避，由审理委员会主任或其授权的副主任决定。

（三）审理范围

该办法所称重大税务案件包括：①重大税务行政处罚案件，具体标准由各省、自治区、直辖市和计划单列市税务局根据本地情况自行制定，报国家税务总局备案；②根据《重大税收违法案件督办管理暂行办法》督办的案件；③应监察、司法机关要求出具认定意见的案件；④拟移送公安机关处理的案件。⑤审理委员会成员单位认为案情重大、复杂，需要审理的案件。⑥其他需要审理委员会审理的案件。

有下列情形之一的案件，不属于重大税务案件审理范围：①公安机关已就税收违法行为立案的；②公安机关尚未就税收违法行为立案，但被查对象为走逃（失联）企业，并且涉嫌犯罪的；③国家税务总局规定的其他情形。

应监察、司法机关要求出具认定意见的案件经审理委员会审理后，应当将拟处理意见报上一级税务局审理委员会备案。备案5日后可以作出决定。

稽查局应当在每季度终了后5日内将稽查案件审理情况备案表送审理委员会办公室备案。

（四）提请和受理

稽查局应当在内部审理程序终结后5日内，将重大税务案件提请审理委员会审理。当事人按照法律、法规、规章有关规定要求听证的，由稽查局组织听证。

稽查局提请审理委员会审理案件，应当提交以下案件材料：①重大税务案件审理案卷交接单；②重大税务案件审理提请书；③税务稽查报告；④税务稽查审理报告；⑤听证材料；⑥相关证据材料。

重大税务案件审理提请书应当写明拟处理意见，所认定的案件事实应当标明证据指向。证据材料应当制作证据目录。稽查局应当完整移交证据目录所列全部证据材料，不能当场移交的应当注明存放地点。

审理委员会办公室收到稽查局提请审理的案件材料后，应当在重大税务案件审理案卷交接单上注明接收部门和收到日期，并由接收人签名。对于证据目录中列举的不能当场移交的证据材料，必要时，接收人在签收前可以到证据存放地点现场查验。

审理委员会办公室收到稽查局提请审理的案件材料后，应当在5日内进行审核。根据审核结果，审理委员会办公室提出处理意见，报审理委员会主任或其授权的副主任批准：①提请审理的案件属于该办法规定的审理范围，提交了该办法第十五条规定的材料的，建议受理；②提请审理的案件属于该办法规定的审理范围，但未按照该办法第十五条的规定提交相关材料的，建议补正材料；③提请审理的案件不属于该办法规定的审理范围的，建议不予受理。

（五）审理程序

1.一般规定

重大税务案件应当自批准受理之日起30日内作出审理决定，不能在规定期限内作出审理决定的，经审理委员会主任或其授权的副主任批准，可以适当延长，但延长期限最多不超过15日。补充调查、请示上级机关或征求有权机关意见、拟处理意见报上一级税务局审理委员会备案的时间不计入审理期限。

审理委员会审理重大税务案件，应当重点审查：
（1）案件事实是否清楚。
（2）证据是否充分、确凿。
（3）执法程序是否合法。
（4）适用法律是否正确。
（5）案件定性是否准确。
（6）拟处理意见是否合法适当。

审理委员会成员单位应当认真履行职责，根据上述规定提出审理意见，所出具的审理意见应当详细阐述理由、列明法律依据。审理委员会成员单位审理案件，可以到审理委员会办公室或证据存放地查阅案卷材料，向稽查局了解案件有关情况。

重大税务案件审理采取书面审理和会议审理相结合的方式。

2.书面审理

审理委员会办公室自批准受理重大税务案件之日起5日内，将重大税务案件审理提请书及必要的案件材料分送审理委员会成员单位。

审理委员会成员单位自收到审理委员会办公室分送的案件材料之日起10日内，提出书面审理意见送审理委员会办公室。

审理委员会成员单位认为案件事实不清、证据不足，需要补充调查的，应当在书面审理意见中列明需要补充调查的问题并说明理由。审理委员会办公室应当召集提请补充调查的成员单位和稽查局进行协调，确需补充调查的，由审理委员会办公室报审理委员会主任或其授权的副主任批准，将案件材料退回稽查局补充调查。

稽查局补充调查不应超过30日，有特殊情况的，经稽查局局长批准可以适当延长，但延长期限最多不超过30日。稽查局完成补充调查后，应当按照该办法第十五条、第十六条的规定重新提交案件材料、办理交接手续。稽查局不能在规定期限内完成补充调查的，或者补充调查后仍然事实不清、证据不足的，由审理委员会办公室报请审理委员会主任或其授权的副主任批准，终止审理。

审理过程中，稽查局发现该办法第十一条第二款规定情形的，书面告知审理委员会办公室。审理委员会办公室报请审理委员会主任或其授权的副主任批准，可以终止审理。

审理委员会成员单位认为案件事实清楚、证据确凿，但法律依据不明确或者需要处理的相关事项超出本机关权限的，按规定程序请示上级税务机关或者征求有权机关意见。

审理委员会成员单位书面审理意见一致，或者经审理委员会办公室协调后达成一致意见的，由审理委员会办公室起草审理意见书，报审理委员会主任批准。

3. 会议审理

审理委员会成员单位书面审理意见存在较大分歧，经审理委员会办公室协调仍不能达成一致意见的，由审理委员会办公室向审理委员会主任或其授权的副主任报告，提请审理委员会会议审理。

审理委员会办公室提请会议审理的报告，应当说明成员单位意见分歧、审理委员会办公室协调情况和初审意见。审理委员会办公室应当将会议审理时间和地点提前通知审理委员会主任、副主任和成员单位，并分送案件材料。

成员单位应当派员参加会议，三分之二以上成员单位到会方可开会。审理委员会办公室以及其他与案件相关的成员单位应当出席会议。案件调查人员、审理委员会办公室承办人员应当列席会议。必要时，审理委员会可要求调查对象所在地主管税务机关参加会议。

审理委员会会议由审理委员会主任或其授权的副主任主持。首先由稽查局汇报案情及拟处理意见。审理委员会办公室汇报初审意见后，各成员单位发表意见并陈述理由。审理委员会办公室应当做好会议记录。

经审理委员会会议审理，根据不同情况，作出以下处理：

（1）案件事实清楚、证据确凿、程序合法、法律依据明确的，依法确定审理意见。

（2）案件事实不清、证据不足的，由稽查局对案件重新调查。

（3）案件执法程序违法的，由稽查局对案件重新处理。

（4）案件适用法律依据不明确，或者需要处理的有关事项超出本机关权限的，按规定程序请示上级机关或征求有权机关的意见。

审理委员会办公室根据会议审理情况制作审理纪要和审理意见书。审理纪要由审理委员会主任或其授权的副主任签发。会议参加人员有保留意见或者特殊声明的，应当在审理纪要中载明。审理意见书由审理委员会主任签发。

（六）执行和监督

稽查局应当按照重大税务案件审理意见书制作税务处理处罚决定等相关文书，加盖稽查局印章后送达执行。文书送达后5日内，由稽查局送审理委员会办公室备案。

重大税务案件审理程序终结后，审理委员会办公室应当将相关证据材料退回稽查局。各级税务局督察内审部门应当加强对重大税务案件审理工作的监督。

审理委员会办公室应当加强重大税务案件审理案卷的归档管理，按照受理案件的顺序统一编号，做到一案一卷、资料齐全、卷面整洁、装订整齐。需要归档的重大税务案件审理案卷包括税务稽查报告、税务稽查审理报告以及有关文书。

各省、自治区、直辖市和计划单列市税务局应当于每年1月31日之前，将本辖区上年度重大税务案件审理工作开展情况和重大税务案件审理统计表报送国家税务总局。

（七）附则

各级税务局办理的其他案件，需要移送审理委员会审理的，参照该办法执行。特别纳税调整案件按照有关规定执行。

各级税务局在重大税务案件审理工作中可以使用重大税务案件审理专用章。

该办法规定期限的最后一日为法定休假日的，以休假日期满的次日为期限的最后一日；在期限内有连续3日以上法定休假日的，按休假日天数顺延。该办法有关"5日"的规定指工作日，不包括法定休假日。

各级税务局应当按照国家税务总局的规划和要求，积极推动重大税务案件审理信息化建设。

各级税务局应当加大对重大税务案件审理工作的基础投入，保障审理人员和经费，配备办案所需的录音录像、文字处理、通信等设备，推进重大税务案件审理规范化建设。

第三节 税务稽查随机抽查制度

一、推进税务稽查随机抽查实施方案

为深入贯彻落实《国务院办公厅关于推广随机抽查规范事中事后监管的通知》（国办发〔2015〕58号）要求，推进税务稽查随机抽查，增强执法效能，国家税务总局制定了《推进税务稽查随机抽查实施方案》（税总发〔2015〕104号印发）。

（一）总体要求

1.指导思想

贯彻党中央、国务院的决策部署，落实简政放权、放管结合、优化服务要求，坚持执法公正，提高执法效率，以风险管理为导向，建立健全科学的随机抽查机制，规范税务稽查，创新方式方法，加强专业化和集约化，努力实现执法成本最小化和执法效能最大化，促进税法遵从和公平竞争。

2.基本原则

依法实施。严格执行相关法律、行政法规和规章，规范执法行为，确保税务稽查随机抽查工作依法顺利进行。

公正高效。坚持规范公正文明执法，对不同类型税务稽查对象分别采取适当的随机抽查方法，注重公平，兼顾效率，减轻纳税人负担，优化市场环境。

公开透明。在阳光下运行执法权力，公开税务稽查随机抽查职责、程序、事项、结果等，强化社会监督，切实做到确职限权，尽责担当。

稳步推进。充分利用相关信息数据，立足税源分布结构、稽查资源配置等实际情况，分步实施，有序推进，务求实效。

（二）完善税务稽查随机抽查机制

1.随机抽查依据

《税收征收管理法》第四章及其实施细则第六章等法律、行政法规和税务部门规章相关规定。

2.随机抽查主体

税务稽查随机抽查主体是各级税务稽查部门。国家税务总局稽查局负责组织、协调全国税务稽查随机抽查工作，根据工作需要从全国重点税源企业中随机抽取待查对象，组织或督促相关地区税务稽查部门实施稽查。省、市税务局稽查局负责组织、协调、实施辖区内税务稽查随机抽查工作。县税务局稽查局负责实施辖区内税务稽查随机抽查工作。

省税务局可以根据本地实际情况，适当调整税务稽查选案层级，对辖区内的全国、省、市重点税源企业由省税务局稽查局集中确定随机抽查对象。上级税务稽查部门随机抽取的待查对象，可以自行稽查，也可以交由下级税务稽查部门稽查。下级税务稽查部门因力量不足实施稽查确有困难的，可以报请上级税务稽查部门从其他地区选调人员参与稽查。

上级税务稽查部门可以对下级税务稽查部门随机抽查情况进行复查，以检验抽查绩效。复查以案卷审核为主，必要时可以实地核查。

3.随机抽查对象和内容

依法检查纳税人、扣缴义务人和其他涉税当事人（以下统称为税务稽查对象）履行纳税义务、扣缴税款义务情况及其他税法遵从情况。所有待查对象，除线索明显涉嫌偷逃骗抗税和虚开发票等税收违法行为直接立案查处的外，均须通过摇号等方式，从税务稽查对象分类名录库和税务稽查异常对象名录库中随机抽取。

各级税务局建立税务稽查对象分类名录库，实施动态管理。国家税务总局名录库包括全国重点税源企业，相关信息由税务稽查对象所在省税务局提供。省税务局名录库包括辖区内的全国、省、市重点税源企业。市、县税务局名录库包括辖区内的所有税务稽查对象。名录库应录入税务稽查对象税务登记基本信息和前三个年度经营规模、纳税数额以及税务检查、税务处理处罚、涉税刑事追究等情况。该项工作应于2015年12月31日前完成。

省、市、县税务局在收集各类税务稽查案源信息的基础上，建立税务稽查异常对象名录库，实施动态管理。名录库应包括长期纳税申报异常企业、税收高风险企业、纳税信用级别低的企业、多次被检举有税收违法行为的企业、相关部门列明违法失信联合惩戒企业等，并录入税务登记基本信息以及涉嫌税收违法等异常线索情况。该项工作应于2016年3月31日前完成。

税务稽查对象分类名录库和税务稽查异常对象名录库相关信息应从税收信息管理系统获取。

4.随机抽查方式

随机抽查分为定向抽查和不定向抽查。定向抽查是指按照税务稽查对象类型、行业、性质、隶属关系、组织架构、经营规模、收入规模、纳税数额、成本利润率、税负率、地理区域、税收风险等级、纳税信用级别等特定条件，通过摇号等方式，随机抽取确定待查对象名单，对其纳税等情况进行稽查。不定向抽查是指不设定条件，通过摇号等方式，随机抽取确定待查对象名单，对其纳税等情况进行稽查。定向抽查与不定向抽查要结合应用，兼施并举，确保稽查执法效能。

对随机抽查对象，税务稽查部门可以直接检查，也可以要求其先行自查，再实施重点检查，或自查与重点检查同时进行。对自查如实报告税收违法行为，主动配合税务稽查部门检查，主动补缴税款和缴纳滞纳金的，依法从轻、减轻或不予行政处罚；税务稽查部门重点检查发现存在重大税收违法行为或故意隐瞒税收违法行为的，应依法从严处罚；涉嫌犯罪的，应依法移送公安机关处理。

5.分类确定随机抽查比例和频次

随机抽查比例和频次要合理适度，切合实际，以不影响公正与效率为前提，既要保证必要的抽查覆盖面和工作力度，又要防止检查过多和执法扰民。

对全国、省、市重点税源企业，采取定向抽查与不定向抽查相结合的方式，每年抽查比例约20%，原则上每5年检查一轮。

对非重点税源企业，采取以定向抽查为主、辅以不定向抽查的方式，每年抽查比例不超过3%。

对非企业纳税人，主要采取不定向抽查方式，每年抽查比例不超过1%。对列入税务稽查异常对象名录库的企业，要加大抽查力度，提高抽查比例和频次。3年内已被随机抽查的税务稽查对象，不列入随机抽查范围。

6.随机和竞标选派执法检查人员

各级税务局建立税务稽查执法检查人员分类名录库，实施动态管理。国家税务总局名录库人员由各省税务局推荐，国家税务总局稽查局审核确定。省、市、县税务局名录库应包括辖区内所有税务稽查执法检查人员。名录库应录入执法检查人员基本信息及其专长、业绩等情况，并按照执法检查人员擅长检查的行业、领域、税种、案件等进行分类。该项工作应于2015年12月31日前完成。

实施抽查的执法检查人员，通过摇号方式，从税务稽查执法检查人员分类名录库中随机选派，也可以采取竞标等方式选派。执法检查人员应根据抽查内容，结合其专长进行选派。在一定周期内对同一抽查对象不得由同一执法检查人员实施检查。对同一抽查对象实施检查，选派执法检查人员不得少于2人。执法检查人员与抽查对象有利害关系的，应依法回避。

7.国税、地税开展联合抽查

国税、地税机关建立税务稽查联合随机抽查机制，共同制订并实施联合抽查计划，确定重点抽查对象，实施联合稽查，同步入户执法，及时互通查获的情况，商讨解决疑难问题，准确定性处理。

8.实现抽查成果增值运用

对随机抽查发现税收违法行为的税务稽查对象，综合运用经济惩戒、信用惩戒、联合惩戒和从严监管等措施，加大税收违法代价，加强抽查威慑力，引导纳税人自觉遵从税法，提高税收征管整体效能。抽查中发现的税收征管薄弱环节和税收政策缺陷，及时向相关部门反馈，强化工作成果增值运用。

（三）保障措施

1.实行计划统筹管理

科学安排年度税务稽查随机抽查工作计划，制订严密的具体实施方案，统筹考虑辖区内税务稽查对象数量、稽查资源配置、税收违法案件数量、工作任务计划及企业、行业分布结构等因素，合理确定年度定向抽查、不定向抽查的比例，保持各类税务稽查对象相对均衡。税务稽查部门的检查与税收征管部门的检查要相互协调，统筹安排实地检查事项，统一规范进户执法，避免多头重复检查和交叉重叠执法，切实解决检查任性、执法扰民、效率低下、影响形象问题。税务稽查部门与税收征管、大企业税收管理等部门要充分沟通配合，统筹协同做好国家税务总局、省税务局定点联系企业（列名企业）等重点税源企业抽查工作。

2.强化信息技术支持

将税务稽查随机抽查纳入税收信息管理系统，运用信息技术手段确保其落实到位，并实现全程跟踪记录，运行透明，痕迹可查，效果可评，责任可追。税务稽查对象分类名录库和税务稽查异常对象名录库相关信息，通过税收信息管理系统在税务系统共享。国家税务总局和省税务局应加强税务稽查选案指标体系建设，加快定向抽查分析模型设计，并不断修正完善。该项工作应于2016年6月30日前取得阶段性成果。

3.加强纵向横向联动

上级税务机关布置、安排、督办随机抽查事项，要严密跟踪、督促、指导实施稽查的税务机关开展工作，防止敷衍塞责和消极懈怠。下级税务机关对上级税务机关布置、安排、督办的随机抽查事项，应严格按照规定的时限和要求办理。随机抽查事项涉及其他地区的，相关地区税务机关应积极协助主办地区税务机关调查取证，不得推诿抵制和包庇袒护。积极参与当地人民政府协调组织的联合抽查，进一步加强与公安、海关、工商等部门执法协作。

4.推进与社会信用体系相衔接

将税务稽查随机抽查结果纳入纳税信用和社会信用记录，按规定推送至全国信用信息共享交换平台和全国企业信用信息公示系统平台，与相关部门实现信息共享；将严重税收违法行为列入税收违法"黑名单"，实施联合惩戒，让失信者一处违法、处处受限。

5.接受社会监督

向社会公布税务稽查随机抽查的依据、主体、内容、方式等事项清单，公布抽查情况和抽查结果，自觉接受社会监督，扩大执法社会影响。

（四）工作要求

1.统一思想认识

推进税务稽查随机抽查，是税务系统贯彻落实党中央、国务院关于深化行政体制改革，加快转变政府职能，推进简政放权、放管结合、优化服务的决策部署的重要举措。各级税务机关务必高度认识此项工作的重要性和必要性，创造性地落实工作部署和要求，充分发挥税务稽查职能作用，打击税收违法活动，整顿规范税收秩序，促进市场公平竞争，服务经济社会发展。

2.加强组织领导

各级税务机关主要领导对税务稽查随机抽查工作要亲自抓，分管领导具体抓，税务稽查部门牵头落实，相关部门协作配合。根据本实施方案确定的抽查工作任务和目标，相应调整充实一线执法检查力量。加强对抽查工作的组织部署、督促指导和业绩考评，确保抽查工作顺利开展，取得明显实效。

3.强化责任落实

明确工作进度要求，落实责任任务，一级抓一级，一级督一级，强化对税务稽查随机抽查工作的过程监控和绩效评价。各省税务局要根据本实施方案要求，具体细化辖区内推进随机抽查的任务和步骤，确保此项工作落到实处，抓出成效。要激励先进，鞭策后进，通过纳入绩效考核，对落实到位、成绩突出的单位和个人，按有关规定给予激励；对落实不力、成绩较差的单位和个人，按有关规定处理。

4.注重培训宣传

加强税务稽查随机抽查业务培训和交流，转变执法理念，增强执法能力，组建专业团队。充分利用广播、电视、报刊、网络等多种渠道，广泛开展宣传报道，积极争取各界支持。加大相关税收政策法规解读力度，及时回应纳税人关切，解疑释惑，增进理解，促进和谐，为随机抽查工作顺利开展营造良好的氛围。

各省税务局要按照本实施方案的要求，作出贯彻落实国办发〔2015〕58号文件和本实施方案的具体工作安排，于2015年9月15日前报送国家税务总局（稽查局）；后续工作进展及主要成果等情况，于每年7月1日前和12月31日前各报送一次。

二、税务稽查随机抽查对象名录库管理

（一）总则

为贯彻落实《国务院办公厅关于推广随机抽查规范事中事后监管的通知》（国办发〔2015〕58号）精神，健全完善税务稽查随机抽查机制，统一规范税务稽查随机抽查对象名录库管理，根据国家税务总局《推进税务稽查随机抽查实施方案》（税总发〔2015〕104号文件印发）有关要求，国家税务总局制定《税务稽查随机抽查对象名录

库管理办法（试行）》（税总发〔2016〕73号印发）。

随机抽查对象包括各级税务局辖区内的全部纳税人、扣缴义务人和其他涉税当事人。随机抽查对象名录库是指市（地、盟、州以及直辖市和计划单列市的区，下同）以上税务局根据税务稽查随机抽查工作要求，针对随机抽查对象的不同类别，按照不同层级建设和管理的信息库。

该办法所称随机抽查对象名录库包括随机抽查对象异常名录。随机抽查对象名录库的建设、使用和维护应当充分运用信息化手段，遵循统筹规划、分类管理、分级使用、动态维护的原则。随机抽查对象名录库由市以上税务局稽查局案源管理部门归口管理，专人负责。

市以上税务局相关部门应当加强协作配合，为随机抽查对象名录库的建设提供符合需求的数据和信息，实现数据和信息共建共享。随机抽查对象名录库主要适用于市以上税务局稽查局随机抽查对象的选取。

（二）分类管理

市以上税务局稽查局应当按照管理层级、稽查资源配置与纳税规模等标准，将随机抽查对象分为重点稽查对象和非重点稽查对象。重点稽查对象由市以上税务局稽查局根据稽查工作任务和计划，参照收入规划核算、大企业税收管理等相关部门确定的重点税源企业范围，按照纳税规模、所属行业、分布区域、注册类型、集团类企业等因素以及稽查资源的匹配程度确定。非重点稽查对象为未达到市以上税务局稽查局确定的重点稽查对象标准的随机抽查对象，包括非企业纳税人。国家税务总局稽查局和省（自治区、直辖市、计划单列市，下同）、市税务局稽查局依照上述原则和不同层级分别确定相应层级重点稽查对象。

国家税务总局重点稽查对象主要包括：①国务院国有资产监督管理委员会中央企业名录列名的企业，由财政部按规定管理的金融类企业以及代表国务院履行出资人职责管理的国有企业；②国家税务总局稽查局确定的纳税规模较大的重点税源企业；③国家税务总局稽查局确定的跨区域经营的大型企业集团；④国家税务总局稽查局确定的其他重点稽查对象。

省税务局稽查局根据稽查工作任务和计划，在国家税务总局重点稽查对象之外，按照本级确定重点稽查对象的要求，综合考虑纳税规模、所属行业、分布区域、稽查资源配置等因素，确定本级税务局重点稽查对象名录。

市税务局稽查局根据稽查工作任务和计划，在国家税务总局和省税务局重点稽查对象之外，按照本级确定重点稽查对象的要求，综合考虑纳税规模、所属行业、稽查资源配置等因素，确定本级税务局重点稽查对象名录。

市以上税务局应当建立随机抽查对象名录库。国家税务总局随机抽查对象名录库主要包括国家税务总局重点稽查对象；省税务局随机抽查对象名录库主要包括辖区内的国家税务总局、省税务局重点稽查对象，并对国家税务总局重点稽查对象进行标识;市税务局随机抽查对象名录库包括辖区内的所有随机抽查对象,并对国家税务总局、省税务局重点稽查对象进行分别标识。省、市税务局应当在建立随机抽查对象名录库的基础上,通过接收、分析、整理和确认随机抽查对象的异常涉税信息并进行标识,建立随机抽查对象异常名录。

对符合下列情形之一的随机抽查对象,列入随机抽查对象异常名录:①税收风险等级为高风险的;②两个年度内两次以上被检举且经检查均有税收违法行为的;③受托协查事项中存在税收违法行为的;④长期纳税申报异常的;⑤纳税信用级别为D级的;⑥被相关部门列为违法失信联合惩戒的;⑦存在其他异常情况的。

随机抽查对象名录库应当按照随机抽查对象类型,完整准确采录相关涉税信息。重点稽查对象的采录信息主要包括:登记类信息、前三年纳税申报及财务报表、税控开票、风险分析、纳税评估、出口退税、纳税信用等级、跨区域企业集团组织架构情况,以及是否为国家税务局、地方税务局共管户等信息。非重点稽查对象的采录信息主要包括:登记类信息、前三年纳税申报及财务报表、税控开票,以及是否为国家税务局、地方税务局共管户等信息。非企业纳税人的采录信息主要包括:登记类信息、前三年纳税申报、税控开票,以及自行确定的其他信息。随机抽查对象标识的异常涉税信息主要包括:高风险分析信息、检举线索、协查违法线索、长期异常纳税申报、纳税信用等级、相关部门列明的违法失信联合惩戒等相关信息。

国家税务总局随机抽查对象名录库的信息由国家税务总局稽查局采录,重点稽查对象所在省税务局稽查局负责协助补充相关信息。省、市税务局随机抽查对象名录库的信息由省、市税务局稽查局分别采录,涉及国家税务局、地方税务局共同管辖的,由国家税务局、地方税务局稽查局联合采录。

(三)分级使用

市以上税务局稽查局应当按照随机抽查工作要求,遵循分级使用的原则,运用随机抽查对象名录库,采用定向抽查和不定向抽查的方式选取检查对象。

市以上税务局稽查局对随机抽查对象名录库中的随机抽查对象,应当合理适度确定随机抽查比例和频次。

(1)国家税务总局稽查局根据稽查工作任务和计划,按照计划有序、依次安排的原则,每年按行业随机选取重点稽查对象组织开展检查,原则上每五年检查一轮。对国家税务总局大企业税收管理司列名的"千户集团"企业,国家税务总局稽查局和大企业税收管理司协商制定工作规划和年度计划,选取随机抽查对象,实现数据共享、资源共享、结果共享。

(2)省、市税务局稽查局根据本级稽查工作任务和计划,有序选取重点稽查对象开展检查,原则上每五年检查一轮。

(3)对非重点稽查对象中的企业纳税人,每年抽查比例不超过3%;对非重点稽查对象中的非企业纳税人，每年抽查比例不超过1%。

（4）三年内已被抽查的随机抽查对象，不列入随机抽查范围。

对列入随机抽查对象异常名录且属于持续经营状态的随机抽查对象，省、市税务局稽查局要加大抽查力度，具体抽查比例和频次由省、市税务局稽查局确定。

市以上税务局稽查局对随机选取的检查对象，按照税务稽查案源管理相关规定进行立案审批。市以上税务局稽查局要按照风险管理制度和机制要求，对随机抽查中发现的税收政策及管理问题，及时向税务局相关部门反馈，提出管理建议，强化稽查成果增值利用。

（四）动态维护

市以上税务局应当充分运用信息化手段建立随机抽查对象名录库，逐步实现国家税务总局、省税务局和市税务局三级信息共享。

国家税务总局统一规划建设随机抽查对象名录库管理信息系统，满足按照纳税规模、所属行业、分布区域、注册类型等条件进行随机抽查的需要。

市以上税务局稽查局应当定期维护、及时更新辖区内随机抽查对象名录库的相关信息。

三、税务稽查随机抽查执法检查人员名录库管理

（一）总则

为贯彻落实《国务院办公厅关于推广随机抽查规范事中事后监管的通知》（国办发〔2015〕58号）精神，健全税务稽查随机抽查机制，统一规范税务稽查随机抽查执法检查人员名录库管理，根据国家税务总局《推进税务稽查随机抽查实施方案》（税总发〔2015〕104号文件印发）有关要求，国家税务总局制定《税务稽查随机抽查执法检查人员名录库管理办法（试行）》（税总发〔2016〕74号印发）。

各级税务机关税务稽查随机抽查执法检查人员名录库的建立、运用和管理适用该办法。

该办法所称税务稽查随机抽查执法检查人员（以下简称执法检查人员），是指各级税务机关中取得《中华人民共和国税务检查证》的从事稽查实施工作的人员。该办法所称税务稽查随机抽查执法检查人员名录库（以下简称执法检查人员名录库），是指国家税务总局和省（自治区、直辖市和计划单列市，下同）、市（地、盟、州及直辖市和计划单列市的区，下同）、县（县级市、旗，下同）税务局根据税务稽查随机抽查工作要求，按照不同层级建设和管理的执法检查人员相关信息库。

建立、运用和管理执法检查人员名录库应当遵循统筹规划、统一建设、规范运用、动态管理、公正公开、持续完善的原则。各级税务机关由稽查部门牵头负责、相关部门协作配合，建立、运用和管理本级执法检查人员名录库。

（二）执法检查人员名录库的建立

国家税务总局、省、市、县税务局分别建立执法检查人员名录库。国家税务总局执法检查人员名录库人员包括税务总局本级执法检查人员和各省税务局推荐执法检查人员，推荐执法检查人员的数量为本省执法检查人员总数的1%，由国家税务总局稽查局审核确定。各省税务局执法检查人员名录库人员包括省税务局本级执法检查人员和各市税务局推荐执法检查人员，推荐执法检查人员的数量由各省税务局自行确定。市、县税务局执法检查人员名录库包括辖区内所有执法检查人员。

改革了属地稽查方式，推行省、市一级稽查模式或者实施稽查集约化管理的地区，相应的市、县税务局可不建立执法检查人员名录库。

1.执法检查人员基本条件

国家税务总局、省税务局执法检查人员名录库中的推荐执法检查人员应当具备以下基本条件：

（1）热爱税收事业，具有良好的政治素质，敬业爱岗，勤政廉洁，累计从事税务稽查工作2年以上，身体健康，能够承担外出办案等特定工作任务。

（2）工作实绩突出，领导和群众认可度较高，骨干带头作用较为明显，在本单位或者本专业领域具有一定的影响。

（3）具备较高的业务素质和专业素养，熟练掌握财税知识，具有较强的检查办案能力、组织协调能力、解决复杂问题能力，有一定业务专长，对相关行业有较丰富的实际检查工作经验，有办理重大案件经历。

（4）符合下列情形之一的，同等条件下可优先备选税务总局、省税务局执法检查人员名录库：①获得各类专业资格证书或相应职称的；②获得市税务局以上稽查能手、征管能手等荣誉称号的；③省税务局以上税务领军人才或者专业人才库成员；④多次被上级机关抽调参与全国、全省、全市各类案件检查、业务检查、重大专项行动等工作，取得突出成绩并受到表彰的。

2.执法检查人员信息

执法检查人员信息包括以下四类：

（1）基本信息：包括姓名、性别、年龄、政治面貌、学历学位、所学专业、职业资格、所在单位、所在岗位、职务、稽查工作年限、能级等次（主辅查）、证件号码等。

（2）专长信息：是指执法检查人员擅长检查的行业、税种、案件、其他特长等信息。一名执法检查人员可以同时具备一项或多项专长，具体包括：①擅长检查的行业门类（包括采矿业，制造业，电力、热力、燃气及水的生产和供应业，建筑业；批发和零售业，交通运输、仓储和邮政业，住宿和餐饮业，信息传输、软件和信息技术服务业，金融保险业，房地产业，租赁和商务服务业，文化、体育和娱乐业等）。②擅长检查的税种（包括增值税、营业税、消费税、企业所得税、个人所得税、资源税、土地增值税、其他各税）。③擅长检查的案件（包括逃避缴纳税款案件、逃避追缴欠税案件、骗取出口退税案件、虚开发票案件、制售非法发票案件等）。④擅长的其他领域（包括法律、会计、电子查账等领域）。

（3）业绩信息：①近三年检查的企业数量、重大税收违法案件数量、重点税源企业数量及相应查补数额。②工作考核考评结果、获得各类奖励情况等。③上级评价信息,包括上级借调记录及借调期间工作评价等。④其他业绩信息，如科研成果、各类竞赛荣誉等。

（4）状态信息：①个人当前在查案件数量。②个人为税务总局、省税务局执法检查人员名录库成员的标记信息。③个人为各级税务领军人才、各类人才库成员的标记信息。④个人应当回避的信息，主要是指本人配偶、直系血亲、三代以内旁系血亲、近姻亲等可能影响公正执法的利害关系人担任执法检查人员本人执法权限范围内企业的法定代表人、实际控制人、重要股东或者直接责任人等信息。

国家税务总局执法检查人员名录库的信息由国家税务总局稽查局采录，推荐执法检查人员所在省税务局稽查局协助提供相关信息。省、市、县税务局执法检查人员名录库的信息由省、市、县税务局稽查局分别采录。

（三）执法检查人员的选派

选派执法检查人员实施随机抽查，可以通过摇号方式从执法检查人员名录库中随机选派，也可以采取竞标等方式选派。随机选派分为定向选派和不定向选派。定向选派是指根据抽查对象类型、性质和抽查内容，结合执法检查人员专长进行选派。不定向选派是指随机抽取检查对象后完全随机抽取主查、辅查等执法检查人员。执法检查人员的分组相对固定的稽查局，可只随机选派主查人员，由该主查人员所属的检查组实施随机抽查。定向选派与不定向选派要结合应用，兼施并举，确保稽查执法效能。竞标选派是指相关执法检查人员组成相对固定的检查团队或者检查小组，针对特定稽查对象，按照先申请、后评定的方式，取得承担随机抽查任务的资格。竞标选派的具体方式可由各地税务局结合实际情况探索施行。

选派执法检查人员应符合以下要求：

（1）执法检查人员在检查工作完成后，原则上3年内不得被选派对同一抽查对象再次实施检查。

（2）对同一抽查对象选派执法检查人员不得少于2人。

（3）执法检查人员与抽查对象有利害关系的，应当依法回避。

当前承担在查案件数量3起以上（含）的执法检查人员，原则上不再列入随机选派人员范围。

市以上税务局稽查局组织开展随机抽查工作，应当从本级执法检查人员名录库中随机选派执法检查人员。确有必要时，可以从下级稽查局执法检查人员名录库中抽调成员参加检查工作。下级稽查局可以提请上级稽查局随机选派执法检查人员，指导、协调或者直接参加下级稽查局组织开展的随机抽查工作。

同一执法检查人员在被上级稽查局选派承担抽查任务期间，本级稽查局不再将其列入随机选派人员范围。

上级稽查局从下级稽查局执法检查人员名录库中选派参加随机抽查工作的人员，原则上连续调用时间不得超过半年。情况特殊需要延长调用时间的，必须经上级稽查局主管领导批准，并且延长期限最长不得超过一年。

国家税务局、地方税务局对共同管辖的纳税人开展联合抽查，应当协商选派执法检查人员组成检查组，同步入户执法，履行各自执法程序，协作开展查处工作。

（四）执法检查人员名录库的管理

国家税务总局统一开发执法检查人员名录库管理信息系统，实现对随机选派执法检查人员工作全程跟踪、痕迹可查、效果可评、责任可追。

各级税务机关使用国家税务总局统一开发的执法检查人员名录库管理信息系统，实施动态管理。执法检查人员所属税务局稽查局按要求录入各类人员信息，并对信息的真实性进行严格审核。执法检查人员信息因职务晋升、岗位变动或者其他原因发生变更的，所属税务局稽查局应当及时在系统内调整、更新。

国家税务总局稽查局、省税务局稽查局要按照定期与不定期相结合的原则，及时对本级执法检查人员名录库人员信息进行调整、更新。

上级稽查局选派下级稽查局执法检查人员工作结束后，应当对调用人员进行工作评价，作为后续管理使用的依据。上级稽查局在工作评价中给予充分肯定的，相关执法检查人员在年终绩效考评时应当给予加分。对在重大专项行动、重大案件查处工作中有突出贡献的人员，人事部门应当在评先评优、选拔后备、晋升职务等方面，在同等条件下给予优先考虑。

负责执法检查人员名录库管理信息系统维护的工作人员不得将相关信息用于税务稽查随机抽查以外的目的。

第四节　税务稽查典型案例分析

一、税收违法行为检举处理纠纷案[①]

上诉人张某因诉被上诉人国家税务总局天津市税务局（以下简称天津税务局）税务行政复议决定一案，不服天津市河北区人民法院〔2020〕津0105行初117号行政判

---

① 资料来源：天津市第二中级人民法院〔2021〕津02行终142号行政判决书。

决，向天津市第二中级人民法院（以下简称天津二中院）提起上诉。天津二中院依法组成合议庭，对本案进行了审理，现已审理终结。

原审法院查明，2020年3月26日，张某通过"天津市智慧信访信息系统"向国家信访局进行了网上投诉，内容为张某通过天津市甲房地产有限公司购买了天津市西青区××庄街××村××路××南侧的××号楼××门一套房产后，该公司没有为其开具购房发票，并对公司进行注销，张某认为天津税务局协助办理了公司注销手续，这一行为涉嫌偷税漏税。2020年4月9日，天津税务局将该投诉转至西青区税务局处理。2020年4月15日，西青区税务局予以受理。2020年4月21日，西青区税务局出具了《关于张某举报事项的受理告知》并邮寄给张某，告知了张某受理情况、办理机构及联系人。2020年5月13日，西青区税务局对天津市甲房地产有限公司金税三期税收管理系统登记注册经营地址进行了实地核查，已无人员办公。2020年5月14日，西青区税务局对天津市甲房地产有限公司金税三期税收管理系统登记法定代表人（财务负责人）进行了电话核实，对方表示并非该企业法定代表人，亦不知该企业情况。西青区税务局对天津市甲房地产有限公司金税三期税收管理系统登记办税人员进行了电话核实，对方表示企业已注销，已不在该企业工作。关于天津市甲房地产有限公司注销事宜，天津市甲房地产有限公司于2016年6月17日提交了注销税务登记申请。经审核，2016年7月19日，西青区税务局出具了同意注销税务登记通知。2016年9月19日，天津市甲房地产有限公司在西青区市场监督管理局办理了企业注销。根据调查核实结果，2020年5月18日，西青区税务局作出《关于张某举报事项的情况回复》，将处理情况告知张某。张某不认可该处理结果。2020年6月1日张某向天津税务局申请复议，要求：①确认西青区税务局关于对"张某举报天津甲房地产销售有限公司不开具发票、涉嫌偷税漏税行为"作出的行政行为违法；②确认西青区税务局对于"天津甲房地产销售有限公司涉嫌偷税漏税行为"不作为违法。2020年6月15日天津税务局向张某邮寄了《行政复议补正通知书》，通知张某提交其向国家信访局所反映问题的具体内容、其与天津甲房地产销售有限公司签订的房屋买卖合同和付款证明等材料及张某的身份证复印件。2020年6月22日天津税务局收到了张某向其补正的《关于俊城御墅购房合同及购房款的情况说明》及附件。2020年6月22日天津税务局作出《受理复议通知书》，通知张某提出的行政复议申请自收到复议申请之日（2020年6月9日）起予以受理，并邮寄给张某。当日天津税务局作出《行政复议答复通知书》，通知西青区税务局对张某的行政复议申请提出书面答复，并提交原行政行为的证据、当初作出具体行政行为的证据、依据和其他有关材料及未提交或者逾期提交的后果。2020年7月2日西青区税务局作出《行政复议答复书》，认为：①因天津甲房地产销售有限公司已正常办理注销手续，其机关无法对张某举报的事项进行调查核实；②其机关依法履行职责，作出的具体行政行为程序合法，并提交了相关证据。2020年7月31日天津税务局作出《决定延期通知书》，以情况复杂、天津税务局不能在规定期限内作出行政复议决定为由，决定延期至2020年9月7日前作出。当日天津税务局将该《决定延期通知书》邮寄给张某。2020年9月3日天津税务局作出津税复决字〔2020〕12号《税务行政复议决定书》，该《税务行政复议决定书》认定地产销售有限公司已注销税务登记，且张某未提供与天津甲房地产销售有限公司的购房合同等关键线索，依据国家税务总局令第49号《税收违法行为检举管理办法》第二十条第（三项）和《税务稽查案源管理办法（试行）》的规定，国家税务总局天津市西青区税务局应按规定做暂存待查处理。西青区税务局作出的无法责成被举报人开具发票、无法对被举报人进行调查核实的回复不当。天津税务局根据《行政复议法》第二十八条第一款第（三）项之规定，决定撤销西青区税务局作出的情况回复，责令该机关重新作出处理，并告知张某如对前述决定不服，可以自接到前述决定之日起十五日内，向人民法院提起行政诉讼。张某不认可该《税务行政复议决定书》，提起行政诉讼。庭审中张某陈述，其认为《税务行政复议决定书》处理结果即撤销原行政行为没有问题，但是撤销的理由是错误的，应当是西青区税务局回复的行政行为违法，请求撤销天津税务局作出的津税复决字〔2020〕12号《税务行政复议决定书》，并要求天津税务局重新作出复议决定。

原审法院认为，依据《行政复议法》第十二条第一款之规定，天津税务局具有作出行政复议决定的主体资格和法定职权。天津税务局对张某的复议申请受理后，按照法定程序对案件事实情况进行了审查，对西青区税务局的行政行为进行审理后，天津税务局认定西青区税务局没有依据《税收违法行为检举管理办法》和《税务稽查案源管理办法（试行）》的规定，对张某的举报做暂存待查处理，属于回复不当，作出《税务行政复议决定书》，决定撤销西青区税务局作出的情况回复，责令西青区税务局重新作出处理，并将该《税务行政复议决定书》依法向张某送达。天津税务局作出的涉案行政行为事实清楚，适用法律正确，程序合法。张某的请求依据不足，不予支持。综上，依照《行政诉讼法》第六十九条的规定，判决驳回张某的诉讼请求；案件受理费50元，由张某承担。

原审法院判决后，上诉人张某不服，向天津二中院提起上诉，请求：①撤销原审行政判决；②撤销被上诉人作出的津税复决字〔2020〕12号《行政复议决定书》，判令被上诉人重新作出复议决定；判令被上诉人对天津市西青区税务局行政不作为行为、对天津甲房地产销售有限公司涉嫌偷税漏税行为不依法调查的两项不作为违法行为进行违法认定。主要理由：上诉人按照被上诉人2020年6月15日发出的补正通知，就购房合同被天津甲房地产销售有限公司拿走及所购买房屋一事如实作出了合法合理的补正，并且申请被上诉人对上诉人补正进行调查。被上诉人未结合上诉人房屋购买的法律事实进行综合调查，仅以上诉人未提供房屋购买合同的关键线索为由不进行调查，没有认清上诉人购买房屋这一法律事实，故被上诉人对西青区税务局的两项不作为违法事实未进行违法认定。被上诉人在行政复议决定中明确责令西青区税务局按照国家税务总局内部规章即《税收违法行为检举管理办法》及《税务稽查案源管理办法

（试行）》重新向上诉人作出行政行为而未责令西青区税务局依照《税收征收管理法》等法律规定作出行政行为错误。原审判决认定事实错误，在西青区税务局及被上诉人均认定天津甲房地产销售有限公司系正常办理注销手续的问题上认定事实不清，在上诉人购买房屋未取得发票的法律事实上认定西青区税务局协助天津甲房地产销售有限公司注销公司税务登记的行为合法属于认定事实不清。

被上诉人天津税务局辩称，原审判决认定事实清楚，适用法律正确，请求维持原审判决，驳回上诉人的上诉请求。被上诉人严格按照法律规定作出涉案具体行政行为，撤销了西青区税务局所作出的原行政行为，原行政行为已不再对上诉人发生法律效力，因此上诉人要求对涉案复议决定进行法律评价已无现实及法律意义。

双方当事人均坚持在原审提交的证据及对对方当事人提交证据的质证意见。合议庭经评议认为，原审法院认证意见正确，天津二中院予以认定。

天津二中院经审理查明的事实与原审判决认定的事实一致。

天津二中院认为，本案的争议焦点为被上诉人天津税务局作出的税务行政复议决定是否合法。依据《行政复议法》第十二条第二款之规定，被上诉人天津税务局具有作出行政复议决定的主体资格和法定职权。被上诉人天津税务局所举证据能够证实其履行了受理、审查、作出税务行政复议决定并送达等程序，程序合法。被上诉人天津税务局认定西青区税务局没有依据《税收违法行为检举管理办法》和《税务稽查案源管理办法（试行）》的规定，对上诉人张某的举报做暂存待查处理，属于回复不当，依据《行政复议法》第二十八条第一款第（三）项规定作出被诉《税务行政复议决定书》，认定事实清楚，适用法律正确。

综上，上诉人的上诉请求缺乏事实和法律依据，不予支持。原审判决驳回上诉人的诉讼请求并无不当，予以维持。

2021年3月30日，天津二中院依照《行政诉讼法》第八十六条、第八十九条第一款第（一）项之规定，作出〔2021〕津02行终142号行政判决书，判决驳回上诉，维持原判。二审案件受理费50元，由上诉人张某负担。

二、无权主体作出行政复议案[①]

再审申请人江苏甲新能源有限公司（以下简称甲公司）因诉国家税务总局常州市税务局稽查局（以下简称常州市税务局稽查局）税务行政处理及国家税务总局常州市税务局（以下简称常州市税务局）行政复议一案，不服江苏省常州市中级人民法院〔2017〕苏04行终6号行政判决，向江苏省高级人民法院（以下简称江苏高院）申请再审。江苏高院于2019年5月23日作出〔2017〕苏行申1743号行政裁定，提审本案，并依法组成合议庭对本案进行了审理，现已审理终结。

---

① 资料来源：江苏省高级人民法院〔2019〕苏行再7号行政判决书。

第六章 税务稽查管理及案例分析

江苏省常州市新北区人民法院（以下简称新北法院）认定，甲公司系一家新能源生产企业，经营范围包括生物柴油、副产燃料油（甘油）、硫酸钠（无水）的制造，非食用废弃油脂的回收，生物柴油、副产燃料油（甘油）、硫酸钠（无水）、橡胶、塑胶、塑料制品、化工原料（除危险品）的销售。2014年9月3日，原常州市国家税务局稽查局（以下简称原常州市国税局稽查局）依据原江苏省国家税务局稽查局《关于开展石化产品消费税专项检查工作的通知》，确定甲公司为待查对象，对该公司进行立案检查。次日，原常州市国税局稽查局向甲公司送达了税务检查通知书。同年9月22日，原常州市国税局稽查局工作人员赴甲公司现场检查，向该公司采购部经理许某某、检验部何红君、磅房司磅员谷楚红了解情况并制作了现场笔录。同年9月28日和10月8日，原常州市国税局稽查局分别向甲公司会计李某和采购部经理许某某发送询问通知书，并制作了询问笔录。2014年10月21日，为进一步收集证据及咨询政策，原常州市国税局稽查局将检查时限延长至2015年5月29日。经调查，原常州市国税局稽查局向甲公司发送税务事项通知书，要求其进行陈述申辩。甲公司在规定期限内向原常州市国税局稽查局提交了书面陈述申辩意见书。2015年8月7日，原常州市国税局稽查局认定甲公司在2011年1月至2013年12月生产销售"生物重油"14 767.426吨，未作消费税应税产品申报纳税，作出常国税稽处〔2015〕80号《税务处理决定书》（以下简称80号税务处理决定），要求该公司按燃料油消费税税率补缴消费税11 991 149.91元。甲公司不服，申请行政复议。2015年11月10日，原江苏省常州市国家税务局（以下简称原常州市国税局）作出常国税复字决字〔2015〕3号《行政复议决定书》（以下简称3号复议决定），维持了原常州市国税局稽查局的税务处理决定。甲公司仍不服，诉至法院，要求撤销80号税务处理决定中关于征收消费税的处理内容，撤销3号复议决定。

新北法院一审认为，《中华人民共和国消费税暂行条例》（以下简称《消费税暂行条例》）第四条第一款规定，生产应税消费品于纳税人销售时纳税。甲公司未及时纳税的行为属于欠缴税款的行为。《税收征收管理法实施细则》第九条明确，稽查局专司偷税、逃避追缴欠税、骗税、抗税案件的查处。国家税务总局应当明确划分税务局和稽查局的职责，避免职责交叉。国税发〔2004〕125号国家税务总局关于印发《关于进一步规范国家税务局系统机构设置明确职责分工的意见》的通知明确，稽查局负责税务违法案件的查处工作。《税收征收管理法》第五十四条对税务检查作了列举式规定，《税收征收管理法实施细则》第八十五条第三款规定，税务检查工作的具体办法，由国家税务总局制定。该条款属于授权性条款，国家税务总局有权制定《税务稽查工作规程》，该工作规程对税务检查工作具有拘束力。原常州市国税局稽查局具有对税务违法案件进行查处的法定职责，所作税务处理决定并未超越法定职权。

《成品油市场管理办法》第四条规定，该办法所称成品油是指汽油、煤油、柴油及其他符合国家产品质量标准、又有相同用途的乙醇汽油和生物柴油等替代燃料。因此，生物柴油亦属于成品油的范畴。《消费税暂行条例》第一条规定，在中华人民共和国境内生产、委托加工和进口本条例规定的消费品的单位和个人,以及国务院确定的销售本条例规定的消费品的其他单位和个人为消费税的纳税人,应当依照本条例缴纳消费税。第二条第一款规定,消费税的税目、税率,依照本条例所附的《消费税税目税率表》执行。第四条第一款规定,纳税人生产的应税消费品,于纳税人销售时纳税。成品油系消费税的应税商品,在销售时应当缴纳消费税。《财政部 国家税务总局关于提高成品油消费税税率的通知》(财税〔2008〕167号)附件2成品油消费税征收范围注释七"燃料油",也称重油、渣油,是用原油或其他原料加工生产,主要用作电厂发电、锅炉用燃料、加热炉燃料、冶金和其他工业炉燃料。原常州市国税局稽查局将涉案"生物重油"归类于成品油并无不当。甲公司以生物重油的名义对外销售涉案油品,原常州市国税局稽查局按燃料油税率计算应缴消费税款亦无不当。

《税收征收管理法实施细则》第三十二条规定,纳税人在纳税期内没有应纳税款的,也应当按照规定办理纳税申报。纳税人享受减税、免税待遇的,在减税、免税期间应当按照规定办理纳税申报。第四十三条规定,法律、行政法规规定或者经法定的审批机关批准减税、免税的纳税人,应当持有关文件到主管税务机关办理减税、免税手续。因此,甲公司应当就其免税主张承担举证责任。《财政部 国家税务总局关于对利用废弃的动植物油生产纯生物柴油免征消费税的通知》(财税〔2010〕118号)规定,从2009年1月1日起,对同时符合下列条件的纯生物柴油免征消费税:(一)生产原料中废弃的动物油和植物油用量所占比重不低于70%。(二)生产的纯生物柴油符合国家《柴油机燃料调和用生物柴油(BD100)》标准。在原常州市国税局稽查局实施的税务检查过程中以及原审庭审中,甲公司均未能提供同时满足上述两项条件的证据,应承担举证不能的法律后果。原常州市国税局稽查局所作税务处理决定程序合法、事实清楚、法律适用正确。原常州市国税局作出行政复议决定的程序合法。依照《税收征收管理法》第五十四条、《税收征收管理法实施细则》第九条、第三十二条、第四十三条、第八十五条第三款、《消费税暂行条例》第一条、第二条第一款、第四条第一款及《行政诉讼法》第六十九条、第七十九条的规定,判决驳回甲公司的诉讼请求。甲公司不服一审判决,向江苏省常州市中级人民法院(以下简称常州中院)提起上诉。

常州中院二审审理查明的案件事实与一审法院审理查明的事实一致。

常州中院二审认为,甲公司对原常州市国税局稽查局认定的其2011年1月至2013年12月销售生物重油的数量不持异议,亦对原常州市国税局作出行政复议决定的程序不持异议,对此均予以确认。本案的争议焦点为,原常州市国税局稽查局对甲公司销售的涉案生物重油按燃料油的税率征收消费税,是否具有相应的法律依据。

《中华人民共和国消费税暂行条例实施细则》(以下简称《消费税暂行条例实施细则》)第三条规定,"条例所附《消费税税目税率表》中所列应税消费品的具体征税范围,由财政部、国家税务总局确定。"《财政部 国家税务总局关于提高成品油消费税税率的通知》(财税〔2008〕167号)附件2成品油消费税征收范围注释七对燃料油进行了界定,"燃料油也称重油、渣油,是用原油或其他原料加工生产,主要用作电厂发电、锅炉用燃料、加热炉燃料、冶金和其他工业炉燃料。"该通知自2009年1月1日起执行。此后,《财政部 国家税务总局关于对利用废弃的动植物油生产纯生物柴油免征消费税的通知》(财税〔2010〕118号)明确了利用废弃的动植物油生产的纯生物柴油免征消费税须要符合的国家标准。该通知强调,对不符合规定的生物柴油,或者以柴油、柴油组分调和生产的生物柴油照章征收消费税。该通知亦从2009年1月1日起执行。由上述规定可见,甲公司认为其利用地沟油生产的各类油品均不在消费税征收范围的主张,于法无据。根据《税收征收管理法实施细则》第四十三条规定,甲公司认为涉案生物重油符合免征消费税的条件,但其未持有关文件到主管税务机关办理免税手续。原常州市国税局稽查局对甲公司销售的涉案生物重油按燃料油的税率征收消费税,适用法律正确。依照《行政诉讼法》第八十九条第一款第(一)项的规定,判决驳回上诉,维持原判。

再审申请人甲公司申请再审称,申请人用地沟油生产生物柴油,并将生产生物柴油后的剩余物质即地沟油的残留物自行命名为"生物重油",该产品虽能替代部分成品油,但没有成品油的任何成分,根据相关规定,申请人生产的"生物重油"不属于成品油消费税征收列举范围,原常州市国税局稽查局作出80号税务处理决定,要求申请人按燃料油消费税税率补缴消费税11 991 149.91元违法;根据《税务行政复议规则》的规定,对经重大税务案件审理程序作出的80号税务处理决定不服提出行政复议的,审理委员会所在税务机关即原常州市国税局为被申请人,80号税务处理决定却告知申请人向原常州市国税局申请行政复议,且原常州市国税局受理了申请人的复议申请并作出3号复议决定,程序违法。据此,原审法院判决驳回申请人要求撤销80号税务处理决定和3号复议决定的诉讼请求错误。

被申请人常州市税务局稽查局答辩称,根据相关法律和行政法规规定,原常州市国税局稽查局具有独立执法主体资格,负有对申请人涉税行为进行查处并作出相应税务行政处理的职责。申请人所生产的"生物重油"用于化工原料增塑剂,也可以用作其他燃料的添加物,用途主要是用于燃烧,符合燃料油特征,故对"生物重油"应当征收消费税,原常州市国税局稽查局对申请人作出80号税务处理决定,要求申请人按燃料油消费税税率补缴消费税符合法律规定,申请人认为"生物重油"不属于消费税征税范围的主张于法无据。原常州市国税局稽查局在对申请人涉税行为立案检查后制作《涉税案件审理报告》《重大税务案件审理提请书》,提请原常州市国税局集体审议,经原常州市国税局重大税务案件审理委员会集体审理后,原常州市国税局稽查局依据《原常州市国税局重大税务案件审理委员会审理意见书》制发80号税务处理决定,并依据相关法律规定告知救济权利,依法送达申请人,程序合法。请求法院驳回申请人的再审申请。

被申请人常州市税务局答辩称，根据《重大税务案件审理办法》（国家税务总局令第34号）第三十四条规定，经过重大税务案件审理委员会审理的案件作出的税务处理决定书应该加盖稽查局的印章。80号税务处理决定虽经重大税务案件审理委员会审理，但该处理决定上加盖的是原常州市国税局稽查局的印章，故作出该处理决定的主体是原常州市国税局稽查局。原常州市国税局稽查局在80号税务处理决定中告知申请人向原常州市国税局申请行政复议，符合《行政复议法》第十五条第（三）项的规定，程序合法。因《重大税务案件审理办法》2015年修订后，《税务行政复议规则》第二十九的规定未进行相应的修订，该条规定与行政复议法的规定相冲突，在此情形下，应当优先适用行政复议法的规定。据此，甲公司以原常州市国税局稽查局为被申请人向原常州市国税局申请行政复议，原常州市国税局是适格的复议机关，原常州市国税局受理申请人的复议申请并作出3号复议决定，程序合法。请求法院驳回申请人的再审申请。

江苏高院经审理查明的事实与原审法院审理查明的事实一致。

江苏高院复查期间另查明，原常州市国税局和原江苏省常州地方税务局于2018年7月5日合并成立常州市税务局，原常州市国税局稽查局和原江苏省常州地方税务局稽查局于2018年7月5日合并成立常州市税务局稽查局。根据《行政诉讼法》第二十六条第六款的规定，行政机关被撤销或者职权变更的，继续行使其职权的行政机关是被告，故常州市税务局和常州市税务局稽查局是本案的适格被申请人。

江苏高院认为，《税收征收管理法》第八十八条第一款规定，纳税人、扣缴义务人、纳税担保人同税务机关在纳税上发生争议时，必须先依照税务机关的纳税决定缴纳或者解缴税款及滞纳金或者提供相应的担保，然后可以依法申请行政复议；对行政复议决定不服的，可以依法向人民法院起诉。国家税务总局《重大税务案件审理办法》第三十四条第一款规定，稽查局应当按照重大税务案件审理意见书制作税务处理处罚决定等相关文书，加盖稽查局印章后送达执行。《税务行政复议规则》（2009年12月15日国家税务总局第2次局务会议审议通过，2010年2月10日国家税务总局令第21号公布，自2010年4月4日起施行）二十九条第一款规定，税务机关依照法律、法规和规章规定，经上级税务机关批准作出具体行政行为的，批准机关为被申请人。第二款规定，申请人对经重大税务案件审理程序作出的决定不服的，审理委员会所在税务机关为被申请人。本案中，原常州市国税局重大税务案件审理委员会对原常州市国税局稽查局提交的甲公司一案，作出常国税重审决字〔2015〕09号《重大税务案件审理委员会审理意见书》，要求其依据审理委员会意见制作相应的法律文书并送达执行。后原常州市国税局稽查局依照上述意见书的意见对申请人作出80号税务处理决定。依据上述规定，申请人甲公司对经重大税务案件审理程序作出的80号税务处理决定不服，本应以案件审理委员会所在的原常州市国税局为被申请人，根据《行政复议法》第十二条第二款"对海关、金融、国税、外汇管理等实行垂直领导的行政机关和国家安全机关的具体行政行为不服的,向上一级主管部门申请行政复议"的规定,向原常州市国税局上一级税务机关原江苏省国家税务局(现国家税务总局江苏省税务局,以下简称江苏省税务局)申请行政复议。因原常州市国税局并非符合上述规章规定的涉案80号税务处理决定适格的复议机关,故原常州市国税局稽查局在80号税务处理决定中告知申请人向原常州市国税局申请行政复议错误,原常州市国税局受理申请人的复议申请并作出3号复议决定,显然违反上述规章的规定。

根据《行政诉讼法》第七十条第(四)项的规定,超越职权作出的行政行为,人民法院判决撤销或者部分撤销,并可以判决被告重新作出行政行为。据此,原常州市国税局在无复议职权的情形下对80号税务处理决定作出的3号复议决定,应当予以撤销。《行政复议法》第十七条第一款规定,行政复议机关收到行政复议申请后,应当在五日内进行审查,对不符合本法规定的行政复议申请,决定不予受理,并书面告知申请人;对符合本法规定,但是不属于本机关受理的行政复议申请,应当告知申请人向有关行政复议机关提出。因申请人甲公司向原常州市国税局提出行政复议申请系原常州市国税局稽查局在80号税务处理决定中错误告知复议机关所致,原常州市国家税务局亦未依法作出处理告知甲公司向有权复议机关提出申请,而是在无复议职权的情况下作出复议决定,故3号复议决定被撤销所致不属于其自身原因行政复议申请期限被耽误的不利后果,不应当由甲公司承担,应由受理甲公司行政复议申请的常州市税务局参照《行政复议法》第十八条的规定,将甲公司的复议申请移送有复议权的江苏省税务局处理。

《行政复议法》第十五条第(三)项规定,对法律、法规授权的组织的具体行政行为不服的,分别向直接管理该组织的地方人民政府、地方人民政府工作部门或者国务院部门申请行政复议。2010年4月4日施行的《税务行政复议规则》第二十九第二款的规定与上述规定并不冲突,且根据2015年12月28日《国家税务总局关于修改〈税务行政复议规则〉的决定》修正后的《税务行政复议规则》亦未对该规章的第二十九条规定作出修改,故常州市税务局认为其作出3号复议决定程序合法的主张于法无据,不能成立,法院不予支持。

综上,原审判决适用法律错误,2020年12月29日,江苏高院依照《行政诉讼法》第七十条第(四)项、第八十九条第一款第二项、《最高人民法院关于适用〈中华人民共和国行政诉讼法〉的解释》第一百一十九条第一款、第一百二十二条之规定,作出〔2019〕苏行再7号行政判决书,判决撤销江苏省常州市中级人民法院〔2017〕苏04行终6号行政判决和江苏省常州市新北区人民法院〔2015〕新行初字第207号行政判决;撤销原江苏省常州市国家税务局作出的常国税复字决字〔2015〕3号《行政复议决定书》;责令国家税务总局常州市税务局在本判决生效之日起十五日内将江苏甲新能源有限公司对常国税稽处〔2015〕80号《税务处理决定书》提出的行政复议申请移送国家税务总局江苏省税务局处理。一、二审案件受理费共计人民币100元,由被申请人国家税务总局常州市税务局稽查局和国家税务总局常州市税务局共同负担。

三、追回退税款未保障纳税人权利案[①]

再审申请人宁波甲控股集团股份有限公司（以下简称甲公司）因诉国家税务总局宁波市税务局第三稽查局（原宁波市国家税务局第三稽查局，以下简称稽查三局）、国家税务总局宁波市税务局（原宁波市国家税务局，以下简称宁波国税局）税务行政处理及行政复议一案，不服浙江省宁波市中级人民法院于2018年7月20日作出的〔2018〕浙02行终135号行政判决，向浙江省高级人民法院（以下简称浙江高院）申请再审。浙江高院经审查后于2019年12月18日作出〔2019〕浙行申454号行政裁定，对本案提起再审。2020年3月16日，浙江高院依法对该案立案再审，并依法组成合议庭，于2020年4月14日公开开庭审理本案。本案现已审理终结。

一审宁波市江北区人民法院经审理查明：2010年9月23日，甲公司与乙电子科技（香港）有限公司（以下简称香港乙公司）签署合同编号为JCETDZ2010—11号《售货合约》1份，约定香港乙公司以跨年度订单方式向甲公司购买高保真音响连接线约41万米。2011年12月9日，甲公司与香港乙公司续签合同编号为JETCDZ2012《售货合约》1份，香港乙公司再次以年度订单方式向甲公司进口音响连接线35万米。2011年4月5日，甲公司与香港丙国际音讯工程有限公司（以下简称香港丙公司）签署合同编号为LSD—C11—YC的《售货合约》1份，香港丙公司以下达八个月订单方式向甲公司购买音响连接线24万米。2012年1月6日，香港丙公司与甲公司续签合同编号为LSD—C12—YC的《售货合约》1份，再次以年度订单的方式向甲公司进口音响连接线28万米。此外，2010年10月22日、2011年10月22日，甲公司先后与临海市丁电子元件有限公司（以下简称丁公司）签订2份《委托代理出口协议》，就委托代理出口货物有关事宜作出约定。2010年10月至2012年4月期间，甲公司又与丁公司签订119份《工矿产品购销合同》，其中9份在结算方式及期限中载明"出货收汇后，凭增值税发票结算"，在其他约定事项中载明"仅供商检"。其余110份合同在结算方式及期限中载明"预付10%货款，剩余货款在出货30日后凭增值税发票结算"。上述《工矿产品购销合同》项下货物出口后，甲公司通过出口退税申报，陆续获得出口退税款25615391.31元。2014年2月21日，被告稽查三局作出甬国税稽三处〔2014〕5号《税务处理决定书》，认定甲公司构成外贸出口"真代理、假进销"的违规操作，依据《关于进一步规范外贸出口经营秩序切实加强出口货物退（免）税管理的通知》（国税发〔2006〕24号）第二条、《关于出口货物劳务增值税和消费税政策的通知》第七条的规定，对甲公司已获得的出口退税款25615391.31元予以追缴。后因甲公司未在规定期限内将税款缴纳入库，被告稽查三局于2015年9月6日向甲公司送达

[①] 资料来源：浙江省高级人民法院〔2020〕浙行再6号行政判决书。

甬国税稽三处〔2014〕01号《宁波市国家税务局第三稽查局催告执行通知书》，要求甲公司在收到通知书10日内缴税。甲公司仍未按要求缴纳税款。被告稽查三局遂于2015年9月24日从甲公司银行账户中强制扣缴人民币25 615 391.31元执行入库。甲公司不服上述甬国税稽三处〔2014〕5号《税务处理决定书》，于2015年11月10日向宁波国税局申请行政复议。被告宁波国税局于2017年6月30日作出甬国税复决字〔2017〕1号《税务行政复议决定书》，对原行政行为予以维持。

一审法院认为，被告稽查三局作为国家税务机关的直属机构，具有作出被诉税务处理决定的行政主体资格。被告宁波国税局作为被告稽查三局直属上级机关，具有就被诉税务处理决定进行行政复议审查并作出行政复议决定的行政职责。正当程序原则是行政法的基本原则，也是行政机关实施行政行为的基本要求。根据正当程序原则，行政机关在作出影响相对人权益的行政决定时，应当履行事前告知义务、充分保障相对人陈述、申辩的权利。本案中，被告稽查三局作出的被诉税务处理决定对原告甲公司已申报并实际取得的25 615 391.31元出口退税款予以追缴，对原告甲公司的权益产生重大影响。被告在作出该处理决定前，未因影响重大利益举行听证，未充分保障原告甲公司陈述、申辩的权利，违背了正当程序原则，程序违法，应予撤销。被告宁波国税局所作行政复议决定认定被告稽查三局作出甬国税稽三处〔2014〕5号《税务处理决定书》程序合法，该事实认定错误，同样应予撤销。据此，依照《行政诉讼法》第七十条第（三）项、第七十九条之规定，判决撤销稽查三局2014年2月21日作出的甬国税稽三处〔2014〕5号《行政处理决定书》；撤销宁波国税局2017年6月30日作出甬国税复决字〔2017〕1号《税务行政复议决定书》；案件受理费50元，由稽查三局和宁波国税局共同负担。

稽查三局和宁波国税局不服，上诉至二审法院宁波市中级人民法院。

二审期间，稽查三局提供了：①稽查三局税务稽查工作底稿（二）违法事实记录，拟证明2014年1月7日已告知甲公司追缴退税、该公司签章知情的事实；②2014年1月8日、4月2日、11月26日甲公司关于出口高保真音响连接线的情况说明、补充情况说明，拟证明已经听取甲公司陈述申辩保障其相关权利。甲公司认为，该几份证据，在复议以及一审法院的审理过程当中未作为证据提交过，根据《行政诉讼法》以及司法解释的相关规定不得作为认定原具体行政行为合法的依据。该院认可甲公司的质证意见，上述证据依法不能作为证明原行政行为合法的证据，至于稽查三局是否保障甲公司的正当程序权利，将在以下另行论述。被上诉人甲公司向该院补充提供一份《重大税务案件审理办法（试行）》，拟证明稽查三局处理程序违法，上诉人稽查三局提供甬国税发〔2004〕71号《宁波市国家税务局关于印发重大税务案件审理办法的通知》，以证明本案不属于重大税务案件，经质证该院认为，本案不适用重大税务案件的审理办法规定。

二审法院认为，根据查明的事实，对本案各争议焦点问题分析认定如下：

（1）稽查三局作出甬国税稽三处〔2014〕5号《税务处理决定书》是否需要进行

听证,有无保障甲公司的程序权利。根据《税收征收管理法》第三条、《税收征收管理法实施细则》第一百条等法律的规定,追回退税是税务行政处理行为。就直接规定而言,仅2015年2月1日起实施的《重大税务案件审理办法》第十四条第二款规定"当事人要求听证的,由稽查局组织听证",该规定因涉案事实发生在2015年2月1日之前而不能直接适用于本案,故本案无直接法律规定应适用听证程序。但鉴于涉案追缴退税数额达两千多万,数额巨大,依行政执法的正当程序原则,应保障甲公司在决定作出过程中的程序参与、陈述申辩的权利。上诉人稽查三局提供的税务稽查工作底稿等证据,源自行政处理的案卷中,是稽查三局在追缴退税处理与相对人甲公司互动过程中形成的。因稽查三局未在一审时作为证据提供、根据证据规则不能直接认定该证据。但本案在处理过程中,"甲股份自2014年3月起,多次通过宁波市商务委员会、宁波经济技术开发区管委会等与宁波国税局及稽查三局协调、沟通",具体包括:"2014年5月22日,原宁波市对外贸易合作局向商务部递交《关于要求协调解决宁波甲控股集团股份有限公司出口退税问题的请示》(甬外经贸财〔2014〕45号)。2014年6月3日,商务部财务司向国家税务总局货物和劳务税司发出《关于商请解决宁波甲控股集团股份有限公司出口退税有关问题的函》。2014年7月30日、9月22日,原宁波市对外贸易合作局和宁波经济技术开发区管委会共同向宁波市人民政府报送《关于要求协调宁波甲控股集团股份有限公司出口退税有关问题的请示》(宁开政〔2014〕9号)。"该院〔2017〕浙02行再1号判决书对此过程予以了确认。对照甲公司一审时提供的甬外经贸财〔2014〕45号、宁开政〔2014〕9号两份文件和该公司给稽查三局提供的陈述申辩情况说明,其内容基本一致,可知甲公司的意见已经通过上述行政机关进行了转达。而稽查三局2014年2月21日作出处理决定,时隔9个月后才于2014年11月28日留置送达该税务处理决定书,也给了甲公司足够的时间表达意见。该税务处理决定也是在国家税务总局货物和劳务税司给商务部财务司作出了税总货便函〔2014〕152号答复之后送达的,即稽查三局系认真听取和研究各方意见后才正式发送处理决定的。综上,应认定本案虽未组织正式听证,但甲公司相关实质性陈述、申辩权利应认为已经得到保障。甲公司强调稽查三局未对丁公司进行调查而程序违法,稽查三局认为,一方面本案源自海关查处丁公司出口骗税案,因丁公司的法定代表人外逃,最终海关未认定刑事犯罪,后案件移交给国税部门,其间宁波海关查处过程中已进行了调查取证,向国税部门移交了100多份合同,即本案已由海关进行了调查;另一方面,国税部门调查时,该公司已经人去楼空,故无法再对丁公司再另行核实,即认为该局系调查未果。该院对此予以认可。甲公司又认为本案存在两份税务行政处理决定,稽查三局认为,首先在处理过程中确实曾经作出过两份处理决定,第一份决定引用了国税发〔2012〕39号文件,但报市局审查的时候未获通过,故重新起草第二份决定;其次,实际最后送达的是未引用39号文件的这份决定书,对此甲公司代理人已于一审时当庭自认;最后,送达文书以后,甲公司代理人曾经到该局查阅案卷,在还没有最后装订的档案袋里找到这份未送达生效的决定书并复印走。故一审认定相关事实错误。该院认为,甲公司一审作为证据提供了两份甬国税稽三处〔2014〕5号税务行政处理决定书,第一份(一审案卷第2卷4~5页)上面有稽查三局局长签名且引用了国税发〔2012〕39号文件,第二份(一审案卷第4卷3~4页)上无稽查三局局长签名,亦未引用国税发〔2012〕39号文件,因甲公司不能提供第一份处理决定盖红章的原件,鉴于其承认到稽查三局查阅并复印案卷的事实、且正常对外送达法律文书不可能在盖章之外另由法定代表人签名,故该份处理决定不能视为正式送达的法律文书。本案应认定甲公司举证的第二份未引用国税发〔2012〕39号文件的税务处理决定书才应是稽查三局留置送达的生效法律文书。甲公司另主张本案稽查三局违反《重大税务案件审理办法(试行)》的规定而构成程序违法,该院经审查认为,甬国税发〔2004〕71号《宁波市国家税务局关于印发重大税务案件审理办法的通知》系宁波国税局根据《重大税务案件审理办法(试行)》的规定制定的有效规范性文件,该《通知》第三条明确规定稽查局查处的重大税务案件限于以下三种情形:偷税、逃避追缴欠税、骗取出口退税额在50万元以上;罚款数额50万元以上的;没收违法所得在10万元以上的。本案系甲公司违规出口获取退税而予以追回,不属于上述任一情形,故本案难以认定为前述试行办法规定意义上的重大税务案件,对甲公司相关程序违法的主张不予支持。综上,稽查三局作出被诉行政处理,其程序应认定合法,一审判决相关认定错误。

(2)本案适用国税发〔2006〕24号文件双合同不能退税的规则是否正确。本案中,甲公司和丁公司先后签订了2份《委托代理出口协议》和119份《工矿产品购销合同》,除9份购销合同外,110份购销合同中双方约定预付款10%、其余在出货后30天后凭增值税发票结算,这种结算方式更接近于购销合同的结算方式,但因之前的委托代理协议中有着由甲公司与外商签订出口合同、负责办理出口报关、收汇及甲公司不承担货物质量和知识产权等纠纷及收汇风险的约定。故上述预付款及定期付款也应视为不影响委托代理出口关系的成立。两公司之间的真实关系应该认定为委托代理出口合同关系,即便在履行过程中有变更合同的意思,也因没有明确的书面合同终止原委托代理协议内容而不应认定。甲公司关于其与丁公司之间只有一个实质的购销合同而不存在双合同的主张,该院不予采信,鉴于甲公司与丁公司之间存在代理与购销双合同,故稽查三局适用双合同规则追回退税的处理决定,事实认定清楚。被上诉人甲公司主张其有真实货物出口亦不存在骗取出口退税,故双合同不能退税的规则在本案中不应适用。对此二上诉人认为,出口有自营和委托代理两种出口模式,根据相关规定,只有自营商(包括自主出口的生产厂商或者出口贸易商在购买商品后以自己名义出口)才能够退税;如果是代理模式,不能由代理人即外贸公司以自己名义申请退税,而应该由其委托方(无出口资质的生产厂商)取得委托出口货物证明后在所在地办理退税。目前一些未取得出口资质的生产企业,委托异地大的出口平台公司出口货物,不是按规定拿到委托出口货物证明后在企业本地自行申请退税,而是通过签订双合同的方式,由外贸出口公司以自营出口的名义在外贸公司所在地申请退税。这种操作模式有别于传统的两种出口模式,虽有一定的便捷优势,但也给出口管理增加了风险——因目前出口及退税主要是单证管理,存在不法企业或个人通过伪造单证出口限制出口货物或单纯制造出口假象以骗取退税等现象,相关案件即便事后查出往往也难以追回损失;而严格自营出口及委托代理出口,因为生产环节即由税务部门介入监管,出问题的可能性会因此降低。故出于整体监管秩序的需要,在没有发展出新的有效监管方式之前,禁止双合同出口是合理、相对有效和必要的,该院对此予以认可。国税发〔2006〕24号文件虽然是规范性文件,但有着合法的法律授权,各方对此均无异议。且截至目前,该规则仍然普遍适用,故稽查三局适用双合同不能退税规则对甲公司进行处理并无不当。另,《国家税务总局、商务部关于切实加强出口货物退(免)税管理的通知》(国税发〔2006〕24号)第二条(三)项规定,出口企业以自营名义出口,其出口的同一批货物既签订购货合同,又签订代理出口合同(或协议)的出口企业不得将该业务向税务机关申报办理出口货物退(免)税。第三条规定出口企业凡从事本通知第二条所述业务之一并申报退(免)税的,一经发现,该业务已退(免)税款予以追回,未退(免)税款不再办理。根据本案查明事实,甲公司所获取的退税因违反了双合同禁止退税规则而应由稽查三局依法予以追回,国税稽三处〔2014〕5号税务行政处理决定书认定了甲公司违反了国税发〔2006〕24号文件第二条的规定,也明确了其违法获取的出口退税应予追回,但该处理决定没有明确适用国税发〔2006〕24号文件第三条,"其违法获得的出口退税应予驳回,应追缴已退税款25 615 391.31元"也应按上述文件的规定规范表述为"其违法获得的出口退税税款25 615 391.31元应予追回",该院对以上问题均予以指正。上诉人宁波国税局依法受理甲公司的行政复议申请后,依申请人的申请,于2017年6月16日组织进行了听证,保障了甲公司的陈述、申辩权利,于2017年6月30日作出甬国税复决字〔2017〕1号《税务行政复议决定书》,相关程序合法,认定事实清楚、适用法律基本正确,应予以维持。

综上,甬国税稽三处〔2014〕5号《行政处理决定书》和甬国税复决字〔2017〕1号《税务行政复议决定书》认定事实清楚,适用法律基本正确,程序合法,均应维持其法律效力。一审原告诉请撤销两项具体行政行为的诉讼请求,无事实和法律依据,依法应予以驳回。一审判决以违反正当程序理由撤销该两项具体行政行为,事实认定和法律适用错误,该院依法予以纠正,依照《行政诉讼法》第六十九条、第八十九条(二)项的规定,判决撤销宁波市江北区人民法院于2018年3月8日作出〔2017〕浙0205行初85号行政判决;驳回甲公司要求撤销甬国税稽三处〔2014〕5号《行政处理决定书》和甬国税复决字〔2017〕1号《税务行政复议决定书》的诉讼请求;一、二审案件受理费各50元,由甲公司负担。

甲公司不服,向浙江高院申请再审称:一、二审法院判决认定事实错误。(一)二审法院判决在遗漏重要证据的情况下直接认为本案不适用重大税务案件的审理办法规定,属于严重的事实认定不清。(二)二审法院认定"被诉税务处理程序、被诉行政复议程序合法"错误。1.税务稽查中检查程序违法。实际询问人只有一人,询问笔录中写明两人。2.被诉处理决定未适用《宁波市国家税务局关于印发重大税务案件审理办法的通知》的规定举行听证程序错误。3.未对丁公司调查取证即作出事实认定,取证程序违法。4.被诉税务处理决定作出前未能保障申请人的实质性陈述、申辩权,其作出决定的程序违法。(三)二审法院认定"被诉税务处理决定、被诉行政复议决定事实清楚"错误。(四)被诉税务处理决定的文书内容存在违法事项。二、二审法院认定"稽查三局作出被诉决定、宁波国税局作出复议决定适用法律正确"的结论错误。稽查三局作出处理决定适用法律依据错误,理由有三:(一)根据"法律不溯及既往原则",财税〔2012〕39号文件不能作为稽查三局作出税务处理决定的依据。(二)国税发〔2006〕24号同样不应作为本案税务处理决定的依据。(三)形式上存在"双合同"与"真代理、假进销"的违规操作无必然联系。三、甲公司作为出口退税主体应当享有出口退税权。出口退税是我国为鼓励出口而采取的措施。本案中所有交易的环节均表明已满足出口退税要求,在丁公司已经开具增值税发票收款后,作为唯一的退税主体甲公司若不能退税,则其增加的成本或者亏损则无任何救济途径,这完全不符合我国对外贸易政策及相关出口退税政策。甲公司从无出口许可的生产企业购货,再以外贸公司自己的名义出口,交易过程合法,税收流程完备(生产企业依法纳税、货物完成出口且已收汇),不存在骗取出口退税的情形,国家税收没有受损,现仅仅以形式上的"双合同原则"通过税务处理决定书的方式将已退税款予以追缴,有失政策公平性且是对民营企业的致命打击,不利于民营企业的成长和发展。请求法院:1.依法撤销浙江省宁波市中级人民法院〔2018〕浙02行终135号行政判决;2.依法撤销甬国税稽三局〔2014〕5号《税务处理决定书》;3.依法撤销甬国税复决字〔2017〕1号《税务行政复议决定书》;4.请求稽查三局依法退还扣缴的全部款项25 615 391.31元,并赔偿相应的利息损失(按中国人民银行同期贷款基准利率4.35%计算)。

被申请人稽查三局答辩称:

一、二审法院判决认定的被诉行政行为程序合法正当。(一)本案严格依照《税务稽查工作规程》规定的税务行政处理程序进行处理。2013年12月24日,答辩人向甲公司送达《税务检查通知书》和《询问通知书》,其于同日签收。2013年12月31日,答辩人向甲公司送达《调取账簿资料通知书》,其于同日签收。答辩人查阅甲公司的账簿资料,从该公司处取得的证据均由其签字盖章确认。答辩人的二位工作人员依法对甲公司业务八部经理赵某某做了询问笔录,该事实已由一审法院在一审判决中明确认定。2014年1月7日,答辩人将载明有陈述申辩权内容的工作底稿告知甲公司,由其签字盖章确认。2014年11月28日,答辩人向甲公司登门送达《税务处理决定书》,甲公司又拒绝签收,答辩人对留置送达情况进行了录像,并在送达回证上注明。(二)被诉税务处理行为依法无须进行听证。1.此类案件法律等依据并未设定听证程序。《行政处罚法》及国家税务总局制定的《税务稽查工作规程》（国税发〔2009〕157号）均只规定在对当事人进行行政处罚时，才应当履行法定的听证程序。本案所涉的追回出口退税行政争议不是行政处罚行为。2.答辩人必须遵循依法行政、税收法定等原则。（三）答辩人税务检查程序正当合法，且已充分保障了甲公司的陈述申辩权利。1.答辩人在作出甬国税稽三处〔2014〕5号《税务处理决定书》前，已通过多种形式告知了甲公司享有陈述申辩的权利。在对甲公司业务员赵某某所做的两份《询问笔录》上，在权利告知环节均明确告知"你有权对自己的纳税情况进行解释和说明，对税务机关的决定进行陈述申辩"，赵某某均表示"清楚"。在答辩人制作的税务稽查工作底稿（二）上，在检查环节已明确告知被答辩人的违法事实为"违反规定获取出口退税款"，"应追缴已退税款25615391.31元"，并注明"请阅后签证，如有异议，应如实申辩，并提供相关证据"。甲公司也在"被查单位意见"栏注明"关于高保真音响连接线出口业务经过，我公司已用书面材料作出说明"，并签字盖章确认。可见，答辩人已将认定的违法事实和依据、拟作出的税务处理决定以及陈述申辩权利清楚、明确地书面告知了甲公司，且其也完全清楚并明确表示以书面材料进行陈述申辩。2.事实上，答辩人也收到了甲公司提交的多份书面陈述申辩材料，分别为《关于出口高保真音响连接线的情况说明》（2014年1月8日）、《关于出口高保真音响连接线的情况补充说明》（2014年4月2日）、《关于出口高保真音响连接线的补充情况说明》（2014年11月26日）。可见，答辩人在2014年11月28日向甲公司留置送达《税务处理决定书》前，多次听取了甲公司的陈述申辩意见，已充分保障了其陈述申辩权利。（四）该案件不属于规定的重大税务案件，不适用重大税务案件审理程序。1.答辩人在二审期间向宁波市中级人民法院提交的《关于甲公司案件有关重大税务案件审理的情况说明》中已列举相关规定证明，该案件不属于规定的重大税务案件。2.根据《宁波市国家税务局关于印发重大税务案件审理办法的通知》（甬国税发〔2004〕71号）第二条和第四条的规定，由于该案件不属于规定的重大税务案件，因此答辩人作为原宁波市国家税务局的本级税务稽查部门，根据程序规定无需将案件移交原宁波市国家税务局审理，但答辩人基于谨慎办案的考虑，仍对该案件在本局内部进行集体讨论，体现了答辩人行政执法的严谨性，符合法治精神。3.《宁波市国家税务局关于印发重大税务案件审理办法的通知》（甬国税发〔2004〕71号）第十四条第（六）项规定"由移送单位按规定程序进行处罚事项告知，举行听证，作出处理决定书、处罚决定书"。因此，并非所有的重大税务案件都适用听证，即便属于规定的重大税务案件，也只有在进行处罚时才适用听证，未进行处罚的，不适用听证。这一规定也与《行政处罚法》第四十二条的规定相一致。综上，答辩人的税务行政处理程序取证程序正当合法。

二、二审法院认定的事实清楚，适用依据正确，甲公司与丁公司是实质上的委托代理关系。（一）甲公司与丁公司在委托代理关系存续期间，分别于2010年10月22日、

2011年10月22日签订2份《委托代理出口协议》,同时又分别签订119份《工矿产品购销合同》,且多份《工矿产品购销合同》中均明确约定"仅供商检",2份《委托代理出口协议》也明确约定"所有甲方和乙方签订的货物购销合同仅供商检用"。同时,第二份《委托代理出口协议》在第七条"结算形式及付款方式"中将第一份《委托代理出口协议》约定的"按照1美元收取1角人民币的费用"补充修改为"按照1元美金收取人民币0.10/元的代理费用",特意增加了"代理"二字。此外,上述《工矿产品购销合同》的部分主要内容明显有悖常理,比如,第一条"质量标准、技术标准,供方对质量负责的条件和期限:按需方提供的样衣及资料打样并封样,需方确认后方可进行大货生产。"该条所载的"样衣"与出品的高保真音响连接线"风马牛不相及",所谓的"打样"乃是服装行业的专用名词。这些条款表明,被答辩人与丁公司签订的《工矿产品购销合同》存在极大的随意性,根本无法作为涉案的买卖合同进行履行。结合诸如该笔业务的业务员赵某某的询问笔录、款项收付情况等各种证据,不难发现其目的仅为凭借该购销合同办理出口商检手续从而获取出口退税款,而非真正履行该购销合同,双方实际履行的为《委托代理出口协议》,该协议是双方的真实意思表示。(二)两份《委托代理出口协议》的效力及于整个出口业务存续期间。(三)在最根本的款项结算和发票开具上,甲公司与丁公司也是按照《委托代理出口协议》的约定在实际操作。根据答辩人在检查期间取得的甲公司收汇、退税以及其与丁公司之间的款项支付和发票开具的相关证据,其实际操作完全是按照《委托代理出口协议》的约定在履行。(四)至于甲公司所谓的向丁公司支付300万"预付款",事实上这一款项并不符合预付款的特征,因为根据往来明细账可以表明,在2012年1月16日,丁公司已将该300万元返还给甲公司,其实质上乃是企业间的一种资金拆借。综上,无论是在约定条款的文本形式上,还是实际履行上,甲公司与丁公司都是无可争议的委托代理关系,是假借"进销"名义而行"代理"之实,即为"真代理、假进销"。

三、二审法院认定本案适用国税发〔2006〕24号文件"双合同"不能退税的结论正确无误。(一)《税收征收管理法实施细则》第三十八条第三款明确规定"税务机关应当加强对纳税人出口退税的管理,具体管理办法由国家税务总局会同国务院有关部门制定。"据此,为了加强出口退税管理,国家税务总局与商务部根据授权,联合制定了《国家税务总局商务部关于进一步规范外贸出口经营秩序切实加强出口货物退(免)税管理的通知》(国税发〔2006〕24号),其上位法依据明确。(二)国税发〔2006〕24号文件第二条第(三)项明确规定,出口企业以自营名义出口,其出口的同一批货物既签订购货合同,又签订代理出口合同(或)协议的,出口企业不得将该业务向税务机关申报办理出口退(免)税。第三条又明确规定,出口企业凡从事本通知第二条所述业务之一并申报退(免)税的,一经发现,该业务已退(免)税款予以追回,未退(免)税款不再办理。甲公司与丁公司既签订《委托代理出口协议》又签订《工矿产品购销合同》的行为,完全符合该文件规定的不得退税的情形,其违规取得的退税款应予以追回,答辩人作出的税务处理决定于法有据,法律依据明确。(三)国家打击出口企业签订"双合同"的政策具有一致性和连续性,且越来越严格。2012年7月1日实施的《财政部 国家税务总局关于出口货物劳务增值税和消费税调整政策的通知》(财税〔2012〕39号)第七条第(一)项第7目同样规定出口企业在签订"双合同"的情形下不予退税,不仅如此,还要视同内销征收增值税。可见,从始至终,出口企业以签订"双合同"的形式规避出口监管,违规获取出口退税款的行为都不被国家认可,明令禁止并予以严厉打击。(四)答辩人以国税发〔2006〕24号文件的规定作为作出税务处理决定的依据,向甲公司送达的《税务处理决定书》也仅引用了国税发〔2006〕24号文件,并未引用甲公司违规行为发生时尚未生效的财税〔2012〕39号文件作为依据,这一事实已在一审庭审时由甲公司代理人当庭自认,并被二审法院予以明确认定,对此不存在争议。

四、甲公司签订"双合同"的行为严重扰乱了国家出口退税秩序。(一)国家对出口货物退税管理具有明确规定。出口分为自营出口和委托代理出口两种模式,不同的出口模式有其严格的条件和程序要求。甲公司通过与丁公司签订"双合同"的手段,故意模糊委托代理出口和自营出口的界限,规避监管,扰乱国家出口退税秩序。(二)丁公司作为无出口经营资格的生产企业,生产的又是国家限制出口的银制品,如果采用正规的委托代理出口模式,因为未办理出口退税的各项备案和认定手续,是无法取得出口退税款的。于是,丁公司与甲公司采取既签订《委托代理出口协议》又签订《工矿产品购销合同》的手段,借助甲公司这个平台,明面上由甲公司以自营名义出口,实质上却是代理出口,从而避开海关、税务等部门的监管,由甲公司取得出口退税款后再回流至丁公司。这样,丁公司最终取得了原本无法取得的退税款,甲公司则收取代理费。甲公司与丁公司的行为,事实上扰乱了出口退税秩序,造成了国家税款流失。(三)必须明确的是,有出口行为,并不意味着国家必然给予出口退税。企业从事出口业务,并非一定可以取得出口退税款,还必须具备规定的条件,国家行政机关为规范出口退税管理,有权对出口退税设定肯定性和否定性的相应条件。本案中,国家税务总局在国税发〔2006〕24号文件中将出口企业签订"双合同"行为设定为出口退税的否定性条件,即使甲公司有出口行为,但因其行为符合规定的不得退税的条件而不得退税,已退税款应予追回。(四)甲公司既签订《委托代理出口协议》又签订《工矿产品购销合同》的行为,置国家政策于不顾,严重扰乱了国家的出口退税秩序,若纵容这一行为,势必严重冲击现有的出口退税管理机制,导致国家税款的流失,不利于我国外贸行业的良性健康发展。综上,二审法院以事实为依据,以法律为准绳作出判决,客观公正,维护了税法权威,挽回了国家税款损失,请求依法驳回甲公司的再审请求。

被申请人宁波国税局答辩称:一、答辩人作出甬国税复决字〔2017〕1号行政复议决定,主体适格。二、答辩人作出的被诉行政复议决定,程序合法。三、答辩人作出的被诉行政复议决定,认定事实清楚,证据确凿,适用法律法规正确,再审申请人申请再审的事实和理由不能成立。(一)申请人符合"双合同"违规出口情形,稽查三局作出认定事实清楚,证据确凿。1.代理协议一直有效,条款约定详实,并按此履行。第一,申请人与丁公司签订的2份《委托代理出口协议》明确约定"本协议自签订之日起生效,如无书面通知更改或取消本协议,则一直生效"。第二,2份《委托代理出口协议》明确出现了"甲乙双方经友好协商,就委托代理出口货物的有关事宜,达成如下协议""按照1元美金收取人民币0.10元的代理费用"等跟代理相关的条款。第三,2份《委托代理出口协议》对第1份《委托代理出口协议》的部分条款进行了补充和改动,将原来"按照1元美金收取1角人民币的费用"的条款修改为"按照1元美金收取人民币0.1元的代理费用",条款中增加了"代理"二字,通过这种方式再次着重强调了双方之间的委托代理关系。第四,申请人与丁公司签订的《委托代理出口协议》明确约定,由丁公司承担出口货物及收汇过程中各环节发生的一切费用,如系申请人垫付的,丁公司应及时偿还,也可由申请人在收汇后扣除。这一条款足以证明,即使申请人在以自己名义办理出口业务的过程中支付了相关费用,那也只是"垫付",而非"最终承担者",费用的最终承担者是丁公司。2.购销合同仅供商检,有名无实。申请人与丁公司签订的《工矿产品购销合同》明确约定"仅供商检"。同时,双方签订的2份《委托代理出口协议》也明确约定"双方签订的所有购销合同仅供商检用"。这些条款表明双方签订的购销合同仅仅是用于获取出口退税的手段,因为如果没有购销合同,就无法取得出口退税款。3.国家税务总局作为税收最高主管部门已对本案的性质作出了认定。(二)对"双合同"违规出口,稽查三局作出处理决定适用依据正确。申请人的出口行为符合《国家税务总局商务部关于进一步规范外贸出口经营秩序切实加强出口货物退(免)税管理的通知》(国税发〔2006〕24号)第二条第(三)项规定的不得退税的情形。(三)稽查三局已充分保障了申请人的陈述申辩权利,程序合法正当。1.被诉税务处理行为不适用重大税务案件审理程序。根据《重大税务案件审理办法(试行)》(国税发〔2001〕21号)第三条第一款对重大税务案件标准的授权,原宁波市国家税务局于2004年4月14日印发了《宁波市国家税务局关于印发重大税务案件审理办法的通知》(甬国税发〔2004〕71号),对重大税务案件审理办法进行了细化规定,其第三条明确规定"宁波市国家税务局稽查局查处的税务案件符合下列情形之一的为本办法所称的重大税务案件:(一)偷税、逃避追缴欠税、骗取出口退税额在50万元以上的;(二)罚款数额50万元以上的;(三)没收违法所得,数额在10万元以上的。"该案系申请人违规出口获取退税而予以追回,不符合上述情形中的任何一种,因此不属于重大税务案件。再审申请人将重大税务案件审理与内部集体审议相混淆,误认为经稽查三局内部集体审议的案件就属于重大税务案件,实属误解。2.被诉税务处理行为不属于法定听证范围。该案系申请人违规出口获取退税而予以追回,是税务行政处理行为而非行政处罚行为。只有对当事人进行特定的行政处罚时，当事人才享有要求举行听证的权利；当事人要求听证的，税务机关才负有举行听证的义务。现行法律法规并没有明确规定作出税务处理决定之前必须实施听证，因此稽查三局在程序上完全符合税收征管法、《税务稽查工作规程》等相关法律法规、规范性文件的规定。3.稽查三局已充分保障了申请人的陈述申辩权利。稽查三局分别通过《询问笔录》等多种形式，告知了申请人享有陈述申辩的权利。而再审申请人也通过《关于出口高保真音响连接线的情况说明》（2014年1月8日）、《关于出口高保真音响连接线的情况补充说明》（2014年4月2日）、《关于出口高保真音响连接线的补充情况说明》（2014年11月26日）提出了陈述申辩。在稽查三局向再审申请人留置送达《税务处理决定书》前，再审申请人一直在通过各种途径表达意见，前述商务部财务司向国家税务总局货物和劳务税司的发函就是明证。再审申请人在再审申请中提出未能保障其实质性陈述、申辩权，完全与事实不符。四、二审判决认定事实清楚，适用法律、法规正确，程序正当合法。二审法院对于稽查三局和再审申请人提交的补充材料，因为已过举证期限，均未作为新证据进行认定，因此不存在再审申请人所主张的遗漏涉案证据的问题，二审审判程序正当合法。综上，再审申请人陈述的事实和理由不成立，二审判决认定事实清楚，适用法律正确，程序正当合法，请求法院依法驳回再审申请人的诉请。

再审庭审中，各方当事人围绕被申请人稽查三局作出的税务处理决定及被申请人宁波国税局作出的复议决定是否合法等审理重点进行了辩论。

经审理，浙江高院对原一审判决查明的事实予以确认。

浙江高院认为：行政机关作出对行政相对人不利的行政处理决定之前，应当依据正当程序原则的要求，事先告知相对人，并听取相对人的陈述和申辩，以充分保障行政相对人的合法权益。本案中，被申请人稽查三局作出的被诉税务处理决定，系决定追缴再审申请人甲公司已申报并实际取得的25 615 391.31元出口退税款，该处理决定明显对甲公司的权益产生重大不利影响。稽查三局在作出上述处理决定的过程中，应当按照正当程序原则的要求，依法告知，并充分保障甲公司的陈述、申辩权利。但稽查三局在原审法定期间内提交的证据显示，其在作出该处理决定前，未因影响重大利益举行听证，亦未充分保障原告甲公司陈述、申辩的权利。稽查三局辩称其于2014年1月7日已将载明有陈述申辩权内容的税务稽查工作底稿（二）告知甲公司，甲公司也分别于2014年1月8日、4月2日、11月26日向稽查三局出具甲公司关于出口高保真音响连接线的情况说明、补充情况说明。但该税务稽查工作底稿及甲公司出具的情况说明材料系稽查三局在二审期间提交，在复议和一审期间均未提交，二审法院已依法认定上述证据不能作为证明被诉行政行为合法的证据，故稽查三局的上述主张不能成立。二审法院认为，甲公司自2014年3月起，多次通过宁波市商务委员会、宁波经济技术开发区管委会等与宁波国税局及稽查三局协调、沟通，甲公司的意见已经通过上述机关进行了转达。且稽查三局于作出被诉税务处理决定9个月以后的2014年11月28日才予以留置送达,也给甲公司足够的时间表达意见。但本案被诉税务处理决定于2014年2月21日作出,宁波市商务委员会、宁波经济技术开发区管委会等进行协调、沟通的时间为被诉税务处理决定作出以后,此时甲公司客观上已无法进行陈述、申辩,即使表达意见,对于被诉税务处理决定的处理结果亦不会产生任何影响。稽查三局作出被诉税务处理决定,应依法及时进行送达,其时隔9个月才进行送达,程序明显违法。据此,二审法院关于被诉税务处理决定保障了甲公司实质性陈述、申辩权利的观点难以成立。综上,稽查三局作出被诉税务处理决定,程序违法,依法应予撤销。宁波国税局复议维持稽查三局作出的税务处理决定错误,亦应予以撤销。一审法院判决撤销稽查三局作出的税务处理决定以及宁波国税局作出的复议决定正确。二审法院改判撤销一审判决不当,依法应予纠正。

2020年6月9日,浙江高院依照《行政诉讼法》第八十九条第一款第(二)项和《最高人民法院关于适用〈中华人民共和国行政诉讼法〉的解释》第一百一十九条第一款、第一百二十二条之规定,作出〔2020〕浙行再6号行政判决书,判决撤销浙江省宁波市中级人民法院〔2018〕浙02行终135号行政判决;维持浙江省宁波市江北区人民法院〔2017〕浙0205行初85号行政判决。一、二审案件受理费共计100元,由被申请人国家税务总局宁波市税务局第三稽查局、国家税务总局宁波市税务局负担。

第七章

金税四期个人所得税筹划

第一节 工资薪金所得的税务筹划

一、充分利用企业年金与职业年金

税务筹划思路

根据《财政部 人力资源社会保障部 国家税务总局关于企业年金职业年金个人所得税有关问题的通知》（财税〔2013〕103号）的规定，企业和事业单位根据国家有关政策规定的办法和标准，为在本单位任职或者受雇的全体职工缴付的企业年金或职业年金单位缴费部分，在计入个人账户时，个人暂不缴纳个人所得税。个人根据国家有关政策规定缴付的年金个人缴费部分，在不超过本人缴费工资计税基数的4%标准内的部分，暂从个人当期的应纳税所得额中扣除。计算综合所得个人所得税的税率表见表7-1。由于目前事业单位强制设立职业年金，而企业年金的设立是自愿的，广大企业可以充分利用这一优惠，帮助员工减轻个人所得税负担。

表7-1 个人所得税税率表一

（综合所得适用）

级数	全年应纳税所得额	税率	速算扣除数
1	不超过36 000元的部分	3%	0

（续表）

级数	全年应纳税所得额	税率	速算扣除数
2	超过36 000元至144 000元的部分	10%	2 520
3	超过144 000元至300 000元的部分	20%	16 920
4	超过300 000元至420 000元的部分	25%	31 920
5	超过420 000元至660 000元的部分	30%	52 920
6	超过660 000元至960 000元的部分	35%	85 920
7	超过960 000元的部分	45%	181 920

注：本表所称全年应纳税所得额是指依照《个人所得税法》规定，居民个人取得综合所得以每一纳税年度收入额减除费用6万元以及专项扣除、专项附加扣除和依法确定的其他扣除后的余额。

税务筹划案例

甲公司共有员工10 000余人，人均年薪200 000元，人均年个人所得税税前扣除标准为120 000元，人均年应纳税所得额为80 000元，人均年应纳个人所得税5 480元（80 000×10%－2 520）。

如果甲公司为全体员工设立企业年金，员工人均年缴费8 000元（200 000×4%），符合税法规定，可以税前扣除。由此，人均年应纳个人所得税4 680元［（80 000－8 000）×10%－2 520］。人均节税800元（5 480－4 680）。甲公司全体员工年节税8 000 000元（800×10 000）。

二、充分利用享受优惠的商业健康保险

税务筹划思路

根据《财政部　税务总局　保监会①关于将商业健康保险个人所得税试点政策推广到全国范围实施的通知》（财税〔2017〕39号）的规定，自2017年7月1日起，对个人购买符合规定的商业健康保险产品的支出，允许在当年（月）计算应纳税所得额时予以税前扣除，扣除限额为2 400元/年（200元/月）。单位统一为员工购买符合规定的商业健康保险产品的支出，应分别计入员工个人工资薪金，视同个人购买，按上述限额予

---

① 2018年3月，第十三届全国人民代表大会第一次会议批准了《国务院机构改革方案》，组建中国银行保险监督管理委员会，不再保留中国保险监督管理委员会。2023年3月，中共中央、国务院印发了《党和国家机构改革方案》，在中国银行保险监督管理委员会基础上组建国家金融监督管理总局，不再保留中国银行保险监督管理委员会。

以扣除。2 400元/年（200元/月）的限额扣除为个人所得税法规定减除费用标准之外的扣除。企业为员工统一购买商业健康保险既是为员工提供的福利，也是可以起到节税的作用。

税务筹划案例

甲公司共有员工10 000余人，人均年薪200 000元，人均年个人所得税税前扣除标准为120 000元，人均年应纳税所得额为80 000元，人均年应纳个人所得税5 480元（80 000×10%－2 520）。

如果甲公司从员工的应发工资中为全体员工统一购买符合税法规定的商业健康保险，员工人均年缴费2 400元，可以税前扣除。由此，人均年应纳个人所得税5 240元〔（80 000－2 400）×10%－2 520〕。人均节税240元（5 480－5 240）。甲公司全体员工年节税2 400 000元（240×10 000）。

三、灵活运用子女教育专项附加扣除

税务筹划思路

根据《个人所得税专项附加扣除暂行办法》和《国家税务总局关于贯彻执行提高个人所得税有关专项附加扣除标准政策的公告》（国家税务总局公告2023年第14号）的规定，自2023年1月1日起，纳税人的子女接受全日制学历教育的相关支出，按照每个子女每月2 000元的标准定额扣除。学历教育包括义务教育（小学、初中教育）、高中阶段教育（普通高中、中等职业、技工教育）、高等教育（大学专科、大学本科、硕士研究生、博士研究生教育）。年满3周岁至小学入学前处于学前教育阶段的子女，按上述规定执行。父母可以选择由其中一方按扣除标准的100%扣除，也可以选择由双方分别按扣除标准的50%扣除，具体扣除方式在一个纳税年度内不能变更。凡是家庭中有3周岁至28周岁接受教育的子女，应积极申报。如果夫妻二人均需要缴纳个人所得税，子女教育扣除应由税率高的一方全额申报，税率低的一方不申报。

税务筹划案例

张先生和张太太有一儿一女，儿子读小学一年级，女儿读小学六年级。2023年度，张先生的应纳税所得额为100 000元（尚未考虑子女教育专项附加扣除），张太太的应纳税所得额为50 000元（尚未考虑子女教育专项附加扣除）。

如果张先生与张太太因疏忽而忘记申报子女教育专项附加扣除，则2023年度，张先生应纳个人所得税7 480元（100 000×10%−2 520）；张太太应纳个人所得税2 480元（50 000×10%−2 520）。

如果由张太太申报两个子女的教育专项附加扣除48 000元，则2023年度，张先生应纳个人所得税7 480元（100 000×10%−2 520）；张太太应纳个人所得税60元［（50 000−48 000）×3%］。可节税2 420元（2 480−60）。

如果由张先生和张太太各申报一个子女的教育专项附加扣除24 000元，2023年度，张先生应纳个人所得税5 080元［（100 000−24 000）×10%−2 520］；张太太应纳个人所得税780元［（50 000−24 000）×3%］。可节税4 100元（7 480−5 080+2 480−780）。

如果由张先生申报两个子女的教育专项附加扣除48 000元，则2023年度，张先生应纳个人所得税2 680元［（100 000−48 000）×10%−2 520］；张太太应纳个人所得税2 480元（50 000×10%−2520）。可节税4 800元（7 480−2 680）。

对张先生夫妇而言，48 000元的子女教育专项附加扣除抵税的最大额度就是4 800元。

四、灵活运用大病医疗专项附加扣除

税务筹划思路

根据《个人所得税专项附加扣除暂行办法》的规定，在一个纳税年度内，纳税人发生的与基本医保相关的医药费用支出，扣除医保报销后个人负担（指医保目录范围内的自付部分）累计超过15 000元的部分，由纳税人在办理年度汇算清缴时，在80 000元限额内据实扣除。纳税人发生的医药费用支出可以选择由本人或者其配偶扣除；未成年子女发生的医药费用支出可以选择由其父母一方扣除。纳税人及其配偶、未成年子女发生的医药费用支出，按上述规定分别计算扣除额。纳税人发生符合上述规定的医疗费时，应积极申报扣除。对纳税人未成年子女发生的符合上述规定的医疗费，应由税率最高的父母一方申报扣除。

税务筹划案例

王先生和王太太2023年喜添千金，但因女儿有先天性疾病，当年花费医疗费1 000 000元，全部自负，王先生和王太太本人当年并未产生自负医疗费。2023年度，张先生的应纳税所得额为100 000元（尚未考虑大病医疗专项附加扣除），张太太的应纳税所得额为30 000元（尚未考虑大病医疗专项附加扣除）。

如果王先生与王太太因疏忽而忘记申报大病医疗专项附加扣除，则2023年度，王先生应纳个人所得税7 480元（100 000×10%－2 520）；王太太应纳个人所得税900元（30 000×3%）。

如果由王太太申报大病医疗专项附加扣除80 000元，则2023年度，王先生应纳个人所得税7 480元（100 000×10%－2520）；王太太应纳个人所得税为0。可节税900元。

如果由王先生申报大病医疗专项附加扣除80 000元，则2023年度，王先生应纳个人所得税600元[（100 000－80 000）×3%]；王太太应纳个人所得税900元（30 000×3%）。可节税6 880元（7 480－600）。

对王先生夫妇而言，80 000元的大病医疗专项附加扣除抵税的最大额度就是6 880元。

五、灵活运用赡养老人专项附加扣除

税务筹划思路

根据《个人所得税专项附加扣除暂行办法》和《国家税务总局关于贯彻执行提高个人所得税有关专项附加扣除标准政策的公告》（国家税务总局公告2023年第14号）的规定，自2023年1月1日起，纳税人赡养一位及以上被赡养人的赡养支出，统一按照以下标准定额扣除：

（1）纳税人为独生子女的，按照每月3 000元的标准定额扣除。

（2）纳税人为非独生子女的，由其与兄弟姐妹分摊每月3 000元的扣除额度，每人分摊的额度不能超过每月1 500元。可以由赡养人均摊或者约定分摊，也可以由被赡养人指定分摊。约定或者指定分摊的须签订书面分摊协议，指定分摊优先于约定分摊。具体分摊方式和额度在一个纳税年度内不能变更。

被赡养人是指年满60周岁的父母，以及子女均已去世的年满60岁的祖父母、外祖父母。凡是有60周岁以上被赡养人的纳税人均应积极申报赡养老人专项附加扣除。对多兄弟姐妹而言，应由税率最高的两位分别申报1 000元。

税务筹划案例

秦先生和秦女士均年满60岁，其三个子女分别为秦一、秦二和秦三。2023年度，秦一的应纳税所得额为100 000元，秦二的应纳税所得额为30 000元，秦三的应纳税所得额为0，以上数额均未考虑赡养老人专项附加扣除。

如果三位子女因疏忽未申报赡养老人专项附加扣除，则2023年度，秦一应纳个人所得税7 480元（100 000×10%－2 520）；秦二应纳个人所得税900元（30 000×3%）；秦三应纳个人所得税为0。

如果由秦二一人申报赡养老人专项附加扣除18 000元，则2023年度，秦一应纳个人所得税7 480元（100 000×10%－2 520）；秦二应纳个人所得税360元[（30 000－18 000）×3%]；秦三应纳个人所得税为0。可节税540元（900－360）。

如果由秦一一人申报赡养老人专项附加扣除18 000元，则2023年度，秦一应纳个人所得税5 680元[（100 000－18 000）×10%－2 520]；秦二应纳个人所得税900元（30 000×3%）；秦三应纳个人所得税为0。可节税1 800元（7 480－5 680）。

如果由秦一和秦二各申报赡养老人专项附加扣除18 000元，则2023年度，秦一应纳个人所得税5 680元[（100 000－18 000）×10%－2 520]；秦二应纳个人所得税360元[（30 000－18 000）×3%]；秦三应纳个人所得税为0。可节税2 340元（7 480－5 680＋900－360）。

对秦家兄妹三人而言，36 000元的赡养老人专项附加扣除抵税的最大额度就是2 340元。

六、将工资适当转化为职工福利

税务筹划思路

工资与职工福利的使用范围存在一定程度的重合，如员工取得工资后需要支付的交通费、通讯费、餐饮费、房租以及部分设备购置费等均可以由公司来提供，公司在为员工提供上述福利以后，可以相应减少其应发的工资，由此，不仅可以为员工节税，还可以为公司节省社会保险费的支出。

税务筹划案例

甲公司共有员工10 000余人，目前没有给员工提供任何职工福利，该公司员工的年薪比同行业其他公司略高，平均为200 000元。其中，税法允许的税前扣除额人均约130 000元，人均应纳税所得额为70 000元。人均应纳税额4 480元（70 000×10%－2 520）。

甲公司可充分利用税法规定的职工福利费、职工教育经费等，为职工提供上下班交通工具、三顿工作餐、工作手机及相应通讯费、工作电脑、职工宿舍、职工培训费、差旅补贴等选项由每位职工根据自身需求选用。选用公司福利的员工，其工资适当调低，以弥补公司提供上述福利的成本。假设通过上述方式，该公司50%的员工年薪由此降低10 000元，则人均应纳税额3 480元（60 000×10%－2 520），人均可节税1 000元（4 480－3 480）。5 000名员工节税总额为5 000 000元。假设甲公司为员工缴纳"五险一金"的比例为工资总额的30%，则该项筹划为甲公司节约"五险一金"15 000 000元（10 000×5 000×30%）。

七、充分利用公益慈善事业捐赠

税务筹划思路

根据《个人所得税法》的规定,个人将其所得对教育、扶贫、济困等公益慈善事业进行捐赠,捐赠额未超过纳税人申报的应纳税所得额30%的部分,可以从其应纳税所得额中扣除;国务院规定对公益慈善事业捐赠实行全额税前扣除的,从其规定。根据《财政部 国家税务总局关于企业等社会力量向红十字事业捐赠有关所得税政策问题的通知》(财税〔2000〕30号)的规定,个人通过非营利性的社会团体和国家机关(包括中国红十字会)向红十字事业的捐赠,在计算缴纳个人所得税时准予全额扣除。利用公益慈善事业捐赠进行税务筹划应注意三个问题:第一,通过有资格接受捐赠的组织进行公益捐赠,不能直接向受赠者捐赠,否则,无法税前扣除;第二,一般公益捐赠的税前扣除具有限额,特殊公益捐赠的税前扣除没有限额,应尽量选择可以全额税前扣除的项目;第三,在个人需要纳税的年度进行公益捐赠可以起到抵税的作用,如果个人在某个年度不需要纳税,公益捐赠则无法起到抵税的作用。

税务筹划案例

李先生为某地企业家,为提高自身形象与知名度,决定以个人名义长期开展一些公益捐赠。假设李先生每年综合所得应纳税所得额为1 000万元,某筹划公司为李先生设计了三种筹划方案:方案一,每年直接向若干所希望小学捐赠500万元;方案二,通过某地民政局向贫困地区每年捐赠500万元;方案三,每年向中国红十字会捐赠500万元。

如果不进行公益捐赠,李先生综合所得每年应纳税额431.81万元(1 000×45%−18.19)。

如果按照方案一进行公益捐赠,李先生综合所得每年应纳税额与上述情形相同,即无法税前扣除,公益捐赠起不到抵税的作用。

如果按照方案二进行公益捐赠,李先生综合所得每年应纳税额296.81万元[(1 000−1 000×30%)×45%−18.19]。可节税135万元(431.81−296.81)。

如果按照方案三进行公益捐赠,李先生综合所得每年应纳税额206.81万元[(1 000−500)×45%−18.19]。可节税225万元(431.81−206.81)。

八、充分利用年终奖单独计税

税务筹划思路

根据《财政部 税务总局关于个人所得税法修改后有关优惠政策衔接问题的通知》（财税〔2018〕164号）、《财政部 税务总局关于延续实施全年一次性奖金个人所得税政策的公告》（财政部 税务总局公告2023年第30号）的规定，居民个人取得全年一次性奖金，在2027年12月31日前，不并入当年综合所得，以全年一次性奖金收入除以12个月得到的数额，按照按月换算后的综合所得税率表，确定适用税率和速算扣除数，单独计算纳税。计算公式为：应纳税额=全年一次性奖金收入×适用税率-速算扣除数。居民个人取得全年一次性奖金，也可以选择并入当年综合所得计算纳税。年终奖单独计税相当于给纳税人额外提供了一次可以低税率纳税的方法，综合所得应纳税额超过3.6万元的纳税人应充分利用。利用年终奖单独计税进行税务筹划应注意两个问题：第一，年终奖适用的税率不能超过综合所得适用的最高税率，否则，无法起到节税的效果；第二，年终奖的计算方法实际上是全额累进。因此，应特别注意在两个税率过渡阶段的税务筹划，原则上，如果某笔年终奖的适用税率刚刚超过某个档次，适当降低年终奖的数额，使其适用低一档次的税率可以起到节税的效果。

税务筹划案例

刘先生2023年度综合所得应纳税所得额为100万元，全部来自工资薪金。单位为其提供了五种方案供其选择：方案一，全部通过工资薪金发放，不发放年终奖；方案二，发放3.6万元年终奖，综合所得应纳税所得额为96.4万元；方案三，发放14.4万元年终奖，综合所得应纳税所得额为85.6万元；方案四，发放43万元年终奖，综合所得应纳税所得额为57万元；方案五，发放42万元年终奖，综合所得应纳税所得额为58万元。

在方案一下，刘先生应纳个人所得税26.81万元（100×45%-18.19）。

在方案二下，刘先生综合所得应纳个人所得税25.19万元（96.4×45%-18.19），年终奖应纳个人所得税0.11万元（3.6×3%），合计应纳个人所得税25.3万元（25.19+0.11）。方案二比方案一节税1.51万元（26.81-25.3）。

在方案三下，刘先生综合所得应纳个人所得税21.37万元（85.6×35%-8.59），年终奖应纳个人所得税1.42万元（14.4×10%-0.02），合计应纳个人所得税22.79万元（21.37+1.42）。方案三比方案二节税2.51万元（25.3-22.79），方案三比方案一节税4.02万元（26.81-22.79）。

在方案四下，刘先生综合所得应纳个人所得税11.81万元（57×30%-5.29），年终奖应纳个人所得税12.46万元（43×30%-0.44），合计应纳个人所得税24.27万元

（11.81+12.46）。方案四比方案三多纳税1.48万元（24.27-22.79），方案四比方案二节税1.03万元（25.3-24.27），方案四比方案一节税2.54万元（26.81-24.27）。

在方案五下，刘先生综合所得应纳个人所得税12.11万元（58×30%-5.29），年终奖应纳个人所得税10.23万元（42×25%-0.27），合计应纳个人所得税22.34万元（12.11+10.23）。方案五比方案四节税1.93万元（24.27-22.34），方案五比方案三节税0.45万元（22.79-22.34），方案五比方案二节税2.96万元（25.3-22.34），方案五比方案一节税4.47万元（26.81-22.34）。

九、充分利用股票期权所得单独计税

税务筹划思路

根据《财政部 税务总局关于个人所得税法修改后有关优惠政策衔接问题的通知》（财税〔2018〕164号）、《财政部 税务总局关于延续实施上市公司股权激励有关个人所得税政策的公告》（财政部 税务总局公告2023年第25号）的规定，居民个人取得股票期权、股票增值权、限制性股票、股权奖励等股权激励（以下简称股权激励），在2027年12月31日前，不并入当年综合所得，全额单独适用综合所得税率表，计算纳税。计算公式为：应纳税额=股权激励收入×适用税率-速算扣除数。股票期权等股票激励所得单独计税为纳税人提供了将一年的综合所得分为两次纳税的机会，凡是综合所得应纳税所得额超过3.6万的纳税人，在满足适用条件的前提下，均可以利用股票期权所得单独计税的政策进行税务筹划。最佳的节税方案就是将综合所得应纳税所得额的一半分配至股票期权所得。

税务筹划案例

董女士为某上市公司老总，预计2023年度综合所得应纳税所得额为500万元。公司为董女士设计了4套纳税方案：方案一，不发放股票期权所得，综合所得应纳税所得额为500万元；方案二，发放股票期权所得3.6万元，综合所得应纳税所得额为496.4万元；方案三，发放股票期权所得14.4万元，综合所得应纳税所得额为485.6万元；方案四，发放股票期权所得250万元，综合所得应纳税所得额为250万元。

在方案一下，董女士应纳个人所得税206.81万元（500×45%-18.19）。

在方案二下，董女士股票期权所得应纳个人所得税0.11万元（3.6×3%），综合所得应纳个人所得税205.19万元（496.4×45%-18.19），合计应纳个人所得税205.3万元（0.11+205.19）。方案二比方案一节税1.51万元（206.81-205.3）。

在方案三下，董女士股票期权所得应纳个人所得税1.19万元（14.4×10%-

0.25），综合所得应纳个人所得税200.33万元（485.6×45%－18.19），合计应纳个人所得税201.52万元（1.19+200.33）。方案三比方案二节税3.78万元（205.3－201.52），方案三比方案一节税5.29万元（206.81－201.52）。

在方案四下，董女士股票期权所得应纳个人所得税94.31万元（250×45%－18.19），综合所得应纳个人所得税94.31万元（250×45%－18.19），合计应纳个人所得税188.62万元（94.31+94.31）。方案四比方案三节税12.9万元（201.52－188.62），方案四比方案二节税16.68万元（205.3－188.62），方案四比方案一节税18.19万元（206.81－188.62）。

十、综合利用年终奖与股票期权所得单独计税

税务筹划思路

在条件允许的前提下，纳税人如果能充分且合理利用多种税收优惠政策，如综合利用年终奖与股票期权所得单独计税的政策，可以最大限度地降低整体税收负担。筹划的具体方法为，股权期权与综合所得适用相同的税率，年终奖适用的税率比综合所得适用的税率低一个档次。

税务筹划案例

马先生为某上市公司老总，预计2023年度综合所得应纳税所得额为600万元。公司为马先生设计了四套纳税方案：方案一，不发放年终奖与股票期权所得，综合所得应纳税所得额为600万元；方案二，发放年终奖3.6万元、股票期权所得3.6万元，综合所得应纳税所得额为592.8万元；方案三，发放年终奖200万元、股票期权所得200万元，综合所得应纳税所得额为200万元；方案四，发放年终奖96万元、股票期权所得252万元，综合所得应纳税所得额为252万元。

在方案一下，马先生应纳个人所得税251.81万元（600×45%－18.19）。

在方案二下，马先生年终奖应纳个人所得税0.11万元（3.6×3%），股票期权所得应纳个人所得税0.11万元（3.6×3%），综合所得应纳个人所得税248.57万元（592.8×45%－18.19），合计应纳个人所得税248.79万元（0.11+0.11+248.57）。方案二比方案一节税3.02万元（251.81－248.79）。

在方案三下，马先生年终奖应纳个人所得税88.48万元（200×45%－1.52），股票期权所得应纳个人所得税71.81万元（200×45%－18.19），综合所得应纳个人所得税71.81万元（200×45%－18.19），合计应纳个人所得税232.1万元（88.48+71.81+71.81）。方案三比方案二节税16.69万元（248.79－232.1），方案三比方案一节税

19.71万元（251.81-232.1）。

在方案四下，马先生年终奖应纳个人所得税32.88万元（96×35%-0.72），股票期权所得应纳个人所得税95.21万元（252×45%-18.19），综合所得应纳个人所得税95.21万元（252×45%-18.19），合计应纳个人所得税223.3万元（32.88+95.21+95.21）。方案四比方案三节税8.8万元（232.1-223.3），方案四比方案二节税25.49万元（248.79-223.3），方案四比方案一节税28.51万元（251.81-223.3）。

十一、充分利用外籍人员的各项免税补贴

税务筹划思路

根据《财政部 税务总局关于个人所得税法修改后有关优惠政策衔接问题的通知》（财税〔2018〕164号）第七条、《财政部 税务总局关于延续实施外籍个人津补贴等有关个人所得税优惠政策的公告》（财政部 税务总局公告2021年第43号）、《财政部 税务总局关于延续实施外籍个人有关津补贴个人所得税政策的公告》（财政部 税务总局公告2023年第29号）的规定，2019年1月1日至2027年12月31日期间，外籍个人符合居民个人条件的，可以选择享受个人所得税专项附加扣除，也可以选择按照《财政部 国家税务总局关于个人所得税若干政策问题的通知》（财税字〔1994〕20号）、《国家税务总局关于外籍个人取得有关补贴征免个人所得税执行问题的通知》（国税发〔1997〕54号）和《财政部 国家税务总局关于外籍个人取得港澳地区住房等补贴征免个人所得税的通知》（财税〔2004〕29号）规定，享受住房补贴、语言训练费、子女教育费等津补贴免税优惠政策，但不得同时享受。外籍个人一经选择，在一个纳税年度内不得变更。自2028年1月1日起，外籍个人不再享受住房补贴、语言训练费、子女教育费津补贴免税优惠政策，应按规定享受专项附加扣除。

根据《财政部 国家税务总局关于个人所得税若干政策问题的通知》（财税字〔1994〕20号）的规定，下列所得，暂免征收个人所得税：①外籍个人以非现金形式或实报实销形式取得的住房补贴、伙食补贴、搬迁费、洗衣费；②外籍个人按合理标准取得的境内、外出差补贴；③外籍个人取得的探亲费、语言训练费、子女教育费等，经当地税务机关审核批准为合理的部分；④外籍个人从外商投资企业取得的股息、红利所得。

对于外籍个人而言，应综合考量专项附加扣除与各项免税补贴之间的关系，选择可以最大减轻税收负担的扣除方式。

税务筹划案例

孙先生为外籍人士，因工作需要，长期在中国境内居住。2022年度，按税法规定

孙先生可以享受免税优惠的各项补贴总额为80 000元。孙先生目前可以享受的专项附加扣除为两个子女的教育费和一位非独生子女老人的赡养费。请提出税务筹划方案。

如果孙先生选择居民纳税人的专项附加扣除，则扣除总额为36 000元（1 000×12×2＋1 000×12）；如果孙先生选择免税补贴优惠，则扣除总额为80 000元，可以多扣除44 000元（80 000－36 000）。如果孙先生综合所得适用的最高税率为20%，则每年最高可以节税8 800元（44 000×20%）。

十二、充分利用短期居民个人的税收优惠

税务筹划思路

根据《个人所得税法实施条例》第四条的规定，在中国境内无住所的个人，在中国境内居住累计满183天的年度连续不满6年的，经向主管税务机关备案，其来源于中国境外且由境外单位或者个人支付的所得，免予缴纳个人所得税；在中国境内居住累计满183天的任一年度中有一次离境超过30天的，其在中国境内居住累计满183天的年度的连续年限重新起算。对于短期来华人员，如果每年停留时间均超过183天，则应充分利用短期居民个人的税收优惠，在第6年一次离境达到31天即可永远保持短期居民个人的身份。

税务筹划案例

赵先生为香港永久居民，在深圳创办了甲公司，每年在内地停留时间约360天。自2019年度起，每年在内地应纳税所得额约为50万元，香港年房租收入120万元。请提出税务筹划方案。

如果不进行筹划，自2019年度起，赵先生来自香港的房租收入可以免税5年。自第6年起，赵先生来自香港的租金收入需要在内地缴纳个人所得税，每月应纳个人所得税1.6万元［10×（1－20%）×20%］，全年应纳个人所得税19.2万元（1.6×12）。如果赵先生在香港已经就该120万元的租金收入缴纳了个人所得税，则税款可以从上述19.2万元的应纳税额中扣除。假设赵先生在香港实际纳税10万元，则赵先生还应在中国补税9.2万元。

如果赵先生在自2019年起的每个第6年离开内地31天，则赵先生可以永远保持短期居民个人的身份，其来自香港的每年120万元的租金收入可以免于在内地纳税，每年可以节税9.2万元。

十三、非居民个人平均发放工资

税务筹划思路

根据《个人所得税法》第二条的规定，非居民个人取得工资、薪金所得，劳务报酬所得，稿酬所得，特许权使用费所得，按月或者按次分项计算个人所得税。工资、薪金所得适用超额累进税率，如果某个月的工资过高，则会适用较高的税率，从而增加税收负担，只有平均发放工资，才能实现最低的税负。

税务筹划案例

刘女士为外籍人士，属于中国非居民个人。因工作需要，每年在中国停留4个月，领取4个月的工资。公司原计划按工作绩效发工资，假设2023年度领取的4个月工资分别为3 000元、6 000元、4 000元和20 000元，总额为33 000元。刘女士2023年度在中国应纳个人所得税1 620元[（6 000－5 000）×3%＋（20 000－5 000）×20%－1 410]。请提出税务筹划方案。

如果刘女士预先估计4个月的工资总额在30 000元左右，可以先按平均数发放，最后一个月汇总计算，即前3个月工资按照8 000元发放，第4个月按照9 000元（33 000－8 000×3）发放。刘女士2023年度在中国应纳个人所得税460元[（8 000－5 000）×3%×3＋（9 000－5 000）×10%－210]。可节税1 160元（1 620－460）。

第二节 其他综合所得的税务筹划

一、预缴劳务报酬中的税务筹划

税务筹划思路

劳务报酬所得虽然应并入综合所得综合计征个人所得税，但在实际征管中采取的是预缴与汇算清缴相结合的方法。扣缴义务人向居民个人支付劳务报酬所得时，应当按照以下方法按次或者按月预扣预缴税款：

（1）劳务报酬所得以收入减除费用后的余额为收入额。

(2)预扣预缴税款时,劳务报酬所得每次收入不超过4 000元的,减除费用按800元计算;每次收入4 000元以上的,减除费用按收入的20%计算。

(3)劳务报酬所得以每次收入额为预扣预缴应纳税所得额,计算应预扣预缴税额。劳务报酬所得适用个人所得税预扣率表二(表7-2)。

(4)居民个人办理年度综合所得汇算清缴时,应当依法计算劳务报酬所得的收入额,并入年度综合所得计算应纳税款,税款多退少补。根据这一预扣预缴方法,纳税人应尽量降低每次取得劳务报酬的数量,从而可以降低预扣预缴税款的数额。

表7-2 个人所得税预扣率表二

(居民个人劳务报酬所得预扣预缴适用)

级数	预扣预缴应纳税所得额	预扣率	速算扣除数
1	不超过20 000元的	20%	0
2	超过20 000元至50 000元的部分	30%	2 000
3	超过50 000元的部分	40%	7 000

税务筹划案例

秦先生为某大学教授,2023年度为甲公司担任税务顾问,合同约定了两种支付方案:方案一,甲公司在2023年一次性向秦先生支付全年顾问费60 000元;方案二,甲公司在2023年分12次向秦先生支付全年顾问费,每次为5 000元。假设秦先生2023年度综合所得应纳税所得额(已经计算该6万元顾问费)为100 000元,除该顾问费以外,尚未预缴税款。

在方案一下,甲公司在支付顾问费时应预扣预缴税款12 400元[60 000×(1-20%)×30%-2 000]。秦先生2023年度综合所得应纳个人所得税7 480元(100 000×10%-2 520)。秦先生应申请退税4 920元(12 400-7 480)。

在方案二下,甲公司在支付顾问费时应预扣预缴税款9 600元[5 000×(1-20%)×20%×12]。秦先生2023年度综合所得应纳个人所得税7 480元(100 000×10%-2 520)。秦先生应申请退税2 120元(9 600-7 480)。方案二比方案一少占用秦先生资金2 800元(4 920-2 120)。

二、转移劳务报酬中的成本

税务筹划思路

在预扣预缴劳务报酬的税款时,劳务报酬所得每次收入不超过4 000元的,减除费用按800元计算；每次收入4 000元以上的，减除费用按收入的20%计算。这种固定数额与固定比例的扣除模式导致花费成本较高的劳务报酬税负较高，为此，纳税人在取得劳务报酬时，原则上应将各类成本转移至被服务单位。由此可以降低劳务报酬的表面数额，从而降低劳务报酬的整体税收负担。

税务筹划案例

吴先生是全国著名的税法专家，每年在全国各级巡回讲座几十次。每次讲座课酬的支付方式有两种：方案一，邀请单位支付课酬6万元，各种费用均由吴先生自己负担，假设每次讲座的交通费、住宿费、餐饮费等必要费用为10 000元；方案二，邀请单位支付课酬50 000元，各种费用均由邀请单位负担。

在方案一下，邀请单位需要预扣预缴税款12 400元（60 000×（1−20%）×30%−2 000）。吴先生自负的1万元各类费用无法税前扣除，起不到抵税的作用。

在方案二下，邀请单位需要预扣预缴税款10 000元［50 000×（1−20%）×30%−2 000］。方案二比方案一节税2 400元［12 400−10 000］。

三、将部分劳务报酬分散至他人

税务筹划思路

劳务报酬所得按照每个纳税人取得的数额分别计征个人所得税，因此，在纳税人的劳务实际上是由若干人提供的情况下，可以通过将部分劳务报酬分散至他人的方式来减轻税收负担。

税务筹划案例

某影视明星承担了甲影视公司的某个拍摄项目，整个拍摄工作在3个月内完成，甲影视公司需要支付劳务报酬120万元。甲公司设计了三套发放方案：方案一，拍摄任务完成后，一次性支付120万元劳务报酬；方案二，根据拍摄项目进度，每个月发放劳务报40万元；方案三，由该影视明星雇用10名工作人员为其服务，平均每月劳务报酬为2万元，甲公司每月向该10名工作人员每人支付2万元劳务报酬，每月向该明星支付20万元劳务报酬。

在方案一下，甲公司需要预扣预缴税款37.7万元［120×（1−20%）×40%−0.7］。

在方案二下，甲公司每月需要预扣预缴税款12.1万元［40×（1−20%）×40%−

0.7〕，合计预扣预缴税款36.3万元（12.1×3）。方案二比方案一少预扣税款1.4万元（37.7－36.3）。

在方案三下，甲公司每月需要为该明星预扣预缴税款5.7万元〔20×（1－20%）×40%－0.7〕，甲公司每月需要为该工作人员预扣预缴税款3.2万元〔2×（1－20%）×20%×10〕，合计预扣预缴税款26.7万元〔（5.7+3.2）×3〕。方案三比方案二少预扣税款9.6万元（36.3－26.7）。方案三比方案一少预扣税款11万元（37.7－26.7）。

四、将劳务报酬转变为公司经营所得

税务筹划思路

根据2023年1号公告、2023年19号公告的规定，自2023年1月1日至2027年12月31日，对月销售额10万元以下（含本数）的增值税小规模纳税人，免征增值税。

根据《财政部　税务总局关于小微企业和个体工商户所得税优惠政策的公告》（财政部　税务总局公告2023年第6号）、《财政部　税务总局关于进一步支持小微企业和个体工商户发展有关税费政策的公告》（财政部　税务总局公告2023年第12号）的规定，自2023年1月1日至2027年12月31日，对小型微利企业年应纳税所得额不超过100万元的部分，减按25%计入应纳税所得额，按20%的税率缴纳企业所得税。

根据《财政部　税务总局关于进一步实施小微企业所得税优惠政策的公告》（财政部　税务总局公告2022年第13号）、《财政部　税务总局关于进一步支持小微企业和个体工商户发展有关税费政策的公告》（财政部　税务总局公告2023年第12号）的规定，自2022年1月1日至2027年12月31日，对小型微利企业年应纳税所得额超过100万元但不超过300万元的部分，减按25%计入应纳税所得额，按20%的税率缴纳企业所得税。

对于频繁取得劳务报酬且数额较大的个人，可以考虑成立公司来提供相关劳务，从而将个人劳务报酬所得转变为公司所得，由于小微企业可以享受较多税收优惠，这种转变可以大大降低个人的税收负担。

税务筹划案例

孙先生为某大学教授，其收入主要为所在大学的工资以及在某培训机构讲课的课酬。2023年度，其所在大学发放工资总额为20万元，不考虑其他收入，由此计算的综合所得应纳税所得额为3.6万元。培训机构每月支付孙先生课酬8万元，如果考虑该课酬，孙先生2023年度的综合所得应纳税所得额将提高至80.4万元。某筹划公司为孙先生提供了两种方案：方案一，延续以往模式，由培训机构向孙先生每月支付课酬8万元；方案二，孙先生成立甲公司，每月向培训机构开具8万元培训费发票，由甲公司取得8万元收入。

在方案一下，孙先生综合所得应纳个人所得税19.55万元（80.4×35%－8.59）。

在方案二下，孙先生综合所得应纳个人所得税0.11万元（3.6×3%）。甲公司每月取得8万培训费，根据小微企业增值税优惠政策，不需要缴纳增值税及其附加。假设甲公司的应纳税所得额为20万元，根据小微企业所得税优惠政策，甲公司需要缴纳企业所得税1万元（20×25%×20%），合计纳税1.11万元（0.11＋1）。方案二比方案一节税18.44万元（19.55－1.11）。

五、稿酬所得的税务筹划

税务筹划思路

扣缴义务人向居民个人支付稿酬所得时，应当按照以下方法按次或者按月预扣预缴税款：

（1）稿酬所得以收入减除费用后的余额为收入额；稿酬所得的收入额减按70%计算。

（2）预扣预缴税款时，稿酬所得每次收入不超过4 000元的，减除费用按800元计算；每次收入4 000元以上的，减除费用按收入的20%计算。

（3）稿酬所得以每次收入额为预扣预缴应纳税所得额，计算应预扣预缴税额。稿酬所得适用20%的比例预扣率。

（4）居民个人办理年度综合所得汇算清缴时，应当依法计算稿酬所得的收入额，并入年度综合所得计算应纳税款，税款多退少补。

稿酬所得的筹划除采取工资薪金所得、劳务报酬所得的筹划方法以外，最主要的方法就是多分次数，分给多个纳税人，降低预扣预缴税款的数额，如纳税人的年度综合所得数额有较大变化，可以在不同年度之间进行调节。

税务筹划案例

赵女士在甲出版社出版了一本小说，稿酬总额为100 000元。已知赵女士2023年度综合所得应纳税所得额为36 000元，2024年度综合所得应纳税所得额为0，同时还有50 000元的费用允许税前扣除。关于该笔稿酬发放的时间，甲出版社提供了两种方案：方案一，2023年底支付100 000元稿酬；方案二，2024年年初支付100 000元稿酬。

在方案一下,该笔稿酬应当缴纳个人所得税5 600元[100 000×70%×(1-20%)×10%]。

在方案二下,该笔稿酬应当缴纳个人所得税180元{[100 000×70%×(1-20%)-50 000]×3%}。方案二比方案一节税5 420元(5600-180)。

六、特许权使用费所得的税务筹划

税务筹划思路

扣缴义务人向居民个人支付特许权使用费所得时,应当按照以下方法按次或者按月预扣预缴税款:

(1)特许权使用费所得以收入减除费用后的余额为收入额。

(2)预扣预缴税款时,特许权使用费所得每次收入不超过4 000元的,减除费用按800元计算;每次收入4 000元以上的,减除费用按收入的20%计算。

(3)特许权使用费所得,以每次收入额为预扣预缴应纳税所得额,计算应预扣预缴税额。特许权使用费所得适用20%的比例预扣率。

(4)居民个人办理年度综合所得汇算清缴时,应当依法计算特许权使用费所得的收入额,并入年度综合所得计算应纳税款,税款多退少补。

特许权使用费所得的税务筹划,除灵活运用上述工资薪金所得、劳务报酬所得、稿酬所得的筹划方法以外,最重要的就是尽量选择按年度支付特许权使用费,而不要按两年或者多年支付特许权使用费。

税务筹划案例

周先生为甲公司工程师,每年综合所得应纳税所得额为3.6万元。2023年度,周先生取得一项专利,授予乙公司使用十年,专利费总额为100万元。关于专利费支付方式,乙公司设计了三种方案:方案一:每五年支付专利费50万元,共支付两次;方案二,每两年支付专利费20万元,共支付五次;方案三,每年支付专利费10万元,共支付十次。

在方案一下,周先生取得50万元专利费需要缴纳个人所得税10.68万元[(14.4-3.6)×10%+(30-14.4)×20%+(42-30)×25%+(53.6-42)×30%],合计缴纳个人所得税21.36万元(10.68×2)。

在方案二下,周先生取得20万元专利费需要缴纳个人所得税2.92万元[(14.4-3.6)×10%+(23.6-14.4)×20%],合计缴纳个人所得税14.6万元(2.92×5)。方案二比方案一节税6.76万元（21.36—14.6）。

在方案三下，周先生取得10万元专利费需要缴纳个人所得税1万元（10×10%），合计缴纳个人所得税10万元（1×10）。方案三比方案二节税4.6万元（14.6—10），方案三比方案一节税11.36万元（21.36—10）。

七、充分利用短期非居民个人的税收优惠

税务筹划思路

根据《个人所得税法》第一条的规定，在中国境内无住所又不居住，或者无住所而一个纳税年度内在中国境内居住累计不满183天的个人，为非居民个人。非居民个人从中国境内取得的所得，依照《个人所得税法》规定缴纳个人所得税。非居民个人的工资、薪金所得，以每月收入额减除费用5 000元后的余额为应纳税所得额；劳务报酬所得、稿酬所得、特许权使用费所得，以每次收入额为应纳税所得额。劳务报酬所得、稿酬所得、特许权使用费所得以收入减除20%的费用后的余额为收入额。稿酬所得的收入额减按70%计算。非居民个人适用税率表如表7-3所示。

表7-3 非居民个人所得税税率表

级数	应纳税所得额	税率	速算扣除数
1	不超过3 000元的	3%	0
2	超过3 000元至12 000元的部分	10%	210
3	超过12 000元至25 000元的部分	20%	1 410
4	超过25 000元至35 000元的部分	25%	2 660
5	超过35 000元至55 000元的部分	30%	4 410
6	超过55 000元至80 000元的部分	35%	7 160
7	超过80 000元的部分	45%	15 160

税务筹划案例

李女士为香港永久居民，就职于香港甲公司。2023年度，甲公司计划安排李女士在深圳的代表处工作180天（6个月）。李女士2023年度每月工资为2万元，6个月的工资总额为12万元，其在香港可以享受的各项扣除比较多，税负接近零。请提出

税务筹划方案。

如果不进行筹划，李女士来源于内地的6个月的工资需要在内地纳税。每月应纳个人所得税1 590元[（20 000－5 000）×20%－1 410]，6个月合计应纳个人所得税9 540元（1 590×6）。

甲公司可以选派两位员工轮流到深圳工作，每人工作90天，每月工资均为2万元。由此可以享受短期非居民个人的税收优惠，即该两位员工在深圳工作期间取得的工资，可以在香港纳税（实际税负为零），而不需要在深圳缴纳个人所得税。由此，可以为两位员工节税9 540元。

八、利用海南自贸港税收优惠政策

税务筹划思路

自2020年1月1日起至2024年12月31日止，对在海南自由贸易港工作的高端人才和紧缺人才，其个人所得税实际税负超过15%的部分，予以免征。享受上述优惠政策的所得包括来源于海南自由贸易港的综合所得（包括工资薪金、劳务报酬、稿酬、特许权使用费四项所得）、经营所得以及经海南省认定的人才补贴性所得。纳税人在海南省办理个人所得税年度汇算清缴时享受上述优惠政策。对享受上述优惠政策的高端人才和紧缺人才实行清单管理，由海南省商财政部、税务总局制定具体管理办法。

对于灵活用工以及企业高管等纳税人可以利用上述税收优惠政策进行税务筹划，减轻税收负担。

税务筹划案例

甲公司有一批高技术人才实行灵活用工，主要在家里网上办公，全年综合所得超过100万元，综合税负约35%，如何利用海南自贸港优惠政策进行税务筹划？

甲公司可以在海南自贸港设立全资子公司，作为集团的研发中心和技术服务中心，相关人员的劳动关系可转移至乙公司，由乙公司向其支付工资薪金。这样，相关人员在个人所得税汇算清缴时就可以享受超过15%的部分予以退税的优惠，其个人所得税负担从35%降低至15%。

第三节　个人经营所得的税务筹划

一、充分利用税法规定的各项扣除

税务筹划思路

个人独资企业经营所得按照收入总额减去税法允许扣除的各项费用后的余额计算，因此，个人独资企业在计算经营所得的应纳税所得额时，应尽量充分利用税法规定的各项扣除，尽量减少应纳税所得额，从而降低税收负担。

税务筹划案例

2022年度，秦先生注册了一家个人独资企业从事餐饮，每月销售额为10万元，按税法规定允许扣除的各项费用为2万元。秦先生的妻子也在该餐馆帮忙，但考虑是一家人，并未领取工资。2023年度，秦先生有两种方案可供选择：方案一，继续2022年度的经营模式，即其妻子继续在餐馆帮忙，但不领取工资；方案二，秦先生的妻子每月领取5 000元的工资。

在方案一下，秦先生2023年度经营所得应纳税所得额为96万元〔（10−2）×12〕。秦先生应当缴纳个人所得税13.53万元〔（96×35%−6.55）×50%〕。

在方案二下，秦先生2023年度经营所得应纳税所得额为90万元〔（10−2−0.5）×12〕。秦先生应当缴纳个人所得税12.48万元〔（90×35%−6.55）×50%〕。方案二比方案一节税1.05万元（13.53−12.48）。

二、将个人独资企业转变为一人有限责任公司

税务筹划思路

随着我国对小微企业的所得实行更低的税率，小微企业的税负已经低于个人独资企业。因此，将个人独资企业转变为一人有限责任公司可以降低税收负担。

税务筹划案例

李女士响应政府号召返乡创业,在某小学附近开办了"小饭桌",性质为个人独资企业。每年可以取得经营所得应纳税所得额100万元。2023年度,李女士有三种方案可供选择:方案一,该"小饭桌"继续保持个人独资企业的性质;方案二,将"小饭桌"注册为一人有限责任公司,税后利润全部分配;方案三,将"小饭桌"注册为一人有限责任公司,税后利润保留在公司,不做分配。

在方案一下,李女士需要缴纳个人所得税14.23万元[(100×35%－6.55)×50%]。

在方案二下,"小饭桌"公司需要缴纳企业所得税5万元(100×25%×20%),李女士取得税后利润需要缴纳个人所得税19万元[(100－5)×20%],合计纳税24万元(5+19)。方案二比方案一多纳税9.77万元(24－14.23)。

在方案三下,"小饭桌"公司需要缴纳企业所得税5万元(100×25%×20%)。方案三比方案二节税19万元(24－5),方案三比方案一节税9.23万元(14.23－5)。

三、增加合伙企业的合伙人

税务筹划思路

合伙企业经营所得应纳税所得额的计算方法与个人独资企业相同,略有区别的是,合伙企业的应纳税所得额会按照比例分配给每一个合伙人,由合伙人计算缴纳个人所得税。由于增加一个合伙人就可以增加基本扣除6万元,合伙企业的合伙人越多,每个合伙人缴纳的个人所得税就越少。

税务筹划案例

甲合伙企业2022年度的应纳税所得额为100万元,平均分配给两个合伙人。2023年度甲合伙企业有两种方案可供选择:方案一,仍然保持两个合伙人;方案二,两个合伙人均将自己的配偶或者其他直系亲属一人增加为合伙人,合伙企业的应纳税所得额平均分配给4个合伙人。假设该4个合伙人均未取得除合伙企业利润以外的其他所得,每个合伙人的基本扣除标准均为6万元。

在方案一下,每个合伙人需要缴纳个人所得税9.15万元[(50－6)×30%－4.05],合计缴纳个人所得税18.3万元(9.15×2)。

在方案二下,每个合伙人需要缴纳个人所得税2.75万元[(25－6)×20%－1.05],合计缴纳个人所得税11万元(2.75×4)。

方案二比方案一节税7.3万元（18.3－11）。

四、合伙人平均分配合伙企业利润

税务筹划思路

合伙企业的合伙人按照下列原则确定应纳税所得额：

（1）合伙企业的合伙人以合伙企业的生产经营所得和其他所得，按照合伙协议约定的分配比例确定应纳税所得额。

（2）合伙协议未约定或者约定不明确的，以全部生产经营所得和其他所得，按照合伙人协商决定的分配比例确定应纳税所得额。

（3）协商不成的，以全部生产经营所得和其他所得，按照合伙人实缴出资比例确定应纳税所得额。

（4）无法确定出资比例的，以全部生产经营所得和其他所得，按照合伙人数量平均计算每个合伙人的应纳税所得额。

由于合伙人应纳税所得额适用的是超额累进税率，在全体合伙人平均分配合伙企业利润的情形下可以实现整体税负的最轻。

税务筹划案例

甲合伙企业2023年度的应纳税所得额为100万元（假设已经扣除合伙人的个人扣除额）。甲合伙企业共有4个合伙人，有三个分配方案：方案一，4个合伙人的分配数额分别为3万元、3万元、3万元和82万元；方案二，4个合伙人的分配数额分别为3万元、9万元、30万元和58万元；方案四，4个合伙人平均分配，每人均为25万元。

在方案一下，全体合伙人应当缴纳个人所得税22.6万元（3×5%×3+82×35%－6.55）。

在方案二下，全体合伙人应当缴纳个人所得税19.6万元（3×5%+9×10%－0.15+30×20%－1.05+58×35%－6.55）。方案二比方案一节税3万元（22.6－19.6）。

在方案三下，全体合伙人应当缴纳个人所得税15.8万元［（25×20%－1.05）×4］。方案三比方案二节税3.8万元（19.6－15.8），方案三比方案一节税6.8万元（22.6－15.8）。

第七章 金税四期个人所得税筹划

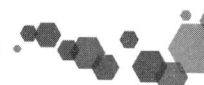

第四节 个人财产转让所得的税务筹划

一、利用"满五唯一"免税政策

税务筹划思路

根据《财政部 国家税务总局关于个人所得税若干政策问题的通知》(财税〔1994〕020号)的规定,个人转让自用达5年以上并且是唯一的家庭生活用房取得的所得,暂免征收个人所得税。根据《财政部 国家税务总局建设部关于个人出售住房所得征收个人所得税有关问题的通知》(财税〔1999〕278号)的规定,对个人转让自用5年以上并且是家庭唯一生活用房取得的所得,继续免征个人所得税。如果纳税人满足上述税收优惠政策的条件,应尽量享受该税收优惠政策。需要注意的是,上述"五年"的起算点是取得房产证或者缴纳契税之日,因此,纳税人购买房产以后应尽快缴纳契税。

税务筹划案例

郑先生2015年1月以300万元购买了家庭第一套住房且当月缴纳了契税,2023年12月,郑先生计划购买家庭第二套住房并出售第一套住房。关于家庭住房的换购,郑先生有两种方案可选择:方案一,先购置第二套住房,待搬家以后,再以500万元转让第一套住房;方案二,先以500万元转让第一套住房,临时租房安置家具,再购买第二套住房。仅考虑个人所得税,不考虑其他税费。

在方案一下,郑先生转让第一套住房需要缴纳个人所得税40万元[(500−300)×20%]。

在方案二下,郑先生转让第一套住房可以享受免征个人所得税的优惠政策。方案二比方案一节税40万元。

彭大妈老伴去世多年,名下仅有一套住房,该套住房为10年前购置,购买价格为100万元,目前市场价格为500万元。彭大妈计划将该套住房转给其独子,未来由其儿子再将该套住房转让。现有两个转移方案可供选择:方案一,彭大妈将该套住房赠与其独子,3年后,其儿子再将该套住房以600万元出售;方案二,彭大妈将该套住房

409

以500万元的价格卖给其独子，3年后，其儿子再将该套住房以600万元出售。仅考虑个人所得税，不考虑其他税费。

在方案一下，彭大妈将该套住房赠与其独子可以享受免税政策，彭大妈的儿子出售该套住房需要缴纳个人所得税100万元[（600－100）×20%]。

在方案二下，彭大妈将该套住房卖给其独子可以享受免税政策，彭大妈的儿子出售该套住房需要缴纳个人所得税20万元[（600－500）×20%]。方案二比方案一节税80万元（100－20）。

二、利用直系亲属房产赠与免税政策

税务筹划思路

根据《财政部　国家税务总局关于个人无偿受赠房屋有关个人所得税问题的通知》（财税〔2009〕78号）的规定，以下情形的房屋产权无偿赠与，对当事双方不征收个人所得税：（1）房屋产权所有人将房屋产权无偿赠与配偶、父母、子女、祖父母、外祖父母、孙子女、外孙子女、兄弟姐妹；（2）房屋产权所有人将房屋产权无偿赠与对其承担直接抚养或者赡养义务的抚养人或者赡养人；（3）房屋产权所有人死亡，依法取得房屋产权的法定继承人、遗嘱继承人或者受遗赠人。除上述情形以外，房屋产权所有人将房屋产权无偿赠与他人的，受赠人因无偿受赠房屋取得的受赠所得，按照20%的税率缴纳个人所得税。对受赠人无偿受赠房屋计征个人所得税时，其应纳税所得额为房地产赠与合同上标明的赠与房屋价值减除赠与过程中受赠人支付的相关税费后的余额。受赠人转让受赠房屋的，以其转让受赠房屋的收入减除原捐赠人取得该房屋的实际购置成本以及赠与和转让过程中受赠人支付的相关税费后的余额，为受赠人的应纳税所得额，依法计征个人所得税。纳税人可以充分利用上述直系亲属房产赠与免税的优惠政策进行税务筹划。

税务筹划案例

张先生准备将一套住房赠与其侄子，已知该套住房为张先生5年前以200万元购买，目前的市场价格为500万元。张先生有两种方案可选择：方案一，张先生直接将该套住房赠与其侄子；方案二，张先生将该套住房赠与其弟弟，其弟弟再赠予其儿子（即张先生的侄子）。仅考虑个人所得税，不考虑其他税费。

在方案一下，张先生的侄子需要缴纳个人所得税100万元（500×20%）。

在方案二下，张先生将该套住房赠与其弟弟可以享受免税优惠，其弟弟再赠予其儿子（即张先生的侄子）也可以享受免税优惠。方案二比方案一节税100万元。

赵先生准备将一套住房赠与其侄子,已知该套住房为赵先生5年前以200万元购买,目前的市场价格为500万元,赵先生的哥哥(即赵先生侄子的父亲)已经去世,赵先生的侄子目前为30周岁。赵先生有两种方案可选择:方案一,赵先生直接将该套住房赠与其侄子;方案二,赵先生将该套住房的永久使用权赠与其侄子并办理公证,同时设立一份公证遗嘱,赵先生去世后,将该套住房遗赠给其侄子。仅考虑个人所得税,不考虑其他税费。

在方案一下,赵先生的侄子需要缴纳个人所得税100万元(500×20%)。

在方案二下,赵先生将该套住房的永久使用权赠与其侄子不需要缴纳所得税,赵先生去世后将该套住房遗赠给其侄子可以享受免税优惠。方案二比方案一节税100万元。

三、利用核定征税政策

税务筹划思路

根据《国家税务总局关于个人住房转让所得征收个人所得税有关问题的通知》(国税发〔2006〕108号)的规定,对住房转让所得征收个人所得税时,以实际成交价格为转让收入。纳税人申报的住房成交价格明显低于市场价格且无正当理由的,征收机关依法有权根据有关信息核定其转让收入,但必须保证各税种计税价格一致。纳税人未提供完整、准确的房屋原值凭证,不能正确计算房屋原值和应纳税额的,税务机关可根据《税收征收管理法》的规定,对其实行核定征税,即按纳税人住房转让收入的一定比例核定应纳个人所得税税额。具体比例由省级地方税务局或者省级地方税务局授权的地市级地方税务局根据纳税人出售住房的所处区域、地理位置、建造时间、房屋类型、住房平均价格水平等因素,在住房转让收入1%~3%的幅度内确定。如果纳税人转让房产的购置年代较久、增值较高,税务机关不掌握该房产的购置成本信息,纳税人可以申请税务机关核定征收个人所得税。

税务筹划案例

马先生25年前以100万元购置一套房产,目前准备以800万元出售。已知当地税务机关并不掌握马先生购置房产的成本信息。马先生有两种方案可供选择:方案一,按照实际成本计算缴纳个人所得税;方案二,若房产购置发票、合同等凭证丢失,可申请税务机关按照3%的比率核定征收个人所得税。仅考虑个人所得税,不考虑其他税费。

在方案一下,马先生需要缴纳个人所得税140万元〔(800−100)×20%〕。

在方案二下,马先生需要缴纳个人所得税24万元(800×3%)。方案二比方案一节税116万元(140−24)。

四、利用不动产投资分期纳税政策

税务筹划思路

根据《财政部 国家税务总局关于个人非货币性资产投资有关个人所得税政策的通知》（财税〔2015〕41号）的规定，个人以非货币性资产投资，属于个人转让非货币性资产和投资同时发生。对个人转让非货币性资产的所得，应按照"财产转让所得"项目，依法计算缴纳个人所得税。个人以非货币性资产投资，应按评估后的公允价值确认非货币性资产转让收入。非货币性资产转让收入减除该资产原值及合理税费后的余额为应纳税所得额。个人应在发生上述应税行为的次月15日内向主管税务机关申报纳税。纳税人一次性缴税有困难的，可合理确定分期缴纳计划并报主管税务机关备案后，自发生上述应税行为之日起不超过5个公历年度内分期缴纳个人所得税。纳税人在使用自有不动产投资创办公司时，可以充分利用上述分期缴纳个人所得税的优惠政策。

税务筹划案例

朱先生计划将一套店铺投资设立一家有限责任公司，已知该店铺为5年前以200万元购置，目前的市场价为300万元。朱先生有两种方案可选择：方案一，在店铺过户时一次性缴纳个人所得税；方案二，在店铺过户时分5年缴纳个人所得税，前4年每年缴税100元。仅考虑个人所得税，不考虑其他税费。

在方案一下，朱先生需要在当期缴纳个人所得税20万元〔（300－200）×20%〕。

在方案二下，朱先生仅需在当期象征性地缴纳100元税款，20万元的税款可以延期5年缴纳。假设5年贷款年利率为5%，方案二比方案一节税5万元（20×5%×5）。

五、利用小微企业转让股权

税务筹划思路

个人转让股权适用的税率是20%，目前利润100万元以下的小微企业实际适用的所得税税率仅为5%，因此，如能在最初投资时即设立双层公司，由上层小微企业作为转让股权的主体，利用小微企业的低税率优惠就可以最大限度地降低股权转让所得的税收负担。

税务筹划案例

周先生若干年前投资100万元持有甲公司10%的股权,现周先生准备以200万元的价格转让该10%的股权。周先生应当缴纳个人所得税20万元[(200−100)×20%]。

如果周先生在投资甲公司时采取双层公司结构,即周先生投资设立乙公司,乙公司投资100万元持有甲公司10%的股权,现乙公司以200万元的价格转让该10%的股权。乙公司应当缴纳企业所得税5万元[(200−100)×25%×20%]。可节税15万元(20−5)。

六、利用双层公司分配股息

税务筹划思路

根据《个人所得税法》的规定,个人取得股息需要缴纳20%的个人所得税。根据《企业所得税法》的规定,公司从公司取得股息属于免税所得,不缴纳企业所得税。很多被转让股权的企业中都有较大数额的未分配利润,如能利用双层公司的结构,在股权转让之前将未分配利润分配至上一层公司,就可以降低股权转让的价格,从而降低股权转让的所得税。

税务筹划案例

吴先生于10年前投资100万元办了甲公司,为减轻税收负担,甲公司10年的利润均未分配,目前已经累计达到1 000万元。现吴先生准备将甲公司的股权转让给他人,转让价为1 200万元。需要缴纳个人所得税220万元[(1 200−100)×20%]。

如果吴先生在10年前即创办双层公司,即吴先生投资110万元创办乙公司,乙公司再投资100万元设立甲公司。乙公司在转让甲公司之前,可以将甲公司1 000万元的未分配利润分配至乙公司。由此,甲公司的股权转让价可以降低至200万元。乙公司需要缴纳企业所得税5万元[(200−100)×25%×20%]。除甲公司外,吴先生投资其他公司也通过乙公司进行,这样就可以将所有投资利润均留在乙公司层面。通过税务筹划,可节税215万元(220−5)。

七、利用股权代持实现股权转让的目的

税务筹划思路

个人转让股权需要缴纳个人所得税,个人转让股权的收益权不需要缴纳个人所得

税。纳税人可以通过股权代持的方式实现股权转让，待时机合适时再实际转让股权。

税务筹划案例

刘先生持有甲公司20%的股权，该笔股权的投资成本为100万元，目前对应的公司净资产为200万元。刘先生准备以200万元转让给王先生，刘先生应当缴纳个人所得税20万元〔（200−100）×20%〕。

如果刘先生与王先生签订股权代持协议，刘先生作为名义股东，王先生作为实际出资人，刘先生将该20%股权的一切权利均委托王先生代为行使，同时将股权质押给王先生，为此，王先生向刘先生支付200万元。王先生每年取得甲公司的分红。若干年后，因甲公司经营不善，出现亏损，甲公司20%股权对应的净资产仅为110万元。此时，刘先生再将该笔股权以110万元的名义价格（实际不需支付任何价款）转让给王先生，刘先生需要缴纳个人所得税2万元〔（110−100）×20%〕。通过税务筹划，可节税18万元（20−2）。

八、个人技术出资的税务筹划

税务筹划思路

根据《财政部 国家税务总局关于完善股权激励和技术入股有关所得税政策的通知》（财税〔2016〕101号）的规定，个人以技术成果投资入股到境内居民企业，被投资企业支付的对价全部为股票（权）的，个人可选择继续按现行有关税收政策执行，也可选择适用递延纳税优惠政策。选择技术成果投资入股递延纳税政策的，经向主管税务机关备案，投资入股当期可暂不纳税，允许递延至转让股权时，按股权转让收入减去技术成果原值和合理税费后的差额计算缴纳所得税。个人选择适用上述任一项政策，均允许被投资企业按技术成果投资入股时的评估值入账并在企业所得税前摊销扣除。技术成果是指专利技术（含国防专利）、计算机软件著作权、集成电路布图设计专有权、植物新品种权、生物医药新品种，以及科技部、财政部、国家税务总局确定的其他技术成果。技术成果投资入股，是指纳税人将技术成果所有权让渡给被投资企业、取得该企业股票（权）的行为。纳税人可以根据上述税收优惠政策进行税务筹划。

税务筹划案例

某科研人员涂女士取得一项专利，估值1 000万元，成本100万元。涂女士准备将该项专利投资入股甲公司,以发挥其社会效益。涂女士有三种方案可选择:方案一,将该项技术投资入股甲公司,在当期缴纳个人所得税;方案二,将该项技术投资入股甲公司,选择5年分期缴纳个人所得税;方案三,将该项技术投资入股甲公司,选择递延纳税优惠。

在方案一下,涂女士需要在当期缴纳个人所得税180万元〔(1 000-100)×20%〕。

在方案二下,涂女士在当期不需要缴纳个人所得税,只需要在第5年缴纳180万税款即可。假设5年贷款年利率为5%,方案二比方案一节税45万元(180×5%×5)。

在方案三下,只要涂女士不转让甲公司的股权,可以一直不缴纳个人所得税。方案三比方案一节税180万元。

钱先生投资创办了甲公司,每年盈利1 000万元,缴纳企业所得税250万元。2023年度,钱先生以100万元低价收购了若干项专利,经评估,以1 000万元投资甲公司,同时选择递延纳税优惠。根据税法规定,该批专利的投资成本分10年摊销,每年摊销100万元,即减少甲公司的应纳税款25万元,10年可以减少甲公司的应纳税款250万元。钱先生为此付出的成本仅为100万元,不考虑该批专利给甲公司带来的利润,仅考虑上述抵税效果,甲公司由此实现节税150万元(250-100)。

九、拍卖物品选择核定征税

税务筹划思路

根据《国家税务总局关于加强和规范个人取得拍卖收入征收个人所得税有关问题的通知》(国税发〔2007〕38号)的规定,个人财产拍卖所得适用"财产转让所得"项目计算应纳税所得额时,纳税人凭合法有效凭证(税务机关监制的正式发票、相关境外交易单据或海关报关单据、完税证明等),从其转让收入额中减除相应的财产原值、拍卖财产过程中缴纳的税金及有关合理费用。纳税人如果不能提供合法、完整、准确的财产原值凭证,不能正确计算财产原值的,按转让收入额的3%征收率计算缴纳个人所得税;拍卖品为经文物部门认定是海外回流文物的,按转让收入额的2%征收率计算缴纳个人所得税。如果纳税人拥有的拍卖品增值较高且税务机关并不掌握拍卖品的成本,纳税人可以选择核定征税。

税务筹划案例

陈先生酷爱收藏,若干年前在香港以10万元购得一幅古画。现陈先生通过拍卖的方式将该幅古画以500万元出售。陈先生有两种纳税方案可选择：方案一，提供在香港购买古画的成本凭证，按照实际所得计算缴纳个人所得税；方案二，若无法提供在香港购买古画的成本凭证，由税务机关核定征税。仅考虑个人所得税，不考虑其他税费。

在方案一下，陈先生应缴纳个人所得税98万元[（500−10）×20%]。

在方案二下，陈先生应缴纳个人所得税15万元（500×3%）。方案二比方案一节税83万元（98−15）。

第八章

金税四期企业所得税筹划

第一节 企业设立决策所得税筹划

一、组织形式选择公司还是非公司

税务筹划思路

根据现行的个人所得税和企业所得税政策,个体工商户、个人独资企业和合伙企业不征收企业所得税,仅对投资者个人征收个人所得税。2019年后,经营所得适用的税率见表8-1。在不享受税收优惠的情形下,公司需要缴纳25%的企业所得税,投资者个人从公司获得股息时还需要缴纳20%的个人所得税。由于个人投资公司需要缴纳两次所得税,因此,对于个人投资者准备设立不享受税收优惠的企业而言,最好设立个体工商户、个人独资企业或者合伙企业,设立公司的税收负担比较重。需要注意的是,由于小型微利企业可以享受诸多税收优惠,对于规模较小的企业而言,设立公司的税负可能更轻。

表8-1 经营所得个人所得税税率表

级数	全年应纳税所得额	税率	速算扣除数
1	不超过30 000元的	5%	0
2	超过30 000元至90 000元的部分	10%	1 500

（续表）

级数	全年应纳税所得额	税率	速算扣除数
3	超过90 000元至300 000元的部分	20%	10 500
4	超过300 000元至500 000元的部分	30%	40 500
5	超过500 000元的部分	35%	65 500

税务筹划案例

李先生准备设立一家企业，预计该企业年盈利500万元，李先生原计划创办一家有限责任公司，公司的税后利润全部分配给股东。请对该投资提出税务筹划方案。

如果设立有限责任公司，该公司需要缴纳企业所得税125万元（500×25%），税后利润为375万元（500－125）。如果税后利润全部分配，李先生需要缴纳个人所得税75万元（375×20%），获得税后利润300万元（375－75）。综合税负为40%〔（125＋75）÷500〕。

李先生可以考虑设立个人独资企业，该企业本身不需要缴纳所得税，李先生需要缴纳个人所得税168.45万元（500×35%－6.55），税后纯利润为331.55万元（500－168.45）。综合税负为33.69%（168.45÷500）。

二、投资国家扶持产业

税务筹划思路

税务筹划强调整体性，往往从投资伊始就要进行相应的筹划。企业设立决策中的税务筹划往往是整体税务筹划的第一步。设立决策是一个涉及面非常广的概念，设立决策中需要考虑的因素非常广泛，其中任何一个因素都有可能对投资决策的最终效果产生影响甚至是决定性的影响，因此，设立决策是企业以及个人的一项非常慎重的活动。

企业或者个人进行投资，首先需要选择的就是投资的产业。投资产业的选择需要考虑众多因素，仅就税收因素而言，国家对于不同产业的政策并不是一视同仁的，而是有所偏爱的。有些产业是国家重点扶持的，而有些产业则是国家限制发展甚至禁止发展的。国家对产业进行扶持或限制的主要手段之一就是税收政策。在税收政策中，最重要的是所得税政策，因为所得税是直接税，一般不能转嫁，国家减免所得税，其利益就直接进入了企业或个人的腰包。

税务筹划案例

某企业准备投资5 000万元用于中药材的种植或者香料作物的种植。预计种植中药材每年可以获得利润总额500万元,种植香料每年可以获得利润总额560万元。假设无纳税调整事项,从税务筹划的角度出发,企业应选择哪一项目?

由于中药材种植可以享受免税优惠政策,企业投资中药材每年可以获得净利润500万元。由于香料作物种植可以享受减半征税的优惠政策,企业每年需要缴纳企业所得税70万元(560×25%×50%)。净利润490万元(560-70)。种植中药材的利润总额低于种植香料的利润总额,但种植中药材的净利润(即税后利润)高于种植香料的净利润,企业应选择种植中药材。

三、分立企业享受小型微利企业税收优惠

税务筹划思路

自2023年1月1日至2027年12月31日,对小型微利企业年应纳税所得额不超过300万元的部分,减按25%计入应纳税所得额,按20%的税率缴纳企业所得税。

上述小型微利企业是指从事国家非限制和禁止行业,且同时符合年度应纳税所得额不超过300万元、从业人数不超过300人、资产总额不超过5 000万元等三个条件的企业。

如果企业规模超过了上述标准,可以通过分立或者多设立子公司的方式来享受小型微利企业的税收优惠政策。

税务筹划案例

2023年度,某运输公司共有10个运输车队,每个运输车队有员工50人,资产总额为1 000万元,每个车队年均盈利100万元,整个运输公司年盈利1 000万元。请对该运输公司提出税务筹划方案。

该运输公司可以将10个运输车队分别注册为独立的子公司,这样,每个子公司都符合小型微利企业的标准,可以享受小微企业的优惠税率。如果不进行税务筹划,该运输公司需要缴纳企业所得税250万元(1000×25%)。税务筹划后,该运输公司集团需要缴纳企业所得税50万元(100×25%×20%×10),可减轻税收负担200万元(250-50)。如果某车队的盈利能力超过了300万元,该运输公司可以考虑设立更多子公司,从而可以最大限度地享受小型微利企业的税收优惠政策。

第二节　企业经营决策所得税筹划

一、招聘国家鼓励安置人员

税务筹划思路

根据现行企业所得税政策，企业的下列支出，可以在计算应纳税所得额时加计扣除：安置残疾人员及国家鼓励安置的其他就业人员所支付的工资。

企业安置残疾人员所支付的工资的加计扣除，是指企业安置残疾人员的，在按照支付给残疾职工工资据实扣除的基础上，按照支付给残疾职工工资的100%加计扣除。残疾人员的范围适用《中华人民共和国残疾人保障法》的有关规定。

由于企业雇用国家鼓励安置的残疾人员可以享受工资支出加计扣除100%的优惠政策，因此，如果企业的部分生产经营活动可以通过残疾人员来完成，则可以通过雇用残疾人员来进行税务筹划。

税务筹划案例

某公司由于生产经营需要准备招用100名普通职工，由于该项工作不需要职工具备特殊技能而且是坐在椅子上从事工作，具有一定腿部残疾的人员也可以完成。该公司原计划招收非残疾人员，人均月工资为2 000元，合同期限为3年。请对该公司的招用计划进行税务筹划。

由于该公司的工作残疾人员也可以胜任，因此，该公司可以通过招用残疾人员来进行税务筹划。根据税法的规定，A公司可以享受按实际支付给残疾职工工资的100%加计扣除的优惠政策。3年内，支付给残疾职工的工资可以为企业节约企业所得税180万元（0.2×100×12×3×25%）。

除此以外，雇佣残疾人还可以为企业节约残疾人就业保障基金（残保金）的支出。假设该公司共有员工5 000人，按1.5%的标准应当雇佣残疾人75人。如果不雇佣上述100名残疾人，假设该公司人均年工资5万元，该公司每年应当缴纳残保金375万元（75×5）。

二、充分利用亏损结转政策

税务筹划思路

根据《企业所得税法》第18条的规定，企业纳税年度发生的亏损，准予向以后年度结转，用以后年度的所得弥补，但结转年限最长不得超过5年，高新技术企业结转年限最长不得超过10年。弥补亏损期限，是指纳税人某一纳税年度发生亏损，准予用以后年度的应纳税所得弥补，一年弥补不足的，可以逐年连续弥补，弥补期最长不得超过5年，5年内不论是盈利还是亏损，都作为实际弥补年限计算。这一规定为纳税人进行税务筹划提供了空间，纳税人可以通过对本企业投资和收益的控制来充分利用亏损结转的规定，将能够弥补的亏损尽量弥补。

税务筹划案例

某非高新技术生产企业2017年度发生年度亏损100万元，假设该企业2017—2023年各纳税年度应纳税所得额如表8-2所示。

表8-2　2017—2023年各纳税年度应纳税所得额

单位：万元

年份	2017	2018	2019	2020	2021	2022	2023
应纳税所得额	−100	10	10	20	30	10	600

请计算该企业2023年应当缴纳的企业所得税，并提出筹划方案。

根据税法关于亏损结转的规定，该企业2017年的100万元亏损，可分别用2018—2022年的所得来弥补，由于2018—2022年的合计应纳税所得额为80万元，低于2018年度的亏损。这样，从2017年到2022年，该企业都不需要缴纳企业所得税。在2023年度，该年度的应纳税所得额只能弥补5年以内的亏损，也就是说，不能弥补2017年度的亏损。由于2018年以来该企业一直没有亏损，因此，2023年度应当缴纳企业所得税：600×25%＝150（万元）。

从该企业各年度的应纳税所得额来看，该企业的生产经营一直是朝好的方向发展，2022年度之所以应纳税所得额比较少，可能主要因为增加了投资，或者增加了各项费用的支出，或者进行了公益捐赠等。由于2022年度仍有未弥补完的亏损，因此，如果企业能够在2022年度进行税务筹划，压缩成本和支出，尽量增加企业的收入，将2022年度应纳税所得额提高到30万元，同时，2022年度压缩的成本和支出可以在

2023年度予以开支，这样，2022年度的应纳税所得额为30万元，2023年度的应纳税所得额为580万元。

根据税法亏损弥补的相关规定，该企业在2022年度的应纳税所得额可以用来弥补2017年度的亏损，而2023年度的应纳税所得额则要全部计算缴纳企业所得税。这样，该企业在2023年度应当缴纳企业所得税145万元（580×25%），可减少企业所得税应纳税额5万元（150－145）。

三、将利润从高税率企业转向低税率企业

税务筹划思路

对于既有适用25%税率也有适用20%税率以及15%税率的企业集团而言，可以适当将适用25%税率的企业的收入转移到适用20%税率或者15%税率的企业中，从而适当降低企业集团的所得税负担。

企业与其关联方之间的业务往来，不符合独立交易原则而减少企业或者其关联方应纳税收入或者所得额的，税务机关有权按照合理方法调整。独立交易原则，是指没有关联关系的交易各方，按照公平成交价格和营业常规进行业务往来遵循的原则。

企业之间利润转移主要有关联交易和业务转移两种方法。通过关联交易转移利润应注意幅度的把握，明显的利润转移会受到税务机关的关注和反避税调查。业务转移是将甲公司的某项业务直接交给乙公司或者直接设立新公司来承担，通过这种方式转移利润，目前尚不受税法规制，税务风险比较小。

税务筹划案例

某企业集团下属甲、乙两家企业，其中，甲企业适用25%的企业所得税税率，乙企业属于需要国家扶持的高新技术企业，适用15%的企业所得税税率。预计2023纳税年度，甲企业的应纳税所得额为8 000万元，乙企业的应纳税所得额为9 000万元。请计算甲、乙两家企业以及该企业集团在2023纳税年度分别应当缴纳的企业所得税税款，并提出税务筹划方案。

甲企业应当缴纳企业所得税2 000万元（8 000×25%），乙企业应当缴纳企业所得税1 350万元（9 000×15%），该企业集团合计缴纳企业所得税3350万元（2 000＋1 350）。

由于甲企业的企业所得税税率高于乙企业的税率，因此可以考虑将甲企业的部分收入转移到乙企业。假设该企业集团通过税务筹划将甲企业的应纳税所得额降低为7 000万元，乙企业的应纳税所得额相应增加为1亿元，则甲企业应当缴纳企业

所得税1 750万元（7 000×25%），乙企业应当缴纳企业所得税1 500万元（10 000×15%），该企业集团合计缴纳企业所得税3 250万元（1 750+1 500）。由此可见，通过税务筹划，该企业集团可以少缴企业所得税100万元（3 350-3 250）。

甲集团公司共有10家子公司，集团全年实现应纳税所得额8 000万元，由于均不符合高新技术企业的条件，均适用25%的企业所得税税率，合计缴纳企业所得税2 000万元。该集团中的乙公司与高新技术企业的条件比较接近，年应纳税所得额为1 000万元，请为甲集团公司提出税务筹划方案。

甲集团公司可以集中力量将乙公司打造成高新技术企业，再将其他公司的盈利项目整合到乙公司，使得乙公司应纳税所得额提高至3 000万元，则集团可以少纳企业所得税300万元［3 000×（25%-15%）］。

第三节　企业投资决策所得税筹划

一、选择子公司还是分公司

税务筹划思路

企业设立分支机构主要有两种组织形式可供选择：一是分公司；二是子公司（严格来讲，子公司不属于分支机构，我们这里采用通常理解，把全资子公司视为分支机构）。两种不同的组织形式在所得税处理方式上是不同的。分公司不具有独立的法人资格，不能独立承担民事责任，在法律上与总公司视为同一主体。因此，在纳税方面，也是同总公司作为一个纳税主体，将其成本、费用、损失和收入并入总公司共同纳税。而子公司具有独立的法人资格，可以独立承担民事责任，在法律上与总公司视为两个主体。因此，在纳税方面，也是同总公司相分离，作为一个独立的纳税主体承担纳税义务。其成本、费用、损失和收入全部独立核算，独立缴纳企业所得税和其他各项税收。

两种组织形式在法律地位上的不同导致了两种分支机构在税收方面各有利弊，分公司由于可以和总公司合并纳税，因此，分支机构的损失可以抵消总公司的所得，从而降低公司整体的应纳税所得额，子公司则不享有这种优势。但子公司可以享受法律以及当地政府所规定的各种税收优惠政策，如减免企业所得税等。因此，企业如何选择分支机构的形式需要综合考虑分支机构的盈利能力，尽量在分支机构亏损期间采取分公司形式，而在分支机构盈利期间采取子公司的形式。

一般来讲，分支机构在设立初期需要大量投资，多数处于亏损状态，而经过一段时间的发展以后则一般处于盈利状态，因此，一般在设立分支机构初期采取分公司形式,而在分支机构盈利以后转而采取子公司的形式,当然,这仅是一般情况,并不是绝对的。在某些情况下,企业本身所适用的税率与准备设立的分支机构所适用的税率不同时,企业对其分支机构选择分公司还是子公司的形式差别很大,一般来讲,如果本企业所适用的税率高于分支机构所适用的税率,则选择子公司形式比较有利,反之,则选择分公司的形式比较有利。

自2023年1月1日至2027年12月31日,对小型微利企业年应纳税所得额不超过300万元的部分,减按25%计入应纳税所得额,按20%的税率缴纳企业所得税。

税务筹划案例

某公司准备设立一分支机构,原计划设立全资子公司。预计该子公司从2020年度至2023年度的应纳税所得额分别为-1 000万元、-500万元、1 000万元和2 000万元。该子公司4年分别缴纳企业所得税为0、0、0、375万元。请对此提出税务筹划方案。

由于该子公司前期亏损、后期盈利,因此,可以考虑先设立分公司,第三年再将分公司转变为子公司。由于分公司和全资子公司的盈利能力大体相当,可以认为该公司形式的变化不会影响该公司的盈利能力。因此,该分公司在2020年度和2021年度将分别亏损1 000万元和500万元,上述亏损可以弥补总公司的应纳税所得额。由此,总公司在2020年度和2021年度将分别少纳企业所得税250万元和125万元。从第三年开始,该分公司变为子公司,需要独立纳税。2022年度和2023年度,该子公司应纳税额分别为250万元、500万元。从2020年度到2023年度,该分支机构无论是作为子公司还是分公司,纳税总额是相同的,都是375万元,但设立分公司可以在2020年度和2021年度弥补亏损,而设立子公司只能等到2022年度和2023年度再弥补亏损。设立分公司,使得该公司提前两年弥补了亏损,相当于获得了250万元和125万元的两年期无息贷款,其所节省的利息就是该税务筹划的收益。

2023纳税年度,甲公司计划在全国增设10家分公司,经测算,每家分公司每年应纳税所得额约100万元,均符合小型微利企业的标准,请为甲公司提出税务筹划方案。

如果设立分公司,则需要与甲公司汇总缴纳企业所得税250万元(100×10×25%)。

如果能设立10家子公司,独立纳税,则其均可以享受小型微利企业的税收优惠,10家子公司合计缴纳企业所得税50万元(100×10×25%×20%)。

二、投资国家扶持项目

税务筹划思路

根据现行企业所得税政策,企业从事符合条件的环境保护、节能节水项目的所得可以免征、减征企业所得税。符合条件的环境保护、节能节水项目，包括公共污水处理、公共垃圾处理、沼气综合开发利用、节能减排技术改造、海水淡化等。企业从事上述符合条件的环境保护、节能节水项目的所得，自项目取得第一笔生产经营收入所属纳税年度起，第一年至第三年免征企业所得税，第四年至第六年减半征收企业所得税。

企业开发新技术、新产品、新工艺发生的研究开发费用可以在计算应纳税所得额时加计扣除。研究开发费用的加计扣除，是指企业为开发新技术、新产品、新工艺发生的研究开发费用，未形成无形资产计入当期损益的，在按照规定据实扣除的基础上，自2023年1月1日起，再按照实际发生额的100%在税前加计扣除；形成无形资产的，自2023年1月1日起，按照无形资产成本的200%在税前摊销。

税务筹划案例

2023纳税年度，某企业符合小型微利企业的从业人数和资产总额标准，但预计年应纳税所得额会达到400万元。该企业应如何进行税务筹划？

该企业可以进行一项新产品的研发，投入研发资金50万元，该50万元研发费用可以直接计入当期成本，同时可以加计扣除100%的费用，也就是可以在当期扣除100万元的成本，这样，该企业的应纳税所得额就变成300万元，可以享受小型微利企业的低税率优惠政策。如果该企业不进行该税务筹划，需要缴纳企业所得税100万元（400×25%），经过税务筹划，需要缴纳企业所得税15万元（300×25%×20%），可减轻税收负担85万元（100-15）。

三、充分利用创业投资税收优惠

税务筹划思路

《企业所得税法》第三十一条规定，创业投资企业从事国家需要重点扶持和鼓励的创业投资，可以按投资额的一定比例抵扣应纳税所得额。《企业所得税法实施条例》第九十七条规定，抵扣应纳税所得额，是指创业投资企业采取股权投资方式投资于未上市的中小高新技术企业2年以上的，可以按照其投资额的70%在股权持有满2年的当年抵扣该创业投资企业的应纳税所得额；当年不足抵扣的，可以在以后纳税年度结转抵扣。

公司制创业投资企业采取股权投资方式直接投资于种子期、初创期科技型企业（以下简称初创科技型企业）满2年（24个月，下同）的，可以按照投资额的70%在股权持有满2年的当年抵扣该公司制创业投资企业的应纳税所得额；当年不足抵扣的，可以在以后纳税年度结转抵扣。

税务筹划案例

甲公司为创业投资企业,适用25%的企业所得税税率,计划在2023年2月底之前对外股权投资10亿元,相关部门提出两种方案,方案一是投资一家成熟的大型高新技术企业,方案二是投资一家初创期中型科技型企业,两种方案的投资收益率大体相当,请为甲公司提出税务筹划方案。

建议甲公司选择第二种方案,该种方案可以为甲公司创造可抵扣应纳税所得额7亿元(10×70%),未来可以减少应纳税额1.75亿元。同时建议甲公司在2022年12月完成相关投资,这样可以在2024年度享受该项优惠,如果在2023年1月投资,则需推迟至2025年度才能开始享受该项优惠。

甲公司投资满2年后即可撤出,再选择其他初创期中型科技型企业进行投资,这样,该10亿元的投资可以每2年为企业创造7亿元的抵扣额,相当于每年3.5亿元的抵扣额,即每年节税8 750万元,收益率达到8.75%。

第九章
金税四期增值税筹划

第一节 利用增值税纳税人身份进行筹划

一、选择纳税人身份的税务筹划

税务筹划思路

根据《增值税暂行条例》和《增值税暂行条例实施细则》的规定,我国增值税的纳税人分为两类:一般纳税人和小规模纳税人。

对一般纳税人实行凭增值税专用发票抵扣税款的制度,对其会计核算水平要求较高,管理也较为严格;对小规模纳税人实行简易征收办法,对纳税人的管理水平要求不高。一般纳税人所适用的增值税税率为13%、9%或者6%,小规模纳税人所适用的征收率为3%,2020—2023年度小规模纳税人的征收率临时降低为1%。一般纳税人的进项税税额可以抵扣,而小规模纳税人的进项税额不可以抵扣。自2020年2月1日起,小规模纳税人均可以自行开具增值税专用发票。在增值税专用发票的开具上,小规模纳税人与一般纳税人的区别已经不明显。

由于小规模纳税人不能使用增值税专用发票,从小规模纳税人处购买商品的一般纳税人无法取得增值税专用发票,也就无法抵扣这部分商品中所包含的增值税款,因此,容易增加产品购买方的税收负担,小规模纳税人的产品销售可能因此受到影响。由于一般纳税人和小规模纳税人所使用的征税方法不同,因此就有可能导致二者的税收负担存在一定的差异。在一定情况下,小规模纳税人可以向一般纳税人转化,这就为具备相关条件的小规模纳税人提供了税务筹划的空间。小规模纳税人向一般纳税人转化，除了必须考虑税收负担，还必须考虑会计成本，因为税法对一般纳税人的会计制度要求比较严格，小规模纳税人向一般纳税人转化会增加会计成本。比如，企业需要增设会计账簿、培养或聘请会计人员等。

税务筹划案例

某生产型企业年应纳增值税销售额为900万元，会计核算制度也比较健全，符合一般纳税人的条件，属于增值税一般纳税人，适用13%的增值税税率。但是，该企业准予从销项税额中抵扣的进项税额较少，只占销项税额的20%。依照增值率判别法，增值率为80%［（900－900×20%）÷900］,80%＞23.08%，所以，该企业作为一般纳税人的增值税税负要远大于小规模纳税人。请提出税务筹划方案（征收率暂按3%计算）。

由于增值税小规模纳税人可以转化为一般纳税人，而增值税一般纳税人不能转化为小规模纳税人，因此，可以将该企业分设为两家企业，各自作为独立核算的单位。两家企业年应税销售额分别为450万元和450万元，并且符合小规模纳税人的其他条件，按照小规模纳税人的征收率征税。在这种情况下，两家企业合计缴纳增值税27万元［（450＋450）×3%］。作为一般纳税人则需要缴纳增值税93.6万元（900×80%×13%）。通过税务筹划，企业可以少纳增值税66.6万元（93.6－27）。

甲商贸公司为增值税一般纳税人，年销售额为600万元，由于可抵扣的进项税额较少，年实际缴纳增值税60万元，增值税税负较重。请为甲公司设计合理减轻增值税负担的筹划方案（增值税征收率按3%计算）。

筹划方案一：由于一般情况下一般纳税人不允许直接变更为小规模纳税人，投资者可以将甲公司注销，同时成立乙公司和丙公司来承接甲公司的业务。乙公司和丙公司的年销售额均为300万元，符合小规模纳税人的标准。年应纳增值税为18万元［（300＋300）×3%］。

筹划方案二：投资者将甲公司注销，同时成立4家公司来承接甲公司的业务。4家公司的年销售额均为150万元，符合小规模纳税人的标准。同时将4家公司的季度销售额控制在45万元以内，根据现行小规模纳税人季度销售额不超过45万元免征增值税的优惠政策，4家公司年应纳增值税为0。

二、巧选供货人类型降低增值税负担

税务筹划思路

增值税一般纳税人和小规模纳税人不仅会影响自身的增值税负担，而且会影响采购它们的产品的企业的增值税负担,因为增值税一般纳税人可以开具增值税专用发票,从一般纳税人处采购货物的纳税人可以抵扣其中所包含的增值税,增值税小规模纳税人通常只能开具普通发票(部分可以开具增值税专用发票的试点行业除外,自2020年2月1日起,小规模纳税人均可以自行开具增值税专用发票),从小规模纳税人处采购货物的纳税人无法抵扣其中所包含的增值税。但是,增值税一般纳税人的产品相对价格较高,这就有一个选择和比较的问题。

假定取得普通发票的购货单价为X,取得13%增值税税率专用发票的购货单价为Y,则可以抵扣的进项税$=Y \div 1.13 \times 13\%$,城市维护建设税、教育费附加和地方教育附加$=Y \div 1.13 \times 13\% \times 12\%$。令$X$与$Y$减去进项税及附加税费后的余额相等,得到下面的等式:

$$Y - Y \div 1.13 \times 13\% \times (1+12\%) = X$$
$$Y = 1.15 \times X$$

也就是说,如果从增值税一般纳税人处的进价为Y,从小规模纳税人处的进价为$Y \div 1.15$,二者所导致的增值税负担就是相等的。如果大于$Y \div 1.15$,则从小规模纳税人采购货物所导致的增值税负担较轻。

实务中比较简单的方法就是将取得增值税专用发票上的不含税价格与增值税普通发票上的含税价格直接比较,价格低者即是应当选择的供货方。

税务筹划案例

某企业属于增值税一般纳税人,其所使用的原材料有两种进货渠道:一种是从一般纳税人那里进货,含税价格为116元/件,可以开具13%的增值税专用发票;另一种是从小规模纳税人那里进货,含税价格为100元/件,不能开具增值税专用发票。该企业2022年度一直从一般纳税人那里进货,一共进货10万件。请提出该企业的税务筹划方案。

根据上述标准来判断,如果开具增值税普通发票的价格为100元,与之相对应的增值税专用发票价格应为115元。本案中一般纳税人的含税价格为116元,因此,从一般纳税人那里购进货物的价格较高。该企业应当选择小规模纳税人为供货商。当然,选择购货伙伴除了考虑这里的增值税负担,还需要考虑其他因素,如信用关系、运输成本、洽谈成本等,因此,应当将这里的增值税负担标准与其他的标准综合考虑。

三、兼营销售的税务筹划方案

税务筹划思路

根据《增值税暂行条例》第四条的规定,纳税人兼营不同税率的项目,应当分别核算不同税率项目的销售额;未分别核算销售额的,从高适用税率。因此,纳税人兼营不同税率的项目时,一定要分别核算,否则,会增加纳税人的税收负担。

自2017年7月1日起,简并增值税税率结构,取消13%的增值税税率。纳税人销售或者进口下列货物,税率为11%:农产品(含粮食)、自来水、暖气、石油液化气、天然气、食用植物油、冷气、热水、煤气、居民用煤炭制品、食用盐、农机、饲料、农药、农膜、化肥、沼气、二甲醚、图书、报纸、杂志、音像制品、电子出版物。

自2018年5月1日起,纳税人发生增值税应税销售行为或者进口货物,原适用17%和11%税率的,税率分别调整为16%和10%。纳税人购进农产品,原适用11%扣除率的,扣除率调整为10%。纳税人购进用于生产销售或委托加工16%税率货物的农产品,按照12%的扣除率计算进项税额。原适用17%税率且出口退税率为17%的出口货物,出口退税率调整至16%。原适用11%税率且出口退税率为11%的出口货物、跨境应税行为,出口退税率调整至10%。

自2019年4月1日起,增值税一般纳税人(以下称纳税人)发生增值税应税销售行为或者进口货物,原适用16%税率的,税率调整为13%;原适用10%税率的,税率调整为9%。纳税人购进农产品,原适用10%扣除率的,扣除率调整为9%。纳税人购进用于生产或者委托加工13%税率货物的农产品,按照10%的扣除率计算进项税额。原适用16%税率且出口退税率为16%的出口货物劳务,出口退税率调整为13%;原适用10%税率且出口退税率为10%的出口货物、跨境应税行为,出口退税率调整为9%。适用13%税率的境外旅客购物离境退税物品,退税率为11%;适用9%税率的境外旅客购物离境退税物品,退税率为8%。

税务筹划案例

某钢材厂属于增值税一般纳税人。某月销售钢材,取得含税销售额1 800万元,同时经营农机,取得含税销售额200万元。前项经营的增值税税率为13%,后项经营的增值税税率为9%。该厂对两种经营统一进行核算。请计算该厂应纳增值税税款,并提出税务筹划方案。

在未分别核算的情况下,该厂应纳增值税为230.09万元[(1 800+200)÷(1+13%)×13%]。由于两种经营的税率不同,分别核算对企业有利,建议该企业对两种经营活动分别核算。这样,该厂应纳增值税为223.59万元[1800÷(1+13%)×13%+200÷(1+9%)×9%]。分别核算和未分别核算之差为6.5万元(230.09−223.59)。由此可见,分别核算可以为该钢材厂减轻增值税负担6.5万元。

四、折扣销售中的税务筹划方案

税务筹划思路

根据《增值税若干具体问题的规定》（国税发〔1993〕154号印发）第二条第（2）项的规定，纳税人采取折扣方式销售货物，如果销售额和折扣额在同一张发票上分别注明的，可按折扣后的销售额征收增值税；如果将折扣额另开发票，不论其在财务上如何处理，均不得从销售额中减除折扣额。根据《国家税务总局关于折扣额抵减增值税应税销售额问题通知》（国税函〔2010〕56号）的规定，纳税人采取折扣方式销售货物，销售额和折扣额在同一张发票上分别注明是指销售额和折扣额在同一张发票上的"金额"栏分别注明的，可按折扣后的销售额征收增值税。未在同一张发票"金额"栏注明折扣额，而仅在发票的"备注"栏注明折扣额的，折扣额不得从销售额中减除。

所谓折扣销售，是指售货方在销售货物或应税劳务时，因购货方购买数量较大或购买行为频繁等原因，给予购货方价格方面的优惠。这种行为在现实经济生活中很普遍，是企业销售策略的一部分。由于税法对上述两种情况规定了差别待遇，这就为企业进行税务筹划提供了空间。

根据《国家税务总局关于纳税人折扣折让行为开具红字增值税专用发票问题的通知》（国税函〔2006〕1279号）的规定，纳税人销售货物并向购买方开具增值税专用发票后，由于购货方在一定时期内累计购买货物达到一定数量，或者由于市场价格下降等原因，销货方给予购货方相应的价格优惠或补偿等折扣、折让行为，销货方可按现行《增值税专用发票使用规定》的有关规定开具红字增值税专用发票。

自2020年12月21日起，在天津、河北、上海、江苏、浙江、安徽、广东、重庆、四川、宁波和深圳等11个地区的新办纳税人中实行专票电子化，受票方范围为全国。其中，宁波、石家庄和杭州等3个地区已试点纳税人开具增值税电子专用发票（以下简称电子专票）的受票方范围扩至全国。

自2021年1月21日起，在北京、山西、内蒙古、辽宁、吉林、黑龙江、福建、江西、山东、河南、湖北、湖南、广西、海南、贵州、云南、西藏、陕西、甘肃、青海、宁夏、新疆、大连、厦门和青岛等25个地区的新办纳税人中实行专票电子化，受票方范围为全国。

实行专票电子化的新办纳税人具体范围由国家税务总局各省、自治区、直辖市和计划单列市税务局（以下简称各省税务局）确定。

电子专票由各省税务局监制，采用电子签名代替发票专用章，属于增值税专用发票，其法律效力、基本用途、基本使用规定等与增值税纸质专用发票（以下简称纸质专票）相同。

电子专票的发票代码为12位，编码规则：第1位为0，第2~5位代表省、自治区、直辖市和计划单列市，第6~7位代表年度，第8~10位代表批次，第11~12位为13。发票号码为8位，按年度、分批次编制。

自各地专票电子化实行之日起，本地区需要开具增值税纸质普通发票、增值税电子普通发票（以下简称电子普票）、纸质专票、电子专票、纸质机动车销售统一发票和纸质二手车销售统一发票的新办纳税人，统一领取税务UKey开具发票。税务机关向新办纳税人免费发放税务UKey，并依托增值税电子发票公共服务平台，为纳税人提供免费的电子专票开具服务。

税务机关按照电子专票和纸质专票的合计数，为纳税人核定增值税专用发票领用数量。电子专票和纸质专票的增值税专用发票（增值税税控系统）最高开票限额应当相同。

纳税人开具增值税专用发票时，既可以开具电子专票，也可以开具纸质专票。受票方索取纸质专票的，开票方应当开具纸质专票。

纳税人开具电子专票后，发生销货退回、开票有误、应税服务中止、销售折让等情形，需要开具红字电子专票的，按照以下规定执行：

（1）购买方已将电子专票用于申报抵扣的，由购买方在增值税发票管理系统（以下简称发票管理系统）中填开并上传开具红字增值税专用发票信息表（以下简称信息表），填开信息表时不填写相对应的蓝字电子专票信息。购买方未将电子专票用于申报抵扣的，由销售方在发票管理系统中填开并上传信息表，填开信息表时应填写相对应的蓝字电子专票信息。

（2）税务机关通过网络接收纳税人上传的信息表，系统自动校验通过后，生成带有"红字发票信息表编号"的信息表，并将信息同步至纳税人端系统中。

（3）销售方凭税务机关系统校验通过的信息表开具红字电子专票，在发票管理系统中以销项负数开具。红字电子专票应与信息表一一对应。

（4）购买方已将电子专票用于申报抵扣的，应当暂依信息表所列增值税税额从当期进项税额中转出，待取得销售方开具的红字电子专票后，与信息表一并作为记账凭证。

受票方取得电子专票用于申报抵扣增值税进项税额或申请出口退税、代办退税的，应当登录增值税发票综合服务平台确认发票用途，登录地址由各省税务局确定并公布。

单位和个人可以通过全国增值税发票查验平台（https://inv-veri.chinatax.gov.cn）对电子专票信息进行查验；可以通过全国增值税发票查验平台下载增值税电子发票版式文件阅读器，查阅电子专票并验证电子签名有效性。

纳税人以电子发票（含电子专票和电子普票）报销入账归档的，按照《财政部 国家档案局关于规范电子会计凭证报销入账归档的通知》（财会〔2020〕6号）的规定执行。

税务筹划案例

某企业为了促销,规定凡购买其产品在6 000件以上的,给予折扣10%。该产品不含税单价200元,折扣后的不含税价格为180元。该企业未将销售额和折扣额在同一张发票上分别注明。请计算该企业应当缴纳的增值税税款,并提出税务筹划方案。

由于该企业没有将折扣额写在同一张发票上,该企业缴纳增值税应当以销售额的全额计缴,即:200×6 000×13%=156 000(元)。如果企业熟悉税法的规定,将销售额和折扣额在同一张发票上分别注明,那么企业应纳增值税应当以折扣后的余额计缴,即:180×6 000×13%=140 400(元)。减轻增值税负担156 000元(156 000-140 400)。

五、将实物折扣变为价格折扣

税务筹划思路

企业在运用折扣销售的方式进行税务筹划时,还应当注意一个问题,即折扣销售的税收优惠仅适用于对货物价格的折扣,而不适用于实物折扣。如果销售者将资产、委托加工和购买的货物用于实物折扣,则不仅不能将该实物款额从货物销售额中扣除,还应当对用于折扣的实物按照"视同销售货物"中的"赠送他人"项目,计征增值税。因此,企业在选择折扣方式时,应尽量不选择实物折扣,在必须采用实物折扣方式时,可以通过在发票上作适当调整,从而变为价格折扣。

税务筹划案例

某企业销售一批商品,共10 000件,每件不含税价格为100元,根据需要采取实物折扣的方式,即在100件商品的基础上赠送10件商品,实际赠送1 000件商品。请计算该企业应当缴纳的增值税税款并提出税务筹划方案。

按照实物折扣的方式销售后,企业收取价款1 000 000元(10 000×100),收取增值税销项税额130 000元(10 000×100×13%),需要自己承担销项税额13 000元(1 000×100×13%)。如果该企业进行税务筹划,将这种实物折扣在开发票时变为价格折扣,即按照出售11 000件商品计算,商品价格总额为1 100 000元,打折以后的价格为1 000 000元。这样,该企业就可以收取1 000 000元的价款,同时收取增值税额130 000元(1 000 000×13%),不用自己负担增值税。通过税务筹划,可减轻增值税负担13 000元。

六、销售折扣中的税务筹划方案

税务筹划思路

销售折扣是指企业在销售货物或提供应税劳务的行为发生后,为了尽快收回资金而给予债务方价格上的优惠。销售折扣通常采用如"3/10,1/20,N/30"的付款条件。这种付款条件的含义是:如果债务方在10天内付清款项,则折扣额为3%;如果在20天内付清款项,则折扣额为1%;如果在30天内付清款项,则应全额支付。销售折扣发生在销售货物之后,本身并不属于销售行为,而是一种融资性的理财行为,因此销售折扣不得从销售额中减除,企业应当按照全部销售额计缴增值税。销售折扣在实际发生时计入财务费用。

从企业税负角度考虑,折扣销售方式优于销售折扣方式。如果企业面对的是一个信誉良好的客户,销售货款回收的风险较小,那么企业可以考虑通过修改合同,将销售折扣方式改为折扣销售方式。

税务筹划案例

企业与客户签订的合同约定不含税销售额为100 000元,合同中约定的付款期为40天。如果对方可以在20天内付款,将给予对方3%的销售折扣,即3 000元。由于企业采取的是销售折扣方式,折扣额不能从销售额中扣除,企业应按照100 000元的销售额计算增值税销项税额。这样,增值税销项税额为13 000元(100 000×13%)。请提出该企业的税务筹划方案。

该企业可以用两种方法进行税务筹划。

方案一:企业在承诺给予对方3%的折扣的同时,将合同中约定的付款期缩短为20天,这样就可以在给对方开具增值税专用发票时,将以上折扣额与销售额开在同一张发票上,使企业按照折扣后的销售额计算销项增值税,增值税销项税额为12 610元〔100 000×(1−3%)×13%〕。这样,企业收入没有降低,但节省了390元的增值税。当然,这种方法也有缺点,如果对方企业没有在20天之内付款,企业会遭受损失。

方案二:企业主动压低该批货物的价格,将合同金额降低为97 000元,相当于给予对方3%折扣之后的金额。同时在合同中约定,对方企业超过20天付款加收3 390元滞纳金(相当于3 000元销售额和390元增值税)。这样,企业的收入并没有受到实质影响。如果对方在20天之内付款,可以按照97 000元的价款给对方开具增值税专用发票,并计算12 610元的增值税销项税额。如果对方没有在20天之内付款,企业可向对方收取3 000元滞纳金及390元增值税,并以"全部价款和价外费用"100 000元计算销项增值税,也符合税法的要求。

七、巧用不同的促销方式

税务筹划思路

不同的促销方式在增值税上所受的待遇是不同的，利用这些不同待遇就可以进行税务筹划。在增值税法上，赠送行为视同销售行为征收增值税，因此，当企业计划采用赠送这种促销方式时，应当考虑将赠送的商品放入销售的商品中，与销售的商品一起进行销售，这样就把赠送行为隐藏在销售行为之中，避免了赠送商品所承担的税收。比如，市场上经常看到的"加量不加价"的促销方式就是运用这种税务筹划方法的典型例子，如果采用在原数量和价格的基础上赠送若干数量商品的方法进行促销，则该赠送的商品就需要缴纳增值税，就加重了企业的税收负担。

税务筹划案例

甲公司计划在年底开展一次"买一赠一"的促销活动。原计划提供促销商品正常销售额2 000万元，实际收取销售额1 000万元。已知甲公司销售该商品适用增值税税率为13%。请为甲公司设计合理减轻增值税负担的筹划方案。

筹划方案：由于甲公司无偿赠与价值1 000万元的商品，需要视同销售，为此增加增值税销项税额130万元（1 000×13%）。如果甲公司能将此次促销活动改为五折促销，或者采取"加量不加价"的方式组合销售，即花一件商品的钱买两件商品，就可以少负担增值税130万元。

八、分立农产品公司增加进项税额

税务筹划思路

我国增值税的计算和征收方式是税额抵扣法，即用纳税人的销项税额减去进项税额，而确定销项税额和进项税额的依据都是增值税专用发票，因此，如果纳税人不能合法取得增值税专用发票，那么，纳税人的进项税额就不能抵扣。这就会增加纳税人的税收负担，使其在与同行业的竞争中处于不利地位。但是，根据税法的规定，在某些情况下，虽然纳税人无法取得增值税专用发票，但是也可以抵扣进项税额。例如，《增值税暂行条例》第八条规定，购进农产品，除取得增值税专用发票或者海关进口增值税专用缴款书外，按照农产品收购发票或者销售发票上注明的农产品买价和9%或者10%的扣除率计算的进项税额。进项税额计算公式如下：

进项税额＝买价×扣除率

企业应当充分利用上述政策，尽量多地取得可以抵扣进项税额的发票。

根据《增值税暂行条例》第十五条的规定，农业生产者销售的自产农产品免征增值税，但其他生产者销售的农产品不能享受免税待遇。农业，是指种植业、养殖业、林业、牧业、水产业。农业生产者，包括从事农业生产的单位和个人。农产品，是指初级农产品，具体范围由财政部、国家税务总局确定。

因此，企业如果有自产农产品，可以考虑单独设立相关的子公司负责生产销售自产农产品，从而享受免税待遇。分立农产品公司节税的关键在于作为上游的农产品公司本身可以免纳增值税，但下游公司仍可以抵扣增值税进项税额。

需要注意的是，分立公司的方法只能用在初级农产品加工企业身上，其他企业无法通过分立公司减轻增值税负担。

税务筹划案例

某市牛奶公司主要生产流程如下：饲养奶牛生产牛奶，将产出的新鲜牛奶进行加工制成奶制品，再将奶制品销售给各大商业公司，或直接通过销售网络转销给该市及其他地区的居民。奶制品的增值税税率适用13%，进项税额主要由两部分组成：一是向农民个人收购的草料部分可以抵扣9%的进项税额；二是公司水费、电费和修理用配件等按规定可以抵扣进项税额。与销项税额相比，这两部分进项税额数额较小，致使公司的增值税税负较高。假设2023年度从农民生产者手中购入的草料不含税金额为1 000万元，允许抵扣的进项税额为100万元，其他水电费、修理用配件等进项税额为80万元，全年奶制品不含税销售收入为5 000万元。根据这种情况，请提出税务筹划方案。

税务筹划之前，该公司应纳增值税470万元［5 000×13%－（100＋80）］。

该公司可以将整个生产流程分成饲养和牛奶制品加工两部分，饲养场由独立的子公司来经营，该公司仅负责奶制品加工厂。税务筹划之后，假定饲养场销售给奶制品厂的鲜奶售价为4 000万元，其他条件不变。该公司应纳增值税170万元（5 000×13%－4 000×10%－80）。由于农业生产者销售的自产农产品免征增值税，饲养场销售鲜奶并不需要缴纳增值税。减轻增值税负担300万元（470－170）。

九、小微企业免税优惠

税务筹划思路

自2023年1月1日至2027年12月31日，对月销售额10万元以下（含本数）的增值税小规模纳税人，免征增值税。

由省、自治区、直辖市人民政府根据本地区实际情况，以及宏观调控需要确定，对增值税小规模纳税人可以在50%的税额幅度内减征资源税、城市维护建设税、房产税、城镇土地使用税、印花税（不含证券交易印花税）、耕地占用税和教育费附加、地方教育附加。

税务筹划案例

甲公司为增值税小规模纳税人，每月不含税销售额平均为110 000元，全年需缴纳增值税13 200元（110 000×12×1%）。如果甲公司合理调剂每月销售额，将其中三个季度的销售额控制在300 000元以内，由此可以享受免征增值税的优惠。剩下一个季度的销售额420 000元（110 000×12－300 000×3），需要缴纳增值税4 200元（420 000×1%）。通过税务筹划，可减轻增值税负担9 000元（13 200－4 200）。

某个体工商户销售水果、杂货，每月含税销售额为20 600元左右，当地财政厅和税务局规定的增值税起征点为20 000元。请计算该个体工商户全年应纳增值税额，并提出税务筹划方案（不考虑月销售额10万元以下免税优惠政策，征收率按3%计算）。

该个体工商户每月不含税销售额为20 000元［20 600÷（1＋3%）］，达到了增值税的起征点，应当缴纳增值税。全年应纳增值税为7 200元［20 600÷（1＋3%）×3%×12］。

如果该个体工商户通过打折让利将每月含税销售额降低至20 500元，由于其不含税销售额尚未达到20 000元起征点，可以免纳增值税。该个体工商户全年可让利1 200元，节税7 200元，增加利润6 000元。

十、增值税结算方式的税务筹划

税务筹划思路

根据《增值税暂行条例》第十九条的规定，增值税纳税义务发生时间：①发生应税销售行为，为收讫销售款项或者取得索取销售款项凭据的当天；先开具发票的，为开具发票的当天。②进口货物，为报关进口的当天。

根据《增值税暂行条例实施细则》第三十八条的规定，收讫销售款项或者取得索取销售款项凭据的当天，按销售结算方式的不同，具体为：①采取直接收款方式销售货物，不论货物是否发出，均为收到销售款或者取得索取销售款凭据的当天；②采取托收承付和委托银行收款方式销售货物，为发出货物并办妥托收手续的当天；③采取赊销和分期收款方式销售货物，为书面合同约定的收款日期的当天，无书面合同的或者书面合同没有约定收款日期的,为货物发出的当天;④采取预收货款方式销售货物,为货物发出的当天,但生产销售生产工期超过12个月的大型机械设备、船舶、飞机等货物,为收到预收款或者书面合同约定的收款日期的当天;⑤委托其他纳税人代销货物,为收到代销单位的代销清单或者收到全部或者部分货款的当天。未收到代销清单及货款的,为发出代销货物满180天的当天;⑥销售应税劳务,为提供劳务同时收讫销售款或者取得索取销售款的凭据的当天;⑦纳税人发生视同销售货物行为,为货物移送的当天。

纳税人可以充分利用上述增值税纳税义务发生时间的规定,通过适当调整结算方式进行税务筹划。例如,采取赊销和分期收款方式销售货物时,购买方在合同约定时间无法支付货款,则应当及时修改合同,以确保销售方在收到货款后再缴纳增值税,否则销售方需要在合同约定的付款日期(在该日期实际上并未收到货款)产生增值税的纳税义务并应当在随后的纳税期限到来后缴纳增值税。对于委托销售的,如果发出代销货物即将满180天仍然未收到代销清单及货款,则应当及时办理退货手续,否则就会产生增值税的纳税义务。

税务筹划案例

甲公司委托乙公司代销一批货物。甲公司于2022年1月1日发出货物,2022年12月1日收到乙公司的代销清单和全部货款113万元。甲公司是按月缴纳增值税的企业。请分析甲公司应当在何时缴纳增值税,并提出税务筹划方案。

甲公司应当在发出代销货物满180天的当天计算增值税的纳税义务,即2022年6月29日计算增值税,应纳增值税为13万元[113÷(1+13%)×13%]。甲公司应当在7月15日之前缴纳13万元的增值税(如有进项税额,可以抵扣进项税额后再缴纳)。

经过税务筹划,甲公司为了避免在发出货物满180天时产生增值税的纳税义务,可以在发出货物179天之时,即2022年6月28日,要求乙公司退还代销的货物,然后在2022年6月29日与乙公司重新办理代销货物手续。这样,甲公司就可以在实际收到代销清单和113万元的货款时计算13万元的增值税销项税额,并于2023年1月15日之前缴纳13万元的增值税。

十一、充分利用农产品免税政策

税务筹划思路

根据《增值税暂行条例》第十五条的规定,农业生产者销售的自产农产品免征增值税,但其他生产者销售的农产品不能享受免税待遇。农业,是指种植业、养殖业、林业、牧业、水产业。农业生产者，包括从事农业生产的单位和个人。农产品，是指初级农产品，具体范围由财政部、国家税务总局确定。销售农产品免税必须符合上述条件，否则，就无法享受免税的待遇。同时，根据《增值税暂行条例》第八条的规定，购进农产品，除取得增值税专用发票或者海关进口增值税专用缴款书外，按照农产品收购发票或者销售发票上注明的农产品买价和9%或者10%的扣除率计算的进项税额。进项税额计算公式如下：

$$进项税额 = 买价 \times 扣除率$$

如果农业生产者希望自己对产品进行深加工使其增值以后再出售，就无法享受免税待遇，往往会获得比深加工之前更差的效果，摆脱这种状况就需要通过适当的安排使得自己既能够享受免税待遇又有机会得以对初级农产品进行加工增值。

税务筹划案例

在某乡镇农村，一些农户在田头、地角栽种了大量速生材，目前，已进入砍伐期。一些农户直接出售原木，价格为每立方米200元，另一些农户则不满足廉价出售原木，自己对原木进行深加工，如将原木加工成薄板、包装箱等再出售。假设加工1立方米原木需要耗用电力6元，人工费4元，因此，其出售价最低为210元。但是这个价格没有人愿意收购，深加工以后的原木反而要以比没有加工的原木更低的价格出售。请分析其中的原因并提出税务筹划方案。

农户出售原木属免税农业产品，增值税一般纳税人收购后，可以抵扣10%的税款。因此，增值税一般纳税人收购200元的原木可抵扣20元税金，原材料成本只有180元。而农户深加工的产品出售给工厂，工厂不能计提进项税。增值税一般纳税人根据这种情况，只愿意以190元的价格收购深加工的产品（180元的原木成本加上加工所耗用的电力和人工费10元）。另外，深加工后的农产品已不属免税产品，农户还要纳增值税和所得税（如果达不到增值税起征点或每季度45万元，可以免征增值税）。这样，深加工的农户最后收入反而达不到200元。在这种情况下，农户深加工农业产品是失败的，这既有不能享受税收优惠的原因，也有增值率太低的因素。

经过税务筹划，可以采取另一种方式来避免出现以上情况，即农户将原木直接出售给工厂，工厂收购原木后雇用农户加工。通过改变加工方式，农户出售200元的原木可得收入200元，工厂雇用农户加工，6元的电费由工厂支付，还可以抵扣进项税额，工厂另外向农户支付人工费4元。这样，农户可得收入204元，比农户自行深加工增收了14元（204－190），工厂也可抵扣农产品的20元税款以及电费所含进项税额，成本得以降低。

十二、充分利用促进残疾人就业优惠政策

税务筹划思路

自2016年5月1日起,对安置残疾人的单位和个体工商户(以下称纳税人),实行由税务机关按纳税人安置残疾人的人数,限额即征即退增值税的办法。安置的每位残疾人每月可退还的增值税具体限额,由县级以上税务机关根据纳税人所在区县(含县级市、旗,下同)适用的经省(含自治区、直辖市、计划单列市,下同)人民政府批准的月最低工资标准的4倍确定。

享受上述税收优惠政策的条件如下:①纳税人(除盲人按摩机构外)月安置的残疾人占在职职工人数的比例不低于25%(含25%),并且安置的残疾人人数不少于10人(含10人);盲人按摩机构月安置的残疾人占在职职工人数的比例不低于25%(含25%),并且安置的残疾人人数不少于5人(含5人)。②依法与安置的每位残疾人签订了1年以上(含1年)的劳动合同或服务协议。③为安置的每位残疾人按月足额缴纳了基本养老保险、基本医疗保险、失业保险、工伤保险和生育保险等社会保险。④通过银行等金融机构向安置的每位残疾人,按月支付了不低于纳税人所在区县适用的经省人民政府批准的月最低工资标准的工资。

《财政部 国家税务总局关于教育税收政策的通知》(财税〔2004〕39号)第一条第七项规定的特殊教育学校举办的企业,只要符合上述第①项规定的条件,即可享受上述规定的增值税优惠政策。这类企业在计算残疾人人数时可将在企业上岗工作的特殊教育学校的全日制在校学生计算在内,在计算企业在职职工人数时也要将上述学生计算在内。

纳税人中纳税信用等级为税务机关评定的C级或D级的,不得享受上述规定的优惠政策。

纳税人按照纳税期限向主管国税机关申请退还增值税。本纳税期已交增值税额不足退还的,可在本纳税年度内以前纳税期已交增值税扣除已退增值税的余额中退还,仍不足退还的可结转本纳税年度内以后纳税期退还,但不得结转以后年度退还。纳税期限不为按月的,只能对其符合条件的月份退还增值税。

上述规定的增值税优惠政策仅适用于生产销售货物,提供加工、修理修配劳务,以及提供营改增现代服务和生活服务税目(不含文化体育服务和娱乐服务)范围的服务取得的收入之和,占其增值税收入的比例达到50%的纳税人,但不适用于上述纳税人直接销售外购货物(包括商品批发和零售)以及销售委托加工的货物取得的收入。

纳税人应当分别核算上述享受税收优惠政策和不得享受税收优惠政策业务的销售额,不能分别核算的,不得享受上述规定的优惠政策。

如果既适用促进残疾人就业增值税优惠政策，又适用重点群体、退役士兵、随军家属、军转干部等支持就业的增值税优惠政策的，纳税人可自行选择适用的优惠政策，但不能累加执行。一经选定，36个月内不得变更。

残疾人个人提供的加工、修理修配劳务，免征增值税。

税务机关发现已享受上述增值税优惠政策的纳税人，存在不符合上述规定条件，或者采用伪造或重复使用残疾人证、残疾军人证等手段骗取上述规定的增值税优惠的，应将纳税人发生上述违法违规行为的纳税期内按上述已享受到的退税全额追缴入库，并自发现当月起36个月内停止其享受上述规定的各项税收优惠。

上述规定的有关定义如下：①残疾人，是指法定劳动年龄内，持有《中华人民共和国残疾人证》或者《中华人民共和国残疾军人证（1至8级）》的自然人，包括具有劳动条件和劳动意愿的精神残疾人。②残疾人个人，是指自然人。③在职职工人数，是指与纳税人建立劳动关系并依法签订劳动合同或者服务协议的雇员人数。④特殊教育学校举办的企业，是指特殊教育学校主要为在校学生提供实习场所、并由学校出资自办、由学校负责经营管理、经营收入全部归学校所有的企业。

纳税人首次申请享受税收优惠政策，应向主管税务机关提供以下备案资料：①《税务资格备案表》。②安置的残疾人的《中华人民共和国残疾人证》或者《中华人民共和国残疾军人证（1至8级）》复印件，注明与原件一致，并逐页加盖公章。安置精神残疾人的，提供精神残疾人同意就业的书面声明以及其法定监护人签字或印章的证明精神残疾人具有劳动条件和劳动意愿的书面材料。③安置的残疾人的身份证明复印件，注明与原件一致，并逐页加盖公章。

如纳税人符合上述条件，可以通过雇佣残疾人来享受增值税税收优惠政策。

税务筹划案例

甲公司为当地有名的福利企业，安置残疾人数达到职工总数的30%。2023年度，甲公司计划再招收100名残疾人职工。已知当地月最低工资标准为2 000元。甲公司2023年度招用100名残疾人职工可以享受抵扣增值税800 000元（2 000×4×100）。

第二节 利用增值税简易计税进行筹划

一、公共交通运输服务企业选用简易计税方法

税务筹划思路

增值税的计税方法,包括一般计税方法和简易计税方法。简易计税方法的应纳税额,是指按照销售额和增值税征收率计算的增值税税额,不得抵扣进项税额。应纳税额计算公式:应纳税额=销售额×征收率。一般纳税人发生下列应税行为可以选择适用简易计税方法计税:公共交通运输服务。简易计税时,适用增值税征收率为3%。

只要选择简易计税方法计税,营改增纳税人的税收负担都有所降低,因此,对于交通运输服务中的公共交通运输服务而言,原则上一定要选择简易计税方法计税。当然,如果有些公共交通运输企业的进项税额比较多,按照一般计税方法税负更低,可以考虑选择一般计税方法。

税务筹划案例

甲市公交公司年含税销售额约为5 000万元,由于营改增之后作为一般纳税人要适用9%的税率缴纳增值税,其税负有明显上升,请提出税务筹划方案。

甲公司由于提供的是公共交通运输服务,可以选择简易计税方法计税。在营改增之前,甲公司需要缴纳营业税150万元(5 000×3%),税后营业收入为4 850万元(5 000−150)。在营改增之后,甲公司需要缴纳增值税145.63万元[5 000÷(1+3%)×3%],销售收入为4 854.37万元(5 000−145.63)。通过税务筹划,可增加销售收入4.37万元(4 854.37−4 850)。

二、甲供工程提供建筑服务的税务筹划

税务筹划思路

一般纳税人为甲供工程提供的建筑服务,可以选择适用简易计税方法计税。甲供

工程，是指全部或部分设备、材料、动力由工程发包方自行采购的建筑工程。

一般纳税人只有采取甲供工程的方式提供建筑服务才能选择适用简易计税方法计税，否则，应当按照一般计税方法计税。当然，具体哪种方式更加节税，应当综合考虑工程所使用的设备、材料、动力中能够抵扣的进项税额的多少。多数情形下，选择适用简易计税方法计税可以实现最低税负。

税务筹划案例

甲安装公司主要通过甲供工程的方式提供建筑服务，年销售额约为2 000万元，属于营改增一般纳税人，适用9%的税率，全年进项税额约为40万元，需要缴纳增值税125.14万元［2 000÷（1+9%）×9%－40］，请提出税务筹划方案。

甲安装公司独立核算以甲供工程的方式提供的建筑服务，并选择适用简易计税方法计税。全年需要缴纳增值税58.25元［2 000÷（1+3%）×3%］。通过税务筹划，可减轻增值税负担66.89万元（125.14－58.25）。

三、清包工提供建筑服务的税务筹划

税务筹划思路

一般纳税人以清包工方式提供的建筑服务，可以选择适用简易计税方法计税。以清包工方式提供建筑服务，是指施工方不采购建筑工程所需的材料或只采购辅助材料，并收取人工费、管理费或者其他费用的建筑服务。

一般纳税人只有以清包工方式提供的建筑服务才可以选择适用简易计税方法计税，以包工包料的形式提供的建筑服务不能选择适用简易计税方法计税。因此，广大装修公司可以通过核算建筑工程所需的材料能够抵扣的进项税额来比较哪种提供建筑服务的方式税负较轻，从而在签订装修合同时，与客户协商采取该种方式。

税务筹划案例

甲装修公司主要以清包工方式提供装修服务，年含税销售额为3 000万元左右，属于营改增一般纳税人，适用9%的税率，全年进项税额约为50万元，需要缴纳增值税197.71万元［3 000÷（1+9%）×9%－50］，请提出税务筹划方案。

甲装修公司独立核算以清包工方式提供的建筑服务，并选择适用简易计税方法计税。全年需要缴纳增值税87.38万元［3 000÷（1+3%）×3%］。通过税务筹划，可减轻增值税负担110.33万元（197.71－87.38）。

第三节 利用增值税税收优惠进行筹划

一、利用个人买卖金融商品免税进行税务筹划

税务筹划思路

个人从事金融商品转让业务取得的收入免征增值税。上述个人包括个体工商户及其他个人，即自然人。个人成立公司、个人独资企业或者合伙企业从事金融商品转让业务不能免征增值税。

税务筹划案例

张先生计划成立一家公司从事外汇、有价证券、非货物期货和其他金融商品买卖业务，预计年应税销售额约1 000万元，需要缴纳增值税约50万元。请提出税务筹划方案。

张先生可以成立一家个体工商户从事上述金融商品买卖业务，这样就可以免纳增值税，每年可以减轻增值税负担约50万元。

二、持有满2年后再转让住房

税务筹划思路

个人将购买不足2年的住房对外销售的，按照5%的征收率全额缴纳增值税；个人将购买2年以上（含2年）的非普通住房对外销售的，以销售收入减去购买住房价款后的差额按照5%的征收率缴纳增值税；个人将购买2年以上（含2年）的普通住房对外销售的，免征增值税。上述政策仅适用于北京市、上海市、广州市和深圳市。

个人将购买不足2年的住房对外销售的，按照5%的征收率全额缴纳增值税；个人将购买2年以上（含2年）的住房对外销售的，免征增值税。上述政策适用于北京市、上海市、广州市和深圳市之外的地区。自2021年度，上海、深圳和广州九个区将上述"2年"修改为"5年"。

税务筹划案例

吴先生2022年1月10日在成都市区购买了一套普通住房,总价款为400万元,2023年7月1日,吴先生准备将该套住房以500万元的价格转让给他人。如果此时转让,需要缴纳增值税23.81万元[500÷(1+5%)×5%],需要缴纳城市维护建设税、教育费附加和地方教育附加2.86万元[23.81×(7%+3%+2%)],合计税收负担26.67万元(23.81+2.86)。

如果吴先生能够再持有房产一段时间,在2024年1月10日进行房产过户,此时,吴先生已经持有该套房产满2年,可以免征增值税,可减轻增值税负担26.67万元。(暂时不考虑个人所得税负担)

刘先生2022年1月10日在北京市区购买了一套普通住房,总价款为480万元,2023年7月1日,刘先生因急需用钱,准备将该套住房以500万元的价格转让给他人。如果此时转让,需要缴纳增值税23.81万元[500÷(1+5%)×5%],需要缴纳城市维护建设税、教育费附加和地方教育附加2.86万元[23.81×(7%+3%+2%)],合计税收负担26.67万元(23.81+2.86)。

由于刘先生急需用钱,此时已经无法等到持有满2年再销售住房了,为了享受满2年免增值税的政策,刘先生可以先实际销售住房,等待满2年后再办理房产过户手续。

首先,为保证购房者的利益并预防刘先生未来再将住房销售给他人或者不办理房产过户手续,双方可以签订一个抵押借款协议。刘先生向购房者借款500万元,以该套住房作为抵押,并办理抵押登记。这样,不经过购房者同意,刘先生是不可能再将住房销售给他人的。

其次,刘先生与购房者签订一个购买该套住房的协议,协议约定住房办理过户的日期为2024年1月10日,如果刘先生拖延办理住房过户手续,可以约定每拖延一日支付一定数额的违约金,如果刘先生拒绝办理住房过户手续,可以约定一个比较高的违约金,这样就可以预防刘先生再以高价将住房出售给他人。通过上述筹划,可以减轻增值税负担26.67万元。(暂时不考虑个人所得税负担)

三、利用资产重组不征增值税政策

税务筹划思路

纳税人在资产重组过程中,通过合并、分立、出售、置换等方式,将全部或者部分实物资产以及与其相关联的债权、负债和劳动力一并转让给其他单位和个人,不属于增值税的征税范围,其中涉及的货物转让,不征收增值税。

在资产重组过程中，通过合并、分立、出售、置换等方式，将全部或者部分实物资产以及与其相关联的债权、负债和劳动力一并转让给其他单位和个人，其中涉及的不动产、土地使用权转让行为不征收增值税。

纳税人可以利用上述优惠政策进行资产重组。

税务筹划案例

甲上市公司准备与乙公司进行资产置换，甲公司名下的所有资产和负债均转移给乙公司，乙公司名下的全部资产和负债转移给甲公司，双方互不支付差价。已知，甲公司名下的货物正常销售额为5 000万元，乙公司名下的货物正常销售额为4 000万元。甲公司与乙公司原计划各自按照资产销售的方式来进行税务处理，请对甲公司与乙公司的交易提出税务筹划方案。

如果按普通资产销售来进行税务处理，不考虑其他税费，仅销售货物部分就需要计算增值税销项税额1 170万元〔（5 000+4 000）×13%〕。

如果甲公司和乙公司在资产重组的框架下开展资产置换并按照相关规定将资产重组方案等文件资料报其主管税务机关，将资产与其相关的债权债务和劳动力一并转让，则可以享受货物转让不征收增值税的优惠政策，免于计算增值税销项税额1 170万元。

甲公司准备与乙公司进行资产互换，其中涉及的不动产、土地使用权转让以及机器设备等转让的销售额约1亿元，大约需要缴纳增值税400万元，请提出税务筹划方案。

甲公司和乙公司将简单的资产互换设计为资产置换，不仅将全部实物资产互换，其中所涉及的债权、负债和劳动力也一并互换，这样，其中所涉及的货物转让、不动产转让和土地使用权转让均不征收增值税。通过税务筹划，可减轻增值税负担约400万元。

第十章

金税四期房地产企业税务筹划

第一节 房产税概述

一、房产税的征税范围

房产税的征税对象是房屋。所谓房屋,是指有屋面和围护结构(有墙或两边有柱),能够遮风避雨,可供人们在其中生产、工作、学习、娱乐、居住或储藏物资的场所。独立于房屋之外的建筑物,如围墙、烟囱、水塔、菜窖、室外游泳池等不属于房产税的征税对象。

房地产开发企业建造的商品房,在出售前,不征收房产税,但对出售前房地产开发企业已使用或出租、出借的商品房应按规定征收房产税。

房产税的征税范围为城市、县城、建制镇和工矿区的房屋。其中,城市是指国务院批准设立的市,其征税范围为市区、郊区和市辖县城,不包括农村;县城是指未设立建制镇的县人民政府所在地的地区;建制镇是指经省、自治区、直辖市人民政府批准设立的建制镇;工矿区是指工商业比较发达,人口比较集中,符合国务院规定的建制镇的标准,但尚未设立建制镇的大中型工矿企业所在地。在工矿区开征房产税必须经省、自治区、直辖市人民政府批准。

二、房产税的税率和计税依据

(一)房产税的税率

我国现行房产税采用比例税率。从价计征和从租计征实行不同标准的比例税率。

从价计征的，房产税税率为1.2%；从租计征的，房产税税率为12%。

（二）从价计征房产税的计税依据

房产税的计税依据有房产余值和房租两种，前者比较复杂，纳税人应认真核算所拥有房产的计税余值，以免出现少纳房产税的风险。

1.房产余值

从价计征的房产税，是以房产余值为计税依据。房产余值，是房产的原值减除规定比例后的剩余价值。房产税依照房产原值一次减除10%至30%后的余值计算缴纳。具体扣减比例由省、自治区、直辖市人民政府确定。

2.房产原值

房产原值，是指纳税人按照会计制度规定，在账簿固定资产科目中记载的房屋原价。

自2009年1月1日起，对依照房产原值计税的房产，不论是否记载在会计账簿固定资产科目中，均应按照房屋原价计算缴纳房产税。房屋原价应根据国家有关会计制度规定进行核算。对纳税人未按国家会计制度核算并记载的，应按规定予以调整或重新评估。

3.房屋附属设备和配套设施的计税规定

房产原值应包括与房屋不可分割的各种附属设备或一般不单独计算价值的配套设施，主要有：暖气、卫生、通风、照明、煤气等设备；各种管线，如蒸汽、压缩空气、石油、给水、排水等管道及电力、电讯、电缆导线；电梯、升降机、过道、晒台等。

凡以房屋为载体，不可随意移动的附属设备和配套设施，如给排水、采暖、消防、中央空调、电气及智能化楼宇设备等，无论在会计核算中是否单独记账与核算，都应计入房产原值，计征房产税。

纳税人对原有房屋进行改建、扩建的，要相应增加房屋的原值。对更换房屋附属设备和配套设施的，在将其价值计入房产原值时，可扣减原来相应设备和设施的价值；对附属设备和配套设施中易损坏、需要经常更换的零配件，更新后不再计入房产原值。

4.投资联营房产的计税规定

对以房产投资联营、投资者参与投资利润分红、共担风险的，按房产余值作为计税依据计缴房产税。对以房产投资收取固定收入、不承担经营风险的，实际上是以联营名义取得房屋租金，应以出租方取得的租金收入为计税依据计缴房产税。

5.融资租赁房屋的计税规定

对融资租赁房屋的情况，由于租赁费包括购进房屋的价款、手续费、借款利息等，与一般房屋出租的"租金"内涵不同，且租赁期满后，当承租方偿还最后一笔租赁费时，房屋产权要转移到承租方。这实际上是一种变相的分期付款购买固定资产的形式，所以在计征房产税时应以房产余值计算征收，由承租人自融资租赁合同约定开始日的次月起依照房产余值缴纳房产税。合同未约定开始日的,由承租人自合同签订的次月起依照房产余值缴纳房产税。

6.居民住宅区内业主共有的经营性房产的计税规定

从2007年1月1日起,对居民住宅区内业主共有的经营性房产,由实际经营(包括自营和出租)的代管人或使用人缴纳房产税。其中:自营的依照房产原值减除10%至30%后的余值计征,没有房产原值或不能将业主共有房产与其他房产的原值准确划分开的,由房产所在地税务机关参照同类房产核定房产原值;出租房产的,按照租金收入计征。

（三）从租计征房产税的计税依据

房产出租的,以房屋出租取得的租金收入为计税依据,计缴房产税。计征房产税的租金收入不含增值税。免征增值税的,确定计税依据时,租金收入不扣减增值税额。

房产的租金收入是指房屋产权所有人出租房产使用权所取得的报酬,包括货币收入和实物收入。对以劳务或其他形式为报酬抵付房租收入的,应根据当地同类房产的租金水平,确定一个标准租金额从租计征。

纳税人对个人出租房屋的租金收入申报不实或申报数与同一地段同类房屋的租金收入相比明显不合理的,税务部门可以按照《税收征收管理法》的有关规定,采取科学合理的方法核定其应纳税额。

三、房产税应纳税额的计算

房产税有两种计算方法,从租计征优先,未出租的,从价计征。纳税人应准确判断自身情形,选择正确的计征方法。

（一）从价计征房产税应纳税额的计算

从价计征是按房产的原值减除一定比例后的余值计征,其计算公式为:

从价计征的房产税应纳税额＝应税房产原值×（1－扣除比例）×1.2%

公式中,扣除比例幅度为10%至30%,具体减除幅度由省、自治区、直辖市人民政府规定。

（二）从租计征房产税应纳税额的计算

从租计征是按房产的租金收入计征,其计算公式为:

从租计征的房产税应纳税额＝租金收入×12%

四、房产税的优惠政策

房产税有以下优惠政策,纳税人应严格对照相关条件和自身情形来判断是否符合以下优惠政策及其条件:

（1）国家机关、人民团体、军队自用的房产免征房产税。上述免税单位的出租房产以及非自身业务使用的生产、营业用房,不属于免税范围。自2004年8月1日起,对军队空余房产租赁收入暂免征收房产税。

(2)由国家财政部门拨付事业经费(全额或差额)的单位(学校、医疗卫生单位、托儿所、幼儿园、敬老院以及文化、体育、艺术类单位)所有的、本身业务范围内使用的房产免征房产税。上述单位所属的附属工厂、商店、招待所等不属于单位公务、业务的用房,应照章纳税。

(3)宗教寺庙、公园、名胜古迹自用的房产免征房产税。宗教寺庙自用的房产,是指举行宗教仪式等的房屋和宗教人员使用的生活用房屋。公园、名胜古迹自用的房产,是指供公共参观游览的房屋及其管理单位的办公用房屋。宗教寺庙、公园、名胜古迹中附设的营业单位,如影剧院、饮食部、茶社、照相馆等所使用的房产及出租的房产,不属于免税范围,应照章征税。

(4)个人所有非营业用的房产免征房产税。个人所有的非营业用房,主要是指居民住房,不分面积多少,一律免征房产税。对个人拥有的营业用房或者出租的房产,不属于免税房产,应照章征税。

(5)毁损不堪居住的房屋和危险房屋,经有关部门鉴定,在停止使用后,可免征房产税。

(6)纳税人因房屋大修导致连续停用半年以上的,在房屋大修期间免征房产税,免征税额由纳税人在申报缴纳房产税时自行计算扣除,并在申报表附表或备注栏中作相应说明。纳税人房屋大修停用半年以上需要免征房产税的,应在房屋大修前向主管税务机关报送相关的证明材料,包括大修房屋的名称、坐落地点、产权证编号、房产原值、用途、房屋大修的原因、大修合同及大修的起止时间等信息和资料,以备税务机关查验。

(7)在基建工地为基建工地服务的各种工棚、材料棚、休息棚和办公室、食堂、茶炉房、汽车房等临时性房屋,施工期间一律免征房产税。工程结束后,施工企业将这种临时性房屋交还或估价转让给基建单位的,应从基建单位接收的次月起,照章纳税。

(8)对房管部门经租的居民住房,在房租调整改革之前收取租金偏低的,可暂缓征收房产税。对房管部门经租的其他非营业用房,是否给予照顾,由省、自治区、直辖市根据当地具体情况按税收管理体制的规定办理。

(9)2027年12月31日前,对高校学生公寓免征房产税。

(10)对非营利性医疗机构、疾病控制机构和妇幼保健机构等卫生机构自用的房产,免征房产税。

(11)对老年服务机构自用的房产免征房产税。老年服务机构是指专门为老年人提供生活照料、文化、护理、健身等多方面服务的福利性、非营利性的机构,主要包括老年社会福利院、敬老院(养老院)、老年服务中心、老年公寓(含老年护理院、康复中心、托老所)等。

(12)对公共租赁住房免征房产税。公共租赁住房经营单位应单独核算公共租赁住房租金收入,未单独核算的,不得享受免征房产税优惠政策。对廉租住房经营管理单位按照政府规定价格向规定保障对象出租廉租住房的租金收入，免征房产税。对个人出租住房，不区分用途，按4%的税率征收房产税；对企事业单位、社会团体以及其他组织按市场价格向个人出租用于居住的住房，减按4%的税率征收房产税。

（13）对国家机关、军队、人民团体、财政补助事业单位、居民委员会、村民委员会拥有的体育场馆，用于体育活动的房产，免征房产税。对经费自理事业单位、体育社会团体、体育基金会、体育类民办非企业单位拥有并运营管理的体育场馆，符合相关条件的，其用于体育活动的房产，免征房产税。对企业拥有并运营管理的大型体育场馆，其用于体育活动的房产，减半征收房产税。享受上述税收优惠体育场馆的运动场地，用于体育活动的天数不得低于全年自然天数的70%。

（14）自2019年1月1日至2027年12月31日，对农产品批发市场、农贸市场（包括自有和承租）专门用于经营农产品的房产、土地，暂免征收房产税。对同时经营其他产品的，按其他产品与农产品交易场地面积的比例确定征免房产税。对农产品批发市场、农贸市场的行政办公区、生活区，以及商业餐饮娱乐等非直接为农产品交易提供服务的房产、土地，应按规定征收房产税。

（15）自2019年1月1日至2027年12月31日，对国家级、省级科技企业孵化器、大学科技园和国家备案众创空间自用以及无偿或通过出租等方式提供给在孵对象使用的房产、土地，免征房产税。

（16）自2019年1月1日至2027年供暖期结束，对向居民供热收取采暖费的供热企业，为居民供热所使用的厂房免征房产税；对供热企业其他厂房，应当按照规定征收房产税。对专业供热企业，按其向居民供热取得的采暖费收入占全部采暖费收入的比例，计算免征的房产税。对兼营供热企业，视其供热所使用的厂房及土地与其他生产经营活动所使用的厂房及土地是否可以区分，按照不同方法计算免征的房产税。可以区分的，对其供热所使用厂房及土地，按向居民供热取得的采暖收入占全部采暖收入的比例，计算免征的房产税；难以区分的，对其全部厂房及土地，按向居民供热取得的采暖收入占其营业收入的比例，计算免征的房产税。对自供热单位，按向居民供热建筑面积占总供热建筑面积的比例，计算免征供热所使用的厂房及土地的房产税。

（17）自2021年10月1日起，对企事业单位、社会团体以及其他组织向个人、专业化规模化住房租赁企业出租住房的，减按4%的税率征收房产税。专业化规模化住房租赁企业的标准为：企业在开业报告或者备案城市内持有或者经营租赁住房1 000套（间）及以上或者建筑面积3万平方米及以上。各省、自治区、直辖市住房城乡建设部门会同同级财政、税务部门，可根据租赁市场发展情况，对本地区全部或者部分城市在50%的幅度内下调标准。

（18）2022年1月1日至2024年12月31日，由省、自治区、直辖市人民政府根据本地区实际情况，以及宏观调控需要确定，对增值税小规模纳税人、小型微利企业和个体工商户可以在50%的税额幅度内减征房产税。

（19）2024年1月日至2027年12月31日，对商品储备管理公司及其直属库自用的承担商品储备业务的房产、土地，免征房产税。

第二节　房地产企业税务筹划方案

一、巧用土地增值税临界点

税务筹划思路

根据《中华人民共和国土地增值税暂行条例》（以下简称《土地增值税暂行条例》）第八条的规定，有下列情形之一的，免征土地增值税：①纳税人建造普通标准住宅出售，增值额未超过扣除项目金额20%的；②因国家建设需要依法征用、收回的房地产。

根据《土地增值税暂行条例》第七条的规定，土地增值税实行四级超额累进税率：①增值额未超过扣除项目金额50%的部分，税率为30%；②增值额超过扣除项目金额50%、未超过扣除项目金额100%的部分，税率为40%；③增值额超过扣除项目金额100%、未超过扣除项目金额200%的部分，税率为50%；④增值额超过扣除项目金额200%的部分，税率为60%。具体税率与速算扣除系数见表10-1。

表10-1　土地增值税税率表

级数	增值额与扣除项目金额的比率	税率	速算扣除系数
1	不超过50%的部分	30%	0
2	超过50%至100%的部分	40%	5%
3	超过100%至200%的部分	50%	15%
4	超过200%的部分	60%	35%

土地增值税的计算公式为：

土地增值税应纳税额＝增值额×适用税率－扣除项目金额×速算扣除系数

如果企业建造的普通标准住宅出售的增值率在20%这个临界点上，可以通过适当控制出售价格而避免缴纳土地增值税。根据《土地增值税暂行条例》第六条的规定，计算增值额的扣除项目包括：①取得土地使用权所支付的金额；②开发土地的成本、费用；③新建房及配套设施的成本、费用，或者旧房及建筑物的评估价格；④与转让房地产有关的税金；⑤财政部规定的其他扣除项目。

第十章 金税四期房地产企业税务筹划

根据《中华人民共和国土地增值税暂行条例实施细则》（以下简称《土地增值税暂行条例实施细则》）第七条的规定，这里的"其他扣除项目"为取得土地使用权所支付的金额以及开发土地和新建房及配套设施的成本之和的20%。

根据《国务院办公厅转发建设部等部门关于做好稳定住房价格工作意见的通知》（国办发〔2005〕26号）的规定，普通标准住宅的标准为：住宅小区建筑容积率在1.0以上，单套建筑面积在120平方米以下，实际成交价格低于同级别土地上住房平均交易价格1.2倍以下。各省、自治区、直辖市要根据实际情况，制定本地区享受优惠政策普通住房的具体标准。允许单套建筑面积和价格标准适当浮动，但向上浮动的比例不得超过上述标准的20%。

税务筹划案例

某房地产开发企业建造一批普通标准住宅，取得销售收入2 500万元，根据税法规定允许扣除的项目金额为2 070万元。该项目的增值额为430万元（2 500−2 070），该项目增值额占扣除项目的比例为20.77%（430÷2 070×100%）。根据税法规定，应当按照30%的税率缴纳土地增值税129万元（430×30%）。请提出税务筹划方案。

如果该企业能够将销售收入降低为2 480万元，则该项目的增值额为410万元（2 480−2 070），该项目增值额占扣除项目的比例为19.81%（410÷2 070×100%）。增值率没有超过20%，可以免征土地增值税。该企业降低销售收入20万元，可减轻土地增值税负担129万元。

甲公司建造一栋普通标准住宅，经核算，税法规定的扣除项目金额为5 000万元，甲公司原定不含增值税销售价格为6 100万元，请为甲公司提出税务筹划方案。

如果按6 100万元销售，增值额为1 100万元（6 100−5 000），增值率为22%（1 100÷5 000×100%），应纳土地增值税330万元（1 100×30%）。如果甲公司能将销售价格降低为6 000万元，此时增值额为1 000万元，增值率为20%，可以免征土地增值税。虽然甲公司销售收入减少了100万元，但其节省了330万元的土地增值税，实际上增加利润230万元。

二、利息支付过程中的税务筹划

税务筹划思路

房地产开发企业往往需要利用大量贷款，其中涉及利息的支出。关于利息支出的扣除，我国税法规定了一些限制。《土地增值税暂行条例实施细则》第七条规定："财务费用中的利息支出，凡能够按转让房地产项目计算分摊并提供金融机构证明的,允许据实扣除,但最高不能超过按商业银行同类同期贷款利率计算的金额。其他房地产开发费用,按本条(一)(二)项规定计算的金额之和的5%以内计算扣除。凡不能按转让房地产项目计算分摊利息支出或不能提供金融机构证明的,房地产开发费用按本条(一)(二)项规定计算的金额之和的10%以内计算扣除。上述计算扣除的具体比例,由各省、自治区、直辖市人民政府规定。"这里的(一)项为取得土地使用权所支付的金额,是指纳税人为取得土地使用权所支付的地价款和按国家统一规定缴纳的有关费用。这里的(二)项为开发土地和新建房及配套设施的成本,是指纳税人房地产开发项目实际发生的成本,包括土地征用及拆迁补偿费、前期工程费、建筑安装工程费、基础设施费、公共配套设施费、开发间接费用。

房地产企业贷款利息扣除的限额分为两种情况:一种是在商业银行同类同期贷款利率的限度内据实扣除;另一种是与其他费用一起按税法规定的房地产开发成本的10%以内扣除。这两种扣除方式就为企业进行税务筹划提供了空间,企业可以根据两种计算方法所能扣除的费用的不同而决定具体采用哪种扣除方法。

税务筹划案例

某房地产企业开发一处房地产,为取得土地使用权支付1 000万元,为开发土地和新建房及配套设施花费1 200万元,财务费用中可以按转让房地产项目计算分摊利息的利息支出为200万元,不超过商业银行同类同期贷款利率。请确定该企业是否提供金融机构证明。

如果不提供金融机构证明,则该企业所能扣除费用的最高额为220万元〔(1 000+1 200)×10%〕。如果提供金融机构证明,该企业所能扣除费用的最高额为310万元〔200+(1 000+1 200)×5%〕。可见,在这种情况下,提供金融机构证明是有利的选择。

某房地产企业开发一处房地产,为取得土地使用权支付1 000万元,为开发土地和新建房及配套设施花费1 200万元,财务费用中可以按转让房地产项目计算分摊利息的利息支出为80万元,不超过商业银行同类同期贷款利率。请确定该企业是否提供金融机构证明。

如果不提供金融机构证明,则该企业所能扣除费用的最高额为220万元〔(1 000+1 200)×10%〕。如果提供金融机构证明,该企业所能扣除费用的最高额为190万元〔80+(1 000+1 200)×5%〕。可见,在这种情况下,不提供金融机构证明是有利的选择。

企业判断是否提供金融机构证明,关键在于看所发生的能够扣除的利息支出占税法规定的开发成本的比例,如果超过5%,则提供证明比较有利,如果没有超过5%,则不提供证明比较有利。

三、代收费用处理过程中的税务筹划

税务筹划思路

根据《财政部 国家税务总局关于土地增值税一些具体问题规定的通知》(财税〔1995〕48号)的规定,对于县级及县级以上人民政府要求房地产开发企业在售房时代收的各项费用,如果代收费用是计入房价中向购买方一并收取的,可作为转让房地产所取得的收入计税;如果代收费用未计入房价中,而是在房价之外单独收取的,可以不作为转让房地产的收入。对于代收费用作为转让收入计税的,在计算扣除项目金额时,可予以扣除,但不允许作为加计20%扣除的基数;对于代收费用未作为转让房地产的收入计税的,在计算增值额时不允许扣除代收费用。

企业是否将该代收费用计入房价对于企业的增值额不会产生影响,但是会影响房地产开发的总成本,也就会影响房地产的增值率,进而影响土地增值税的数额。由此,企业可以利用这一规定进行税务筹划。

税务筹划案例

某房地产开发企业开发一套房地产,取得土地使用权支付费用300万元,土地和房地产开发成本为800万元,允许扣除的房地产开发费用为100万元,转让房地产税费为140万元,房地产出售价格为2 500万元。为当地县级人民政府代收各种费用为100万元。现在需要确定该企业是单独收取该项费用,还是并入房价收取该费用。

如果将该费用单独收取,该房地产可扣除费用为1 560万元[300+800+100+(300+800)×20%+140];增值额为940万元(2 500−1 560);增值率为60.25%(940÷1 560×100%);应纳土地增值税为298万元(940×40%−1 560×5%)。

如果将该费用计入房价,该房地产可扣除费用为1 660万元[300+800+100+(300+800)×20%+140+100];增值额为940万元(2 500+100−1 660);增值率为56.62%(940÷1 660×100%);应纳土地增值税为293万元(940×40%−1 660×5%)。该税务筹划可减轻土地增值税负担5万元(298−293)。

四、增加土地增值税扣除项目

税务筹划思路

土地增值税是房地产开发的主要成本之一,而土地增值税在建造普通标准住宅增值率不超过20%的情况下可以免征，企业可以通过增加扣除项目使得房地产的增值率不超过20%，从而享受免税待遇。

纳税人建造普通标准住宅出售，在增值额大大超过扣除项目金额20%的情形下，单纯靠确定适宜的销售价格已经不足以将增值率控制在20%以内，或者通过大幅降低销售价格已经得不偿失，此时就可以考虑适当提高扣除项目金额。

在增值额不变的前提下，提高扣除项目金额就可以大大降低增值率，从而可以享受免征土地增值税的优惠。

税务筹划案例

某房地产公司开发一栋普通标准住宅，房屋售价为1 000万元（不含增值税，下同），按照税法规定可扣除费用为800万元，增值额为200万元，增值率为25%（200÷800×100%）。该房地产公司需要缴纳土地增值税60万元（200×30%）。请提出该企业的税务筹划方案。

如果该房地产公司进行税务筹划，将该房屋进行简单装修，费用为200万元，房屋售价增加至1 200万元，则按照税法规定可扣除项目增加为1 000万元，增值额为200万元，增值率为20%（200÷1 000×100%），不需要缴纳土地增值税。该税务筹划可降低企业土地增值税负担60万元。

甲公司建造一栋普通标准住宅，经核算，税法规定的扣除项目金额为5 000万元，甲公司原定不含增值税销售价格为6 500万元，请为甲公司提出税务筹划方案。

如果按6 500万元销售，增值额为1 500万元（6 500－5 000），增值率为30%（1 500÷5 000×100%），应纳土地增值税为450万元（1 500×30%）。如果甲公司将销售价格降低为6 000万元，虽然免征了土地增值税，但仍得不偿失。甲公司可以加大对住宅的装修，使得扣除项目金额提高至7 500万元，但增值额仍保持1 500万元，此时的增值率为20%（1 500÷7 500×100%），可以免征土地增值税。

五、开发多处房地产的税务筹划

税务筹划思路

房地产公司在同时开发多处房地产时，可以分别核算，也可以合并核算，两种方式所缴纳的税收是不同的，这就为企业选择核算方式提供了税务筹划的空间。一般来讲，合并核算的税收利益大一些，但是也存在分别核算更有利的情况，具体如何核算，需要企业根据具体情况予以分析比较。

根据《国家税务总局关于房地产开发企业土地增值税清算管理有关问题的通知》（国税发〔2006〕187号）的规定，土地增值税以国家有关部门审批的房地产开发项目为单位进行清算，对于分期开发的项目，以分期项目为单位清算。开发项目中同时包含普通住宅和非普通住宅的，应分别计算增值额。因此，房地产开发企业需要在有关部门审批时确定房地产的开发项目。

税务筹划案例

某房地产公司同时开发两处位于城区的房地产，第一处房地产不含税销售额为1 000万元，扣除项目金额为400万元，第二处房地产不含税销售额为1 500万元，扣除项目金额为1 000万元。

如若分开核算，第一处房地产增值率为150%（600÷400×100%）；应该缴纳土地增值税240万元（600×50%－400×15%）。第二处房地产增值率为50%（500÷1 000×100%）；应该缴纳土地增值税150万元（500×30%）。不考虑其他税费，合计税负为390万元（240＋150）。

如若合并核算，两处房地产的出售价格为2 500万元，根据税法规定可扣除的费用为1 400万元，增值额为1 100万元，增值率为78.6%（1 100÷1 400×100%），应该缴纳土地增值税370万元（1 100×40%－1400×5%）。不考虑其他税费，该税务筹划可减轻税收负担20万元（390－370）。

六、将出租变为投资

税务筹划思路

企业将其所拥有的房产出租，需要缴纳增值税、房产税、印花税、城市维护建设税、教育费附加、地方教育附加和企业所得税，承租企业需要支付房租并缴纳印花税。对于双方来讲，其成本都是比较大的。如果能够将出租改为投资，则双方都有可能从中受益，因为免除了增值税、城市维护建设税、教育费附加和地方教育附加。

根据《国家税务总局关于房地产开发企业土地增值税清算管理有关问题的通知》（国税发〔2006〕187号）的规定，房地产开发企业将开发产品用于职工福利、奖励、对外投资、分配给股东或投资人、抵偿债务、换取其他单位和个人的非货币性资产等，发生所有权转移时应视同销售房地产，其收入按下列方法和顺序确认：①按本企业在同一地区、同一年度销售的同类房地产的平均价格确定；②由主管税务机关参照当地当年、同类房地产的市场价格或评估价值确定。

《财政部 税务总局关于继续实施企业改制重组有关土地增值税政策的公告》（财政部 税务总局公告2023年第51号）规定，2027年12月31日前，单位、个人在改制重组时以房地产作价入股进行投资，对其将房地产转移、变更到被投资的企业，暂不征土地增值税。上述改制重组有关土地增值税政策不适用于房地产转移任意一方为房地产开发企业的情形。

由此可见，房地产开发企业将房地产对外投资，需要视同销售，缴纳土地增值税，而其他企业将房地产对外投资仍可以免征土地增值税。

税务筹划案例

位于城区的甲公司将其拥有的一套房屋出租给某商贸公司，租期10年，不含增值税租金为200万元/年。此项交易将产生增值税18万元（200×9%），城市维护建设税、教育费附加和地方教育附加2.16万元（18×12%），房产税24万元（200×12%）。不考虑其他税费，综合税收负担为44.16万元（18+2.16+24）。请提出该企业的税务筹划方案。

如果进行税务筹划，将甲公司房屋出租改为企业重组改制下的投资，甲公司将该房屋出资至该商贸公司，每年从该商贸公司取得股息若干元。假设该房屋的计税余值为1 000万元，则每年需要缴纳房产税12万元（1 000×1.2%）。企业重组改制之下的投资免于缴纳增值税及其附加、土地增值税和契税，可减轻税收负担32.16万元（44.16－12）。

需要注意的是，甲公司将房屋投资商贸公司需要视同销售缴纳企业所得税，由于甲公司取得200万元租金也需要缴纳企业所得税，而取得若干股息则不需要缴纳企业所得税，二者在企业所得税上的综合负担基本相同，可以不予考虑。

七、两次销售房地产

税务筹划思路

房地产销售所负担的税收主要是土地增值税和增值税，而土地增值税是超率累进税率，即房地产的增值率越高，所适用的税率也越高，因此，如果有可能分解房地产销售的价格，从而降低房地产的增值率，则房地产销售所承担的土地增值税就可以大大降低。由于很多房地产在出售时已经进行了简单装修，可以从简单装修上做文章，将其作为单独的业务独立核算，这样就可以通过两次销售房地产进行税务筹划。

同一批房地产，如果增值率较高，也可以通过两次销售降低其增值率，从而降低其适用的土地增值税税率。

税务筹划案例

某房地产公司出售一栋房屋,房屋不含增值税售价为1 000万元,该房屋进行了简单装修并安装了简单必备设施。根据相关税法的规定,该房地产开发业务允许扣除的费用为400万元,增值额为600万元。该房地产公司应该缴纳土地增值税、增值税、城市维护建设税、教育费附加以及企业所得税。土地增值率为150%(600÷400×100%)。应当缴纳土地增值税240万元(600×50%—400×15%)。请提出该企业的税务筹划方案。

如果进行税务筹划,将该房屋的出售分为两个合同,第一个合同为房屋出售合同,不包括装修费用,房屋不含增值税出售价格为700万元,允许扣除的成本为300万元。第二个合同为房屋装修合同,不含增值税装修费用为300万元,允许扣除的成本为100万元。则土地增值率为133%(400÷300×100%)。应缴纳土地增值税为155万元(400×50%—300×15%)。两份合同分别由两家独立的公司承担,经过税务筹划,可减轻企业土地增值税负担85万元(240—155)。

甲房地产开发公司开发一处房地产,经测算,转让房地产取得不含税收入40 000万元,计算增值额允许扣除的金额为15 000万元,增值额为25 000万元,增值率为167%,适用税率为50%,速算扣除系数为15%,应纳土地增值税为10 250万元(25 000×50%—15 000×15%)。请提出税务筹划方案。

建议甲房地产公司的股东再成立乙房地产公司,甲公司在项目建成后,以30 000万元销售给乙公司,乙公司再以40 000万元的价格对外销售。

甲公司的收入为30 000万元,扣除项目金额为15 000万元,增值额为15 000万元,增值率为100%,适用税率为40%,速算扣除系数为5%,应纳土地增值税为5 250万元(15 000×40%—15 000×5%)。

乙公司的收入为40 000万元,扣除项目金额为30 000万元,增值额为10 000万元,增值率为30%,适用税率为30%,应纳土地增值税为3 000万元(10 000×30%)。

两家公司合计纳税8 250万元,可节税2 000万元。

八、利用企业改制重组的税收优惠

税务筹划思路

自2021年1月1日至2027年12月31日,企业按照《中华人民共和国公司法》(以下简称《公司法》)有关规定整体改制,包括非公司制企业改制为有限责任公司或股份有限公司,有限责任公司变更为股份有限公司,股份有限公司变更为有限责任公司,对改制前的企业将国有土地使用权、地上的建筑物及其附着物(以下称房地产)转移、变更到改制后的企业,暂不征土地增值税。整体改制是指不改变原企业的投资主体,并承继原企业权利、义务的行为。

按照法律规定或者合同约定,两个或两个以上企业合并为一个企业,且原企业投资主体存续的,对原企业将房地产转移、变更到合并后的企业,暂不征土地增值税。

按照法律规定或者合同约定,企业分设为两个或两个以上与原企业投资主体相同的企业,对原企业将房地产转移、变更到分立后的企业,暂不征土地增值税。

单位、个人在改制重组时以房地产作价入股进行投资,对其将房地产转移、变更到被投资的企业,暂不征土地增值税。

上述改制重组有关土地增值税政策不适用于房地产转移任意一方为房地产开发企业的情形。

改制重组后再转让房地产并申报缴纳土地增值税时,对"取得土地使用权所支付的金额",按照改制重组前取得该宗国有土地使用权所支付的地价款和按国家统一规定缴纳的有关费用确定;经批准以国有土地使用权作价出资入股的,为作价入股时县级及以上自然资源部门批准的评估价格。按购房发票确定扣除项目金额的,按照改制重组前购房发票所载金额并从购买年度起至本次转让年度止每年加计5%计算扣除项目金额,购买年度是指购房发票所载日期的当年。

纳税人享受上述税收政策,应按税务机关规定办理。上述所称不改变原企业投资主体、投资主体相同,是指企业改制重组前后出资人不发生变动,出资人的出资比例可以发生变动;投资主体存续,是指原企业出资人必须存在于改制重组后的企业,出资人的出资比例可以发生变动。

税务筹划案例

甲公司计划将一栋不动产转让给乙公司,由于该不动产增值较高,预计仅土地增值税一项税负就达5 000万元,请为甲公司提出税务筹划方案。

甲公司可以在企业改制重组的大框架下进行该项交易,将不动产转让改为不动产投资,即将该处不动产出资至乙公司,持有乙公司一定份额的股权。此时即可免纳土地增值税。未来,甲公司可以通过取得股息和转让乙公司股权等方式来获取该项投资的收益。从长期来看,与转让不动产的收益是相当的,但税负将大大降低。

九、土地增值税清算中的税务筹划

税务筹划思路

根据《国家税务总局关于房地产开发企业土地增值税清算管理有关问题的通知》（国税发〔2006〕187号）的规定，土地增值税以国家有关部门审批的房地产开发项目为单位进行清算，对于分期开发的项目，以分期项目为单位清算。开发项目中同时包含普通住宅和非普通住宅的，应分别计算增值额。

符合下列情形之一的，纳税人应进行土地增值税的清算：①房地产开发项目全部竣工、完成销售的；②整体转让未竣工决算房地产开发项目的；③直接转让土地使用权的。

符合下列情形之一的，主管税务机关可要求纳税人进行土地增值税清算：①已竣工验收的房地产开发项目，已转让的房地产建筑面积占整个项目可售建筑面积的比例在85%以上，或该比例虽未超过85%，但剩余的可售建筑面积已经出租或自用的；②取得销售（预售）许可证满三年仍未销售完毕的；③纳税人申请注销税务登记但未办理土地增值税清算手续的；④省税务机关规定的其他情况。

根据上述政策，房地产开发企业可以有意将转让比例控制在85%以下即可规避清算。另外，上述规定中的"剩余的可售建筑面积已经出租或自用"是指全部出租还是部分出租并未明确，根据法律解释的一般原则，应当解释为"全部出租"，房地产开发企业很容易通过预留一部分房屋的方式来规避上述规定。

房地产开发企业将开发产品用于职工福利、奖励、对外投资、分配给股东或投资人、抵偿债务、换取其他单位和个人的非货币性资产等，发生所有权转移时应视同销售房地产，其收入按下列方法和顺序确认：①按本企业在同一地区、同一年度销售的同类房地产的平均价格确定；②由主管税务机关参照当地当年、同类房地产的市场价格或评估价值确定。

房地产开发企业将开发的部分房地产转为企业自用或用于出租等商业用途时，如果产权未发生转移，不征收土地增值税，在税款清算时不列收入，不扣除相应的成本和费用。根据上述政策，如果不发生所有权转移，就不视同销售房地产，因此，房地产开发企业完全可以通过不办理产权转让手续，而仅将房地产的实际占有使用权用于职工福利、奖励、对外投资、分配给股东或投资人、抵偿债务、换取其他单位和个人的非货币性资产等，从而就规避了上述"视同销售"的规定。另外，房地产开发企业通过长期以租代售（如50年租赁）方式转让房地产就可以规避清算，上述规定实际上给企业提供了税务筹划的渠道。

房地产开发企业办理土地增值税清算时计算与清算项目有关的扣除项目金额，应根据《土地增值税暂行条例》第六条和《土地增值税暂行条例实施细则》第七条的规定执行。除另有规定外，扣除取得土地使用权所支付的金额、房地产开发成本、费用及与转让房地产有关税金，须提供合法有效凭证；不能提供合法有效凭证的，不予扣除。房地产开发企业办理土地增值税清算所附送的前期工程费、建筑安装工程费、基础设施费、开发间接费用的凭证或资料不符合清算要求或不实的，地方税务机关可参照当地建设工程造价管理部门公布的建安造价定额资料，结合房屋结构、用途、区位等因素，核定上述四项开发成本的单位面积金额标准，并据以计算扣除。具体核定方法由省级税务机关确定。房地产开发企业开发建造的与清算项目配套的居委会和派出所用房、会所、停车场（库）、物业管理场所、变电站、热力站、水厂、文体场馆、学校、幼儿园、托儿所、医院、邮电通信等公共设施，按以下原则处理：①建成后产权属于全体业主所有的，其成本、费用可以扣除；②建成后无偿移交给政府、公用事业单位用于非营利性社会公共事业的，其成本、费用可以扣除；③建成后有偿转让的，应计算收入，并准予扣除成本、费用。

房地产开发企业销售已装修的房屋，其装修费用可以计入房地产开发成本。房地产开发企业的预提费用，除另有规定外，不得扣除。属于多个房地产项目共同的成本费用，应按清算项目可售建筑面积占多个项目可售总建筑面积的比例或其他合理的方法，计算确定清算项目的扣除金额。

符合应进行土地增值税清算条件的纳税人，须在满足清算条件之日起90日内到主管税务机关办理清算手续；符合主管税务机关可要求进行土地增值税清算条件的纳税人，须在主管税务机关限定的期限内办理清算手续。纳税人办理土地增值税清算应报送以下资料：①房地产开发企业清算土地增值税书面申请、土地增值税纳税申报表；②项目竣工决算报表、取得土地使用权所支付的地价款凭证、国有土地使用权出让合同、银行贷款利息结算通知单、项目工程合同结算单、商品房购销合同统计表等与转让房地产的收入、成本和费用有关的证明资料；③主管税务机关要求报送的其他与土地增值税清算有关的证明资料等。纳税人委托税务中介机构审核鉴证的清算项目，还应报送中介机构出具的《土地增值税清算税款鉴证报告》。

税务中介机构受托对清算项目审核鉴证时，应按税务机关规定的格式对审核鉴证情况出具鉴证报告。对符合要求的鉴证报告，税务机关可以采信。税务机关要对从事土地增值税清算鉴证工作的税务中介机构在准入条件、工作程序、鉴证内容、法律责任等方面提出明确要求，并做好必要的指导和管理工作。

房地产开发企业有下列情形之一的，税务机关可以参照与其开发规模和收入水平相近的当地企业的土地增值税税负情况，按不低于预征率的征收率核定征收土地增值税：①依照法律、行政法规的规定应当设置但未设置账簿的；②擅自销毁账簿或者拒不提供纳税资料的；③虽设置账簿，但账目混乱或者成本资料、收入凭证、费用凭证残缺不全，难以确定转让收入或扣除项目金额的；④符合土地增值税清算条件，未按照规定的期限办理清算手续，经税务机关责令限期清算，逾期仍不清算的；⑤申报的计税依据明显偏低，又无正当理由的。

在土地增值税清算时未转让的房地产，清算后销售或有偿转让的，纳税人应按规定进行土地增值税的纳税申报，扣除项目金额按清算时的单位建筑面积成本费用乘以销售或转让面积计算。其中，单位建筑面积成本费用＝清算时的扣除项目总金额÷清算的总建筑面积。

这一规定使得房地产开发企业在清算后销售的房地产可以按照清算时的平均费用予以扣除，但清算后销售房地产的费用并不一定等于清算时的平均费用，这就会给房地产开发企业提供通过调控清算前后扣除费用来减轻纳税义务的空间。

税务筹划案例

某房地产开发企业2021年1月取得房产销售许可证，开始销售房产。2022年年底该企业已经销售了86%的房产。经过企业内部初步核算，该企业需要缴纳土地增值税8 000万元。目前该企业已经预缴土地增值税2 000万元。该企业应当如何进行税务筹划？

根据《国家税务总局关于房地产开发企业土地增值税清算管理有关问题的通知》（国税发〔2006〕187号）的规定，已竣工验收的房地产开发项目，已转让的房地产建筑面积占整个项目可售建筑面积的比例在85%以上的，主管税务机关可要求纳税人进行土地增值税清算。如果该企业进行土地增值税清算，则需要在2021年年初补缴6 000万元的税款。如果该企业有意控制房产销售的速度和规模，将销售比例控制在84%，剩余的房产可以留待以后销售或者用于出租，这样，该企业就可以避免在2023年年初进行土地增值税的清算，可以将清算时间推迟到2024年年初，这样就相当于该企业获得了6 000万元资金的一年期无息贷款。假设一年期资金成本为8%，则该税务筹划可为企业节约利息480万元（6 000×8%）。

十、转换房产税计税方式

税务筹划思路

根据《中华人民共和国房产税暂行条例》第三条、第四条的规定，房产税依照房产原值一次减除10%～30%后的余值计算缴纳。房产出租的，以房产租金收入为房产税的计税依据。房产税的税率，依照房产余值计算缴纳的，税率为1.2%；依照房产租金收入计算缴纳的税率为12%。两种方式计算出来的应纳税额有时候存在很大差异，在这种情况下，就存在税务筹划的空间。企业可以适当将出租业务转变为承包业务而避免采用依照租金计算房产税的方式。

税务筹划案例

某商业公司是从计划经济时期发展过来的,在计划经济时期,商品较为短缺。该公司作为商业批发零售兼营企业,为了"发展经济,保障供给",千方百计圈地建库,尽可能多地储存商品。现在商品极大丰富了,企业界逐步向零库存发展,他们的库房大量闲置。近年来,部分闲置的库房用于出租,但是,租赁过程的税负过高,是否有可能通过税务筹划减轻税收负担呢?

假设该公司用于出租的库房有三栋,其房产原值为2 000万元,年不含增值税租金收入为400万元,则应纳房产税48万元(400×12%)。

如果对该公司的上述经营活动进行税务筹划,假如年底合同到期,公司派代表与客户进行友好协商,继续利用库房为客户存放商品,但将租赁合同改为仓储保管合同,增加服务内容,配备保管人员,为客户提供24小时服务。这样,该公司需要增加费用支出,假设增加支出15万元。如果该公司在增加的服务上不盈利,即收取的仓储费为房屋租赁费加15万元,则客户会非常欢迎这种做法。这样,该企业提供仓储服务的不含增值税收入仍然约为400万元,收入不变,则应纳房产税16.8万元[2 000×(1—30%)×1.2%]。通过税务筹划,该企业每年可减轻房产税负担31.2万元(48—16.8)。需要注意的是,收入性质的转化必须具有真实性、合法性,同时能够满足客户的利益要求。否则,该项性质的转化是行不通的。

甲公司将一处自建仓库对外出租,原签订的均为仓库租赁合同,每年取得不含增值税租金1 000万元,缴纳房产税120万元,已知该处房产的计税余值为5 000万元。请为甲公司提出房产税的税务筹划方案。

未来,甲公司可以将仓库租赁合同修改为仓储保管合同,将单纯的房产租赁改为仓储保管服务,增加相应的物业管理,这样就可以按照计税余值计算房产税,即:5 000×1.2%=60(万元)。节省的房产税足够支付增加相应物业管理的支出。

十一、减免名义租金降低房产税

税务筹划思路

根据《财政部 国家税务总局关于调整住房租赁市场税收政策的通知》(财税〔2000〕125号)的规定,对按政府规定价格出租的公有住房和廉租住房,包括企业和自收自支事业单位向职工出租的单位自有住房,房管部门向居民出租的公有住房,落实私房政策中带户发还产权并以政府规定租金标准向居民出租的私有住房等,暂免征收房产税。对个人按市场价格出租的居民住房,其应缴纳的房产税暂减按4%的税率征收。对个人出租房屋取得的所得暂减按10%的税率征收个人所得税。

《财政部 税务总局 住房城乡建设部关于完善住房租赁有关税收政策的公告》(财政部 税务总局 住房城乡建设部公告2021年第24号)规定:"一、住房租赁企业中的增值税一般纳税人向个人出租住房取得的全部出租收入,可以选择适用简易计税方法,按照5%的征收率减按1.5%计算缴纳增值税,或适用一般计税方法计算缴纳增值税。住房租赁企业中的增值税小规模纳税人向个人出租住房,按照5%的征收率减按1.5%计算缴纳增值税。住房租赁企业向个人出租住房适用上述简易计税方法并进行预缴的,减按1.5%预征率预缴增值税。二、对企事业单位、社会团体以及其他组织向个人、专业化规模化住房租赁企业出租住房的,减按4%的税率征收房产税。三、对利用非居住存量土地和非居住存量房屋(含商业办公用房、工业厂房改造后出租用于居住的房屋)建设的保障性租赁住房,取得保障性租赁住房项目认定书后,比照适用第一条、第二条规定的税收政策,具体为:住房租赁企业向个人出租上述保障性租赁住房,比照适用第一条规定的增值税政策;企事业单位、社会团体以及其他组织向个人、专业化规模化住房租赁企业出租上述保障性租赁住房,比照适用第二条规定的房产税政策。保障性租赁住房项目认定书由市、县人民政府组织有关部门联合审查建设方案后出具。"

出租房屋收取的租金应当缴纳4%的房产税,由于税率是不能改变的,因此,只能从租金数额上找税务筹划的空间。如果出租人和承租人有可以互相交换的物品、劳务,出租人一方面可以降低租金,另一方面可以通过获得承租人的物品或者劳务来获得一定的补偿,这样,出租人获得的实际利益是相同的,但是租金降低了,房产税负担减轻了。

税务筹划案例

王先生有一套房屋出租,每月不含增值税租金3 000元。承租人是三位研究生。王先生同时还为自己的孩子聘请英语家教,每月家教费3 000元。请计算王先生应当缴纳的税款,并提出税务筹划方案。

王先生每月需要缴纳房产税120元(3 000×4%),需要预扣预缴个人所得税440元[(3 000-800)×20%]。

王先生可以考虑由该三位研究生作为其孩子的英语家教,这样,每月不需要收取房租,也不需负担家教费。王先生每月不需要缴纳房产税,可减轻房产税负担120元,也不需要代扣代缴个人所得税。这对于王先生和三位研究生而言都有利。

十二、减少出租房屋的附属设施降低租金

税务筹划思路

很多出租的房屋都附带很多家具和家电，租金相对比较高，而缴纳房产税时是按照收取的租金的全额来征收的，而实际上租金中的很大一部分是家具和家电的租金，而出租家具是不需要缴纳房产税的。这样，纳税人无形之中就增加了自己的房产税税收负担。因此，出租人可以通过减少出租房屋的附属设施来降低租金。如果出租房屋内的家具和家电无法处理或者承租人就希望有丰富的家具和家电，此时，可以通过两种方法来解决：第一种方法是与承租人签订一个买卖协议，即先将家具和家电出售给承租人，出租人收取的仅仅是房屋的租金，租赁期满以后，出租人再将这些家具和家电以比较低的价格购买回来，这样，通过买卖差价，出租人就收回了出租这些家具和家电的租金，而这些租金是不需要缴纳房产税的，这样就降低了出租人的房产税税收负担；第二种方法是与承租人签订两份租赁协议，一份是房屋租赁协议，一份是家具和家电的租赁协议。其中，房租租赁需要缴纳房产税和营业税，家具和家电租赁仅需要缴纳营业税。

税务筹划案例

甲租赁公司有一套住房出租，每年不含增值税租金为40 000元。出租的房屋中有彩电一台、洗衣机一台、冰箱一台、煤气灶一台、油烟机一台、写字台一个、空调两台、双人床一张等。请计算甲租赁公司每年应当缴纳的房产税，并提出税务筹划方案。

甲租赁公司每年需要缴纳房产税1 600元（40 000×4%）。甲租赁公司可以和承租人签订两个合同，一个房屋租赁合同，每年租金为20 000元；一个家具家电租赁合同，每年租金20 000元。此时，甲租赁公司需要缴纳房产税800元（20 000×4%）。不考虑其他税费，可减轻税收负担800元。

甲公司将一栋写字楼出租给若干家公司，每年取得不含增值税租金1 000万元，需要缴纳房产税120万元。甲公司为该写字楼配备了充足的办公设备和家具家电，也提供物业服务，请为甲公司提出房产税的税务筹划方案。

甲公司可以在重新核算相关经营成本的基础上，将写字楼租赁合同修改为三份合同：一份是写字楼租赁合同，不含增值税租金为800万元；一份是办公设施租赁合同，不含增值税租金为100万元；一份物业服务合同，不含增值税服务费为100万元。甲公司每年仅需缴纳房产税96万元（800×12%）。

十三、利用房产交换的契税优惠

税务筹划思路

土地使用权交换、房屋交换,契税的计税依据为所交换的土地使用权、房屋的价格的差额,即由支付差价的一方按差价缴纳契税。

在当前为子女上学和工作需要而存在大量二手房交易的时期,对于具有互补需要的购房者可以考虑通过房产互换来进行契税的税务筹划。

税务筹划案例

张先生在甲市A区拥有一套价值500万元的房产,为子女上学方便,准备在B区购置一套价值600万元的学区房,未来还准备将该学区房再以700万元的价格售出,在C区以800万元购置一套别墅。已知当地契税税率为4%。请为张先生提出契税的税务筹划方案。

上述三次房产交易,交易当事人合计需要缴纳契税84万元[(600+700+800)×4%]。如果张先生可以找到合适的房源,可以考虑与对方互换房产,即用A区的房产换购B区的房产,支付100万元差价,未来再用B区房产换购C区别墅,支付100万元差价,合计仅需缴纳契税8万元。

十四、利用企业改制重组的契税优惠

税务筹划思路

自2021年1月1日至2027年12月31日,企业按照《公司法》有关规定整体改制,包括非公司制企业改制为有限责任公司或股份有限公司,有限责任公司变更为股份有限公司,股份有限公司变更为有限责任公司,原企业投资主体存续并在改制(变更)后的公司中所持股权(股份)比例超过75%,且改制(变更)后公司承继原企业权利、义务的,对改制(变更)后公司承受原企业土地、房屋权属,免征契税。

事业单位按照国家有关规定改制为企业,原投资主体存续并在改制后企业中出资(股权、股份)比例超过50%的,对改制后企业承受原事业单位土地、房屋权属,免征契税。

两个或两个以上的公司,依照法律规定、合同约定,合并为一个公司,且原投资主体存续的,对合并后公司承受原合并各方土地、房屋权属,免征契税。

公司依照法律规定、合同约定分立为两个或两个以上与原公司投资主体相同的公司，对分立后公司承受原公司土地、房屋权属，免征契税。

企业依照有关法律法规规定实施破产，债权人（包括破产企业职工）承受破产企业抵偿债务的土地、房屋权属，免征契税；对非债权人承受破产企业土地、房屋权属，凡按照《中华人民共和国劳动法》等国家有关法律法规政策妥善安置原企业全部职工规定，与原企业全部职工签订服务年限不少于三年的劳动用工合同的，对其承受所购企业土地、房屋权属，免征契税；与原企业超过30%的职工签订服务年限不少于三年的劳动用工合同的，减半征收契税。

对承受县级以上人民政府或国有资产管理部门按规定进行行政性调整、划转国有土地、房屋权属的单位，免征契税。同一投资主体内部所属企业之间土地、房屋权属的划转，包括母公司与其全资子公司之间，同一公司所属全资子公司之间，同一自然人与其设立的个人独资企业、一人有限公司之间土地、房屋权属的划转，免征契税。母公司以土地、房屋权属向其全资子公司增资，视同划转，免征契税。

经国务院批准实施债权转股权的企业，对债权转股权后新设立的公司承受原企业的土地、房屋权属，免征契税。

以出让方式或国家作价出资（入股）方式承受原改制重组企业、事业单位划拨用地的，不属上述规定的免税范围，对承受方应按规定征收契税。

在股权（股份）转让中，单位、个人承受公司股权（股份），公司土地、房屋权属不发生转移，不征收契税。

上述所称企业、公司，是指依照我国有关法律法规设立并在中国境内注册的企业、公司。所称投资主体存续，是指原改制重组企业、事业单位的出资人必须存在于改制重组后的企业，出资人的出资比例可以发生变动。所称投资主体相同，是指公司分立前后出资人不发生变动，出资人的出资比例可以发生变动。

税务筹划案例

赵先生准备用自己名下的一处价值1 000万元的商用房投资设立一家一人有限责任公司，已知当地契税税率为3%，请为赵先生提出契税的税务筹划方案。

如果直接投资，该有限责任公司需要缴纳契税30万元（1 000×3%）。如果赵先生先成立一家一人有限责任公司，然后将自己名下的商用房划转至该一人有限责任公司，则可以免于缴纳30万元的契税。

第十一章

金税四期消费税筹划

第一节 消费税的征税范围

根据《消费税暂行条例》的规定,消费税的征税范围如下。

一、生产应税消费品

(一)生产销售应税消费品

纳税人生产的应税消费品,于纳税人销售时纳税。

(二)自产自用应税消费品

纳税人自产自用的应税消费品,用于连续生产应税消费品的,不纳税;用于其他方面的,于移送使用时纳税。

用于连续生产应税消费品,是指纳税人将自产自用应税消费品作为直接材料生产最终应税消费品,自产自用应税消费品构成最终应税消费品的实体。

用于其他方面,是指纳税人将自产自用的应税消费品用于生产非应税消费品、在建工程、管理部门、非生产机构、提供劳务、馈赠、赞助、集资、广告、样品、职工福利、奖励等方面。

(三)视为生产销售应税消费品

工业企业以外的单位和个人的下列行为视为应税消费品的生产行为,按规定征收消费税:

(1)将外购的消费税非应税产品以消费税应税产品对外销售的。
(2)将外购的消费税低税率应税产品以高税率应税产品对外销售的。

二、委托加工应税消费品

(一)委托加工应税消费品的含义

委托加工的应税消费品,是指由委托方提供原料和主要材料,受托方只收取加工费和代垫部分辅助材料加工的应税消费品。对于由受托方提供原材料生产的应税消费品,或者受托方先将原材料卖给委托方,然后再接受加工的应税消费品,以及由受托方以委托方名义购进原材料生产的应税消费品,不论在财务上是否作为销售处理,都不得作为委托加工应税消费品,而应当按照销售自制应税消费品缴纳消费税。

(二)委托加工应税消费品的纳税人与扣缴义务人

委托加工的应税消费品,除受托方为个人外,由受托方在向委托方交货时代收代缴消费税。委托个人加工的应税消费品,由委托方收回后缴纳消费税。

(三)委托加工应税消费品的纳税义务

委托加工的应税消费品,委托方用于连续生产应税消费品的,所纳税款准予按规定抵扣。

委托方将收回的应税消费品,以不高于受托方的计税价格出售的,为直接出售,不再缴纳消费税;委托方以高于受托方的计税价格出售的,不属于直接出售,需按照规定申报缴纳消费税,在计税时准予扣除受托方已代收代缴的消费税。

三、进口应税消费品

单位和个人进口应税消费品,于报关进口时缴纳消费税。为了减少征税成本,进口环节缴纳的消费税由海关代征。

四、零售应税消费品

(一)商业零售金银首饰

自1995年1月1日起,金银首饰消费税由生产销售环节征收改为零售环节征收。改在零售环节征收消费税的金银首饰仅限于金基、银基合金首饰以及金、银和金基、银基合金的镶嵌首饰。自2002年1月1日起,对钻石及钻石饰品消费税的纳税环节由生产环节、进口环节后移至零售环节。自2003年5月1日起,铂金首饰消费税改为零售环节征税。

下列业务视同零售业,在零售环节缴纳消费税:

（1）为经营单位以外的单位和个人加工金银首饰。加工包括带料加工、翻新改制、以旧换新等业务，不包括修理和清洗。

（2）经营单位将金银首饰用于馈赠、赞助、集资、广告样品、职工福利、奖励等方面。

（3）未经中国人民银行总行批准，经营金银首饰批发业务的单位将金银首饰销售给经营单位。

（二）零售超豪华小汽车

自2016年12月1日起，对超豪华小汽车，在生产（进口）环节按现行税率征收消费税基础上，在零售环节加征消费税，将超豪华小汽车销售给消费者的单位和个人为超豪华小汽车零售环节纳税人。

五、批发销售卷烟

自2015年5月10日起，将卷烟批发环节从价税税率由5%提高至11%，并按0.005元/支加征从量税。

烟草批发企业将卷烟销售给其他烟草批发企业的，不缴纳消费税。

卷烟消费税改为在生产和批发两个环节征收后，批发企业在计算应纳税额时不得扣除已含的生产环节的消费税税款。

纳税人兼营卷烟批发和零售业务的，应当分别核算批发和零售环节的销售额、销售数量；未分别核算批发和零售环节销售额、销售数量的，按照全部销售额、销售数量计征批发环节消费税。

第二节　消费税税务筹划方案

一、巧用消费税的征收范围

税务筹划思路

根据《消费税暂行条例》附录"消费税税目税率表"中规定的征收范围，我国目前对消费税的征收范围仅局限于15类商品，分别是烟、酒、高档化妆品、贵重首饰及珠宝玉石、鞭炮及烟火、成品油、摩托车、小汽车、高尔夫球及球具、高档手表、游艇、木制一次性筷子、实木地板税目、电池和涂料。即使在上述15类消费品的范围内,也有一些免税的消费品,如无汞原电池、金属氢化物镍蓄电池(又称"氢镍蓄电池"或"镍氢蓄电池")、锂原电池、锂离子蓄电池、太阳能电池、燃料电池和全钒液流电池免征消费税,电动汽车不征消费税等。

如果企业希望从源头上节税,不妨在投资决策的时候就避开上述消费品,而选择其他符合国家产业政策、在流转税及所得税方面有优惠措施的产品进行投资,如高档摄像机、高档组合音响、裘皮制品、移动电话、装饰材料。在市场前景看好的情况下,企业选择这类项目投资,也可以达到减轻消费税税收负担的目的。消费税的具体税目及税率,参见消费税税目税率表(表11-1)。

表11-1 消费税税目税率表

税目	税率(税额)
一、烟	
1. 甲类卷烟	56%加每支0.003元(生产环节)
2. 乙类卷烟	36%加每支0.003元(生产环节)
3. 卷烟批发	11%加每支0.005元
4. 雪茄烟	36%
5. 烟丝	30%
二、酒	
1. 白酒	20%加0.5元/斤或500毫升
2. 黄酒	240元/吨
3. 甲类啤酒	250元/吨
4. 乙类啤酒	220元/吨
5. 其他酒	10%
三、高档化妆品	15%
四、贵重首饰及珠宝玉石	10%
1. 金银首饰、铂金首饰,钻石及钻石饰品	5%
2. 其他贵重首饰、珠宝玉石	10%
五、鞭炮、焰火	15%
六、成品油	
1. 汽油	1.52元/升
2. 柴油	1.20元/升
3. 石脑油	1.52元/升

（续表）

税目	税率（税额）
4. 溶剂油	1.52元/升
5. 润滑油	1.52元/升
6. 燃料油	1.20元/升
7. 航空煤油	1.20元/升
七、摩托车	
1. 气缸容量（排气量，下同）为250毫升的	3%
2. 气缸容量为250毫升以上的	10%
八、小汽车	
1. 乘用车	
气缸容量在1.0升（含1.0升）以下的	1%
气缸容量在1.0升以上至1.5升（含1.5升）的	3%
气缸容量在1.5升以上至2.0升（含2.0升）的	5%

二、巧用消费税的计税依据

税务筹划思路

由于增值税属于价外税，增值税税款不应作为消费税的计税依据。根据《消费税暂行条例实施细则》第十二条的规定，销售额不包括应向购货方收取的增值税税款。如果纳税人应税消费品的销售额中未扣除增值税税款或者因不得开具增值税专用发票而发生价款和增值税税款合并收取的，在计算消费税时，应当换算为不含增值税税款的销售额。其换算公式为：

应税消费品的销售额＝含增值税的销售额÷（1＋增值税税率或者征收率）

因此，在现实经济生活中，应该深刻理解增值税价外税的属性，如果直接将含增值税的销售额作为消费税的计税依据，显然增大了消费税的计税依据，增加了纳税人的税收负担。

这种情况属于正确计算消费税额的问题。在西方发达国家，纳税人计算出现错误，税务机关会给予指出，多缴纳的税款也可以退回或者抵扣以后月份的消费税额。在我国虽然也有这种规定，但是在具体实践中并不如此完善，因此，纳税人因计算错误而多缴纳的税款并不总是能够退回的，即使能够退回，其中所涉及的资金占用成本、与税务机关交涉成本、举证成本等都是巨大的，因此，在计算阶段就按照税法规定合理计算，不多缴纳税款也是一种税务筹划的方法。

三、巧用生产制作环节纳税的规定

税务筹划思路

我国税法规定，生产应税消费品的，于销售时纳税。但企业可以通过降低商品价值，通过"物物交换"进行税务筹划，也可以改变和选择某种对企业有利的结算方式推迟纳税时间，获得资金使用利益。

我国的消费税除金银首饰改在零售环节课税，烟在批发环节额外征收一道消费税，超豪华小汽车在零售环节加征一道消费税以外，其他应税消费都在生产制作环节或者委托加工环节课税。这样的规定主要是从方便征管的角度考虑的，因为在生产制作环节纳税人数量较少，征管对象明确，便于控制税源，降低征管成本。由于生产制作环节不是商品实现消费以前的最后一个流转环节，在这个环节之后还存在批发、零售等若干个流转环节，这就为纳税人进行税务筹划提供了空间。纳税人可以分设独立核算的经销部、销售公司，以较低的价格向它们供货，再以正常价格对外销售。由于消费税主要在生产制作环节征收，纳税人的税收负担会因此减轻许多。

以较低的销售价格将应税消费品销售给其独立核算的销售分公司，由于处在销售环节，只缴纳增值税而不缴纳消费税，可使纳税人的整体消费税税负下降，但这种方法并不影响纳税人的增值税税负。目前，这种在纳税环节进行的税务筹划在生产化妆品、烟、酒、摩托车、小汽车的行业里得到了较为普遍的应用。但是，应当指出的是：首先，根据《消费税暂行条例》第十条的规定，纳税人应税消费品的计税价格明显偏低并无正当理由的，由主管税务机关核定其计税价格。因此，生产厂家向销售分公司出售应税消费品时，只能适度压低价格，如果压低的幅度过大，就构成了《消费税暂行条例》所称"计税价格明显偏低"的情况，税务机关可以行使价格调整权。其次，这种行为有避税的嫌疑，国家有可能出台相关的税收法规来防止纳税人采用这种方式进行税务筹划。例如，国家税务总局对中国第一汽车集团公司及上海大众汽车有限公司等大型汽车生产企业的消费税征收环节进行了调整，由在生产环节对纳税人征税，改为推延至经销环节征税。这样，该纳税人就无法采取这种方式进行税务筹划了，但是对于广大中小纳税人而言，这种税务筹划方法仍然具有广泛的实用价值。

另外，还需要注意的是，2009年7月17日，国家税务总局发布的《关于加强白酒消费税征收管理的通知》（国税函〔2009〕380号）规定了白酒消费税最低计税价格核定管理的最新政策。白酒生产企业销售给销售单位的白酒，生产企业消费税计税价格低于销售单位对外销售价格（不含增值税，下同）70%以下的，税务机关应核定消费税最低计税价格。因此，白酒生产企业采取这种方式节税应当注意节税的空间。

税务筹划案例

某化妆品生产厂家生产的高档化妆品，假设正常生产环节的不含税售价为每件400元，适用消费税税率为15%，则该厂应纳消费税60元（400×15%）。请提出该厂的税务筹划方案。

倘若该厂经过税务筹划，设立一个独立核算的子公司负责对外销售，向该子公司供货时不含税价格定为每套200元，则该厂在转移产品时须缴纳消费税30元（200×15%）。该子公司对外零售商品时不需要缴纳消费税，没有消费税负担。通过这种税务筹划，该厂每套商品可少纳消费税30元。

由此可见，以较低的销售价格将应税消费品销售给其独立核算的销售子公司，由于处在销售环节，只缴纳增值税不缴纳消费税，可使纳税人的整体消费税税负下降，但这种方法并不影响纳税人的增值税税负。

四、兼营行为的税务筹划

税务筹划思路

根据《消费税暂行条例》第三条的规定，纳税人兼营不同税率的应当缴纳消费税的消费品（简称应税消费品），应当分别核算不同税率应税消费品的销售额、销售数量；未分别核算销售额、销售数量，或者将不同税率的应税消费品组成成套消费品销售的，从高适用税率。税法的上述规定要求纳税人必须注意分别核算不同税率的应税消费品的生产情况，这一税务筹划方法看似简单，但如果纳税人不了解税法的这一规定而没有分别核算的话，在缴纳消费税的时候就会吃亏。因此，纳税人在进行纳税申报的时候，必须要注意消费品的组合问题，没有必要成套销售的，就不宜采用这种销售方式。

税务筹划案例

某公司既生产经营普通化妆品，又生产经营高档化妆品，高档化妆品的消费税税率为15%，普通化妆品不征收消费税。2022年度，该公司高档化妆品的不含税销售额为2 000万元，普通化妆品的不含税销售额为1 000万元。如果该公司没有分别核算或者将高档化妆品与普通化妆品组成成套商品销售，请计算该公司应当缴纳的消费税，并提出税务筹划方案。

由于该公司不分别核算销售额，应当一律按高档化妆品的税率15%征收消费税。如果该公司将高档化妆品与普通化妆品组成成套消费品销售，全部销售额也要适用15%的税率，这两种做法显然都会加重普通化妆品的税收负担。2022年度该公司应纳消费税额为450万元〔（2 000＋1 000）×15%〕。如果该公司事先进行税务筹划，分别核算两种经营项目，则该公司2022年度应纳消费税额为300万元（2 000×15%），可减轻消费税负担150万元（450－300）。同时，纳税人在进行纳税申报的时候，必须注意消费品的组合问题，没有必要成套销售的，就不宜采用这种销售方式。

五、巧用白酒消费税最低计税价格

税务筹划思路

根据《国家税务总局关于加强白酒消费税征收管理通知》（国税函〔2009〕380号），白酒生产企业销售给销售单位的白酒，生产企业消费税计税价格低于销售单位对外销售价格（不含增值税，下同）70%以下的，税务机关应核定消费税最低计税价格。

销售单位是指销售公司、购销公司及委托境内其他单位或个人包销本企业生产白酒的商业机构。销售公司、购销公司是指专门购进并销售白酒生产企业生产的白酒，并与该白酒生产企业存在关联性质。包销是指销售单位依据协定价格从白酒生产企业购进白酒，同时承担大部分包装材料等成本费用，并负责销售白酒。

白酒生产企业应将各种白酒的消费税计税价格和销售单位销售价格，在主管税务机关规定的时限内填报。白酒消费税最低计税价格由白酒生产企业自行申报，税务机关核定。

主管税务机关应将白酒生产企业申报的销售给销售单位的消费税计税价格低于销售单位对外销售价格70%以下、年销售额1 000万元以上的各种白酒，在规定的时限内逐级上报至国家税务总局。国家税务总局选择其中部分白酒核定消费税最低计税价格。除国家税务总局已核定消费税最低计税价格的白酒外，其他需要核定消费税最低计税价格的白酒，消费税最低计税价格由各省、自治区、直辖市和计划单列市国家税务局核定。

白酒消费税最低计税价格核定标准如下：

（1）白酒生产企业销售给销售单位的白酒，生产企业消费税计税价格高于销售单位对外销售价格70%（含70%）以上的，税务机关暂不核定消费税最低计税价格。

（2）白酒生产企业销售给销售单位的白酒，生产企业消费税计税价格低于销售单位对外销售价格70%以下的，消费税最低计税价格由税务机关根据生产规模、白酒品牌、利润水平等情况在销售单位对外销售价格50%至70%范围内自行核定。其中生产规模较大，利润水平较高的企业生产的需要核定消费税最低计税价格的白酒，税务机关核价幅度原则上应选择在销售单位对外销售价格60%至70%范围内。

已核定最低计税价格的白酒，生产企业实际销售价格高于消费税最低计税价格的，按实际销售价格申报纳税；实际销售价格低于消费税最低计税价格的，按最低计税价格申报纳税。

已核定最低计税价格的白酒，销售单位对外销售价格持续上涨或下降时间达到3个月以上、累计上涨或下降幅度在20%（含）以上的白酒，税务机关重新核定最低计税价格。

对于已经核定白酒最低计税价格的企业而言，尽量按照白酒最低计税价格来确定自己的实际销售价格，这样可以按照最低的计税价格来纳税。

税务筹划案例

某白酒生产企业所生产的A类白酒经过税务机关核定的最低计税价格为50元/500克，该企业批发给自己设立的销售公司的价格为49元/500克，批发给其他商贸公司的价格为55元/500克。2022年度该企业向其他商贸公司销售白酒5 000千克。已知白酒消费税税率为20%加0.5元/500克（或500毫升）。请针对该情况提出税务筹划方案。

根据上述情况，5 000千克A类白酒应当缴纳消费税11.5万元（1×0.5+55×1×20%）。如果该企业将A类白酒统一批发给其设立的销售公司，再由销售公司统一对外批发和零售，则应当缴纳消费税10.5万元（1×0.5+50×1×20%）。经过税务筹划，该企业可降低消费税负担1万元（11.5-10.5）。

六、巧用啤酒消费税税率临界点

税务筹划思路

根据《财政部　国家税务总局关于调整酒类产品消费税政策的通知》（财税〔2001〕84号）的规定，每吨啤酒出厂价格（含包装物及包装物押金）在3 000元（含3 000元，不含增值税）以上的，单位税额为250元/吨；每吨啤酒出厂价格在3 000元（不含3 000元，不含增值税）以下的，单位税额为220元/吨。娱乐业、饮食业自制啤酒，单位税额为250元/吨。啤酒消费税的税率为从量定额税率，同时根据啤酒的单位价格实行全额累进。全额累进税率的一个特点是：在临界点，税收负担变化比较大，会出现税收负担的增加大于计税依据的增加的情况。在这种情况下，巧妙运用临界点的规定适当降低产品价格反而能够增加税后利润。

税务筹划案例

某啤酒厂2022年生产销售某品牌啤酒，每吨出厂价格为2 990元（不包括增值税）。2023年，该厂对该品牌啤酒的生产工艺进行了改进，使该种啤酒的质量得到了较大提高。该厂准备将价格提到3 010元。根据以上信息，请提出该厂的税务筹划方案。

如果将啤酒的价格提高到3 010元，每吨啤酒需要缴纳消费税250元，每吨啤酒扣除消费税后的利润为2 760元（3 010－250）。

该厂经过税务筹划，认为适当降低产品的价格不仅能够获得更大的税后利润，而且可以增加产品在市场上的竞争力，于是该厂将2023年啤酒的出厂价格仍然定为2 990元，这样，每吨啤酒需要缴纳消费税220元，每吨啤酒扣除消费税后的利润为2 770元（2 990－220）。

由此可见，这种税务筹划方法实现了"一箭双雕"，既增加了企业的利润，又增强了本厂产品在价格上的竞争力。

七、包装物的税务筹划

税务筹划思路

根据《消费税暂行条例实施细则》第十三条的规定，应税消费品连同包装物销售的，无论包装物是否单独计价及在会计上如何核算，均应并入应税消费品的销售额中缴纳消费税。如果包装物不作价随同产品销售，而是收取押金，此项押金则不应并入应税消费品的销售额中征税。但对因逾期未收回的包装物不再退还的或者已收取的时间超过12个月的押金，应并入应税消费品的销售额，按照应税消费品的适用税率缴纳消费税。对既作价随同应税消费品销售，又另外收取押金的包装物的押金，凡纳税人在规定的期限内没有退还的，均应并入应税消费品的销售额，按照应税消费品的适用税率缴纳消费税。因此，企业如果想在包装物上节省消费税，关键是包装物不能作价随同产品出售，而应采取收取"押金"的形式，这样"押金"就不并入销售额计算消费税额。即使在经过1年以后，需要将押金并入应税消费品的销售额，按照应税消费品的适用税率征收消费税，也使企业获得了该笔消费税的1年的免费使用权。

这种税务筹划在会计上的处理方法，根据《财政部关于消费税会计处理的规定》（财会〔1993〕83号），随同产品出售但单独计价的包装物，按规定应缴纳的消费税，借记"其他业务支出"科目，贷记"应交税费——应交消费税"科目。企业逾期未退还的包装物押金，按规定应缴纳的消费税，借记"其他业务支出""其他应付款"等科目，贷记"应交税费——应交消费税"科目。

值得注意的是，根据《财政部 国家税务总局关于酒类产品包装物押金征税问题的通知》（财税〔1995〕53号）和《国家税务总局关于印发〈消费税问题解答〉的通知》(国税函发〔1997〕306号)的规定,从1995年6月1日起,对销售除啤酒、黄酒外的其他酒类产品而收取的包装物押金,无论是否返还以及会计上如何核算,均应并入当期销售额征税(之所以将啤酒和黄酒除外,是因为对酒类包装物押金征税的规定只适用于实行从价定率办法征收消费税的酒类,而啤酒和黄酒产品是实行从量定额办法征收消费税的,因此,无法适用这一规定)。这在一定程度上限制了经营酒类产品的企业利用包装物进行税务筹划的可能性。同时,财政部和国家税务总局的上述规定也从反面说明了企业大量使用这种税务筹划方法,导致企业节约了大量税款,相应导致国家税款流失。

根据《财政部 国家税务总局关于调整金银首饰消费税纳税环节有关问题的通知》(财税〔1994〕95号)的规定,金银首饰连同包装物销售的,无论包装是否单独计价,也无论会计上如何核算,均应并入金银首饰的销售额,计征消费税。根据这一规定,金银首饰生产企业仍然可以通过把包装物变成押金的方式进行税务筹划。在会计处理上,根据《财政部关于调整金银首饰消费税纳税环节后有关会计处理规定的通知》(财会字〔1995〕9号)的规定,随同金银首饰出售但单独计价的包装物,按规定应缴纳的消费税,借记"其他业务支出"科目,贷记"应交税费——应交消费税"科目。

税务筹划案例

某鞭炮厂生产一批焰火共10 000箱,每箱价值200元,其中包含包装物价值15元,该月销售额2 000 000元(200×10 000)。焰火的消费税税率为15%。请计算该厂该月应当缴纳的消费税,并提出税务筹划方案。

根据《消费税暂行条例实施细则》第十三条的规定,该月应纳消费税税额为300 000元(2 000 000×15%)。

根据《消费税暂行条例实施细则》第十三条的规定,如果包装物不作价随同产品销售,而是收取押金,此项押金则不应并入应税消费品的销售额中征税。但对因逾期未收回的包装物不再退还的和已收取一年以上的押金,应并入应税消费品的销售额,按照应税消费品的适用税率征收消费税。

通过税务筹划,该焰火厂以每箱185元的价格销售,并收取15元押金,还规定,包装物如有损坏则从押金中扣除相应修理费用直至全部扣除押金(这种规定与直接销售包装物大体相当),这样,该厂应纳消费税降低277 500元(10 000×185×15%)。一年以后,如果该批包装物的押金没有退回,则该企业应当补缴消费税22 500元(10 000×15×15%)。对于该厂而言,相当于获得了22 500元的一年无息贷款。

八、自产自用消费品的税务筹划

税务筹划思路

根据《消费税暂行条例》第七条的规定，纳税人自产自用的应税消费品，按照纳税人生产的同类消费品的销售价格计算纳税；没有同类消费品销售价格的，按照组成计税价格计算纳税。实行从价定率办法计算纳税的组成计税价格计算公式如下：

$$组成计税价格=（成本+利润）\div（1-比例税率）$$

实行复合计税办法计算纳税的组成计税价格计算公式如下：

$$组成计税价格=\frac{成本+利润+自产自用数量\times 定额税率}{1-比例税率}$$

应税消费品的全国平均成本利润率如下：①甲类卷烟为10%；②乙类卷烟为5%；③雪茄烟为5%；④烟丝为5%；⑤电子烟为10%；⑥粮食白酒为10%；⑦薯类白酒为5%；⑧其他酒为5%；⑨高档化妆品为5%；⑩鞭炮、焰火为5%；⑪贵重首饰及珠宝玉石为6%；⑫摩托车为6%；⑬高尔夫球及球具为10%；⑭高档手表为20%；⑮游艇为10%；⑯木制一次性筷子为5%；⑰实木地板为5%；⑱乘用车为8%；⑲中轻型商用客车为5%；⑳电池为4%；㉑涂料为7%。

根据《消费税暂行条例实施细则》第十五条的规定，同类消费品的销售价格，是指纳税人或者代收代缴义务人当月销售的同类消费品的销售价格，如果当月同类消费品各期销售价格高低不同，应按销售数量加权平均计算。但销售的应税消费品有下列情况之一的，不得列入加权平均计算：①销售价格明显偏低并无正当理由的；②无销售价格的。

如果当月无销售或者当月未完结，应按照同类消费品上月或最近月份的销售价格计算纳税。纳税人可以通过自产自用消费品计价方式的不同来选择税负最轻的纳税方式。

税务筹划案例

某摩托车生产企业只生产一种品牌的摩托车，某月将100辆摩托车作为职工年终奖发放给职工，当月生产的摩托车的销售价格为5 000元。当月，该企业按照5 000元的价格销售了400辆，按照5 500元的价格销售了400辆，生产摩托车的成本为50 000元（4×100×10%）。如果不能准确提供该批摩托车的销售价格，即该批摩托车有两种销售价格，则应按销售数量加权平均计算，应纳消费税为52 500元〔（400×5 000+400×5 500）÷800×100×10%〕。

如果没有"同类消费品的销售价格"，则应当按照组成计税价格计算纳税，应纳消费税为53 000元〔4 500×（1+6%）÷（1-10%）×100×10%〕。由此可以看出，按照同类商品的销售价格计算税负最轻，这就要求该企业健全会计核算制度，可以准确计算该批摩托车的销售价格。

九、包装方式的税务筹划

税务筹划思路

根据《消费税暂行条例》第三条的规定，纳税人兼营不同税率的应税消费品，应当分别核算不同税率应税消费品的销售额、销售数量。未分别核算销售额、销售数量，或者将不同税率的应税消费品组成成套消费品销售的，从高适用税率。如果纳税人需要将不同税率的商品组成套装进行销售时应当尽量采取先销售后包装的方式进行核算，而不要采取先包装后销售的方式进行核算。

税务筹划案例

某酒厂企业生产各种类型的酒，以适应不同消费者需求。春节来临，大部分消费者都以酒作为馈赠亲朋好友的礼品，针对这种市场情况，该企业于一月初推出"组合装礼品酒"的促销活动，将白酒、白兰地酒和葡萄酒各一瓶组成价值230元的成套礼品酒进行销售，三种酒的出厂价分别为50元/瓶、100元/瓶、80元/瓶，已知白酒消费税税率为20%加0.5元/500克（或500毫升），白兰地酒和葡萄酒消费税税率是销售额的10%。假设这三种酒每瓶均为500克装，该月共销售10 000套礼品酒。该企业采取先包装后销售的方式促销。请计算该企业应当缴纳的消费税，并提出税务筹划方案。

由于该企业采取先包装后销售的方式促销，属于混合销售行为，应当按照较高的税率计算消费税额，应纳消费税额为475 000元［10 000×（3×0.5+230×20%）］。由于三种酒的税率不同，因此，采取混合销售的方式增加了企业的税收负担。该企业可以采取先销售后包装的方式进行促销，应纳消费税额为285 000元［10 000×（1×0.5+50×20%）+100×10 000×10%+80×10 000×10%］，可减轻企业税收负担190 000元（475 000－285 0000）。

第十二章

金税四期印花税筹划

第一节 印花税概述

一、印花税的计税依据

印花税的计税依据通常是应税凭证上的金额,但也有一些特殊规定,纳税人应准确把握以下规定,以免多缴税或者少缴税。

(一)应税合同的计税依据

应税合同的计税依据,为合同所列的金额,不包括列明的增值税税款;合同中价款或者报酬与增值税税款未分开列明的,按照合计金额确定。具体包括买卖合同和建设工程合同中的支付价款、承揽合同中的支付报酬、租赁合同和融资租赁合同中的租金、运输合同中的运输费用、保管合同中的保管费、仓储合同中的仓储费、借款合同中的借款金额、财产保险合同中的保险费以及技术合同中的支付价款、报酬或者使用费等。

(二)应税产权转移书据的计税依据

应税产权转移书据的计税依据,为产权转移书据所列的金额,不包括列明的增值税税款;产权转移书据中价款与增值税税款未分开列明的,按照合计金额确定。

应税合同、产权转移书据未列明价款或者报酬的,按照下列方法确定计税依据:

(1)按照订立合同、产权转移书据时的市场价格确定;依法应当执行政府定价的,按照其规定确定。

（2）不能按照上述规定的方法确定的，按照实际结算的价款或者报酬确定。

（3）同一应税合同、应税产权转移书据中涉及两方以上纳税人，且未列明纳税人各自涉及金额的，以纳税人平均分摊的应税凭证所列金额（不包括列明的增值税税款）确定计税依据。

（4）应税合同、应税产权转移书据所列的金额与实际结算金额不一致，不变更应税凭证所列金额的，以所列金额为计税依据；变更应税凭证所列金额的，以变更后的所列金额为计税依据。已缴纳印花税的应税凭证，变更后所列金额增加的，纳税人应当就增加部分的金额补缴印花税；变更后所列金额减少的，纳税人可以就减少部分的金额向税务机关申请退还或者抵缴印花税。

（5）纳税人因应税凭证列明的增值税税款计算错误导致应税凭证的计税依据减少或者增加的，纳税人应当按规定调整应税凭证列明的增值税税款，重新确定应税凭证计税依据。已缴纳印花税的应税凭证，调整后计税依据增加的，纳税人应当就增加部分的金额补缴印花税；调整后计税依据减少的，纳税人可以就减少部分的金额向税务机关申请退还或者抵缴印花税。

（6）纳税人转让股权的印花税计税依据，按照产权转移书据所列的金额（不包括列明的认缴后尚未实际出资权益部分）确定。

（7）应税凭证金额为人民币以外的货币的，应当按照凭证书立当日的人民币汇率中间价折合人民币确定计税依据。

（8）境内的货物多式联运，采用在起运地统一结算全程运费的，以全程运费作为运输合同的计税依据，由起运地运费结算双方缴纳印花税；采用分程结算运费的，以分程的运费作为计税依据，分别由办理运费结算的各方缴纳印花税。

（9）未履行的应税合同、产权转移书据，已缴纳的印花税不予退还及抵缴税款。

（10）纳税人多贴的印花税票，不予退税及抵缴税款。

（三）应税营业账簿的计税依据

应税营业账簿的计税依据，为账簿记载的实收资本（股本）、资本公积合计金额。

（四）证券交易的计税依据

证券交易的计税依据，为成交金额。以非集中交易方式转让证券时无转让价格的，按照办理过户登记手续前一个交易日收盘价计算确定计税依据；办理过户登记手续前一个交易日无收盘价的，按照证券面值计算确定计税依据。

（五）未列明金额时的计税依据

应税合同、产权转移书据未列明金额的，印花税的计税依据按照实际结算的金额确定。计税依据按照上述规定仍不能确定的，按照书立合同、产权转移书据时的市场价格确定；依法应当执行政府定价或者政府指导价的，按照国家有关规定确定。

（六）核定印花税计税依据

纳税人有以下情形的，税务机关可以核定纳税人印花税计税依据：

（1）未按规定建立印花税应税凭证登记簿，或未如实登记和完整保存应税凭证的。

（2）拒不提供应税凭证或不如实提供应税凭证致使计税依据明显偏低的。

（3）采用按期汇总缴纳办法的，未按税务机关规定的期限报送汇总缴纳印花税情况报告，经税务机关责令限期报告，逾期仍不报告的或者税务机关在检查中发现纳税人有未按规定汇总缴纳印花税情况的。

二、印花税应纳税额的计算

印花税的应纳税额按照计税依据乘以适用税率计算，具体计算公式如下。

（一）应税合同

应税合同的应纳税额计算公式为：

$$应纳税额＝价款或者报酬×适用税率$$

（二）应税产权转移书据

应税产权转移书据的应纳税额计算公式为：

$$应纳税额＝价款×适用税率$$

（三）应税营业账簿

应税营业账簿的应纳税额计算公式为：

$$应纳税额＝实收资本（股本）、资本公积合计金额×适用税率$$

（四）证券交易

证券交易的应纳税额计算公式为：

$$应纳税额＝成交金额或者依法确定的计税依据×适用税率$$

同一应税凭证载有两个以上税目事项并分别列明金额的，按照各自适用的税目税率分别计算应纳税额；未分别列明金额的，从高适用税率。

已缴纳印花税的营业账簿，以后年度记载的实收资本（股本）、资本公积合计金额比已缴纳印花税的实收资本（股本）、资本公积合计金额增加的，按照增加部分计算应纳税额。

三、印花税的优惠政策

印花税的优惠政策比较多，纳税人应当结合自身情形，准确判断是否符合以下减免税政策,以免多缴纳印花税,或者少缴纳印花税。

(一)法定凭证免税

下列凭证,免征印花税:

(1)应税凭证的副本或者抄本。

(2)依照法律规定应当予以免税的外国驻华使馆、领事馆和国际组织驻华代表机构为获得馆舍书立的应税凭证。

(3)中国人民解放军、中国人民武装警察部队书立的应税凭证。

(4)农民、家庭农场、农民专业合作社、农村集体经济组织、村民委员会购买农业生产资料或者销售农产品书立的买卖合同和农业保险合同;享受印花税免税优惠的家庭农场,具体范围为以家庭为基本经营单元,以农场生产经营为主业,以农场经营收入为家庭主要收入来源,从事农业规模化、标准化、集约化生产经营,纳入全国家庭农场名录系统的家庭农场。

(5)无息或者贴息借款合同、国际金融组织向中国提供优惠贷款书立的借款合同。

(6)财产所有权人将财产赠与政府、学校、社会福利机构、慈善组织书立的产权转移书据;享受印花税免税优惠的学校,具体范围为经县级以上人民政府或者其教育行政部门批准成立的大学、中学、小学、幼儿园,实施学历教育的职业教育学校、特殊教育学校、专门学校,以及经省级人民政府或者其人力资源社会保障行政部门批准成立的技工院校。享受印花税免税优惠的社会福利机构,具体范围为依法登记的养老服务机构、残疾人服务机构、儿童福利机构、救助管理机构、未成年人救助保护机构。享受印花税免税优惠的慈善组织,具体范围为依法设立、符合《中华人民共和国慈善法》规定,以面向社会开展慈善活动为宗旨的非营利性组织。

(7)非营利性医疗卫生机构采购药品或者卫生材料书立的买卖合同。享受印花税免税优惠的非营利性医疗卫生机构,具体范围为经县级以上人民政府卫生健康行政部门批准或者备案设立的非营利性医疗卫生机构。

(8)个人与电子商务经营者订立的电子订单。享受印花税免税优惠的电子商务经营者,具体范围按《中华人民共和国电子商务法》有关规定执行。

对应税凭证适用印花税减免优惠的,书立该应税凭证的纳税人均可享受印花税减免政策,明确特定纳税人适用印花税减免优惠的除外。

(二)临时性减免税优惠

(1)对铁路、公路、航运、水路承运快件行李、包裹开具的托运单据,暂免贴花。

(2)各类发行单位之间,以及发行单位与订阅单位或个人之间书立的征订凭证,暂免征印花税。

(3)军事物资运输,凡附有军事运输命令或使用专用的军事物资运费结算凭证,免纳印花税。

（4）抢险救灾物资运输，凡附有县级以上（含县级）人民政府抢险救灾物资运输证明文件的运费结算凭证，免纳印花税。

（5）铁道部层层下达的基建计划，不属应税合同，不应纳税；铁道部所属各建设单位与施工企业之间签订的建筑安装工程承包合同属于应税合同，应按规定纳税；但企业内部签订的有关铁路生产经营设施基建、更新改造、大修、维修的协议或责任书，不在征收范围之内。

（6）铁道部所属各企业之间签订的购销合同或作为合同使用的调拨单，应按规定贴花；属于企业内部的物资调拨单，不应贴花。

（7）凡在铁路内部无偿调拨的固定资产，其调拨单据不属于产权转移书据，不应贴花。

（8）对资产公司成立时设立的资金账簿免征印花税。对资产公司收购、承接和处置不良资产，免征购销合同和产权转移书据应缴纳的印花税。

（9）对中国石油天然气集团和中国石油化工集团之间、两大集团内部各子公司之间、中国石油天然气股份公司的各子公司之间、中国石油化工股份公司的各子公司之间、中国石油天然气股份公司的分公司与子公司之间、中国石油化工股份公司的分公司与子公司之间互供石油和石油制品所使用的"成品油配置计划表"（或其他名称的表、证、单、书），暂不征收印花税。

（10）金融资产管理公司按财政部核定的资本金数额，接收国有商业银行的资产，在办理过户手续时，免征印花税。

（11）国有商业银行按财政部核定的数额，划转给金融资产管理公司的资产，在办理过户手续时，免征印花税。

（12）对社保理事会委托社保基金投资管理人运用社保基金买卖证券应缴纳的印花税实行先征后返。

（13）对社保基金持有的证券，在社保基金证券账户之间的划拨过户，不属于印花税的征税范围，不征收印花税。

（14）对被撤销金融机构接收债权、清偿债务过程中签订的产权转移书据，免征印花税。

（15）实行公司制改造的企业在改制过程中成立的新企业（重新办理法人登记的），其新启用的资金账簿记载的资金或因企业建立资本纽带关系而增加的资金，凡原已贴花的部分可不再贴花，未贴花的部分和以后新增加的资金按规定贴花。公司制改造包括国有企业依《公司法》整体改造成国有独资有限责任公司；企业通过增资扩股或者转让部分产权，实现他人对企业的参股，将企业改造成有限责任公司或股份有限公司；企业以其部分财产和相应债务与他人组建新公司；企业将债务留在原企业，而以其优质财产与他人组建的新公司。

（16）以合并或分立方式成立的新企业，其新启用的资金账簿记载的资金，凡原已贴花的部分可不再贴花，未贴花的部分和以后新增加的资金按规定贴花。合并包括吸收合并和新设合并。分立包括存续分立和新设分立。

（17）企业改制前签订但尚未履行完的各类应税合同，改制后需要变更执行主体的，对仅改变执行主体、其余条款未作变动且改制前已贴花的，不再贴花。

（18）企业因改制签订的产权转移书据免予贴花。

（19）对东方资产管理公司在接收和处置港澳国际（集团）有限公司资产过程中签订的产权转移书据，免征东方资产管理公司应缴纳的印花税。

（20）对港澳国际（集团）内地公司在催收债权、清偿债务过程中签订的产权转移书据，免征港澳国际（集团）内地公司应缴纳的印花税。

（21）对港澳国际（集团）香港公司在中国境内催收债权、清偿债务过程中签订的产权转移书据，免征港澳国际（集团）香港公司应承担的印花税。

（22）对经国务院和省级人民政府决定或批准进行的国有（含国有控股）企业改组改制而发生的上市公司国有股权无偿转让行为，暂不征收证券（股票）交易印花税。对不属于上述情况的上市公司国有股权无偿转让行为，仍应征收证券（股票）交易印花税。

（23）股权分置改革过程中因非流通股股东向流通股股东支付对价而发生的股权转让，暂免征收印花税。

（24）发起机构、受托机构在信贷资产证券化过程中，与资金保管机构（指接受受托机构委托，负责保管信托项目财产账户资金的机构）、证券登记托管机构（指中央国债登记结算有限责任公司）以及其他为证券化交易提供服务的机构签订的其他应税合同，暂免征收发起机构、受托机构应缴纳的印花税。

（25）受托机构发售信贷资产支持证券以及投资者买卖信贷资产支持证券暂免征收印花税。

（26）发起机构、受托机构因开展信贷资产证券化业务而专门设立的资金账簿暂免征收印花税。

（27）对证券投资者保护基金有限责任公司（以下简称保护基金公司）新设立的资金账簿免征印花税。对保护基金公司与中国人民银行签订的再贷款合同、与证券公司行政清算机构签订的借款合同，免征印花税。对保护基金公司接收被处置证券公司财产签订的产权转移书据，免征印花税。对保护基金公司以证券投资者保护基金自有财产和接收的受偿资产与保险公司签订的财产保险合同，免征印花税。

（28）对发电厂与电网之间、电网与电网之间（国家电网公司系统、南方电网公司系统内部各级电网互供电量除外）签订的购售电合同按购销合同征收印花税。电网与用户之间签订的供用电合同不属于印花税列举征税的凭证，不征收印花税。

（29）对青藏铁路公司及其所属单位营业账簿免征印花税；对青藏铁路公司签订

的货物运输合同免征印花税,对合同其他各方当事人应缴纳的印花税照章征收。

(30)外国银行分行改制为外商独资银行(或其分行)后,其在外国银行分行已经贴花的资金账簿、应税合同,在改制后的外商独资银行(或其分行)不再重新贴花。

(31)对经济适用住房经营管理单位与经济适用住房相关的印花税以及经济适用住房购买人涉及的印花税予以免征。开发商在商品住房项目中配套建造经济适用住房,如能提供政府部门出具的相关材料,可按经济适用住房建筑面积占总建筑面积的比例免征开发商应缴纳的印花税。

(32)对个人出租、承租住房签订的租赁合同,免征印花税。

(33)对个人销售或购买住房暂免征收印花税。

(34)对有关国有股东按照《境内证券市场转持部分国有股充实全国社会保障基金实施办法》(财企〔2009〕94号)向全国社会保障基金理事会转持国有股,免征证券(股票)交易印花税。

(35)中国海油集团与中国石油天然气集团、中国石油化工集团之间,中国海油集团内部各子公司之间,中国海油集团的各分公司和子公司之间互供石油和石油制品所使用的"成品油配置计划表"(或其他名称的表、证、单、书),暂不征收印花税。

(36)对改造安置住房建设用地免征城镇土地使用税。对改造安置住房经营管理单位、开发商与改造安置住房相关的印花税以及购买安置住房的个人涉及的印花税予以免征。在商品住房等开发项目中配套建造安置住房的,依据政府部门出具的相关材料、房屋征收(拆迁)补偿协议或棚户区改造合同(协议),按改造安置住房建筑面积占总建筑面积的比例免征印花税。

(37)在融资性售后回租业务中,对承租人、出租人因出售租赁资产及购回租赁资产所签订的合同,不征收印花税。

(38)对香港市场投资者通过沪股通和深股通参与股票担保卖空涉及的股票借入、归还,暂免征收证券(股票)交易印花税。

(39)对因农村集体经济组织以及代行集体经济组织职能的村民委员会、村民小组进行清产核资收回集体资产而签订的产权转移书据,免征印花税。

(40)2027年12月31日前,对金融机构与小型企业、微型企业签订的借款合同免征印花税。

(41)2027年12月31日前,对保险保障基金公司下列应税凭证,免征印花税:①新设立的资金账簿;②在对保险公司进行风险处置和破产救助过程中签订的产权转移书据;③在对保险公司进行风险处置过程中与中国人民银行签订的再贷款合同;④以保险保障基金自有财产和接收的受偿资产与保险公司签订的财产保险合同。对与保险保障基金公司签订上述产权转移书据或应税合同的其他当事人照章征收印花税。

(42)对社保基金会、社保基金投资管理人管理的社保基金转让非上市公司股权,免征社保基金会、社保基金投资管理人应缴纳的印花税。

（43）对社保基金会及养老基金投资管理机构运用养老基金买卖证券应缴纳的印花税实行先征后返；养老基金持有的证券，在养老基金证券账户之间的划拨过户，不属于印花税的征收范围，不征收印花税。对社保基金会及养老基金投资管理机构管理的养老基金转让非上市公司股权，免征社保基金会及养老基金投资管理机构应缴纳的印花税。

（44）对易地扶贫搬迁项目实施主体（以下简称项目实施主体）取得用于建设易地扶贫搬迁安置住房（以下简称安置住房）的土地，免征印花税。对安置住房建设和分配过程中应由项目实施主体、项目单位缴纳的印花税，予以免征。在商品住房等开发项目中配套建设安置住房的，按安置住房建筑面积占总建筑面积的比例，计算应予免征的项目实施主体、项目单位相关的印花税。对项目实施主体购买商品住房或者回购保障性住房作为安置住房房源的，免征契税、印花税。

（45）2027年12月31日前，对与高校学生签订的高校学生公寓租赁合同，免征印花税。

（46）在国有股权划转和接收过程中，划转非上市公司股份的，对划出方与划入方签订的产权转移书据免征印花税；划转上市公司股份和全国中小企业股份转让系统挂牌公司股份的，免征证券交易印花税；对划入方因承接划转股权而增加的实收资本和资本公积，免征印花税。

（47）2025年12月31日前，对公租房经营管理单位免征建设、管理公租房涉及的印花税。在其他住房项目中配套建设公租房，按公租房建筑面积占总建筑面积的比例免征建设、管理公租房涉及的印花税。对公租房经营管理单位购买住房作为公租房，免征印花税；对公租房租赁双方免征签订租赁协议涉及的印花税。

（48）2027年12月31日前，对饮水工程运营管理单位为建设饮水工程取得土地使用权而签订的产权转移书据，以及与施工单位签订的建设工程承包合同，免征印花税。

（49）2022年1月1日至2027年12月31日，对商品储备管理公司及其直属库资金账簿免征印花税；对其承担商品储备业务过程中书立的购销合同免征印花税，对合同其他各方当事人应缴纳的印花税照章征收。

（50）2022年1月1日至2024年12月31日，由省、自治区、直辖市人民政府根据本地区实际情况，以及宏观调控需要确定，对增值税小规模纳税人、小型微利企业和个体工商户可以在50%的税额幅度内减征印花税。

（51）自2023年8月28日起，证券交易印花税实施减半征收。

（52）自2023年10月1日起，对保障性住房经营管理单位与保障性住房相关的印花税，以及保障性住房购买人涉及的印花税予以免征。在商品住房等开发项目中配套建造保障性住房的，依据政府部门出具的相关材料，可按保障性住房建筑面积占总建筑面积的比例免征城镇土地使用税、印花税。

第二节　印花税税务筹划方案

税务筹划思路

根据《印花税法》的规定，在中国境内书立应税凭证、进行证券交易的单位和个人，为印花税的纳税人。应税凭证，是指《印花税税目税率表》（表12-1）列明的合同、产权转移书据和营业账簿。证券交易，是指转让在依法设立的证券交易所、国务院批准的其他全国性证券交易场所交易的股票和以股票为基础的存托凭证。印花税的应纳税额按照计税依据乘以适用税率计算。同一应税凭证载有两个以上税目事项并分别列明金额的，按照各自适用的税目税率分别计算应纳税额；未分别列明金额的，从高适用税率。

对于免征印花税的凭证也要特别注意，如果错误多贴了印花税票，是不予退还的。根据税法规定，纳税人多贴的印花税票，不予退税及抵缴税款。另外，未履行的应税合同、产权转移书据，已缴纳的印花税不予退还及抵缴税款。

1.免征印花税的凭证

（1）应税凭证的副本或者抄本。

（2）依照法律规定应当予以免税的外国驻华使馆、领事馆和国际组织驻华代表机构为获得馆舍书立的应税凭证。

（3）中国人民解放军、中国人民武装警察部队书立的应税凭证。

（4）农民、家庭农场、农民专业合作社、农村集体经济组织、村民委员会购买农业生产资料或者销售农产品书立的买卖合同和农业保险合同。

（5）无息或者贴息借款合同、国际金融组织向中国提供优惠贷款书立的借款合同。

（6）财产所有权人将财产赠与政府、学校、社会福利机构、慈善组织书立的产权转移书据。

（7）非营利性医疗卫生机构采购药品或者卫生材料书立的买卖合同。

（8）个人与电子商务经营者订立的电子订单。

2.不属于印花税征收范围的凭证

（1）人民法院的生效法律文书，仲裁机构的仲裁文书，监察机关的监察文书。

（2）县级以上人民政府及其所属部门按照行政管理权限征收、收回或者补偿安置房地产书立的合同、协议或者行政类文书。

（3）总公司与分公司、分公司与分公司之间书立的作为执行计划使用的凭证。

表12-1 印花税税目税率表

税目		税率	备注
合同（指书面合同）	借款合同	借款金额的0.05‰	是指银行业金融机构、经国务院银行业监督管理机构批准设立的其他金融机构与借款人（不包括同业拆借）的借款合同
	融资租赁合同	租金的0.05‰	
	买卖合同	价款的0.3‰	是指动产买卖合同（不包括个人书立的动产买卖合同）
	承揽合同	报酬的0.3‰	
	建设工程合同	价款的0.3‰	
	运输合同	运输费用的0.3‰	是指货运合同和多式联运合同（不包括管道运输合同）
	技术合同	价款、报酬或者使用费的0.3‰	不包括专利权、专有技术使用权转让书据
	租赁合同	租金的1‰	
	保管合同	保管费的1‰	
	仓储合同	仓储费的1‰	
	财产保险合同	保险费的1‰	不包括再保险合同
产权转移书据	土地使用权出让书据	价款的0.5‰	转让包括买卖（出售）、继承、赠与、互换、分割
	土地使用权、房屋等建筑物和构筑物所有权转让书据（不包括土地承包经营权和土地经营权转移）	价款的0.5‰	
	股权转让书据（不包括应缴纳证券交易印花税的）	价款的0.5‰	
	商标专用权、著作权、专利权、专有技术使用权转让书据	价款的0.3‰	
营业账簿		实收资本（股本）、资本公积合计金额的0.25‰	
证券交易		成交金额的1‰	

税务筹划案例

甲公司和乙公司是长年业务合作单位。2022年12月，甲公司的一批货物租用乙公司的仓库保管一年，约定仓储保管费为120万元；另约定甲公司购买乙公司的包装箱1 000个，每个0.1万元，合计100万元。在签订合同时，甲公司和乙公司签署了一份保管合同，其中约定了上述保管和购买包装箱的事项，但未分别记载相应金额，仅规定甲公司向乙公司支付款项220万元。请计算甲公司和乙公司应当缴纳的印花税，并提出税务筹划方案。

由于上述两项交易没有分别记载金额，应当按照较高的税率合并缴纳印花税。买卖合同的印花税税率为0.3‰，保管合同的印花税税率为1‰。甲公司和乙公司应当分别按照1‰的税率缴纳印花税，分别缴纳印花税0.22万元（220×1‰），合计缴纳印花税0.44万元（0.22×2）。根据税法的规定，如果上述两项交易分别记载金额或者签订两个合同，则可以分别适用各自税率计算印花税。两个公司分别缴纳印花税0.15万元（120×1‰+100×0.3‰），合计缴纳印花税0.3万元（0.15×2），可减轻税收负担0.14万元（0.44－0.3）。

第十三章

金税四期公司股权架构与税务筹划

第一节 个人非货币性资产投资的税务筹划

税务筹划思路

个人以非货币性资产投资,属于个人转让非货币性资产和投资同时发生。对个人转让非货币性资产的所得,应按照"财产转让所得"项目,依法计算缴纳个人所得税。

个人以非货币性资产投资,应按评估后的公允价值确认非货币性资产转让收入。非货币性资产转让收入减除该资产原值和合理税费后的余额为应纳税所得额。个人以非货币性资产投资,应于非货币性资产转让、取得被投资企业股权时,确认非货币性资产转让收入的实现。

个人应在发生上述应税行为的次月15日内向主管税务机关申报纳税。纳税人一次性缴税有困难的,可合理确定分期缴纳计划并报主管税务机关备案后,自发生上述应税行为之日起不超过5个公历年度内(含)分期缴纳个人所得税。

个人以非货币性资产投资交易过程中取得现金补价的,现金部分应优先用于缴税;现金不足以缴纳的部分,可分期缴纳。个人在分期缴税期间转让其持有的上述全部或部分股权,并取得现金收入的,该现金收入应优先用于缴纳尚未缴清的税款。

非货币性资产,是指现金、银行存款等货币性资产以外的资产,包括股权、不动产、技术发明成果以及其他形式的非货币性资产。非货币性资产投资,包括以非货币性资产出资设立新的企业,以及以非货币性资产出资参与企业增资扩股、定向增发股票、股权置换、重组改制等投资行为。

税务筹划案例

张先生将自己名下的一处不动产投资一人有限责任公司甲公司,该不动产的原值及合理税费为1 000万元,评估后的公允价值为5 000万元。请为张先生提出税务筹划方案。

如果不进行税务筹划,张先生需要在不动产转让、取得甲公司股权时计算缴纳个人所得税800万元[5 000－1 000)×20%]。

如果张先生合理确定分期缴纳计划并报主管税务机关备案,则可以在不超过5个公历年度内分期缴纳个人所得税。例如,前4年每年缴纳个人所得税1万元,第5年缴纳个人所得税796万元。

第二节　个人技术成果出资的税务筹划

税务筹划思路

企业或个人以技术成果投资入股到境内居民企业,被投资企业支付的对价全部为股票(权)的,企业或个人可选择继续按现行有关税收政策执行,也可选择适用递延纳税优惠政策。选择技术成果投资入股递延纳税政策的,经向主管税务机关备案,投资入股当期可暂不纳税,允许递延至转让股权时,按股权转让收入减去技术成果原值和合理税费后的差额计算缴纳所得税。

企业或个人选择适用上述任一项政策,均允许被投资企业按技术成果投资入股时的评估值入账并在企业所得税前摊销扣除。

技术成果是指专利技术(含国防专利)、计算机软件著作权、集成电路布图设计专有权、植物新品种权、生物医药新品种,以及科技部、财政部、国家税务总局确定的其他技术成果。技术成果投资入股,是指纳税人将技术成果所有权让渡给被投资企业、取得该企业股票(权)的行为。

税务筹划案例

李先生自创或者购置一项专利,成本为100万元,现将该专利投资成立李先生一人有限责任公司甲公司,评估值为1 000万元。请为李先生进行税务筹划。

如果李先生不进行税务筹划,李先生应当在取得甲公司股权之时计算并缴纳个人所得税180万元[(1 000－100)×20%]。

如果李先生向主管税务机关备案,选择递延纳税优惠政策,则李先生在投资入股时不需要缴纳个人所得税。同时，甲公司还可以每年扣除该项专利的摊销100万元，10年期间合计可抵扣企业所得税250万元（1 000×25%）。李先生可以选择在第10年解散甲公司，假设甲公司清算时并无资本利得，则该项专利在出资时潜在的180万元个人所得税就免除了。就该项专利技术而言，李先生付出的成本为100万元，10年间该项技术为李先生实现节税额250万元。如果李先生在投资入股时能将该项专利的评估值进一步提高至2 000万元，则节税额可以达到500万元。

第三节 利用税收洼地进行股权转让或减持

税务筹划思路

股权转让或上市公司股份减持是非常常见的交易形式，上述转让与减持行为一般均会带来巨额的所得，如何对该笔所得进行税务筹划是很多投资者关心的问题。如果能够将上述所得装入一个享受免税政策的公司之中，就可以实现股权转让所得的节税目的。

自2021年1月1日至2030年12月31日，对在新疆困难地区新办的属于《新疆困难地区重点鼓励发展产业企业所得税优惠目录》范围内的企业，自取得第一笔生产经营收入所属纳税年度起，第一年至第二年免征企业所得税，第三年至第五年减半征收企业所得税；对在新疆喀什、霍尔果斯两个特殊经济开发区内新办的属于上述目录范围内的企业，自取得第一笔生产经营收入所属纳税年度起，五年内免征企业所得税。

自2022年1月1日起，持有股权、股票、合伙企业财产份额等权益性投资的个人独资企业、合伙企业（以下简称独资合伙企业），一律适用查账征收方式计征个人所得税。独资合伙企业应自持有上述权益性投资之日起30日内，主动向税务机关报送持有权益性投资的情况；公告实施前独资合伙企业已持有权益性投资的，应当在2022年1月30日前向税务机关报送持有权益性投资的情况。税务机关接到核定征收独资合伙企业报送持有权益性投资情况的，调整其征收方式为查账征收。各级财政、税务部门应做好服务辅导工作，积极引导独资合伙企业建立健全账簿、完善会计核算和财务管理制度、如实申报纳税。独资合伙企业未如实报送持有权益性投资情况的，依据《税收征收管理法》相关规定处理。

税务筹划案例

孙先生持有甲公司30%的股权，现准备转让其中10%的股权。已知孙先生取得该10%股权的成本为100万元，转让价款为1 000万元。请为孙先生进行税务筹划。

如果不进行税务筹划，孙先生在股权转让完成之时需要计算并缴纳个人所得税180万元〔（1000－100）×20%〕。

如果孙先生事先在新疆喀什、霍尔果斯两个特殊经济开发区成立A公司，由A公司购置并持有甲公司的股权，则可以由A公司转让甲公司10%的股权，取得900万元应纳税所得额。由于A公司享受5年免税待遇，该笔股权转让所得实际缴纳企业所得税为0，节税180万元。

第四节 利用亏损企业进行股权转让或减持

税务筹划思路

企业纳税年度发生的亏损，准予向以后年度结转，用以后年度的所得弥补，但结转年限最长不得超过5年。企业的亏损在特定的环境下有可能成为宝贵的资源，特别是如果能将企业的亏损与股权转让或减持的所得结合在一起，将取得意想不到的节税效果。

税务筹划案例

赵先生持有甲公司30%的股权，现准备转让其中10%的股权。已知赵先生取得该10%股权的成本为100万元，转让价款为1 000万元。请为赵先生进行税务筹划。

如果不进行税务筹划，赵先生在股权转让完成之时需要计算并缴纳个人所得税180万元〔（1 000－100）×20%〕。

如果赵先生事先购置一家亏损企业A公司，其拥有尚未过弥补期的亏损900万元。由A公司购置甲公司的股权并转让，上述900万元的应纳税所得额将由A公司实现，正好弥补其亏损，实现了该笔股权转让所得的免税目的。

第五节　将公司股权转让转变为个人股权转让

税务筹划思路

一般情形下，以公司进行股权转让，需要缴纳25%的企业所得税，而以个人进行股权转让，仅需要缴纳20%的个人所得税。因此，在公司不享受税收优惠和公司没有可以弥补的亏损的情形下，可以通过将公司转让股权转变为个人转让股权，从而降低股权转让所得的税负。

税务筹划案例

王先生夫妇持有甲公司100%的股权，甲公司持有乙公司100%的股权。现甲公司准备将乙公司40%的股权转让给孙先生，股权转让价为2 000万元。已知乙公司注册资本为1 000万元，当前公允价值为5 000万元，该笔股权的成本为400万元。请为该笔交易进行税务筹划。

如果不进行税务筹划，甲公司需要缴纳企业所得税400万元〔（2 000−400）×25%〕。

如果王先生向乙公司增加出资666.67万元，持有乙公司40%的股权，转让价为2 266.67万元〔（5000+666.67）×40%〕，则王先生需要缴纳个人所得税320万元〔（2 266.67−666.67）×20%〕，节税80万元（400−320）。

第六节　通过撤资实现股权转让的目的

税务筹划思路

企业转让股权收入，应于转让协议生效且完成股权变更手续时，确认收入的实现。转让股权收入扣除为取得该股权所发生的成本后，为股权转让所得。企业在计算股权转让所得时，不得扣除被投资企业未分配利润等股东留存收益中按该项股权所可能分配的金额。

投资企业从被投资企业撤回或减少投资,其取得的资产中相当于初始出资的部分,应确认为投资收回;相当于被投资企业累计未分配利润和累计盈余公积按减少实收资本比例计算的部分,应确认为股息所得;其余部分确认为投资资产转让所得。

通过将股权转让巧妙地转化为撤资,可以实现节税的效果。

税务筹划案例

王先生夫妇持有甲公司100%的股权,甲公司持有乙公司40%的股权。现甲公司准备将乙公司40%的股权转让给孙先生,股权转让价为2 000万元。已知乙公司注册资本为1 000万元,当前公允价值为5 000万元,该笔股权的成本为400万元,该笔股权对应的未分配利润和盈余公积金为1 100万元。请为该笔交易进行税务筹划。

如果不进行税务筹划,甲公司需要缴纳企业所得税400万元[(2 000−400)×25%]。

如果甲公司从乙公司撤资,可以从乙公司取得2 000万元,其中,400万元为投资收回,不缴纳企业所得税;1 100万元为未分配利润和盈余公积金,确认为股息所得,也不缴纳企业所得税;剩余500万元为投资资产转让所得,需要缴纳企业所得税125万元(500×25%)。甲公司撤资后,由孙先生出资2 000万元投资乙公司,并持有乙公司40%的股权。最终实现与股权转让相同的效果,实现节税275万元(400−125)。

第七节 将资产转让转化为股权转让

税务筹划思路

资产转让的税负比较重,在一般情形下,资产转让方需要缴纳增值税及其附加、土地增值税、所得税和印花税,资产受让方需要缴纳契税和印花税;而股权转让在一般情形下,资产转让方仅需要缴纳所得税和印花税,资产受让方仅需要缴纳印花税。因此,企业与个人在投资之初就应当采取由公司持有资产的方式进行投资。

税务筹划案例

甲公司准备购置几处写字楼,持有若干年,待增值后再转让。假设上述写字楼的购置成本为10 000万元,转让价款为20 000万元。请为甲公司提供税务筹划方案。

如果不进行税务筹划,甲公司需要缴纳增值税476.19万元[(20 000−10 000)÷

（1＋5%）×5%］，需要缴纳城市维护建设税、教育费附加和地方教育附加57.14万元［476.19×（7%＋3%＋2%）］，需要缴纳土地增值税（暂按交易额的3%核定）600万元（20 000×3%），需要缴纳印花税10万元（20 000×0.05%），需要缴纳企业所得税2214.17万元［（20 000－10 000－476.19－57.14－600－10）×25%］，购买方需要缴纳契税571.43万元［20 000÷（1＋5%）×3%］，需要缴纳印花税10万元。整个交易的综合税负为3 938.93万元（476.19＋57.14＋600＋10＋2 214.17＋571.43＋10）。

如果甲公司成立乙公司、丙公司、丁公司等若干家公司，每一家公司持有一处写字楼，未来通过转让乙公司、丙公司、丁公司等公司股权的方式来转让写字楼。假设将上述交易合并视为一次交易，则甲公司需要缴纳印花税10万元（20 000×0.05%），需要缴纳企业所得税2 497.5万元［（20 000－10 000－10）×25%］，购买方需要缴纳印花税10万元。整个交易的综合税负为2 517.5万元（2 497.5＋10＋10），可减轻税收负担1 421.43万元（3 938.93－2 517.5）。

第八节　分立企业增加销售收入

税务筹划思路

企业发生的与生产经营活动有关的业务招待费支出、广告费和业务宣传费支出均以销售收入为基数计算允许税前扣除的数额，为提高扣除数额，在不影响利润的前提下增加销售收入就是常用的税务筹划技巧。

将分公司改为子公司，从而将不计入销售收入的总分公司之间的交易转变为计入销售收入的母子公司之间的交易；增加关联企业之间不影响整体利润的关联交易；零利润促销等都是常用的在不影响利润前提下迅速增加销售收入的方法。

税务筹划案例

甲服装厂年销售收入为1 000万元，年业务招待费支出为20万元，但仅允许在税前扣除5万元。由于市场竞争比较激烈，甲服装厂大幅提高销售收入的可能性比较小。请为甲服装厂提出税务筹划的方案。

将甲服装厂的三个部门分立为三家公司，甲公司为服装设计公司，乙公司为服装加工厂，丙公司为服装销售公司。丙公司对外销售收入仍为1 000万元，但需支付甲公司设计费100万元，支付乙公司加工费700万元。原甲服装厂的业务招待费由甲乙丙三家公司合理分担，允许税前扣除的业务招待总额为9万元［（1 000＋100＋700）×5‰］。

第十四章

金税四期税务筹划与反避税经典案例分析

第一节 金税四期税务筹划经典案例分析

一、个人股权转让案

税务筹划思路

个人股权转让在监管不到位的情况下，个人只需要到工商管理部门办理股东变更手续，并不需要缴纳个人所得税。在监管较严必须纳税的情况下，个人可以通过两种方式进行税务筹划：①股权赠与；②"阴阳合同"平价或者低价转让股权。

根据《国家税务总局关于加强股权转让所得征收个人所得税管理的通知》（国税函〔2009〕285号）的规定，股权交易各方在签订股权转让协议并完成股权转让交易以后至企业变更股权登记之前，负有纳税义务或代扣代缴义务的转让方或受让方，应到主管税务机关办理纳税（扣缴）申报，并持税务机关开具的股权转让所得缴纳个人所得税完税凭证或免税、不征税证明，到工商行政管理部门办理股权变更登记手续。

股权交易各方已签订股权转让协议，但未完成股权转让交易的，企业在向工商行政管理部门申请股权变更登记时，应填写"个人股东变动情况报告表"（表格式样和联次由各省地税机关自行设计）并向主管税务机关申报。

个人股东股权转让所得个人所得税以发生股权变更企业所在地地税机关为主管税务机关。纳税人或扣缴义务人应到主管税务机关办理纳税申报和税款入库手续。主管税务机关应按照《个人所得税法》和《税收征收管理法》的规定，获取个人股权转让信息，对股权转让涉税事项进行管理、评估和检查，并对其中涉及的税收违法行为依法进行处罚。

税务机关应加强对股权转让所得计税依据的评估和审核。对扣缴义务人或纳税人申报的股权转让所得相关资料应认真审核，判断股权转让行为是否符合独立交易原则，是否符合合理性经济行为及实际情况。对申报的计税依据明显偏低（如平价和低价转让等）且无正当理由的，主管税务机关可参照每股净资产或个人股东享有的股权比例所对应的净资产份额核定。

税务机关要建立股权转让所得征收个人所得税内部控管机制。税务机关应建立股权转让所得个人所得税电子台账，对所辖企业个人股东逐户登记，将个人股东的相关信息录入计算机系统，实施动态管理。税务机关内部各部门分别负责信息获取、评估和审核、税款征缴入库和反馈检查等环节的工作，各部门应加强联系，密切配合，形成完整的管理链条。

各地税务机关要高度重视股权转让所得个人所得税征收管理，采取有效措施，积极主动地开展工作。要争取当地党委、政府的支持，加强与工商行政管理部门的联系和协作，定期主动从工商行政管理机关取得股权变更登记信息。要向纳税人、扣缴义务人和发生股权变更的企业做好相关税法及政策的宣传和辅导工作，保证税款及时、足额入库。

根据2010年12月14日发布的《国家税务总局关于股权转让所得个人所得税计税依据核定问题的公告》（国家税务总局公告2010年第27号，以下简称2010年27号公告），个人股权转让所得的反避税制度如下。

第一，自然人转让所投资企业股权（份）（简称股权转让）取得所得，按照公平交易价格计算并确定计税依据。计税依据明显偏低且无正当理由的，主管税务机关可采用2010年27号公告列举的方法核定。

第二，计税依据明显偏低且无正当理由的判定方法。符合下列情形之一且无正当理由的，可视为计税依据明显偏低：申报的股权转让价格低于初始投资成本或低于取得该股权所支付的价款及相关税费的；申报的股权转让价格低于对应的净资产份额的；申报的股权转让价格低于相同或类似条件下同一企业同一股东或其他股东股权转让价格的；申报的股权转让价格低于相同或类似条件下同类行业的企业股权转让价格的；经主管税务机关认定的其他情形。

正当理由，是指以下情形：所投资企业连续3年以上（含3年）亏损；因国家政策调整的原因而低价转让股权；将股权转让给配偶、父母、子女、祖父母、外祖父母、孙子女、外孙子女、兄弟姐妹以及对转让人承担直接抚养或者赡养义务的抚养人或者赡养人；经主管税务机关认定的其他合理情形。

第三，对申报的计税依据明显偏低且无正当理由的，可采取以下核定方法：①参照每股净资产或纳税人享有的股权比例所对应的净资产份额核定股权转让收入。对知识产权、土地使用权、房屋、探矿权、采矿权、股权等合计占资产总额比例达50%以上的企业，净资产额须经中介机构评估核实。②参照相同或类似条件下同一企业同一股东或其他股东股权转让价格核定股权转让收入。③参照相同或类似条件下同类行业的企业股权转让价格核定股权转让收入。④纳税人对主管税务机关采取的上述核定方法有异议的，应当提供相关证据，主管税务机关认定属实后，可采取其他合理的核定方法。

第四，纳税人再次转让所受让的股权的，股权转让的成本为前次转让的交易价格及买方负担的相关税费。

根据《股权转让所得个人所得税管理办法（试行）》（国家税务总局公告2014年第67号）的规定，股权是指自然人股东（以下简称个人）投资于在中国境内成立的企业或组织（以下统称被投资企业，不包括个人独资企业和合伙企业）的股权或股份。

股权转让是指个人将股权转让给其他个人或法人的行为，包括以下情形：①出售股权；②公司回购股权；③发行人首次公开发行新股时，被投资企业股东将其持有的股份以公开发行方式一并向投资者发售；④股权被司法或行政机关强制过户；⑤以股权对外投资或进行其他非货币性交易；⑥以股权抵偿债务；⑦其他股权转移行为。

个人转让股权，以股权转让收入减除股权原值和合理费用后的余额为应纳税所得额，按"财产转让所得"缴纳个人所得税。合理费用是指股权转让时按照规定支付的有关税费。

个人股权转让所得个人所得税，以股权转让方为纳税人，以受让方为扣缴义务人。扣缴义务人应于股权转让相关协议签订后5个工作日内，将股权转让的有关情况报告主管税务机关。被投资企业应当详细记录股东持有本企业股权的相关成本，如实向税务机关提供与股权转让有关的信息，协助税务机关依法执行公务。

股权转让收入是指转让方因股权转让而获得的现金、实物、有价证券和其他形式的经济利益。转让方取得与股权转让相关的各种款项，包括违约金、补偿金以及其他名目的款项、资产、权益等，均应当并入股权转让收入。纳税人按照合同约定，在满足约定条件后取得的后续收入，应当作为股权转让收入。股权转让收入应当按照公平交易原则确定。

符合下列情形之一的，主管税务机关可以核定股权转让收入：①申报的股权转让收入明显偏低且无正当理由的。②未按照规定期限办理纳税申报，经税务机关责令限期申报，逾期仍不申报的。③转让方无法提供或拒不提供股权转让收入的有关资料。④其他应核定股权转让收入的情形。

符合下列情形之一，视为股权转让收入明显偏低：①申报的股权转让收入低于股权对应的净资产份额的，其中，被投资企业拥有土地使用权、房屋、房地产企业未销售房产、知识产权、探矿权、采矿权、股权等资产的，申报的股权转让收入低于股权对应的净资产公允价值份额的。②申报的股权转让收入低于初始投资成本或低于取得该股权所支付的价款及相关税费的。③申报的股权转让收入低于相同或类似条件下同一企业同一股东或其他股东股权转让收入的。④申报的股权转让收入低于相同或类似

第十四章 金税四期税务筹划与反避税经典案例分析

条件下同类行业的企业股权转让收入的。⑤不具合理性的无偿让渡股权或股份。⑥主管税务机关认定的其他情形。

符合下列条件之一的股权转让收入明显偏低,视为有正当理由:①能出具有效文件,证明被投资企业因国家政策调整,生产经营受到重大影响,导致低价转让股权。②继承或将股权转让给其能提供具有法律效力身份关系证明的配偶、父母、子女、祖父母、外祖父母、孙子女、外孙子女、兄弟姐妹以及对转让人承担直接抚养或者赡养义务的抚养人或者赡养人。③相关法律、政府文件或企业章程规定,并有相关资料充分证明转让价格合理且真实的本企业员工持有的不能对外转让股权的内部转让。④股权转让双方能够提供有效证据证明其合理性的其他合理情形。

主管税务机关应依次按照下列方法核定股权转让收入:①净资产核定法。股权转让收入按照每股净资产或股权对应的净资产份额核定。被投资企业的土地使用权、房屋、房地产企业未销售房产、知识产权、探矿权、采矿权、股权等资产占企业总资产比例超过20%的,主管税务机关可参照纳税人提供的具有法定资质的中介机构出具的资产评估报告核定股权转让收入。6个月内再次发生股权转让且被投资企业净资产未发生重大变化的,主管税务机关可参照上一次股权转让时被投资企业的资产评估报告核定此次股权转让收入。②类比法。参照相同或类似条件下同一企业同一股东或其他股东股权转让收入核定;参照相同或类似条件下同类行业企业股权转让收入核定。③其他合理方法。主管税务机关采用以上方法核定股权转让收入存在困难的,可以采取其他合理方法核定。

个人转让股权的原值依照以下方法确认:①以现金出资方式取得的股权,按照实际支付的价款与取得股权直接相关的合理税费之和确认股权原值。②以非货币性资产出资方式取得的股权,按照税务机关认可或核定的投资入股时非货币性资产价格与取得股权直接相关的合理税费之和确认股权原值。③通过无偿让渡方式取得股权,具备《股权转让所得个人所得税管理办法(试行)》第十三条第(二)项所列情形的,按取得股权发生的合理税费与原持有人的股权原值之和确认股权原值。④被投资企业以资本公积、盈余公积、未分配利润转增股本,个人股东已依法缴纳个人所得税的,以转增额和相关税费之和确认其新转增股本的股权原值。⑤除以上情形外,由主管税务机关按照避免重复征收个人所得税的原则合理确认股权原值。

股权转让人已被主管税务机关核定股权转让收入并依法征收个人所得税的,该股权受让人的股权原值以取得股权时发生的合理税费与股权转让人被主管税务机关核定的股权转让收入之和确认。

个人转让股权未提供完整、准确的股权原值凭证,不能正确计算股权原值的,由主管税务机关核定其股权原值。对个人多次取得同一被投资企业股权的,转让部分股权时,采用"加权平均法"确定其股权原值。

个人股权转让所得个人所得税以被投资企业所在地税务机关为主管税务机关。

具有下列情形之一的,扣缴义务人、纳税人应当依法在次月15日内向主管税务机关申报纳税：①受让方已支付或部分支付股权转让价款的。②股权转让协议已签订生效的。③受让方已经实际履行股东职责或者享受股东权益的。④国家有关部门判决、登记或公告生效的。⑤《股权转让所得个人所得税管理办法（试行）》第三条第（四）至第（七）项行为已完成的。⑥税务机关认定的其他有证据表明股权已发生转移的情形。

纳税人、扣缴义务人向主管税务机关办理股权转让纳税（扣缴）申报时，还应当报送以下资料：①股权转让合同（协议）。②股权转让双方身份证明。④按规定需要进行资产评估的，需提供具有法定资质的中介机构出具的净资产或土地房产等资产价值评估报告。④计税依据明显偏低但有正当理由的证明材料。⑤主管税务机关要求报送的其他材料。

被投资企业应当在董事会或股东会结束后5个工作日内，向主管税务机关报送与股权变动事项相关的董事会或股东会决议、会议纪要等资料。被投资企业发生个人股东变动或者个人股东所持股权变动的，应当在次月15日内向主管税务机关报送含有股东变动信息的《个人所得税基础信息表（A表）》及股东变更情况说明。主管税务机关应当及时向被投资企业核实其股权变动情况，并确认相关转让所得，及时督促扣缴义务人和纳税人履行法定义务。

转让的股权以人民币以外的货币结算的，按照结算当日人民币汇率中间价，折算成人民币计算应纳税所得额。

税务机关应加强与工商部门合作，落实和完善股权信息交换制度，积极开展股权转让信息共享工作。税务机关应当建立股权转让个人所得税电子台账，将个人股东的相关信息录入征管信息系统，强化对每次股权转让间股权转让收入和股权原值的逻辑审核，对股权转让实施链条式动态管理。税务机关应当加强对股权转让所得个人所得税的日常管理和税务检查，积极推进股权转让各税种协同管理。纳税人、扣缴义务人及被投资企业未按照规定期限办理纳税（扣缴）申报和报送相关资料的，依照《税收征收管理法》及其实施细则有关规定处理。各地可通过政府购买服务的方式，引入中介机构参与股权转让过程中相关资产的评估工作。

个人在上海证券交易所、深圳证券交易所转让从上市公司公开发行和转让市场取得的上市公司股票，转让限售股，以及其他有特别规定的股权转让，不适用《股权转让所得个人所得税管理办法（试行）》。

税务筹划案例

2008年1月1日，甲、乙、丙三人成立一家有限责任公司，每人出资1 000万元，公司注册资本为3 000万元。但公司股东为甲、乙两人，丙不作为公司股东，实际是隐名股东。2023年1月1日，丙想成为公司显名股东。已知2021年年底，公司资产负债表显示，公司资产总额为8 000万元，负债为2 000万元，所有者权益（即净资产）为6 000万元。

在办理股权登记前，税务机关通知甲和乙需要缴纳个人所得税200万元。股权转让所得为1 000万元[（6 000－3 000）×1÷3]，应缴纳个人所得税200万元（1 000×20%）。

应对反避税策略

从长期角度来看，当事人应当提前规划，让该有限责任公司常年亏损，降低所有者权益，这样就可以按照成本价转让股权，纳税额为0。从短期角度来看，当事人可以通过信任的会计师事务所编制和审计资产负债表，适当降低所有者权益为66.67万元[（4 000－3 000）×1÷3×20%]。上述税务筹划思路都应当有一定的限度，即最好缴纳一定数额的个人所得税。如果是平价转让或者明显低价转让，都会引起税务机关的反避税调查。

二、宗某某税案

税务筹划思路

在中国境内有住所，或者无住所而一个纳税年度内在中国境内居住累计满183天的个人，从中国境内和境外取得的所得，都应当依照《个人所得税法》的规定缴纳个人所得税。在中国境内有住所的个人，是指因户籍、家庭、经济利益关系而在中国境内习惯性居住的个人。

个人所得的形式，包括现金、实物、有价证券和其他形式的经济利益；所得为实物的，应当按照取得的凭证上所注明的价格计算应纳税所得额，无凭证的实物或者凭证上所注明的价格明显偏低的，参照市场价格核定应纳税所得额；所得为有价证券的，根据票面价格和市场价格核定应纳税所得额；所得为其他形式的经济利益的，参照市场价格核定应纳税所得额。

个人将所得存放境外避税的常用手段包括：①低价购买股权，取得股息，将劳务报酬转化为股息；股息的税负为20%，劳务报酬的税负在2019年1月1日之前则可以接近32%，在2019年1月1日以后可以接近45%。②利用低价授予股权再高价收购，将劳务报酬转化为财产转让所得；财产转让所得的税负为20%，劳务报酬的税负在2019年1月1日之前则可以接近32%，在2019年1月1日以后可以接近45%。③利用家庭成员获得所得，分散所得，降低相关税收负担。④将所得存放境外，通过瞒报的方式逃避中国的纳税义务。

税务筹划案例

2007年之前，甲集团董事长宗某某一直自称"中国最廉价的CEO"。2007年8月，一名自称"税务研究爱好者"的举报人,实名举报宗某某隐瞒巨额境内外收入,未如实申报个人所得税。国家税务总局收到举报后,迅速督促杭州地税局查办,2007年11月杭州地税局稽查局正式立案。宗某某于2007年10月突击补缴了2亿多元的税款,使其成为当时中国一次补税最多的个人。

1996年,乙公司以及各合资企业与宗某某签订了《服务协议》,乙公司将一些子公司的部分股权以1元/股的低价"奖励"给宗某某。《服务协议》和《奖励股协议》对宗某某的税务责任有明确约定,即宗某某对自己的收入,要"负责在中国及其他地区的任何种类的税款、收费或征费"。

税务部门从乙公司获得的银行往来凭证显示,1996—2005年,宗某某累计获得"服务费"842万美元;在"奖励股"安排中,乙公司将若干境外子公司的若干股权"奖励"给宗某某,1996—2006年,宗某某从这两家公司的股权分红中,累计获得资金1 100余万美元的奖励。

根据宗某某本人的要求,这些资金都打入了在中国香港开立的多个银行账户,这些账户分别属于宗某某本人、其妻施某、其女宗某,以及甲集团党委书记杜某,总金额约为7 100万美元。

应对反避税策略

宗某某避税失败的主要原因包括:第一,以个人名义取得所得,为日后税务机关的反避税调查留下了证据;第二,存放在中国香港地区的银行机构,其与中国内地的关系及其公开性为税务机关反避税调查打开了方便之门;第三,仅做简单节税安排,没有为日后可能出现的反避税调查留出退路;第四,将个人收入信息置于商场合作伙伴之手,为日后的纷争和检举留下了隐患。严格来讲,宗某某的行为属于偷税,已经超越了避税的范围。

宗某某可以选择如下税务筹划方案:在避税地(如英属维尔京群岛、百慕大、开曼群岛、萨摩亚、伯利兹、巴哈马等)设立海外公司,以公司的名义持股,公司取得股息,公司再转让股权获得股权转让所得,将个人劳务报酬转入境外公司,境外公司只要不分配股息,个人就不需要缴纳个人所得税,而个人在境外的消费和投资可以由公司进行。

三、陈发树税案

税务筹划思路

根据《财政部 国家税务总局关于个人转让股票所得继续暂免征收个人所得税的通知》(财税字〔1998〕61号)规定,个人转让境内上市公司股票所得继续免税。根据

第十四章 金税四期税务筹划与反避税经典案例分析

《企业所得税法》规定，企业转让上市公司股票所得需要缴纳25%的个人所得税。如果该企业先将持有的公司股票转让给个人，该公司再上市，最后再由个人转让上市公司股票，其所得就不需要缴纳个人所得税了。

根据《财政部 国家税务总局 证监会关于个人转让上市公司限售股所得征收个人所得税有关问题的通知》（财税〔2009〕167号）、《财政部 国家税务总局 证监会关于个人转让上市公司限售股所得征收个人所得税有关问题的补充通知》（财税〔2010〕70号）文件规定，自2010年1月1日起，上市公司股东转让限售股需要缴纳20%个人所得税。

税务筹划案例

从紫金矿业集团股份有限公司（以下简称紫金矿业）上市招股说明书中可知，紫金矿业股份公司成立时，与陈发树有关的3家公司持有紫金矿业的股份，即新华都实业集团股份有限公司出资2 602.15万元，持有1 729万股，占紫金矿业股份的18.2%，是第二大股东；新华都工程有限公司（以下简称新华都工程）出资1 000.83万元，持有665万股，占紫金矿业股份的7%，是第四大股东；新华都百货有限责任公司出资246.35万元，持有163.69万股，占紫金矿业股份的1.72%。

从招股说明书来看，紫金矿业成立之初陈发树个人并没有直接持有紫金矿业的股份。随着紫金矿业谋划A股上市，陈发树等人也谋划直接持有紫金矿业的股份。紫金矿业上市招股说明书披露，2007年2月5日，新华都工程、新华都百货有限责任公司以每股面值0.1元的价格合计转让给陈发树35 888.16万股紫金矿业股份，陈发树总计支付转让款3 588.82万元。经过股份转让，紫金矿业股份就从新华都工程等法人名下转移到陈发树个人名下。

新华都工程以0.1元的面值转让给陈发树3.5亿股紫金矿业，同样以0.1元的面值转让给柯希平2.6亿股。新华都工程没有赚到一分钱，明知紫金矿业上市必然产生大幅溢价收益，赚取超额利润，新华都工程为何如此慷慨转让给陈发树和柯希平一个巨大的馅饼呢？

陈发树通过自己控制的新华都实业集团股份有限公司，持有新华都工程51%的股权；而柯希平是厦门恒兴集团有限公司的实际控制人，这家公司持有新华都工程49%的股权。

紫金矿业于2008年4月25日在A股上市，发行价为7.13元/股，陈发树等自然人股东持有的原始股票的限售期为1年。至2009年4月27日，紫金矿业49.2亿股解禁并在A股上市流通，当日最低的交易价格也高达9.18元/股。从2009年4月开始，陈发树几次减持紫金矿业股份，总计套现已接近40亿元。而仅在2009年4月至7月，陈发树前后两次减持紫金矿业股份总计约2.94亿股，套现27.3亿元，而成本仅仅是0.294亿元，利润达27亿多元。

如果陈发树出售的2.94亿股股票没有转让到其名下，变为自然人股票，仍然通过新华都工程等转让，27亿元的利润需要按照25%的企业所得税税率计算缴纳企业所得税，税额超过6.75亿元。公司缴纳企业所得税后，税后利润分配给自然人股东，自然人股东还要缴纳20%的个人所得税，假设全部分配，大约要缴纳4亿元个人所得税。但陈发树把法人股票转让为自然人股票后出售，不仅6亿多元企业所得税可以分文不缴，潜在的4亿元个人所得税也免去了。

随着以上税务筹划模式愈演愈烈，财政部和国家税务总局于2009年12月31日发布《财政部　国家税务总局证监会关于个人转让上市公司限售股所得征收个人所得税有关问题的通知》（财税〔2009〕167号，以下简称财税〔2009〕167号文件），对限售股开始征收20%个人所得税，对证券公司技术完备之前的股票，按限售股转让收入的15%核定限售股原值及合理税费，技术完备以后的股票则据实由证券公司扣缴个人所得税。

面对个人限售股征税，大额小额限制非流通股（以下"大小非"）个人股东纷纷寻求新的税务筹划方式。一是在"大小非"解禁后，等待大盘低迷之时卖出股票，然后再买入，等到高价时再卖出。例如，限售股成本价为1元，如果股价上涨到11元时出售，此时每股所得为10元，需要缴纳2元个人所得税。如果等到股价跌至2元时出售并随后再买入，此时每股所得为1元，需要缴纳0.2元个人所得税。等到股价上涨到11元再出售，每股所得为9元，不需要缴纳个人所得税。二是利用ETF税务筹划。ETF（Exchange Traded Fund）是指交易型开放式指数基金，又称交易所交易基金，是一种在交易所上市交易的开放式证券投资基金产品，交易手续与股票完全相同。投资者既可以向基金公司申购或赎回基金份额，又可以像封闭式基金那样在证券市场上按市场价格购买。但是向基金公司申购时只能通过该品种ETF基金所涉及的一揽子股票换取基金份额，赎回时以持有基金份额换取一揽子股票。

财税〔2009〕167号文件只说售限售股获利需要缴纳个人所得税，并未说明用股票换基金，卖出基金获利需要缴税，这就为那些持有限售股的个人"大小非"股东提供了一个税务筹划通道。以中国平安保险（集团）为股份有限公司（以下简称中国平安）为例，持有中国平安的个人"大小非"股东可以通过购买上证50除平安外的其他49只股票，将包括中国平安在内的一揽子50只股票拿去申购上证50ETF基金，再将这些基金售出，其成本在千分之三左右，售出后获利部分则不用缴纳个人所得税。2010年，沪深两市共计有9只ETF基金，其中沪市6只，深市3只，涉及的成分股有数百只之多，而这些成分股中很多都涉及机构、个人"大小非"股东，合计持有市值超过1 000亿元。依据上述模式，这些个人"大小非"股东都可以通过这种"借道"ETF的方式实现税务筹划。

这种税务筹划方式又引起了财政部和国家税务总局的注意。2010年11月10日，财政部和国家税务总局下发了《关于个人转让上市公司限售股所得征收个人所得税有关问题的补充通知》（财税〔2010〕70号文件），其中规定：对具有下列情形的，应按规定征收个人所得税：个人用限售股认购或申购交易型开放式指数基金（ETF）份额。

由于限售股解禁缴纳的个人所得税由证券公司代扣代缴，而国家法律并没有限制必须在哪一个证券公司进行交易，因此各地财政部门盯上了这个所谓的"可流动财源",纷纷出台财政返还政策,以吸引限售股到本地解禁,其中比较出名的是所谓"鹰潭模式"。根据税法的规定,地方税务机关征收的个人所得税,60%要上缴中央财政,40%归地方财政。而江西省鹰潭市政府2010年7月出台的《鼓励个人在鹰潭市辖区证券机构转让上市公司限售股的奖励办法》规定,如果个人限售股东愿意来本地营业部减持,政府可将限售股东减持个人所得税的地方实得部分的80%作为奖励再返还给纳税人。纳税人如果愿意将奖励全部留在鹰潭投资置业的话,还可按个人所得税地方实得部分的10%再奖励。

其运作模式如下:第一步,办理销户手续,即"大小非"持有者持本人有效身份证原件、深沪股东账户卡原件,到原开户证券营业部填写《撤销指定交易申请表》,办理股票转托管和撤销指定交易手续;第二步,在鹰潭市辖区内证券营业部开设新的营业部资金账户及第三方存管银行账户。

统计数据显示,2010年8月份以后,江西省鹰潭市证券营业部突然崛起,从2010年年初至2010年11月24日,该营业部共计发生138笔大宗交易减持,涉及总成交金额超过34亿元,分属国盛证券鹰潭胜利西路营业部和国泰君安证券鹰潭环城西路营业部。

上述事实被媒体披露后,"鹰潭模式"声名鹊起,并迅速在江西省内被效法,萍乡、新余、景德镇、吉州等地区也开始对限售股转让实行优惠政策。现在这一模式还复制到了其他省份,江苏、福建、西藏等地方政府和营业部也纷纷加入进来,抢食这块税源大"蛋糕"。

鹰潭市财税系统的知情人士曾向媒体透露,引进个人限售股东是鹰潭市政府2010年年初就定好的招商硬指标,市政府打算在当年招徕楼宇、总部企业以及个人转让上市公司限售股35家,争取纳税额上2亿元。任务下达后,政府专门抽调人员成立了办公室,市政府和相关部门的领导在双休日都会出去跑,到上海、北京、江浙一带找客会商,推广鹰潭对限售股转让的财政奖励政策。

四、张大中税案

税务筹划思路

股权收购,收购企业购买的股权不低于被收购企业全部股权的75%(2014年1月1日以后为50%),且收购企业在该股权收购发生时的股权支付金额不低于其交易支付总额的85%,可以选择按以下规定处理:被收购企业的股东取得收购企业股权的计税基础,以被收购股权的原有计税基础确定。收购企业取得被收购企业股权的计税基础,以被收购股权的原有计税基础确定。收购企业、被收购企业的原有各项资产和负债的计税基础和其他相关所得税事项保持不变。

企业发生上述股权收购业务,应准备以下资料:①股权收购业务总体情况说明,包括股权收购方案、基本情况,并逐条说明股权收购的商业目的;②股权收购、资产收购业务合同(协议),需有权部门(包括内部和外部)批准的,应提供批准文件;③相关股权评估报告或其他公允价值证明;④12个月内不改变重组资产原来的实质性经营活动、原主要股东不转让所取得股权的承诺书;⑤工商管理部门等有权机关登记的相关企业股权变更事项的证明材料;⑥重组当事各方一致选择特殊性税务处理并加盖当事各方公章的证明资料;⑦涉及非货币性资产支付的,应提供非货币性资产评估报告或其他公允价值证明;⑧重组前连续12个月内有无与该重组相关的其他股权、资产交易,与该重组是否构成分步交易、是否作为一项企业重组业务进行处理情况的说明;⑨按会计准则规定当期应确认资产(股权)转让损益的,应提供按税法规定核算的资产(股权)计税基础与按会计准则规定核算的相关资产(股权)账面价值的暂时性差异专项说明。

个人转让公司股权可以先设计成一个比较复杂的公司转让股权的架构,然后再采取免税股权收购的交易模式即可暂时免缴所得税。

税务筹划案例

2007年年底,张大中将大中电器的独家管理与经营权转让给国美电器,转让价格为36.5亿元。张大中由于转让大中电器股权,向市地税局一次性缴纳个人所得税达5.6亿元,比2007年度青海省全年的个人所得税税款4.17亿元还多1亿多元,也由此创下了国内一次性缴纳个人所得税最多的纪录。2008年张大中获得北京市纳税人的"最高奖项"——特别杰出贡献奖。请对张大中的纳税行为提出税务筹划方案。

张大中可将其持有的大中电器股权(36.5亿元)和30%现金(15.7亿元)投资设立A公司(52.2亿元),国美电器出资36.5亿元设立B公司,A公司将其持有的大中电器股权换取国美电器持有的B公司股权,国美持有大中电器的股权,A公司持有B公司股权,股权换股权,可按特殊税务处理,暂时免税。

五、平安保险税案

税务筹划案例

2007年中国平安保险(集团)股份有限公司(以下简称平安保险)上市之前,由于个人不能成为上市保险公司的股东,所以将员工受益计划设计为法人持股,即由新豪时公司和景傲实业这两家员工投资集合相关公司代表员工持股,股权架构为平安保险员工——(新豪时公司、景傲实业公司)——平安保险上市公司。2010年4月,首批平安保险限售股解禁,根据计算1.9万名平安保险员工平均每个人出售所持股票获利为200万元，但是出售股票的主体是新豪时公司和景傲公司，200万元按照25%税率缴纳企业所得税后，只剩下150万元，分给员工的时候尚需要扣缴20%的个人所得税30万元。因此，以出售股票获利为200万元为例，员工需要负担80万元的个人所得税，财富大幅缩水，收益打了六折。

此举引起了平安保险员工的极大不满，他们高举着"我的股票我做主"的旗帜，在平安保险总部静坐，但是平安保险的说法却是，如果不是目前的股权结构，个人将不能做上市保险公司的股东，员工连120万元的利润都得不到。正是由于公司的架构设计，员工才得以享受到公司上市的红利。

那么是否有其他更好的合理方式解决该问题呢？

第一，根据财税〔2009〕159号文件规定，合伙企业是税收透明体，采取先分后税的原则，即如果新豪时公司是合伙企业的话，只需要就200万元利润按照个体工商户生产经营所得代扣代缴个人所得税约70万元即可，25%的企业所得税不需要缴纳。如果合伙企业不能持有上市保险公司股权，平安保险员工还可以采取从公司按月领取800元劳务报酬的方式每年领取9 600元劳务报酬，税负为0，或者每月领取25 000元劳务报酬（扣税4 000元，税负为16%），每年领取30万元劳务报酬；如果动员平安保险的亲朋好友参与领取，则一年即可将200万元所得全部领出，纳税32万元。

第二，将新豪时公司、景傲实业公司等持股平台转移至免征企业所得税的税收洼地，上述持股平台转让平安保险股份取得的所得免纳企业所得税，平安员工从持股平台取得股息需要承担20%的个人所得税，综合税负率为20%。

第三，保留新豪时公司、景傲实业公司等持股平台，平安员工将持股平台转移给其他主体，平安员工仅就股权转让所得承担20%的个人所得税，综合税负率为20%。

六、森马服饰收购华人实业税案

税务筹划思路

股权收购，是指一家企业（以下称收购企业）购买另一家企业（以下称为被收购企业）的股权，以实现对被收购企业控制的交易。

资产收购，是指一家企业（以下称受让企业）购买另一家企业（以下称转让企业）实质经营性资产的交易。

一般情况下，企业股权收购、资产收购重组交易，相关交易应按以下规定处理：①被收购方应确认股权、资产转让所得或损失；②收购方取得股权或资产的计税基础应以公允价值为基础确定；③被收购企业的相关所得税事项原则上保持不变。

企业发生上述股权收购、资产收购重组业务，应准备以下相关资料，以备税务机关检查：①当事各方所签订的股权收购、资产收购业务合同或协议；②相关股权、资产公允价值的合法证据。

一般情况下，股权交易的税收负担比资产交易的税收负担轻。因此，企业应当尽可能通过股权收购的模式来完成资产收购。

税务筹划案例

森马服饰2012年5月28日发布公告，公司于5月24日召开第二届董事会第二十一次会议，审议通过了《关于使用募集资金以股权收购方式购买店铺的议案》，同意使用募集资金1.56亿元收购浙江华人实业发展有限公司（以下简称华人实业）100%股权并承继相应债务。其中，股权转让价格为4 900万元，承继债务1.07亿元。交易完成后，公司将取得位于浙江省杭州市上城区延安路236号的房屋所有权及土地使用权。

公告称，华人实业所拥有的延安路房屋，位于浙江省杭州市的核心商圈，地理位置、使用面积、交易价格等均符合森马服饰营销网络建设项目的要求，未来作为店铺投入使用后，将有助于提升公司森马品牌与巴拉巴拉品牌在杭州地区的品牌形象与销售业绩，具有重要的战略意义。

华人实业店铺价值约1.56亿元。如采取资产收购方式，华人实业大约要缴纳500多万元税金及附加，5 000多万元土地增值税，森马服饰要缴纳400多万元契税，双方需缴纳16万元印花税，交易总税负超过6 000万元。如果采取股权收购方式，双方仅需要缴纳几十万元印花税，节税高达6 000万元。

森马服饰收购华人实业既可以采取资产收购的方式，也可以采取股权收购的方式。由于森马服饰收购华人实业的主要目的并不在于取得企业的股权继续经营华人实业，而是为了取得华人实业的不动产，因此，在不考虑税收成本的情况下，森马服饰应该采取资产收购的方式。很明显，其采取股权收购的主要目的是节税。当地税务机关认为森马服饰的收购行为涉嫌避税。森马服饰为证明其行为并非避税行为，应当证明其交易的合理性。第一，股权收购的手续相对简单，仅需要进行股东的变更登记即可；第二，森马服饰将继续保持华人实业的法人地位，并将继续从事生产经营活动；第三，股权收购和资产收购都是企业常用的收购手段，都是常规性商业交易行为，并非异常交易形式。最终，当地税务机关并未对该收购进行反避税调查。

七、四川双马发行股份购买资产税案

税务筹划思路

资产收购，受让企业收购的资产不低于转让企业全部资产的75%（2014年1月1日以后为50%），且受让企业在该资产收购发生时的股权支付金额不低于其交易支付总额的

85%，可以选择按以下规定处理：转让企业取得受让企业股权的计税基础，以被转让资产的原有计税基础确定；受让企业取得转让企业资产的计税基础，以被转让资产的原有计税基础确定。

企业发生上述资产收购业务，应准备以下资料：

（1）资产收购业务总体情况说明，包括资产收购方案、基本情况，并逐条说明资产收购的商业目的；

（2）资产收购业务合同（协议），需有权部门（包括内部和外部）批准的，应提供批准文件；

（3）相关资产评估报告或其他公允价值证明；

（4）被收购资产原计税基础的证明；

（5）12个月内不改变资产原来的实质性经营活动、原主要股东不转让所取得股权的承诺书；

（6）工商管理部门等有权机关登记的相关企业股权变更事项的证明材料；

（7）重组当事各方一致选择特殊性税务处理并加盖当事各方公章的证明资料；

（8）涉及非货币性资产支付的，应提供非货币性资产评估报告或其他公允价值证明；

（9）重组前连续12个月内有无与该重组相关的其他股权、资产交易，与该重组是否构成分步交易、是否作为一项企业重组业务进行处理情况的说明；

（10）按会计准则规定当期应确认资产（股权）转让损益的，应提供按税法规定核算的资产（股权）计税基础与按会计准则规定核算的相关资产（股权）账面价值的暂时性差异专项说明。

企业在实行资产收购交易时尽量按照上述条件来设计，这样就可以享受暂时免税的优惠政策。

税务筹划案例

2008年9月，四川和谐双马股份有限公司（以下简称四川双马）（SZ.000935）发布重大重组预案公告称，公司将通过定向增发，向该公司的实际控制人拉法基中国海外控股公司（以下简称拉法基中国）发行3.68亿股A股股票，收购其持有的都江堰拉法基水泥有限公司（以下简称都江堰拉法基）50%的股权。增发价为7.61元/股。收购完成后，都江堰拉法基将成为四川双马的控股子公司。

都江堰拉法基成立时的注册资本为8.57亿元，其中都江堰市建工建材总公司的出资金额为2.14亿元，出资比例为25%，拉法基中国的出资金额为6.43亿元，出资比例为75%。

根据法律法规，拉法基中国承诺，本次认购的股票自发行结束之日起36个月内不上市交易或转让。

此项股权收购完成后，四川双马将达到控制都江堰拉法基的目的，因此符合财税〔2009〕59号文规定的股权收购的定义。

1. 一般性税务处理

尽管符合控股合并的条件，尽管所支付的对价均为上市公司的股权，但由于四川双马只收购了都江堰拉法基的50%股权，没有达到75%的要求，因此应当适用一般性税务处理：

（1）被收购企业的股东：拉法基，应确认股权转让所得。

股权转让所得＝取得对价的公允价值－原计税基础
$$=7.61\times3.68-8.57\times50\%=23.73（亿元）$$

由于拉法基中国的注册地在英属维尔京群岛，属于非居民企业，因此其股权转让应纳的所得税为2.37亿元（23.73×10%）。

（2）收购方：四川双马取得（对都江堰拉法基）股权的计税基础应以公允价值为基础确定，即28.01亿元（7.61×3.68）。

（3）被收购企业：都江堰拉法基的相关所得税事项保持不变。

2. 特殊性税务处理

如果其他条件不变，拉法基中国将转让的股权份额提高到75%，即转让其持有的全部都江堰拉法基的股权，那么由于此项交易同时符合财税〔2009〕59号文规定的5个条件，因此可以选择特殊性税务处理：

（1）被收购企业的股东：拉法基中国，暂不确认股权转让所得。

（2）收购方：四川双马取得（对都江堰拉法基）股权的计税基础应以被收购股权的原有计税基础确定，即4.28亿元（8.57×50%）。

（3）被收购企业：都江堰拉法基的相关所得税事项保持不变。

综上可见，如果拉法基中国采用后一种方式，转让都江堰拉法基水泥有限公司75%的股权，则可以在当期避免2.37亿元的所得税支出。

八、东方航空合并上海航空税案

税务筹划思路

企业合并，企业股东在该企业合并发生时取得的股权支付金额不低于其交易支付总额的85%，以及同一控制下且不需要支付对价的企业合并，可以选择按以下规定处理：①合并企业接受被合并企业资产和负债的计税基础，以被合并企业的原有计税基础确定；②被合并企业合并前的相关所得税事项由合并企业承继。这些事项包括尚未确认的资产损失、分期确认收入的处理以及尚未享受期满的税收优惠政策承继处理问题等；③可由合并企业弥补的被合并企业亏损的限额＝被合并企业净资产公允价值×

截至合并业务发生当年年末国家发行的最长期限的国债利率；④被合并企业股东取得合并企业股权的计税基础，以其原持有的被合并企业股权的计税基础确定。

同一控制，是指参与合并的企业在合并前后均受同一方或相同的多方最终控制，且该控制并非暂时性的。能够对参与合并的企业在合并前后均实施最终控制权的相同多方，是指根据合同或协议的约定，对参与合并企业的财务和经营政策拥有决定控制权的投资者群体。在企业合并前，参与合并各方受最终控制方的控制在12个月以上，企业合并后所形成的主体在最终控制方的控制时间也应达到连续12个月。

可由合并企业弥补的被合并企业亏损的限额，是指按《企业所得税法》规定的剩余结转年限内，每年可由合并企业弥补的被合并企业亏损的限额。

企业发生上述合并，应准备以下资料：①企业合并的总体情况说明，包括合并方案、基本情况，并逐条说明企业合并的商业目的；②企业合并协议或决议，需有权部门（包括内部和外部）批准的，应提供批准文件；③企业合并当事各方的股权关系说明，若属同一控制下且不需支付对价的合并，还需提供在企业合并前，参与合并各方受最终控制方的控制在12个月以上的证明材料；④被合并企业净资产、各单项资产和负债的账面价值和计税基础等相关资料；⑤12个月内不改变资产原来的实质性经营活动、原主要股东不转让所取得股权的承诺书；⑥工商管理部门等有权机关登记的相关企业股权变更事项的证明材料；⑦合并企业承继被合并企业相关所得税事项（包括尚未确认的资产损失、分期确认收入和尚未享受期满的税收优惠政策等）情况说明；⑧涉及可由合并企业弥补被合并企业亏损的，需要提供其合并日净资产公允价值证明材料及主管税务机关确认的亏损弥补情况说明；⑨重组当事各方一致选择特殊性税务处理并加盖当事各方公章的证明资料；⑩涉及非货币性资产支付的，应提供非货币性资产评估报告或其他公允价值证明；⑪重组前连续12个月内有无与该重组相关的其他股权、资产交易，与该重组是否构成分步交易、是否作为一项企业重组业务进行处理情况的说明；⑫按会计准则规定当期应确认资产（股权）转让损益的，应提供按税法规定核算的资产（股权）计税基础与按会计准则规定核算的相关资产（股权）账面价值的暂时性差异专项说明。

企业在合并时应尽量满足上述条件，这样就可以享受暂时免税的优惠政策。

税务筹划案例

2009年12月，东航发布《中国东方航空股份有限公司换股吸收合并上海航空股份有限公司报告书》，按照5.28元每股股票的股价定向增发A股，以购买上海航空公司的全部净资产，按照1∶1.3的换股比例向上海航空公司的股东换股吸收合并，该业务符合特殊性税务处理条件。

（1）该交易具有合理的商业目的。

（2）该交易属于依法合并。

(3)东航按照1:1.3的换股比例换股吸收合并上海航空,同时按照每股5.50元,提供异议股东现金选择权,取得现金支付的股东属于东航非股权支付额。该项交易预计异议股东达不到总发行股份15%的比例,因此股权支付额应该超过85%。

(4)吸收合并后,上海航空公司的资产继续从事民航运输,因此具有经营的连续性。

(5)吸收合并后,占股份20%以上的原主要股东,在12个月内不能转让股份,以保持权益的连续性。上海航空公司的原股东有两个超过20%的持股比例,分别为上海联合投资有限公司和锦江酒店(集团)有限公司。预计这两家企业在12个月内不会转让其取得的存续企业东航股份。

九、东北高速股份公司分立税案

税务筹划思路

企业分立,被分立企业所有股东按原持股比例取得分立企业的股权,分立企业和被分立企业均不改变原来的实质经营活动,且被分立企业股东在该企业分立发生时取得的股权支付金额不低于其交易支付总额的85%,可以选择按以下规定处理:①分立企业接受被分立企业资产和负债的计税基础,以被分立企业的原有计税基础确定。②被分立企业已分立出去资产相应的所得税事项由分立企业承继。这些事项包括尚未确认的资产损失、分期确认收入的处理以及尚未享受期满的税收优惠政策承继处理问题等。③被分立企业未超过法定弥补期限的亏损额可按分立资产占全部资产的比例进行分配,由分立企业继续弥补。④被分立企业的股东取得分立企业的股权(以下简称新股),如需部分或全部放弃原持有的被分立企业的股权(以下简称旧股),"新股"的计税基础应以放弃"旧股"的计税基础确定。如不需放弃"旧股",则其取得"新股"的计税基础可从以下两种方法中选择确定:直接将"新股"的计税基础确定为零,或者以被分立企业分立出去的净资产占被分立企业全部净资产的比例先调减原持有的"旧股"的计税基础,再将调减的计税基础平均分配到"新股"上。

企业发生上述分立,应准备以下资料:①企业分立的总体情况说明,包括分立方案、基本情况,并逐条说明企业分立的商业目的。②被分立企业董事会、股东会(股东大会)关于企业分立的决议,需有权部门(包括内部和外部)批准的,应提供批准文件。③被分立企业的净资产、各单项资产和负债账面价值和计税基础等相关资料。④12个月内不改变资产原来的实质性经营活动、原主要股东不转让所取得股权的承诺书。⑤工商管理部门等有权机关认定的分立和被分立企业股东股权比例证明材料;分立后,分立和被分立企业工商营业执照复印件。⑥重组当事各方一致选择特殊性税务处理并加盖当事各方公章的证明资料。⑦涉及非货币性资产支付的,应提供非货币性资产评估报告或其他公允价值证明。⑧分立企业承继被分立企业所分立资产相关所得税事项（包括尚未确认的资产损失、分期确认收入和尚未享受期满的税收优惠政策等）情况说明。⑨若被分立企业尚有未超过法定弥补期限的亏损，应提供亏损弥补情况说明、被分立企业重组前净资产和分立资产公允价值的证明材料。⑩重组前连续12个月内有无与该重组相关的其他股权、资产交易，与该重组是否构成分步交易、是否作为一项企业重组业务进行处理情况的说明。⑪按会计准则规定当期应确认资产（股权）转让损益的，应提供按税法规定核算的资产（股权）计税基础与按会计准则规定核算的相关资产（股权）账面价值的暂时性差异专项说明。

企业分立时应当尽量按照上述条件来设计分立方案，这样就可以享受暂时免税的优惠政策。

税务筹划案例

2010年2月26日，ST东北高在上海证券交易所终止上市，代之以分立后的两个上市公司：龙江交通和吉林高速。东北高速公路股份有限公司（以下简称东北高速公司）成立于1999年7月21日，由龙高集团、吉高集团、华建交通三家企业共同发起。大股东龙高集团、吉高集团、华建交通之间持股比例差距不大，均没有绝对控股权，导致三方的利益始终无法协调，最终发展成不可收拾的股东大战。为了解决公司治理结构形成的矛盾，2010年东北高速公司进行了分立，其分立方案要点为：

（1）东北高速公司将分立为两家股份有限公司，即龙江交通和吉林高速。

（2）东北高速公司在分立日在册的所有股东，其持有的每股东北高速股份将转换为一股龙江交通的股份和一股吉林高速的股份。

（3）在此基础上，龙高集团将其持有的吉林高速的股份与吉高集团持有的龙江交通的股份互相无偿划转。上述股权划转是本次分立上市的一部分，将在分立后公司股票上市前完成，东北高速公司在分立完成后将依法办理注销手续。

东北高速公司的上市公司公告中声明同税务机关沟通后，本次分立符合财税〔2009〕59号文件特殊性税务处理条件。但从方案上看，显然不能满足被分立企业所有股东按原持股比例取得分立企业的股权条件。因此，不应当享受特殊性税务处理，该企业存在重大税收风险。

十、青岛啤酒股权转让税案

税务筹划思路

根据《企业所得税法实施条例》第七条规定，转让财产所得，不动产转让所得按照不动产所在地确定,动产转让所得按照转让动产的企业或者机构、场所所在地确定,权益性投资资产转让所得按照被投资企业所在地确定。因此,股权转让所得是否纳税关键是要看目标企业是否在中国境内,因此虽然是两个非居民企业之间的交易,但是由于标的股权是中国的居民企业,中国政府具有税收管辖权,这一点是毫无疑问的。难题在于税收征管问题,由于取得收入的一方与支付价款的一方均在境外,如何能够实现税款入库。

税务筹划案例

百威英博公司(Anhevser-Busch Inbev)中国香港全资子公司A-B Jade HongKong Holding Company, Limited(以下简称ABJ)于2009年1月23日与日本朝日啤酒株式会社签署股权转让协议,以每股2.548美元向朝日啤酒株式会社转让其持有的青岛啤酒股份有限公司(以下简称青啤)2.6亿股H股股份(占青啤已发行总股本的19.99%),买价共计6.67亿美元,2009年4月30日完成交割;2009年5月7日与中国香港居民陈发树签署股权转让协议,以每股2.5685美元向陈发树转让其持有的青啤公司9 164万股H股股份(占青啤已发行总股本的7.01%),买价共计2.35亿美元,2009年6月5日完成交割。

百威英博公司占境内企业股份已超过25%,并且持有期限超过12月,我国境内对该股权转让所得拥有首先征税权,ABJ应该就其股权转让所得在青啤企业所得税主管税务机关青岛市地税局市北分局申报缴纳企业所得税。百威英博公司却因纳税数额大、财务资金紧张,应纳税款迟迟未缴入国库。因交易双方均为境外企业,境内没有开设资金账户,税务机关无法实施强制执行措施扣缴税款。青岛地税向普华发送了《税务事项通知书》,要求纳税人在2009年6月15日前缴纳税款,逾期按规定加征滞纳金,并明确了拟采取的包括媒体曝光等在内的进一步措施。

2009年7月1日,普华代理申报缴纳了百威英博公司第一笔向日本朝日啤酒株式会社股权转让应纳企业所得税款3.34亿元。7月10日,普华代理申报缴纳了百威英博公司第二笔向陈发树先生股权转让应纳企业所得税1.18亿元。至此,百威英博公司转让青啤股权应纳税款4.52亿元全部依法征缴入库。

十一、中国移动股权转让税案

税务筹划思路

境外注册的中资控股企业(以下称境外中资企业)是指由中国境内的企业或企业集团作为主要控股投资者,在境外依据外国(地区)法律注册成立的企业。对于实际管理机构的判断,应当遵循实质重于形式的原则。

境外中资企业同时符合以下条件的，应判定其为实际管理机构在中国境内的居民企业，并实施相应的税收管理，就其来源于中国境内、境外的所得征收企业所得税：①企业负责实施日常生产经营管理运作的高层管理人员及其高层管理部门履行职责的场所主要位于中国境内；②企业的财务决策（如借款、放款、融资、财务风险管理等）和人事决策（如任命、解聘和薪酬等）由位于中国境内的机构或人员决定，或需要得到位于中国境内的机构或人员批准；③企业的主要财产、会计账簿、公司印章、董事会和股东会议纪要档案等位于或存放于中国境内；④企业1/2（含1/2）以上有投票权的董事或高层管理人员经常居住于中国境内。

来源于中国境内、境外的所得，按照以下原则确定：

（1）销售货物所得，按照交易活动发生地确定。

（2）提供劳务所得，按照劳务发生地确定。

（3）转让财产所得，不动产转让所得按照不动产所在地确定，动产转让所得按照转让动产的企业或者机构、场所所在地确定，权益性投资资产转让所得按照被投资企业所在地确定。

（4）股息、红利等权益性投资所得，按照分配所得的企业所在地确定。

（5）利息所得、租金所得、特许权使用费所得，按照负担、支付所得的企业或者机构、场所所在地确定，或者按照负担、支付所得的个人的住所地确定。

（6）其他所得，由国务院财政、税务主管部门确定。

税务筹划案例

2010年9月8日，酝酿已久的沃达丰公司出售中国移动（00941，HK）股权一事终于落定。沃达丰公司是英国的电信业巨头，也是中国移动主要的外资股东之一，持股数量为6.42亿股，占中国移动总股份的3.2%。8日，沃达丰公司向国际投行沃达丰以每股79.2港元至80港元的价格（较前一天收市价折让2.4%至3.4%）配售所持股份，据悉，参与配售的包括高盛、瑞银、摩根士丹利、汇丰等八家投行。出售所持的中国移动3.2%的股权，交易涉资超过509亿港元（66亿美元），净赚超过33亿美元。

沃达丰公司对中国移动的投资，已经有10年的历史。2000年沃达丰公司斥资25亿美元，购入中国移动2.5%的股份，每股平均作价为48港元，成为当时中资电信运营商迎来的第一个海外投资者。2002年，中国移动收购8省资产注入上市公司，沃达丰公司又斥资7.5亿美元增持，每股平均价为24.7港元。

香港中国移动虽然是注册在中国香港的上市公司，但是作为中国政府主导的红筹股上市公司，已经根据国税发〔2009〕82号文件，被认定为"境外注册中资控股"的居民企业，因此沃达丰公司转让香港中国移动股票，根据《企业所得税法实施条例》第七条的规定，属于非居民企业来源于中国境内的所得，因此对于该项所得应该缴纳预提所得税。北京市国税局在国家税务总局的指导下，2010年10月27日将该笔21.96亿元税款顺利入库，成为中国第一笔和目前最大一笔外资减持"境外注册中资控股"的红筹股上市公司股权转让所得税。

第二节 反避税经典案例分析

一、大连反避税案例

税务筹划思路

转让定价，也称转移定价，是指关联企业之间在转让货物、无形资产或提供劳务、资金信贷等活动中，为了一定的目的所确定的不同于一般市场价格的内部价格。关联企业之间转让定价的主要形式通常有购销货物（零部件、原材料和产成品）、购置设备（固定资产）、无形资产（专利、专有技术、商标、厂商名称等）转让与使用、提供劳务（技术、管理、广告、咨询等）、融通资金及有形资产的租赁等。在跨国经济活动中，利用关联企业之间的转让定价进行税务筹划已成为一种常见的税收逃避方法。其一般做法是：高税国企业向其低税国关联企业销售货物、提供劳务、转让无形资产时制定低价；低税国企业向其高税国关联企业销售货物、提供劳务、转让无形资产时制定高价。这样，利润就从高税国转移到低税国，从而达到最大限度地减轻其税负的目的。

1.关联方的确定

关联方，是指与企业有下列关联关系之一的企业、其他组织或者个人：

（1）在资金、经营、购销等方面存在直接或者间接的控制关系。

（2）直接或者间接地同为第三者控制。

（3）在利益上具有相关联的其他关系。

2.关联企业的确定

企业与另一公司、企业和其他经济组织（统称另一企业）有下列之一关系的，即为关联企业：

（1）相互间直接或间接持有其中一方的股份总和达到25%或以上的。

（2）直接或间接同为第三者所拥有或控制股份达到25%或以上的。

（3）企业与另一企业之间借贷资金占企业自有资金50%或以上，或企业借贷资金总额的10%是由另一企业担保的。

（4）企业的董事或经理等高级管理人员一半以上或有一名常务董事是由另一企业

所委派的。

（5）企业的生产经营活动必须由另一企业提供的特许权利（包括工业产权、专有技术等）才能正常进行的。

（6）企业生产经营购进原材料、零配件等（包括价格及交易条件等）是由另一企业所控制或供应的。

（7）企业生产的产品或商品的销售（包括价格及交易条件等）是由另一企业所控制的。

（8）对企业生产经营、交易具有实际控制的其他利益上相关联的关系，包括家族、亲属关系等。

3.合理方法的类型

企业与其关联方之间的业务往来，不符合独立交易原则而减少企业或者其关联方应纳税收入或者所得额的，税务机关有权按照合理方法调整。独立交易原则，是指没有关联关系的交易各方，按照公平成交价格和营业常规进行业务往来遵循的原则。企业与其关联方共同开发、受让无形资产，或者共同提供、接受劳务发生的成本，在计算应纳税所得额时应当按照独立交易原则进行分摊。合理方法包括：

（1）可比非受控价格法，即按照没有关联关系的交易各方进行相同或者类似业务往来的价格进行定价的方法。

（2）再销售价格法，即按照从关联方购进商品再销售给没有关联关系的交易方的价格，减除相同或者类似业务的销售毛利进行定价的方法。

（3）成本加成法，即按照成本加合理的费用和利润进行定价的方法。

（4）交易净利润法，即按照没有关联关系的交易各方进行相同或者类似业务往来取得的净利润水平确定利润的方法。

（5）利润分割法，即将企业与其关联方的合并利润或者亏损在各方之间采用合理标准进行分配的方法。

（6）其他符合独立交易原则的方法。

4.关联企业之间的转让定价情形

企业与其关联方之间的业务往来，不符合独立交易原则而减少企业或者其关联方应纳税收入或者所得额的，税务机关可以按照合理方法调整。关联企业之间的转让定价情形主要包括：

（1）购销业务未按照独立企业之间的业务往来作价。

（2）融通资金所支付或者收取的利息超过或者低于没有关联关系的企业之间所能同意的数额，或者利率超过或者低于同类业务的正常利率。

（3）提供劳务，未按照独立企业之间业务往来收取或者支付劳务费用。

（4）转让财产、提供财产使用权等业务往来，未按照独立企业之间业务往来作价或者收取、支付费用。

（5）未按照独立企业之间业务往来作价的其他情形。

企业与其关联企业共同开发、受让无形资产，或者共同提供、接受劳务发生的成本，在计算应纳税所得额时应当按照独立交易原则进行分摊。企业可以按照独立交易原则与其关联方分摊共同发生的成本，达成成本分摊协议。企业与其关联方分摊成本时，应当按照成本与预期收益相配比的原则进行分摊，并在税务机关规定的期限内，按照税务机关的要求报送有关资料。企业与其关联方分摊成本时违反上述规定的，其自行分摊的成本不得在计算应纳税所得额时扣除。

税务筹划案例

大连市国税局在对该市外资企业的亏损情况进行调查时发现，大连某机电公司利用关联公司进行价格转移，长期制造亏损，使得税务部门无税可征。经过长达一年半的调查，大连市国税局在掌握大量确凿证据后，决定调增该公司应纳税收入2.77亿元，调增应纳税所得额2.78亿元，增补所得税近千万元。

1. 年销售过亿元却连年亏损

自1997年成立以来，大连某机电公司的年销售收入一直在亿元以上，却长期亏损，没有所得税。不仅如此，该企业由于90%以上的产品出口给外方投资者，不仅没有增值税，还因为在国内采购了原材料，申请出口退税。

该企业主要产品广泛应用于工业、农业、国防、医院、商场、宾馆等领域。数据显示，世界上此类产品的年贸易额约为35亿美元，我国出口的比例占此类产品全球总产量的20%左右。而大连某机电公司的前身，是我国该行业最大的生产企业之一，称得上龙头企业。20世纪90年代，由于企业冗员多、管理不善、资金周转不灵、负债高，企业陷入亏损。1997年4月，其和国外一家公司签了合资协议，成为一家合资企业。

合资企业当时的注册资金为1亿元人民币，中方以土地、厂房、设备等入股，而外方公司则以5 000万元资金分期注入合资企业，中外双方各占股份50%。但是，合资之后，大连某机电公司的亏损情况并未因外资的介入而有所好转。在两年小幅亏损之后，2000年企业出现大幅亏损，合资的中方难以维持。2000年4月，在经历了3年的合资之后，中方股份被迫退出，外方公司全部收购了中方5 000万元的股份，大连某机电公司变成了独资企业。

虽然调查显示，大连某机电公司有技术、有市场，但是主管该企业的税务机关对其长期亏损感到很头疼。对他们进行的常规检查，也发现不了问题，企业形象好，销售正规、内部管理严格，收入真实，账面清楚。但是税务人员也清楚地感到，这家企业的亏损值得怀疑。于是，税务部门在2004年6月，开始着手对该企业进行特别调查。

2. 有钱不赚忙出口，财务报表有点怪

近年来，中国不少外资企业生产的产品，由于技术、品牌都属于外方投资者，在中国的外资企业承担的只是加工的角色，赚的都是辛苦费，导致企业利润较低。大连某机电公司是不是属于这种情况呢？

税务机关的调查否定了这种推论。大连某机电公司在外方入驻之后，管理层发生了变化，企业的面貌也有了改善，产品质量提高了，企业的生产效率更高了。但是，外方并未对企业的技术改造进行任何实质性投入，工人们仍在原先的老厂房里生产着与原来类似的产品。可以说，合资公司在技术上吃的还是以前中方的"老本儿"，只是在销售上基本放弃了国内市场，绝大部分产品用于出口。

大连某机电公司不是一个单纯的组装厂，他们有自己的技术，一般而言，这类企业的利润率都会较高。但是这家企业却整体亏损，尤其毛利率格外低，有些蹊跷。在向该公司下达了转让定价调查通知书后，大连市国税机关正式开始了对这家企业的检查。在翻阅了这家公司的财务报表后，税务人员发现，毛利率较低，而且2001—2003年，毛利率竟然都是3%，"像刀切得一样齐"，与收入的大幅波动毫不相干。检查人员意识到，只有人为操纵价格时，才能出现如此绝对的数字。而以前反避税工作的经验告诉他们，关联交易确定交易价格时，可以人为确定价格而不需要完全借助于市场定价。另外，在调查中，税务人员还发现，该公司的产品中，90%出口给外方投资者，10%在国内市场上销售给非关联第三方。非关联的内销部分是赚钱的，关联的外销部分却是严重亏损的。国内市场存在一定的需求，为什么企业放着赚钱的内销生意不做，却非要去做赔钱买卖？显然，这里面也是大有文章的。

蛛丝马迹的线索随着调查的深入而变得越来越清晰。这更加坚定了检查人员一查到底的决心。现在，问题的关键就是寻找证据。该公司被外方接管后，账务系统用电脑管理。税务人员进去查账，公司只扔过来几本简单的手工账目，根本不把电脑中的明细账提供给税务人员，尽管税务人员依法有权要求企业提供。公司的财务总监是个外籍人士，他很傲慢地宣称："这是商业机密，不能给你们。只有手工账目，（你们）爱要不要。"

那些手工账只是一些概括性的数据，过于简单。为了得到有价值的资料，检查人员采取严密分工、协同配合、全面出击的策略，扎到企业内部去了解情况、收集证据。按照重新制订的计划，税务人员又一次来到大连机电公司，每个人都有不同的分工，有的了解生产情况，有的找销售人员，有的找财务人员。企业一时搞不清楚税务人员的目的何在，看情形有点儿乱了阵脚。一时摸不到头脑的销售部门最先露出了破绽，他们"稀里糊涂"地将公司的销售明细账提供给了检查人员。

"这个资料非常珍贵，拿到时我们都不相信是真的！"调查小组的成员们感叹。正在检查人员感到看见了一线曙光的时候，新的麻烦又出现了。

3.自编自演"连环套"

为了进一步证实企业的销售情况，还必须取得另一个重要资料——企业的销售合同。于是，新一轮较量开始了。"要合同做什么？"这次，企业的财务经理显然吸取了经验，显得相当谨慎。"我们想了解一下合同是怎样签的，执行条件是什么样的。"税务人员回答。"我们的合同是英文的，你们看不懂。"对方显然没有把中国税务人员放在眼里。"这一点不用你们操心。你们只需依照法律规定，提供应该提的所有资料，包括销售合同。"检查人员心平气和地做着解释。看到无法推脱，财务经理只得向财务总监做了汇报。自视甚高的外籍财务总监显然低估了税务人员的能力，略作沉吟后答应了检查人员的要求。

在该公司相关人员的带领下，检查人员来到了档案库。该公司90多个主要客户，五六年的所有合同，整整齐齐排了一面墙。税务人员顺利地拿到了这些重要的原始证据。公司的外籍管理人员可能没有想到，税务机关的调查团队内可是藏龙卧虎，既有从英国学成归来的工商管理硕士，也有留学美国的国际注册会计师。事后，检查人员笑称："看不懂英文文本？你就是日文、俄文、韩文、法文的文本又怎么样？不出大连，不出国税局，一样能'拿下'。"

拿到合同后，虽然全部是英文，但是一位曾到英国奥斯特大学学习的税务人员一翻，很快就发现了一个关键问题。原来，合同的第一张，就是大连某机电公司与一家中国香港公司签订的销售合同。而这家中国香港公司，其母公司是在中国香港设立的。合同上面清楚地写明了货物的价格和购买的数量；合同的第二张，则是就同一批货物由中国香港公司与其他的国外公司签订的销售合同，而到这张合同上的价格却凭空高了20%。

很显然，这就是关联价格和非关联价格。这就是大连某机电公司利用关联公司进行价格转移的直接证据。在这位税务人员发现"中国香港公司"秘密的同时，从美国学成归来的另一位税务人员也在加紧分析从大连公司销售部门拿来的数据。经过紧张周密的工作，大连某机电公司利用关联公司税务筹划的情况逐渐清晰起来。

大连市国税局要求税务人员再接再厉，从各种角度证明大连某机电公司的税务筹划事实。不能有一点漏洞，要让他们心服口服。为此，办案人员又通过互联网，找到了在境外公开上市的外方投资者历年的财务报表。报表显示，该公司同类产品收入规模年均在几十亿美元，税后利润均达到了10%以上，有些年度高达20%。这说明，该公司的业务盈利能力很强，常年亏损显然有悖常理。心中有数之后，沉稳机敏的税务人员耐心地与大连某机电公司的高层管理人员进行了交涉，终于让他们自己说出了母公司、中国香港公司及中国这家公司在经营上的角色定位。

原来，大连某机电公司的外销产品，表面上都是销售给中国香港的关联公司，但实质上，中国香港公司仅仅是个"壳公司"。母公司派人在大连某机电公司以中国香港公司的名义，与世界各地的非关联企业客户签订合同，产品由大连直接发往世界各地，资金结算则由母公司来完成。至此，关联交易中最重要问题之一，功能定性问题终于得以解决——大连某机电公司负责生产及销售的功能，实质上是"全能公司"；中国香港公司无任何工作职能，是用来存放利润的，是"壳公司"；母公司是真正的幕后操纵者，它不直接介入产品生产和销售的任何环节。

为了清楚地反映利用关联定价税务筹划的过程，税务人员还做了一个多国税制环境分析模型，从税制角度证明该公司的税务筹划行为具有可操作性。从表面上看，两国三地中，投资方所在国所得税税率最高，达26%，并且没有任何优惠；"壳公司"所在地中国香港次之，所得税税率16%；生产厂的所在地，中国内地所得税税率最低，仅10%，而且还有很多定期的减免优惠。通常来讲，内地应该是利润存放的最优选择。但是，该企业却逆向选择了中国香港，这是为什么呢？

原来，中国香港对贸易性离岸业务的利润是免税的。也就是说，只要合同签订不在中国香港、合同执行监督不在中国香港、货物不在中国香港停留，就可以申请免税。毫无疑问，投资方母公司正是利用了中国香港地区的这一规定，利用了这种在地域和管辖权上的盲点，通过关联交易把本应属于大连某机电公司的利润暗度陈仓，放在了中国香港，实施了税务筹划。

经过为时一年半之久的检查之后，这一起反避税案件终于落下了帷幕。2005年年底，大连市国税局向大连某机电公司发出了转让定价调整应纳税收入通知书，决定调增该公司应纳税收入2.77亿元，调增应纳税所得额2.78亿元，增补所得税近千万元。在大量的事实面前，大连某机电公司对结果表示了认可。

二、广州反避税案例

税务筹划案例

1.企业基本情况

C有限公司广州分公司（简称广州分公司）是C有限公司（简称C公司）的分支机构。C公司于1992年3月由C集团成员中国香港C企业有限公司与深圳X公司合作设立。1994年成立了广州分公司，C公司派员管理，独立核算，所得税在广州缴纳。

广州分公司从1994年开业至今，销售收入不断增长，1996—1999年的销售收入保持在5亿多元。2000年开始，销售收入大幅增长，达到7亿元，比1999年增长了33.27%，以后各年销售收入稳定，在7亿元至8亿元之间。其中，2002年和2004年度的销售收入分别达到8.5亿元、8.3亿元。1996—2004年销售收入累计达到62.5亿元，经营状况良好。但该公司的利润始终维持在较低的水平，发展规模与获利能力不相匹配。除1996年和2001年的销售利润率达到6%以外，其余年度为1.51%～4.85%。虽然2002年为收入的高峰（达到8.5亿元），但销售利润率也只维持在3.10%，1996—2004年平均销售利润率只有3.51%。

2.主要税务筹划疑点

广州市税务局通过调查认为，该公司销售费用占销售收入比例较大，1996—2004年分别占销售收入的14.38%～20.10%。其中，各年商标使用费分别占销售费用的29%～54%。据统计，该公司1996—2004年计提商标使用费累计达到4.8亿元，而企业历年利润总额只有2.7亿元，计提的商标使用费是利润总额的1.78倍。

经调查，该公司在1996年1月1日将商标使用费计提标准由原来的按销售总额（含增值税)的3.5%调整至5%,1997年1月1日再次调整至7%。调整得比较随意,且没有提供相关的文件证明来说明提高计提比例的依据,该公司自1994年开业至1997年三次提高计提商标费的标准,使商标使用费占销售费用的比例不断提高。

从C集团网站下载的公司年度报告中显示,商标使用费的收取方是Y公司,该公司是C集团设立在开曼群岛专门用于授权使用商标专利权的公司,注册资本只有200美元。开曼群岛是国际上著名的避税港。因此,广州分公司存在通过提高商标使用费计提比例转移利润的税务筹划嫌疑,是调查的重点。

3.情况调查分析

针对上述情况,税务机关对广州分公司按照全部销售收入(含增值税额)的7%计提商标使用费的合理性进行了调查,发现其存在两方面的问题。

第一,计提比例不合理。

通过对广州分公司职能和风险的综合分析,税务机关发现,广州分公司作为中国地区的实质管理机构,除了负责广州地区的零售业务外,更主要的是负责该品牌成衣在全国的采购供货、批发等业务,负责全国广告宣传的策划和推广,负责全国业务协调有序地开展,负责在各地通过设立分公司或特许加盟店的形式发展业务,并对各地分公司和加盟商实施不同的管理和监督等一系列职能,同时承担了职能的全部风险。

广州分公司并非企业解释的那样是一个单纯的分销服务提供商。C商标的价值如果有提升(或保持)的话,与被许可人(广州分公司)做出的努力和贡献是分不开的。但是,广州分公司在这个过程中,所有的营销支出从未得到回报。为此,广州市税务局认定广州分公司按7%支付商标使用费比例过高。此外,由于广州分公司计算商标使用费的口径为含增值税的销售收入,因此经换算的商标使用费实际计提标准为销售收入的8.19%,远高于表面上的7%。

第二,计提基数不合理。

广州分公司销售给C集团在外地分公司的货物,如出现退货情况,不是开具红字发票对冲,而是由外地的分公司开出增值税专用发票,以成本价返销给广州分公司。广州分公司在核算上将该货物作为存货处理并进行再次销售,同时按再次销售价格的7%重复计提商标使用费。此外,广州分公司销售给商场专柜按8折开具发票,但计提商标使用费时则按全额计提。该公司给予商场的折扣作为一种利益的让渡,是作为商场利润留在商场的。所以,广州分公司将该部分作为企业销售收入计提商标使用费显然是不合理的。

4.调整方案落实

在税务机关出示的证据面前,企业同意对商标使用费采用利润分割法进行调整。用于分割的利润是广州分公司实际计提的商标使用费4.8亿元。

广州市国税局通过BVD数据库选取了15家与广州分公司业务近似的公司,营业利润率在3.87%至7.61%之间,中位值是6.43%。广州市国税局一方面用可比公司的中位值6.43%去测算广州分公司的常规利润,另一方面用广州分公司1996年按5%计提商标使用费后营业利润率仍然达到6.01%，从而认定广州分公司的常规利润在6.43%左右比较合理。由于税企双方对选取可比企业仍然存在不同意见，企业坚持用国家统计局的行业中位值4.78%设定为常规利润率，在税企双方各自做出让步的情况下，最后将企业1997—2004年度的常规利润率定在6%。

考虑到广州分公司1996年的营业利润率（6.01%）已达到常规利润水平，拟对1996年暂不做调整。对企业1997—2004年尚未达到常规利润的年度进行调整。在保证广州分公司取得应有的常规利润后，余下的剩余利润作为超额利润在广州分公司与境外公司之间根据各自职能和贡献的大小进行分割。1997—2004年共调增应纳税所得额2亿多元，补缴企业所得税6 000多万元，调整后1997—2004年度的平均利润率为7.5%。

三、北京反避税案例

税务筹划思路

根据税法规定，一些企业在特定期间可以享受免税待遇。企业可以通过设立享受免税待遇的企业并将应税所得转入该免税企业享受免税待遇。

在2008年《企业所得税法》实施之前，享受免税待遇的企业比较多，在2008年以后，享受免税待遇的企业比较少，目前主要包括以下几种类型：

（1）对经济特区和上海浦东新区内在2008年1月1日（含）之后完成登记注册的国家需要重点扶持的高新技术企业（简称新设高新技术企业），在经济特区和上海浦东新区内取得的所得，自取得第一笔生产经营收入所属纳税年度起，第一年至第二年免征企业所得税，第三年至第五年按照25%的法定税率减半征收企业所得税。经济特区和上海浦东新区内新设高新技术企业同时在经济特区和上海浦东新区以外的地区从事生产经营的，应当单独计算其在经济特区和上海浦东新区内取得的所得，并合理分摊企业的期间费用；没有单独计算的，不得享受企业所得税优惠。

（2）我国境内新办软件生产企业经认定后，自获利年度起，第一年和第二年免征企业所得税，第三年至第五年减半征收企业所得税。

（3）集成电路线宽小于0.8微米（含）的集成电路生产企业，经认定后，在2017年12月31日前自获利年度起计算优惠期，第一年至第二年免征企业所得税，年至第五年按照25%的法定税率减半征收企业所得税，并享受至期满为止。

（4）集成电路线宽小于0.25微米或投资额超过80亿元的集成电路生产企业，经认定后，减按15%的税率征收企业所得税，其中经营期在15年以上的，在2017年12月31日前自获利年度起计算优惠期，第一年至第五年免征企业所得税，第六年至第十年按照25%的法定税率减半征收企业所得税，并享受至期满为止。

（5）我国境内新办的集成电路设计企业和符合条件的软件企业，经认定后，在

2017年12月31日前自获利年度起计算优惠期,第一年至第二年免征企业所得税,第三年至第五年按照25%的法定税率减半征收企业所得税,并享受至期满为止。

(6)非营利组织的下列收入为免税收入:接受其他单位或者个人捐赠的收入;除《企业所得税法》第七条规定的财政拨款以外的其他政府补助收入,但不包括因政府购买服务取得的收入;按照省级以上民政、财政部门规定收取的会费;不征税收入和免税收入孳生的银行存款利息收入;财政部、国家税务总局规定的其他收入。

税务筹划案例

北京市国家税务局稽查局于2007年6月14日至2007年10月25日对北京A税务师事务所有限公司(简称A公司)2002年5月至2006年12月31日的纳税情况进行了检查,发现A公司利用所控制的多家公司,将取得的劳务收入转移到互为关联的免税企业,共计转移应税收入810万元。

2006年6月,A公司协同北京B信息咨询有限责任公司(简称B公司)与甲公司签订代理业务协议书,同年7月出具加盖"北京A税务师事务所有限公司"印章的审计报告,共取得业务收入480万元,将其中460万元转移到B公司。

2004年11月16日,A公司协同北京某投资有限公司信息咨询分公司(简称C咨询分公司)与乙公司签订办理核销历史欠税业务的代理协议书,当日由C咨询分公司将预收款200万元作收入并开具发票。由于合同未履行,又于2006年1月协同北京某投资有限公司某区信息咨询分公司(简称D咨询分公司)与乙公司重新签订协议书。直至同年8月才由C咨询分公司退还乙公司预收的150万元,并将余款50万元转入B公司,由B公司作为收入并出具发票。在此期间,一直由A公司委派本单位员工负责该项代理业务的实施。

2006年6月1日,A公司与丙公司签订代理协议书,6月15日由B公司收取150万元并出具了300万元的发票,同时作为收入300万元。2006年12月26日,A公司协同B公司与丙公司签订三方协议书后,由B公司收取余款150万元。在此期间,一直由A公司委派本单位员工负责该项代理业务的实施。

现已查明A公司与B公司、C咨询分公司、D咨询分公司都为同一法人,在资金、业务经营等方面,存在直接或者间接的拥有或者控制关系,互为关联企业。其中B公司在2006年为免税企业,A公司利用对其的实质控制权,将自己的收入转移到B公司欲以逃税,转移收入合计810万元。实际应调增应纳税所得额765.45万元。

应对反避税策略

本案税务筹划失败的原因有两个:第一,未隔断A公司与B公司的关联关系;第二,未由B公司实际提供劳务。如果企业想享受免税待遇,应当设立免税公司,并由免税公司来实际提供劳务。不能由其他公司提供劳务,而由免税公司取得收入。此时的免税公司就成了一个收钱公司,这是非常明显的避税行为,极易为税务机关察觉。企业在设立免税公司时,为了避免被认定为关联企业,应当对照关联企业的标准,在资金、人员等方面隔断二者之间的关联关系。

四、重庆反避税案例

税务筹划思路

《企业所得税法实施条例》第七条规定,来源于中国境内、境外的所得,按照以下原则确定:①销售货物所得,按照交易活动发生地确定;②提供劳务所得,按照劳务发生地确定;③转让财产所得,不动产转让所得按照不动产所在地确定,动产转让所得按照转让动产的企业或者机构、场所所在地确定,权益性投资资产转让所得按照被投资企业所在地确定;④股息、红利等权益性投资所得,按照分配所得的企业所在地确定;⑤利息所得、租金所得、特许权使用费所得,按照负担、支付所得的企业或者机构、场所所在地确定,或者按照负担、支付所得的个人的住所地确定;⑥其他所得,由国务院财政、税务主管部门确定。

外商投资企业中的外方股东如果要转让其在外商投资企业的股权,根据上述规定的第④项,应当认定为来自中国境内的所得,应当在中国缴纳企业所得税。但如果外方股东先在中国境外设立子公司,由该子公司持有外商投资企业的股权,然后再将该子公司的股权转让,此时,由于被转让的公司位于中国境外,中国对该笔所得没有征税权。例如,法国A公司在中国香港设立B公司,B公司持有中国境内C公司股权,A公司将B公司的股权转让给D公司,相当于将C公司的股权转让给D公司,此时,由于被转让公司是中国香港的B公司,中国境内对A公司的股权转让所得没有征税权。这种税务筹划方案被称为间接转让中国境内企业股权。

《特别纳税调整实施办法(试行)》(国税发〔2009〕2号)第九十四条规定,税务机关应按照经济实质对企业的税务筹划安排重新定性,取消企业从税务筹划安排获得的税收利益。对于没有经济实质的企业,特别是设在避税港并导致其关联方或非关联方税务筹划的企业,可在税收上否定该企业的存在。

《国家税务总局关于加强非居民企业股权转让所得企业所得税管理的通知》(国税函〔2009〕698号)规定,境外投资方(实际控制方)间接转让中国居民企业股权,如果被转让的境外控股公司所在国(地区)实际税负低于12.5%或者对其居民境外所得不征所得税的,应自股权转让合同签订之日起30日内,向被转让股权的中国居民企业所在地主管税务机关提供以下资料:①股权转让合同或协议;②境外投资方与其所转让的境外控股公司在资金、经营、购销等方面的关系;③境外投资方所转让的境外控股公司的生产经营、人员、账务、财产等情况;④境外投资方所转让的境外控股公司与中国居民企业在资金、经营、购销等方面的关系;⑤境外投资方设立被转让的境外控股公司具有合理商业目的的说明；⑥税务机关要求的其他相关资料。境外投资方（实际控制方）通过滥用组织形式等安排间接转让中国居民企业股权，且不具有合理的商业目的，规避企业所得税纳税义务的，主管税务机关层报税务总局审核后可以按照经济实质对该股权转让交易重新定性，否定被用作税收安排的境外控股公司的存在。

税务机关根据上述制度可以否定B公司的存在，从而认为，A公司实际上转让的是C公司的股权，而C公司是中国境内企业，因此，A公司的股权转让所得应当在中国境内纳税。

税务筹划案例

新加坡A公司持有新加坡B公司100%的股权，新加坡B公司持有重庆合资公司C公司31.6%的股权，现在A公司将其持有的B公司的股权转让给D公司。由于B公司位于新加坡，应当认为该笔股权转让所得来源于新加坡，中国对该笔所得没有征税权。

新加坡A公司通过转让为控制重庆合资公司权益而在新加坡成立的中间控股公司的股权，以达到转让其在重庆合资公司的权益性投资的目的。由于目标公司（B公司）是一家新加坡公司，而且有关股权转让交易并未涉及对重庆合资公司（C公司）股权的任何直接转让，所以从技术上来讲，该交易的转让所得并不是来源于中国，无须在中国缴纳预提所得税。

然而，重庆市国税局则作出了不同的分析与结论：目标公司除了在转让时持有重庆合资公司31.6%的股权，没有从事任何其他经营活动。基于上述情况，转让方新加坡公司（A公司）转让目标公司的交易，本质上就是转让重庆合资公司的股权。因此，在请示国家税务总局后，重庆市国税局得出的结论是：新加坡控股公司的股权转让所得来源于中国。因此，依据《企业所得税法》第三条和《中华人民共和国政府和新加坡共和国政府关于对所得避免双重征税和防止偷漏税的协定》第十三条的规定，中国有权对转让方新加坡公司的股权转让所得征税。

重庆市国税局在2008年5月提出中国对上述股权转让交易所得有征税权的论点，并在2008年10月按照上述结论对转让所得作出了处理。最终，重庆市国税局对转让方新加坡公司所有的股权转让所得征收了98万元人民币（约合14.5万美元）的预提所得税。

五、福州反避税案例

税务筹划思路

根据中国内地和中国香港避免双重征税及偷漏税的安排和其他双边税收协定，一般规定只有持有境内股权25%以上的股东转让其持有的股权，中国内地才有征税权。比如，百威英博啤酒持有青岛啤酒的股份是27%，符合在中国内地纳税的规定。为了防

第十四章 金税四期税务筹划与反避税经典案例分析

止企业分次转让股权税务筹划，百威英博可以先转让3%股份缴纳少部分预提所得税，再次转让剩余24%股份即可税务筹划。协定又规定，这里的持股25%以上，是指在股权转让前12个月内任何时间内曾经达到25%的股权比例，从而堵塞了税收漏洞，很难想象为了税收上的利益，12个月时间不去办理股权变更手续，当然，如果客观条件支持，也可以先转让部分股权，12个月后转让剩余的不足25%的股权可以达到税务筹划的目的。

那么涉及外资股权架构时，每一个股东的持股比例都使之达不到25%，是不是可以进行税务筹划呢？例如：A公司在中国内地投资一个全资子公司，为了避免将来转让股权时缴纳预提所得税，可以在中国香港地区设立5家公司，每家公司控股20%，将来转让的时候，均达不到25%的比例限制，这样的运作也属于一般反避税的范畴。

税务筹划案例

中国香港某公司减持一家上市公司股票应征的9 828万元税款顺利入库，该公司也创下了福建征收单户非居民税收的最高纪录。从2009年10月份以来，该公司共减持同一家上市公司原始股2.8亿股，累计缴纳非居民企业所得税3.79亿元。这家上市公司在上海证券交易所挂牌上市，其中中国香港公司占注册资本的15.6%。2009年10月9日至27日，中国香港公司在二级市场以竞价交易方式出售上市公司股票1 982万股，交易金额2.21亿元。当福州市国税局上市公司调研组通过上证所公开渠道获知此信息时，企业却向主管的福清市国税局提出要求享受免税的税收协定待遇。

理由是：根据2008年1月内地和中国香港签订的《内地和中国香港特别行政区关于避免双重征税和防止偷漏税的安排第二议定书》第五条规定："一方居民转让其在另一方居民公司资本中的股份或其他权利取得的收益，如果该收益人在转让行为前的12个月内，曾经直接或间接参与该公司至少25%的资本，可以在另一方征税。"由于中国香港公司占该上市公司的股份未达到25%，因此企业认为内地没有征税权。

福州市和福清市两级国税局人员通过查阅2008年上市公司年报信息、历年股东持股情况，认真分析税收协定政策和中国香港的相关税收法规后，判定中国香港公司并不符合税收协定免税待遇。虽然中国香港公司转让股票前的12个月内只占上市公司股份的15.60%，但从年报上看，该上市公司的第一大股东公司与第二大股东中国香港公司是"行动一致人"，这两家股东公司均由某中国香港居民个人100%投资，因此中国香港公司实际控股人、转让股票的最终受益人是该中国香港居民，间接拥有该上市公司38.09%的股份。同时，上市公司2008年年报披露，中国香港的两家股东公司都是非业务经营性投资控股公司。按照内地与中国香港签订的税收协定安排和《第二议定书》以及国家税务总局有关规定，内地有权征税。

按照《企业所得税法》，应对非居民企业中国香港公司取得的转让股权收益实行源泉扣缴，以支付人为扣缴义务人。但由于上市公司的股票是通过证券市场减持，本案中的纳税人中国香港公司在获得巨额收益的同时,并没有真正意义的扣缴义务人,税务机关也因此无法确定支付人。为此,福清市国税局让中国香港公司在所得来源地,即该上市公司所在地办理临时税务登记,并指定其作为代理人协助税务机关履行纳税义务。

经过税企双方多次磋商,最终中国香港公司同意就其股票出售收益在内地缴纳非居民企业所得税。2009年10月,该上市公司作为中国香港股东的代理人,到福清市国税局申报扣缴了2210万元非居民企业所得税。福州市国税局上市公司调研组随后密切跟踪其关于股东减持的公告。2009年11月和2010年4月,中国香港公司先后6次减持该上市公司的股票2.6亿股,取得股权转让金额33亿多元。该上市公司在主管税务机关的要求下,比照前例及时缴纳了非居民企业所得税3.57亿元。

六、扬州反避税案例

税务筹划案例

扬州A公司是一家从事大口径无缝钢管及相关产品的设计、制造和销售的公司,注册资本为1.6亿元人民币。2007—2009年销售收入分别为13.65亿元、30.62亿元和20.57亿元。2007—2009年税前利润分别为3.99亿元、10.34亿元和5.84亿元。2007—2009年各项税金分别为9196万元、15973万元和30940万元。扬州A公司被间接转让之前,其公司投资方发生过两次变更,对应着两次股权转让:第一次股权转让发生于2007年3月,股权转让前,张先生100%持有扬州A公司,股权转让后,张先生持有扬州A公司51%的股权,开曼K公司持有扬州A公司49%的股权;第二次股权转让发生于2007年11月,开曼K公司持有中国香港K公司100%股权,开曼K公司将其持有的扬州A公司49%的股权转让给中国香港K公司,此时,股权结构变更为张先生持有扬州A公司51%的股权,中国香港K公司持有扬州A公司49%的股权,开曼K公司持有中国香港K公司100%股权。2008年9月,境外投资方名称发生变更,中国香港K公司更名为中国香港A公司。2010年1月14日,开曼K公司将其持有的中国香港A公司100%的股权转让给中国香港S公司,美国S公司持有中国香港S公司100%的股权。股权转让完成后的股权结构为美国S公司持有中国香港S公司100%的股权,中国香港S公司持有中国香港A公司100%的股权,中国香港A公司持有扬州A公司49%的股权。

2009年年初,潜在的收购者来考察扬州A公司,该地国税局通过与政府部门沟通,获得了该公司的外方股权有可能转让的线索。国税局积极与扬州A公司的财务人员和高管联系,了解该公司股权可能被转让的形式,及时向上级税务机关汇报,寻求政策支持,同时持续监控,说服中方积极配合调查。2009年12月,国家税务总局下发了国税函〔2009〕698号文件,对非居民企业间接转让行为进行了规范,主管税务机关及时向扬州A公司及其股东发送该文件及相关的税收政策,做好政策宣传。

第十四章　金税四期税务筹划与反避税经典案例分析

2010年1月29日，主管税务机关与扬州A公司49%股权的实际控制方代表及其税务代理人进行首次接触，初步了解交易情况和交易实质，并要求其提供698号文规定的资料。开曼K公司认为该笔股权转让所得在中国没有纳税义务。

主管税务机关经分析，该笔间接转让符合国税函〔2009〕698号文件第五条要求提供资料的间接转让的条件，中国香港对其居民的境外所得不征税，按国税函〔2009〕698号文件要求，开曼K公司应提供文件所列的相关资料。2010年2月初，主管税务机关向开曼K公司发出"税务事项通知书"，要求其根据国税函〔2009〕698号文件提供相关资料。同时，主管税务机关向股权转让的受让方中国香港S公司发出"税务事项通知书"，要求其履行扣缴义务。中国香港S公司回复：交易于2010年1月14日完成；若涉及纳税义务，根据其与开曼K公司的协议，应由开曼K公司履行。开曼K公司迫于中国香港S公司方面的压力，开始配合税务机关提供资料。

2月16日，税务机关收到开曼K公司提交的三份文件：①与中国香港S公司的股权转让协议；②开曼K公司在2007年3月取得扬州A公司49%股权的股权转让协议；③商务部门对于开曼K公司将其持有扬州A公司49%股权转让给其在中国香港设立的全资子公司中国香港K公司的批复，以及相关批准证书及扬州A公司在股权变更后的企业法人营业执照。

经审核，税务机关认为开曼K提供的资料并不完整，且未办理延期申请。3月初，主管税务机关向其发出责令限期改正通知书。3月5日，税务机关收到开曼K提供的以下资料：①中国香港A公司审计报告；②中国香港A公司财务报表；③中国香港A公司董事会名单；④中国香港A公司纳税申报资料；⑤转让中国香港A公司的股权交易说明（开曼K公司撰写）。

主管税务机关经过审查，发现中国香港A公司无雇员（未列示支付其委派担任扬州A公司董事会成员、财务总监和运营总监的人员工资费用）、无其他资产（无现金资产，成立时股本只有1万元港币）、无其他负债、无其他经营活动（无其他经营收入与其他经营费用）。

主管税务机关从外网了解到拥有中国香港S公司100%股权的美国S公司是一家美国上市公司，2010年1月14日其网站新闻宣布收购扬州A公司49%股份交易已经完成，新闻稿件中未提及中国香港A公司。

主管税务机关得出初步结论：中国香港A公司为无实质经营活动的空壳公司，境外投资方K公司转让中国香港A公司的目的就是转让扬州A公司，该间接转让行为规避了我国的企业所得税纳税义务。主管税务机关根据国税函〔2009〕698号文件规定层报国家税务总局审核后，认为应按照经济实质对该股权转让交易重新定性，否定境外投资方即中国香港A公司的存在，并对该笔股权转让所得征收非居民企业所得税。

2010年3月18日，国家税务总局国际税务管理司有关领导专程到江都市（现扬州市江都区）国税局，与江苏省局大企业和国际税收管理处、扬州市局、江都市局共同就上述股权转让事项进行了审核，一致认定，这次股权转让尽管形式上是转让中国香港公司股权，但实质是转让扬州某公司的外方股权，应在中国负有纳税义务，予以征税。根据国家税务总局的审核结果，4月2日、21日，江都市国税局向扬州某公司先后发出相关文书，通知其股权转让在中国负有纳税义务，应申报纳税。经过数次艰难谈判、交涉后，4月29日，江都市国税局收到了扬州某公司的非居民企业所得税申报表。5月18日上午，1.73亿元税款顺利缴入国库。

应对反避税策略

税务机关通过否定中间层公司的存在来反对通过间接转让股权来税务筹划的行为应当具备以下要件：①没有经济实质；②不具有合理的商业目的；③规避企业所得税纳税义务。关于经济实质的判断应当从该企业的注册资本、资产和负债情况、雇员数量、是否实际从事生产经营等方面来考察。纯粹的控股公司一般属于无经济实质的企业。是否具有合理的商业目的应当从企业整体股权架构所欲实现的目的及其所面临的法律环境来判断。一般而言，间接转让股权的合理商业目的包括规避外汇管制、规避外商投资企业审批限制、增加投资者身份的隐蔽性、方便投资和撤资等，节税本身不属于合理商业目的。但在追求合理商业目的的同时进行节税也被认为具有合理商业目的。是否规避企业所得税纳税义务主要看否定该中间层公司后中国是否取得了征税权，如果中国仍然无法取得征税权或者按照中国税法规定是免税的，则不能认为其规避了企业所得税纳税义务。税务机关在反避税时应当同时满足以上条件才能否定中间层公司的存在。就扬州公司反避税案来看，税务机关显然并未完全证明其满足上述三个条件。税务机关主要论证了第一、第三两个条件。从案件所述情形来看，本案的确符合第一、第三两个条件。但税务机关并未证明本案中的相关当事人这样设计转让方案没有合理商业目的。当然，本案当事人也并未提出其合理商业目的，从而争取免税待遇。可能原因有两个：第一，当事人在客观上的确没有合理商业目的，仅仅是为了税务筹划；第二，当事人有其他合理商业目的，但并不清楚中国税法的规定，没有很好地维护自身权利。

应对策略主要是避免构成上述第一、第二两个条件。为了避免被认为没有经济实质，企业应当有足够的注册资本，应当有适当数量的员工，应当开展适当的生产经营活动，具有相对复杂的资产和负债结构。为了避免被认为不具有合理的商业目的，应当充分挖掘企业税务筹划方案除了节税以外的合理商业目的。

七、新疆反避税案例

税务筹划思路

根据《企业所得税法实施条例》的规定，来源于中国境内、境外的所得，按照以下原则确定：①销售货物所得，按照交易活动发生地确定；②提供劳务所得，按照劳务发生地确定；③转让财产所得，不动产转让所得按照不动产所在地确定，动产转让所得按照转让动产的企业或者机构、场所所在地确定，权益性投资资产转让所得按照被投资企业所在地确定；④股息、红利等权益性投资所得，按照分配所得的企业所在地确定；⑤利息所得、租金所得、特许权使用费所得，按照负担、支付所得的企业或者机构、场所所在地确定，或者按照负担、支付所得的个人的住所地确定；⑥其他所得，由国务院财政、税务主管部门确定。

由于不同所得来源地的判断原则不同，因此，将一种所得转变为其他所得以后，就可以相对容易地进行税务筹划。例如，利息所得按照负担、支付所得的企业或者机构、场所所在地确定，或者按照负担、支付所得的个人的住所地确定，改变所得来源地比较困难。而股权转让所得按照被投资企业所在地确定，而被投资企业所在地相对比较容易改变，通过设立中间层公司即可将股权转让所得转移至境外。

税务机关反避税的主要法律依据如下：

（1）《特别纳税调整实施办法（试行）》第九十三条规定，税务机关应按照实质重于形式的原则审核企业是否存在税务筹划安排，并综合考虑安排的以下内容：①安排的形式和实质；②安排订立的时间和执行期间；③安排实现的方式；④安排各个步骤或组成部分之间的联系；⑤安排涉及各方财务状况的变化；⑥安排的税收结果。

（2）《特别纳税调整实施办法（试行）》第九十四条规定，税务机关应按照经济实质对企业的税务筹划安排重新定性，取消企业从税务筹划安排获得的税收利益。对于没有经济实质的企业，特别是设在避税港并导致其关联方或非关联方税务筹划的企业，可在税收上否定该企业的存在。

税务筹划案例

2003年3月，新疆维吾尔自治区某公司（简称B公司）与乌鲁木齐市某公司（简称C公司）共同出资成立液化天然气生产和销售的公司（简称A公司）。注册资金为8亿元人民币，其中B公司为主要投资方出资7.8亿元，占注册资金的97.5%，C公司出资2 000万元，占注册资金的2.5%。

2006年7月，A公司出资方B公司和C公司与巴巴多斯的某公司（简称D公司）签署了合资协议，D公司通过向B公司购买其在A公司所占股份方式参股A公司。D公司支付给B公司3380万美元，占有A公司33.32%的股份。此次股权转让后，A公司的投资比例变更为：B公司占64.18%，C公司占2.5%，D公司占33.32%。

合资协议签署27天后，投资三方签署增资协议，B公司增加投资2.66亿元人民币（B公司出售其股权所得3 380万美元）。增资后，A公司的注册资本变更为10.66亿元人民币，各公司相应持股比例再次发生变化。其中，B公司占73.13%，D公司占24.99%，C公司占1.88%。

2007年6月，D公司决定将其所持有的A公司24.99%的股权以4 596.8万美元的价格转让给B公司，并与B公司签署了股权转让协议，由B公司支付D公司股权转让款4596.8万美元。至此，D公司从2006年6月与中方签订3 380万美元的投资协议到2007年6月转让股权撤出投资（均向中方同一家公司买卖股份），仅一年的时间取得收益1 217万美元。

在为转让股权所得款项汇出境外开具售付汇证明时，付款单位代收款方D公司向主管税务机关提出要求开具不征税证明。理由是：根据中国和巴巴多斯税收协定"第十三条财产收益"的规定，该笔股权转让款4 596.8万美元应仅在巴巴多斯征税。（2010年3月，中国同巴巴多斯已经重新修订了协定。即使根据新修订的税收协定，如果不进行反避税调整的话，由于巴巴多斯公司持有境内股权比例不超过25%，在中国也无须纳税。）

乌鲁木齐市国税局及时对此项不征税申请进行了研究，并将情况反映到新疆维吾尔自治区国税局，引起了上级机关的高度重视，围绕居民身份的确定及税收协定条款的适用问题开展了调查，发现了种种疑点。

疑点一：D公司是美国NB投资集团于2006年5月在巴巴多斯注册成立的企业。在其注册一个月后即与中方签订投资合资协议，而投入的资金又是从开曼开户的银行汇入中国的。该公司投资仅一年就将股份转让，并转让收益高达136%，可以想象该交易是这样的：美国NB投资集团要借款给A公司，借款利率为36%。美国NB投资集团要缴纳3.6%的预提所得税，为此采取了"假股权真债权"的方式，同时利用中巴协定股权转让所得不征税条款，避免缴纳中国的股权转让所得预提所得税。

疑点二：关于D公司的居民身份问题，税务机关提出了疑问。为此，D公司提供了由我国驻巴巴多斯大使馆为其提供的相关证明，称其为巴巴多斯居民。但该证明文件只提到D公司是按巴巴多斯法律注册的，证明该法律的签署人是真实的；同时该公司还出具了巴巴多斯某律师证明文件，证明D公司是依照"巴巴多斯法律"注册成立的企业，成立日期为2006年5月10日（同年7月即与我国公司签署合资协议），公司地址为巴巴多斯×大街×花园。但公司登记的3位董事都是美国国籍，家庭住址均为美国×州×镇×街×号。

疑点三：D公司作为合资企业的外方，并未按共同投资、共同经营、风险共担、利益共享的原则进行投资，而是只完成了组建我国中外合资企业的有关法律程序，便获取了一笔巨额收益。从形式上看是投资，而实际上却很难判断是投资、借款或融资，还是仅仅帮助国内企业完成变更手续，或者还有更深层次的其他经济问题。

根据中巴税收协定，此项发生在我国的股权转让收益我国没有征税权，征税权在巴方。在D公司是否构成巴巴多斯居民的身份尚未明确的情况下，付款方——股权回购公司多次催促税务部门尽快答复是否征税并希望税务部门配合办理付汇手续。根据付款协议，如果付款方不按时汇款，将额外支付高额的利息。为了避免中方企业遭受不必要的经济损失，新疆维吾尔自治区国税局同意乌鲁木齐市国税局及付款方提议，对股权转让款先行汇出，但扣留相当于应纳税款部分的款项，余额部分待D公司能否享受税收协定待遇确定后再做决定。

对此,乌鲁木齐市国税局一方面进行深入的调查了解,开展对D公司居民身份的取证工作,判定是否可以执行中巴税收协定;另一方面将案情进展情况及具体做法及时向新疆维吾尔自治区国税局汇报并通过新疆维吾尔自治区国税局向国家税务总局报告。国家税务总局启动了税收情报交换机制,最终确认D公司不属于巴巴多斯的税收居民,不能享受中巴税收协定的有关规定,对其在华投资活动中的所得应按国内法规定处理。2008年7月税务机关完成了该项916.4万元税款的入库工作。至此,此项工作顺利结束。

应对反避税策略

本案反避税调查的核心是D公司是否属于巴巴多斯的税收居民,是否可以享受中巴税收协定的有关规定。由于D公司在巴巴多斯没有经济实质,因此,无法被认定为巴巴多斯的税收居民。因此,该类税务筹划方案的核心在于将避税地公司变成具有经济实质的公司,其方法主要包括具有真实经营业务,具有真实注册资本,具有一定的员工和相对复杂的资产负债。此类反避税不需要考虑D公司的设立是否具有合理商业目的,因此,使用合理商业目的来应对反避税是没有用的,必须从经济实质角度入手。

八、资产定价模型反避税案例

税务筹划案例

2010年12月,境外企业某集团公司1 100万元税款顺利缴入国库,大连市国税局首次运用"资产定价模型"计算追缴股权转让税款取得了成功。据了解,这是中国完整运用"收益法"进行股权转让反避税调整的第一案,是反避税领域运用经济分析方法的一个新突破。

2010年年初,一则美国跨国集团收购境外某知名企业集团公司并整合内部生产结构的网络信息,引起了大连开发区国税局反避税人员的关注。根据以往的工作经验,跨国公司旗下企业的股权关系复杂,整合结果牵一发而动全身。该集团公司在大连投资多家企业,存在着股权转让的可能。大连开发区国税局立即启动反避税机制,最终确定了该集团公司下属的四家企业存在股权转让行为。

在确认了股权转让行为的事实后,反避税人员又遇到了新的难题。股权转让行为的发生并不必然代表股权转让收益的存在,尤其是企业集团内部之间的股权转移,如何确认税收上的境外企业股权转让收益,是谈判中面对的一道难关。

在谈判中,该集团公司认为其股权转让收益应为转让价格减去转让成本,即以董事会决议中确认的股权转让价格(账面价值)为基础。税务机关认为,虽然是集团内部整合发生股权转让,但平价或低价转让不符合中国税法规定的独立交易原则,应该按照公允价值予以调整。该境外集团公司为上市公司,税务人员首先选择采用市盈率指标计算价值,但企业认为境外集团公司的市盈率无法反映境内公司的实际情况,而境内公司又不是上市公司,很难寻找到可比企业。在双方谈判僵持不下的情况下,大连市国税局反避税人员果断地将视线转向了"资产定价模型",利用评估无形资产价值的"收益法"来计算股权转让所得。

收益法就是通过估算评估对象未来预期收益的现值来判断资产价值,确定企业在现实市场的公平市场价值。这种办法虽然是国际惯例,但在大连市乃至中国税务系统都是首次实际运用。大连市国税局采取了十分谨慎的态度,反复论证其合理性。在计算过程中主要考虑三个变量,即评估对象的预期收益、折现率和取得预期收益的持续时间,这三个因素的确定是收益法的核心。税务机关科学合理的办法获得了企业的认可,该集团公司最终依据法律规定将2008年以后的股权转让价格进行了调整并缴纳了税款。

以往的企业价值评估,税务机关多是借助中介机构出具的评估报告,在谈判中并不占据主动地位,对评估的数据很难提出反驳的意见。采用收益法后,税务机关掌握整个评估测算过程,在谈判中始终处于主导地位,不容易为中介机构的数据所左右。收益法是国际上通行的评估无形资产价值方法,这种评估方法容易被跨国公司接受。运用好这一方法,反避税调查人员必须熟练掌握经济分析和财务分析技术。随着反避税工作领域的不断拓展,反避税案件不仅局限于购销业务,越来越多的案件涉及无形资产和股权的评估。这对反避税工作人员的素质提出了更高要求。如何按照国家税务总局反避税工作的部署和要求,并借鉴其他国家的做法,尽快建立一支适应反避税工作要求的经济分析师团队,将是摆在我们面前的一项迫切工作任务。

大连市国税局在转让定价调查中运用"资产定价模型"计算追缴税款的案例,得到国家税务总局的肯定,并评价此案是完整运用"收益法"进行股权转让调整的第一案。"收益法"作为无形资产转让定价调整的主要方法之一,应在中国进一步推广使用。此案在经济分析方面的探索对全国反避税工作起着典范和带头作用。

应对反避税策略

转让定价反避税所针对的对象是关联企业,因此,企业应对转让定价反避税的策略之一就是避免成为关联企业。这就需要充分运用避税港、信托等方式构建比较复杂的股权结构,从而避免被认定为关联企业。

应对转让定价反避税调查的另外一种方式就是预约定价安排,它是指企业就其未来年度关联交易的定价原则和计算方法,向税务机关提出申请,与税务机关按照独立交易原则协商、确认后达成的协议。企业可以向税务机关提出与其关联方之间业务往来的定价原则和计算方法，税务机关与企业协商、确认后，达成预约定价安排。在企业向税务机关提出预约定价安排请求后，可以根据以下步骤加以实施：①预备阶段，税务机关和纳税人召开预备会议讨论预先定价安排是否适当，以及达成协议所需的分析范围；②正式申请的提交，如果税企双方初步认为预先定价安排可行，纳税人就应在会晤准备后向有关税务机关提出书面申请；③审核与评估，税务机关收到纳税人提交的正式申请及所需文件资料，向纳税人及其税务代理提出质询，并形成审核评估报告；④磋商，税企双方就职能与风险、可比定价信息、关键假设、转让定价方法及公平交易值域等与预先定价安排有关问题的分歧进行相互沟通、论证，达成共识，并形成预先定价安排草案；⑤预先定价安排的签订；⑥执行与跟踪监控。

2005年4月19日在北京由中日两国税务主管当局就东芝复印机（深圳）有限公司双边预约定价安排事宜正式签署了有关协议，9月9日深圳市地税局与东芝复印机（深圳）有限公司签署预约定价安排。这是我国首例双边预约定价安排。2007年4月20日，沃尔玛集团在华九家子公司与国家税务总局在深圳市地税局签署了双边预约定价安排。这是中美首例双边预约定价安排。2007年12月20日，苏州工业园区国家税务局与三星电子（苏州）半导体有限公司签署了苏州工业园区国家税务局与三星电子（苏州）半导体有限公司双边预约定价安排。这是中韩两国之间的第一例预约定价安排，是中韩两国税务局真诚合作的结果。

九、解除低价股权转让协议反避税案例

税务筹划案例

2015年8月，北京市地税局某分局（以下简称某分局）收到该区国税局转来的一起非居民企业向境内居民企业平价转让股权案件。美国某国际集团有限公司（以下简称美国某公司）与某科技公司于2014年9月先后签订《股权转让协议》《补充协议》，将美国某公司持有的某控制设备（中国）有限公司（以下简称某设备公司）50%的股权平价转让给某科技公司，转让价格为1 000万美元。2014年11月，转让双方完成股权变更。2014年12月，某科技公司资产负债表显示，长期股权投资增加人民币6 160万元。

经调查，以上3家公司实际均为其共同的法定代表人洪某所有，以上3家企业构成关联企业，本次股权转让构成关联交易，且价格明显偏低，不符合独立交易原则，主管税务机关拟对此开展特别纳税调整。

案件调查过程中，因受让方某科技公司一直未向美国某公司支付股权转让款项，美国某公司与某科技公司于2016年1月6日协议解除原《股权转让协议》《补充协议》，由某科技公司支付美国某公司违约金人民币10万元，并协助美国某公司恢复原来的股权登记。

2016年8月,因某科技公司未向美国某公司支付违约金,美国某公司向法院提起诉讼,要求法院确认解除双方《股权转让协议》《补充协议》,同时判令某科技公司协助恢复股权,并支付违约金。同月,经法院民事调解,美国某公司与某科技公司确认签订的《股权转让协议》《补充协议》于2016年1月6日解除,由某科技公司在调解书生效后7日内协助美国某公司办理股权恢复手续,并在9月2日前向美国某公司支付违约金人民币10万元。调解书生效后,双方履行了调解书内容,恢复了股权,支付了违约金。

对税务机关拟开展的特别纳税调整,美国某公司和某科技公司提出异议,认为双方在法院调解下已经解除了合同,并且股权已经恢复原状态,税务机关不能再对其进行特别纳税调整。该案件经北京市地税局研究,并请示国家税务总局,认为根据《特别纳税调整实施办法(试行)》(国税发〔2009〕2号)的相关规定,鉴于相关交易虽为关联交易,但由于交易最终没有实际完成,非居民企业并未取得所得,采用特别纳税调整方法对其股权交易价格进行调整依据不充分。同时,按照《企业所得税法》第三十七条规定,该笔对外支付款项应当扣缴企业所得税,但因该交易为平价转让,非居民企业并没有通过该笔交易取得所得,应扣缴税款为0。最终某分局未对原股权转让行为进行特别纳税调整。该案争议的焦点问题主要有以下三个:第一,对交易双方平价转让股权的行为,税务机关发现后是否应进行特别纳税调整?第二,在交易双方解除股权转让协议后,对双方协议解除前的纳税义务产生什么影响,对税务机关企业所得税的征收会产生什么影响?第三,在非居民企业股权转让协议解除且未完成实际支付的情况下,税务机关是否有权对原股权转让行为进行特别纳税调整?

《企业所得税法实施条例》中规定了企业应纳税所得额的计算以权责发生制为原则。同时,《国家税务总局关于贯彻落实企业所得税法若干税收问题的通知》(国税函〔2010〕79号)中规定企业转让股权收入,应于转让协议生效、且完成股权变更手续时,确认收入的实现,这是遵循权责发生制的体现。

本案中,美国某公司与某科技公司于2014年9月签订股权转让协议并于11月完成股权变更,因此对美国某公司的股权转让收入时间应当确认为11月。根据《企业所得税法》第二条的规定,美国某公司属于非居民企业;根据《企业所得税法》第三条的规定,该公司应就来源于中国境内的所得在中国缴纳企业所得税;根据《企业所得税法实施条例》第七条的规定,该公司转让中国境内某设备公司的股权取得的所得属于来源于中国境内的所得,应当依法在中国缴纳企业所得税;根据《企业所得税法》第三十七条的规定,受让方某科技公司应为美国某公司此项股权转让所得的代扣代缴义务人,应当在支付或者到期应支付(确认收入实现时)的款项中代为扣缴企业所得税。

但是,本案中的非居民企业与居民企业之间的股权转让行为有两个明显特点:一是此次股权转让为平价转让,对美国某公司的收入全额减除取得股权的成本后的余额进行计算,其应纳税所得额为0;二是在本次股权变更完成后,因受让方某科技公司未支付股权款项的违约行为而导致双方于2016年解除了原股权转让协议。对此,协议解除后,美国某公司在已经完成股权转让变更后是否还有纳税义务,税务机关是否还能够开展特别纳税调整值得探讨。

根据《税收征收管理法》第三十六条和《企业所得税法》第四十一条的规定,企业或者外国企业与其关联企业之间的业务往来,应当按照独立企业间的业务往来收取或者支付价款、费用,这一规定也被称为"独立交易原则"。关联企业间违反这一原则的,税务机关有权对其交易价格进行合理调整。本案中,税务机关通过调查发现,从高级管理层人员的结构来看,本案三家企业的法定代表人均为同一人;从股权构架上来看,不论是在本次股权转让前还是转让后,三家企业都满足有关关联企业的持股比例条件。因此,税务机关对三家企业之间的关联关系判断正确。根据双方的股权转让协议,美国某公司将持有的中国某设备公司50%的股权以人民币1 000万元价格平价转让给某科技公司,按照股权转让收入扣除股权投资成本后余额计税的规定。本案中转让方美国某公司转让股权的应纳税所得额为0,应缴纳的所得税为0,不需要缴纳所得税。但是,在完成股权变更的1个月内,受让方某科技公司的资产负债表中对应该笔收购行为显示增加的长期股权投资为人民币6 160万元,高出收购价格人民币5 160万元,在如此短的时间内价格变化达到500%,已远远超出一般市场规律下资产变化的区间范围,且某科技公司不能进行合理说明,明显违反了关联企业间的独立交易原则要求。因此,税务机关有权据此对该转让行为进行调查,如相关证据表明交易双方为配置股权构架等目的,确实利用关联关系而不合理地签订转让价格,应当对交易价格进行特别纳税调整。

本案中,股权转让双方经法院调解解除了原股权转让协议,美国某公司向税务机关主张取消特别纳税调整,理由是双方的合同已经解除,股权将按照协议进行恢复,原股权转让方已没有纳税义务。对此,我们认为应当以《中华人民共和国合同法》(以下简称《合同法》)为依据具体分析。从合同效力的角度来看,合同分为有效合同、无效合同和可撤销或可变更的合同(《中华人民共和国民法总则》施行后取消可变更合同类型)。对于无效合同和可撤销或可变更的合同,是指合同双方或一方违反了《合同法》第五十二条、第五十四条的相关规定,由人民法院对合同的效力进行重新审查后,确定为无效、可撤销或可变更的合同,无效合同或者被撤销的合同自始没有法律约束力。而合同的解除,是指已成立生效的合同因发生法定的或当事人约定的情形,或经当事人协商一致,而使合同关系终止的民事行为。合同的解除是合同的权利义务终止的法定情形之一,其法律后果是合同双方权利义务自合同解除之日终止和消灭。对于无效或者撤销的合同,因合同自始无效,其效力具有全面的溯及力,双方的交易行为也自始无效,税务机关的征税行为失去了依据,即使已经完税,如果纳税人提出申请,税务机关也应当退税。而对于合同解除的情形是否具有溯及力,对原合同的效力如何,《合同法》对此做出了比较灵活的规定。目前,合同解除的溯及力在学术界存在一定的争议,我国民法界比较认可的观点是按照立法目的解释《合同法》第九十七条规定，一是取决于当事人是否请求恢复原状，二是合同性质是否是能够恢复原状的一次性合同，如果同时满足以上两点，则该合同的解除在民法上具有物权上的追溯力。但是，虽然合同的解除在满足一定条件时可以产生物权上恢复原状的溯及力，但并不能因此认定合同在订立和一方履行合同时点上的其他行为无效，因为该溯及力仅为物上的溯及力，基于合同订立和履行合同一方行为的有效性，不应影响双方已做出的与合同履行相关的其他行为的效力，比如纳税义务。我们认为这是合同无效或者撤销与合同解除之间的一个显著区别。因此，在协议解除前，如履行义务一方按协议规定完税，或者按照税务机关的特别纳税调整方案完税，在协议解除后，税务机关不应退税，守约一方可以按照规定要求违约方赔偿包括税款在内的相应损失。

通过上述分析，我们认为本案中美国某公司和我国某科技公司在实际完成股权变更后又解除协议的行为，虽然可以恢复原股权状态，但并不能否定其完成第一次股权变更时点的纳税义务。从另一个角度分析，双方在签订股权转让协议时，协议有效，且股权变更已完成，满足非居民企业产生纳税义务的法定要件。

非居民企业所得税源泉扣缴作为企业所得税征收管理的一种方式，在税收管理上有其自身的特点，支付方在向非居民企业支付交易对价时要按照规定向境外支付。本案中，按照《企业所得税法》第三十七条、《企业所得税法实施条例》第一百零五条对源泉扣缴的相关规定，协议生效，股权实际发生了变更，对外支付企业便实际产生了扣缴税款义务，税务机关对违反独立交易原则的价格应当进行特别纳税调整。但是，本案中一个重要信息是尽管双方完成了股权变更，但在税务机关调查过程中，转让方美国某公司以受让方某科技公司并未实际支付交易对价为由，在法院的调解下与对方解除了协议。虽然解除合同与撤销合同不同，解除合同并不否定原交易合同的合法性，但从本次交易的结果来看，因协议的解除导致美国某公司丧失了按照协议继续取得收入的权利，某科技公司也免除了继续支付款项的责任，交易双方的权利和义务终止，使税务机关失去了按照权责发生制原则和独立交易原则对双方的股权转让行为进行特别纳税调整的事实依据。同时，按照所得税是对收入净所得课税的性质，本案中，某科技公司最终没有完成对外支付，按照《企业所得税法实施条例》第六条的规定，美国某公司未取得转让收入，该交易并未造成企业利润转移而侵蚀我国税基，也未形成延期纳税的后果。基于此，我们认为对此次交易实施特别纳税调整的依据不充分，对于因未完成实际支付而解除协议的股权转让交易不能进行特别纳税调整。

本案经北京市地方税务局研究，同时经向国家税务总局相关司局汇报，认为对此次交易实施特别纳税调整的依据不充分，最终某分局未对美国某公司与某科技公司的股权转让行为实施特别纳税调整。

十、境外个人所得税反避税案例

税务筹划案例

2015年年底,北京市某区地税局国际科收到一名美国籍华人张某开具2011—2014年中国税收居民身份证明的申请。申请资料显示,张某自2004年开始在北京工作,从2006年开始在北京某信息技术有限公司任CFO(首席财务官),从2015年开始任公司COO(首席运营官)和总裁。

在审核资料时,地税局发现了一张由天津市某税务所出具的张某的税收完税证明,该证明显示张某在2014年5月至2015年6月,共计在天津该税务所申报缴纳17笔合计52 385 911.63元个人所得税,单笔税额最高达31 000 000元之巨。如此巨额的异地纳税证明引起了区地税局的高度关注。

区地税局查询了张某2014年5月之后在该局的个人所得税的纳税情况,综合其2011—2016年纳税情况分析可知:2011—2013年其个人所得税分别为:89 612.5元、173 280.8元、136 753.4元,2014年1~5月缴纳个人所得税75 929.35元,2014年6月至2016年12月未在该区地税局申报缴纳个人所得税。区地税局通过约谈张某的代理人、北京某信息技术有限公司的财务经理和人力资源经理得知,2014年5月北京某信息技术有限公司在天津成立了北京某信息技术有限公司天津分公司(以下简称天津分公司),张某及其他7名高管和天津分公司签订了劳动合同,其中张某任总经理,上述8人在北京某信息技术有限公司和天津分公司同时任职,但实际工作地点和社保缴纳均在北京。同月,8名高管累计取得的北京某信息技术有限公司上级母公司开曼某公司(以下简称开曼公司)的股票期权开始密集行权(开曼公司为纽交所上市公司)。同月,8名高管将全部行权收入转移到天津申报缴纳个人所得税。之后,张某一人行权所得累计高达2.1亿元,8名高管的行权所得合计3.26亿元,合计在天津缴纳个人所得税1.467亿元。次月,8名高管全部工资收入也全部转移到天津申报缴纳个人所得税。经取证核实,天津分公司在天津市某工业园,园区有明确且比例很高的个人所得税返还优惠政策。天津分公司成立至今,未能提供在天津有实际经营场所和具体经营活动的任何证据材料,无任何实际经营收入,除上述8名兼职高管外仅以几百元的月薪聘请了一个代理报税人员,再无其他雇员。张某本人根据其提供的海关出入境记录,已经构成中国税收居民并就其全球收入向中国税务机关申报纳税的条件。

该案的案件焦点有两个:一是北京某信息技术有限公司及张某是如何筹划规避缴纳个人所得税的?二是张某取得的行权所得的纳税地点如何确定?天津分公司是否是为筹划而专门成立的壳公司,是否有实际经营,此筹划是否已超越了合理筹划的底线?

（一）北京某信息技术有限公司及张某等人的税务筹划分析

通过对本案案情梳理不难发现，天津分公司于2014年5月成立，而张某恰好在同月开始大规模密集行权，并将个人所得税转移到天津分公司代扣代缴，而天津分公司所在的园区恰好有较高的个人所得税返还政策。如果张某的个人所得税在北京某信息技术有限公司所在的北京缴纳，将会是一笔巨额税收，因此北京某信息技术有限公司及张某的此种安排明显不是巧合，而是经过精心筹划的行为。

1.在开曼群岛注册公司

通过对北京某信息技术有限公司的公司构架分析可知，北京某信息技术有限公司的上级公司为开曼公司。众所周知，开曼群岛号称企业的"避税天堂"。根据开曼群岛的税收规定，岛内税种只有进口税、工商登记税、旅游者税和印花税等几个简单税种。开曼群岛几十年来没有开征过个人所得税、企业所得税、资本利得税和不动产税。因此，对于各国投资者来说，将母公司注册在岛内，如果其下属实体经营公司所在的国家没有严密的反避税规定，意味着企业及员工的大部分收入都可以合理避税。本案中，所涉及的个人所得税的计税依据是张某的行权所得，该类所得与企业支付高级管理人员或员工的工资薪金在形式和性质上还存在一定的差异。股票行权的标的物是股票，因股票等金融资产的特殊性和政策的复杂性，使得企业和员工在利用企业构架开展避税上具有一定的空间。根据开曼群岛的法律规定，岛内注册公司可以在岛外股票交易所进行上市，并且审核通过的条件和成本均较低。本案中的开曼公司已在美国纽约交易所上市，公司按照股权激励计划将纽交所的若干股权分配给张某等人，按照计划张某等人可以在满足行权条件后行使股票交易权利。

2.个人所得税应纳税国度分析

本案分析至此，可以明确张某的股票行权所得收益无须在开曼群岛缴纳个人所得税，但是张某是否可以在中国缴纳个人所得税，还需要按照我国税法进行具体分析。按照《个人所得税法实施条例》第六条的规定，在中国境内无住所，但居住超过五年的个人，从第六年起，应当就其来源于中国境外的全部所得缴纳个人所得税。在前述区地税局的调查中已经查明，张某自2004年开始已经在北京工作，并且自2011—2015年实际一直在北京工作，在中国连续居住的期间早已超过五年。因此可知，张某已经构成我国的税收居民，无论其在境外纽交所行权股票收益的所得是在我国境外支付还是在境内支付，均满足在我国缴纳个人所得税的条件。

3.中美双方税收协定确定的缴纳个人所得税原则分析

《个人所得税法实施条例》第八条规定，工资、薪金所得，是指个人因任职或者受雇而取得的工资、薪金、奖金、年终加薪、劳动分红、津贴、补贴以及与任职或者受雇有关的其他所得。根据《财政部 国家税务总局关于个人股票期权所得征收个人所得税问题的通知》（财税〔2005〕35号）的规定，企业员工股票期权（以下简称股票期权）是指上市公司按照规定的程序授予本公司及其控股企业员工的一项权利，该权利允许被授权员工在未来时间内以某一特定价格购买本公司一定数量的股票。员工行权时，其从企业取得股票的实际购买价（施权价）低于购买日公平市场价（指该股票当日的收盘价，下同）的差额，是因员工在企业的表现和业绩情况而取得的与任职、受雇有关的所得，应按"工资、薪金所得"适用的规定计算缴纳个人所得税。本案中，张某的股票期权行权属于企业支付给员工的报酬所得性质。企业员工股票期权行权所得的收益，在所得性质上实际应当属于企业支付给员工的报酬，并且其直接支付方是境内企业，因此，张某的收益按照企业支付员工报酬判断所得性质应当更为符合实际。

按企业支付员工报酬所得，按照《中华人民共和国政府和美利坚合众国政府关于对所得避免重征税和防止偷漏税的协定》（以下简称《中美税收协定》）第十四条第一款规定，缔约国一方居民因受雇取得的薪金、工资和其他类似报酬，除在缔约国另一方受雇的以外，应仅在该缔约国一方征税。

综上分析，我国具有对张某股票行权征收个人所得税的征税权。同时，按照我国《国家税务总局关于开具〈中国税收居民身份证明〉有关事项的公告》（国家税务总局公告2016年第40号）规定，张某可以在我国缴纳个人所得税后，行使要求税务机关为其开具《中国税收居民身份证明》的权利。然后根据我国开具的《中国税收居民身份证明》中的纳税数据，按照《中美税收协定》第二十二条第二款的规定，在美国抵免其就该笔行权收益应当在美国缴纳的个人所得税。因此，张某要求区地税局为其开具2011—2014年《中国税收居民身份证明》的行为也就不难理解了。

4.利用中国各地财政政策的不同选择个人所得税缴纳地点

在我国，一些地区政府为了吸引外资或优质企业资源带动当地产业发展，对进驻当地的某些领域企业在财政上给予一定的优惠政策。本案中，通过区地税局核实，天津市武清区京滨工业园对进驻园区的企业在员工的个人所得税上有较高的财政返还政策。

关于工资、薪金所得个人所得税的纳税申报地点，《个人所得税法》第八条仅规定"个人所得税，以所得人为纳税义务人，以支付所得的单位或者个人为扣缴义务人"，也就是说，个人所得税的纳税申报地点实际上为扣缴义务人所在地。关于如何判断"支付所得的单位"，《个人所得税法》及其实施条例并未做出明确的规定。根据《国家税务总局关于印发〈个人所得税自行纳税申报办法（试行）〉的通知》（国税发〔2006〕162号）第十条第（二）项规定，在中国境内有两处或者两处以上任职、受雇单位的，选择并固定向其中一处单位所在地主管税务机关申报。因此，如果张某同时在北京某信息技术有限公司和天津分公司任职并取得收入，按照税法规定就可以选择在天津申报缴纳税款。本案中区地税局调查显示，北京某信息技术有限公司将张某的所有工薪和股票期权行权收益均转移到天津分公司发放，故在形式上满足由天津分公司代扣代缴个人所得税。北京某信息技术有限公司及张某等人正是利用以上政策规定，才在天津成立了空壳天津分公司，天津分公司成立的唯一目的显然是为张某等人代扣代缴个人所得税提供方便，然后通过当地的财政返还政策间接减少个税缴纳数额。

通过分析可知，北京某信息技术有限公司及张某正是通过以上一系列的税务筹划行为规避缴纳巨额个人所得税的。

（二）张某行权的国内纳税地点应在北京，张某等人的行为超越了合理筹划的底线

北京某信息技术有限公司及张某的行为，实际是为享受税收返还政策人为转移纳税地点的税务筹划，纳税人试图通过公司架构的设计使得天津分公司在形式上成为张某等人的薪酬支付者，从而符合支付人为个人所得税扣缴义务人的条件，将张某的全部工薪和股票期权行权所得个人所得税由北京转移到天津，进而享受当地的财政优惠政策。这种行为看似严谨，但实际上违反了我国税法的相关规定。

根据国税发〔2006〕162号文件第十一条规定，从中国境外取得所得的，向中国境内户籍所在地主管税务机关申报。在中国境内有户籍，但户籍所在地与中国境内经常居住地不一致的，选择并固定向其中一地主管税务机关申报。在中国境内没有户籍的，向中国境内经常居住地主管税务机关申报。张某是美国人，在中国境内没有户籍，但根据其提供的租房合同及其实际工作地点均可证明其经常居住地在北京。因此，应该向其经常居住地北京某区地税局申报股票期权行权收入并缴纳个人所得税。虽然张某同时在天津分公司"任职"，但该任职行为仅仅是名义上的，其实质上并不能提供其在天津分公司实际履行工作职责的任何证据，天津分公司也无任何实质性的经营业务，天津分公司虽然为张某发放工资及股票期权行权收益所得，但按照实质课税原则，其个人所得税仍然不能由天津分公司进行代扣代缴，张某也无选择向天津分公司所在地税务机关申报纳税的权利。因此，北京某信息技术有限公司及张某的这种筹划行为，以及天津分公司为张某代扣代缴个人所得税的行为，已经超越了合理筹划的底线。

税务筹划又称"合理避税"，它来源于1935年英国的"税务局局长诉温斯特大公"案。当时参与此案的英国上议院议员汤姆林爵士对税务筹划做了这样的表述："任何一个人都有权安排自己的事业。如果依据法律所做的某些安排可以少缴税，那就不能强迫他多缴税收。"这一观点得到了法律界的认同。经过半个多世纪的发展，税务筹划的规范化定义得以逐步形成，即在法律规定许可的范围内，通过对经营、投资、理财活动的事先筹划和安排，尽可能取得节税的经济利益。税务筹划的本质是纳税人在现行税制条件下，通过充分利用各种有利的税收政策，在法律规定许可的范围内，通过对投资、经营、理财活动的事先筹划和安排，适当安排投资行为和业务流

程,通过巧妙的财务协调和会计处理,合理地安排纳税方案,在合法的前提下,以实现税后利益最大化为目标的涉税经济行为。税务筹划获得的利益不仅限于应纳税款的减少,也包括通过应纳税款延期缴纳而相当于取得无息贷款,进而解决暂时性的流动性不足问题,甚至通过增加应纳税款的方式来取得自身最大整体利益。

税务筹划的首要特征是符合法律规定。税务筹划的行为是法律所鼓励的行为或者是法律所不禁止的行为,这些行为都可以概括为合法行为。违法的行为是应当受到法律惩处的行为,即使事实上没有受到法律惩处,也不是税务筹划行为,只能算作侥幸逃脱法律制裁的违法行为。而所谓符合法律规定,不仅要求符合法律具体条款的规定,也应符合法律的基本原则和宗旨。

实质课税原则是税收执法的基本原则之一,该原则要求税务机关根据纳税人的真实负担能力决定纳税人的税负,不仅考核其法律形式在表面上是否符合课税要件。实质课税原则的意义在于防止纳税人的避税与偷税,增强税法适用的公正性。世界上很多国家的税法都有关于实质课税原则的规定,我国相关税收法律虽然没有对实质课税原则进行一般性规定,但在《税收征收管理法》和《企业所得税法》《增值税暂行条例》《消费税暂行条例》《土地增值税暂行条例》等不同税种法中都有所体现。如《税收征收管理法》第三十五条、第三十七条对未按规定办理税务登记、未按规定设置账簿、逾期未办理纳税申报、申报数额明显偏低等情形的纳税人,赋予税务机关可以核定其应纳税额的权力;第三十六条对关联企业间不符合独立交易原则的业务往来,赋予税务机关合理调整应纳税额的权力。《企业所得税法》第六章以专章形式来规定"特别纳税调整",这是实质课税原则最集中的体现。《企业所得税法》第四十七条规定,企业实施其他不具有合理商业目的的安排而减少其应纳税收入或者所得额的,税务机关有权按照合理方法调整。其背后体现的指导思想就是实质课税原则。国家税务总局制定的文件中已经有不少明确规定实质课税原则,如《国家税务总局关于确认企业所得税收入若干问题的通知》(国税函〔2008〕875号)第一条规定:"除企业所得税法及实施条例另有规定外,企业销售收入的确认,必须遵循权责发生制原则和实质重于形式原则。"《国家税务总局关于印发〈特别纳税调整实施办法(试行)〉的通知》(国税发〔2009〕2号)第九十四条规定:"税务机关应按照经济实质对企业的避税安排重新定性,取消企业从避税安排获得的税收利益。对于没有经济实质的企业,特别是设在避税港并导致其关联方或非关联方避税的企业,可在税收上否定该企业的存在。"《国家税务总局关于境外注册中资控股企业依据实际管理机构标准认定为居民企业有关问题的通知》(国税发〔2009〕82号)第三条规定:"对于实际管理机构的判断,应当遵循实质重于形式的原则。"《一般反避税管理办法(试行)》(国家税务总局令第32号)第五条规定:"税务机关应当以具有合理商业目的和经济实质的类似安排为基准,按照实质重于形式的原则实施特别纳税调整。"因此,对于北京某信息技术有限公司及张某的上述筹划行为,税务机关有权根据实质课税原则的要求，按照实质重于形式的标准来进行实质性判断，否定纳税人做出的没有经济实质的安排。

经过区地税局将近两年时间的调查取证和不断沟通约谈，北京某信息技术有限公司和张某最终承认了其筹划目的，希望能够通过享受当地财政对于个人所得税的高额返还政策降低高管个人所得税负担，尤其是高管股票期权行权所得需要缴纳的动辄几千万元的巨额税款，地方财政个人所得税的高额返还政策非常有吸引力。张某以及其他7名高管取得的开曼公司授予的期权属于"从中国境外取得所得"。除张某外，其他7名中国籍高管可以根据户籍地或经常居住地选择其一向主管税务机关申报纳税。根据调查，其他7名高管实际在北京某信息技术有限公司任职，经常居住地基本可以认定在北京，其中5名户籍地也在北京。因此，上述8名高管均应符合在北京申报缴纳境外行权所得个人所得税的条件。

最终，企业同意将8名高管的全部个人所得税迁回区地税局申报缴纳，截至2017年9月底，8名高管已在区地税局缴纳入库个人所得税9416余万元。区地税局根据企业提供的员工现有期权授予、行权信息及开曼公司股票价格的相关信息，对后期北京某信息技术有限公司员工（2017—2021年）行权所得的个人所得税进行了初步测算，后继员工的股票期权行权所得在2017—2021年将产生1.13亿元至6.68亿元的个人所得税。

本案是一起通过税务筹划试图利用地方财政税收返还政策规避纳税义务的典型案例，也是税务机关通过税收居民身份证明开具这一日常税收管理工作，从一张完税证明入手发现疑点强化征管的成功范本。目前，各地通过财政返还税款等方式吸引北京企业外迁的情况时有发生，很多外迁企业实际办公经营仍在北京，只是形式上在当地成立公司，这就导致北京市的很多优质税源流失，出现经营在北京、税款缴外地的奇怪现象，如果不对上述通过税务筹划规避纳税义务的行为加强征管，将会"鼓励"更多企业及类似高净值个人在中介机构的帮助下通过税务筹划，采用同样或类似方法来转移纳税地点，规避纳税义务。这将会影响北京市税源和税基稳定，也会对税收征管造成不利影响。因此，本案的顺利结案具有两方面的意义。

本案是典型的通过在有个人所得税财政返还优惠政策的地区注册空壳企业后，由其员工和空壳企业新签订劳动合同从而改变纳税申报地以逃避缴纳个人所得税的具体案例。由于本案由著名会计师事务所筹划，加之本案涉税金额上亿元，本案的顺利结案会对企业和中介机构形成威慑，给其今后类似的筹划划定红线，保护北京市税基稳定与税源充足。

本案纳税人是通过对《财政部 国家税务总局关于在华无住所的个人如何计算在华居住满五年问题的通知》（财税字〔1995〕98号）规定的"反向利用"，就其获得的全球收入在中国纳税后向中国申请税收居民身份，然后将纳税申报地点运作到有财政返还政策的地方从而实现规避个人所得税纳税义务的案例。张某未选择像其他外籍人一样利用政策"逢5破5"（按照财税字〔1995〕98号文件的有关规定，外籍人在中国境

第十四章 金税四期税务筹划与反避税经典案例分析

内居留时间即将超过5年时，即出国超过183天以避免就其全球收入向中国申报纳税）是有意而为之，其目的是避免就其在纽交所行权所得向美国税务机关纳税。此案是北京市首例外籍个人反向利用中国税收居民身份进行个人所得税避税案例，对今后通过《税收征收管理法》和《个人所得税法》的修订建立个人反避税法规体系，以及加强外籍个人特别是高净值外籍个人税收征管具有一定的借鉴意义。